Beda Maria Sonnenberg

Die Abtswahl nach Johannes von Kastl

Untersuchungen und Textedition

STUDIEN

UND

MITTEILUNGEN

ZUR GESCHICHTE DES

BENEDIKTINERORDENS

UND SEINER ZWEIGE

HERAUSGEGEBEN VON DER HISTORISCHEN SEKTION
DER BAYERISCHEN BENEDIKTINERAKADEMIE

45. Ergänzungsband

2008

EOS VERLAG ERZABTEI ST. OTTILIEN

Beda Maria Sonnenberg

Die Abtswahl nach Johannes von Kastl

Untersuchungen und Textedition

Umschlagbild: Blick auf das ehemalige Kloster Kastl.
Wiedergabe mit freundlicher Erlaubnis von Heinz Lang.

1. Auflage 2008
Deutsche Erstausgabe

Herausgeber: Historische Sektion der Bayerischen Benediktinerakademie

ISBN 978-3-8306-7305-7

Bibliografische Information der Deutschen Bibliothek
Die Deutsche Bibliothek verzeichnet diese Publikation
in der Deutschen Nationalbiografie;
detaillierte bibliografische Angaben
sind im Internet unter http://dnb.ddb.de abrufbar.

Satz: Dr. Anton Thanner, Weihungszell
Gesamtherstellung: EOS Druck und Verlag St. Ottilien
Printed in Germany

INHALTSVERZEICHNIS

Vorwort

Die vorliegende Arbeit wurde in den Jahren 1995/96 von Herrn Prof. Dr. Ulrich Horst OP als Dissertation angeregt. Im August 2005 wurde sie unter dem Titel „Concipi in mentibus – nasci de congregacione – prodesse ad subditos. Das 64. Kapitel der *regula s. Benedicti* in der *Exposicio in regulam s. Benedicti* des Johannes von Kastl. Untersuchungen und Textedition“ an der Katholischen-Theologischen Fakultät der Ludwig-Maximilians-Universität München eingereicht und angenommen.

Nach Fertigstellung der Dissertation ist es mir ein Anliegen, Dank zu sagen. Allen voran bedanke ich mich bei Herrn Prof. Dr. Ulrich Horst OP, der über zehn Jahre hinweg die Dissertation begleitet, mich in schwierigen Phasen ermutigt und nie an der Fertigstellung der Doktorarbeit gezweifelt hat. In gleicher Weise möchte ich Herrn Prof. Dr. Stephan Haering OSB danken. Er hat das Zweitgutachten erstellt und gab mir viele Anregungen und Hinweise.

In gleicher Weise schulde ich meinem damaligen Abt Herrn Dr. Gregor Maria Hanke, jetzt Bischof von Eichstätt, und meinen Mitbrüdern Dank. 1996 ermöglichten sie mir das Promotionsstudium und ertrugen geduldig meine fortlaufende Abwesenheit.

In die Kunst der lateinischen Paläographie führte mich Herr Prof. Dr. Thomas Prügl ein, dem ich zudem viele thematische Anregungen verdanke. Der gleiche Dank gilt auch der Universitätsbibliothek Eichstätt. Der stellvertretende Bibliotheksdirektor Herr Dr. Klaus Walter Littger stellte den Kontakt zu Herrn Dr. Karl Heinz Keller (Staatsbibliothek München) her, mit dem ich interessante Gespräche führen konnte. Aus dem Blick der Historie erschloss er mir wichtige wegweisende und weiterführende Aspekte für die Gegenwart und die Zukunft. Auch Herrn Dr. Hermann Hauke (Staatsbibliothek München) und Herrn Dr. Christian Lohmer (Monumenta Germaniae Historica) sei für die Hinweise gedankt, die mir so manche Entdeckung ermöglichten.

Gerne erinnere ich mich an die Aufenthalte in der Abtei St. Bonifaz. Herr Abt Dr. Johannes Claudius Eckert OSB und sein Vorgänger, Herr Altabt Dr. Odilo Lechner OSB, ermöglichten es mir, den reichen Bücherschatz der Stiftsbibliothek St. Bonifaz zu nutzen. Viele Hinweise verdanke ich auch dem damaligen Stiftsbibliothekar Herrn P. Dr. Benedikt Probst OSB und seinem Team.

In der Endphase der Drucklegung möchte ich Frau Akad. Direktorin Dr. Marianne Rolshoven (Katholische Univerisität Eichstätt) danken. Sie hat sich sehr viel Mühe bei der genauen Durchsicht und kritischen Lektüre der Druckfahnen gemacht.

Sehr dankbar bin ich auch meinen Eltern Elisabeth und Klaus Sonnenberg. Dank ihrer Hilfe kann dieses umfassende Werk in dieser ansprechenden Form gedruckt werden.

Gewidmet sei diese Arbeit meinen Freunden Martin Holtmeier, Susanne Kaup und Simone Liedel. Ihre wachsamen und begleitenden Augen ruhten nicht nur auf meiner Arbeit, sondern sie bewahrten mich auch in den schwierigen Phasen vor schlimmen und schlimmsten Fehlern und ermutigten mich, die Dissertation fertigzustellen.

Abtei Plankstetten – Februar 2008

Abkürzungsverzeichnis

Die Abkürzungen richten sich nach Schwertner, Siegfried: Abkürzungsverzeichnis. Berlin: 2., überarbeitete und erweiterte Auflage, 1994 (TRE). Juristische Abkürzungen sind nach Berlioz, Jacques u. a.: Identifier sources et citations. Turnhout: 1994 (L'atelier du médiéviste 1) aufzulösen. Um die Bibelzitate des lateinischen Textes in der Untersuchung identifizieren zu können, wurden diese generell nach dem Abkürzungs- und Siglenverzeichnis der Monumenta Germaniae Historica (September 1978) abgekürzt.
Ferner finden sich in den Untersuchungen und in der Textedition folgende Abkürzungen:

(a)	linke Kolumne
(b)	rechte Kolumne
a. ras.	ante rasuram
a. corr.	ante correctionem
add.	addidit
c.	Corpus articuli (Nur in Verbindung mit Werken des Thomas von Aquin)
cap.	Capitulum
cf.	confer
clm	Codex latinus monacensis
clv	Codex latinus vindobonensis
cod. lat.	Codex latinus
coni.	Coniectura
corr.	correxit
di.	distinctio
e. gr.	exemplum gratiae
ed.	edidit, Editor
exp.	expunxit
Exp. in reg. s. Benedicti	Exposicio in regulam sancti Benedicti
Fr.	Friedberg, Aemilianus (Die Seitenangaben zu den Texten aus dem Decretum Magistri Gratiani (abge-

	kürzt: Grat.) wurden dem ersten Band des Corpus Iuris Canonici entnommen. Die übrigen Angaben, die im Zusammenhang mit der Abkürzung „Fr." stehen, beziehen sich auf den zweiten Band des Corpus Iuris Canonici.)
Grat	Decretum Gratiani
inv.	invenitur
KU	Klosterurkunden
LACL:	Döpp, S. u. a. (Hg.): Lexikon der antiken christlichen Literatur. Freiburg im Breisgau: 3., vollständig neu bearbeitete und erweiterte Auflage, 2002.
m. rec.	manus recentior
mg.	margine
mm	Millimeter
MOPH	Monumenta Ordinis Praedicatorum Historica
Ms	Manuscriptum
nom.	nomen
om.	omisit
pr. m.	prima manus
r	recto
RB	Regula Benedicti
RM	Regula Magistri
2RP	Zweite Regel der Väter
R4P	Regel der vier Väter
s. s.	supra scripsit
s. scribens	supra scribens
s.	sancti
scr.	scripsit
sec.	secundum
StAA	Staatsarchiv Amberg
subscr.	subscripsit
v	verso

Quellen- und Literaturverzeichnis

Hilfsmittel

ACADEMIA CAESAREA VINDOBONENSIS (Hg.): Tabulae codicum manuscriptorum praeter graecos et orientales in bibliotheca palatina vindobonensi asservatorum. Band 3. Graz: 1965

ARISTOTELES LATINA DATABASE (Webside der Bayerischen Staatsbibliothek München)

BIBLEWORKS FOR WINDOWS. Version 6.0.005y. Norfolk: 2003

BERLIOZ, J. u. a.: Identifier sources et citations. Turnhout: 1994 (L'atelier du médiéviste 1)

BISCHOFF, B.: Paläographie des römischen Altertums und des abendländischen Mittelalters. Berlin: 2., überarbeitete Auflage, 1986 (Grundlagen der Germanistik 24)

BURY, E.: In medias rex. Lexikon lateinischer Zitate und Wendungen. Berlin: 3., überarbeitete und erweiterte Ausgabe, 2002 (Digitale Bibliothek 27)

CAPPELLI, A. (Hg.): Lexicon abbreviaturarum. Wörterbuch lateinischer und italienischer Abkürzungen. Leipzig: 1901

DU CANGE, C. DU FRESNE: Glossarium mediae et infimae latinitatis, Tomus 1–10. Niort: 1883–1887 (Nachdruck Graz 1954)

FABIAN, C. u.a. (Red.): Personennamen des Mittelalters. Nomina Scriptorum Medii Aevi. PMA. Namensformen für 13 000 Personen gemäß den Regeln für die alphabetische Katalogisierung (RAK). München: 2., erweiterte Ausgabe, 2000

FISCHER, B.: Novae concordantiae bibliorum sacrorum iuxta vulgatam versionem critice editam. Tomus I–V. Stuttgart: 1977

FISCHER, H.: Katalog der Handschriften der Universitätsbibliothek Erlangen. Band 1 und 2. Erlangen: 1936

FORSCHUNGSDOKUMENTATION HANDSCHRIFTEN (Webside der Bayerischen Staatsbibliothek München)

GEORGES, K. E.: Ausführliches lateinisch-deutsches Handwörterbuch aus den Quellen zusammengetragen und mit besonderer Bezugnahme auf Synonymik und Antiquitäten unter Berücksichtigung der besten Hülfsmittel. Band 1: A–J. Leipzig: 6., fast gänzlich umgearbeitete und sehr vermehrte Auflage, 1869

DERS.: Ausführliches lateinisch-deutsches Handwörterbuch aus den Quellen zusammengetragen und mit besonderer Bezugnahme auf Synonymik und Antiquitäten unter Berücksichtigung der besten Hülfsmittel. Band 2: K–Z. Leipzig: 6., fast gänzlich umgearbeitete und sehr vermehrte Auflage, 1869

DERS.: Ausführliches Handwörterbuch Lateinisch-Deutsch. Berlin: 2002 (Digitale Bibliothek 69)

GLAUCHE, G. (Bearb.): Bistum Freising. München 1979 (Mittelalterliche Bibliothekskataloge Deutschlands und der Schweiz 4,2)

HABEL, E. u.a. (Hg.): Mittellateinisches Glossar. Mit einer Einführung von Heinz-Dieter Heimann. Paderborn u.a.: 1989 (Uni-Taschenbücher 1551)

HALM, K. u.a.: Catalogus codicum latinorum bibliothecae regiae monacensis. Tomus 1,2. München: 2., verbesserte Auflage, 1894.

DERS. u.a.: Catalogus codicum latinorum bibliothecae regiae monacensis. Tomus 2, 3. München: 1878 (Nachdruck München 1969)

HAU, R. (Bearb.): Pons-Globalwörterbuch lateinisch-deutsch. Stuttgart: 1984

HOHMANN, T.: Initienregister der Werke Heinrichs von Langenstein. In: Tr. 32 (1976), S. 399–426

INEICHEN-EDER, C. E. (Bearb.): Bistümer Passau und Regensburg. München: 1977 (Mittelalterliche Bibliothekskataloge Deutschlands und der Schweiz 4,1)

IN PRINCIPIO (www.brepolis.net)

JUNGWIRTH, A.: Beschreibung der Handschriften des Stiftes St. Peter in Salzburg. Band 5. Salzburg: o. J.

LIBRARY OF LATIN TEXTS (www.brepolis.net)

LIEBERWIRTH, R.: Lateinische Fachausdrücke im Recht. Heidelberg: 1986 (Uni-Taschenbücher 1385)

NIERMEYER, J. F. u.a.: Mediae latinitatis lexicon minus. Band 1: A–L. Leiden: 2., überarbeitete Auflage, 2002

DERS. u.a.: Mediae latinitatis lexicon minus. Band 2: M–Z. Leiden: 2., überarbeitete Auflage, 2002

PATROLOGIA LATINA DATABASE (Webside der UB Eichstätt (Elib))

PFISTER, R.: Lateinische Grammatik. Bamberg: 7. Auflage, 1984

Regula Magistri (La règle du maître, Tome 3: Concordance verbale du texte critique conforme à l'orthographe du manuscrit par. lat. 12205, SC 107, CLÉMENT, J.-M. u. a., Paris: 1965)

REUTER, T. u.a. (Bearb.): Wortkonkordanz zum Decretum Gratiani. Teil 1–5. München: 1990 (Monumenta Germaniae Historica. Hilfsmittel 10,1–5)

RUF, P. (Bearb.): Bistum Eichstätt. München: 1969. (Mittelalterliche Bibliothekskataloge Deutschlands und der Schweiz 3,2)

DERS. (Bearb.): Bistum Bamberg. München: 1969 (Mittelalterliche Bibliothekskataloge Deutschlands und der Schweiz 3,3)

DERS. (Bearb.): Bistum Augsburg. München: 1970. (Mittelalterliche Bibliothekskataloge Deutschlands und der Schweiz 3,1)

SCHÜTZ, L.: Thomas-Lexikon. Sammlung, Übersetzung und Erklärung der in sämtlichen Werken des h. Thomas von Aquin vorkommenden Kunstausdrücke und wissenschaftlichen Ansprüche. Paderborn: 2., sehr vergrößerte Ausgabe, 1895

STEIMER, B. (Red.): Lexikon der Päpste und des Papsttums. Freiburg im Breisgau u.a.: 2001 (Lexikon für Theologie und Kirche kompakt)

STOTZ, P.: Handbuch zur lateinischen Sprache des Mittelalters. Band 2: Bedeutungswandel und Wortbildung. München: 2000 (HAW 2,5,2)

DERS.: Handbuch zur lateinischen Sprache des Mittelalters. Band 3: Lautlehre. München: 1996 (HAW 2,5,3)

DERS.: Handbuch zur lateinischen Sprache des Mittelalters. Band 4: Formenlehre, Syntax und Stilistik. München: 1998 (HAW 2,5,4)

THURN, H.: Die Handschriften der Zisterzienserabtei Ebrach. Wiesbaden: 1970 (Die Handschriften der Universitätsbibliothek Würzburg 1)

Handschriften und archivalische Quellen

BOERIUS, P.: Regula cum glossa
Universitätsbibliothek Erlangen
Ms 155

JOHANNES <DE CASTELLO>: Exposicio in regulam s. Benedicti
Bayerische Staatsbibliothek München

clm	3021, f.	216^v–267^v
	3025, f.	25^r–250^v
	3026, f.	19^r–269^v
	3027, f.	15^r–248^v
	6963, f.	32^r–231^v
	6964, f.	16^v–295^v (a)
	14105, f.	2^r–284^v
	18152, f.	22^r–240^v (a)
	18153, f.	25^r–340^r
	18154, f.	15^r–202^r

Österreichische Nationalbibliothek Wien

clv	3621, f.	1^r–247^v
	3622, f.	1^r–278^v
	3623, f.	1^r–151^v

3624, f. 1^{r}–230^{v}
3625, f. 1^{r}–177^{v}
3626, f. 1^{r}–221^{r}
3663, f. 9^{r}–171^{v} (a)
3702, f. 1^{r}–226^{v}

Universitätsbibliothek Erlangen
Ms 486/1, f. 43^{r}–313^{v}
486/2, f. 13^{r}–263^{v}

Bibliothek der Erzabtei St. Peter in Salzburg
b XII, 23, f. 8^{r}–132^{r}
24, f. 1^{r}–150^{v}
25, f. 2^{r}–99^{r}

DERS.: Clenodium religiosorum
Bayerische Staatsbibliothek München
clm 7321, f. 223^{v}–225^{v}
7750, f. 104^{r}–108^{v}

Österreichische Nationalbibliothek Wien
clv 4159, f. 124^{r}–127^{v}(a)

PETRUS <VON ROSENHEIM>: Capitula de generibus monachorum metrice
Bayerische Staatsbibliothek, München,
clm 4423, f. 127^{v}–128^{r}

Tractatus contra uitium proprietatis siue pauper monachus editus Wienne a monacho ordinis S. Bernhardi.
Bayerische Staatsbibliothek, München
clm 4396, fol. 128–156

Kastler Klosterurkunden
Staatsarchiv Amberg
Nr. 252, 268, 270, 272, 276, 285, 290, 293, 314, 365, 409, 422, 427, 430

Verweise auf Handschriften

Neben seinem Hauptwerk, der *Exposicio in regula s. Benedicti,* verfasste JOHANNES VON KASTL eine Anzahl kleinerer Traktate, die in edierter Fassung bei STROICK, C.: Unpublished theological writings of Johannis Castellensis. Ottawa: 1964, bei SUDBRACK, J.: Die geistliche Theologie des Johannes von Kastl. Studien zur Frömmigkeitsgeschichte des Spätmittelalters. Teil 2: Texte und

Untersuchungen. Münster: 1966 und als Übersetzung bei WAGNER, R.: Ein nücz und schone ler von der aygen erkantnuß. Des Pseudo-Johannes von Kastl ‚Spiritualis philosophia' deutsch. München: 1972 (MTUDL 39) vorliegen. Die Handschriften, die im 1. Kapitel dieser Arbeit aufgezählt werden und im Zusammenhang mit den kleineren Traktaten stehen, wurden der oben genannten Literatur entnommen und können dort an den angegebenen Stellen nachgelesen werden.

Nach ANGERER, J.: Die Bräuche der Abtei Tegernsee unter Abt Kaspar Ayndorffer (1426–1461), verbunden mit einer textkritischen Edition der Consuetudines Tegernseenses. Ottobeuren: 1968, S. 23 (SMGB.E 18) wurde die „Prima carta reformationis a. 1426, Joh. Gruenwalder Frising., Johannis can. in Unstendorff, Petri de Rosenhaim, Johannis monachi in Ochsenhausen" (Bayerische Staatsbibliothek, München, clm 18552b, fol. 12–27) zitiert.

Nach REDLICH, V.: Tegernsee und die deutsche Geistesgeschichte im 15. Jahrhundert. München: 1931, S. 73f. (Anmerkung 11) wurden die „Autographa epistolarum ..." (Bayerische Staatsbibliothek, München, clm 19697 fol. 29r (69) p. v.) zitiert.

Nach SUDBRACK, J.: Die geistliche Theologie des Johannes von Kastl. Studien zur Frömmigkeitsgeschichte des Spätmittelalters. Teil 2: Texte und Untersuchungen. Münster: 1966, S. 157 wurde die „Brevis historia quorundam scriptorum ecclesiasticorum saeculo XII superiorum" (Bayerische Staatsbibliothek, München, clm 14104, fol. 415r(b)) zitiert.

Gedruckte Quellen

BAYERISCHE AKADEMIE DER WISSENSCHAFTEN (Hg.): Monumenta Boica. Volumen 24. München: 1821 (Mikrofiche-Ausgabe Erlangen: 1998)

ALBERTUS <HIEROSOLIMITANUS>: Karmelregel. (In: STEGGINK, O. (Einl., Übers., Anm.), Almelo: 1978)

AMBROSIUS <MEDIOLANENSIS>: Expositio Psalmi CXVIII (CSEL 62/5, PETSCHENIG, M. u.a. (Ed.), Wien: 2. Auflage, 1999)

AMORT, E.: Vetus disciplina canonicorum regularium & saecularium. Ex documentis magna parte hucusque ineditis a temporibus apostolicis usque ad saeculum XVII ; critice & moraliter expensa. Tomus primus. Venedig: 1747 (Nachdruck Farnborough: 1971)

ARAMBURU CENDOYA, I. (Einf. u. Text): Las primitivas constituciones de los Agustinos Ratisbonenses del año 1290. Valladolid: 1966

AREDIUS <VASIONENSIS>: Charta quâ Aredius seu Petrunius, Vasionensis episcopus, Grasellensi monasterio dona à se vel ab aliis collata confirmat, et privilegia concedit (ann. 683) (In: PARDESSSUS, J.-M.: Diplomata chartae, epistolae, leges aliaque instrumenta ad rec gallo-francicas spectantia. Tomus secundus: Instrumenta ab anno 628 ad annum 751. Lyon-Paris: 1849, S. 191–195)

ARISTOTELES: Ethica nicomachea. Translatio Roberti Grosseteste Lincolniensis sive ‚Liber ethicorum' B. Recensio recognita (Aristoteles latinus, Band 26,1–3,4, GAUTHIER, R. A. (Ed.), Leiden u.a.: 1973)

DERS.: Politica. Translatio prior imperfecta. Interprete Guillelmo de Moerbeka (?) (Aristoteles latinus, Band 29,1, MICHAUD-QUANTIN, P. (Ed.), Bruges-Paris: 1961)

DERS.: Rhetorica. Translatio anonyma sive Vetus et Translatio Guillelmi de Moerbeka (Aristoteles latinus, Band 34,1–2, SCHNEIDER, B. (Ed.), Leiden: 1978)

DERS.: Topica. Translatio Boethii, Fragmentum recensionis alterius et translatio anonyma (Aristoteles latinus, Band 5,1–3, MINIO-PALUELLO, L. (Ed.), Leiden: 1969)

AUGUSTINUS <HIPPONENSIS>: De civitate Dei, Libri I–X (CChr.SL 47, DOMBART, B. u.a. (Ed.), Turnhout: 1955)

DERS.: De civitate Dei, Libri XI–XXII (CChr.SL 48, DOMBART, B. u.a. (Ed.), Turnhout: 1955)

DERS.: De doctrina christiana (CChr.SL 32, MARTIN, J. (Ed.), Turnhout: 1962)

DERS.: Enarrationes in psalmos I–L (CChr.SL 38, DEKKERS, E. u. a. (Ed.), Turnhout: 1956)

DERS.: Enarrationes in psalmos LI–C (CChr.SL 39, DEKKERS, E. u. a. (Ed.), Turnhout: 1956)

DERS.: Enarrationes in psalmos CI–CL (CChr.SL 40, DEKKERS, E. u. a. (Ed.), Turnhout: 1956)

DERS.: Epistulae 185–270 (CSEL 57, GOLDBACHER, A. (Ed.), Wien: 1911)

DERS.: De moribus ecclesiae catholicae et de moribus manichaeorum libri duo (CSEL 90, BAUER, J. (Ed.), Wien: 1992)

DERS.: Contras duas epistulas pelagianorum libri quattuor (In: CSEL 60, URBA, C. u.a. (Ed.), Wien: 1913, S. 421–570)

DERS.: De trinitate, Libri I–XII (CChr.SL 50, MOUNTAIN, W. J. (Ed.), Turnhout: 1968)

DERS.: De trinitate, Libri XIII–XV (CChr.SL 50A, MOUNTAIN, W. J. (Ed.), Turnhout: 1968)

DERS.: Praeceptum (In: La Règle de saint Augustin, I. Tradition manuscrite, EAug. VERHEIJEN, L. (Ed.), Paris: 1967, S. 315–437)

DERS.: Regula ad servos Dei (In: PL 32, Paris 1841, Sp. 1377–1384)

BACHT, H.: Das Vermächtnis des Ursprungs. Studien zum frühen Mönchtum I. (STGL, Würzburg: 2. Auflage, 1984)

DERS.: Das Vermächtnis des Ursprungs. Studien zum frühen Mönchtum II. Pachomius - Der Mann und sein Werk. Würzburg: 1983

BASILIUS <CAESARIENSIS>: Basili regula. A Rufino latine versa (CSEL 86, ZELZER, K. (Ed.), Wien: 1986)

BENEDICTUS <ANIANUS>: Concordia regularum (CChr.CM 168A, BONNERUE, P. (Ed.), Turnhout: 1999)

BENEDICTUS <PAPA, XII.>: Summi magistri dignatio. (In: COCQUELINES, C.: Bullarum privilegiorum ac diplomatum romanorum pontificum amplissima collectio. Cui accessere pontificum omnium vitae, notae, et Iidices opportuni. Tomus 3,2: A Gregorio X. ad Martinum V. scilicet ab An. 1271. ad 1431. Rom: 1741, Sp. 218a–237a)

BERNARD DE LA TOURS: De reformatione (In: ACar 65,2, HOGG, J. (Hg.), Salzburg: 1978, Sp. 5–23)

BERNARDUS <AYGLERIUS>: In regulam s. Benedicti expositio (CAPLET, A. M. (Ed.), Monte Cassino: 1894)

DERS.: Speculum monachorum seu quaestio de his, ad quae in professione obligatur monachus, et quae sint in regula, quae habeant vim praecepti, quae mandati et quae consilii (WALTER, H. (Ed.), Freiburg im Breisgau: 1901)

BERNARDUS <CLARAEVALLENSIS>: In cantica canticorum 10 (In: Sämtliche Werke, Band 5, WINKLER, G. (Hg.), Innsbruck: 1994, S. 144–157)

DERS.: In cantica canticorum 49 (In: Sämtliche Werke, Band 6, WINKLER, G. (Hg.), Innsbruck: 1995, S. 160–171)

DERS.: In cantica canticorum 77 (In: Sämtliche Werke, Band 6, WINKLER, G. (Hg.), Innsbruck: 1995, S. 536–547)

DERS.: De consideratione (In: Sämtliche Werke, Band 1, WINKLER, G. (Hg.), Innsbruck: 1990, S. 611–841)

DERS.: In laudibus virginis matris (In: Sämtliche Werke, Band 4, WINKLER, G. (Hg.), Innsbruck: 1993, S. 31–125)

DERS.: In sollemnitate apostolorum Petri et Pauli (In: Sämtliche Werke, Band 8, WINKLER, G. (Hg.), Innsbruck: 1997, S. 446–473)

BERNHARDUS <MORLANENSIS>: Ordo Cluniacensis (In: HERRGOTT, M. (Ed.): Vetus Disciplina monastica, Paris: 1726, S. 133–364)

BERTHEFREDUS <AMBIANENSIS>: Charta quâ Berthefredus, Ambianensis episcopus, Corbeiensi monasterio privilegia concedit (ann. 662) (In: PARDESSSUS, J.-M.: Diplomata chartae, epistolae, leges aliaque instrumenta ad rec gallofrancicas spectantia. Tomus secundus: Instrumenta ab anno 628 ad annum 751. Lyon-Paris: 1849, S. 126–128)

Bertoendus <Catalaunensis>: Charta quâ Bertoendus, Catalaunensis episcopus, privilegia largitur monasterio Dervensi et vicino puellarum monasterio (ann. 692) (In: Pardesssus, J.-M.: Diplomata chartae, epistolae, leges aliaque instrumenta ad rec gallo-francicas spectantia. Tomus secundus: Instrumenta ab anno 628 ad annum 751. Lyon-Paris: 1849, S. 221f.)

Biblia latina cum glossa ordinaria. Volumen I. Pentateuchus-Josue-Judicum-Ruth (Rusch, A. (Ed.), Strassburg: 1480/81 (Fröhlich, K. (Hg.), Nachdruck Turnhout: 1992))

Biblia latina cum glossa ordinaria. Volumen II. I-II Samuelis-III-IV Regum -I-II Paralipomenon-I-IV Esdrae-Tobias-Judith-Esther-Job-Psalmi-Proverbia-Ecclesiastes-Canticum Canticorum-Sapientia-Ecclesiasticus (Rusch, A. (Ed.), Strassburg: 1480/81 (Fröhlich, K. (Hg.), Nachdruck Turnhout: 1992))

Biblia latina cum glossa ordinaria. Volumen III. Isaias-Jeremias-Lamentationes-Baruch-Ezechiel-Daniel-Prophetae minores-I-II Maccabaeorum (Rusch, A. (Ed.), Strassburg: 1480/81 (Fröhlich, K. (Hg.), Nachdruck Turnhout: 1992))

Biblia latina cum glossa ordinaria. Volumen IV. Evangelia-Epistulae Pauli-Ad Hebraeos-Acta apostolorum-Epistulae catholicae-Apocalypsis Johannis (Rusch, A. (Ed.), Strassburg: 1480/81 (Fröhlich, K. (Hg.), Nachdruck Turnhout: 1992))

Biblia sacra iuxta vulgatam versionem. Tomus 1: Genesis-Psalmi. Stuttgart: 1969

Biblia sacra iuxta vulgatam versionem. Tomus 2: Proverbia-Apocalypsis. Appendix. Stuttgart: 1969

Boerius, P.: In regulam sancti Benedicti.Commentarium (Allodi, L. (Ed.), Subiaco: 1908)

Boëthius, Anicius Manlius Severinus: Philosophiae consolatio (CChr.SL 94, Bieler, L. (Ed.), Turnhout: 1957)

Burgundofaro <Meldensis>: Charta quâ Burgundofaro, Meldensis episcopus, privilegia concedit Resbacensi monasterio (ann. 636) (In: Pardesssus, J.-M.: Diplomata chartae, epistolae, leges aliaque instrumenta ad rec gallo-francicas spectantia. Tomus secundus: Instrumenta ab anno 628 ad annum 751. Lyon-Paris: 1849, S. 39–41)

Caesarius <Arelatensis>: Sermones (CChr.SL 103, Morin, G. (Ed.), Turnhout: 2. Auflage, 1953)

Ders.: Statuta sanctarum virginum (In: Césaire d'Arles: Œuvres monastiques. Tome 1: Œuvres pour les moniales, SC 345, Vogüé, A. de u. a. (Ed.), Paris: 1988, S. 33–273)

Charta caritatis (In: SCGOC 1 (=BRHE 9), Canivez, J. M. (Ed.), Louvain: 1933, S. XXVI-XXXI)

CHROTHILDIS: Charta quâ Chrothildis multa dona confert ad condendum monasterium puellarum apud Brocariam, in pago Stampensi (ann. 670) (In: PARDESSSUS, J.-M.: Diplomata chartae, epistolae, leges aliaque instrumenta ad rec gallo-francicas spectantia. Tomus secundus: Instrumenta ab anno 628 ad annum 751. Lyon-Paris: 1849, S. 148–150)

CICERO, MARCUS TULLIUS: De officiis (Scrittori latini commentati, DECIA, G. (Ed.), Turin: 2. Auflage, 1945)

DERS.: Tusculanarum disputationum libri quinque (DOUGAN, TH. u.a. (Ed.), Cambridge: 1934 (Nachdruck New York: 1979))

CLARA <ASSISIAS>: Regula (In: Claire d' Assise: Écrits: SC 325, BECKER, M.-F. (Ed.), Paris: 1985 (Nachdruck Paris 1997))

CLEMENS <PAPA, I.>: Epistula clementis. (GCS, STRECKER, G. (Hg.): Die Pseudoklementinen. Band 1. Homilien. Berlin: 3. Auflage, 1992)

CLEMENS <PAPA, I.>: Κλημεντος προς κορινθιους (In: FUNK, F. X. (Ed.): Opera patrum apostolicorum, Tübingen: 1878, S. 60–145)

COCQUELINES, C.: Bullarum privilegiorum ac diplomatum romanorum pontificum amplissima collectio. Cui accessere pontificum omnium vitae, notae, et iudices opportuni. Tomus 3,2: A Gregorio X. ad Martinum V. scilicet ab An. 1271. ad 1431. Rom: 1741, Sp. 218a–237a

Conciliorum oecumenicorum decreta (ALBERIGO, G. u.a. (Ed.), Bologna: 1991)

Constitutiones antiquas a. 1324 (In: Antiquas ordinis constitutiones acta capitulorum generalium tractatus de prioribus generalibus de magistris Parisiensibus nec non epistolas diversas, ZIMMERMANN, B. (Hg.), Lirinae: 1907, S. 20–114 (Monumenta historica Carmelitana; Volumen primus))

Constitutiones Camaldulensis ordinis 1253 (In: ACOSB 6 (Codex Camaldulensis), MITTARELLI, J.-B. (Ed.), Venedig: 1761, Sp. 1–203 (Nachdruck Farnborough: 1970))

Constitutiones Capituli Londinensis Anni 1281 (In: SAGGI, L.: Constitutiones Capituli Londinensis Anni 1281, AOCarm 15 (1950), S.206–245)

Constitutiones congregationis Montis Oliveti. (In: CATTANA, V. M.: La primitiva redazione delle costituzioni olivetane, Ben. 18 (1971), S.78–116)

Constitutiones seu Consuetudo eremitarum sancti Mathiae de Muriano (In: ACOSB 4, MITTARELLI, J.-B. (Ed.), Venedig: 1759, Sp. 377–381 (Nachdruck Farnborough: 1970))

Constitutiones generales ordinis fratrum minorum. Anno 1316 Assisii conditae (In: AFH 4 (1911), CARLINI, A. (Ed.), S. 269–302.508–536)

Constitutiones generales ordinis fratrum minorum. A capitulo Perpiniani (1331) (In: AFH 2 (1909), MENCHERINI, S. (Ed.), S. 269–292.412–430.575–599)

Constitutiones antique Ordinis Fratrum Predicatorum (In: BRHE 42, THOMAS, A.-H., Leuven: 1965, S. 309–369)

B. Rudolphi prioris IV. Camaldulensis Constitutiones (In: ACOSB 3 (Appendix tomi tertii annalium Camaldulensium), Mittarelli, J.-B. (Ed.), Venedig: 1758, Sp. 512–551 (Nachdruck Farnborough: 1970))

Consuetudines castellenses (CCM 14/1, Maier, P. (Ed.), Siegburg: 1996)

Die Consuetudines des Augustiner-Chorherrenstiftes Marbach im Elsass. 12. Jahrhundert (FriSpic 10, Siegwart, J. (Hg.), Freiburg/Schweiz: 1965)

Consuetudines Basilii (In: ACar 1, Hogg, J. (Ed.), Salzburg: 1971, Sp. 142–218)

Consuetudines Beccenses (CCM 4, Dickson, M. P. (Ed.), Siegburg: 1967)

Consuetudines canonicorum regularium Rodenses. Die Lebensordnung des Regularkanonikerstiftes Klosterrath. Teilband 2. (FC 11,2, Weinfurter, St. (Ed.), Deutz, H. (Übers., Einl.), Freiburg im Breisgau: 1993)

Antiquae consuetudines canonicorum regularium s. Victoris Parisiensis (In: AERit^{2}3 (Nachdruck Hildesheim: 1967), Sp. 705–814)

Consuetudines Floriacensis Antiquiores (In: CCM 7/3, Davril, A. u. a. (Ed.), Siegburg: 1984, S. 3–60)

Consuetudines Lundenses. Statutter for kannikesamfundet i Lund c. 1123 (Buus, E. (Hg.), Kopenhagen: 1978)

Consuetudo Camaldulensis. Rudolphi Constitutiones. Liber Eremitice Regule (Edizione nazionale di testi mediolatini 8 (=Serie II,4), Licciardello, P. (Ed.), Firenze: 2004)

Costituzioni dell'ordine di s. Benedetto di Montefano (BMon 11, Alle fonti della spiritalità silvestrina 3, Bux, L. u.a. (Ed.), Fabriano: 2002, Sp. 1–203)

Corpus iuris canonici. Pars 1–2 (Friedberg, Ae., (Ed.), Leipzig: 1879 (Nachdruck Graz: 1959))

Corpus iuris civilis. Volumen 1: Institutiones (Krueger, P. (Ed.), Berlin: 1877)

Corpus iuris civilis. Volumen 2: Codex Iustinianus (Krueger, P. (Ed.), Berlin: 1892)

Corpus iuris civilis. Volumen 3: Novellae (Schoell, R. u.a. (Ed.), Berlin: 1895)

Thascius Caecilius Cyprianus: Epistulae (CSEL 3,2, Hartel, G. (Ed.), Wien: 1871)

Decreta Lanfranci monachis cantuariensibus transmissa (CCM 3, Knowles, D. (Ed.), Siegburg: 1967)

Didache. Zwölf-Apostel-Lehre (FC 1, Schöllgen, G. (Übers. und Einl.), Freiburg im Breisgau: 1991)

Disticha Catonis (Boas, M. u. a. (Ed.), Amstelodami: 1952)

Drauscius <Suessionensis>: Charta quâ Drauscius, Suessionensis episcopus, suessionensi sanctae Mariae Parthenoni privilegia concedit (ann. 666) (In: Pardesssus, J.-M.: Diplomata chartae, epistolae, leges aliaque instrumenta ad rec gallo-francicas spectantia. Tomus secundus: Instrumenta ab anno 628 ad annum 751. Lyon-Paris: 1849, S. 138–141)

EMMO <SENONENSIS>: Praeceptum Emmonis, Senonensis episcopi, de subjectione monachorum sanctae Columbae abbati suo, de abbatis electione, et de ejus potestate in monachos et bona monasterii (ann. 659) (In: PARDESSSUS, J.-M.: Diplomata chartae, epistolae, leges aliaque instrumenta ad rec gallo-francicas spectantia. Tomus secundus: Instrumenta ab anno 628 ad annum 751. Lyon-Paris: 1849, S. 109–111)

DERS.: Privilegium Emmonis Senonensis episcopi pro monasterio S. Columbae (In: MANSI, J. D.: Sacrorum conciliorum nova et amplissima collectio. Tomus 11: Ab anno DCLIII. usq; ad annum DCLXXXVII. inclusive. Paris: 1901, Sp. 119–121 (Nachdruck Graz: 1960))

DERS.: Ejusdem Privilegium aliud pro monasterio S. Petri vivi Senonensis (In: MANSI, J. D.: Sacrorum conciliorum nova et amplissima collectio. Tomus 11: Ab anno DCLIII. usq; ad annum DCLXXXVII. inclusive. Paris: 1901, Sp. 121–124 (Nachdruck Graz: 1960))

Expositio evangelii secundum Marcum (CChr.SL 82, CAHILL, M. (Ed.), Turnhout: 1997)

Formulae merowingici et karolini aevi. Accedunt Ordines iudiciorum Dei (MGH.L 2,2,5,1, ZEUMER, K. (Ed.), Hannover: 1886 (Nachdruck Hannover: 1963))

FRANCISCUS <ASSISIAS>: Regula bullata (In: SpicBon 13, Esser, K. (Ed.) u.a., Grottaferrata: 2., erweiterte und verbesserte Auflage, 1989, S. 366–371)

FRUCTUOSUS <Bracarensis>: Regula communis (In: BAC 321, Sanctos padres españoles II: San Leandro, San Isidoro, San Fructuoso, CAMPOS RUIZ, J. u.a. (Ed.), Madrid: 1971, Sp. 172–211)

DERS.: Regula monastica (In: BAC 321, Sanctos padres españoles II: San Leandro, San Isidoro, San Fructuoso, CAMPOS RUIZ, J. u.a. (Ed.), Madrid: 1971, Sp. 137–162)

S. Fulgentii Episcopi Ruspensis vita, a quodam eius discipulo conscripta ad Felicianum episcopum sancti Fulgentii successorem (In: PL 65, Paris: 1847, Sp.117B–150D (Nachdruck Turnhout: 1991))

GREGORIUS <PAPA, I.>: Dialogi de vita et miraculis patrum Italicorum (SALZBURGER ÄBTEKONFERENZ (Hg.): Der hl. Benedikt. Buch II der Dialoge. Lateinisch/Deutsch, St. Ottilien: 1995)

DERS.: Homiliae in Evangelia (FC 28/1, FIEDROWICZ, M. (Übers., Einl.), Freiburg im Breisgau: 1997)

DERS.: Homiliae in Hiezechihelem prophetam (CChr.SL 142, ADRIAEN, M. (Ed.), Turnhout: 1971)

DERS.: Moralia in Iob. Libri I–X (CChr.SL 143, ADRIAEN, M. (Ed.), Turnhout: 1979)

DERS.: Moralia in Iob. Libri XI–XXII (CChr.SL 143A, ADRIAEN, M. (Ed.), Turnhout: 1979)

Ders.: Moralia in Iob. Libri XXIII–XXXV (CChr.SL 143B, Adriaen, M. (Ed.), Turnhout: 1985)

Ders.: Registum epistularum. Libri VIII–XIV (CChr.SL 140A, Norberg, D. (Ed.), Turnhout: 1982)

Ders.: Regula pastoralis, Liber primus et secundus (In: Règle pastorale, SC 381, Judic, B. u.a. (Ed.), Paris: 1992)

Ders.: Regula pastoralis, Liber tertius et quartus (In: Règle pastorale, SC 382, Judic, B. u.a. (Ed.), Paris: 1992)

Gregorius <Papa, IX.>: Cum omnis (In: BFRPC 1(1759), Sbaraglia, G. G. (Ed.), Rom: 1759, S. 263–267 (Nachdruck Santa Maria degli Angeli: 1983))

Ders.: Quo elongati (In: AFH 54 (1961), S. 3–25)

Guilelmus <Avernus>: De moribus (Opera omnia, Volumen I, Paris: 1674)

Guigo <de Castro>: Consuetudines Cartusiae (In: Guigues I.: Coutumes de Chartreuse, SC 313, André <Fratre> (Ed.), Paris: 1984)

Durantis, Guilelmus: Rationale divinorum officiorum I–IV (CChr.CM 140, Davril, A. u.a. (Ed.), Turnhout: 1995)

Ders.: Speculum iudiciale. Tomus 2. Pars III et IV (Andrea, G. u.a. (Bearb.), Basel: 1574 (Neudruck Aalen: 1975))

Guilelmus <Hirsaugiensis>: Constitutiones Hirsaugienses (In: Herrgott, M.: Vetus disciplina monastica, S. 375–570)

Guilelmus <de Mandagoto>: De iure electionis novorum praelatorum reverendissimorum. Köln: 1602

Hadrianus <Papa, I.>: Privilegium (In: MGH.L 2,2,5,1, Zeumer, K. (Ed.), Hannover: 1886, S. 501–503 (Nachdruck Hannover: 1963))

Hamesse, J.: Les Auctoritates Aristotelis. Un Florilège médiéval. Étude historique et édition critique, Louvain: 1974 (PhMed XVII)

Hardouin, J.: Acta conciliorum et epistolae decretales, ac constitutiones summorum pontificium. Tomus secundus: Ab anno CCCCLI. ad annum DL. Paris: 1714

Heddo <Straceburgensis>: Fundatio (In: Bruckner, A.: Regesta alsatiae aevi merovingici et karolini 496–918. Quellenband. Strasbourg u.a: 1949, S. 97)

Herrgott, M. (Ed.): Vetus Disciplina monastica. Paris: 1726 (Nachdruck Siegburg: 1999)

Hieronymus <Stridonensis>: Commentariorum in epistolam ad Ephesios. Libri tres (In: PL 26, Paris: 1845, Sp. 467–590)

Ders.: Commentariorum in Matheum. Libri IV (CChr.SL 77, Hurst, D. u.a., Turnhout: 1969)

Ders.: Epistulae 1–70 (CSEL 54, Hilberg, I. (Ed.), Wien: 2., erweiterte Auflage, 1996)

Ders.: Epistulae 121–154 (CSEL 56/1, Hilberg, I. (Ed.), Wien: 2., erweiterte Auflage, 1996)

Ders.: Beati Pauli Apostoli Incipit Epistola ad Colossenses (In: PL 29, Paris: 1846, Sp. 829 - 834)

Hildemarus <Corbiensis>: Expositio regulae ab Hildemaro tradita (Mittermüller, R. (Ed.), Regensburg: 1880)

Hugo Candidus: Vita Eigilis Abbatis Fuldensis (In: MGH.SS 1,5,15,1, Waitz, G. (Ed.), Hannover: 1887, Sp. 221–233 (Nachdruck Hannover 1963))

Innocentius <Papa, IV.>: Cum omnis (In: BFRPC 1(1759), Sbaraglia, G. G. (Ed.), Rom: 1759, S. 476–483 (Nachdruck Santa Maria degli Angeli: 1983))

Ders.: Ordinem vestrum (In: BFRPC 1(1759), Sbaraglia, G. G. (Ed.), Rom: 1759, S. 400–402 (Nachdruck Santa Maria degli Angeli: 1983))

Ders.: Religiosam vitam eligentibus (In: Cass. 18, Luijk, B. v. (Hg.), Würzburg: 1964, S. 40–43)

Ders.: Solet annuere (In: BFRPC 1(1759), Sbaraglia, G. G. (Ed.), Rom: 1759, S. 394–399 (Nachdruck Santa Maria degli Angeli: 1983))

Ders.: Vota devotorum (In: Cass. 18, Luijk, B. v. (Hg.), Würzburg: 1964, S. 27f.)

Institutum sancti Victoris (In: Coenegracht, P. M.: De Kloosterwetgeving van de Victorinen, OGE 37(1963), S. 318–329)

Iohannes <Cassianus>: Collationes (CSEL 13, Petschenig, M. u.a. (Ed.), Wien: 2. Auflage, 2004)

Ders.: De institutis coenobiorum (CSEL 17, Petschenig, M. u.a. (Ed.), Wien: 2. Auflage, 2004)

Johannes <de Castello>: Ars praedicandi. (In: Sudbrack, J.: Die geistliche Theologie des Johannes von Kastl. Studien zur Frömmigkeitsgeschichte des Spätmittelalters. Teil 2: Texte und Untersuchungen. Münster: 1966, S. 140)

Ders.: Ars moriendi. (In: Sudbrack, J.: Die geistliche Theologie des Johannes von Kastl. Studien zur Frömmigkeitsgeschichte des Spätmittelalters. Teil 2: Texte und Untersuchungen. Münster: 1966, S. 138–139)

Ders.: Contemplatio tria. (In: Sudbrack, J.: Die geistliche Theologie des Johannes von Kastl. Studien zur Frömmigkeitsgeschichte des Spätmittelalters. Teil 2: Texte und Untersuchungen. Münster: 1966, S. 131–136)

Ders.: De fine religiosae perfectionis (ScrMon 5, Huijben , J., (Ed.), Padua: 1925)

Ders.: De lumine creato. (In: Sudbrack, J.: Die geistliche Theologie des Johannes von Kastl. Studien zur Frömmigkeitsgeschichte des Spätmittelalters. Teil 2: Texte und Untersuchungen. Münster: 1966, S. 11–67)

Ders.: De lumine increato. (In: Sudbrack, J.: Die geistliche Theologie des Johannes von Kastl. Studien zur Frömmigkeitsgeschichte des Spätmittelalters. Teil 2: Texte und Untersuchungen. Münster: 1966, S. 67–122)

DERS.: Notulae. (In: SUDBRACK, J.: Die geistliche Theologie des Johannes von Kastl. Studien zur Frömmigkeitsgeschichte des Spätmittelalters. Teil 2: Texte und Untersuchungen. Münster: 1966, S. 137)

DERS.: Oratio. (In: SUDBRACK, J.: Die geistliche Theologie des Johannes von Kastl. Studien zur Frömmigkeitsgeschichte des Spätmittelalters. Teil 2: Texte und Untersuchungen. Münster: 1966, S. 123–130)

DERS.: Tractatus de sui ipsius vera et humili cognitione qui adscribitur secundum aliquos fratri Johanni de Castello. Oder: Spiritualis philosophia. (In: STROICK, C.: Unpublished theological writings of Johannis Castellensis. Ottawa: 1964, S. 147–194)

ISIDORUS <HISPALENSIS>: Synonyma de Lamentatione animae peccatricis (In: PL 83, Paris: 1850, 472B–523C)

DERS.: Sententiarum libri tres (In: PL 83, Paris: 1850, 115A–362B)

ISTITUTO STORICO DOMENICANO ROMA (Hg.): Constitutiones et acta capitulorum generalium ordinis fratrum praedicatorum. Berlin: 2002 (Digitale Bibliothek Spezial)

IUVENALIS, DECIMUS JUNIUS: Saturae XIV (DUFF, J. D. (Ed.), Cambridge: 1898 (Nachdruck Cambridge: 1975))

JOHANNES <CLIMACUS>: Scala paradisi (In: PG 88, Paris: 1864, Sp. 631–1164)

JASPERT, D.: Das Papstwahldekret von 1059. Überlieferung und Textgestalt. Sigmaringen: 1986 (BGQMA 12)

KAEPPELI, T.: Scriptores ordinis praedicatorum medii aevi. Volumen 2. Rom: 1975

KEHR, P. F.: Papst Gregor VIII. als Ordensgründer. (In: Miscellanea Francesco Ehrle. Scritti di storia e paleografia. Pubblicati sotto gli auspici di S. S. Pio XI in occasione dell'ottantesimo natalizio dell' e. mo. cardinale Francesco Ehrle. Tomus secundus: Per la storia di Roma. Rom: 1924 (StT 38), S. 248–275)

LEO <PAPA, I.>: Epistulae (PL 54, Paris: 1849)

Liber consuetudinum (In: KRINGS, B: Das Ordensrecht der Prämonstratenser vom späten 12. Jahrhundert bis zum Jahr 1227, APraem 69 (1993), S. 135–230)

Liber consuetudinum (In: LEFÈVRE, P. F.; GRAUWEN, W. M. (Introd., Texte et Tables): Les statuts de Prémontré au milieu du XIIe siècle. Louvain: 1978 (APraem.B 12), S. 1–52)

Liber tramitis aevi Odilonis abbatis (CCM 10, DINTER, P. (Ed.), Siegburg: 1980)

MANSI, J. D.: Sacrorum conciliorum nova et amplissima collectio. Tomus 2: Ab anno CCCV. ad annum CCCXLVI. Paris: 1901 (Nachdruck Graz: 1960)

DERS.: Sacrorum conciliorum nova et amplissima collectio. Tomus 3: Ab anno CCCXLVII. ad annum CCCCIX. Paris: 1901 (Nachdruck Graz: 1960)

DERS.: Sacrorum conciliorum nova et amplissima collectio. Tomus 7: Ab anno CCCCLI. ad annum CCCCXCII inclusive. Paris: 1901 (Nachdruck Graz: 1960)

DERS.: Sacrorum conciliorum nova et amplissima collectio. Tomus 8: Ab anno CCCCXCII. ad annum DXXXVI. inclusive. Paris: 1901 (Nachdruck Graz: 1960)

DERS.: Sacrorum conciliorum nova et amplissima collectio. Tomus 10: Ab anno DXC. ad annum DCLIII. inclusive. Paris: 1901 (Nachdruck Graz: 1960)

DERS.: Sacrorum conciliorum nova et amplissima collectio. Tomus 12: Ab anno DCLXXXVII. usque ad annum DCCLXXXVII. inclusive. Paris: 1901 (Nachdruck Graz: 1960)

DERS.: Sacrorum conciliorum nova et amplissima collectio. Tomus 19: Ab anno DCCCCLXVII. usque ad annum MLXX.exclusive, in quo etiam res a Joannes Dominico Mansi Gestae describuntur. Paris: 1902 (Nachdruck Graz: 1960)

MARRIER, M. (Hg.): Bibliotheca Cluniacensis, in qua ss. Patrum abb. Clun. vitae, miracula, scripta, statuta, privilegia chronologiaeque duplex, ... Paris: 1614 (Nachdruck Matiscone: 1915)

MARTINUS <BRACARENSIS>: Opera omnia (BARLOW, C. (Ed.), New Haven: 1950)

MITTARELLI, J.-B.: Annales Camaldulenses ordinis sancti Benedicti 4,34 (In: ACOSB 4, DERS. (Ed.), Venedig: 1759, S. 115–144 (Nachdruck Farnborough: 1970))

Monumenta historica universitatis Carolo-Ferdinandeae Pragensis. Tomus 1, 1: Liber decanorum facultatis philosophicae Pragensis ab anno Christi 1367 usque ad annum 1585. Prag 1830

NICOLAUS <DE SIEGEN>: Chronicon Ecclesiasticum. Jena: 1855 (Thüringische Geschichtsquellen, Band 2) (In: SUDBRACK, J.: Die geistliche Theologie des Johannes von Kastl. Studien zur Frömmigkeitsgeschichte des Spätmittelalters. Teil 2: Texte und Untersuchungen. Münster: 1966, S. 156f.)

PAULUS <DIACONUS>: Commentarium Pauli Warnefridi Casinensis in Regulam sancti Patris nostri Benedicti (Florilegium Casinense, Monte Cassino: 1880)

DERS.: Ad XIV. Saecularem Sanctissimi Patris Benedicti nativitatis annum Pauli Warnefridi Diaconi Casinensis in sanctam regulam commentarium archi-coenobii Casinensis monachi. Monte Cassino: 1880

Pax Wormatiensis cum Calixto II. Privilegium Imperatoris. (In: MGH.Cons 2,2,4,1, WEILAND, L. (Ed.), Hannover: 1893, Sp. 159f. (Nachdruck Hannover: 1999))

Pax Wormatiensis cum Calixto II. Privilegium Pontificisis. (In: MGH.Cons 2,2,4,1, WEILAND, L. (Ed.), Hannover: 1893, Sp. 160f. (Nachdruck Hannover: 1999))

PELAGIUS <PAPA, I.>: Pelagii I. Papae epistulae quae supersunt (SDM 8, Gasso, P. M. (Ed.), Montserrat: 1956)

PETRUS <BLESENSIS>: Epistulae (In: PL 207, Paris: 1855 (Nachdruck Turnhout: 1987), Sp. 1–560)

PETRUS <DAMIANI>: Epistola 41–90 (MGH.Ep 4,2,4,2, REINDEL, K. (Ed.), München: 1988)

DERS.: Epistola 91–150 (MGH.Ep 4,2,4,3, REINDEL, K. (Ed.), München: 1989)

DERS.: Epistola 151–180 (MGH.Ep 4,2,4,4, REINDEL, K. (Ed.), München: 1993)

DERS: Liber Gomorrhianus. Omosessualità ecclesiastica e riforma della Chiesa. (Il cavaliere del Leone 2, D'ANGELO, E. (Ed.), Alessandria: 2001)

PETRUS <VON ROSENHEIM>: Sermo de statu vitae monasticae sui temporis (In: BAAN 2, Regensburg: 1723, S. 81–94)

PSEUDO-BERNARDUS <CLARAEVALLENSIS>: Vitis mysticam seu Tractatus de passione Domini (In: PL 184, Paris: 1854, Sp. 635–740)

PUZICHA, M.: Die Regeln der Väter. Vorbenediktinische lateinische Regeltradition. Münsterschwarzach: 1990 (MüSt 40)

Regula s. Benedicti (CSEL 75, HANSLIK, R. (Ed.), Wien: 1960)

Regula s. Benedicti (CSEL 75, HANSLIK, R. (Ed.), Wien: 2. Auflage, 1977)

Regula s. Benedicti (SALZBURGER ÄBTEKONFERENZ (Hg.): Die Benediktusregel. Lateinisch-Deutsch. Beuron: 4. Auflage, 1992)

Regula s. Benedicti (STEIDLE, B. (Hg.): Die Benediktusregel. Lateinisch-Deutsch. Beuron: 4. Auflage, 1980)

Regula Magistri (In: La règle du maître, Tome 1: Prologue-Chap. 10, SC 105, VOGÜÉ, A. DE u. a. (Ed.), Paris: 1964)

Regula Magistri (In: La règle du maître, Tome 2: Chap. 11–95, SC 106, VOGÜÉ, A. DE u. a. (Ed.), Paris: 1964)

Regulae canonicae institutionis sive constitutiones Portuenses a Beato Petro de Honestis Canonico regulari conscriptae, & a Paschali II. Summo Pontifice approbatae ac confirmatae Anno 1117 (In: AMORT, E.: Vetus disciplina. Tomus primus. Venedig: 1747, S. 338–382 (Nachdruck Farnborough: 1971))

RICHARD <DE SANCTO VICTORE>: De praeparatione animi ad contemplationem, liber dictus Benjamin minor (In: PL 196, Paris: 1855, Sp. 1–64)

DERS.: De statu interioris hominis. (In: AHDL 42 (1967), RIBAILLIER, J. (Ed.), S. 7–128)

SENECA, LUCIUS AENEUS: Ad Lucilium Epistulae Morales I-LXIX (SENECA <PHILOSOPHUS>: Philosophische Schriften. Lateinisch und Deutsch. Band 3. PRÉCHAC, F. (Ed.), Darmstadt: 1980)

DERS.: De ira (Collecció catalana dels clàssics grecs i llatins. Escriptors llatins, Band 5, CARDÓ, C. (Ed.), Barcelona: 1924)

SIDONIUS APOLLINARIUS, GAIUS SOLLIDUS: Epistula IV,25 (In: MGH.SS 1,1,8, LUETJOHANN, CHR. (Ed.), Berlin 1887, S. 76f. (Nachdruck München: 1985))

SMARAGDUS <SANCTI MICHAELIS>: Smaragdi Abbatis expositio in regulam s. Benedicti (CCM 8, SPANNAGEL, A. u. a. (Ed.), Siegburg: 1974)

Statuta Casinensia Saeculi XIII (In: CCM 6, LECCISOTTI, T. u.a. (Ed.), Siegburg: 1975, S. 211–231)

Statuta generalia Caturcensia an. 1337 (In: AFH 30 (1937), BIHL, M. (Ed.), S. 69–169)

Statuta generalia Lugdunensia an. 1351 (In: AFH 30 (1937), BIHL, M. (Ed.), Ebd., S. 69–169)

Statuta Jancelini (In: ACar 65,2, HOGG, J. (Hg.), Salzburg: 1978, Sp. 28–137)

Statuta ordinis cisterciensis (1134) (In: SCGOC 1 (=BRHE 9), CANIVEZ, J. M. (Ed.), Louvain: 1933, S. 12–32)

Statuta ordinis cisterciensis (1181) (In: SCGOC 1 (=BRHE 9), CANIVEZ, J. M. (Ed.), Louvain: 1933, S. 88f.)

Statuta ordinis cisterciensis (1218) (In: SCGOC 1 (=BRHE 9), CANIVEZ, J. M. (Ed.), Louvain: 1933, S. 484–503)

Statuta ordinis cisterciensis (1234) (In: SCGOC 2 (=BRHE 10), CANIVEZ, J. M. (Ed.), Louvain: 1934, S. 126–139)

Statuta ordinis cisterciensis (1242) (In: SCGOC 2 (=BRHE 10), CANIVEZ, J. M. (Ed.), Louvain: 1934, S. 245–259)

Statuta ordinis cisterciensis (1243) (In: SCGOC 2 (=BRHE 10), CANIVEZ, J. M. (Ed.), Louvain: 1934, S. 259–274)

Statuta ordinis cisterciensis (1271) (In: SCGOC 3 (=BRHE 11), CANIVEZ, J. M. (Ed.), Louvain: 1935, S. 92–103)

Statuta ordinis cisterciensis (1276) (In: SCGOC 3 (=BRHE 11), CANIVEZ, J. M. (Ed.), Louvain: 1935, S. 151–162)

Statuta ordinis cisterciensis (1317) (In: SCGOC 3 (=BRHE 11), CANIVEZ, J. M. (Ed.), Louvain: 1935, S. 332–338)

Statuta ordinis cisterciensis (1318) (In: SCGOC 3 (=BRHE 11), CANIVEZ, J. M. (Ed.), Louvain: 1935, S. 338–344)

Statuta generalia ordinis Narbonenses (In: AFH 34 (1941), BIHL, M. (Ed.), S. 13–94.284–358)

STEPHANUS DE BORBONE: Tractatus de diversis materiis predicabilibus (CChr.CM 124, BERLIOTZ, J. u.a. (Ed.), Turnhout: 2002)

SULPICIUS SEVERUS: Libri qui supersunt (CSEL 1, HALM, C. (Ed.), Wien: 1866)

Testimonia divinae scripturae <et patrum> (CChr.SL 108D, LEHNER, A.(Ed.), Turnhout: 1987, S. 41–151)

THOMAS <DE AQUINO>: Epistola ad Bernardum abbatem Cassinensem (In: Sancti Thomae Aquinatis Doctoris Angelici Opera Omnia, Tomus 42, Rom: 1979, S. 411–415)

DERS.: In quattuor libros sententiarum (S. Thomae Aquinatis Opera omnia, Volumen 1, BUSA, R. (Bearb.), Stuttgart-Bad Cannstatt: 1980)

DERS.: Prima pars summae theologiae. A quaestione I ad quaestionem XLIX (Sancti Thomae Aquinatis Doctoris Angelici Opera Omnia, Tomus 4, Rom: 1888)

DERS.: Prima pars summae theologiae. A quaestione L ad quaestionem CXIX (Sancti Thomae Aquinatis Doctoris Angelici Opera Omnia, Tomus 5, Rom: 1889)

DERS.: Prima secundae summae theologiae. A quaestione I ad quaestionem LXX (Sancti Thomae Aquinatis Doctoris Angelici Opera Omnia, Tomus 6, Rom: 1891)

DERS.: Prima secundae summae theologiae. A quaestione LXXI ad quaestionem CXIV (Sancti Thomae Aquinatis Doctoris Angelici Opera Omnia, Tomus 7, Rom: 1892)

DERS.: Secunda secundae summa theologiae. A quaestione I ad quaestionem LVI (Sancti Thomae Aquinatis Doctoris Angelici Opera Omnia, Tomus 8, Rom: 1895)

DERS.: Secunda secundae summa theologiae. A quaestione LVII ad quaestionem CXXII (Sancti Thomae Aquinatis Doctoris Angelici Opera Omnia, Tomus 9, Rom: 1897)

DERS.: Secunda secundae summa theologiae. A quaestione CXXIII ad quaestionem CLXXXIX (Sancti Thomae Aquinatis Doctoris Angelici Opera Omnia, Tomus 10, Rom: 1899)

DERS.: Tertia pars. A quaestione I ad quaestionem LIX (Sancti Thomae Aquinatis Doctoris Angelici Opera Omnia, Tomus 11, Rom: 1903)

DERS.: Sententia libri ethicorum. Volumen 1: Praefatio-Libri I–III (Sancti Thomae Aquinatis Doctoris Angelici Opera Omnia, Tomus 47, Rom: 1969)

DERS.: Sententia libri ethicorum. Volumen 2: Libri IV–X-Indices (Sancti Thomae Aquinatis Doctoris Angelici Opera Omnia, Tomus 47, Rom: 1969)

DERS.: Sententia libri politicorum. Tabula libri ethicorum. (Sancti Thomae Aquinatis Doctoris Angelici Opera Omnia, Tomus 48, Rom: 1971)

Traditio apostolica. Apostolische Überlieferung (FC 1, GEERLINGS, W. (Übers. u. Einl.), Freiburg im Breisgau: 1991)

TRITHEMIUS, J.: Catalogus illustrium virorum Germaniam suis ingeniis et lucubrationibus omnifariam exornantium (In: SUDBRACK, J.: Die geistliche Theologie des Johannes von Kastl. Studien zur Frömmigkeitsgeschichte des Spätmittelalters. Teil 2: Texte und Untersuchungen. Münster: 1966, S. 155)

DERS.: De viris illustribus Ordinis S. Benedicti libri quattuor II,35, Mainz: 1604 (In: SUDBRACK, J.: Die geistliche Theologie des Johannes von Kastl. Studien zur Frömmigkeitsgeschichte des Spätmittelalters. Teil 2: Texte und Untersuchungen. Münster: 1966, S. 155f.)

DERS.: Annales Hirsaugienses. Band 2. Sankt Gallen: 1690 (In: SUDBRACK, J.: Die geistliche Theologie des Johannes von Kastl. Studien zur Frömmigkeitsgeschichte des Spätmittelalters. Teil 2: Texte und Untersuchungen. Münster: 1966, S. 156)

DERS.: Catalogus scriptorum ecclesiasticorum, Köln: 1531 (In: SUDBRACK, J.: Die geistliche Theologie des Johannes von Kastl. Studien zur Frömmigkeitsgeschichte des Spätmittelalters. Teil 2: Texte und Untersuchungen. Münster: 1966, S. 156)

UDALRICUS <CELLENSIS>: Antiquiores consuetudines cluniacensis monasterii (In: PL 149, Sp. 635–778)

Vita sancti Eugendi abbatis (In: Vie des pères du Jura, SC 142, MARTINE, F. (Ed.), Paris :1968, S. 364–435)

Vita sancti Lupicini abbatis (In: Vie des pères du Jura, SC 142, MARTINE, F. (Ed.), Paris :1968, S. 308–363)

Vita sancti Romani abbatis (In: Vie des pères du Jura, SC 142, MARTINE, F. (Ed.), Paris :1968, S. 242–307)

WEISSENBERGER, PAULUS: Die ältesten Statuta Monastica der Silvestriner. (In: RQ47(1939), S. 31–109)

WIDEGERNUS <STRACEBURGENSIS>: Charta quâ Widegernus, episcopus Stradburgensis, fundationem monasterii Morbacensis, conditi ab Eberhardo comite, confirmat, et illud privilegiis ornat (ann. 728) (In: PARDESSSUS, J.-M.: Diplomata, chartae, epistolae, leges aliaque instrumenta ad rec gallo-francicas spectantia. Tomus secundus: Instrumenta ab anno 628 ad annum 751. Lyon-Paris: 1849, S. 352–355)

WIDERADUS <FLAVINIACENSIS>: Alterum Wideradi abbatis testamentum, quo testamentum prius confirmat conditum in gratiam monasterii Flaviniacensis, cui nova dona confert (ann. 746) (In: PARDESSUS, J.-M.: Diplomata, chartae, epistolae, leges aliaque instrumenta ad rec gallo-francicas spectantia. Tomus secundus: Instrumenta ab anno 628 ad annum 751. Lyon-Paris: 1849, S. 399–402)

Sekundärliteratur

ALTANER, B. u.a.: Patrologie. Leben, Schriften und Lehre der Kirchenväter. Freiburg im Breisgau: 1978

AMON, K.: Aus der Geschichte von Rein. In: RAPPOLD, P. (Hg.): Stift Rein 1129–1979. 850 Jahre Kultur und Glaube. Festschrift zum Jubiläum. Rein: 1979, S. 28–47

ANGERER, J.: Die Bräuche der Abtei Tegernsee unter Abt Kaspar Ayndorffer (1426–1461), verbunden mit einer textkritischen Edition der Consuetudines Tegernseenses. Ottobeuren: 1968 (SMGB.E 18)

DERS.: Reform von Melk. In: Faust, U. (Bearb.): Die Reformverbände und Kongregationen der Benediktiner im deutschen Sprachraum. St. Ottilien: 1999 (Germ. Ben. 1), S. 271–313

BAYERISCHE BENEDIKTINERKONGREGATION (Hg.): Gerufen von Gott. Der Weg des hl. Benedikt für unsere Zeit. Die Satzungen der Bayerischen Benediktiner-Kongregation (Spiritueller Teil). St. Ottilien: 1979

BECKER, H.: Kartäuser, Kartäuserinnen. In: LMA 5 (1991), Sp. 1018–1021

BECKER, H.-J.: Protest. In: HRG 3 (1984), Sp. 2042f.

BERKTOLD, C.: Wilhelm von Hirsau. In: LMA 9 (1998), Sp. 155f.

BERNT, G.: Hildemar von Corbie. In: LMA 5 (1991), Sp. 15f.

DERS.: Merkverse. In: LMA 6 (1993), Sp. 541

BORCHARDT, K.: Tankred (Tancredus) von Bologna. In: LMA 8 (1997), Sp. 458

BOSL, K.: Das Nordgaukloster Kastl (Gründung, Gründer, Wirtschafts- und Geistesgeschichte). Regensburg: 1939 (Sonderabdruck aus VHVOPf 89)

BRAUNACH, W.: Die Abtwahl in den Königsklöstern der Spanischen Mark. In: VINCKE, J.: Gesammelte Aufsätze zur Kulturgeschichte Spaniens. Münster: 1962 (Spanische Forschung der Görresgesellschaft, Band 19), S. 25–98

BRECHTER, S.: Die Bestellung des Abtes nach der Regel des heiligen Benedikt. In: SMGB 58 (1940), S. 44–58

BRENNICH, M.: Die Besetzung der Reichsabteien in den Jahren 1138–1209. Greifswald: 1908

BRUCK, M.: Professbuch des Klosters Melk (1. Teil 1418 - 1452) In: Stift Melk. Geschichte und Gegenwart. Band 4. Melk: 1985

BULST, N.: Cluny, Cluniazenser. A. Geschichte des Klosters Cluny und der Cluniazenser in Frankreich. I. Das Kloster Cluny. In: LMA 2 (1983), Sp. 2172–2174

CHÂTTILON, J.: Canonici regolari di San Vittore. 2. Il „Liber ordinis“. In: DIP 2, Sp. 126–129

CLAUS, H.: Untersuchung der Wahlprivilegien der deutschen Könige und Kaiser für die Klöster von ihrer erstmaligen Verleihung bis zum Jahre 1024. Greifswald 1911

COENEGRACHT, P. M.: De Kloosterwetgeving van de Victorinen. In: OGE 37 (1963), S. 291–329

DIX, R.: Frühgeschichte der Prager Universität. Gründung, Aufbau und Organisation 1348–1409. Bonn 1988

DROBNER, H. R.: Lehrbuch der Patrologie. Freiburg im Breisgau:1994

EGGER, W.: Methodenlehre zum Neuen Testament. Einführung in linguistische und historisch-kritische Methoden. Freiburg im Breisgau: 2. Auflage, 1990

ELSENER, F.: Zur Geschichte des Majoritätsprinzip (Pars maior und Pars sanior), insbesondere nach schweizerischen Quellen. In: ZRG.K 73(1956), S. 73-116.560-570

ELIZONDO, F.: Bullae „Quo elongati" Gregorii IX et „Ordinem vestrum" Innocentii IV. Laur. 3 (1962), S. 349-394

ENGELBERT, P.: Farfa. In: LThK³3 (1995), Sp. 1182

EWIG, EUGEN: Beobachtungen zu den Klosterprivilegien des 7. und frühen 8. Jahrhunderts. In: FLECKENSTEIN, J. u.a. (Hg.): Adel und Kirche. Gerd Tellenbach zum 65. Geburtstag dargebracht von Freunden und Schülern. Freiburg im Breisgau: 1968, S.52-65

DERS.: Das Formular von Rebais und die Bischofsprivilegien der Merowingerzeit. In: FUHRMANN, H. u.a. (Hg.): Aus Reichsgeschichte und Nordischer Geschichte, Stuttgart: 1972 (KiHiSt 16), S.11-42

FAUST, U.: Die Prälatenorden im Spätmittelalter. In: BRANDMÜLLER, W.: Handbuch der bayerischen Kirchengeschichte, Band 1: Von den Anfängen bis zur Schwelle der Neuzeit. II. Das kirchliche Leben. St. Ottilien: 1999, S. 353-555

FEINE, H. E.: Kirchliche Rechtsgeschichte. Die katholische Kirche. Köln: 5., durchgesehene Auflage, 1972

FOREVILLE, R.: Lateran I-IV. Mainz: 1970 (GÖK 6)

FRANK, K. S. (Einl., Übers. und Erkl.): Frühes Mönchtum im Abendland. Band 2: Lebensgeschichten. Zürich: 1975

DERS.: Die Bestellung des Abtes nach der Magisterregel. In: JAC 21 (1978), S. 102-118

DERS. (Einf. u. Übers.): Die Magisterregel. St. Ottilien: 1989

DERS.: Pachomius. In: LMA 6 (1993), Sp. 1607

FUNK, F. X.: Die Bischofswahl im christlichen Altertum und im Anfang des Mittelalters. In: DERS., Kirchengeschichtliche Abhandlung und Untersuchungen. Band 1. Paderborn: 1897, S. 23-39

GANZER, K.: Unanimitas, maioritas, pars sanior. Zur repräsentativen Willensbildung von Gemeinschaften in der kirchlichen Rechtsgeschichte. Mainz u.a.: 2000 (Akademie der Wissenschaften und der Literatur. Abhandlung der geistes- und sozialwissenschaftlichen Klasse 9)

GAUDEMET, J.: Von der Bischofswahl zur Bischofsernennung. In: Conc(D) 16 (1980), S. 468-472

GENTNER, H.: Geschichte des Benedictinerklosters Weihenstephan bey Freising. In: DEUTINGER, M. VON (Hg.): Beyträge zur Geschichte, Topographie und Statistik des Erzbisthums München und Freysing. Band 6,1. München: 1853

DERS.: Geschichte des Benedictinerklosters Weihenstephan bey Freising. In: DEUTINGER, MARTIN VON (Hg.): Beyträge zur Geschichte, Topographie und Statistik des Erzbisthums München und Freysing. Band 6,2. München: 1854

GERWING, M.: Gregor der Große. II. Schriften und Wirkungsgeschichte im Mittelalter. In: LMA 4 (1989), Sp. 1664–1666

GLÜCKERT, L.: Hieronymus von Mondsee (Magister Johannes de Werdea). Ein Beitrag zur Geschichte des Einflusses der Wiener Universität. In: SMGB 48(1930), S. 98–201

GOY, R.: Die Überlieferung der Werke Hugos von St. Viktor. Ein Beitrag zur Kommunikationsgeschichte des Mittelalters. Stuttgart: 1976 (MGMA 14)

GRABMANN, M.: Der Benediktinermystiker Johannes von Kastl. Der Verfasser des Büchleins ‚De adhaerendo Deo'. In: DERS., Mittelalterliches Geistesleben. Abhandlungen zur Geschichte der Scholastik und Mystik, Band 1. München: 1926, S. 489–524

GRAU, E.: Leben und Schriften der Heiligen Klara von Assisi. Werl: 1952 (FQS 2)

GRUNDMANN, H.: Pars quamvis parva. Zur Abtwahl nach Benedikts Regel. In: CLASSEN, P. u.a. (Hg.): Festschrift Percy Ernst Schramm zu seinem siebzigsten Geburtstag von Schülern und Freunden zugeeignet. Band 1. Wiesbaden: 1964, S. 237–251

DERS.: Zur Abt-Wahl nach Benedikts Regel. Die „Zweitobern" als „sanior pars"? In: ZKG 77 (1966), S. 217–223

HAENCHEN, E.: Die Apostelgeschichte. Neu übersetzt und erklärt. Göttingen: 13. durchgesehene und erweiterte Auflage, 1961 (KEK 3)

HAERING, S.: Kastl. In LThK^{3}5 (1996), Sp. 1287 f.

HAFNER, W.: Der Basiliuskommentar zur Regula S. Benedicti. Ein Beitrag zur Autorenfrage karolingischer Regelkommentare. Münster: 1959 (BGAM 23)

HALLINGER, K.: Gorze-Kluny. Studien zu den monastischen Lebensformen und Gegensätzen im Hochmittelalter. Band 1. Rom: 1950 (StAns 22–23)

DERS.: Gorze-Kluny. Studien zu den monastischen Lebensformen und Gegensätzen im Hochmittelalter. Band 2. Rom: 1951 (StAns 24–25)

DERS.: Woher kommen die Laienbrüder? Rom: 1956 (=ASOC 12 (1956))

DERS.: Papst Gregor der Große und der hl. Benedikt. In: STEIDLE, B.: Commentationes in regulam s. Benedicti. Rom: 1957 (StAns 42), S. 231–319

DERS.: Das Wahlrecht der Benediktusregel. In: ZKG 76 (1965) S. 233–245

DERS.: Regula Benedicti 64 und die Wahlgewohnheiten des 6.–12. Jahrhunderts. In: BANNERT, H. (Hg.): Latinität und alte Kirche. Festschrift für Rudolf Hanslik zum 70. Geburtstag. Wien: 1977 (Wst.B 8), S. 109–130

HANAUER, G.: Das Berufspodestat im 13. Jahrhundert. In: MIÖG 33 (1902), S.377–426

HEFELE, C. J.: Conciliengeschichte. Nach den Quellen bearbeitet. Band 1. Freiburg im Breisgau: 1855

DERS.: Conciliengeschichte. Nach den Quellen bearbeitet. Band 2. Freiburg im Breisgau: 1856

DERS.: Conciliengeschichte. Nach den Quellen bearbeitet. Band 3. Freiburg im Breisgau: 2., vermehrte und verbesserte Auflage, 1877

HEGGLIN, B.: Der benediktinische Abt in rechtsgeschichtlicher Entwicklung und geltendem Kirchenrecht. St. Ottilien 1961 (KGQS 5)

HEILIG, K. J.: Kritische Studien zum Schrifttum der beiden Heinriche von Hessen. In: RQ 40 (1932), S. 105–176

HEILINGSETZER, G.: Das Mondseeland als historische Landschaft und seine Zentren Kloster und Markt. In: STRAUB, D. (Schriftleitung): Das Mondseeland. Geschichte und Kultur. Linz: 2. Auflage, 1981, S. 9–49

HERMANN, F.: Aus der Geschichte des Klosters – Krisen und ihre Bewältigung. In: DOPSCH, H. (Red.): Das älteste Kloster im deutschen Sprachraum. St. Peter in Salzburg. 3. Landesausstellung 15. Mai–26. Oktober 1982. Schätze europäischer Kunst und Kultur. Salzburg: 1982, S. 81–85

HILLENBRAND, E.: Nider, Johannes OP. In: VerLex^2 6 (1987), Sp. 971–977

HILLING, N.: Der Grundsatz der Pars sanior bei den kirchlichen Wahlen. In: GÖRRES-GESELLSCHAFT (Hg.): Festschrift Felix Porsch. Zum siebzigsten Geburtstag dargebracht. Paderborn: 1923, S. 228–234 (VGG.R 40)

DERS.: Zur Abtswahl der Benediktinerregel. In: AKathKR 102 (1922), S. 55–57

HLAWITSCHKA, E.: Die geschichtlichen Einträge im Andechser Missale. In: DERS., Andechser Anfänge. Beiträge zur frühen Geschichte des Klosters Andechs. St. Ottilien: 2000, S. 47–97 (Andechser Reihe 4)

HLAWITSCHKA-ROTH, E.: Herzog Albrecht III. von Bayern-München und die Gründung des Benediktinerklosters in Andechs. In: HLAWITSCHKA, E.: Andechser Anfänge. Beiträge zur frühen Geschichte des Klosters Andechs. St. Ottilien: 2000, S. 99–117 (Andechser Reihe 4)

HIRSCH, H.: Die hohe Gerichtsbarkeit im deutschen Mittelalter. Graz u.a.: 2., unveränderte Auflage, 1958 (Nachdruck der Ausgabe Reichenberg 1922)

HOFFMANN, A.: Cyprian. In: LACL^3 (2002), S. 169–174

HOFMANN, J.: Clemens von Rom. In: LACL^3 (2002), S. 154 f.

HOFMEISTER, A.: Das Wormser Konkordat. Zum Streit um seine Bedeutung. Mit einer textkritischen Beilage. In: Forschungen und Versuche zur Geschichte des Mittelalters und der Neuzeit. Festschrift Dietrich Schäfer zum siebzigsten Geburtstag dargebracht von seinen Schülern. Jena: 1915, S. 64–148

HOFMEISTER, P.: „Pars sanioris consilii“ (Regula c. 64). In: SMGB 70 (1959), S. 12–24

HOGG, J.: Kartäuser. In: TRE 17 (1988), S. 666–673

HUJIBEN, J.: Le de adhaerendo Deo (In: VS.S 1 (1922), S. 22–37; 1 (1923), S. 80–101)

JACOBS, K. U.: Die Regula Benedicti als Rechtsbuch. Eine rechtshistorische und rechtstheologische Untersuchung. Köln: 1987 (FKRG 16)

JENAL, G.: Italia ascetica atque monastica. Das Asketen- und Mönchtum in Italien von den Anfängen bis zur Zeit der Langobarden (ca. 150/250–604). Halbband 1. Stuttgart: 1995 (MGMA 39,1)

DERS.: Italia ascetica atque monastica. Das Asketen- und Mönchtum in Italien von den Anfängen bis zur Zeit der Langobarden (ca. 150/250–604). Halbband 2. Stuttgart: 1995 (MGMA 39,2)

JOCQUÉ, L.: Regole Canonicali. In: DIP 9 (1997), Sp. 1496–1517

JOELSON, O.: Die Papstwahlen des 13. Jahrhunderts bis zur Einführung der Conclaveordnung Gregors X. Vaduz: 1965 (HS 178 (Nachdruck der Ausgabe Berlin: 1928)

KAEPPELI, T: Scriptores ordinis praedicatorum medii aevi. Tomus 2. Rom: 1975

KASPAR, A.: Chronik der Abtei Ebrach. Münsterschwarzach: 1971 (MüSt 18)

KASPER, C.: Cäsarius von Arles. In: LACL³ (2002), S. 136 f.

KELLER, H.: Mehrheitsentscheidung und Majorisierungsprobleme im Verbund der Landgemeinden Chiavenna und Piuro (1151–1155). In: JÄGER, H. u. a. (Hg.): Civitatum Communitas. Studien zum europäischen Städtewesen. Festschrift Heinz Stoob zum 65. Geburtstag. Teil 1. Köln: 1984

DERS.: Wahlformen und Gemeinschaftsverständnis in den italienischen Stadtkommunen (12./14. Jahrhundert). In: SCHNEIDER, R. u.a. (Hg.): Wahlen und Wählen im Mittelalter. Sigmaringen: 1990 , S. 345–374 (VKAMAG 37)

KEMPF, F.: Pier Damiani und das Papstwahldekret von 1059. In: AHP 2(1964) S. 73–89

KÖPF, U.: Einleitung. In: Bernhard von Clairvaux. Sämtliche Werke, Band 5, WINKLER, G. B. (Hg.), Innsbruck: 1994, S. 27–47

KÖSTER, H.: † σπλάγχνον, † σπλαγχνίζομαι, † εὔσπλαγχνος, † πολύσπλαγχνος, † ἄσπλαγνος. In: ThWNT² (1964), S. 548–559

KOLLER, G.: Princeps in ecclesia. Untersuchungen zur Kirchenpolitik Herzog Albrechts V. von Österreich. Wien: 1964 (AÖG 124)

Kraft, B.: Andechser Studien, Band 1. In: OBA 73 (1937)

DERS.: Andechser Studien, Band 2. In: OBA 74 (1940)

LANDAU, P.: Alanus Anglicus. In: LMA 1 (1980), Sp. 267f.

LIERDE, P. C. V.: Das Kardinalkollegium. Aschaffenburg: 1965 (Christ in der Welt 12,3)

LINDNER, P.: Die Äbte und Mönche der Benediktinerabtei Tegernsee von den ältesten Zeiten bis zu ihrem Aussterben (1861) und ihr literarischer Nachlass. München: 1897

LOHMER, C.: Heremi conversatio. Studien zu den monastischen Vorschriften des Petrus Damiani. Münster: 1991 (BGAM 39)

MACHILEK, F.: Frowein, Bartholomäus, von Ebrach. In: VerLex²2 (1980), Sp. 982–985

MAIER, P.: Ursprung und Ausbreitung der Kastler Reformbewegung. In: SMGB 102 (1991), S. 75–204

DERS.: Kastl – seine Consuetudines und der heile Mensch. In: SMGB 105 (1994), S. 97–106.

DERS.: Die Reform von Kastl. In: FAUST, U. u.a. (Bear.): Die Reformverbände und Kongregationen der Benediktiner im deutschen Sprachraum. St. Ottilien: 1999 (GermBen 1), S. 225–269

MARTINE, F.: Introduction (In: Vie des pères du Jura, SC 142, MARTINE, F. (Ed.), Paris: 1968, S.11–220)

MAY, G.: Interdikt. In: TRE 16 (1987), S. 221–226

MAYER, T.: Fürsten und Staat. Studien zur Verfassungsgeschichte des deutschen Mittelalters. Weimar: 1950

MERZBACHER, F.: Domkapitel. In: HRG 1 (1971), Sp. 757–761

DERS.: Hochgerichtsbarkeit. In HRG 2 (1978), Sp. 172–175

MÖLLER, H.-M.: Messertragen. In: HRG 3 (1984), Sp. 517–518

MOSHER, P. H.: Abbot Bernard I of Montecassino and the fate of Benedictine monasticism in the thirteenth century. In: Ben. 20 (1973), S. 113–120

MUCK, G.: Geschichte von Kloster Heilsbronn von der Urzeit bis zur Neuzeit. Band 1. Nördlingen: 1879

MULLER, J.-P.: Les élections abbatiales chez les Bénédictins sous Clément V (1305–1314). In: Studia benedictina. In memoriam gloriosi ante saecula XIV transitus S. P. Benedicti. Rom: 1947 (StAns 28–29), S. 341–365

NIEDERKORN-BRUCK, M.: Die Melker Reform im Spiegel der Visitationen. Wien: 1994 (MIÖG.E 30)

NYBERG, T. S.: Lund. II. Bistum und Erzbistum. In: LMA 6 (1993), Sp. 7–9

OLSHAUSEN, E.: Laodicea in Südphrygien. In: LThK³6 (1993), Sp. 647f.

OEPKE, A.: καθίστημι, ἀκαταστασία, ἀκαταστατος. In: THWNT 3 (1938), S. 447–449

PAULI, J.: Basilius von Cäsarea. In: LACL³ (2002), S. 114–120

PICKER, D.: Der Traktat De fine religiosae perfectionis (adhaerendo Deo). Verfassung, Überlieferung, Text. Würzburg: 1965

PLÖCHL, W. M.: Geschichte des Kirchenrechts, Band 1: Das Recht des ersten christlichen Jahrtausends. Von der Urkirche bis zum großen Schisma. Wien: 1953

DERS.: Geschichte des Kirchenrechts, Band 2: Das Kirchenrecht der abendländischen Christenheit 1055 bis 1517. Wien: 1955

POLZIN, J.: Die Abtswahlen in den Reichsabteien von 1024–1056. Greifswald: 1908

PRELOG, J.: Fructuosus von Braga. In: LMA 4 (1989), Sp. 997

PRINZ, F.: Frühes Mönchtum im Frankenreich. Kultur und Gesellschaft in Gallien, den Rheinlanden und Bayern am Beispiel der monastischen Entwicklung (4. bis 8. Jahrhundert). München: 2., durchgesehene und um einen Nachtrag ergänzte Auflage, 1988

PUCHNER, K.: Quellen zur Oberpfälzer Siedlungsgeschichte. In: VHVOPf 87 (1937), S. 185–206

PUZA, R.: Suspension. In: LMA 8 (1997), Sp. 332

PUZICHA, M.: Bernhard I. von Montecassino. In: LThK³ 2 (1994), Sp. 273

DIES.: Kommentar zur Benediktsregel. Mit einer Einführung von Christian Schütz. St. Ottilien: 2002

RAITZ VON FRENTZ, E.: Die Schrift: De adhaerendo Deo. Kritisches zur Textüberlieferung und zur Autorenfrage. In: Schol. 2 (1927), S. 79–92

RAPF, C. R.: Das Schottenstift. Wien: 1974

REDLICH, V.: Tegernsee und die deutsche Geistesgeschichte im 15. Jahrhundert. München: 1931

REICHERT, E.: Fructuosus von Braga. In: LACL³ (2002), S. 272 f.

REINDEL, K.: Studien zur Überlieferung der Werke des Petrus Damiani II. In: DA 16 (1960), S. 73–154

DERS.: Einleitung. In: MGH.Ep 4,2,4,1, München: 1983, S. 1–32

DERS.: Petrus Damiani in Bayern. In: KRAUS, ANDREAS: Land und Reich. Stamm und Nation. Probleme und Perspektiven bayerischer Geschichte. Festgabe für Max Spindler zum 90. Geburtstag. Band 1: Forschungsberichte. Antike und Mittelalter. München: 1984, S. 325–338

RIESE, H.: Die Besetzung der Reichsabteien in den Jahren 1056–1137. Greifswald: 1911

RÜTHING, H.: Die Kartäuser und die spätmittelalterlichen Ordensreformen. In: ELM, K. (Hg.): Reformbemühungen und Observanzbestrebungen im spätmittelalterlichen Ordenswesen. Berlin: 1989 (BHSt 14, Ordensstudien, Band 6), S. 35–58

RUPPERT, F.: Das pachomianische Mönchtum und die Anfänge des klösterlichen Gehorsams. Münsterschwarzach: 1971 (MüSt 20)

SATTLER, M.: Chronik von Andechs. Donauwörth: 1877

SCHMID, P.: Der Begriff der kanonischen Wahl in den Anfängen des Investiturstreits. Stuttgart: 1926

SCHMITT, C.: Trit(h)emius. In: BBKL 19 (2001), Sp. 1446–1454

SCHMITZ, R. M.: Kardinal. In: LThK³5 (1996), Sp. 1230–1231

SCHNEIDER, G.: Die Apostelgeschichte. Teil 1: Einleitung. Kommentar zu Kap. 1,1–8,40. Freiburg im Breisgau: 1980 (HthK 5,1)

SCHREINER, K.: Benediktinische Klosterreform als zeitgebundene Auslegung der Regel. Geistige, religiöse und soziale Erneuerung in spätmittelalterlichen Klöstern Südwestdeutschlands im Zeichen der Kastler, Melker und Bursfelder Reform. In: BWKG 86 (1986), S. 105–195

SCHRENK, G.: ἐκλέγομαι. In: THWNT 4 (1942), S. 147–197

SCHULTE, F.: Lehrbuch des katholischen Kirchenrechts nach dem gemeinen, dem deutschen und österreichischen Partikularrechte und dessen Literaturgeschichte. Gießen: 2., gänzlich umgearbeitete und vermehrte Auflage, 1868

SCHWAIGER, G.: Kartäuser. In: Ders.: Mönchtum, Orden, Klöster. Von den Anfängen bis zur Gegenwart. Ein Lexikon. München: 1993, S. 277–283

SEIBERT, H.: Marbach. In: LMA 6 (1993), Sp. 216

SKEB, M.: Johannes Cassianus. In: LACL³ (2002), S. 376–378

DERS.: Pachomius. In: LACL³ (2002), S. 540 f.

DERS.: Regula Magistri. In: LACL³ (2002), S. 608

STEIDLE, B.: „Wer euch hört, der hört mich" (Lk 10,16). Die Einsetzung des Abts im alten Mönchtum. In: BenM 24 (1948), S. 179–196

DERS.: „Der Zweite" im Pachomiuskloster. In: BenM 24 (1948), S. 97–104.174–179

STEIMER, B.: Didache. In: LACL³ (2002), S. 194 f.

DERS.: Traditio apostolica. In: LACL³ (2002), S. 698–701

STOCKMEIER, P.: Die Wahl des Bischofs durch Klerus und Kirche in der frühen Kirche. In: Conc(D) 16 (1980), S. 463–467

STREICH, G.: Nikolaus (Bottenbach) von Siegen. In: LMA 6 (1993), Sp. 1187

STROICK, C.: Unpublished theological writings of Johannes Castellensis. Ottawa: 1964

SUDBRACK, J.: Die geistliche Theologie des Johannes von Kastl. Teil 1. Darstellung. Münster: 1967 (BGAM 27, 1)

DERS.: Die geistliche Theologie des Johannes von Kastl. Teil 2. Texte und Untersuchungen. Münster: 1967 (BGAM 27, 2)

THEUERKAUF, G.: Frondienst. In: HRG 2 (1978), Sp. 1306–1309

DERS.: Königswahl. In: HRG 2 (1978), Sp. 1061–1065

THOMA, F. X. (Hg.): Die Briefe des Petrus von Rosenheim an Abt Kaspar Ayndorffer von Tegernsee während der Klosterreform in Südbayern 1426–1431. In: OBA 67 (1930), S. 1–20

DERS.: Petrus von Rosenheim O.S.B. Ein Beitrag zur Melker Reformbewegung. In: SMGB 45 (1927), S. 94–222

TILLY, M.: Johannes von Kastl. In: BBKL 3 (1992), S. 433–434

TORRELL, J.-P.: Magister Thomas. Leben und Werk des Thomas von Aquin. Freiburg im Breisgau: 1995

UEDING, L.: Geschichte der Klostergründungen der frühen Merowingerzeit. Berlin 1935 (HS 261)

VOGT, H. J.: Origenes. In: LACL[3] (2002), S. 528–536

VOGÜÉ, A. DE: Regula magistri. In: LMA 7 (1995), Sp. 605f.

DERS. u. a.: Introduction générale (In: CÉSAIRE D'ARLES: Œuvres monastiques. Tome 1: Œuvres pour les moniales, SC 345, VOGÜÉ, A. u. a. (Ed.), Paris: 1988, S. 19–31)

VOLLMANN, B.: Kommentar. In: LMA 5 (1991), Sp. 1279f.

WAGNER, R.: Ein nücz und schone ler von der aygen erkantnuß. Des Pseudo-Johannes von Kastl 'Spiritualis philosophia' deutsch. München: 1972 (MTUDL 39)

WALTER, H., Das Speculum monachorum des Abtes Bernhard von Monte Cassino. In: SMGB 21 (1900), S. 411–423; SMGB 22 (1901), S. 32–48

WOLLASCH, J.: Cluny – „Licht der Welt". Aufstieg und Niedergang der klösterlichen Gemeinschaft. Zürich u.a.: 1996

WRETSCHKO, A. V.: Die Electio communis bei den kirchlichen Wahlen im Mittelalter. In: DZKR 9(1902), S. 321–392

WYRWA, D.: Leo I., der Große. In: LACL[3] (2002), S. 447–449

ZEDELMAIER, H., Mnemotechnik. In: LMA 6 (1993), Sp. 698f.

ZIBERMAYR, I.: Die Legation des Kardinals Nikolaus Cusanus und die Ordensreform in der Kirchenprovinz Salzburg. Münster 1914 (Reformationsgeschichtliche Studien und Texte, Heft 29)

ZOBEL, P.: Bec. In: DIP 1 (1974), Sp. 1157–1160

Einleitung

„Während seiner 33-jährigen Amtszeit führte er das Kloster zu einem so hohen Standard innerer und äußerer Festigkeit, dass er als zweiter Gründer des Klosters gilt. Die Tatsache, dass ein solides Reformprogramm durch einen genialen Abt zu einem hervorragenden Ergebnis entwickelt werden kann, ist hier wohl besonders anschaulich zu verfolgen."[1] Mit diesen Worten stellt Maier als profunder Kenner der Kastler Reform den Plankstettener Abt Ulrich V. Dürner von Dürn vor. Der Eichstätter Bischof Johann von Eych initialisierte 1458 durch das Heilig Kreuz Kloster in Donauwörth eine Erneuerung Plankstettens im Sinne der Kastler Reform. Am 26. März 1461 kam es zum Abtswechsel, und Ulrich V. Dürner von Dürn übernahm für über 30 Jahre die Leitung der Abtei. Ohne Zweifel darf hier von einer Genialität gesprochen werden, entwickelte doch der Abt eine umfassende Erneuerung des Klosters in geistlichen und zeitlichen Angelegenheiten.[2] Ulrich V. Dürner von Dürn stellt für die Kastler Reform keinen Einzelfall dar. Ähnliches ist im Reformzentrum Reichenbach zu erkennen. Von Abt Johannes Strolenfelser (1394–1417) weiß Maier zu berichten, dass er „nicht nur mit großem Eifer die Regelobservanz erneuert, sondern auch die materielle Substanz des Klosters mit höchster Sorgfalt renoviert und vergrößert" hat.[3] Der Genius dieses Mannes zeigt sich vor allem in der Neuorganisation der Wirtschaftsführung. Im Verlauf des Spätmittelalters standen dem Kloster Reichenbach weitere bemerkenswerte Äbte vor, wie Engelhard von Murach (1431–1436), der sich mit Astronomie und den Bau astronomischer Geräte beschäftigte, oder der anerkannte Astronom und Mathematiker Abt Johannes II. von Falkenstein (1436–1461).[4] Gestalten ähnlichen Formats finden sich ebenso in anderen Reformklöstern. Stellvertretend sind hier die Äbte des Ägidiusklosters zu Nürnberg, Georg Möringer und Heinrich von Gulpen, zu nennen.[5]

Äbte dieses Formats, die ihre Abteien über Jahre und Jahrzehnte leiteten, werfen die Frage auf: Worin bestand ihr Genius? Welcher Geist bestimmte diese Personen, denen es binnen weniger Jahrzehnte gelang, ihre Konvente in geistlichen und zeitlichen Belangen zu reformieren? Aber es ist eben nicht nur die Frage nach den Genien der Äbte zu stellen, sondern es müssen auch die Zustände der Konvente untersucht werden, die schließlich ihre Oberen

---

1 MAIER, P.: Ursprung, S. 161 f.
2 Vgl. ebd.
3 Ebd., S. 135.
4 Vgl. ebd., S. 138 f.
5 Vgl. ebd., S. 146 f.

wählten. Welches Instrumentarium war den Mönchen gegeben, in ihrer Gemeinschaft einen Mitbruder zu finden, der das Abtsamt adäquat ausüben konnte?

Schon der erste Überblick über diese Biographien zeigt, dass es nicht allein die Theologie und Spiritualität der Äbte war, die eine solch tiefgreifende Änderung hervorbrachte. Es kommen ausgezeichnete Fähigkeiten in der Wirtschaftsführung des Klosters hinzu und ein großes wissenschaftliches Interesse. Ist damit das Menschenbild beschrieben, das solche großen und überwältigenden Ergebnisse ermöglichte?

Die vorliegende Abhandlung möchte den gestellten Fragen nachgehen und die Grundlinien eines Abts- und Konventbildes nachzeichnen, wie es einem zeitgenössischen Dokument zu entnehmen ist. Grundlage der Untersuchung ist das 64. Kapitel der *Exposicio in regulam s. Benedicti* des Johannes von Kastl. In diesem Regelkommentar wird im ersten Teil sowohl auf die Kandidaten- als auch auf die Wählerqualitäten eingegangen. Dann werden die verschiedenen Wahlmodi vorgestellt, an die sich in einem dritten Abschnitt Ausführungen über die Amtsführung des geweihten Abtes anschließen. Abt wie Konvent werden in gleicher Weise thematisiert. Eine Beschreibung des Genius der Äbte und des Zustands eines Konvents ist hier zu erwarten.

Eine erste aufschlussreiche Andeutung, welcher Geist die Äbte und Mönche von Kastl beseelte, geben die *Consuetudines castellenses.* Im Apparatus explicativus zum 37. Kapitel, das mit den Worten „Über die zu korrigierenden Bücher" überschrieben ist, stellt Maier die Einzigartigkeit dieses Abschnitts im Horizont der benediktinischen Brauchtexte heraus.[6] Dort heißt es, dass sich ohne spezielle Zustimmung des Abtes keiner herausnehmen darf, die Schriften des Alten und des Neuen Testaments und die Bücher, die im Gottesdienst verwendet werden, zu korrigieren oder zu verbessern. Ausgenommen sind davon Brüder, die auf den ersten Blick einen Fehler finden; ihnen ist es nach dem Urteil des Priors und kundiger Mönche erlaubt, diesen zu korrigieren. Die gleiche Vorgehensweise ist auch bei den Büchern anderer Kirchenlehrer einzuhalten. Sollte aber einer in irgendeiner Weise die Bücher des Klosters nicht verbessern, sondern vielmehr aufgrund von Eigenwilligkeit zu verderben suchen, ist dieser, nachdem er im Kapitel angeklagt, der Schuld überführt wurde und sein Verfehlen gestanden hat, einer schweren Maßregelung zu unterziehen. Findet der Abt in den vorgenannten Büchern einen Fehler und erscheint es ihm notwendig, eine gebührende Verbesserung vorzunehmen, möge er im Rahmen des Möglichen für Korrekturen Vorsorge treffen. Nach den korrigierten Büchern, die er aus anderen Klöstern des Ordens erbeten hat, ist dann eine entsprechende Verbesserung des Textes durchzuführen. Sollen irgendwelche

---

6 „*De corrigendis libri*: Ein Kapitel dieser Art erscheint in der Geschichte der benediktinischen Consuetudines als absolute Neuheit und betont wiederum die positive Einstellung der Kastler Reformer zu Buch und Wissenschaft." Apparatus explicativus zum 37. Kapitel der *Consuetudines castellenses* (CCM 14/1, MAIER, P. (Ed.), S. 318)

Bücher für das Kloster abgeschrieben werden, so ist die Abschrift von solchen Werken zu besorgen, die von Fehlern gereinigt sind.[7]

Abt und Prior tragen in diesem Text die letzte Verantwortung für die Bücher und deren Korrekturen. Aber nicht nur die Oberen, sondern auch die Mönche sind aufgerufen, wachsam gegenüber Fehlern zu sein. Diese Aufgabe können sie jedoch nur adäquat erfüllen, wenn sie das entsprechende Sachwissen über die richtige Form des Textes haben und die Literatur in einem umfassenden Sinn kennen. Bei der Untersuchung der Äbte und Konvente haben wir folglich damit zu rechnen, dass sie ein besonderes Interesse an theologischen Büchern und an der wissenschaftlichen Arbeit hatten. Aufgrund des oben erwähnten Kapitels ist im Hinblick auf das Schrifttum, das in der Abtei Kastl entstanden ist, nicht nur mit einer Fülle von Texten, sondern auch mit einer guten Qualität des Schrifttums zu rechnen, das die Autoren verwendet und für ihre Fragestellungen fruchtbar gemacht haben.

Demzufolge wird es nur über den Textvergleich möglich sein, das Spezifikum dieser monastischen Reformbewegung konkreter zu fassen. Als äußerst anschauliches Beispiel aus den *Consuetudines castellenses* ist hier eine Stelle zu nennen, die Maier als „einzigartig und schön" und „als eines ihrer schönsten Selbstzeugnisse über die Einschätzung des klösterlichen Skriptoriums und der monastischen Schreibtätigkeit" bezeichnet.[8] Bei der Quellenanalyse des genannten Textes aus dem Kapitel 42 zeigt sich jedoch, dass der Autor der Kastler Brauchtexte gerade diese Stelle aus den *Consuetudines cartusiae* übernommen und sie an einigen Stellen bearbeitet hat.[9] Dem Apparatus explicati-

---

[7] Vgl. ebd.

[8] MAIER, P.: Kastl, S. 104 f.

[9] „Si litteratus est, recipit etiam *libros ad legendum de armario, quibus omnem diligentiam curamque praebere* monetur, *ne fumo* vel *pulvere vel alia qualibet sorde maculentur. Libros quippe tamquam sempiternum animarum nostrarum cibum cautissime custodire et studiosissime fieri volumus* et augeri; ut, qui fortasse *ore non possumus* propter vitam monachalem, saltem *dei verbum manibus praedicemus. Quot enim libros scribimus* et comparamus, *tot nobis veritatis praecones facere videmur sperantes a domino mercedem pro omnibus, qui per eos vel ab errore correcti fuerint vel in catholica veritate profecerint; pro cunctis etiam, qui vel de suis peccatis et vitiis compuncti vel ad desiderium fuerint patriae caelestis accensi.* Praecipuum itaque arbitramur laborem scribendi libros; non tamen aliquem propter hoc ultra vires decernimus coarctandum vel nimis exhauriendum." Consuetudines castellenses, Cap. 42 (CCM 14/1, MAIER, P. (Ed.), S. 341) (Redaktion WGE DFF[1]); der von mir eingebrachte kursive Schriftzug gibt folgenden Text aus den Consuetudines cartusiae wieder: „Adhuc etiam, *libros ad legendum de armario* accipit duos. *Quibus omnem diligentiam curamque prebere* iubetur, *ne fumo,* ne *pulvere, vel alia qualibet sorde maculentur. Libros quippe tanquam sempiternum animarum nostrarum cibum cautissime custodiri et studiosissime volumus fieri,* ut, quia *ore non possumus, Dei verbum manibus praedicemus. Quot enim libros scribimus, tot nobis veritatis praecones facere videmur, sperantes a domino mercedem, pro omnibus qui per eos vel ab errore correcti fuerint, vel in catholica veritate profecerint, pro cunctis etiam qui vel de suis peccatis et vitiis compuncti,*

vus seiner Edition nach war Maier die literarische Quelle des Textes über die zu korrigierenden Bücher nicht bekannt.[10] Gerade die Veränderungen des Textes verdeutlichen das Spezifikum der Kastler Reform: So werden Bücher nicht nur abgeschrieben, sondern auch gekauft, um den Brüdern eine größere Menge an seelischer Nahrung zu bieten. Das Kopieren von Büchern und die schriftstellerische Tätigkeit werden als Verkündigung des Wortes Gottes verstanden, da die Mönche wegen ihres Ordensstandes nicht predigen dürfen. Dies soll jedoch nach der Tradition der Abtei Kastl maßvoll vonstatten gehen, damit niemand überfordert wird. Zusammenfassend wird die kastlische Couleur dieser Aussage in der Vermehrung des Buchbestandes, dem monastischen Selbstverständnis und der Forderung nach Maß zu sehen sein.

Ohne diese Vorgaben zu kennen, bestätigten Grabmann und Hujiben in ihren Forschungen über das Büchlein *De adhaerendo deo* diese Prämissen.[11] Eine weitere Bestätigung stellt die profunde Untersuchung von Sudbrack dar. Wohlwissend um die Zusammenhänge schreibt er über die *Exposicio in regulam s. Benedicti* des Johannes von Kastl: „Eine erschöpfende Analyse benötigt ein Teamwork von Wissenschaftlern, einen Fachmann für mittelalterliches Kirchenrecht, für mittelalterliche Kulturgeschichte und einen für benediktinische Liturgie und Gebräuche; außerdem dürfte der Latinist nicht fehlen, der Hand in Hand mit einem Kenner der mittellateinischen Verskunst arbeiten müsste."[12] Damit deutet Sudbrack die Form des Umgangs mit dem Regelkommentar an. Soll dieser adäquat interpretiert werden, so sind dessen Quellen in einem ersten Schritt zu erschließen und in einem zweiten Schritt mit dem Text des Kommentars zu vergleichen. Ein besonderes Merkmal der Regelinterpretation des Johannes von Kastl stellt die Nutzung von Schriften dar, die ihrerseits Kompilationen sind. Auf diesem Weg hat sich nicht nur das Spektrum der Quellentexte erweitert, sondern der Autor macht darüber hinaus klar, welcher Tradition er sich anschließt und welche Inhalte für ihn und seine theologische Aussage ausschlaggebend sind.

Damit für den Leser dieser Arbeit die für Johannes von Kastl spezifischen Aussagen seines Regelkommentars erkennbar, nachvollziehbar und überprüfbar sind, wurden die lateinischen Quellentexte meist in ausführlicher Form in den Fußnoten wiedergegeben. Dabei wurde darauf geachtet, dass die indirekten Quellen, auf die Johannes von Kastl bei der Benutzung seiner Vorlage stieß, berücksichtigt wurden. Um diesen Unterschied feststellen zu können, wurde für die Quellentexte Kursivschrift verwendet, die anzeigt, ob es sich um

---

vel ad desiderium fuerint patriae caelestis accensi." GUIGO I., Consuetudines Cartusiae, Cap. 28,3-4 (SC 313, André <Fratre> (Ed.), S. 222.224) Der von mir eingebrachte kursive Schriftzug zeigt die Übereinstimmung mit den *Consuetudines castellenses.*

10 Vgl. Apparatus explicativus zum Cap. 42. der *Consuetudines castellenses* (CCM 14/1, MAIER, P. (Ed.), S. 341).

11 Vgl. GRABMANN, M.: Der Benediktinermystiker Johannes von Kastl, S. 507 f.

12 SUDBRACK, J.: Die geistliche Theologie, Teil 1, S. 84

die Zitation eines Quellentextes oder um eine eigene Formulierung des Johannes von Kastl handelt.

Die Kapitel 1 bis 3 der vorliegenden Arbeit beschäftigen sich mit dem Leben des Johannes von Kastl und seinen Werken. Da nur wenige Lebensdaten überliefert sind, kann der weitere Rahmen, in dem sich der Autor bewegt hat, nur unter Hinzunahme allgemeiner Vorschriften, wie dem Kirchenrecht und den Prager Universitätsstatuten, bestimmt werden. Damit ist es möglich, die schriftstellerische Tätigkeit zeitlich einzuordnen. Sudbrack wundert sich, dass Johannes von Kastl für das damals aktuelle Zeitgeschehen kein Interesse aufbrachte, wenn er schreibt: „... aber dass um 1400 in der Nähe von Böhmen ein ehemaliger Student lebt und in drei Foliobänden nichts weiß über das große abendländische Schisma, über den Streit zwischen Kaiser und Papst, über die immer drohender werdende Türkengefahr und die häretischen Untergrundbewegungen, über das Aufblühen der jungen Universitäten und die Regungen des Frühhumanismus, der nichts zu wissen scheint über die Streitigkeiten in Prag zwischen Deutschen und Tschechen, zwischen Anhängern der täglichen Kommunion und der traditionellen Richtung, über die sozialen Schwierigkeiten des Bauerntums und des Adels und das Aufblühen der Bürgerstädte, ein Mönch, den die organisatorische Neuordnung seines Reformklosters, dessen wirtschaftliches Wachstum und spirituelles Leben nicht zu Vergleichen und Bemerkungen anregt, das muss verwundern."[13] Der Horizont, den Sudbrack hier aufweist, ist für den Regelkommentar zu weit gefasst; zudem lässt der Inhalt der *Regula s. Benedicti* keine expliziten Ausführungen zu den angesprochenen Themen zu. Die Probleme, die hier angedeutet sind, betrafen die Abtei Kastl zu diesem Zeitpunkt, ausgenommen die Wirtschaftsorganisation, nur am Rande. Johannes von Kastl war nicht herausgefordert, sich mit der weltpolitischen und gesamtkirchlichen Situation auseinanderzusetzen und dazu Stellung zu beziehen. In dem Zeitraum, in dem er schrieb, stand ihm der Aufstieg seiner Abtei von der Nieder- zur Hochgerichtsbarkeit unmittelbar vor Augen. An dieser Entwicklung geht der Autor nicht vorbei. Da er eine Stellungnahme, wie Begeisterung, Bestätigung, offene Kritik oder gar Polemik, meidet, wird vielmehr auf wiederkehrende Aussagen zu achten sein, die seine innere Einstellung zur expansiven Wirtschaftspolitik und zur politischen Erstarkung verraten. Im Letzten geht es ihm darum, diesen Prozess zu begleiten und auf Defizite und Gefahren hinzuweisen.

Der Ausgangspunkt für die Beschreibung der Handschriften sind die Verzeichnisse bei Sudbrack, die nicht ergänzt werden mussten. Die Darstellung der Abhängigkeitsverhältnisse der Handschriften erfolgt in erster Linie durch eine textkritische Untersuchung des 64. Kapitels der *Exposicio in regulam s. Benedicti* des Johannes von Kastl. Die Erwerbsfreudigkeit buchinteressierter Konvente und wissenschaftlich ausgebildeter Mönche fordert dazu heraus, den Inhalt der Codices zu untersuchen, die Texte zu analysieren und den hi-

[13] Ebd., S. 96.

storischen Kontext der Konvente zu berücksichtigen. Aus der Geschichte der Klöster werden zum einen ihre weiten Kontakte, und zum anderen ihr Interesse an anderen Ordenshäusern ersichtlich. Besonders deutlich zeigt sich das an den Gebetsverbrüderungen der Benediktinerabtei Kastl, die vom Ausgang des 14. Jahrhunderts bis zur ersten Hälfte des 15. Jahrhunderts geschlossen wurden. Die Kastler Mönche standen mit der Kartause Nürnberg (7. Mai 1387 und 3. Mai 1390)[14], der Benediktinerabtei Benediktbeuern (3. Januar 1391)[15], den Augustinereremiten (14. Mai 1391)[16], den Benediktinern von Oberaltaich (11. Dezember 1391)[17], dem Augustinerchorherrnstift Neunkirchen am Brand (30. September 1393)[18], den Zisterziensern von Heilsbronn (1394)[19], den Augustinerchorfrauen in Pillenreuth (4. Oktober 1395)[20], den Dominikanern in Nürnberg (25. Januar 1401)[21], den Franziskanerminoriten (22. Mai 1410)[22], den Augustinerchorherren von Markt Indersdorf (22. Juli 1433)[23], den Mönchen von St. Aegidien in Nürnberg (6. Mai 1429)[24], dem Konvent von Weihenstephan (11. April 1431)[25] und den Mitbrüdern von Reichenbach (23. April 1431)[26] in Gebetsverbrüderungen. Für die Textgeschichte stellen sich die historischen Beziehungen der Klöster untereinander als eine Art Indikator dar, die so manchen Suchort für das Auffinden von Texten anzeigen.

Die vielfältigen Beziehungen der Mönche von Kastl zu anderen Abteien und Orden zeugen für eine gewisse Weitsicht und ein großes Interesse an anderen geistlichen Gemeinschaften. Diese Offenheit wird auch in der Literatur ersichtlich, die Johannes von Kastl im Regelkommentar verwendet. Das ist bei der Verwendung des Regeltextes, der Auswahl der theologischen Werke, dem Aufbau der Argumente usw. zu erkennen. Dem Spektrum an verwendeter Literatur und der literarischen Gestalt der Regelinterpretation nach stand Johannes von Kastl für seine schriftstellerische Tätigkeit eine große Bibliothek zur Verfügung. Dem Text ist zu entnehmen, dass er das Formulieren und Argumentieren beherrschte. Erst die genaue Berücksichtigung der Gliederung, die Scheidung der literarischen Quellen und der Textvergleich lassen erkennen, worin sein Stil besteht und welche Inhalte er aufgrund des Umgangs mit den literarischen Quellen ausdrückt. Die Ergebnisse müssen im größeren Kontext der Regelinterpretationen anderer Autoren betrachtet werden. Daraus

---

14 StAA, KU Kastl, Nr. 252 und 268.
15 Ebd., Nr. 270.
16 Ebd., Nr. 272.
17 Ebd., Nr. 276.
18 Ebd., Nr. 285.
19 Ebd., Nr. 290.
20 Ebd., Nr. 293.
21 Ebd., Nr. 314.
22 Ebd., Nr. 365.
23 Ebd., Nr. 409.
24 Ebd., Nr. 422.
25 Ebd., Nr. 427.
26 Ebd., Nr. 430.

werden die neuen Aspekte und das theologische Interesse ersichtlich, das Johannes von Kastl in sein Werk einbringt. Bei der Verteilung der einzelnen Zitate auf die drei Hauptteile des Textes macht sich das feine Gespür des Autors für das bemerkbar, was inhaltlich nötig und möglich ist. So setzt er über die Zitation von Rechtstexten den Wählern bei der Wahl engere Grenzen als dem Abt bei der Ausführung seines Amtes. Stellt man die Erkenntnisse über Stilmittel und Argumentationsweisen in den Kontext der kleinen Traktate, wird sehr schnell ersichtlich, dass der Autor es verstand, seine Schreib- und Darstellungsweise den Umständen anzupassen. Von daher können die Fragen nach dem Stil, die immer wieder von Sudbrack und Wagner angesprochen werden, nur durch genaue Kenntnis der Quellenliteratur, des Kontextes und des Anlasses beantwortet werden.

Die Analyse der Ausführungen über die Wahl des Abtes in der *Exposicio in regulam s. Benedicti* wurde wie folgt erstellt: In einem ersten Schritt erfolgt ein Querschnitt durch die Geschichte der Abtswahlen. Dieser geschichtliche Durchgang basiert auf den Aufsätzen von Stockmeier und Funk über die Bischofswahlen in der alten Kirche; sie enthalten eine Übersicht über die wichtigsten Quellentexte, die aufgrund der Zitationsweise des Johannes von Kastl ausführlich in den Fußnoten angegeben wurden. Die Untersuchung der Bischofswahlen in der alten Kirche ist deswegen so bedeutend, weil die Abtswahlen rechtssystematisch mit den Bischofswahlen in Verbindung stehen. Des Weiteren werden die Oberenwahlen im frühen Mönchtum untersucht, deren Rahmen die Quellenverzeichnisse der *Regula s. Benedicti* und die Forschungen von Puzicha und Hallinger bilden. Damit berühren die bisherigen Untersuchungen die Zeit der *Regula s. Benedicti*, deren Wahlmodus eigens untersucht werden soll. Zwischen der Abfassung der Benediktsregel und dem Regelkommentar des Johannes von Kastl liegt ein Zeitraum von ca. 850 Jahren. In diesem Zeitabschnitt erfuhr das Wahlrecht der Kirche und der Orden eine ausgeprägte Fortschreibung. Ziel dieser Arbeit ist es nicht, eine vollständige Geschichte der Oberenwahl anhand von Viten, Brauchtexten, Gesetzen, Regesten etc. zu erstellen, sondern einzelne Stränge der Entwicklung bei der Wahl des Ordensoberen aufzugreifen, um feststellen zu können, welcher Tradition Johannes von Kastl bei seinen Ausführungen folgt. Aus diesem Grund waren die Qualifikationen, die ein Kandidat für die Ausübung seines Amtes mitbringen musste, von hohem Interesse. Um den Rahmen der Abhandlung nicht zu sprengen, wurden ausschließlich Texte gewählt, die sich auf die Kandidatenqualitäten und die Bestimmung der Kloster- bzw. Ordensleitung beziehen. Für die Auffindung der Texte war besonders der *Codex regularum* von Holstenius hilfreich. Sicherlich hätte auch der Einbezug der Bischofswahlen noch so manch interessanten Aspekt geliefert, doch musste aufgrund der inhaltlichen Focussierung darauf verzichtet werden. Der kleine Querschnitt durch die Geschichte der Abtswahlen stellt gleichsam eine Hintergrundzeichnung dar, auf dem nun die Kandidatenqualitäten, die Wähler und deren Eigenschaften, die Wahlmodi und die Amtsführung des neu gewählten Abtes, wie sie Johannes von Kastl in seinem Regelkommentar anführt, in ihrem eigenen Licht erscheinen. Wiederum war es der vorgegebene Rahmen, der keine Darstellung der Amtsführung des Oberen zuließ, wie sie den einzelnen Regeln und Konstitutionen entnommen werden können.

In einem zweiten Schritt war es notwendig, den Text aus der *Exposicio in regulam s. Benedicti* des Johannes von Kastl zu analysieren, die Quellentexte zu scheiden, zu gewichten und einzeln darzustellen. Damit aber der Zusammenhang zwischen den Texten nicht verloren geht, und die unmittelbar wichtigsten Unterschiede zwischen den Ausführungen klar hervortreten, wurden die Hauptquellen, wie die *Regula cum glossa* des Petrus Boerius, die *In regulam s. Benedicti expositio* des Bernardus Ayglerius, das *Speculum iudiciale* des Guilelmus Durantis und als Vergleichstext die *Consuetudines castellenses* in die Hauptuntersuchung aufgenommen, und nicht in die rechtsgeschichtliche Darstellung zurückgesetzt. Der lateinische Text des 64. Kapitels in der *Exposicio in regulam s. Benedicti* gibt mit der Kandidatenqualität, den Wählern, der Wahl und der Amtsführung die einzelnen Schritte für die Interpretation vor. Johannes von Kastl entwickelte für die Darstellung der Amtsführung auf eine sehr originelle Weise eine Art Abtsgalerie, in der er in acht Bildern Funktionen und Tugenden des Oberen vorgestellt werden.

Die Vorgehensweise erlaubt nun, in der Zusammenfassung die Eigenheiten des Johannes von Kastl nochmals aufzugreifen und sie auf dem Hintergrund der rechtsgeschichtlichen Zusammenhänge traditionsgeschichtlich zu deuten. Dabei treten Aspekte zutage, die erkennen lassen, welcher Tradition sich die Kastler Reform bei der Wahl des Abtes verpflichtet wußte. Für die weitere Erforschung des spätmittelalterlichen Reformmönchtums, besonders für die Kastler Reform, ergeben sich hier wichtige, weiterführende Hinweise. Mit den Ausführungen über das Wahlgremium bietet Johannes von Kastl weitere Inhalte, die Rückschlüsse auf den Konvent zulassen. Der Kastler Regelkommentator knüpft an die Lehre von der kanonischen Wahl an, führt aber das Thema weiter, indem er die Relevanz spiritueller und moralischer Ansprüche für das Leben einer klösterlichen Gemeinschaft heraushebt und sie in den Zusammenhang mit dem Wirken des Heiligen Geistes stellt. Ferner soll überlegt werden, wie die geforderten Kandidatenqualitäten in der Ausübung des Abtsamtes entfaltet werden. Damit soll die anfangs gestellte Frage nach dem Genius der spätmittelalterlichen Äbte beantwortet werden.

1 Johannes von Kastl: Leben und Werk

Bevor die Handschriften und der Text der *Exposicio in regulam s. Benedicti* des Johannes von Kastl näher besprochen werden, geht den Ausführungen eine Darstellung seines Lebens und Werkes voran. Schon zu Beginn zeigt sich die Schwierigkeit, dass in der Abtei Kastl der Name Johannes während der ersten Hälfte des 15. Jahrhunderts sehr häufig vorkommt. Aus diesem Grund ist besonders auf die Namenszusätze zu achten; hier spielen Klosterämter, Profess, Weihe, akademische Titel und Ortsangaben eine wichtige Rolle. Die Frage nach der Identifizierung des Autors ist von mehreren Seiten anzugehen. Zu untersuchen sind Archivalien, theologische Werke, Einträge in Handschriften und Autorenverzeichnisse. Nach der Analyse dieser Dokumente ergeben sich erste Eckdaten für das Leben des Johannes von Kastl. Aus diesen Daten können aufgrund der universitären Ausbildung und der Nennung als Prior mittels des Kirchenrechts und der Statuten der Universität Prag weitere wichtige Personenangaben erschlossen werden. Auch die Aufgabe und das Amtsverständnis des Priors, wie sie in den *Consuetudines castellenses* dargestellt werden, eröffnen für die spätere Beschreibung des Abtsamtes wichtige Aspekte. Neben dem Regelkommentar verfasste Johannes von Kastl weitere Schriften. Berühmtheit und Verbreitung erfuhr die Schrift *De adhaerendo deo*, die über Jahrhunderte hinweg Albertus Magnus zugewiesen wurde. Der Forschungsarbeit Grabmanns ist es zu verdanken, dass Johannes von Kastl neu entdeckt wurde und seine Schriften wiederholt Gegenstand theologischer und germanistischer Untersuchungen waren. Um den Autor des Kastler Regelkommentars theologisch und historisch richtig einordnen zu können, wird in einem ersten Schritt auf den Inhalt der einzelnen Werke eingegangen. Um den Konnex zum Regelkommentar nicht zu verlieren, ist immer auf die Gliederung des Textes und die Formulierung der Argumente und Aussagen zu achten. Bei der Analyse der Schriften werden die Forschungsergebnisse der jüngsten Vergangenheit berücksichtigt. Da die theologische Aussage aufgrund des unterschiedlichen Charakters der Schriften nicht per definitionem festgelegt werden kann, ist die allgemeine Ausrichtung dieser Schriften von Interesse. Besondere Berücksichtigung erfährt vor allem das Anliegen der spätmittelalterlichen Reform des Mönchtums. Im letzten Abschnitt wird auf die politische und rechtsgeschichtliche Entwicklung der Abtei eingegangen. Dazu wird der Aufstieg des Klosters von der Nieder- zur Hochgerichtsbarkeit dargestellt und deren Rechte und Pflichten in wenigen Zügen inhaltlich bestimmt. Auf diesem Hintergrund lässt sich die theologische und spirituelle Brisanz der Aussagen der theologischen Schriften und des Regelkommentars des Johannes von Kastl deutlich erkennen, die vor allem in der späteren Beschreibung der äbtlichen Amtsführung von Interesse ist.

1.1 Nennungen des Namens Johannes von Kastl

Für die Rekonstruktion der Lebensdaten des Johannes von Kastl und die Auflistung seiner Werke sind Archivalien, die überlieferten Handschriften, Bibliotheks- und Literaturverzeichnisse zu konsultieren.

Hinsichtlich der Archivalien ergibt sich die Schwierigkeit, dass in der Abtei Kastl am Ende des 14. bis zur Mitte des 15. Jahrhunderts der Name Johannes mehrfach genannt wird. Ausgangspunkt der Untersuchungen zu Johannes von Kastl ist die erste urkundliche Erwähnung in Kastl im Jahre 1399. Georg Kemnater wurde in diesem Jahr zum Abt von Kastl gewählt. Er findet bei Amtsantritt mehrere Personen vor, die den Namen Johannes tragen: Magister Johannes Prior, Wolfhard Johannes Rornstetter, Ludwig Johann Stupperger, Johann Karlstatt, Johann Kolberger und Johannes[27]. Bei weiterer Durchsicht des historischen Materials stößt man wieder auf den Namen Johannes: 1414 unterzeichneten in Kastl Abt Georg Kemnater, Magister Johannes Prior und ein Frater Johannes Subprior ein Dokument; 1417 findet sich dort eine Person gleichen Namens, die jedoch die Aufgabe des „infirmarius“ wahrgenommen hat. 1430/31 werden ein „Joannes custos“ bzw. ein „Frater Johannes infirmarius“ und ein „Frater Johannes custos“ genannt.[28] Dieses Spektrum mahnt demzufolge, bei der genauen Identifikation auf Namenszusätze, wie Nachnamen, akademische Grade (z. B. Magister, Bakkalaureus), Klosterämter und die Ortsangabe Kastl, zu achten, um so Personen und Namen voneinander abgrenzen zu können.[29] In einem zweiten Schritt sind diese Zusätze zu gewichten, da akademische Grade und Ortsangaben, unauflösbar mit dem Namen verbunden sind; Angaben von Klosterämtern können dagegen wechseln.

Mit einer Namensangabe und einem akademischen Grad versehen sind die Traktate *De lumine creato*: „Tractatus de lumine gratiae et gloriae magistri Johannis Castellensis“[30], *De lumine increato*: „Prologus magistri Johannis Castellensis in tractatum de lumine increato“[31] und die an diesen Traktat anschließende *Oratio*: „Explicit tractatulus secundus de lumine increato in Jesu Christo intra nos sedule contemplando compilatus a fratre Johanne, baccalario sacrae paginae, monacho et professo monasterio Castellensi sub anno Domini 1410, circa Johannis Bapistae“[32]. Nach Sudbrack wird in den textrelevanten Handschriften (Tegernsee, Schäftlarn und Melk) für diesen Text primär der akademische Titel „Baccalaureus“ verwendet und später durch den Magi-

---

27 Vgl. BOSL, K.: Das Nordgaukloster, S. 156.

28 Vgl. BOSL, K: Das Nordgaukloster, S. 159 f.; vgl. WAGNER, R.: Ein nücz und schone ler, S. 25 (Anmerkung 99).

29 Vgl. SUDBRACK, J.: Die geistliche Theologie, Teil 1, S. 42–44; vgl. WAGNER, R.: Ein nücz und schone ler, S. 20 f.

30 JOHANNES <DE CASTELLO>: De lumine creato (SUDBRACK, J.: Die geistliche Theologie, Teil 2, S. 11).

31 Ders.: De lumine increato (Ebd., S. 68).

32 Ders.: Oratio (Ebd., S. 130).

ster ersetzt. Das Explicit wurde in *De lumine increato* von der ersten Hand geschrieben, die Überschrift wurde dagegen später hinzugefügt; zudem ist sie nicht in jeder Handschrift erhalten. Gleiches ist vom Titel der Schrift *De lumine creato* zu berichten, der nicht in jeder Handschrift enthalten ist.

Im Werk *Clenodium religiosorum* findet sich folgender Hinweis auf den Autor: „Venerabilibus in christo patribus dominis et fratribus meis domino decano totique capitulo monastery sancte marie in undestdorff ordinis sancti augustini canonicorum regularium frater johannes Castellensis, quem satis Salutem quam sibi idem per obediencie sancte presentem cursum bravium adipisci sempiternum. Carissime pater ad memoriam revocavi, quemadmodum dudum visitandi gracia veneritis solito ad nostrum monasterium in weyhenstefen, in quo tamquam homo conferens bonas margaritas vobis a me aliqua transscribi expostulabatis obnixe, quod minime abnuere potui."[33] Dieser Text stammt aus der Handschrift clv 4159, die 1483 in einem Melker Bibliothekskatalog angegeben wird. Der Wortlaut stimmt mit der Fassung überein, die in clm 7750 steht. In diesem Kontext sind die weiteren Zeit- und Ortsangaben zu lesen. Nach den *Notabilia de septem sacramentis* ist auf fol. 22^r die Angabe „Basel 1433" zu finden und nach dem *Tractatus de quatuor novissimis* ist auf fol. 92^r das Jahr 1460 eingetragen. Da es sich inhaltlich um eine Sammelhandschrift handelt, sind die Angaben in Verbindung mit den einzelnen Traktaten zu sehen. In clm 7321, einem Codex aus dem Augustinerchorherrnstift Gars am Inn, das zwischen 1435 und 1455 von Indersdorf aus reformiert wurde, ist die Widmung in einer gekürzten Fassung zu lesen. Bei clm 7750 und clm 7321 handelt es sich um zwei Sammelhandschriften, die nahezu die gleichen Traktate enthalten, wobei diese unterschiedlich angeordnet sind. Mit clv 4159 verbindet sie eine *Epistola ad canonicos in Newenberg* des Magisters Heinrich von Langenstein. Erwähnenswert ist in dieser ursprünglich Melker Handschrift ein Brief, der 1454 von einem Johannes doctor theologiae verfasst wurde und an den Prior von Mondsee gerichtet ist. Wenngleich die Herkunft und der Inhalt der Handschriften nicht zwingend daraufhin deuten, dass das *Clenodium religiosorum* von Johannes von Kastl geschrieben wurde, so ist es doch der Stil, der diese Zuweisung erlaubt. An einem Beispiel aus der „Caritas"-Lehre soll das verdeutlicht werden. In Anspielung auf die Frage Jesu „Petrus, liebst du mich?" geht Johannes von Kastl auf die „caritas" ein und erklärt deren dreifachen Sinn. Dazu verwendet er drei Genitive, in denen das Unvermischte, Umfassende und Uneigennützige der Liebe zum Ausdruck kommen. Es schließen sich drei Begründungen an, die mit einer Ordnungszahl eingeleitet werden. Durch die gezielte Verwendung des Begriffes „caritas", der sich im ersten und letzten Argument findet, zeigt sich das Bemühen, die Gleichwertigkeit der Anforderung auszudrücken. Die Liebe soll unvermischt sein und auf jeglichen irdischen Trost verzichten, um sich ganz Gott hinwenden zu können; sodann soll sie umfassend sein, da sie alle seelischen Kräfte

---

33 Ders.: Clenodium religiosorum (clv 4159, fol. 124^r(a)).

beansprucht, und sie soll uneigennützig sein, da sie auch dem Nächsten gilt. An diese Argumente schließt sich jeweils ein Schriftbeweis an.[34] Formulierungen, die einen Parallelismus membrorum[35] oder Aufzählungen und Gegenüberstellungen[36] enthalten, lassen auf Johannes von Kastl als Autor des *Clenodium religiosorum* schließen.[37]

Diese Schrift ist dem Dekan und den Konventualen des Augustinerchorherrenstifts Indersdorf gewidmet und entstand im Zusammenhang mit einer Visitation der Benediktinerabtei Weihenstephan. Der Widmung folgend kam es dabei zu einer persönlichen Begegnung zwischen Johannes von Kastl und dem Indersdorfer Dekan. Bezüglich einer genauen Zeitangabe sind die Vorgänge und die genannten Personen zu analysieren. Das Kloster Weihenstephan wurde im 15. Jahrhundert erstmalig am 10. Dezember 1426 und im Mai 1452 ein weiteres Mal visitiert. Aus diesem Grund ist das Augenmerk auf die beteiligten Personen zu lenken. 1426 waren damit der Freisinger Generalvikar Johannes Grünwalder, der Dekan des Indersdorfer Augustinerchorherrnklosters Johannes Rothuet und der Melker Mönch Petrus von Rosenheim beauftragt.[38] Nikolaus von Kues ordnete im Mai 1452 eine zweite Visitation an, die vom Abt des Wiener Schottenklosters Martin von Leibitz, Abt Laurentius Gruber von Kleinmariazell und dem Melker Mönch Johannes Schlitpacher durchgeführt wurde.[39] Ursprünglich war sie dem Melker Prior Stephanus von Spanberg anvertraut, der diesen Auftrag im Juli 1451 an seinen Mitbruder

---

34 „Quare dominus eum ter quesunt: Petre amas me. Joh. ultimo. Sunt autem hec scilicet caritas nuditatis, totalitatis, integritatis. Prima est que tanto affectum tendit in deum ut ab omnibus rebus mundi et actibus seculi pariterque ab omni carnis consolacione dividat hominem ... De hys qui hanc habuerunt dicitur Amos secundo. ... Secunda caritas est que dicitur totalitatis que animam per priorem amorem ex omnibus que non sunt dei extractam totam in deum capit ut deum ex se diligat tota ex omni virtute ... Hunc amorem requirebat dominus cum mandavit Deutero. vi. ... Tertia caritas est integritatis que non solum deum ex se tota diligit scilicet iubet ut ipsum in membris suis diligamus amantes ... secundum illud infra Johannis tertio ..." Ebd. (Ebd., fol. 125^{r}(b)–125^{v}(a)).

35 „Et talis cum deus sit potentissimus plus dare non potuit; cum ditissimus plus dare non habuit; cum sit sapientissimus plus dare nescivit quam seipsum; corporaliter ad redimendum, sacramentaliter ad reficiendum, spiritualier ad consolandum, divinaliter perpetue ad fruendum." Ebd. (Ebd., fol. 124^{r}(a)).

36 „Sunt tamen octo genera hominum quos deus exaudit orantes scilicet obedientes, diligentes, desiderantes, misericordes, flentes, mites, pauperes et mundos cordes. Sed econverso sunt sex que impediunt oracionem scilicet tempus incongruum, suggestio demonum, multiplicacio peccatorum, rancor cordium immisericordia ad proximum, dubietas orantium." Ebd. (Ebd., fol. 126^{r}(a)).

37 Vgl. SUDBRACK, J.: Die geistliche Theologie, Teil 1, S. 48.

38 Vgl. MAIER, P.: Ursprung, S. 174 f.; vgl. GENTNER, H.: Geschichte, S. 74; vgl. THOMA, Fr.: Petrus von Rosenheim, S. 130.

39 Vgl. GENTNER, H.: Geschichte, S. 89; vgl. ZIBERMAYR, I.: Die Legation, S. 110 (Anmerkung b).

Johannes Schlitpacher weiterleitete.[40] Die Widmung des *Clenodium religiosorum* ist demzufolge zeitlich und personell der ersten Visitation zuzuordnen. Johannes von Kastl kam 1426 mit dem Dekan des Indersdorfer Augustinerchorherrnklosters Johannes Rothuet und dem Melker Professen Petrus von Rosenheim in Kontakt, die beide zuvor das Kloster Tegernsee visitierten.[41]

Der handschriftlichen Überlieferung von Sudbrack zufolge finden sich in einigen Manuskripten Traktate, die nachträglich mittels der Überschriften mit Johannes von Kastl in Zusammenhang gebracht wurden. Dazu zählen die Traktate *De fine religiosae perfectionis*[42], *Tractatus de lumine gratiae et gloriae*[43] und *De sui ipsius vera et humili cognitione*[44]. Die Codices, die diese Traktate enthalten, stammen meist aus dem süddeutschen Raum (Tegernsee (clm 18195, clm 18592, clm 18578), Schäftlarn (clm 17247) und Melk (cod 356)). Die Abschrift erfolgte in der Mitte des 15. Jahrhunderts: Clm 18578 ist 1451, clm 18195 und clm 18592 sind im Jahre 1455 und cod 356 ist 1464 abgeschrieben worden. Bemerkenswert sind hierbei die Angaben zur Person: „Magistri Johannis Castellensis monachi“[45], „Compilatus a fratre Joannes Baccalario, monacho et professo monasterii Castellensis“[46], „tractatus ... magistri Johannis Castellensis“[47], „fratris Johannis Castellensis“[48], „a fratre Johanne Baccalario sacrae theologiae, monacho et professo Monasterii Castellensis“[49] und „Attitulatur patri Johanni Castellensi“[50]. In drei weiteren Tegernseer Handschriften finden sich sodann folgende Einträge: „Exposicio magistri Johannis de Castello in Regulam sancti Benedicti a principio usque ad

---

40 Vgl. GENTNER, H.: Geschichte, S. 89; vgl. BRUCK, M.: Professbuch, S. 145.

41 Vgl. SUDBRACK, J.: Die geistliche Theologie, Teil 1, S. 47 f.

42 Vgl. clm 18195, fol. 97^{r}(a)–110^{r}(a); clm 18578, fol. 119^{v}–132^{r}; clm 18592, fol. 2^{r}–33^{v}; clm 17247, fol. 101^{r}–106^{r}; cod 356, fol. 143^{r}–163^{r} (zitiert nach SUDBRACK, J.: Die geistliche Theologie, Teil 2, S. 191.196.192 f.).

43 Vgl. clm 18195, fol. 125^{v}(a)–138^{r}(a) (zitiert nach SUDBRACK, J.: Die geistliche Theologie, Teil 2, S. 191).

44 Vgl. clm 18592, fol. 34^{v}–72^{r}, clm 17247, fol. 65^{r}–77^{r} (zitiert nach SUDBRACK, J.: Die geistliche Theologie, Teil 2, S. 193 f.).

45 clm 18195, fol. 97^{r}(a).125^{v}(c). 138^{r}(a) (zitiert nach SUDBRACK, J.: Die geistliche Theologie, Teil 2, S. 191).

46 clm 18195, fol. 110^{r}(a) (zitiert nach SUDBRACK, J.: Die geistliche Theologie, Teil 2, S. II, S. 191); clm 18592, fol. 33^{v} (zitiert nach SUDBRACK, J.: Die geistliche Theologie, Teil 2, S. 192); clm 17247, fol. 106^{r} (zitiert nach SUDBRACK, J.: Die geistliche Theologie, Teil 2, S. 193).

47 clm 18195, fol. 125^{v}(c) (zitiert nach SUDBRACK, J.: Die geistliche Theologie, Teil 2, S. 191).

48 clm 18592, fol. 2^{r}.34^{v} (zitiert nach SUDBRACK, J.: Die geistliche Theologie, Teil 2, S. 192); clm 17247, fol. 65^{r}. 91^{r} (zitiert nach SUDBRACK, J.: Die geistliche Theologie, Teil 2, S. 193).

49 cod 356, fol. 143^{r} (zitiert nach SUDBRACK, J.: Die geistliche Theologie, Teil 2, S. 193).

50 clm 18578, fol. 132^{r} (zitiert nach SUDBRACK, J.: Die geistliche Theologie, Teil 2, S. 196).

xxjj[m] capitulum inclusis"[51] bzw. „Exposicio seu explanacio Regule sancti Benedicti a capitulo xxiij usque ad capitulum lvij[m] incluse magistri Johannis de Castello."[52] Im dritten Band ist zu lesen: „Exposicio Regule sancti Benedicti magistri Johannis de Castello a capitulo 58° inclusive usque ad finem."[53] Ebenso ist die Handschrift clm 14105, die eigentlich aus dem Regensburger Kloster St. Emmeram stammt, mit dem Namen Johannes von Kastl verbunden, wobei auch hier der Magistertitel genannt wird. Zu lesen ist: „Laus Dei, quia expositionis magistri Johannis Castellensis secunda pars in regulam S. Benedicti fauste finit anno 1476."[54] In der Mondseer Ausgabe des Regelkommentars wird angegeben: „Explicit glosa regule sanctissimi patris nostri Benedicti tam regule quam nomine composita per magistrum Johannem Ca¯stellensem".[55]

Ein Verzeichnis von Schriften eines „Johannes monachus castellensis" findet sich in der ehemaligen St. Emmeramer Handschrift clm 14104. Dort werden neben dem zweibändigen Regelkommentar verschiedene Predigten über die Paulusbriefe, die Evangelien, die Heiligen und die Leidensgeschichte Jesu nach dem Evangelisten Johannes aufgezählt.[56]

1483 ging Ambrosius Schwarzenböck aus Tegernsee daran, einen Autorenkatalog für seine Bibliothek zu erstellen. Bei der Suche nach dem Namen Johannes von Kastl stößt man auf folgende Autorenangabe: „Johannis de Monasterio Castellensi Ordinis S. Benedicti, Magistri Pragensis". Unter seinem Namen werden eine Vielzahl kleinerer Werke subsumiert. Dazu zählen die Traktate „De perfectione et fine vite religiose et modo fruendi Deo in presenti vita ... Tractatus spiritualis phylosophie de sui ipsius vera et humili cognicione et emendacione ... Tractatus de lumine gracie et glorie ... Tractatus de lumine increato intra nos sedule contemplando ... Formula vite religiose; formula alia vite religiose ... Exposicio generalis psalterii ... Tractatus de natura, gracia et gloria ac beatitudine in patria". Als letztes Werk werden die „Expositio regulae S. Benedicti in tribus voluminibus comprehensa; h 19 i, h 16, h 17" genannt und ohne Titelangaben eine Vielzahl weiterer Werke.[57]

---

51 clm 18152, fol. 1v.
52 clm 18153, fol. 1v.
53 clm 18154, fol. 1v.
54 clm 14105, fol. 28v(b).
55 clv 3702, fol. 226r(b).
56 „Johannes monachus castellensis, scripsit: expositionem super regulam sancti Benedicti in duobus magnis voluminibus; item super epistulas Pauli sermones; item alios sermones super evangelia per circuitum anni; item postilla de sanctis; item quadraginta duos sermones super passionem domini sec. Joannem; item bibliam accuratam." clm 14104, fol. 415r(b) (zitiert nach SUDBRACK, J.: Die geistliche Theologie, Teil 2, S. 157).
57 Vgl. GLAUCHE, G.: Mittelalterliche Bibliothekskataloge. Band 4,2: Bistum Freising, S. 805 f.; vgl. SUDBRACK, J.: Die geistliche Theologie, Teil 2, S. 157 f.

In Bezug auf die Literaturverzeichnisse sind auch auf die Hinweise bei Abt Johannes Trithemius und Nikolaus von Siegen zu achten. Diese verbinden den Namen Johannes von Kastl mit einer Vielzahl theologischer Werke.

Zwischen 1491 und 1495 verfasste Johannes Trithemius (1462-1516) seinen *Catalogus illustrium virorum Germaniae*.[58] Dort führt er die Werke des Johannes von Kastl auf. Dazu zählt er einen zweibändigen Regelkommentar, das *Breviarium bibliorum*, Predigten, Briefe und ein Werk mit dem Titel *De illustribus viris ordinis nostri*. Bemerkenswert ist der Zusatz, in dem es heißt: „Aber auch vieles anderes schrieb er, was nicht zu unserer Kenntnis kam. Er zeichnete sich ungefähr zu der Zeit aus, als die Reform Kastls unter den Königen Ruprecht und Sigismund im Jahr 1410 durchgeführt wurde."[59] In seinen drei anderen Werken wiederholt Johannes Trithemius die oben genannte Literatur, wobei er das Buch über die berühmten Personen des Benediktinerordens in seinem *Catalogus scriptorum ecclesiasticorum* und in seinem vierbändigen Werk *De viris illustribus Ordinis S. Benedicti* (verfasst 1492) nicht mehr erwähnt; im letztgenannten Titel findet sich das *Breviarium bibliorum* auch nicht mehr, dafür eine Summe über die Bibel. Neu ist die Angabe der Predigten über die Passion Christi, die der Sponheimer Abt in seinem *Catalogus* noch nicht angab.[60]

Eine weitere Werkaufzählung ist im *Chronicon Ecclesiasticum* zu lesen, das 1494/95 der Mönch des Erfurter St. Petersklosters Nikolaus von Siegen († 1495) verfasste.[61] An erster Stelle wird der zweibändige Regelkommentar genannt, ferner das *Breviarium bibliae* und Predigten. Wie Trithemius, so schreibt auch er von einer Vielzahl von Schriften des Johannes von Kastl, deren Titel er jedoch nicht angibt. Unsicher ist Nikolaus von Siegen über die Zeit des Wirkens des Johannes von Kastl, da er schreibt: „Claruit putatur 1370."[62]

1.2 Biographische Eckdaten zu Johannes von Kastl[63]

Aus den theologischen Werken ergeben sich als gesicherte Lebensdaten des Johannes von Kastl die Jahre 1410 und 1426. Das *Clenodium religiosorum*

---

58 Vgl. SCHMITT, C.: Trit(h)emius, Sp. 1448.

59 „... Sed et alia multa edidit, quae ad notitiam nostrae lectionis non venerunt. Claruit eo ferme tempore, quo reformatio Castellensis viguit, sub Ruperto et Sigismundo Imperatoribus anno Domini MCCCCX." TRITHEMIUS, J.: Catalogus, S. 152 (zitiert nach SUDBRACK, J.: Die geistliche Theologie, Teil 2, S. 155).

60 Vgl. ebd., S. 155 f.

61 Vgl. STREICH, G.: Nikolaus (Bottenbach) von Siegen, Sp. 1187.

62 Vgl. NICOLAUS DE SIEGEN: Chronicon ecclesiasticum (zitiert nach SUDBRACK, J.: Die geistliche Theologie, Teil 2, S. 157).

63 Den besten Überblick über die Literatur und Person des Johannes von Kastl bietet TILLY, M.: Johannes von Kastl. Sp. 433–434. Dem Literaturverzeichnis ist SCHREINER, K.: Benediktinische Klosterreform, S. 145–148; MAIER, P.: Ursprung und Ausbreitung, S. 109–113 anzufügen.

wurde nach 1426 verfasst. Johannes von Kastl kam bei der Visitation des Klosters Weihenstephan mit Vertretern der Tegernseer und der Melker Reform in Kontakt. Von daher ist der Überlieferung der Schriften des Johannes von Kastl in Tegernsee und Melk eine besonders hohe Bedeutung zuzumessen. Der Richtigkeit der Angabe des „Magister"-Titels, der, wenngleich auch aus zweiter Hand, sich besonders häufig in Tegernseer Codices findet, ist daher Glauben zu schenken.

Aufgrund des akademischen Titels ist der Autor des Regelkommentars mit dem Magister Johannes Prior des Klosters Kastl zu identifizieren, der 1399 erstmals und ein weiteres Mal 1414 in Kastl Urkunden unterzeichnete. Zu den vier Lebensdaten und den akademischen Bezeichnungen „magister" und „baccalaureus sacrae paginae" ist festzuhalten, dass Johannes von Kastl zwischen 1399 und 1414 Prior seines Heimatklosters war. In diesem Zeitraum entstanden die Schriften *De lumine creato* und *De lumine increato.*

Den Angaben nach erwarb Johannes von Kastl die akademischen Titel des Baccalaureus und Magisters an der Universität Prag. Dort wurde 1388 ein Joannes de Castello zum Bakkalaureatsexamen an der Artistenfakultät zugelassen.[64]

Während die archivalischen Quellen Johannes von Kastl mit dem Titel eines Magisters und Priors in Verbindung bringen, bezeichnen die literarischen Quellen den Kastler Regelkommentator als Magister, Baccalaureus, Mönch, Professe oder Bruder. Während die akademischen Titel nur im Zusammenhang mit den Satzungen der Universität Prag Rückschlüsse auf weitere Lebensdaten zulassen, können aus den klösterlichen Bezeichnungen, wie Prior, Mönch und Professe, mittels der *Consuetudines castellenses* und dem Kirchenrecht weitere Lebensdaten erschlossen werden.

Johannes von Kastl erwarb sowohl in Philosophie als auch in Theologie den Titel des Baccalaureus. In der Artistenfakultät musste der Student eineinhalb Jahre studiert haben, um zum Examen zugelassen zu werden.[65] Mit dem Bestehen der Prüfung verpflichtet er sich, für zwei Jahre an der Universität in Prag Vorlesungen zu halten.[66] Der Erwerb eines Bakkalaureus an der theologischen Fakultät setzte ein sechsjähriges Studium der Theologie voraus.[67] Neben dem akademischen Titel des Bakkalaureus in Philosophie und Theologie erwarb Johannes von Kastl den Magistertitel. Leider geben die Quellen keine

---

[64] „Decanatus magistri Henrici Reczekow de Rybbenic ... Anno Domini, quo supra, 12. die mensis Septembris pro examine, quod solet fieri circa festum s. Crucis electi fuerunt 4 mgri. de quatuor nationibus in examinatores baccalandiorum: de natione Boemorum mag. Hodislaus Dub, de natione Saxonum mag. Joan. de Caluis, de natione Polonorum mag. Mathias de Legniez et de natione Bavarorum mag. Henr. de Homberg, qui admiserunt infra scriptos secundum ordinem subsequentem: ... Joan. de Castello." MONUMENTA HISTORICA UNIVERSITATIS CAROLO-FERDINANDEAE PRAGENSIS, Liber Decanorum, S. 259.

[65] Vgl. DIX, R.: Frühgeschichte der Prager Universität, S. 468.

[66] Vgl. ebd., S. 469.

[67] Vgl. ebd., S. 157.

Auskunft, in welcher Disziplin dieser Titel erworben wurde. Die Satzungen der Prager Universität sehen vor, dass der Bakkaulaureus zur Erlangung des Magistertitels an der Artistenfakultät zwei bis drei Jahre studieren musste.[68] Wollte ein Absolvent an der theologischen Fakultät einen Magistertitel erwerben, musste er weitere sechs Jahre studieren.[69]

Bezeichnungen, wie Mönch, Professe und Prior, die mit Johannes von Kastl in Verbindung stehen, weisen in den kirchlichen Bereich. Mittels der *Consuetudines castellenses* und dem Kirchenrecht lassen sich weitere Zeiträume – wenngleich auch sehr ungenau – erschließen. Ob er vor der Profess studiert hat oder als Mönch studierte, kann nicht festgestellt werden.[70] Zwischen der ersten urkundlichen Erwähnung 1399 als Prior und Magister und der Notiz von 1410 lässt sich unser Autor nicht nachweisen. Erst im Jahr 1414 unterzeichnet er wieder als Magister und Prior eine Urkunde. Von da an ist dieser Name in Kombination mit einem akademischen Grad in Kastl nicht mehr dokumentiert. Demzufolge ist anzunehmen, dass Johannes von Kastl im Zeitraum zwischen den Jahren 1399 und 1414 in Kastl als Prior gewirkt hat.

Entsprechend dem kanonischen Recht und den *Consuetudines castellenses* muss der Prior bei seinem Dienstantritt ein Mindestalter von 24 Jahren haben und ein Jahr Priester sein.[71] Johannes von Kastl konnte demzufolge spätestens um 1375 geboren sein. Die Kastler Brauchtexte geben auch das kanonische Alter für die Profess an. So darf niemand zum Noviziat zugelassen werden, der nicht das 16. Lebensjahre erreicht hat.[72] Vorausgesetzt, er studierte als Mönch in Prag, würde sich für die Ablegung der Profess als erster Zeitraum die Jahre nach 1386 ergeben. Sein Geburtsjahr würde dann um das Jahr 1370 liegen. Hätte er jedoch das Studium vor seinem Eintritt in die Abtei Kastl absolviert, dann müsste er um das Jahr 1397 (Erwerb des Magistertitels) in Kastl eingetreten sein, das Noviziat durchlaufen und die Profess abgelegt haben; sein Geburtsjahr würde dann im Jahr 1375 liegen.

Als Endergebnis ist festzuhalten, dass Johannes von Kastl kurz vor dem Jahr 1370, spätestens 1375 geboren wurde. Mit einem Aufenthalt des Johannes von Kastl an der Prager Universität ist zwischen den Jahren 1386 und 1397 zu rechnen. Dort schloss er seine Studien in Philosophie und Theologie mit einem Bakkaulareat ab. Nach diesem Abschluss erwarb er in den darauf folgenden zwei bis drei Jahren den Titel des Magisters. Seine Profess und der

---

68 Vgl. ebd., S. 483.

69 Vgl. ebd., S. 156.

70 Vgl. ebd., S. 79. „Daß Profeßmönche von Reformklöstern an Universitäten studierten, blieb Ausnahme." SCHREINER, K.: Benediktinische Klosterreform, S. 142.

71 „Cum prior claustralis seu vicarius abbatis debeat esse tantae aetatis, videlicet minime viginti quatuor annorum, ut valeat infra annum ad sacerdotium promoveri." Consuetudines castellenses, Cap. 2 (CCM 14/1, MAIER, P. (Ed.), S. 45) (Redaktion ARW GE DFF¹).

72 „Pueros infantes de consuetudine non recipimus, quia nullum nisi infra decimum sextum annum in probatione nobis ponere licet." Ebd., Cap. 46 (Ebd., S. 355) (Redaktion AW GE DFF¹).

Empfang der Priesterweihe dürften im Zeitraum zwischen den Jahren 1386 und 1398 liegen, da er 1399 in Kastl als Prior eine Urkunde unterzeichnete. 1410 fasst er die Schrift *De lumine increato* ab. 1414 unterzeichnet er erneut eine Kastler Urkunde. Bei der Visitation des Klosters Weihenstephan 1426 tritt er ein letztes Mal in Erscheinung, danach verlieren sich seine Spuren.

1.3 Inhaltliche Aspekte aus den Werken des Johannes von Kastl

Neben dem Regelkommentar verfasste Johannes von Kastl eine Vielzahl weiterer Schriften, über deren Umfang man vor allem durch den Tegernseer Handschriftenbestand informiert ist. War sich Grabmann noch bei der Bestimmung des Opus von Johannes von Kastl sehr sicher, so tauchten durch Raitz von Frentz erste Zweifel auf[73], die auch Sudbrack und Wagner nicht ausräumen konnten[74]. Nach Sudbrack hat Johannes von Kastl die Werke *De fine religiosae perfectionis* (früher *De adhaerendo Deo* genannt), die *Spiritualis philosophia, De lumine creato, De lumine increato,* das Gebet *Eya Jesu Christe*, die *Contemplatio tria*, die *Notulae*, eine *Ars moriendi* und eine *Ars praedicandi* verfasst. Diese Schriften liegen als Druckwerke vor und wurden teilweise übersetzt. Unediert blieben bisher *De trinitate*, die *Formulare vitae religiosae*, der Psalmenkommentar und das *Clenodium religiosorum.*

Der Traktat *De adhaerendo Deo* bildet mit dem *Tractatus de sui ipsius vera et humili cognitione* eine Einheit. Der Titel des erstgenannten Traktates ist eigentlich nach Sudbrack die Überschrift des ersten Kapitels.[75] Wie noch gezeigt wird, hielt man lange Zeit Albertus Magnus für den Autor bis Grabmann ihn Johannes von Kastl zuschrieb. Seit den Untersuchungen Grabmanns war Johannes von Kastl wiederholt Gegenstand theologischer (Hujiben[76], Raitz von Frentz, Sudbrack, Picker[77]) und germanistischer Forschung (Wagner). Die Schrift *De adhaerendo Deo* umfasst 23 Kapitel. Lange Zeit war man sich über den Umfang dieses Werkes nicht im Klaren, bis durch Grabmanns Forschungen weitere sieben Kapitel (Cap. 18-24) ans Licht kamen.[78] Inhaltlich sind Bezüge zur spätmittelalterlichen Ordensreform erkennbar, da Johannes von Kastl auf die Gelübde (Cap. 1) und eine lautere Lebensweise der Religiosen (Cap. 2) zu sprechen kommt. Der Ordensstand fordert, sich von allen Phantasiebildern zu distanzieren (Cap. 4 und 10). Die Reinheit des Herzens, die sich

---

[73] Vgl. RAITZ VON FRENTZ, E.: Die Schrift: De adhaerendo Deo, S. 80f.

[74] Vgl. SUDBRACK, J.: Die geistliche Theologie, Teil 1, S. 36; vgl. WAGNER, R.: Ein nücz und schone ler, S. 26.

[75] Vgl. SUDBRACK, J.: Die geistliche Theologie, Teil 1, S. 49.

[76] Vgl. HUJIBEN, J.: Le de adhaerendo Deo (In: VS.S 1(1922), S. 22–37; 1(1923), S. 80–101).

[77] Das Werk von PICKER, D.: Der Traktat De fine religiosae perfectionis (adhaerendo Deo). Verfassung, Überlieferung, Text. Würzburg: 1965 konnte nicht konsultiert werden.

[78] Vgl. GRABMANN, M.: Der Benediktinermystiker Johannes von Kastl, S. 509.

dann einstellt, wird als Charakteristikum des Rätelebens bezeichnet (Cap. 5). An dieser Stelle zeigt sich implizit die lebendige Tradition der Wüstenväter (z. B. Johannes Cassianus), die in den letzten Kapiteln expliziert wird. Anspielungen an das *Clenodium religiosorum* meint man zu hören, wenn Johannes von Kastl in *De adhaerendo Deo* die Ordensleute mahnt, nicht auf die Profess, den Stand in der Kirche, die Kleidung und die Tonsur zu schauen.

Wagner, die sich hauptsächlich mit der deutschen Übersetzung des *Tractatus de sui ipsius vera et humili cognitione* beschäftigt, hat auch die lateinische Textgrundlage untersucht. Sie weist darauf hin, dass die Tradition des lateinischen Textes sich in zwei Gruppen teilen lässt: Die von ihr genannte XX-Rezension weist lediglich 19 Kapitel auf, während sich in der zweiten Gruppe (YY-Rezension) ein weiterer Abschnitt anschließt, der entweder als zwanzigstes Kapitel oder als zweiter Teil oder geteilt in vier Kapiteln erscheint und in dem der praktische Nutzen der Selbsterkenntnis beschrieben wird.[79] Im Hinblick auf die deutsche Übersetzung des lateinischen Textes kommt Wagner zum Schluss, dass die XX-Rezension (19 Kapitel) die ursprüngliche Fassung des Textes sein müsste.[80] Bei näherer Untersuchung der dreizehn Handschriften der XX-Rezension gibt lediglich ein Codex (Cod. lat. oct. 214; Staatsbibliothek der Stiftung preußischer Kulturbesitz (Provenienz Kartause Salvatorberg, Erfurt)) die ursprüngliche Einheit der beiden Traktate wieder. Der *Tractatus de sui ipsius vera et humili cognitione* erscheint hier als *Spiritualis philosophia*, wird allerdings Johannes Gerson zugeschrieben.[81] Zudem überliefern die einzelnen Handschriften dieser Tradition nicht immer den vollständigen Text.

Der ursprüngliche Zusammenhang dieser beiden Traktate ist überraschenderweise in der zweiten Gruppe, also der YY-Rezension, besser wiedergegeben. Von den 16 Handschriften finden sich diese beiden Abhandlungen in zehn Codices wieder, wobei deren Abfolge wechselt bzw. unterbrochen ist.[82] Der YY-Rezension ist es nicht nur eigen, den vollständigen und erweiterten Text zu überliefern, sondern in dieser Gruppe findet sich auch die wiederholte Zuweisung zu Albertus Magnus, die nur in den Trierer Handschriften zu lesen

---

79 Vgl. WAGNER, R.: Ein nücz und schone ler, S. 47.

80 Vgl. ebd., S. 56 f.

81 Vgl. ebd., S. 29 f.

82 Beide Traktate sind in den Handschriften der Münchner Staatsbibliothek clm 17247 (vormals Prämonstratenserabtei Schäftlarn), 18195 und 18592 (vormals Benediktinerabtei Tegernsee), sodann in I/3 (Benediktinerabtei St. Matthias in Trier), in den Codices der Trierer Stadtbibliothek MS 659/231 (vormals Benediktinerabtei St. Martin in Trier), MS 769/823 (Kartause St. Alban in Trier), MS 1919/849 (vormals Benediktinerabtei St. Maria ad martyres extra Muros in Trier) und in den drei Wiener Manuskripten Cod. 1592, 3761 und 3803 (vormals Benediktinerabtei Mondsee) enthalten; vgl. ebd., S. 34–37.

ist[83]; der Name Johannes von Kastl ist dagegen in die süddeutschen Handschriften eingetragen worden.[84] Aufgrund bereits dargelegter Zusammenhänge ist den Tegernseer Codices auch deshalb eine hohe Bedeutung zuzumessen.

Dieses Argument, verbunden mit der inhaltlichen Bestimmung weiterer Traktate in den süddeutschen Codices, entwickelte Grabmann in erster Linie für den Traktat *De adhaerendo Deo*. Grabmann führt ferner die Forschungen von Hujiben an. Der Quellenlage nach ist die Schrift *De adhaerendo Deo* um 1400 geschrieben worden.[85] Gegen diesen Ansatz sprach sich vor allem Raitz von Frentz aus, indem er darlegte, dass die genannten süddeutschen Handschriften einer anderen und zudem schlechteren Textklasse angehören. Ferner führt er stilistische Argumente ins Feld, wie die verschieden langen Kapitelüberschriften und die unterschiedliche Zitation von Quellen.[86]

Der *Tractatus de sui ipsius vera et humili cognitione* besteht nach der Edition von Stroick aus 20 Kapiteln. In den ersten drei Kapiteln werden dem Leser zunächst der Nutzen, die Instrumente und die Auswirkungen der Selbsterkenntnis vorgestellt, dann aber auch die Schwierigkeiten, die sich einstellen können.[87] Die Kapitel 5 bis 7 gehen auf die Selbst- und Gotteserkenntnis ein und berühren damit das zentrale Thema dieser Abhandlung. Sie sind mit folgenden Worten überschrieben: (5. Kapitel) „Auf welche Weise die Selbsterkenntnis die Erkenntnis Gottes hervorbringt und im Gegensatz dazu, wie die Erkenntnis Gottes eine vollkommene Selbsterkenntnis bewirkt.[88]" (6. Kapitel) „Eine gemeinsame Formel, die die Art und Weise der vollständigen Selbsterkenntnis des Menschen in Gott beinhaltet.[89]" (7. Kapitel) „Auf welche Weise

---

83 I/3 (Benediktinerabtei St. Matthias in Trier), cod. 135 (Seminarbibliothek Trier; Herkunft unbekannt), MS 659/231 (Stadtbibliothek Trier, vormals Benediktinerabtei St. Martin in Trier), MS 760/307, MS 769/823 (Stadtbibliothek Trier, vormals Kartause St. Alban in Trier) und MS 1919/849 (Stadtbibliothek Trier, vormals Benediktinerabtei St. Maria ad martyres extra Muros in Trier); vgl. ebd.

84 clm 17247 (Staatsbibliothek München, vormals Prämonstratenserabtei Schäftlarn), 18195 und 18592 (Staatsbibliothek München, vormals Benediktinerabtei Tegernsee); vgl. ebd. S. 34.

85 Vgl. GRABMANN, M.: Der Benediktinermystiker Johannes von Kastl, S. 507 f.; vgl. SUDBRACK, J.: Die geistliche Theologie, Teil 1, S. 32 f.

86 Vgl. ebd., S. 34–36.

87 „Capitulum primum. Qualiter perfecta et humilis sui ipsius notitia omnibus aliis scientiis utilior sit et praeferenda." JOHANNES <DE CASTELLO>: Tractatus de sui ipsius vera et humili cognitione, Cap. 1 (In: STROICK, C. (Ed.): Unpublished theological writings, S. 148); „Quibus mediis facilius, citius et ordinatius homo possit seu perveniat in sui notitiam. Capitulum secundum" Ebd., Cap. 2 (Ebd., S. 150) „De effectu et utilitate ac fine cognitionis sui ipsius. Capitulum tertium" Ebd., Cap. 3 (Ebd., S. 153) „Quam difficile et rarum sit seipsum perfecte cognoscere et quae impedimenta. Capitulum quartum" Ebd., Cap. 4 (Ebd., S.155).

88 „Quomodo cognitio sui parit cognitionem Dei et econtra notitia Dei causat perfectam cognitionem sui. Capitulum quintum" Ebd., Cap. 5 (Ebd., S. 157) .

89 „Formula in communi, qualiter homo se in Deo vere undique, circumquaque cognoscat. Capitulum sextum." Ebd., Cap. 6 (Ebd., S. 159).

der Mensch die Göttlichkeit an seiner Menschheit innerhalb seiner selbst und seiner inneren erbsündigen Versehrtheit erkennt."[90] „Die Seele", so schreibt Johannes von Kastl, „erkennt alles durch das Gedenken an das Ewige, wie wir zu Beginn unserer Erkenntnis alles erkannten durch die Teilnahme an allem. Das Licht des Geistes nämlich, welches in uns ist, ist nichts anderes als irgendeine partizipierende Ähnlichkeit am ungeschaffenen Licht, in dem die Gedanken des Ewigen enthalten sind. Es ist ähnlich, wie gesagt wird, in die Sonne zu schauen, weil wir alles durch die Sonne sehen."[91] Um auf göttliche Weise erkennen zu können, wird Johannes von Kastl nicht müde, den Leser zur Abstraktion zu ermuntern. Der Mensch möge sich ganz von sich selbst abstrahieren, damit er sich ganz in sich gekehrt und gesammelt nützlich und auf jede Weise anstrenge, um durch die Leuchte das Licht, das heißt, durch den Menschen Gott, durch die Wunden der Menschheit Jesu, das innere Licht seiner Gottheit, zu erkennen. Diesem soll er allein über alles anhangen, diesem möge er seine Absicht widmen und dafür frei sein. Dieser sei über alles zu lieben und über alles zu erheben, in welchem er sich und seine Wertlosigkeit und Erbärmlichkeit vollständig erkennt und sich selbst in allem demütigt und unterwirft.[92] In der Erkenntnis seiner Sündhaftigkeit sieht er all das, was in seiner Seele sowohl an erbsündiger als auch an der von menschlicher Natur verursachten Vergiftung und Beschädigung da ist; dadurch ist das Band der ursprünglichen göttlichen Gerechtigkeit, Harmonie und Übereinstimmung zwischen den höheren Kräften unter Gott und den unteren, die dem menschlichen Geist unterworfen sind, zerrüttet.[93] Die folgenden fünf Kapitel setzen

---

90 „Qualiter homo cognoscat divinitatem in sua humanitate intra se et suas ipsius originales corruptiones interiores. Capitulum septimum" Ebd., Cap. 7 (Ebd., S. 160).

91 „Omnia ergo anima cognoscit in rationibus aeternis sicut in cognitionis principio per quarum participationem omnia cognoscimus eo quod ipsum lumen intellectuale quod in nobis est nihil aliud sit quam quaedam participata similitudo luminis increati in quo continentur rationes aeternae, et est simile ac si in sole dicantur videri ea quae videntur per solem." Ebd., Cap. 5 (Ebd., S. 158).

92 „Abstrahere ergo et exuere habet se homo sedule ab omni sensibili, intelligibili et creato et intrare totus in seipsum et sic intra se tamquam ex habitu prompte et subito, quoties voluerit, se et nihilitatem ac vilitatem suam coram ipso et in ipso vero increato et essentiali lumine videre ..." Ebd., Cap. 6 (Ebd., S. 159) „Itaque homo ad sui ipsius profundam notitiam studiose laborans opus est ut a cuncta abstrahat et exuat ..." Ebd., Cap. 7 (Ebd., S. 160) „Insuper abstrahat etiam se homo a se ipso ut sit totus intra se conversus et recollectus contendat expedite et libere modo suo possibili per lucernam ad lumen, id est per hominem ad Deum, per vulnera scilicet humanitatis Jesu ad intrinsecum suae divinitatis lumen, cui supra omnia soli adhaereat, intendat et vacet, quem super cuncta diligat et exaltet, in quo se suamque vilitatem et miseriam perfecte cognoscat sicque seipsum infra universa humiliet et dejiciat." Ebd.

93 „Videatque etiam sic ibi insimul sui nihilitatem, defectus, corruptiones et pericula undique sibi imminentia, primo videlicet ea quae sibi insunt, scilicet interiori suo homini, hoc est in anima sua originales videlicet et naturales infectiones et cor-

sich mit den leiblichen und seelischen Defekten des Menschen und deren Umständen auseinander.[94] Anschließend behandelt Johannes von Kastl die Gefahren, die dem Menschen drohen und die versuchen, ihn von seinem Endziel abzuhalten.[95] Die restlichen zwei Kapitel greifen Themen aus der Einleitung auf, und der abschließende zweite Teil dieses Werks geht die konkrete Umsetzung an.[96]

Der *Tractatus de sui ipsius vera et humili cognitione* zählt zu den kleineren Werken des Johannes von Kastl. Ob der Autor der kleineren Abhandlung mit dem Verfasser des Regelkommentars gleichzusetzen ist, wagt selbst Sudbrack nicht mit Sicherheit zu behaupten, da nicht nur typische Elemente des Regelkommentars im diesem Opus fehlen, sondern auch eine theologische Umorientierung stattfand.[97] Wagner, die sich mit einer mittelhochdeutschen Übersetzung des Traktats beschäftigt, betrachtet für die Einheit der verschiedenen Werke das stilistische Argument als unzureichend und meint deswegen, dieser Abhandlung die Autorenschaft des Johannes von Kastl absprechen zu dürfen.[98]

---

ruptiones, quibus vinculum originalis justitiae et harmoniae ac consonantiae virium superiorum sub Deo et inferiorum sub ratione disruptum est." Ebd. (Ebd., S. 160 f.).

94 „Quomodo quis cognoscat suas corporales corruptiones originales et naturales exteriores. Capitulum octavum" Ebd., Cap. 8 (Ebd., S. 161); "Cognitio moralis infectionis sui interioris hominis. Capitulum nonum" Ebd., Cap. 9 (Ebd., S. 163); „Cognitio moralis corruptionis sui exterioris hominis. Capitulum decimum" Ebd., Cap. 10 (Ebd., S. 165); „Qualiter homo cognoscat mala quae sibi secundum utrumque hominem imminent. Capitulum undecimum" Ebd., Cap. 11 (Ebd., S. 167); „Ad sui cognitionem perfectam opus est scire proprietates et conditiones complexionis suae. Capitulum duodecimum" Ebd., Cap. 12 (Ebd., S. 169).

95 „Quanta pericula homini ex praeteritis malis immineant. Capitulum tertium decimum" Ebd., Cap. 13 (Ebd., S. 172); „Qualia pericula in morte et in futuro judicio incumbunt. Capitulum quartum decimum" Ebd., Cap. 14 (Ebd., S. 173); „Quomodo homo se cognoscat in prosperis et adversis et inibi pericula sua perpendat. Capitulum quintum decimum" Ebd., Cap. 15 (Ebd., S. 175); „Quomodo homo a patria caelesti et beatis tam periculose se alienavit. Capitulum sextum decimum" Ebd., Cap. 16 (Ebd., S. 177); „Quodmodo homo infernalibus ultimo se tradidit et de poenis ibidem quas meruit. Capitulum septimum decimum" Ebd., Cap. 17 (Ebd., S. 180); .

96 „Quomodo homo ipse comparatione aliorum omnium se pessimum reperiet ac miserrimum. Capitulum 18" Ebd., Cap. 18 (Ebd., S. 182); „Quomodo homo in sui cognitionem perveniat praecipue ex donis gratuitis et contemplatione. Capitulum 19" Ebd., Cap. 19 (Ebd., S. 185); „Secunda pars huius tractatus. Qualiter homo praedicta sibi singulariter applicet et ea in seipsum solum retorqueat." Ebd. (Ebd., S. 187).

97 Vgl. SUDBRACK, J.: Die geistliche Theologie, Teil 1, S. 63.

98 „Mir jedenfalls erscheint eine Überbewertung stilistischer Gemeinsamkeiten bedenklich, und bis wir nicht zu sicheren Ergebnissen kommen können, hielt ich es für angemessener, 'Spiritualis philosophia' einem unbekannten Mönch des ausge-

Wie der Name der Werke *De lumine creato* und *De lumine increato* verrät, hat die eine Abhandlung die Gnadenlehre zum Gegenstand und die zweite stellt trinitarisch-christologische Überlegungen an. Anhand der Kapitelüberschriften soll nun auf den Inhalt dieser Schriften eingegangen werden. In *De lumine creato* wird bei der Beschreibung der Gnade angesetzt und der Bogen zur himmlischen Herrlichkeit geschlagen.[99] Es wird die Gnade, deren Notwendigkeit, Grund und Wirkung beschrieben, an die sich ein Vergleich mit der Natur anschließt, woraus notwendig eine Darlegung der Unterschiede erfolgt.[100] Sodann werden Überlegungen über die Trennung von der Gnade und über das Böse angestellt.[101] Mit den Fragen, wie sich der Mensch für den Empfang der göttlichen Huld vorbereiten und wie sie erlangt werden kann, wird ein Fragenkomplex über die Wirkmächtigkeit eröffnet.[102] In zwei Kapiteln wird das Verhältnis der Gnade zu den Tugenden beschrieben.[103] Als letzte Abschnitte schließen sich Ausführungen über die himmlische Herrlichkeit an.[104]

In *De lumine increato* wird das ungeschaffene Licht mit Jesus Christus gleichgesetzt.[105] Nach dem Vorwort beschreibt Johannes von Kastl das Wesen des ungeschaffenen Lichtes und dessen Vollkommenheit.[106] Weil nach dem Glaubensbekenntnis „Christus Licht vom Licht, wahrer Gott vom wahren Gott, gezeugt, nicht geschaffen ist, eines Wesens mit dem Vater", erkennt er im ungeschaffenen Licht die Trinität selbst.[107] Obwohl die Schöpfung und damit der

---

henden 14. Jahrhunderts zuzuweisen." WAGNER, R.: Ein nücz und schone ler, S. 27.

99 „Quid gratia descriptive. Capitulum primum. ... De ipsa gloria. Capitulum ultimum." JOHANNES <DE CASTELLO>: De lumine creato (In: SUDBRACK, J.: Die geistliche Theologie, Teil 2, S. 14.62).

100 „Quid gratia secundum essentiam. Capitulum secundum. ... De necessitate gratiae et quod sine ea non possumus Deo placere. Capitulum tertium. ... De causa gratiae. Capitulum quartum. ... De effectu gratiae et quod dignior est natura. Capitulum quintum. ... De divisione gratiae. Capitulum sextum." Ebd. (Ebd., S. 15. 17. 19. 21. 24).

101 „De privatione gratiae et de malo carentiae eius. Capitulum septimum." Ebd. (Ebd., S. 26).

102 „De praeparatione ad gratiam et an aliquis possit sibi mereri vel alteri. Capitulum octavum." Ebd. (Ebd., S. 28).

103 „Gratia est in essentia animae; virtutes autem in potentiis. Capitulum undecimum. Qualiter gratia conveniat vel differat cum virtutibus. Capitulum duocdecimum." Ebd. (Ebd., S. 41.45).

104 „De ipsa gloria. Capitulum ultimum." Ebd. (Ebd., S. 62).

105 „Capitulum quintum. Quomodo iterato ad ipsum increatum lumen, qui christus est, possimus reverti et in ipsum per ipsum converti." Ders., De lumine increato (Ebd., S. 93).

106 „Capitulum primum. De ipso lumine increato et eius perfectione." Ebd. (Ebd., S. 77).

107 „... et IN SYMBOLO UNIVERSALIS ECCLESIAE: Deus de Deo, lumen de lumine, quia Pater lumen nec aliud gignere potuit quam ipse est ... Porro quod tota ipsa Trinitas

Mensch von diesem ungeschaffenen Licht umfasst wird, ist es ihm in diesem irdischen Leben nicht möglich, die Trinität wahrzunehmen. Das im Glaubensbekenntnis bezeugte Verhältnis zwischen dem Vater und Jesus Christus ermöglicht den gläubigen Menschen durch Glaube, Hoffnung und Liebe von der Menschheit des Sohnes zur Göttlichkeit des Vaters zu gelangen.[108] Nahezu von selbst ergibt sich der Inhalt der nächsten Kapitel. An die Frage, warum der Mensch keinen Zugang zum Licht findet, schließen sich notwendig Überlegungen über die Umkehr, deren Wirkung, Nutzen und konkrete Verwirklichung an.[109] Die letzten Kapitel setzen sich mit dem Sein des Menschen in Christus, im göttlichen Licht, auseinander.[110]

Wie eine Zusammenfassung der beiden Traktate vom geschaffenen und ungeschaffenen Licht liest sich das Gebet, das mit den Worten *Eya Jesu Christe* eingeleitet wird. Jesus Christus wird wiederholt mit dem Symbol des Lichtes in Verbindung gebracht, das zusammen mit dem Vater und dem Heiligen Geist als eines, ewig, wesenhaft, unwandelbar, alles enthaltend und erfüllend verstanden wird.[111] Aufgrund der Differenz zwischen Schöpfer und Geschöpf bittet der Mensch, dass Gott diese Unterschiede überwinden möge, um den Menschen ganz zu erfüllen.

---

sit unum et idem lumen increatum, aeternum, sicut est unus et idem Dominus Deus naturaliter et essentialiter ..." Ebd. (Ebd., S.77 f.).

108 „... per lumen humanitatis, in quo solus erat Filius, ad lumen divinitatis, in quo erat Pater et Filius et Spiritus Sanctus." Ebd. (Ebd., S. 84).

109 „Capitulum quartum. De caecitate ac tenebris condicionis humanae; et unde causetur, sive originaliter sive actualiter; et quoniam est causa omnium malorum humanorum. ... Capitulum quintum. Quomodo iterato ad ipsum increatum lumen, qui christus est, possimus reverti et in ipsum per ipsum converti ... Capitulum sextum. De effectu et utilitate huiusmodi conversionis et adhaesionis intra nos in Jesum lumen aeternum. ... Capitulum septimum. Quibus exercitiis magis magisque possimus congregari intra nos in idipsum lumen et perfici ac quietari in ipso. ... Capitulum octavum. Causa quare nos ab omnibus aliis abstrahere debeamus, ut ei soli intendamus et inhaereamus." Ebd. (Ebd., S. 88.93.97.101.107).

110 „Capitulum nonum. Qualiter continue quasi sub uno intuitu intra nos tales nos esse in ipso creato et increato lumine, id est in humanitate et divinitate Jesu videre debeamus, videlicet coram ipso in ipso Jesu Christo homine deo. ... Capitulum decimum. Quod non oportet de necessitate salutis illud divinum Jesu Christi, immo totius simul trinitatis lumen clare in hac vita facientenus speculari, sed tantum ut eius gratuito influxui impedimentum non ponamus. ... Capitulum undecimum. Quomodo quis nonnunquam simul possit gerere activam et contemplativam vitam, et hic praesens apparere corpore, mente autem intra se in lumine christo tamquam in patria celesti. ... Capitulum duodecimum. Qualiter quis possit intra se modo possibili in eo ipso lumine, qui Christus est, stabiliri, et in solo eo usque in finem plus et plus perfici et consummari, hic in via gratiae et tandem in patria gloriae, gratiae consummatae." Ebd. (Ebd., S. 110.114.118.120).

111 „Ecce Jesu Christe, creator et redemptor meus, cum Patre et Sancto Spiritu lumen unum, aeternum, essentiale, immutabiliter omnia continens et implens." Ders., Oratio (Ebd., S. 126).

Die Schrift mit dem Incipit *Contemplatio tria*, die Sudbrack mit den Worten *De contemplatione* überschrieb, beschäftigt sich mit der Vorbedingung („dispositio"), dem Akt („actus") und der Frucht („fructus") der Kontemplation.[112] Zunächst geht der Autor auf die „dispositio" ein, wendet sich aber schon bald der Unterscheidung zwischen „meditatio" und „contemplatio" zu. Während die Meditation die Suche nach der Wahrheit ist, stellt die Kontemplation eine dauerhafte Bewunderung der Wahrheit dar.[113] Aus diesen Definitionen folgt notwendig eine Darstellung der „vita activa" und der „vita contemplativa". Die Kontemplation im gegenwärtigen Leben hat mit der des zukünftigen Lebens das Objekt gemeinsam, das in Gott besteht, dann den Akt, der im Genuss besteht, und die Wirkung, die in der Freude liegt.[114] An anderer Stelle sieht er die Wahrheit als Objekt der Kontemplation und die Erkenntnis bzw. Schau als „actus contemplationis", der die affektiven Kräfte des Menschen intensiv berührt.[115] Am Ende der Abhandlung erfolgt eine neue Definition der Begriffe „contemplatio", „meditatio" und „cogitatio": Während das Erwägen und Denken ein Handeln des Geistes ohne Arbeit und ohne Frucht darstellt, handelt es sich bei der Meditation um ein mühevolles, aber lohnendes Suchen. Die Kontemplation aber ist ein Bewundern, dem keine mühevolle Arbeit innewohnt, die sich aber lohnend auswirkt.[116]

Zu den kleineren Abhandlungen zählt auch das von Sudbrack mit den Worten *Notulae* überschriebene Werk, das mit „Animadvertendum" beginnt. Johannes von Kastl beschäftigt sich mit der Frage, auf welche Weise sich die Vervollkommnung des Menschen im gegenwärtigen Leben vollzieht, und möchte hier das Handeln des Menschen berücksichtigt wissen. Das Handeln des Menschen besteht einerseits in der vollkommenen Vernachlässigung seiner Selbst, die sich in der Absage an den eigenen Willen und im Eintauchen in den göttlichen Willen verwirklicht, und andererseits in der Einführung des Geistes in das göttliche Dunkel und in der reinen Beschauung der göttlichen Klarheit.[117] Nach Johannes von Kastl kommt der Religion nicht deswegen eine

---

[112] „Contemplatio tria principaliter requirit scilicet dispositionem, actum et fructum; nam sine dispositione non attingitur, sine actu visionis non habetur et sine fructu non quaeritur." Ders., De contemplatione (Ebd., S. 131).

[113] „Meditatio est studiosa mentis actio occurente veritate notitiam ductu propriae rationis investigans; meditatio est occultae veritatis studiosa investigatio. Contemplatio est perspicuae veritatis iocunda admiratio. " Ebd. (Ebd., S. 132).

[114] „Nota quod contemplatio viae congruit cum contemplatione patriae in tribus: In obiecto, in actu et in effectu; obiectum Deus, actus fuitio, effectus est gaudium." Ebd. (Ebd.).

[115] „Est etiam actus contemplationis complexus, cognitio seu visio cum intensa affectione." Ebd. (Ebd., S. 135).

[116] „Differunt autem haec tria: Nam cogitatio est mentis exagatio sine labore et sine fructu; meditatio est investigatio cum labore et fructu; contemplatio est admiratio sine labore et cum fructu, etc." Ebd. (Ebd., S. 136).

[117] „Secundus actus est suiipsius omnimoda derelicto, i. e. seipsum deserere et propriam voluntatem omnimode abdicare et ipsam divinae voluntati in omnibus ex-

Bedeutung zu, weil sie besonders strenge Vorschriften hat, sondern weil das Ziel, das in der Liebe besteht, nur erreicht werden kann, wenn die Vorschriften mit Unterscheidungsvermögen verwirklicht werden.[118]

Johannes von Kastl verfasste zudem eine *Ars moriendi*. Sie wird als die Kunst der Künste und Wissenschaft der Wissenschaften bezeichnet. Das Zentrum ist die Lehre vom allzeit bereiten Herzen. Dem Autor nach wird der Tod von Gott geschickt.[119] Indem der Mensch sich dem Willen Gottes gleichförmig macht, ist er fähig, ohne Widerrede den Tod anzunehmen, ihn sogar als etwas Gutes zu erwarten.[120] Der Seele werden im Todeskampf ihre Sünden entweder von Gott oder von den Dämonen vorgehalten. In diesem Moment hat sich die Treue und der Glaube an die Liebe Christi zu bewähren. Diese Haltungen werden darin konkret, dass der Mensch seine Zuflucht und seinen Schutz bei den Verdiensten sucht, durch die Christus vermittels seiner Wunden und seines vergossenen Blutes die Sünden der Menschen getilgt hat.[121]

Der literarische Stil des Johannes von Kastl lässt sich auch sehr gut an seiner *Ars predicandi* ablesen. Vorangestellt werden neun Verben, auf die er in der anschließenden Abhandlung in kurzen Sätzen eingeht.[122] Bei einer vollkommenen Predigt kommt das Wissen im Geist, die Liebe in der Wirksamkeit, das Angenehme in der Rede und das Licht des guten Beispiels im Werk zum Ausdruck. Deshalb muss der Prediger ganz vom Heiligen Geist in Anspruch genommen sein. In der Ausrichtung auf das letzte Ziel wird die Lehre heilsam, das Leben vorbildlich und die Meinung richtig.[123]

Wie schon erwähnt, entstand das *Clenodium religiosorum* nach der Visitation des Klosters Weihenstephan im Jahr 1426. Nach der Vorrede geht Johan-

---

pedite et totaliter mergere. Tertius actus est mentis in divinam caliginem introductio et divinae claritatis purissima contemplatio." Ders., Notulae (Ebd., S. 137).

118 „Item notandum, quod religio non est potior et perfectior ex hoc, quod habet arctiores observantias, sed ex hoc, quod maiori discretioni sunt eius observantiae ordinatae ad finem religionis, i. e. caritatis ..." Ebd. (Ebd.).

119 „Praeterea ars artium et scientiarum scientia est scire bene mori; verumtamen scire bene et secure mori est paratum cor habere et animam omni tempore ad superna, ut quandocumque iuxta Dei voluntatem mors adveniret." Ders., Ars moriendi (Ebd., S. 138).

120 „... quinto, ut suam voluntatem divinae voluntati immergat per omnia et conformet ..." Ebd. (Ebd.).

121 „Et si obiciuntur agonisanti et morituro a Domino Deo vel a daemonibus peccata sua, quanta et qualiacumque fuerint, illico fiducialiter et deliberate obtendat meritum passionis Domini nostri Jesu Christi ac sanguinem vulnerum suorum, quibus copiose pro omnibus peccatis // suis quantumcumque multis et magnis satisfecit ..." Ebd. (Ebd.).

122 „Divide, concorda, describas, argue corda; effunda, da propria, causans, da quadrupla, tripla ..." Ders., Ars praedicandi (Ebd., S. 140).

123 „Ad hoc quod aliquis perfecte evangelizet oportet, ut totus occupetur, a Spiritu Sancto, ut scilicet scientia sit in intellectu, caritas in effectu, dulcedo in sermone, lux boni exempli in opere. Sit itaque doctrina salutaris, vita exemplaris, intentio regularis, i. e. debite in ultimum finem directa." Ebd. (Ebd.).

nes von Kastl im ersten Teil auf die drei Laster des Hochmuts, der Nachlässigkeit und der Undankbarkeit ein, die alle Ordensleute in Gefahr bringen können.[124] Johannes von Kastl greift diesen Bereich öfter auf. So fragt er, wie die Religiosen dankbar sein können oder auf welche Weise Hochmut, Nachlässigkeit und Undankbarkeit weit von ihnen gewiesen werden können. Die angestrebte Distanz zu den drei genannten Lastern entsteht dadurch, dass Johannes von Kastl den Blick des Lesers nach oben lenkt. Er weist darauf hin, dass der Wandel des Menschen im Himmel ist. Das Firmament ist dabei die heiligmäßige Seele des Menschen, die Sonne stellt die Liebe dar, unter dem Glauben versteht er den Mond und unter Sternen die Tugenden.[125] Um zu einem neuen Abschnitt überzuleiten, wird der Begriff des Gewandes aufgegriffen und nun mit dem neuen Thema, nämlich der Liebe, in Zusammenhang gebracht.[126] Weitere Gefahren für die brüderliche Gemeinschaft bestehen in Uneinigkeit, Streit und Zank, die der Liebe, der Zuneigung und der Einmütigkeit entgegensetzt sind.[127] In Bezug auf die Einleitung kommt er nochmals auf das Mönchsgewand und damit auf das klösterliche Leben zu sprechen und klagt hier die Missstände in den Klöstern an. Es bleibt offen, ob Johannes von Kastl mit der Formulierung, dass Gott den Stolzen widersteht, an die drei Laster im ersten Teil seiner Schrift anschließen will. Demjenigen, in den das Fundament der Demut gelegt ist, gewährt Gott die Gnade, zur höchsten Spitze der Liebe aufzusteigen.[128]

---

124 „Bernhardus in sermonibus: Spiritus inquit veritatis superbiam, negligenciam ingratitudinemque repellit. Quomodo triplici vicio omne religiosorum genus laborat." clv 4159, fol. 124r(b).

125 „Quibus iam superbia, negligencia pariter et ingratitudo longius repelletur a vobis? Secundum quod superius per beatum Bernhardum permittitur, ut iam nostra conversacio in celis sit ad Philippenses 3. In celis scilicet illis de quibus beatus Bernhardus est celum anima sancta habens solem caritatem, lunam fidem astra virtutes." Ebd., fol. 124v(b).

126 „Quapropter ad nuptias agni nullus omnino poterit intrare absque veste nuptiali, que est caritas. Ut ergo sub compendio ipsam sentenciam salutis certissimam habeatis et intelligatis, est sciendum, quod nullum opus, nullum exercicium, nullumque sacrificium nullusque labor tam spiritualis quam corporalis prodest nec iuvat sine caritate." Ebd., fol. 125r(a).

127 „Unde sciendum est vobis, quia sicut summe angelis dei placent in nobis caritas, dileccio et concordia fratrum ita viceversa discorde, rite et lites et hee sint urtice pessime inter religiosos." Ebd., fol. 125v(b).

128 „... ut non resistenciam tanquam superbi ab eodem patiamur quemadmodum Jacobi 4, 1. Petr 4 dicit, sed tanquam humiles graciam ab ipso consequamur. Hoc igitur in nobis fodiamus fundamentum humilitatis, ut dicit Augustinus, et tandem perueniemus ad fastigiam caritatis." Ebd., fol. 126v(b).

1.4 Johannes von Kastl im Kontext der politischen und rechtsgeschichtlichen Entwicklung der Abtei Kastl im 14./15. Jahrhundert

Johannes von Kastl lebte als Mönch und Prior zu einer Zeit, in der die Abtei Kastl im Begriff war, ihr politisches Ziel der Reichsunmittelbarkeit zu verwirklichen. Seine Ausführungen über die Amtsführung des Abtes erhalten auf dem Hintergrund dieser politischen Entwicklung einen besonderen Stellenwert und werden auf diesem Hintergrund erst interessant. Um die damalige Aktualität besser zu erfassen, soll daher der politische Weg des Klosters von seiner Errichtung bis zur Reichsunmittelbarkeit nachgezeichnet werden.

Den ersten kaiserlichen Schutzbrief erhielt die Abtei Kastl von Kaiser Friedrich Barbarossa am 23. Juni 1165 in Regensburg. Neben der Nennung verschiedener Güter kommt auch die Vogtei über das Kloster zur Sprache. Im Hintergrund der kastlischen Vogteifrage steht die Reichskirchenidee, bei der das Amt des Vogtes der römischen Kirche durch den Kaiser wahrgenommen wurde. Diesem Zusammenhang zwischen der Reichskirchenidee und dem Status der Abtei Kastl als päpstlichem Eigenkloster folgend hatte der Kaiser die Vogtei über das Kloster inne.[129] Auf Bitte des Abtes Gebhard von Ruden erneuerte 1219 Kaiser Friedrich II. den Schutz des Reiches über das Kloster und nahm die Abtei „in die Vogtei des Reiches auf unter Ausschluss einer Teilung oder Verlehnung an Dritte."[130] Bosl fasst diese ganze Entwicklung wie folgt zusammen: „Vögte können außerdem nur mit Zustimmung des Reichsoberhauptes eingesetzt werden und amtieren im Namen des Kaisers. Die in päpstlichen Schutzbriefen verliehene, aber bis 1219 niemals praktisch durchgeführte Freiheit der Vogtwahl ist hier aufgegeben, dafür aber hat das Stift im Rahmen der staufischen Reichskirchenpolitik, die auf „tuitio", „defensio" und Reichsvogtei eine neue Reichskirche gründen wollte, den Weg vom päpstlichen Eigenkloster zum ständischen Reichskloster angetreten, ein Ziel, dem es zur Zeit des Kaisers Sigismund nahestand ... Kastls Stellung ist damit wesentlich gehoben; die Vogtei war auf die Erben der Sulzbacher, die Hirschberger übergegangen; die sie auch tatsächlich ausübten und sie auch mit Krieg und Brandschatzung zu verteidigen wussten. Praktisch ist also die Aufnahme in die Vogtei des Reiches zunächst ebensowenig wirksam geworden wie die päpstlich verbürgte Vogtfreiheit. Grundsätzlich bedeutete es allerdings einen Schlag des Reiches gegen die Territorialpolitik des mächtigen Geschlechtes, das ... sich zum Territorialherren aufzuschwingen sucht."[131] Nach dem Tod des Grafen Gebhard von Hirschberg im Jahr 1305 ließ sich Abt Albert am 9. März des gleichen Jahres in Nürnberg von König Albrecht die Privilegien bestätigen, die die Abtei unter den Stauferkaisern Friedrich Barbarossa und Friedrich II. erhalten hat.[132]

---

129 Vgl. BOSL, K.: Das Nordgaukloster Kastl, S. 65 f.
130 Ebd., S. 72.
131 Ebd.
132 Vgl. ebd., S. 82.

Das politische Ziel der Abtei Kastl bestand darin, die Reichsunmittelbarkeit, die sich aus dem Status eines päpstlichen Eigenklosters und der Stellung des Kaisers als Vogt der römischen Kirche ergab, in die Praxis umzusetzen. Förderlich für diese politische Entwicklung des Klosters war eine tragfähige Wirtschaftspolitik. Der entscheidende Schritt dafür wurde von Abt Hermann eingeleitet. 1325/26 ließ dieser Abt das gesamte Besitztum des Klosters erfassen und schriftlich niederlegen. Es entstand der *Liber testamentorum*, der einen Überblick über die Abgaben und die Dienste ermöglichte, die dem Kloster erbracht werden mussten.[133] Dieses Werk diente dazu, die Wirtschaftsführung des Klosters zu planen und umzusetzen. Zehntbefreiung und vor allem Inkorporationen von Pfarreien sicherten weitere Einnahmen.[134] Es war nun möglich, den Landbesitz des Klosters durch weiteren Güterkauf abzurunden und gewinnbringend zu bewirtschaften. Mit dem Erwerb von Rechten (z. B. Vogteien) konnte die politische Stellung der Abtei gehoben werden.[135]

Der Prozess der wirtschaftlichen Erstarkung, der hier nicht näher beschrieben werden soll, hielt über das ganze 14. Jahrhundert an. Er gipfelte in der Verleihung der niederen Gerichtsbarkeit an die Abtei Kastl im Jahre 1402 durch König Ruprecht.[136]

Wegen der Vogteistreitigkeiten zwischen Ludwig III. und Herzog Johann suchte 1413 der Abt den Kaiser in Lodi auf, um diese Streitigkeiten für sich und seine Abtei zu klären. In der Aussage Kaiser Sigismunds „Kastl gehört zu uns und dem Reich" erkennt Bosl, dass die Abtei Kastl als Reichsabtei verstanden wurde. Kaiser Sigismund erneuerte dieses Privileg 1431 zu Bamberg, 1434 zu Ulm und 1437 zu Eger.[137]

In der ersten Hälfte des 15. Jahrhunderts spielte die Gerichtsbarkeit der Abtei Kastl eine große Rolle. Zwischen 1402 und 1434 gelang es der Abtei, von der niederen zur hohen Gerichtsbarkeit aufzusteigen. Den eigentlichen Höhepunkt in der rechtsgeschichtlichen Entwicklung bildete die Verleihung der Hals- bzw. Hochgerichtsbarkeit im engeren Immunitätsgebiet unmittelbar um den Klosterberg. 1434 erhielt die Abtei vom Kaiser dieses Recht.[138]

Um dieser Entwicklung nachgehen zu können, ist zunächst die Frage zu beantworten, worin sich die niedere Gerichtsbarkeit von der hohen unterscheidet. Diese Abgrenzung ist nur möglich, wenn die Hochgerichtsbarkeit bestimmt wird; dazu zählten die Kapitalverbrechen.[139] Alle anderen Gerichtsfälle wurden im Rahmen der Niedergerichtsbarkeit behandelt.

Im Fall der Abtei Kastl ist eine Urkunde aus dem Jahre 1402 einschlägig. Der Arenga dieser Urkunde nach bezeichnete sich Ruprecht von der Pfalz als

---

133 Vgl. ebd., S. 89.
134 Vgl. ebd., S. 93.
135 Vgl. ebd., S. 102.
136 Vgl. ebd., S. 125.
137 Vgl. ebd., S. 125.
138 Vgl. ebd., S. 126.
139 Vgl. MERZBACHER, F.: Hochgerichtsbarkeit, Sp. 172.

gewählter römischer König: „Wir Ruprecht von gots gnaden Romischer kunig". Im weiteren Verlauf tritt er „als ein pfalzgraue by Rin vnd herzog in Beyern" in eigener Sache auf: „von derselben vnser herschafft der pfalnze am Rin vnd herzogtums in Beyern, wegen vnsern lieben Andechtigen dem Apte vnd dem Conuente zu Castel dem Gotshuss ...". Rupprecht von der Pfalz handelt demzufolge als römischer König und als Pfalzgraf bei Rhein und Herzog in Bayern.

Als Gerichtsherr behielt er sich folgende Fälle vor:

1. „soliche vntade deten damit sie den hals verwurcken"[140] und
2. „messerzucken oder welcherley waffen daz were oder fliessenden wunden etc."[141]

Zum Ersten ist zu sagen, dass zu den todeswürdigen Verbrechen alle Vergehen gegen Eigentum und Leben zählten. Was diese Verbrechen schwer und todeswürdig machte, war als gemeinsames Merkmal die Heimlichkeit und in Verbindung damit die Gewinnsucht („avaricia" und „cupiditas").[142] Unter den Verbrechen, die dieses Merkmal trugen, wurden zunächst Diebstahl, Mord und Notzucht (Vergewaltigung), ferner alle verwandten Verbrechen, wie Raub, Nachtschach (Frevel zur Nachtzeit) und Brandstiftung, subsummiert.[143] Bemerkenswert ist, dass diese Freveltaten generell mit der Lebensstrafe geahndet wurden[144], wenngleich das Lebensalter des Täters und der Wert des gestohlenen Gegenstandes zu Umwandlung der Strafe in eine Geldzahlung oder in eine Strafe an Haut und Haar (z. B. Verstümmelungen) führen konnte.[145] Als Strafen, die „den hals verwurcken", wurden entsprechend der Straftat das Erhängen oder die Enthauptung angesetzt. Ein Kriterium für die Art der Strafe war bisweilen die oben genannte Heimlichkeit. Dahinter steht die Frage, ob es sich beim Tatbestand um eine ehrliche bzw. unehrliche Sache handelte. In diesem Zusammenhang ist ehrlich als offenkundig bzw. unehrlich als heimlich zu verstehen. So wurde der Diebstahl als unehrlich bzw. heimlich verstanden. Diese Art des Verbrechens und die daraus resultierende Strafe war nicht ohne Bedeutung, denn davon hing es ab, ob nach dem Vollzug der Hinrichtung eine kirchliche Bestattung zulässig war.[146]

Unter „messerzucken oder welcherley waffen daz were oder fliessenden wunden etc." ist das Waffentragen und die Verwundung zu verstehen. Der Ausdruck von den „fliessenden wunden" deutet grundsätzlich auf schwere Verwundungen hin.[147] Geahndet wurden diese Straftaten gewöhnlich mit Geldzahlungen oder, falls die Verwundung schwerer war, durch Verstümme-

---

140 MonBoica, Band 24, Nr. 207.
141 Ebd.
142 Vgl. HIRSCH, H.: Hohe Gerichtsbarkeit, S. 26.
143 Vgl. ebd., S. 27 f.
144 Vgl. ebd., S. 83 f.
145 Vgl. ebd., S. 17.
146 Vgl. ebd., S. 85.
147 Vgl. ebd., S. 30 f.

lung des Täters (z. B. Abhacken der Hand). Da die Straftat der Verletzung häufig auftrat und der Richter bei der Bezahlung der Geldstrafe über einen festgelegten Anteil berücksichtigt wurde[148], war die Rechtsprechung unter diesen Aspekten ein einträgliches Geschäft. Das „messerzucken" ist als Waffentragen zu verstehen, das rechtsgeschichtlich im Zusammenhang mit dem Landfrieden steht: „In diesem Bestreben um nachhaltige Sicherung des Friedens dehnen die Land- und Stadtrechte des späten Mittelalters die Gruppe der todeswürdigen Verbrechen immer weiter aus und belegen auch das verborgene Messertragen mit schwersten Strafen."[149]

Verbrechen, die sich diesen beiden Arten von Kriminalfällen zuordnen lassen, müssen vor die pfälzischen Amtsleute bzw. den Vogt oder das kastlische Gericht gebracht werden: „So mogen vnser Amptlutde in dem geriechten do daz dann also gescheen ist sich desselben manes die die vntat also getan hat wol unterwinden ..."[150] bzw. „die daz also verwirket haben vmbe zu rechte steen vor vnserm vogt vnd dem geriecht zu Castel vnd vnser Amptlude ..."[151] Bemerkenswert ist in der Urkunde hinsichtlich des Zusammenhangs zwischen einem todeswürdigen Verbrechen und den Gütern des Verbrechers folgender Passus: „Doch also daz dhein vnser Amptlutde noch nyemant von ihren wegein off des vorgenanten gotshuss gutern noch keyner habe nicht griffen sollen vnd damit vnbekummert sin in dhein wyse vnd waz habe also off des egenanten gotshuse gutern bliebe der mag sich ein Apte vnd sin Amptlutde vnderwinden ..."[152] Das Hab und Gut des Verurteilten wurde also nicht im Ganzen oder in Teilen an die pfälzischen Beamten ausgegeben, sondern ging vollständig in die Hände des Abtes und dessen Amtsleute über. Demzufolge konnten der Pfalzgraf und dessen Bedienstete aus der Aburteilung eines kastlischen Eigenmannes keinen finanziellen Vorteil erwirken, da Hab und Gut in den Besitz des Abtes von Kastl übergingen. Betrachtet man diesen Passus auf dem Hintergrund der spätmittelalterlichen Regelung der Hochgerichtsbarkeit, bildet er keine Ausnahme, sondern reiht sich in eine Vielzahl von Urkunden ähnlicher Diktion ein.[153]

Nach den Kriminalfällen kommt König Ruprecht in seiner Urkunde auch auf die Scharwerkspflichten zu sprechen. Seinen Ausführungen nach sind die pfälzischen Amtsleute nicht befugt, fortwährend kastlische Untertanen für derartige Arbeiten heranzuziehen: „Auch sollent unser Amptlude vnd scherigen keynen iren Armenman nichts bieten notigen noch bekummern vmbe keynerley fron oder scharwercke nichte ussgenomen dann wann wir oder vnser obersten Amptlude fron oder scharwerke bedorffen."[154] Werden Steuern

---

148 Vgl. ebd., S. 32.
149 MÖLLER, H.-M.: Messertragen, Sp. 518.
150 MonBoica, Band 24, Nr. 207.
151 Ebd.
152 Ebd.
153 Vgl. HIRSCH: Hohe Gerichtsbarkeit, S. 73 f.
154 MonBoica, Band 24, Nr. 207.

für den Landesherrn fällig, so steht dem Abt von Kastl das Recht zu, das Geld für den Pfalzgrafen mit eigenen Leuten einzutreiben: „wann auch daz ist daz wir von vnser notdurfft wegen ... so mogen wir iren Armenlutden wo sie die haben ein benante summe gelts offsetzten nach gnaden und irem vermogen, die sollen sie dann mit ir selbs Amptlutde vnd putel anlegen".[155] Abschließend weist König Ruprecht seine Amtsleute an, die Abtei Kastl mit ihrem Abt, dem Konvent, den kastlischen Amtsleuten, den Privilegien und Rechten zu schützen: „daz sie die obgenanden Apte vnd den Conuente zu Castel vnd alle ire Armenlute, by den obgeshriben gnaden vnd rechten getrwwlichen hanthaben schutzen und schiermen vnd sie daran nicht hindern noch irren sunder sie daby gerucklichen bliben lassen, als liebe yn sy vnser vnd des Richs swer vngnade zuuermyden ..."[156] Es bleibt die Frage offen, ob die eigens genannten Fälle, wie die Scharwerkspflichten, die Steuereintreibung und der Schutz des Landesherrn, nicht ursprünglich in den Rechtsbereich des Landesherrn gehörten, hier aber gesondert genannt wurden, weil sie im Rechtsbereich des Pfalzgrafen eine eigene Formung erhielten. Hinsichtlich der Scharwerkspflichten waren die Eigenleute einer Herrschaft sowohl gegenüber ihren Grundherren als auch ihrem Gerichtsherrn zum Frondienst verpflichtet.[157] Im Rechtsbereich des Pfalzgrafen Ruprecht wurde der Abtei Kastl eine begünstigte Stellung zugestanden, die eine geordnete wirtschaftliche Weiterentwicklung ermöglichte, ohne eine landesherrliche Beeinträchtigung fürchten zu müssen. Mit diesen besonderen Zugeständnissen war es dem Abt möglich, die Vorgänge zu gestalten.

Den *Consuetudines castellenses* nach stand das Einziehen von Geldern unter der Aufsicht des Oberen. Die Aufgabe des „Praepositus" bestand darin, die Steuern der Abtei und des Klosters einzunehmen und die Ein- und Ausgaben sorgfältig aufzuschreiben. Entsprechend der Bulle Benedikts XII. *Summi magistri* musste er vor dem Abt und den Senioren Rechenschaft über den Geldfluss ablegen.[158] Gleiches gilt für den Sakristan des Klosters, dessen Aufgabe darin bestand, die Gegenstände und den Schatz der Kirche zu betreuen. Alles, was die Gläubigen zum Altar brachten, ebenso die jährlichen Abgaben für die Kirche und alles, was damit verbunden war, lag in seinen Händen.[159] In der dritten Redaktionsphase der *Consuetudines castellenses* wurde die Güterverwaltung sehr genau geregelt: Dem Abt stand es zu, den Sakristan entspre-

---

155 Ebd.

156 Ebd.

157 Vgl. THEUERKAUF: Frondienst, Sp. 1306.

158 „Ad ipsum spectat censum abbatiae et monasterii colligere, data et accepta, impensas et expensas diligenter conscribere, ut possit de singulis coram abbate et senioribus reddere rationem." Consuetudines castellenses, Cap. 4 (CCM 14/1, MAIER, P. (Ed.) S. 67) (Redaktion RWG).

159 „Sacristanus, qui custodit res et thesaurum ecclesiae, in cuius manu est, quidquid a popularibus ad altaria offertur, et quod anno censu pro ecclesia et eius necessariis constat deputatum." Ebd., Cap. 6 (Ebd., S. 76) (Redaktion RW GE).

chend anzuweisen, damit das Vermögen zweckgemäß ausgegeben wird.[160] Dass in den Fragen der Güterverwaltung der Abt und die Senioren die Letztverantwortung trugen, wird bei der Aufgabenbeschreibung des Cellerars deutlich. Ohne das Wissen des Abtes und den gesünderen Teil der Brüder darf er kein Geld stillschweigend ausgeben und empfangen. Sodann ist es ihm auch verboten, ein Gut zum Schutz anzunehmen.[161]

Auf diesem Hintergrund werden nun die Ausführungen des Regelkommentars verständlicher. Die spirituellen Anweisungen im Umgang mit dem Geld und den anvertrauten Personen treten als drittes, komplementäres Element zu den bereits erwähnten Sachverhalten hinzu. Während die erlassenen Urkunden die Rechtsgrundlage bilden und die *Consuetudines* bestimmte Verfahrensfragen, wie die Steuereinnahmen, regeln, wird durch den Regelkommentar die innere Haltung des Abtes als Letztverantwortlichem umschrieben.

Zusammenfassend lässt sich Folgendes festhalten: Kriminalfälle, die mit der Todesstrafe geahndet wurden, oder Verbrechen, bei denen Blut floss, fielen in den Bereich der Hochgerichtsbarkeit und lagen somit im Kompetenzbereich des Landesherrn. In diesen Fällen sprach der pfälzische Amtsvogt Recht. Mit der Formulierung „dem geriecht zu Castel" dürfte nicht das klösterliche Niedergericht zu Kastl gemeint sein, sondern das Gericht des Pfalzgrafen, das in Verbindung mit den oberpfälzischen Amtsleuten („vnd vnser Amptlude") stand. Untaten klösterlicher Eigenleute, die sich nicht unter Kriminalverbrechen subsummieren ließen, also leichte Straftaten, wurden demzufolge vom klösterlichen Niedergericht verhandelt.

Im Verlauf des 15.–16. Jahrhunderts konnte die Abtei Kastl ihren Gerichtsbezirk erweitern, die Äbte nahmen an verschiedenen Reichstagen teil und die Abtei wurde in die Reichsmatrikel von 1431, 1467, 1471 und 1481 aufgenommen; langfristig konnte sie sich jedoch der Übermacht des Landesherrn nicht erwehren.[162]

Die rechtsgeschichtliche Entwicklung der Benediktinerabtei Kastl gipfelte darin, dass die Abtei im Jahr 1434 in einer unmittelbaren Beziehung zum Kaiser und zum Reich steht. Während der Jahre 1402 und 1434 steigerte die Abtei Kastl ihren politischen Einfluss und tauschte die im Jahr 1402 erlangte Niedergerichtsbarkeit nach circa 30 Jahren gegen die Hochgerichtsbarkeit ein. Auf diesem Hintergrund ist nun die Frage zu stellen, wie die Titel der Kastler Äbte zu verstehen sind.

---

160 Quidquid vero de tabulis reliquiarum vel decimis sive de censibus ecclesiae recipit, potest ad necessaria ecclesiae expendere, secundum quod sibi ab abbate commissum fuerit, ita tamen, ut nichil magnum vel notabile emat vel aedificet sine scitu abbatis." Ebd. (Ebd.) (Redaktion DFF[1]).

161 „Nullam debet pecuniam dare mutuo vel accipere aut deposita custodienda suscipere nisi sciente et expresse concedente abbate et saniore parte fratrum." Consuetudines castellenses, Cap. 9 (Ebd., S. 76) (Redaktion DFF[1]).

162 Vgl. BOSL, K.: Das Nordgaukloster Kastl, S. 127 f.

1.5 Ergebnisse der Untersuchung über das Leben und die Werke des Johannes von Kastl

Die Identifikation des Johannes von Kastl ist aufgrund der Häufigkeit des Namens nicht ohne weiteres möglich. Hilfreich sind hier neben äußeren Kriterien, wie zeitgenössischen Titelverzeichnissen und Eintragungen in die Handschriften, auch innere Kriterien, wie ein Stilvergleich. Die Autorenschaft des Johannes von Kastl wird für den Regelkommentar durchgängig bezeugt. Wie noch gezeigt wird, ist der Regelkommentar ursprünglich als dreibändiges Werk abgefasst worden. Dem Autorenkatalog der Tegernseer Bibliothek ist aus diesem Grund ein besonderes Gewicht zuzumessen, weil dort das Wissen um die dreibändige Ausgabe erhalten blieb. Die Literaturverzeichnisse von Johannes Trithemius, Nikolaus von Siegen und in St. Emmeram in Regensburg sprechen dagegen von einem zweibändigen Kommentar.

Aus der handschriftlichen Tradition gilt das Jahr 1410 als gesichert. Johannes von Kastl schrieb zu diesem Zeitpunkt den Traktat *De lumine increato.* Aus der Widmung des *Clenodium religiosorum* kann als weiteres Datum das Jahr 1426 erschlossen werden. Johannes von Kastl begegnete im Dezember dieses Jahres den zwei Reformern Johannes Rothuet und Petrus von Rosenheim, die in engstem Kontakt zur Abtei Tegernsee bzw. zur Abtei Melk standen. Wiederum ist es die Tegernseer und Melker Tradition, der eine besondere Beachtung zuteil wird. In Tegernsee ist neben dem akademischen Titel des Bakkalaureus auch der Magistertitel bezeugt, der hier mit dem Ort Prag verbunden ist. Demzufolge darf der Magister Johannes von Kastl mit der Person identifiziert werden, die 1388 beim Studium in Prag zu finden ist und die später (1399 und 1410) in Kastl beurkundete. Aus diesen Eckdaten können aufgrund des Kirchenrechts und den Vorgaben der Prager Universität weitere Daten erschlossen werden: Johannes von Kastl musste vor 1375 geboren sein. 1386 inskribierte er sich an der Prager Universität, wurde 1390 Bakkalaureus der Philosophie und erwarb zwischen 1390 und 1399 das Bakkalaureat in Theologie und den Magistertitel in Philosophie; in diesem Zeitraum dürfte er in Kastl die Profess abgelegt haben.

Als Prior war Johannes von Kastl der Stellvertreter seines Abtes Georg Kemnater. Es ist davon auszugehen, dass seine Amtserfahrung in die Abfassung des Regelkommentars einfloss. Deutlich wird das am Umgang mit den Mönchen, der vor allem von der Tugend der „discretio“ geprägt war.

Neben dem umfangreichen Regelkommentar verfasste Johannes von Kastl weitere Schriften. Das Werk „De adhaerendo deo“ wurde längere Zeit Albertus Magnus zugewiesen und wurde so berühmt. Bei der Abfassung der Traktate achtete der Autor besonders auf die Gliederung des Textes. Dies geht auch aus dem Vergleich mit dem Regelkommentar hervor. Je nach Eigenart der Abhandlung integriert er Texte anderer Autoren. Inhaltlich finden sich immer wieder Bezüge zur Klosterreform. Das Ziel der Religiosen besteht darin, vom äußeren Erscheinungsbild abzusehen und ein intensives, religiöses Innenleben zu führen, um so für die göttliche Gnade bereit zu sein. Dies ist nur möglich, indem sich der Mensch in der Abstraktion übt, wodurch er alles Irdische hinter sich lässt. Dadurch wird er fähig, in die volle Gemeinschaft mit Gott einzutreten und gewinnt so die Fülle des göttlichen Lebens. Bei der Lektüre der Schriften des Johannes von Kastl stößt der Leser auf charakteristische Stilmittel, die in einer guten Gliederung und Einteilung des Textes, ferner in Reihungen und Gegenüberstellungen bestehen.

Das theologische und spirituelle Anliegen des Johannes von Kastl gewinnt an Brisanz, wenn man es auf dem Hintergrund der politischen und rechtsgeschichtlichen Entwicklung der Benediktinerabtei Kastl betrachtet. Seit dem 13. Jahrhundert waren die Äbte bemüht, den Stand der Reichsunmittelbarkeit zu erreichen. Dazu war es nötig, sich von der Vogtei der Adelsfamilien zu befreien und sich der des Reiches zu unterstellen. Von großer Bedeutung war hierbei vor allem die wirtschaftliche Entwicklung der Abtei. Die Äbte waren bestrebt, den Eigenbesitz im Umkreis des Klosters abzurunden. Während der Amtszeit des Priors Johannes von Kastl erlangte im Jahr 1402 die Abtei die niedere Gerichtsbarkeit. Im Laufe der nächsten dreißig Jahre erreichten Abt und Konvent den Zenit ihrer politischen Entwicklung, indem sie die Blutgerichtsbarkeit im unmittelbaren Umkreis der Abtei ausübten. Um diese hoheitlichen Aufgaben adäquat ausüben zu können, wird vom Abt und seinen Offizialen ein tiefes Verständnis von Recht und Ordnung eingefordert. In den darauf folgenden Jahren ist der Name Kastl immer wieder in den Reichsmatrikeln zu lesen. Daraus erwuchs der Abtei die Verpflichtung, das Reich zu unterstützen. Gegenläufig zu dieser wirtschaftlichen und politischen Expansion und anders akzentuiert zeigt sich das spirituelle Leben der Mönche. Auf dem Scheitelpunkt der realpolitischen Machtfülle des Abtes und seiner Offizialen betont Johannes von Kastl die Tugend der „discretio“ und vor allem Haltungen, wie Weltdistanz, Selbsterkenntnis und Kontemplation. Sodann geht er auch auf die Tugendlehre ein, deren genaue Kenntnis für die Rechtsprechung unverzichtbar ist. Die politische und rechtliche Entwicklung der Abtei wird also nicht spirituell gerechtfertigt, sondern das Gegenteil wird dargelegt und favorisiert. Damit wirft die Spiritualität und Theologie des Johannes von Kastl zunächst mehr Fragen auf, als sie Antworten gibt: Sieht er als Prior des Konvents und Stellvertreter des Abtes Fehlentwicklungen, gegen die er ansteuern möchte? Ist nicht in seinen Ausführung über Tonsur, Mönchskleid und mönchischen Lebenswandel eine indirekte Kritik an der Amtsübung seines Abtes Georg Kemnater zu vermuten? Oder sind hinter diesen spirituellen Anliegen und den politisch/wirtschaftlichen Herausforderungen tiefere theologische Ansätze zu vermuten?

2 Das 64. Kapitel der *Exposicio in regulam s. Benedicti* des Johannes von Kastl: Der Handschriftenbestand und seine historischen Hintergründe

Die vorgelegte Edition hat das 64. Kapitel der *Exposicio in regulam s. Benedicti* des Johannes von Kastl zum Gegenstand. Im ersten Abschnitt werden die textrelevanten Handschriften kurz beschrieben. Für die spätmittelalterliche Reform der Benediktinerklöster sind Provenienz und Inhalt der Codices von Bedeutung. Aus den Beschreibungen geht hervor, dass die *Exposicio in regulam s. Benedicti* als zwei- bzw. dreibändiges Werk erschienen ist. In einem zweiten Schritt soll deshalb der Frage nachgegangen werden, wie sich das zweibändige Werk zur dreibändigen Ausgabe verhält. Auf dieser Basis kann eine Klassifikation der Handschriften vorgenommen werden. Neben den Volltexten wurde der Kastler Regelkommentar auch als Exzerpte überliefert, die grundsätzlich als Grundlage für die Edition ausscheiden. Jedoch ist die Form der Exzerpte von Bedeutung, da anhand der Absatznummerierung und des Stichwortverzeichnisses (*Tabula alphabetica*) Aussagen über die Güte des Textes getroffen werden können. In diesem Zusammenhang muss auch auf die Arbeitsweise des Exzerpierens verwiesen werden, denn der Umgang mit dem Text hat für den Autor und sein Werk Folgen. Ferner geben die Exzerpte zu erkennen, von welchem Selbstverständnis Johannes von Kastl bei der Abfassung seines Regelkommentars getragen war. In einem weiteren Schritt soll auf die Datierung der sieben textrelevanten Handschriften eingegangen werden. Da lediglich zwei Codices datiert sind, ist eine zeitliche Einordnung der fünf undatierten Handschriften notwendig. Hierfür sind die Traktate zu untersuchen, die in Verbindung mit der *Exposicio in regulam s. Benedicti* überliefert wurden. Unerlässlich ist es, auf die Geschichte der spätmittelalterlichen Reformbewegungen der Benediktinerklöster einzugehen. Nachdem eine Zuordnung der Codices aufgrund ihres Alters, ihrer Beschaffenheit und ihres historischen Rahmens erfolgt ist, soll in einem fünften Schritt das 64. Kapitel der *Exposicio* unter editorischen Aspekten untersucht werden. Ziel dieser Analyse ist, das Verhältnis der Handschriften zueinander zu bestimmen. Im Anschluss daran soll das historische Umfeld der Personen und Konvente beleuchtet werden, die in Verbindung mit den Handschriften stehen. Um zu erfahren, wo mit einem Einfluss des Johannes von Kastl im Horizont der Klosterreformen zu rechnen ist, müssen vor allem seine persönlichen Kontakte in den Blick genommen werden. In einem letzten Schritt wird auf die Geschichte der Konvente, in denen die *Exposicio in regulam s. Benedicti* ursprünglich beheimatet war, eingegangen.

2.1 Beschreibung der textrelevanten Handschriften

T^3 = München, Staatsbibliothek cod. lat. 18154, fol. 258, 215x302 mm, Papier, Bastarda, 2. Hälfte des 15. Jahrhunderts. Provenienz: Benediktinerabtei St. Quirinus, Tegernsee, Diözese Freising.

Glauche, G.: Bistum Freising, S. 805 f. (Mittelalterliche Bibliothekskataloge. Band 4,2)

Halm, K.: Catalogus, Tomus 2,3, S. 137

Sudbrack, J.:Die geistliche Theologie, Teil 2, S. 188

Inhalt: fol. 1^r: Bemerkung mit dem Incipit: „De Questionibus adrianj"

fol. 1^v: Besitzvermerk

fol. 2^r–11^v: *Tabula alphabetica* (Index)

fol. 12^r–14^v: *Regula s. Benedicti*, Cap. 58–73

fol. 15^r–202^r: *Exposicio in regulam s. Benedicti* (Fortsetzung des Regelkommentars von clm 18153)

A^3 = München, Staatsbibliothek cod. lat. 3027, fol. 250, 214x311 mm, Papier, Bastarda, 1479. Provenienz: Benediktinerabtei St. Nikolaus, Andechs, Diözese Augsburg.

Halm, K.: Catalogus, Tomus 1,2, S. 61

Kraft, B.: Andechser Studien, Band 1, S. 238. 241

Ruf, P.: Bistum Augsburg, S. 3 (Mittelalterliche Bibliothekskataloge. Band 3,1)

Sudbrack, J.: Die geistliche Theologie, Teil 2, S. 188

Inhalt: fol. 1^r: Besitzvermerk mit der angefügten Bemerkung: „De questionibus adrianj"

fol. 2^r–13^r: *Tabula alphabetica* (Index)

fol. 15^r–248^v: *Exposicio in regulam s. Benedicti* (Fortsetzung der *Exposicio* von clm 3026; der Text der *Regula s. Benedicti* geht der Kommentierung des Kapitels unmittelbar voraus.)

fol. 248^v: Unterschrift mit Datum: „Per fratrem Placidum scriptum anno domini 1479 in die sanctis Agnetis"

fol. 249^r–250^v: Traktat mit dem Incipit: „Utrum religiosus professus aliquam regulam ..."

fol. 250^v: Unterschrift: „Frater Placidus"

M^{2} = Wien, Nationalbibliothek cod. lat. 3702, fol. 357, 217x295 mm, Papier, Bastarda, Mitte des 15. Jahrhunderts. Provenienz: Benediktinerabtei Mondsee, Diözese Salzburg.
Academia Caesarea Vindobonensis: Tabulae, Band 3, S. 57
Goy, R.: Die Überlieferung, S. 477
Halm, K.: Catalogus, Tomus 1, 2, S. 195
Heilig, K. J.: Kritische Studien, S. 133
Hohmann, Th.: Initienregister, S. 54
Sudbrack, J.: Die geistliche Theologie, Teil 2, S. 189

Inhalt:	fol. 1^{r}–226^{v}:	Johannes von Kastl: *Glossae in regulam s. Benedicti*
	fol. 228^{r}(a)–236^{v}(a):	Hildegard von Bingen: *Explicacio regule s. Benedicti*
	fol. 236^{v}(b)–240^{r}(b):	Aurelius Augustinus: *Regula pro vita canonica*
	fol. 240^{v}(a)–272^{v}(b):	Hugo von St. Victor: *Glossa super Augustini regulam*
	fol. 273^{r}(a)–303^{r}(b):	*Tractatus de paupertate intitulatus pauper monachus*; Incipit: „Si vis perfectus esse"
	fol. 303^{v}(a)–305^{r}(b):	*Epistola doctoris Parisiensis contra proprietatem*; Incipit: „Christus ihesus dei eterni"
	fol. 305^{v}(a)–321^{r}(b):	Heinrich von Langenstein: *Sermo de vita communi ac religiosa in claustris servanda*; Incipit: „Ecce nos reliquimus"
	fol. 321^{r}(b)–338^{r}(a):	Ps. Bernhard von Clairvaux: *Tractatus de passione Jesu Christi*
	fol. 338^{r}(b)–340^{r}(b):	Birgitta von Schweden: *Preces de passione Domini*
	fol. 342^{r}–356^{v}:	*Tabula alphabetica* (Index zur *exposicio in regulam s. Benedicti*)
	fol. 357^{r}–357^{v}:	Überschriften der Regelkapitel 58–73; unter jeder Überschrift steht ein metrischer Vers aus den *capitula de generibus monachorum metrice*[163]

M^{6} = Wien, Nationalbibliothek cod. lat. 3623, fol. 151, 145x220 mm, Papier, Bastarda, 2. Hälfte des 15. Jahrhunderts. Provenienz: Benediktinerabtei Mondsee, Diözese Salzburg.
Academia Caesarea Vindobonensis: Tabulae, Band 3, S. 40
Sudbrack, J.: Die geistliche Theologie, Teil 2, S. 189

---

[163] Vgl. clm 4423, fol. 128^{r}.

Inhalt: fol. 1^r–151^v: *Exposicio in regulam s. Benedicti*, Kapitel 58–73, (Fortsetzung von clv 3622)

S^3 = Salzburg, Stiftsbibliothek St. Peter b XII,25, fol. 106, 290x430 mm, Papier, Bastarda, spätes 15. Jahrhundert. Provenienz: Benediktinerabtei St. Peter, Salzburg, Diözese Salzburg.
Jungwirth, A.: Beschreibung, Band 5, ohne Paginierung
Sudbrack, J.: Die geistliche Theologie, Teil 2, S. 190
Inhalt: fol. 1: Vorsatzblatt
fol. 2^r–99^r: *Exposicio in regulam s. Benedicti* (Fortsetzung von b XII,24)
fol. 99^v: Überschriften der Regelkapitel 58–73
fol. 100^r–105^v: *Tabula alphabetica* (Index)
fol. 106: Nachsatzblatt

H^2 = Erlangen, Universitätsbibliothek Ms 486/2, fol. 264, 290x410 mm, Papier und Pergament, schleifenlose Bastarda, 1442. Provenienz: Zisterzienserabtei Heilsbronn, Diözese Eichstätt.
Fischer, H.: Katalog, Band 2, S. 74–76
Sudbrack, J.: Die geistliche Theologie, Teil 2, S. 190
Inhalt: fol. 1^r–12^v: Besitzvermerk: „Liber sancte Marie virginis in monasterio Hailsprun ordinis Cisterciensis Eistettensis dyocesis" mit folgender *Tabula alphabetica*.
fol. 13^r–263^v: *Exposicio in regulam s. Benedicti* (Fortsetzung von Ms 486/1)
fol. 264^r(a): Datum und Käufer: „Anno domini millesimo quadringentesimo quadragesimosecundo comparatus est hic liber a reverendo in Christo patre ac domino domino Ulrico venerabili abbate monasterii Fontissalutis ordinis Cisterciensis Eystetensis dyocesis ancillantibus ad hoc diligentijs humilis fratris Hermanni de Kottenheim professi in dicto monasterio."
fol. 264^r(a): Verzeichnis der Kapitelüberschriften
fol. 264^r(b): Besitzvermerk: „Liber sancte Marie in Fontissalutis"

M^8 = Wien, Nationalbibliothek cod. lat. 3625, fol. 177, 145x225 mm, Papier, Bastarda, 2. Hälfte des 15. Jahrhunderts. Provenienz: Benediktinerabtei Mondsee, Diözese Salzburg.
Academia Caesarea Vindobonensis: Tabulae, Band 3, S. 40
Sudbrack, J.: Die geistliche Theologie, Teil 2, S. 189
Inhalt: fol. 1^r–177^v: *Exposicio in regulam s. Benedicti*, Kapitel 39–73 (Fortsetzung von clv 3624)

2.2 Zwei- und dreibändige Ausgaben des Regelkommentars

Die *Exposicio in regulam s. Benedicti* gibt es als zwei- bzw. dreibändige Textausgabe. Auf die Frage, in wieviel Bänden Johannes von Kastl sein Werk ursprünglich abfasste, findet sich am Ende des 28. Kapitels ein wichtiger Hinweis: „Postremo, ut predicta evidencius clarescant. Queritur an aliquis iustus etc. Vide in tercio volumine secundo folio in principio etc. Si debeant fratres ...“[164] Es ist zu fragen, ob dieser Verweis vom Autor stammt oder ob er von einem Schreiber oder Bearbeiter eingefügt wurde. Untersucht man den Text des 64. Kapitels des Regelkommentars auf ähnliche Bemerkungen, finden sich folgende Stellen: „Indigni, qui sint ad eligendum, vide supra *58 q. c. 1*, nota item *62 e f, In prelaturam.*“[165] „Infirmi tamen sunt liberi ab utraque lege. Vide supra capitulo 31 K.“[166] „Et hoc prudenter et cum caritate vide supra 27. c. ab.“[167] „Vide supra 63 c. fine.“[168] „Vide supra capitulo 60 di. e f.“[169] „Qualiter autem abbas regulam conservare debet, vide supra capitulo 56 by 60 i k l.“[170] Da diese Stellen sich immer auf vorausgehende Kapitel und Absätze beziehen, wird der Autor diese Querverweise selbst verfasst haben. Davon unterscheidet sich jedoch die oben erwähnte Bemerkung aus dem 28. Kapitel, die nicht vom Autor eingefügt wurde, da sie im zweiten Band steht, inhaltlich aber auf einen Text im dritten Band verweist. Sie enthält zudem nicht die gängige Form der Kapitel- und Absatzangaben, sondern nennt den Band und das Folium. Der Eintrag eines solchen Verweises zeigt u. a., dass in den Handschriften gelesen und mit diesen Texten gearbeitet wurde. Später wurde dieser Textverweis als Bemerkung eines Bearbeiters in den laufenden Text übernommen.

Bei einer zweibändigen Textausgabe würde man nun die Tilgung dieser sekundären Bemerkung erwarten. Im Heilsbronner Codex zeigt sich jedoch der gleiche Text: „Postremo, ut predicta evidencius clarescant. Queritur an aliquis iustus etc. Vide in tercio volumine secundo folio in principio. Si debeant fratres ...“[171] Der Schreiber der zweibändigen Ausgabe hat demzufolge nicht auf den Inhalt dieser Anmerkung geachtet und sie unkorrigiert in den Text übernommen. Die zweibändige Ausgabe des Werkes ging folglich aus einer dreibändigen hervor.

Das 64. Kapitel ist sowohl in einer zwei- als auch in einer dreibändigen Textausgabe enthalten. Es ist die Frage zu stellen, ob die restlichen Kapitel des Regelkommentars immer gleich verteilt wurden. Ein Überblick über die Aufteilung der dreibändigen Textausgabe ist hilfreich:

---

164 JOHANNES <DE CASTELLO>: Exposicio, Cap. 28 BG (clm 18153, fol. 69v(b)).
165 Ebd., Cap. 64 O (Ebd., fol. 87v(a)).
166 Ebd., Cap. 64 BF (Ebd., fol. 98v(b)).
167 Ebd., Cap. 64 BZ (Ebd., fol. 105v(b)).
168 Ebd., Cap. 64 CA (Ebd., fol. 106r(b)).
169 Ebd., Cap. 64 DG (Ebd., fol. 115r(a)).
170 Ebd., Cap. 64 DJ (Ebd., fol. 115v(b)).
171 Ms 486/1, fol. 259v(a).

Signatur	Provenienz	Kommentarumfang
clm 18152	Tegernsee	Prol.-cap. 22
clm 18153	Tegernsee	cap. 23–57
clm 18154	Tegernsee	cap. 58–73
clm 3025	Andechs	Prol.-cap. 22
clm 3026	Andechs	cap. 23–57
clm 3027	Andechs	cap. 58–73
clm 6963	Fürstenfeld	Prol.-cap. 22
clm 6964	Fürstenfeld	cap. 23–57
clm 14105	Regensburg/St. Emmeram	cap. 23–57
clv 3663	Mondsee	Prol.-cap. 22
clv 3626	Mondsee	cap. 23–57
clv 3702	Mondsee	cap. 58–73
clv 3621	Mondsee	Prol.-cap. 22
clv 3622	Mondsee	cap. 23–57
clv 3623	Mondsee	cap. 58–73
b XII, 23	Salzburg/St. Peter	Prol.-cap. 21
b XII, 24	Salzburg/St. Peter	cap. 22–57
b XII, 25	Salzburg/St. Peter	cap. 58–73

Im Gesamthorizont zeigt sich, dass die Handschriftengruppe aus St. Peter in Salzburg bei der Aufteilung der Kapitel die einzige Ausnahme darstellt. Allerdings wurden nur in den ersten beiden Handschriften die Kapitel anders aufgeteilt. Der dritte Teilband beginnt wie die anderen Handschriften mit dem 58. Kapitel und endet mit dem 73. Kapitel.

Das Phänomen der unterschiedlichen Kapitelaufteilung zeigt sich aber auch bei den zweibändigen Textausgaben. Ein Überblick macht dies ersichtlich:

Signatur	Provenienz	Kommentarumfang
Ms 486/1	Heilsbronn	Prol.-cap. 36
Ms 486/2	Heilsbronn	cap. 37–73
clv 3624	Mondsee	Prol.-cap. 38
clv 3625	Mondsee	cap. 39–73

Um das Problem der unterschiedlichen Kapitelaufteilung zu klären, ist der Inhalt dieser Handschriften zu vergleichen. In den Heilsbronner Handschriften wird dem Text der *Exposicio* die *Tabula alphabetica* vorangestellt. Dieses Stichwortverzeichnis ist zusammengestellt worden, nachdem der Text des Regelkommentars mit der Absatzeinteilung niedergeschrieben war. Demzufolge wurde zuerst die *Exposicio* kopiert, dann als ein zweibändiges Werk zusammengestellt und zum Schluss das Stichwortverzeichnis hinzugefügt. In den Mondseer Handschriften clv 3624 und clv 3625 ist ein Exzerpt der *Exposicio* enthalten. Da eine *Tabula alphabetica*, ein eigens vorangestellter Regeltext und die dementsprechenden Regelüberschriften fehlen, war es nicht notwendig, auf den genauen Umfang des Regelkommentars zu achten. Somit war es dem Schreiber möglich, mehr Text in den ersten Teilband aufzunehmen und den Rest in einem zweiten Band anschließen zu lassen.

In clm 3021 ist ein Auszug aus der *Exposicio* zu finden, der die Kapitel 58–61 umfasst. Der dargelegten Kapitelaufteilung zufolge, lässt sich dieser Text sowohl einer zweibändigen als auch einer dreibändigen Ausgabe zuweisen.

2.3 Volltexte und Exzerpte des Regelkommentars

Wie schon erwähnt, finden sich neben den Volltexten auch Exzerpte des Regelkommentars. Im Hinblick auf das 64. Kapitel sind es die Handschriften clv 3623 und clv 3625, die einen kürzeren Regeltext enthalten. Auszüge der *Exposicio* sind ebenfalls in den Handschriften clm 3021, clv 3621, clv 3622, clv 3624 und clv 3626 zu lesen. Die Exzerpte der dreibändigen Ausgaben enthalten dabei genau dieselben Kapitel wie die dreibändigen Volltextausgaben. Ferner sind nur wenige Exzerpte mit einer *Tabula alphabetica* verbunden (clm 3021 und clv 3626). Dieses alphabetische Stichwortverzeichnis schließt sich in den beiden Handschriften an den Text an. In clv 3623 ist nur anfangs eine durchgängige Absatzeinteilung mit Buchstaben zu erkennen, die schon sehr bald abbricht, weshalb keine adäquate *Tabula alphabetica* erstellt werden konnte.

Anders verhält es sich bei der Handschrift clv 3626, die ein Exzerpt und eine *Tabula alphabetica* enthält, der aber eine Absatzeinteilung abgeht. Das Einbringen der Absatzeinteilung in den Text wäre hier an letzter Stelle erfolgt.

Die *Tabula alphabetica* sowie die Absatzeinteilung stellen einen wichtigen Indikator für die Güte des Textes dar. Hinweise für ein Stichwortverzeichnis ohne Textbezug finden sich dort, wo zwar eine *Tabula alphabetica* vorhanden, aber keine Absatzeinteilung im Text eingetragen ist. Demzufolge ist unter den vorhandenen Exzerpten lediglich clv 3623 als höherwertig einzuschätzen, da sich hier ansatzweise eine Absatzeinteilung findet, die Grundlage einer sinnvollen *Tabula alphabetica* sein könnte.

Bei der genauen Lektüre der Texte wird deutlich, nach welchen Gesichtspunkten die Exzerpte erstellt wurden. Ein Beispiel soll in die Vorgehensweise des Exzerpierens einführen. Mit den Worten „Der zu Wählende soll sich durch Wissen auszeichnen“ ist der Absatz 64 G überschrieben. Johannes von Kastl geht dann auf die Stelle der *Benediktsregel* ein, in der er die Mönche auffordert, denjenigen zu wählen, der sich durch Weisheit in der Lehre auszeichnet, selbst dann, wenn er in der Rangordnung der Mönche der Jüngste wäre. Zunächst klärt der Kommentator, dass Benedikts Rede vom letzten Platz nicht uneingeschränkt verstanden werden darf. Wird jemand aufgrund einer Verfehlung an den letzten Platz gestellt, dann darf er nicht gewählt werden. Sodann zählt Johannes von Kastl eine Reihe von Kirchenrechtsquellen auf, die darlegen, welche Bedingungen ein Abtskandidat erfüllen muss, damit er gewählt werden kann. Nachdem er die objektiven Kriterien dargelegt hat, geht er auf die Verdienste im Leben und auf die Weisheit in der Lehre ein. Daran schließt sich die folgende Stelle an: „*Vilissimus enim reputandus est, nisi precellat in sciencia et sanctitate, qui est honore prestancior, ([1 q. 1, Vilissimus,] et Ieronimus in Micheam: Cur ceteris preferuntur, qui nulla meritorum gracia a ceteris assumuntur? Certe, si deum timeant et legem sequantur, optimum ordinabunt, [In authentica, De monachis, Incipit: <Ordinacionem>; 63. di., Metropolitano; 8 q. 1, Licet.] Kathedra* namque, ut ait *Clemens in epistula, eum, qui cupit eam et audacter expetit, non requirit, sed ornatum moribus et in verbo* dei *eruditum.) Si* enim *indoctus et inscius officium doctoris accipiat, sine dubio discipuli et auditores ignorancie tenebris* ob*voluti in interitum demerguntur.*“[172]

Die eckigen Klammern in clm 18154 zeigen, welche Texte der Schreiber von clv 3623 ausgelassen hat. Allen voran sind es die Kirchenrechtsquellen, die übergangen wurden. Exzerpiert hat der Text nun folgendes Bild: „*Vilissimus enim reputandus est, nisi precellat in sciencia et sanctitate, qui est honore prestancior, et Ieronimus in Micheam: Cur ceteris preferuntur, qui nulla meritorum gracia a ceteris assumuntur? Certe, si deum timeant et legem sequantur, optimum ordinabunt, Kathedra* namque, ut ait *Clemens in epistula, eum, qui cupit eam et audacter expetit, non requirit, sed ornatum moribus et in verbo* dei *eruditum. Si* enim *indoctus et inscius officium doctoris accipiat, sine dubio discipuli et auditores ignorancie tenebris* ob*voluti in interitum demerguntur.*“[173]

Entsprechend dem Textbild hat der Schreiber mehr Interesse an der theologischen Aussage des Textes als am wissenschaftlichen Hintergrund; dies beweist die Zitation der Kirchenrechtsquellen.

Betrachtet man die runden Klammern in clm 18154, die die Auslassung in clv 3625 anzeigen, kommt man zu dem Schluss, dass der Mondseer Schreiber auf der Suche nach den „verba authentica“ des Johannes von Kastl war. Indem er an vielen Stellen nicht nur die Zitatangaben, sondern auch vermeintliche Zitate anderer Autoren tilgte, meinte er, auf die persönlichen Aussagen des Regelkommentators zu kommen. Das Exzerpieren unter den gegebenen Gesichtspunkten führte zu einem reduzierten Umfang des Regelkommentars. Das folgende Textbeispiel in clv 3625 zeigt das fortschreitende Exzerpieren: „*Vilissimus enim reputandus est, nisi precellat in sciencia et sanctitate, qui est honore prestancior. Si* enim *indoctus et inscius officium doctoris accipiat, sine dubio discipuli et auditores ignorancie tenebris* ob*voluti in interitum demerguntur.*“[174]

---

172 JOHANNES <DE CASTELLO>: Exposicio, Cap. 64 G (clm 18154, fol. 84^{v}(a)).
173 Ebd. (clv 3623, fol. 1^{v}–2^{r}).
174 Ebd. (clv 3625, fol. 120^{v}).

Die späteren Schreiber versuchten, sowohl durch Exzerpieren als auch durch Übergehen der Zitatangaben den Text der *Exposicio in regulam s. Benedicti* kürzer zu fassen. Durch die Zitate wird ersichtlich, von welchen Intentionen Johannes von Kastl beim Verfassen des Regelkommentars getragen war. Mit der genauen Angabe der Kirchenrechtsquellen wollte er keine eigenen theologischen oder kirchenrechtlichen Thesen zur Kandidatensuche entwickeln, sondern die kirchliche Tradition genau darlegen. Die Exzerpte in clv 3623 und clv 3625 lassen jedoch einen gegenteiligen Eindruck entstehen: Durch das Auslassen der Angaben zu den Kirchenrechtsquellen stellen die Schreiber der Exzerpte die kirchliche Lehrtradition als eigenständige theologische These des Autors dar. Auf diese Weise erfährt der Autor entgegen seiner Intention nachträglich eine persönliche Aufwertung.

Die Handschrift clv 3625 weist noch größere Lücken als clv 3623 auf. Durch das fortschreitende Exzerpieren entstanden Aussagen, die theologisch weniger fundiert sind als die ausführliche Fassung des Johannes von Kastl. Dem Volltext des oben genannten Beispiels entsprechend wird ein Abtskandidat nach den Gesichtspunkten der Gelehrsamkeit, des Wissens und eines vorbildhaften Tugendwandels gesucht. Der Leser gewinnt den Eindruck, der Kandidat werde von Gott gesucht. Dazu verwendet der Autor das Bild von der verwaisten Kathedra, die nach einem Amtsträger sucht. Als nicht geeignet erscheint der, der nach einem Oberenamt verlangt und forsch auf dem Thron zu sitzen sucht. Der künftige Abt soll sich vielmehr durch gute Sitten auszeichnen und im Wort Gottes erfahren sein. Übernimmt eine unwissende und ungelehrte Person ein Lehramt, so kann dies zur Gefahr für die ihm anvertrauten Personen werden. Das Exzerpt in clv 3625 verzichtet auf das Bild des Kandidaten, der von der Kathedra gesucht wird, und reduziert den Text nur auf die Folgen, die drohen, wenn ein ungeeigneter Amtsanwärter ein Oberenamt wahrnimmt: „... die Schüler und Hörer, die in das Dunkel der Ignoranz eingehüllt sind, stürzen in den Untergang". Die Definition von Heiligkeit und Wissen als Furcht Gottes und Befolgen seiner Gesetze, die für einen geeigneten Kandidaten signifikant sind, werden im Exzerpt ausgeblendet.

Neben den Textreduktionen einzelner Kapitel finden sich in beiden Exzerpten auch größere Auslassungen. Ein signifikantes Beispiel stellt vor allem die „Eleccionis canonice forma" dar. Dieser Teil umfasst die Abschnitte „64 R Forma litterarum convocandi electores" bis „64 AC Decretum eleccionis per inspiracionem qualiter fiat", die vor allem die Wahlvorgänge zum Gegenstand haben. In beiden Exzerpten wurde dieser Teil ausgelassen.

2.4 Datierte und undatierte Handschriften des Regelkommentars

Das 64. Kapitel der *Exposicio in regulam s. Benedicti* erscheint in sieben Codices. Dabei ist in lediglich zwei Bänden das Datum der Abfassung eingetragen. Die älteste Handschrift stammt aus Heilsbronn (Ms 486/2) und wurde 1442 geschrieben. Ein weiteres Exemplar der *Exposicio* wurde 1479 in Andechs kopiert.

Wesentlich schwieriger gestaltet sich die zeitliche Zuordnung der undatierten Handschriften. Das zeigt sich z. B. an der Handschrift clm 18154. Aus der darin enthaltenen Bemerkung „De questionibus adrianj imperatoris ad secundum philosophum 73 N valde utilibus per quas homo devenit in sui cognicionem et per consequens ad humilitatis perfeccionem", die auf fol. 1^{r} zu lesen ist, lässt sich kein Abfassungsdatum erschließen, da es sich auf ein Gespräch zwischen Kaiser Hadrian und dem Philosophen Secundus bezieht, das im Regelkommentar im Kapitel 73 N erwähnt wird.[175] Da in clm 18154 der Text der *Exposicio* von clm 18152 und 18153 fortgesetzt wird, sind diese beiden Handschriften bei der Suche nach zeitlichen Orientierungspunkten einzubeziehen. In clm 18152 finden sich zu einigen Traktaten die Angaben der Autoren. So wird der Traktat über den unerlaubten Eigenbesitz von Religiosen *Tractatus egregii doctoris Johannis Nider de religiosis proprietarijs* dem Dominikaner P. Johannes Nider zugeschrieben.[176] In anderen Handschriften erscheint als Verfasser dieser Abhandlung Henricus von Hessen oder Heinrich von Langenstein. Laut dem Initienregister von Hohmann ist zu bezweifeln, ob dieses Werk von Heinrich von Langenstein verfasst wurde.[177] Der Wortlaut des Texts steht in Bezug zu einem monastischen Umfeld: „Similiter dicitur in regula: *Precipue hoc vicium radicitus amput*etur *de* monacho, *ne quis presumat aliquid dare* et *accipere sine iussione abbatis* nec *aliquid habere proprium, nullam omnino rem* nec *codicem* nec *tabulas* nec *graphium, sed nichil omnino, quibus quippe nec corpora sua nec voluntates licet habere in propria potestate. Omnia vero necessaria* ab abbate monasterij sunt preparanda. Hec cuique *liceat habere, quod abbas non dederit aut permiserit.* Ergo quidquid abbas dederit vel permiserit, hoc licet, ne scientes se errare et falsum dicere."[178] Die Regel, von der hier gesprochen wird, ist die *Regula s. Benedicti.* Der Autor zitiert in Ausschnitten die ersten fünf Verse des 33. Kapitels, das der Frage nach dem Eigenbesitz der Mönche nachgeht.[179] Sollte dieser Traktat von Johannes Nider stammen, müsste er ihn zwischen 1437 und seinem Todesjahr 1438 verfasst haben.[180] Während dieses Zeitraumes wurde er vom Konzil von Basel beauftragt, zusammen mit den Äbten von Melk und Heiligenkreuz, dem Prior von Mauerbach, den Magistern Narcissus Herz von Berching und Johannes von Prunbach, die Klöster im Bistum Passau und in den

---

175 Vgl. WAGNER, R.: Ein nücz und schone ler, S. 27 (Anmerkung 106).

176 Vgl. Kaeppeli, Th.: Scriptores Ordinis Scriptorum. Volumen 2, S. 514 (Nr. 2551).

177 Vgl. HOHMANN, Th.: Initienregister, S. 120.

178 clm 18152, fol. 2^{r}(b)–2^{v}(a).

179 „Precipue hoc uitium radicitus amputandum est de monasterio, ne quis praesumat aliquid dare aut accipere sine iussionem abbatis neque aliquid habere proprium, nullam omnino rem, neque codicem neque tabulas neque graphium, sed nihil omnino, quippe quibus nec corpora sua nec uoluntates licet habere in propria voluntate. Omnia uero necessaria a patre sperare monasterii nec quicquam liceat habere, quod abbas non dederit aut permiserit." RB 33,1–5 (CSEL 75, HANSLIK, R. (Ed.), S. 98 f.).

180 Vgl. HILLENBRAND, E.: Nider, Johannes OP, S. 971.

Ländern Herzogs Albrecht V. zu visitieren.[181] Die *Capitula de generibus monachorum metrice* finden sich auch in clv 3663. Die ersten 16 Verse dieses Textes entsprechen clm 4423, die ursprünglich aus St. Ulrich und Afra stammt[182]; laut Katalogangabe wurde dieses Werk von Frater Simon Weinhart aus Füssen erstellt, der 1481/82 als Gast in Mondsee weilte. Die Mondseer Handschriften dienten vermutlich als Vorlage der *Capitula de generibus monachorum metrice* in clm 4423. Die eigentliche Textquelle ist damit nicht geklärt. Ferner bleibt unklar, woher die letzten sechs abweichenden Verse in clm 4423 stammen. In clm 4423 stehen die besagten *Capitula* in Anschluss an die Memorialgedichte zur *Benediktsregel*, die Petrus von Rosenheim verfasste. Das dürfte dazu geführt haben, im Katalog die *Capitula de generibus monachorum metrice* Petrus von Rosenheim zuzuschreiben.[183] Es zeigt sich jedoch, dass sowohl in clm 18152 als auch in clm 4423 und in clv 3663 dieser Text ohne Verfasserangabe überliefert wurde. In clm 18152 ist ferner eine Verteidigungsschrift für die Kartäuser zu finden, die mit den Worten beginnt: „Ordini Carthusiensis a multis contradicitur". Dieses Werk ist anonym verfasst und nicht datiert. Als Vorwürfe gegen die Kartäuser werden die Abstinenz, der Verzicht auf den Aderlass, das Fasten bei Wasser und Brot und das durchgängige Tragen des Bußkleides auf dem nackten Körper vorgebracht.[184] Es ist schwierig, die Situation zu erschließen, in der diese Vorwürfe geäußert wurden. Dass sie im Zusammenhang mit der Ordensreform stehen, zeigt die Visitation der Benediktinerabtei Göttweig im Jahre 1430, bei der der Gaminger Kartäuserprior Leonhard Paetraer beteiligt war. In einer Ansprache greift er diese Themen (Fleischverzicht, Körperpflege, Fasten usw.) auf und bewegt Abt und Konvent zur Reform.[185] Obwohl keine direkten Verbindungen zwischen der Apologie der Kartäuser in clm 18152 und der Ansprache des Gaminger Kartäuserpriors festzustellen sind, haben die Spiritualität und die Lebenseinstellung der Kartäuser auf die Benediktinerklöster Einfluss genommen. Das belegt die Visitation und die genannte Verteidigungsschrift. Der *Tractatulus de diversis materys*, der mit den Worten „Fraternitas aliquorum penes quid attendatur" überschrieben ist, wurde ebenfalls anonym überliefert. Bei näherer Untersuchung des Textes zeigen sich Stilmittel, die sich auch in der *Exposicio* finden. Zu lesen ist: „Quod quidem esse triplex est scilicet esse nature, esse moris et esse beatitudinis. Ideo requiritur triplex fraternitas scilicet consimilis nature, spiritualis vite et eternalis glorie. Prima consurgit ex progressu

---

181 Vgl. NIEDERKORN-BRUCK, M.: Die Melker Reform, S. 30; BRUCK, M.: Professbuch, S. 129.

182 Vgl. clm 4423, fol. 127v–128r.

183 HALM. C.: Catalogus codicum latinorum bibliothecae regiae monacensis, Tomus 1,2, S. 193–195.

184 „Quia professores numquam utuntur carnibus neque balneis faciuntque pro tempore abstinenciam in pane et aqua, die et nocte semper ad corpus nudum portantes vestem cilicinam etc." clm 18152, fol. 5v(a).

185 Vgl. RÜTHING, H.: Die Kartäuser, S. 51 f.

a non esse ad esse. Secunda oritur ex progressu ab esse seculari ad esse spirituale. Tertia consurgit ab esse spirituali huius vite ad esse alterius.“[186] Drei Elemente sind es, die an die *Exposicio* erinnern: Als Einleitung verwendet der Autor das Wort „scilicet“. Es schließt sich eine Aufzählung von Begriffen an, deren Anzahl entsprechend als drittes Merkmal Ordinalzahlen folgen, an die sich Erläuterungen der Begriffe anschließen. Ein Vergleich mit einem Text aus der *Exposicio* macht dies deutlich: „Adverte ergo, quod prelatus avarus tria mala incurrit, scilicet primo amittit maxima bona, secundo efficitur tyrannus, tercio fit subditorum dempdator. Primum patet, quia avarus prelatus diligens pecuniam.“[187] Weitere Themen des *Tractatulus de diversis materys* sind: „Utrum inter infideles et non existentes in caritate sit vera dileccio“, [„Notabile ex prologo“][188], „Notabile de particula prologi“, „Utrum iustus possit mereri“, „De periculo prelatorum“, „De falsis prelatis“, [„De leccione et modo audiendi“][189], „De hys qui ex parte predicatorum refugiunt predicaciones“, „De septem regulis sacre scripture“, „De ociositate“, „De infructuosis occupacionibus“, „De inordinacione bonorum operum“, „Quod laborandum est fructuose“, „De qualitate temporis“ und „Quod tempus expendendum est in contemplacione“. Im Anschluss daran findet sich der jüngste Text der Handschrift clm 18152. Es handelt sich um einen Brief der Tegernseer Konventualen an den Mönch Maurus von Sacro Specu, in dem es um 60 Fragen geht, die sich auf die liturgische und zeremonielle Praxis in Tegernsee beziehen. Diese sollten nach dem Vorbild des italienischen Klosters geregelt werden. Der Brief wird wie folgt abgeschlossen: „Orate deum pro nobis ex sacro specu beatissimi patris nostri benedicti tria july 1455.“[190] Die Traktate dieser Handschrift wurden von verschiedenen Personen abgeschrieben, was der Schriftzug der einzelnen Werke verrät. Diese lagen als Faszikel vor und wurden zwischen 1455 und 1479 zu einem Buch zusammengebunden. Diese Ausgabe diente dem Andechser P. Placidus Stangl als Vorlage für seine Kopie. Ihren Sitz im Leben hatten die einzelnen Traktate dieser Handschrift in der Melker Reform.

In clm 18153 ist der erste sichere Anhaltspunkt der Traktat von Johannes von Speyer, der auf die Frage eingeht, ob ein Mönch, der gegen die Anordnung seines Prälaten Fleisch isst, schwer sündigt.[191] Johannes von Speyer wird hier als Professe von Melk bezeichnet und Johannes von Ochsenhausen als Abt der Schottenabtei in Wien. Die Abfassung dieses Traktates kann auf die Jahre zwischen 1428 und 1446 eingegrenzt werden, denn in diesem Zeitraum wirkte Johannes von Ochsenhausen als Abt des Wiener Schottenklo-

---

186 clm 18152, fol. 240^{v}(b)–241^{r}(a).

187 JOHANNES <DE CASTELLO>: Exposicio, Cap. 64 CP (clm 18154, fol. 110^{r}(b)–110^{v}(a)).

188 Die Überschrift wurde ergänzt aus clv 3663, fol. 172^{r}(b).

189 Die Überschrift wurde ergänzt aus clv 3663, fol. 174^{r}(b).

190 clm 18152, fol. 253^{v}.

191 „Utrum monachus, qui contra preceptum sui prelati comedit carnes, peccet mortaliter?“ clm 18153, fol. 340^{v}

sters.[192] 1419 legte Johannes von Speyer seine Profess in Melk ab und übertrug diese 1451 auf Kleinmariazell; dort starb er nach 1458.[193] Der zweite sichere Anhaltspunkt ist die *Responsio patris Christiani prioris ad tres questiones patris prioris in Weihensteven ut hoc infra.* Es handelt sich hier um den Mönch Christian Tesenpacher, der sich am 31. Oktober 1462 durch seine Gelübde mit dem Kloster Tegernsee verband. Von 1476 bis 1481 war er dort Prior und wurde 1484 zum Abt von Oberaltaich postuliert[194]. Für eine separate Abschrift der einzelnen Traktate in clm 18153 sprechen der Schriftzug, die Überschriften und das Textende. Mit der Bindung zu einer Sammelhandschrift ist im Zeitraum zwischen 1476 und 1479 zu rechnen, da dieser Band bereits 1479 vollständig in Andechs kopiert wurde. Dies ergibt sich auch aus einem Hinweis Redlichs – „*exposicionem magistri Johannis de Castello super regulam s. Benedicti rescribi per se ordinavit et cum eius exposicionis duas partes usque ad finem comparavimus prima parte adhuc carentes.*“[195] – aus dem geschlossen werden kann, dass die *Exposicio in regulam s. Benedicti* in der Zeit von 1467 bis 1479 abgeschrieben wurde, als P. Raphael Neupöck Bibliothekar von Tegernsee war.[196]

Von den textrelevanten Handschriften der Abtei Mondsee wurde keine datiert. Der Codex clv 3702 ist als Sammelhandschrift zu bezeichnen, da deren einzelne Traktate von einer Hand geschrieben wurden. Es ist von einem Abhängigkeitsverhältnis auszugehen, das dem der Handschriften von Tegernsee und Andechs gleicht, wobei die Vorlage der Handschrift clv 3702 nicht zu ermitteln ist. Neben der *Exposicio* des Johannes von Kastl finden sich eine Erklärung der *Benediktsregel* der Hildegard von Bingen und die Regel des Augustinus für das kanonische Leben. An die Augustinusregel schließt sich eine dazugehörige Glosse an, die Hugo von St. Victor zugeschrieben wird. Goy stuft diese Glosse als ein “wahrscheinlich echtes Werk“ des Hugo von St. Victor ein.[197] Darauf folgt ein Traktat eines anonymen Zisterziensermönchs mit dem Titel „*Tractatus de paupertate intitulatus Pauper monachus*“. Dieser beginnt mit den Worten aus dem Matthäus-Evangelium (Matth 19,21): „Si vis perfectus esse“. Am Ende dieser Abhandlung heißt es: „Explicit tractatus contra vicium proprietatis a quodam monacho ordinis sancti Bernhardi editus Wienne etc.“ Gegen den Eigenbesitz richtet sich ein Brief, der sich an den *Tractatus de paupertate* anschließt. Verfasst wurde er von einem „Egregius magister Parisiensis“. Dieser Text ist an Regularkanoniker gerichtet, da er mit den Worten „*Epistola eiusdem egregii magistri parisiensis de vitio proprietatis*

---

192 Vgl. RAPF, C.: Das Schottenstift, S. 107

193 Vgl. BRUCK, M.: Professbuch, S. 97

194 Vgl. REDLICH, V.: Tegernsee, S. 58; vgl. LINDNER, P.: Die Äbte und Mönche der Benediktiner-Abtei Tegernsee, S. 83–84

195 clm 19697 fol. 29r (69) p. v. (zitiert nach REDLICH, V.: Tegernsee, S. 73 f. Anmerkung 11)

196 Vgl. ebd. S. 74

197 Vgl. GOY, R.: Die Überlieferung, S. 457.477

quam scripsit ad quemdam Canonicum regularem“ überschrieben ist. Das Incipit lautet: „Christus Jhesus dei eterni filius qui est fons et origo omnium sanctarum religionum“[198]. Der *Tractatus de paupertate* ist wie der Brief des Pariser Magisters auch in einer Handschrift der Zisterzienserabtei Ebrach zu lesen.[199] Der von dem anonymen Wiener Zisterziensermönch verfasste *Tractatus de paupertate* ist laut Thurn ebenfalls in einer Münchner Handschrift enthalten. Diese stammte ursprünglich aus der Benediktinerabtei St. Ulrich und Afra in Augsburg und enthält als Datierung: „1422 a quodam monacho editus Wiennensi.“[200] Nach den beiden anonymen Abhandlungen folgt eine Predigt des Magisters Heinrich von Langenstein, die an Benediktiner und Regularkanoniker gerichtet ist und sich mit dem gemeinsamen Leben und den Fragen klösterlicher Observanz beschäftigt. Das Thema der Predigt lautet: „Ecce nos reliquimus omnia et secuti sumus te. Novistis fratres ...“[201]. Nach Heilig ist dieser Traktat an die Augustinerchorherren von Klosterneuburg gerichtet und lag bereits 1402 in Wien handschriftlich vor.[202] Im Anschluss daran findet sich der *Tractatus de passione domini nostri Jesu Christi*, mit dem Initium: „Jesu benignissime vitis vera lignum vite, quod in medio paradisi est“. Die Handschrift wie der Handschriftenkatalog schreiben diesen Traktat Bernhard von Clairvaux zu; tatsächlich ist er das Werk eines Pseudo-Bernhard, an dessen Anfang hier als verändertes Incipit „Jesu benigne vitis vera lignum vitae“ steht.[203] Die sich nun anschließenden *Preces de passione Domini* sind ein Werk der Birgitta von Schweden. Nach der *Tabula alphabetica*, die sich auf die *Exposicio in regulam s. Benedicti* bezieht, folgen die Überschriften zu den Kapiteln 58–73 der *Benediktsregel*. Unter den einzelnen Überschriften sind jeweils metrische Verse aus den *Capitula de generibus monachorum metrice* zu lesen, die sich ebenfalls in clm 4423 finden.[204] Schlussfolgernd lässt sich clv 3702 als eine Sammelhandschrift bezeichnen, die von ihrem Inhalt her für die Reform der Benediktinerklöster wie auch der Augustinerchorherrnstifte bestimmt war. Ein Terminus post quem ergibt sich aus dem *Tractatus de paupertate* des anonymen Wiener Zisterziensermönchs, der in der Handschrift clm 4396 (Provenienz Benediktinerabtei St. Ulrich und Afra in Augsburg) mit dem Jahr 1422 in Verbindung gebracht wird; folglich ist clv 3702 nach 1422 entstanden.

In der Mondseer Handschrift clv 3623 findet sich nur ein Exzerpt der Kapitel 58–73 der *Exposicio in regulam s. Benedicti*. Auch ein Blick in die Handschriften clv 3621 und 3622, in denen die ersten beiden Teile einer exzerptierten *Exposicio in regulam s. Benedicti* enthalten sind, führt hinsichtlich der

---

198 Vgl. clv 3702, fol. 303^{v}(b).

199 Vgl. THURN, H.: Die Handschriften, S. 113 f.

200 Ebd., S. 113.

201 Vgl. HOHMANN, Th.: Initienregister, S. 405.

202 Vgl. HEILIG, K.: Kritische Studien, S. 133.

203 Vgl. PL 184, Sp. 635–740.

204 Vgl. clm 4423, fol. 128^{r}–128^{v}.

Datierung zu keinem Ergebnis, da es sich lediglich um Exzerpte der *Exposicio* handelt. Der gleiche Sachverhalt liegt bei clv 3625 vor, die mit den Exzerpten aus den Kapiteln 39–73 als Fortsetzung von clv 3624 zu betrachten ist. In ihnen sind ausschließlich Exzerpte des Kastler Regelkommentars zu lesen. Auf diesem Hintergrund ist es nicht möglich festzustellen, wann diese Handschriften entstanden sind. Ein paralleler Fall liegt in b XII,25 vor, die zum Bestand der Bibliothek der Salzburger Benediktinerabtei St. Peter gehört. In diesem Band befindet sich ausschließlich der dritte Teil der *Exposicio in regulam s. Benedicti*. Darin wird der Text von b XII,23 und 24 fortgesetzt. Da b XII, 23–25 keine weiteren Texte aufweisen, kann aus den Handschriften keine genaue zeitliche Einordnung abgeleitet werden.

2.5 Die Abhängigkeitsverhältnisse der textrelevanten Handschriften

Um die Abhängigkeitsverhältnisse der Handschriften T^3, A^3, M^2, M^6, S^3, H^2 und M^8 feststellen zu können, ist es sinnvoll, sich über das bereits Gesagte einen Überblick zu verschaffen (vgl. Tabelle S. 51).

Wie schon erwähnt, entstand die zweibändige Ausgabe des Regelkommentars aus einem dreibändigen Werk. Demzufolge scheiden H^2 und M^8 als Vorlage für T^3, A^3, M^2, M^6 und S^3 aus. Da die Handschriften M^6 und M^8 jeweils ein Exzerpt darstellen, scheiden auch sie als Vorlage für die Codices mit Volltext aus. Zwei Handschriften sind datiert: H^2 wurde 1442 und A^3 1479 abgeschrieben. Demzufolge muss die Vorlage für A^3 älter als 1479 und die Vorlage für H^2 älter als 1442 sein. Vorab lassen sich die textrelevanten Manuskripte in folgende Gruppen einteilen:

- Volltexte einer dreibändigen Ausgabe: T^3, A^3, M^2 und S^3 (Gruppe „)
- Exzerpt einer dreibändigen Ausgabe: M^6
- Volltext einer zweibändigen Ausgabe: H^2
- Exzerpt einer zweibändigen Ausgabe: M^8

Zunächst ist festzustellen, wie sich die Handschriften in der „-Gruppe zueinander verhalten.

Als Erstes soll das Abhängigkeitsverhältnis von A^3 zu den anderen Handschriften dieser Gruppe untersucht werden:

		Provenienz u. Kürzel	Schreiber	Volltext	Ex-zerpt	datiert	un-datiert	zwei-teilig	drei-teilig	Umfang
Gruppe α	clm 18154	Tegernsee (T^3)		x			x		x	cap. 58–73
	clm 3027	Andechs (A^3)	P. Placidus Stangl	x		1479			x	cap. 58–73
	clv 3702	Mondsee (M^2)		x			x		x	cap. 58–73
	b XII, 25	Salzburg St. Peter (S^3)		x			x		x	cap. 58–73
	clv 3623	Mondsee (M^6)			x		x		x	cap. 58–73
	Ms 486/2	Heilsbronn (H^2)	P. Hermann von Kottenheim	x		1442		x		cap. 37–73
	clv 3625	Mondsee (M^8)			x		x	x		cap. 39–73

Absatz J (Beispiel 1)

T^3:	*nequit consenciendo*	*facit* (*mg. m. rec.* malis *add.*)
A^3:	*nequit consenciendo malis,*	*facit*
M^2:	*nequit consenciendo,*	*facit*
S^3:	*nequit consenciendo,*	*facit*

Absatz K (Beispiel 2)

T^3:	non admittitur.	Et si (*mg. m. rec.* hospes *add.*)
A^3:	non admittitur hospes.	Et si
M^2:	non admittitur.	Et si
S^3:	non admittitur.	Et si

Absatz X (Beispiel 3)

T^3:	*Richardus de Senis utriusque iuris professor*	*eximius* (*a. corr.* pro forma *m. rec. exp. et* doctor *s. s.*)
A^3:	*Richardus de Senis utriusque iuris doctor*	*eximius*
M^2:	*Richardus de Senis utriusque iuris professor*	*eximius*
S^3:	*Richardus de Senis utriusque iuris professor*	*eximius*

Absatz Y (Beispiel 4)

T^3:	*quid habetis facere* (debetis *subscr. et s.* habetis)
A^3:	*quid debetis facere*
M^2:	*quid habetis facere*
S^3:	*quid habetis facere*

Absatz Af (Beispiel 5)

T^3:	imponuntur prelato	simul (*mg. m. rec.* prelato *add.* *T^3 om.*)
A^3:	imponuntur prelato	simul
M^2:	imponuntur	simul
S^3:	imponuntur	simul

Absatz Ay (Beispiel 6)

T^3:	*preesse* valeat	*scire* (*pr. m.* velle *scr., mg. m. rec.* quomodo posset *add.*)
A^3:	*preesse* velle quomodo posset	*scire*
M^2:	*preesse* valeat	*scire*
S^3:	*preesse* valeat	*scire*

Dem Andechser P. Placidus Stangl diente das Tegernseer Exemplar als Vorlage. Die Korrekturen und Ergänzungen, die er dort vorfand, übernahm er gänzlich in seine Abschrift des Kastler Regelkommentars.

Sodann zeigt sich, dass T^3, M^2 und S^3 in einer speziellen Abhängigkeit zueinander stehen müssen. Es steht nun die Frage im Raum, ob das Tegernseer Exemplar eine Abschrift des Mondseer oder des Salzburger Manuskriptes sein könnte. Folgende Beispiele legen diese Vermutung nahe:

Absatz B (Beispiel 7)

T^3: quia hoc *quia non*

M^2: quia hoc tenetur. Est tamen hic *argumentum, quia non*

S^3: quia hoc tenetur. Est tamen hic *argumentum, quia non*

Absatz J (Beispiel 8)

T^3: *Matth. 25.* Secundo *Discite*

M^2: *Matth. 25.* Secundo plenus humilitate. *Matth.11: Discite*

S^3: *Matth. 25.* Secundo plenus humilitate. *Matth.11: Discite*

Absatz Aa (Beispiel 9)

T^3: *subscribo.*
Et sic

M^2: *subscribo. Ego frater talis decanus eleccioni et provisioni facte de domino tali in abbatem nostri monastery talis consencio et subscribo. Et sic*

S^3: *subscribo. Ego frater talis decanus eleccioni et provisioni facte de domino tali in abbatem nostri monastery talis consencio et subscribo. Et sic*

Die Tegernseer Handschrift zeigt ein großes Textdefizit. Dies legt die Vermutung nahe, dass T^3 eine Abschrift der Mondseer bzw. Salzburger Handschrift sein könnte. An eine Reihe längerer Auslassungen schließen sich weitere Beispiele in den Absätzen J, Aa, Ad, At, Bk, Bs, Bx, Cb und CC an. Nur ein Gegenbeispiel ist im Absatz Aa (Beispiel 10) zu lesen:

T^3: *In nomine patris et fily et spiritus sancti. Amen. Ego*

M^2: *In nomine patris et fily et . Ego*

S^3: *In nomine patris etcetera . Ego*

Obwohl hier der Text von T^3 länger ist, kann die Abkürzung dieser sehr gebräuchlichen Einleitungsformel ohne Probleme ergänzt werden. Dieses Beispiel beweist also nicht hinreichend, dass M^2/S^3 von T^3 abgeschrieben ist. Zu beachten sind in dieser Frage viele Einzelaspekte. So sollen zunächst einige kleinere Abweichungen zwischen T^3 und M^2/S^3 untersucht werden. Dann ist zu überlegen, woher die Korrekturen stammen, die der Tegernseer Korrektor am Rand des Textes vorgenommen hat. Auch ist die Herkunft der größeren Verbesserungen in M^2 zu erschließen, die sich zwar in S^3, aber nicht in T^3 finden. Hinweise, ob T^3 von M^2/S^3 abgeschrieben wurde, können sich auch aus der Zusammenschau des Gesamtinhalts der Codices ergeben. Hinsichtlich der kleinen Abweichungen seien fünf Beispiele angeführt.

Absatz F (Beispiel 11)

T^3: Sed heu iam extra fit, nam ut dicit prefatus *Petrus*

M^2: Sed heu iam contra fit, nam ut dicit prefatus *Petrus*

S^3: Sed heu iam contra fit, nam ut dicit prefatus *Petrus*

Absatz N (Beispiel 12)
T^3: heretice errant quam
M^2: heretice errat quam
S^3: heretice errant quam (*m.rec. exp.* ant)

Absatz U (Beispiel 13)
T^3: *unus de compromissarys vice*
M^2: *unus de commissarys vice*
S^3: *unus de compromissarys vice*

Absatz Ap (Beispiel 14)
T^3: temporalibus spiritualia non negligat
M^2: temporalibus temporalia non negligat
S^3: temporalibus temporalia non negligat

Absatz Br (Beispiel 15)
T^3: desinunt male agere
M^2: desinunt prave agere
S^3: desinunt prave agere

Aus diesen kleineren Abweichungen ist nicht eindeutig zu folgern, dass T^3 eine Kopie von M^2/S^3 ist. Als Nächstes ist die Frage zu beantworten, nach welchem Quellentext die Korrekturen in der Tegernseer Ausgabe vorgenommen wurden, nachdem sich diese weder in M^2 noch in S^3 finden; sechs Beispiele seien in diesem Zusammenhang angeführt:

Absatz M (Beispiel 16)
T^3: pravum. Nam simile (*m. rec.* et *exp. et* nam *s. s.*)
M^2: pravum. Et simile
S^3: pravum. Et simile

Absatz P (Beispiel 17)
T^3: spiritum saciare non potest (*pr. m. scr.* sanare, *m. rec. exp. et mg.* satiare *scr.*)
M^2: spiritum sanare non potest
S^3: spiritum sanare non potest

Absatz X (Beispiel 18)
T^3: *Qui ultro, inquit,* (*a. corr.* ultra *m .rec. exp.* a *et corr. ad* ultro)
M^2: *Qui ultra, inquit,*
S^3: *Qui ultra, inquit,*

Absatz Aa (Beispiel 19)
T³: *quem extitit compromissus* (*a. corr.* exstitit, *m. rec. ad* extitit *corr.*)
M²: *quem extitit compromissus*
S³: *quem extitit compromissus* (*pr. m.* exstitit, *m. rec. exp. et mg.* extitit *scr.*)

Absatz Bk (Beispiel 20)
T³: ardencius ac fervencius delectamur (*pr. m.* fluencibus *scr.*, *mg. m. rec.* fervencius *scr.*)
M²: ardencius ac fluencibus delectamur
S³: ardencius ac fluencibus delectamur

Absatz Dl (Beispiel 21)
T³: est remunerator omnium (*pr. m.* remuneratur, *m. rec.* remunerator *s. scribens corr.*)
M²: est remuneratur omnium
S³: est remuneratur omnium

Deutlich wird, dass der Text von T³ denen von M² und S³ entspricht. Die drei Texte wurden demzufolge von einem gemeinsamen Exemplar (γ) abgeschrieben. Den Korrekturen in T³ lag ein Text (β) zugrunde, der den Schreibern von M² und S³ nicht zur Verfügung stand. Die Veränderungen wurden nach einer Vorlage vorgenommen, die von guter Qualität war.

In Bezug auf die größeren Verbesserungen in M², die sich nicht in T³ finden, lassen sich zwei bemerkenswerte Beispiele anführen. Im Absatz Bk (Beispiel 22) ist folgende Auslassung festzustellen:
T³: conservacionem individui
M²: consumacionem nostram, ut deleccabilia gustus ordinantur ad consumacionem individui
(*mg. m. rec.* nostram, ut deleccabilia gustus ordinantur ad consumacionem *add.*)
S³: consumacionem nostram, ut deleccabilia gustus ordinantur ad consumacionem individui

Im Absatz Bs (Beispiel 23) ist in den drei Handschriften zu lesen:
T³: *nisi peccatorem.*
M²: *nisi eum persecutus fueris peccatorem.* (*mg. m. rec. „eum persecutus fueris“ add.*)
S³: *nisi eum persecutus fueris peccatorem*

Zweierlei wird ersichtlich: Bei T³ handelt es sich um einen Text, der der Fassung von M² entspricht. Mit Hilfe eines unbekannten Exemplars δ wurde die Vorlage γ auf seine Vollständigkeit kontrolliert und ergänzt, woraus γ+ entstand, das die Vorlage für M² bildete. Das Exemplar δ war dem Kopisten von T³ unbekannt.

Die beiden Beispiele (22 und 23) erinnern an das Verhältnis von T^3/A^3. Deshalb muss nun geprüft werden, ob M^2 die Vorlage für S^3 sein könnte. Um dies feststellen zu können, ist es notwendig, die Abweichungen der beiden Handschriften genau zu untersuchen. Für die Verdeutlichung eines späteren Vergleichs wird noch der Text von T^3 angegeben. Im Absatz J finden sich dazu folgende Beispiele:

(Beispiel 24)

T^3:	*indigere doctrinam,*	*1 q. 7*
M^2:	*indigere doctrinam,*	*1 q. 7*
S^3:	*indigere doctrina,*	*1 q. 7*

(Beispiel 25)

T^3:	*testamenti*	*et*	*auctorem*
M^2:	*testamenti*	*et*	*auctorem*
S^3:	*testamenti*	a	*auctorem*

(Beispiel 26)

T^3:	*Ps. 104:*	*Beati*
M^2:	*Ps. 104:*	*Beati*
S^3:	Ps.	Beati

(Beispiel 27)

T^3:	*Augustinus*	in	De *civitate dei*
M^2:	*Augustinus*	in	De *civitate dei*
S^3:	*Augustinus*		De *civitate dei*

(Beispiel 28)

T^3:	esset		minus diligens	negligens
M^2:	esset	unus	minus providens	negligens
S^3:	esset		minus diligens	negligens

(Beispiel 29)

T^3:	*qui tenent*	*loca sanctorum,*	faciant	*opera*
M^2:	*qui tenent*	*loca sanctorum,*	faciant	*opera*
S^3:	*qui* tenet	*loca sanctorum,*	faciat	*opera*

(Beispiel 30)

T^3:	*Isai. 42:*	*Laqueus*
M^2:	*Isai. 42:*	*Laqueus*
S^3:	*Isai.*	*Laqueus*

In Anbetracht der Abweichungen ist S^3 keine Kopie der Handschrift M^2. Obwohl sich beide Texte sehr nahe stehen, lassen sich Unterschiede leicht dadurch erklären, dass die Schreiber von M^2 und S^3 die Vorlage γ+ verwendet haben.

Stellt man die Inhalte der Codices T^3, M^2 und S^3 einander gegenüber, ergibt sich folgendes Bild:

T^3

fol. 1^r: Bemerkung mit dem Incipit: „De Questionibus adrianj“
fol. 1^v: Besitzvermerk
fol. 2^r–11^v: *Tabula alphabetica* (Index)
fol. 12^r–14^v: *Regula S. Benedicti*, Cap. 58–73
fol. 15^r–202^r: *Exposicio in regulam s. Benedicti* (Fortsetzung des Regelkommentars von clm 18153)

M^2

fol. 1^r–226^v: Johannes von Kastl: *Glossa in regulam s. Benedicti*
fol. 228^r(a)–236^v(a): Hildegard von Bingen: *Explicacio regule s. Benedicti*
fol. 236^v(b)–240^r(b): Aurelius Augustinus: *Regula pro vita canonica*
fol. 240^v(a)–272^v(b): Hugo von St. Victor: *Glossa super Augustini regulam*
fol. 273^r(a)–303^r(b): *Tractatus de paupertate intitulatus Pauper monachus*; Incipit: „Si vis perfectus esse“
fol. 303^v(a)–305^r(b): *Epistola doctoris Parisiensis contra proprietatem*; Incipit: „Christus ihesus dei eterni“
fol. 305^v(a)–321^r(b): Heinrich von Langenstein: *Sermo de vita communi ac religiosa in claustris servanda*; Incipit: „Ecce nos reliquimus“
fol. 321^r(b)–338^r(a): Ps.-Bernhard von Clairvaux: *Tractatus de passione Jesu Christi*
fol. 338^r(b)–340^r(b): Birgitta von Schweden: *Preces de passione Domini*

S^3

fol. 1: Vorsatzblatt
fol. 2^r–99^r: *Exposicio in regulam s. Benedicti* (Fortsetzung von b XII, 24)
fol. 99^v: Überschriften der Regelkapitel 58–73
fol. 100^r–105^v: *Tabula alphabetica* (Index)
fol. 106: Nachsatzblatt

fol. 342r–356v: *Tabula alphabetica* (Index zu *Exposicio in regulam s. Benedicti*)
fol. 357r–357v: Überschriften der Regelkapitel 58–73; unter jeder Überschrift steht ein metrischer Vers aus den *Capitula de generibus monachorum metrice*

Über den Umfang der Codices lässt sich sagen, dass clv 3702 eine Sammelhandschrift ist. Die einzelnen Traktate wurden von einer Hand geschrieben. Der Faszikel, der die Vorlage $\gamma+$ enthielt, und die restlichen Teile mit den übrigen Traktaten wurden nach der Abschrift von S^3 zu einem Sammelband zusammengebunden, der die Vorlage für M^2 bildete. Dieses Werk ist heute nicht mehr aufzufinden. Für eine Sammelhandschrift, die aus mehreren Faszikeln bestand, sprechen die Traktate, die in clv 3702 enthalten sind. Die verschiedenen Traktate haben zwar die spätmittelalterliche Ordensreform als gemeinsamen Hintergrund, weisen aber inhaltlich in verschiedene Richtungen. So beziehen sie sich zum einen auf die Interpretation der Benedikts- und der Augustinusregel und zum anderen auf die Reform der Vita communis. Zudem wird die Passionsfrömmigkeit in zwei Abhandlungen berücksichtigt. Die *Capitula de generibus monachorum metrice* stehen häufig in Verbindung mit der *Exposicio in regulam s. Benedicti* bzw. *Glossa in regulam s. Benedicti*. Diese Reimverse finden sich auch in den dreibändigen Handschriften clm 18152 (Benediktinerabtei Tegernsee), clm 14105 (Benediktinerabtei St. Emmeram/Regensburg) und clm 6963 (Zisterzienserabtei Fürstenfeld).

Damit lässt sich folgendes Ergebnis für die α-Gruppe festhalten: Bei A^3 handelt es sich um eine Kopie des Tegernseer Codex. T^3, M^2 und S^3 wurden von einer gemeinsamen Vorlage γ abgeschrieben; dafür spricht die Zugehörigkeit zu einem dreibändigen Gesamtwerk der *Exposicio*. Die parallelen Textausfälle in T^3 und M^2, die fehlenden Korrekturen von M^2 in T^3 bzw. von T^3 in M^2 und die vielen kleinen Abweichungen im Text der beiden Handschriften deuten daraufhin, dass M^2 und S^3 von $\gamma+$ abgeschrieben wurde, die als korrigierte Fassung der Vorlage γ nach der Abschrift von T^3 entstand. Die Textabweichungen T^3 und S^3, die sich nicht in M^2 finden (Beispiele 12, 13 und 28), bilden wohl eine Ausnahme, sprechen aber für die gemeinsame Vorlage γ. Bemerkenswert für die Handschriftengruppe α ist auch der Umgang mit dem Lokalkolorit, das sich signifikant von H^2 abhebt. Dies geht aus den betreffenden Absätzen der „Eleccionis canonice forma" (Absätze 64 R – AC) hervor. Folgende Stellen sind einschlägig:

Absatz 64 R

T^3: *Dilecto in Christo fratri tali, monacho* Castellensis, *talis prior*
M^2: *Dilecto in Christo fratri tali, monacho* Castellensis, *talis prior*
S^3: *Dilecto in Christo fratri tali, monacho* Castellensis, *talis prior*
H^2: *Dilecto in Christo fratri tali, monacho* monasterij N., *talis prior*

Absatz 64 R

T^3: *quod die tali talis mensis dominus* N., *quondam abbas* Castellensis, *sicut domino placuit*
M^2: *quod die tali talis mensis dominus* N., *quondam abbas* Castellensis, *sicut domino placuit*
S^3: *quod die tali talis mensis dominus* N., *quondam abbas* Castellensis, *sicut domino placuit*
H^2: *quod die tali talis mensis dominus* N., *quondam abbas* N., *sicut domino placuit*

Absatz 64 R

T^3: *Ne igitur nostrum* Castellensis *monasterium per diuturnam vacacionem gravem paciatur*
M^2: *Ne igitur nostrum* Castellensis *monasterium per diuturnam vacacionem gravem paciatur*
S^3: *Ne igitur nostrum* Castellensis *monasterium per diuturnam vacacionem gravem paciatur*
H^2: *Ne igitur nostrum* *monasterium per diuturnam vacacionem gravem paciatur*

Absatz 64 Z

T^3: *Vacante monasterio* Castellensis *per obitum bone memorie N. eiusdem monastery abbatis*
M^2: *Vacante monasterio* Castellensis *per obitum bone memorie N. eiusdem monastery abbatis*
S^3: *Vacante monasterio* Castellensis *per obitum bone memorie N. eiusdem monastery abbatis*
H^2: *Vacante monasterio* N. *per obitum bone memorie N. eiusdem monastery abbatis*

Absatz 64 Z

T^3: *Ego frater talis dominum talem in pastorem et abbatem* Castellensis *monastery eligo*
M^2: *Ego frater talis dominum talem in pastorem et abbatem* Castellensis *monastery eligo*
S^3: *Ego frater talis dominum talem in pastorem et abbatem* Castellensis *monastery eligo*
H^2: *Ego frater talis dominum talem in pastorem et abbatem* *monastery N. eligo*

Absatz 64 Z

T^3:	*in abbatem nostri monastery* Castellensis,	*consencio*
M^2:	*in abbatem nostri monastery* Castellensis,	*consencio*
S^3:	*in abbatem nostri monastery* Castellensis,	*consencio*
H^2:	*in abbatem nostri monastery* N.,	*consencio*

In T^3, M^2 und S^3 ist das ursprüngliche Lokalkolorit erhalten geblieben. Die Angabe des Ortes bestätigt das Ergebnis, dass die Handschriften T^3, M^2 und S^3 eine Gruppe bilden, deren Schreiber sich genau an die gemeinsame Vorlage γ bzw. γ+ gehalten haben. Im Gegensatz dazu hebt sich der Heilsbronner Codex (H^2) ab, dessen Schreiber die Ortsangabe Kastl getilgt hat.

Den Schreibern der Handschrift H^2 (zweibändiger Volltext) und M^6 (dreibändiges Exzerpt mit gleicher Kapitelaufteilung wie bei den dreibändigen Ausgaben mit Volltext) kann nur ein dreibändiger Volltext als Vorlage gedient haben. Sodann scheidet aufgrund der Datierung H^2 als Kopie von A^3 aus. Da M^8 ein zweibändiges Exzerpt ist, kann sie von jeder Handschrift abgeschrieben worden sein. Anhand ausgewählter Beispiele sollen die Abhängigkeitsverhältnisse festgestellt werden:

Absatz J (Beispiel 8)

T^3:	*Matth. 25.*	*Discite*
A^3:	*Matth. 25.*	*Discite*
M^2:	*Matth. 25.* Secundo plenus humilitate. *Matth.11:*	*Discite*
S^3:	*Matth. 25.* Secundo plenus humilitate. *Matth.11:*	*Discite*
H^2:	*Matth. 25.* Secundo plenus humilitate. *Matth.11:*	*Discite*
M^6:	*Matth. 25.* Secundo plenus humilitate. *Matth.11:*	*Discite*
M^8:	[Text fehlt]	

Absatz Ad (Beispiel 31)

T^3:	operacione,	conversatus
A^3:	operacione,	conversatus
M^2:	operacione, natus sine matris corrupcione,	conversatus
S^3:	operacione, natus sine matris corrupcione,	conversatus
H^2:	operacione, natus sine matris corrupcione,	conversatus
M^6:	operacione, natus sine matris corrupcione,	conversatus
M^8:	operacione, natus sine matris corrupcione,	conversatus

Entsprechend den Beispielen können weder A^3 für M^6 und M^8 noch die undatierte Handschrift T^3 als Textvorlage für H^2, M^6 und M^8 in Frage kommen. Mit diesem Ergebnis lassen sich die zu untersuchenden Handschriften auf M^2, S^3, H^2, M^6 und M^8 eingrenzen.

Als Untersuchungsprinzip ist der Textumfang von Bedeutung. Ist das Abhängigkeitsverhältnis von M^2 und S^3 zu den Handschriften H^2, M^6 und M^8 zu bestimmen bzw. von M^2, S^3 und H^2 zu M^6 und M^8, so ist jeweils auf den Textumfang der Handschriften zu achten. Eine Textabhängigkeit ist nur anzunehmen, wenn M^2/S^3 bzw. M^2/S^3/H^2 einen größeren Textumfang aufweisen als die nachgenannten Manuskripte (H^2/M^6/M^8 bzw. M^6/M^8).

Absatz C (Beispiel 32)
M^2: *dignus sit, Eccles.*
S^3: *dignus sit, Eccles.*
H^2: *dignus Eccles.*
M^6: *dignus sit, Eccles.*
M^8: [kein Text]

Absatz J (Beispiel 33)
M^2: quem dominus *in pastorem*
S^3: quem dominus *in pastorem*
H^2: quem dominus *in pastorem*
M^6: quem deus *in pastorem*
M^8: [kein Text]

Absatz J (Beispiel 34)
M^2: *hic eminet, plus*
S^3: *hic eminet, plus*
H^2: *hic eminet, plus*
M^6: *hic* in*minet, plus*
M^8: [kein Text]

Absatz J (Beispiel 24)
M^2: *indigere doctrinam, 1 q. 7, Convenientibus. Malach.*
S^3: *indigere doctrina, 1 q. 7, Convenientibus. Malach.*
H^2: *indigere doctrina, 1 q. 7, Convenientibus. Malach.*
M^6: *indigere doctrina, 1 q. 7, Convenientibus. Malach.*
M^8: [kein Text]

Absatz J (Beispiel 35)
M^2: *et legem eius* etc.
S^3: *et legem eius* etc.
H^2: *et legem* etc.
M^6: *et legem requirunt ex ore eius* etc.
M^8: [kein Text]

Absatz J (Beispiel 25)
M^2: *testamenti et auctorem*
S^3: *testamenti* a *auctorem*
H^2: *testamenti et auctorem*
M^6: *testamenti et auctorem*
M^8: [kein Text]

Absatz J (Beispiel 27)
M^{2}: *Augustinus* in *De civitate dei*
S^{3}: *Augustinus* *De civitate dei*
H^{2}: *Augustinus* in *De civitate dei*
M^{6}: *Augustinus* *De civitate dei*
M^{8}: [kein Text]

Absatz J (Beispiel 36)
M^{2}: Iste est eligendus
S^{3}: Iste est eligendus
H^{2}: Iste est eligendus
M^{6}: Iste est eligendus
M^{8}: Eligendus est iste

Absatz J (Beispiel 37)
M^{2}: *qui* sciencior, *qui*
S^{3}: *qui* sciencior, *qui*
H^{2}: *qui* sciencior, *qui*
M^{6}: *qui sanccior,* *qui*
M^{8}: *qui sanccior,* *qui*

Absatz J (Beispiel 38)
M^{2}: Dignum enim est
S^{3}: Dignum enim est
H^{2}: Dignum enim est
M^{6}: Dignum est enim
M^{8}: Dignum est enim
Absatz Q (Beispiel 39)
M^{2}: *pax* etc.
S^{3}: *pax* etc.
H^{2}: *pax hominibus* etc.
M^{6}: *pax hominibus* etc.
M^{8}: [kein Text]

Absatz As (Beispiel 40)
M^{2}: *Nam gubernator ville villicus* *appellatur*
S^{3}: *Nam gubernator ville villicus* *appellatur*
H^{2}: *Nam gubernator ville villicus* dicitur vel *appellatur*
M^{6}: *Nam gubernator ville villicus* *appellatur*
M^{8}: *Nam gubernator ville villicus* *appellatur*

Absatz Bs (Beispiel 41)
M^{2}: *Ecclus. 12* *Ps.: Odisti*
S^{3}: *Ecclus. 12* *Ps.: Odisti*
H^{2}: *Ecclus. 12* et *Ps.: Odisti*

M^6:	*Ecclus. 12*	*Ps.: Odisti*
M^8:	[kein Text]	

Absatz Bs (Beispiel 23)

M^2:	*nisi eum persecutus fueris peccatorem*	(*mg. m. rec. „eum persecutus fueris“ add.*)
S^3:	*nisi eum persecutus fueris peccatorem*	
H^2:	*nisi eum persecutus fueris peccatorem*	
M^6:	*nisi peccatorem*	
M^8:	*nisi peccatorem*	

Absatz Bz (Beispiel 42)

M^2:	quod expedit rectissimus,	uteretur
S^3:	quod expedit rectissimus,	uteretur (*m. rec.* rectissimus *exp.*)
H^2:	quod expedit remissius,	uteretur
M^6:	quod expedit rectissimus,	uteretur
M^8:	quod expedit rectissimus,	uteretur

Absatz Co (Beispiel 43)

M^2:	de facili,	quis
S^3:	de facili, cum,	quis
H^2:	de facili, cum,	quis
M^6:	de facili, cum,	quis
M^8:	[kein Text]	

Absatz Dl (Beispiel 44)

M^2:	prelatus *maxime deo conformatur,*	magna
S^3:	prelatus *maxime deo conformatur,*	magna
H^2:	*maxime* prelatus *deo conformatur*	
	ergo ex quo deo maxime conformatur	magna
M^6:	prelatus *maxime deo conformatur,*	magna
M^8:	[Text fehlt]	

Absatz Dl (Beispiel 45)

M^2:	transgredi, si	transgrediuntur
S^3:	transgredi, si	transgrediuntur
H^2:	transgredi, si non	transgrediuntur
M^6:	transgredi, si	transgrediuntur
M^8:	[kein Text]	

Den Textbeispielen (39–41.43–45) nach kann H^2 nicht aus M^2 und S^3 hervorgegangen sein. Für H^2 muss deshalb eine eigene Vorlage angenommen werden.

M^6 steht als dreibändiges Exzerpt in einem besonderen Verhältnis zu den Handschriften M^2, S^3 und deren Vorlage γ. M^6 hat an zwei Stellen (Textbeispiele 35 und 39) mehr Text als die Handschriften M^2/S^3. An diesen Stellen wird zweimal die Bibel zitiert (Malach 2,7 (Beispiel 35) und Luc 2,14 (Beispiel 39)). Dass die Texte in M^6 weder denen in M^2 noch in S^3 gleichen, ist an vier Stellen zu erkennen, die sich im Absatz J finden. Es handelt sich hierbei um eine Wortumstellung (Beispiel 38), zwei Abschreibefehler (Beispiel 33 und 34) und eine Veränderung des Textes nach dem Quellentext (Beispiel 37). M^6 entspricht an drei Stellen (Beispiele 23, 26 und 43) dem Salzburger Exemplar, aber nicht dem Volltext aus Mondsee. Im Beispiel 23 wird aus dem Decretum Gratiani zitiert, das im gleichen Umfang in M^2 nachträglich am Rand ergänzt wurde. Im Beispiel 26 ist eine Zitatangabe zu lesen. Lediglich die Herkunft des „cum" im Beispiel 43 lässt sich von M^2 her nicht erklären. Nur an einer Stelle (Beispiel 25) hat M^6 mit M^2 ein gemeinsames Wort, das sich in S^3 anders findet und zudem dort in einer grammatikalisch falschen Konstruktion steht, da die Präposition „a" oder „ab" den Ablativ und nicht den Akkusativ nach sich zieht. Bei genauer Betrachtung der Abweichungen von M^6 gegenüber M^2/S^3 ist festzustellen, dass der Schreiber des dreibändigen Exzerptes aus der Abtei Mondsee eine genaue Kenntnis des Textes der *Exposicio in regulam s. Benedicti* hatte und in den kanonistischen Texten sehr bewandert war. Die Gemeinsamkeit von M^2/M^6 gegen S^3 im Beispiel 25, die Auslassung im Beispiel 23, die sowohl von M^2 als auch von deren Vorlage x herrühren mögen, und das schon erwähnte „cum" im Beispiel 43, das aus S^3 oder der Vorlage x stammen könnte, lassen in jedem Fall eine Zuordnung von M^6 zu M^2/S^3 und dessen Vorlage γ zu. Betrachtet man die Herkunft der beiden Handschriften M^2 und M^6, die spezielle nachträgliche Ergänzung im Beispiel 23 und die Gemeinsamkeit im Beispiel 25, und stellt sie S^3 gegenüber, so ist man geneigt zu vermuten, dass M^6 eher ein Exzerpt aus M^2 als aus S^3 ist.

Hinsichtlich der Klärung, aus welcher Handschrift das Exzerpt M^8 gebildet wurde, sind die Beispiele 23, 31, 36–38, 40 und 42 einschlägig. Dagegen, dass M^8 von H^2 abgeschrieben wurde, sprechen in erster Linie die Beispiele 36–38 und 42, dann aber auch die Kapitelaufteilung, die sich von den Heilsbronner Handschriften unterscheidet. Während die Beispiele 23, 31, 40 und 42 M^2, S^3 und M^6 noch als Vorlage für M^8 zulassen, deuten die Beispiele 37 und 38 daraufhin, dass M^8 ein Exzerpt von M^6 ist. Die Wortumstellung im Beispiel 36 beeinträchtigt zwar nicht den Sinn, bleibt aber für M^8 singulär.

2.6 Berührungspunkte der Klöster mit textrelevanten Handschriften zur Abtei Kastl im 15. Jahrhundert

Der Kommentar zum 64. Kapitel der *Regula s. Benedicti* aus der *Exposicio in regulam s. Benedicti* findet sich in Handschriften der Klöster Tegernsee, Andechs, Mondsee, Salzburg St. Peter und Heilsbronn. Diese Abteien gehörten aber nicht zur Kastler, sondern zur Melker Reformbewegung bzw. zum Zisterzienserorden. Die *Exposicio* ist demnach ein Werk, an dem über die einzelnen Reformbewegungen und Orden hinweg Interesse bestand. Es ist der Frage nachzugehen, auf welchem Weg die *Exposicio* in diese Klöster kam bzw. welche Abteien in nahem Kontakt zum Kloster Kastl standen. Diese historischen Bezugspunkte bilden den Hintergrund, vor dem weitere Erkenntnisse über das Alter und die Verwandtschaft der textrelevanten Handschriften zu erlangen sind.

2.6.1 Tegernsee

Im ersten Viertel des 15. Jahrhunderts herrschten im Kloster Tegernsee große Missstände. Aus diesem Grund ordnete der Freisinger Bischof Nikodemus della Scala eine Visitation an, die im Sommer 1426 durchgeführt wurde. Der Bischof und Herzog Wilhelm III. von Bayern beauftragten dafür den Freisinger Generalvikar Johannes Grünwalder, den Dekan des Augustinerchorherrnstiftes Indersdorf Johannes Rothuet, den Melker Konventualen Petrus von Rosenheim[205] und den Ochsenhausener Professen Johannes, der als Gast in Melk weilte und im gleichen Jahr seine Stabilität dorthin übertragen ließ.[206] Die Visitatoren fanden die Abtei in geistlichen wie in zeitlichen Dingen in einem äußerst verwahrlosten Zustand vor. Es waren wohl mehrere Gründe, die sie bewogen, eine Reform an Haupt und Gliedern anzustreben.[207] Am 6. Dezember des gleichen Jahres erfolgte die Nachvisitation und am 7. Januar des darauf folgenden Jahres wurde die Visitationscharta ausgestellt.[208] Wenige Tage nach der Nachvisitation wandten sich Johannes Grünwalder und Petrus von Rosenheim schriftlich an den Tegernseer Abt Kaspar Ayndorffer, um ihn in seinen Reformbemühungen zu ermutigen; dieser Brief wurde am 12.Dezember 1426 in Freising geschrieben.[209] Für Petrus von Rosenheim und Johannes Grünwalder lässt sich somit ein kleines Itinerar erstellen, das ihre Visitationstätigkeit Anfang Dezember 1426 dokumentiert: Am 6. Dezember weilten sie in Tegernsee zur Nachvisitation. Vier Tage darauf (10. Dezember) hielten sie sich in der Benediktinerabtei Weihenstephan auf, in der sie Johannes von Kastl begegneten. Kurz darauf (12. Dezember) sind sie bereits in Freising. Aufgrund dieses Itinerars kam die *Exposicio in regulam s. Benedicti* nicht in Verbindung mit den Visitatoren, z. B. mit Petrus von Rosenheim, in das Kloster, sondern gelangte vermutlich erst nach Ende des Jahres 1426 dorthin.

Der frühe Kontakt der Abtei Tegernsee zu Johannes von Kastl war, wenn er über Petrus von Rosenheim stattfand, indirekt. Zu direkten Kontakten zu Kastl

---

205 Vgl. ANGERER, J.: Die Bräuche, S. 26; vgl. Ders.: Reform von Melk, S. 290; vgl. FAUST, U.: Die Prälatenorden, S. 545.

206 Vgl. BRUCK, M.: Professbuch, S. 118.

207 „Invenimus praefatum monasterium in spiritualibus et temporalibus heu nimis collapsum ac reformationis ministerio tam in capite quam in membris multipliciter indigere.“ clm 18552b, fol. 12^{v} (zitiert nach ANGERER, J.: Die Bräuche, S. 23).

208 Vgl. ANGERER, J.: Die Bräuche, S. 24 f.

209 Vgl. THOMA, Fr.: Die Briefe, S. 7 f.

bzw. zur Kastler Reformbewegung kam es beim Übertritt des Reichenbacher Bruders Johann Kistler. Dieser ging 1450 nach Tegernsee, um dort ein Chorgestühl zu schnitzen. Nach langem hin und her durfte der Reichenbacher Bruder am 4. Juli 1452 seine Stabilität nach Tegernsee übertragen; Bruder Johann Kistler starb drei Jahre später. Nach seinem Tod fand zwischen Abt Kaspar Ayndorffer und dem Reichenbacher Abt Johannes von Falkenstein ein Briefwechsel statt. Die beiden Klöster gingen im gleichen Jahr eine Gebetsverbrüderung ein. Später kam es zu einem Besuch des Reichenbacher Mönches Nikolaus in Tegernsee.[210] In diesem Zusammenhang wurde auch ein Buch ausgeliehen. Nikolaus von Reichenbach brachte das Buch *De concordancia theologicae et astronomicae veritatis* des Bischofs Petrus von Alliaco mit[211], das vermutlich in Tegernsee kopiert wurde, da es im dortigen Bibliothekskatalog verzeichnet ist.[212] Wichtig ist diese Bemerkung aus dem Grund, weil sich zu diesem Zeitpunkt in Reichenbach bereits ein Exemplar der *Exposicio in regulam s. Benedicti* befand, das heute als verschollen gilt.[213]

Für die Verbreitung der *Exposicio in regulam s. Benedicti* in anderen Klöstern ist auch der Tegernseer Mönch P. Christian Tesenpacher von Interesse. Der gebürtige Salzburger studierte in Wien, 1453 ist er in Traismauer zu finden und 1454 in Salzburg. Bis 1456 hielt er sich in Frankenmarkt auf und war Ende 1456 in Attergau am Attersee. Von 1457 bis 1462 arbeitete er als Hilfsgeistlicher in Oberwang, einer Filialkirche der Abtei Mondsee, die er excurrendo von Mondsee aus betreute; dort stand er in Kontakt mit dem ehemaligen Wiener Professor P. Hieronymus de Werdea. Christian Tesenpacher trat im Jahr 1462 in die Abtei Tegernsee ein.[214] Wie schon erwähnt, nahm er in den Jahren zwischen 1476 und 1481 Verbindung zum Prior der Benediktinerabtei Weihenstephan auf. 1483 wurde er zum Abt von Oberaltaich postuliert. In dieser Funktion kam er bei der Reform der Klöster Weltenburg, Metten und Prüfening nochmals in Kontakt mit der Kastler Reformbewegung, die dort von Reichenbacher Mönchen eingeführt wurde.[215]

2.6.2 Andechs

Die Benediktinerabtei Andechs entstand auf Wunsch Herzog Albrechts III. von Bayern, der das seit 1438 bestehende Säkularkanonikerstift in ein reguliertes Augustinerchorherrenstift umwandeln wollte.[216] Der Herzog war wegen dieser Angelegenheit bereits mit dem Indersdorfer Propst Johannes Rothuet im Gespräch, der den Blick des Herzogs auf die benediktinische Tradtion des Ortes

[210] Vgl. REDLICH, V.: Tegernsee, S. 142 f.
[211] Vgl. ebd., S. 144.
[212] Vgl. GLAUCHE, G.: Bistum Freising, S. 828.
[213] Vgl. INEINCHEN-EDER, C.: Bistümer Passau und Regensburg, S. 487; vgl. MAIER, P.: Ursprung, S. 137.
[214] Vgl. REDLICH, V.: Tegernsee, S. 55 f.
[215] Vgl. ebd., S. 64 f.; vgl. MAIER. P.: Ursprung, S. 140–142.166–168.
[216] Vgl. HLAWITSCHKA-ROTH, E.: Herzog Albrecht III., S. 108.

lenkte. Schon am Ende des 14. Jahrhunderts überlegte man, auf dem heiligen Berg ein Benediktinerkloster zu gründen.[217] Herzog Albrecht III. griff 1446 dieses alte Vorhaben auf und setzte es am 17. März 1455 in die Tat um. Die ersten drei Andechser Äbte und der Gründungskonvent kamen aus Tegernsee.[218] Der Schreiber der *Exposicio in regulam s. Benedicti* war Placidus Stangl aus Landsberg, der 1479 in das Kloster eintrat. Er gilt als besonders fleißiger Schreiber, sind doch seiner Hand 16 Codices zuzuweisen.[219] Wie bereits festgestellt wurde, lag dem Andechser Schreiber das Tegernseer Exemplar zur Abschrift vor. Eine andere Form der Beziehungen zu Klöstern der Kastler Reformbewegung waren die Gebetsverbrüderungen, die Sattler in seiner Chronik auflistet[220] und die später durch Kraft ergänzt wurden[221]. Während des 15. Jahrhunderts wechselten einige Klöster von der Kastler zur Melker Reform oder traten in die Bursfelder Kongregation ein.[222] Daher lässt es sich nicht immer sicher feststellen, ob die aufgelisteten Klöster zum Zeitpunkt des Abschlusses der Gebetsverbrüderung mit Andechs noch nach den *Consuetudines castellenses* lebten. Folgende Abteien gehörten zur Kastler Observanz und traten im angegebenen Jahr in eine Gebetsverbrüderung mit Andechs ein: Donauwörth/Hl. Kreuz (1470), St. Emmeram, Prüfening (1488) und Reichenbach; die Zugehörigkeit zur Kastler Reform ist zum Abschluss der Gebetsverbrüderung mit Andechs, also 1461, für folgende Klöster nicht gesichert: Metten, Michelfeld, Ottobeuren (1497), Weihenstephan (1461), Weissenohe und Weltenburg.

2.6.3 Salzburg St. Peter

Für die erste Hälfte des 15. Jahrhunderts ist der innere Zustand der Benediktinerabtei St. Peter in Salzburg folgendermaßen zu beschreiben: Unter Abt Otto II. Chalhochsperger (1375–1414) kam es zur Aufteilung des Vermögens zwischen Abt und Konvent. Gleichzeitig wurden in dieser Zeit bemerkenswerte Investitionen in die Kirche getätigt und der Kirchenschatz gemehrt. Ferner wurden nur Männer aus dem niederen Adel bzw. aus dem Stadtpatriziat Salzburgs ins Kloster aufgenommen.[223] Im Zuge des Konstanzer Konzils und der

---

[217] Vgl. SATTLER, M.: Chronik, S. 132; vgl. HLAWITSCHKA, E.: Die geschichtlichen Einträge, S. 76.

[218] Vgl. HLAWITSCHKA-ROTH, E.: Herzog Albrecht III., S. 108–111.

[219] „Vor allem aber der unermüdliche Plazidus Stengel aus Landsberg 1479-91 (clm 3014-3016, 3020, 3022, 3025-27, 3035, 3045, 3071, 3094, 3103, 3122, 27139 fol. 1-57, 62-106, clm 27319, dazu eine verschollene Handschrift: Thomas von Aquin, Prima pars summae 1484, erwähnt in Cbm. Cat. 1 fol. 124^{v})." RUF, P.: Mittelalterliche Bibliothekskataloge. Band 3,1: Das Bistum Augsburg, S. 3.

[220] Vgl. SATTLER, M.: Chronik, S. 524 f.

[221] Vgl. KRAFT, B.: Andechser Studien, S. 102 f.

[222] Vgl. MAIER, P.: Ursprung, S. 204.

[223] Vgl. HERMANN, F.: Aus der Geschichte des Klosters - Krisen und ihre Bewältigung, S. 83.

Petershausener Provinzialsynode wurde 1418 in Salzburg eine Metropolitansynode abgehalten. Dabei fasste man den Beschluss, die Benediktiner- und Augustinerchorherrenklöster zu visitieren. Aufgrund der Spannungen zwischen den Passauer und Salzburger Bischöfen und deren ablehnender Haltung gegenüber Herzog Albrecht V. von Österreich konnte dieses Vorhaben nicht ausgeführt werden. Erst im Jahr 1431 erfolgte auf Einladung des Salzburger Erzbischofs Johann II. von Reisberg die Visitation des Klosters St. Peter durch den Melker Abt Leonhard von Straubing und seinen Prior Petrus von Rosenheim.[224] Die Visitatoren begannen ihre Arbeit im Frühjahr 1431 und blieben bis zum 28. Juni des gleichen Jahres. Dabei konnten sie die oben genannten Missstände abschaffen.[225] Von welcher Bedeutung die Armutsfrage in St. Peter war, lässt sich im *Sermo de statu vitae monasticae sui temporis* des Petrus von Rosenheim erkennen, den er am Abschluss der Visitation hielt. In seiner Predigt geht er auf die drei Mönchsgelübde ein: oboedientia, paupertas und castitas. Das Gelübde der Armut steht in engem Zusammenhang mit der Keuschheit und ist damit für die gesamte Reform von großer Bedeutung. Bedingt durch den Eigenbesitz können die Mönche an Gastmählern innerhalb und außerhalb des Klosters teilnehmen, wodurch die klösterliche Disziplin gebrochen wird. Das ausschweifende Leben gefährdet das Gelübde der Keuschheit.[226] Da die speziell für St. Peter zu erwartenden Traktate über die Armut in b XII, 23–25 fehlen, wird die *Exposicio* des Johannes von Kastl nicht im Zusammenhang mit der Visitation, sondern erst nach 1431 in das Kloster gelangt sein.

2.6.4 Heilsbronn

Die *Exposicio in regulam s. Benedicti* wurde ursprünglich als dreibändiges Werk konzipiert. Wie die zweibändige Ausgabe des Regelkommentars in der Zisterzienserabtei Heilsbronn entstand, wirft deshalb schwierige Fragen auf, weil sich ein ähnliches zweibändiges Werk auch in der Abtei St. Egidien in Nürnberg[227] und in der weit entfernten Benediktinerabtei Mondsee[228] befan-

---

224 Vgl. ANGERER, J.: Reform von Melk, S. 290; vgl. FAUST, U.: Die Prälatenorden, S. 545.

225 Vgl. KOLLER, G.: Princeps in ecclesia, S. 100.105; vgl. HERMANN, F. : Aus der Geschichte des Klosters – Krisen und ihre Bewältigung, S. 83.

226 „Proprietas enim ministrat instrumenta faciendi convivia intus & extra Monasterium, & nonnunquam incurritur ebrietas & satietas, solvitur jejunium, frangitur silentium, & tota dissolvitur claustralis disciplina: quin ludi sequuntur, & post ludos contentiones fratrum, blasphemiae, percussiones, maledicta, perjuria, furta & huiusmodi. Ministrat enim proprietas materiam, unde quis remunerari possit & ad se allicere personas, quas vult, in periculum castitas.“ PETRUS VON ROSENHEIM: Sermo, S. 88 f.

227 Vgl. RUF, P.: Mittelalterliche Bibliothekskataloge. Band 3,3: Bistum Bamberg, S. 476 (Zeilen 2–5).

228 clv 3624 und 3625.

den. Laut Besitzangaben gehörten die beiden Handschriften dem Heilsbronner Abt Ulrich Kötzler. Die Abschrift der *Exposicio* besorgten der polnische Professe Johannes aus dem Kloster Lindau und Bruder Herrmann von Kottenheim[229], der vormals Abt von Ebrach war, 1437 auf seine Abtei resignierte, anschließend in Nürnberg wohnte und später nach Heilsbronn übersiedelte.[230] Abt Ulrich Kötzler unterhielt Kontakte zur Benediktinerabtei St. Egidien in Nürnberg. Das Konzil von Basel beauftragte die Bischöfe von Eichstätt, von Würzburg und den Abt von St. Egidien in Nürnberg damit, die Mönche von Heilsbronn vor Übergriffen zu schützen.[231] Die Zisterzienserabtei Heilsbronn stand also in einem besonderen Verhältnis zu dem Nürnberger Benediktinerkloster, das damals ein Zentrum der Kastler Reform war. Der spätmittelalterliche Bibliothekskatalog aus St. Egidien weist ein zweibändiges Exemplar der *Exposicio in regulam s. Benedicti* aus: „Exposicio Johannis Castellensis super regulam s. Benedicti, E 38, E 39“[232] bzw. „Johannes Castellensis super regulam s. Benedicti, E 38, E 39“[233]. Da aber dieser Bibliothekskatalog keine zeitliche Fixierung dieser beiden Handschriften zulässt, kann das Abhängigkeitsverhältnis des Heilsbronner und des Nürnberger Exemplars nicht ermittelt werden.

Neben diesem Erklärungsmuster ergibt sich aus dem historischen Umfeld der Zisterze Heilsbronn eine weitere Lösungsmöglichkeit, bei der das Exemplar von Mondsee einbezogen werden kann. Das Mutterkloster von Heilsbronn und dem österreichischen Stift Rein war die Zisterzienserabtei Ebrach.[234] Diese unterhielt schon sehr früh Kontakte zur Universität Wien. Von großer Bedeutung ist neben Konrad von Ebrach vor allem Bartholomäus Frowein, der unmittelbare Amtsvorgänger von Abt Herrmann III. von Kottenheim. Bartholomäus Frowein war mit Unterbrechungen zwischen 1402 und 1424 in Wien Baccalarius formatus, Doctor theologiae und Dekan der theologischen Fakultät. Während seiner Wirkungszeit in Wien fasst das Generalkapitel von Cîteaux folgenden Entschluss: Die Äbte der Klöster in Österreich, Bayern, Schwaben, Franken, Steiermark, Kärnten, Krain, Mähren, Polen und Ungarn haben ihre Studenten zum Ordensstudium nach Wien zu schikken.1414 reiste Bartholomäus Frowein vermutlich mit den Wiener Universitätsprofessoren Peter von Pulkau und Kaspar Maiselstein zum Konzil nach Konstanz.[235] Diese beiden Professoren bildeten zusammen mit ihren Kollegen Nikolaus von Dinkelsbühl, Pilgrim von Puchheim, dem späteren Abt der Wie-

---

229 Vgl. RUF, P.: Mittelalterliche Bibliothekskataloge. Band 3,2: Bistum Eichstätt, S. 204 (Zeilen 6–9).

230 Vgl. KASPAR, A.: Chronik, S. 86 f. 222.

231 Vgl. MUCK, G.: Geschichte von Kloster Heilsbronn, Band 1, S. 164.

232 RUF, P.: Mittelalterliche Bibliothekskataloge. Band 3,3: Bistum Bamberg, S. 525 (Zeile 20 f.).

233 Ebd., S. 533 (Zeile 34 f.).

234 Vgl. AMON, K.: Aus der Geschichte von Rein, S. 28.

235 Vgl. MACHILEK, F.: Frowein, Sp. 982 f.

ner Schottenabtei Nikolaus von Respitz, dem späteren Melker Professen Petrus von Rosenheim eine Visitatorengruppe, die von dem Kartäuserprior Leonhard von Gaming und dem Zisterzienserabt Angelus von Rein angeführt wurde.[236] Der Kartäuserprior wie der Zisterzienserabt hatten von Herzog Albrecht V. von Österreich den Auftrag erhalten, die Augustinerchorherrn- und Benediktinerklöster zu visitieren.[237] Erstes Ziel der Visitationsreise war das Kloster Melk, anschließend begaben sie sich in die Abtei Göttweig.[238]

Diese großen Zusammenhänge bieten keine definitive Lösung für die Frage, woher das zweibändige Exemplar des Regelkommentars in Heilsbronn stammt. Dennoch sind darin Anknüpfungspunkte enthalten, die eine Denkrichtung dafür angeben, warum in der Mondseer Ausgabe Texte erhalten sind, wie die Ordensregel des Augustinus, eine dazugehörige Glosse des Hugo von St. Victor, eine Predigt des Heinrich von Langenstein und ein *Tractatus de paupertate*. Am Ende dieser Abhandlung über die Armut steht der Satz „Explicit tractatus contra vicium proprietatis a quodam monacho ordinis sancti Bernhardi editus Wienne etc.", der sich in geringen Abwandlungen auch in einer Ebracher und in einer Augsburger Handschrift findet.

In clv 3702 geht dem pseudobernhardinischen Traktat *De passione domini nostri Jesu Christi* eine Predigt des Wiener Magisters Heinrich von Langenstein, die er an die Augustinerchorherren von Klosterneuburg richtet, voraus. Diese Texte, die in der Sammelhandschrift gleichsam zusammenhangslos nebeneinander stehen, treten nun auf dem Hintergrund des Visitationsauftrags der genannten Mönche und Universitätsprofessoren und dessen Durchführung in Beziehung zueinander. Die zweibändige Heilsbronner Handschrift könnte demzufolge ihren Ursprung in einem verschollenen österreichischen Exemplar haben, von dem in Mondsee Kopien und Exzerpte angefertigt wurden.

2.6.5 Mondsee

Die größte Anzahl von Exemplaren der *Exposicio in regulam s. Benedicti* finden sich in der Benediktinerabtei Mondsee. Von den acht Handschriften enthalten nur zwei einen Volltext; die anderen sechs sind als Exzerpte zu verstehen; zudem finden sich zwei- und dreiteilige Ausgaben. Die Mönche von Mondsee hatten demzufolge ein besonderes Interesse an der Regelauslegung des Johannes von Kastl. Im 15. Jahrhundert gliedert sich in Mondsee die Klosterreform in drei Abschnitte: Die erste Phase zeichnet sich durch die Teilnahme von Abt Johannes von Trenbeck am Konstanzer Konzil aus. Er war es, der 1416 ein prächtiges Urbar für sein Kloster anlegen ließ. Mit dieser Maßnahme rückte die Wirtschaftsführung mehr in das Bewusstsein und Abt Johann von Trenbeck gelang es, der kommenden Reform die Bahn zu ebnen.[239]

---

236 Vgl. KOLLER, G.: Princeps in ecclesia, S. 94.
237 Vgl. ebd., S. 89.
238 Vgl. ebd., S. 89 f.
239 Vgl. HEILINGSETZER, G.: Das Mondseeland, S. 20.

Am 13. August 1431 wurde eine Visitation durch den Abt der Wiener Schottenabtei, Johannes von Ochsenhausen, Abt Eberhard von Weihenstephan und Prior Thomas von Lambach durchgeführt, womit der zweite Abschnitt der spätmittelalterlichen Ordensreform in Mondsee begann.[240] Im Hintergrund dieser Personen stehen wichtige, bereits besprochene Ereignisse: Abt Eberhard von Weihenstephan kannte den Kastler Professen Johannes von Kastl persönlich. Beiden war Petrus von Rosenheim kein Unbekannter. Betrachtet man diesen persönlichen Hintergrund der genannten Personen und führt sich zugleich den Inhalt der textrelevanten Handschriften vor Augen, zeigt sich besonders deutlich, wie die Kastler Reformbewegung und die Melker Reform im Schrifttum des Klosters Mondsee zur Geltung kommen. 1443 schlossen sich die Mönche von Mondsee mit den Reichenbachern zu einer Gebetsverbrüderung zusammen.[241] Im selben Jahr wurde ein Exzerpt der *Exposicio* in Mondsee angefertigt.[242] Die letzte Phase der spätmittelalterlichen Klosterreform begann im Jahr 1451, als eine weitere Visitation durch den Wiener Schottenabt Martin von Leibitz, den Abt von Kleinmariazell, Laurentius Gruber, und den Melker Prior Johannes Schlitpacher erfolgte.[243] Kurz zuvor trat Magister Johannes de Werdea in Mondsee ein.[244] Da sich sein Schüler Christian Tesenbacher 1462 entschloss, in Tegernsee Mönch zu werden, intensivierten sich in der darauf folgenden Zeit die Kontakte zu dem bayerischen Kloster.

2.7 Ergebnisse der Untersuchung über den Handschriftenbestand und seine Geschichte

Zusammenfassend erschließt sich folgendes Gesamtbild: Der Regelkommentar des Johannes von Kastl wurde ursprünglich als dreiteiliges Werk verfasst. Die zweibändige Ausgabe gibt somit den ursprünglichen Eindruck nicht wieder. In gleicher Weise sind die Exzerpte einzuschätzen, da sie nur einen Ausschnitt des Textes bieten. Die überlieferten Textausgaben befanden sich in den Klöstern Tegernsee, Andechs, Mondsee, Salzburg und Heilsbronn. Sodann besassen die Klöster Reichenbach und St. Egidien in Nürnberg Exemplare des Regelkommentars, die jedoch verloren gingen. In den wichtigen Zentren der spätmittelalterlichen Ordensreform (Reichenbach, Nürnberg und Tegernsee) war der Regelkommentar vorhanden. Das Interesse am Regelkommentar war observanz- bzw. ordensübergreifend, wie die Ausgabe des Regelkommentars im Besitz der Zisterzienserabtei Heilsbronn zeigte.

Die *Exposicio in regulam s. Benedicti* ist in Sammelhandschriften zu finden, in denen weitere Traktate enthalten sind. Diese entstanden nicht im Um-

---

240 Vgl. NIEDERKORN-BRUCK, M.: Die Melker Reform, S. 198.
241 Vgl. GLÜCKERT, L.: Hieronymus von Werdea, S. 121.
242 clv 3626.
243 Vgl. GLÜCKERT, L.: Hieronymus von Werdea, S. 119 f.
244 Vgl. ebd., S. 114.

feld der Kastler Reformbewegung. Der Grund der observanz- und ordensübergreifenden Dimension des Regelkommentars liegt u. a. in der Begegnung des Johannes von Kastl mit den Vertretern der Melker Reform, Johannes Grünwalder, Johannes Rothuet und Petrus von Rosenheim bei der Visitation des Klosters Weihenstephan im Jahr 1426. Dem Regelkommentar aus dem Kloster Tegernsee kommt deshalb eine besondere Bedeutung zu, weil sich die Mönche Johannes von Kastl, Petrus von Rosenheim und Kaspar Ayndorffer kannten. Da das Kloster Weihenstephan eigentlich zur Kastler Reform gehörte, wundert es nicht, in Mondsee einen Großteil der Regelkommentare zu finden. Aufgrund des persönlichen Kontakts ist auf den Text in der Sammelhandschrift M^2 zu achten. In Mondsee wurden Exzerpte aus dem Regelkommentar angefertigt, die auf ein großes Interesse an der Person des Johannes von Kastl und dessen theologischer Aussage schließen lassen. Darüber hinaus standen die Klöster Tegernsee, Mondsee und Reichenbach in Verbindung zueinander. Von besonderer Bedeutung waren die Gebetsverbrüderungen, aber auch die Kontakte, die sich durch Bücher, Handwerksaufträge und Schriftverkehr ergaben.

Im Hinblick auf die Textedition zeichnen die Analysen folgendes Bild: Bei den Handschriften T^3, M^2 und A^3 handelt es sich um Sammelhandschriften. P. Placidus Stangl aus Andechs schrieb den Codex A^3 von T^3 ab. M^2 ist ein Sammelwerk, das von einer Hand geschrieben wurde und dessen Grundtext sich aus einzelnen Faszikeln zusammensetzte. Die Handschrift T^3 wurde von der Vorlage γ kopiert und später durch das Exemplar β ergänzt bzw. korrigiert. Auch γ wurde nach der Abschrift von T^3 durch die Handschrift δ vervollständigt, woraus $\gamma+$ entstand, von der heute M^2 und S^3 als Kopie anzunehmen sind.

Die Einzeltraktate in M^2 gehen von ihrem Inhalt her in die zwanziger Jahre des 15. Jahrhunderts zurück. Versucht man die Traktate mit Personen zu verbinden, so wird ein Kreis von Reformern sichtbar, die die südbayerischen und österreichischen Klöster zu erneuern suchten. Diese wurde von den Orden der Kartäuser und Zisterzienser unterstützt. Die Verbreitung des Regelkommentars über die Orden und Reformbewegungen hinaus ist diesen Reformern und ihren vielfältigen persönlichen Kontakten zu verdanken. Wenngleich die Bindung der Codices clm 18152–18154 in die Zeit zwischen 1476–79 fällt, so finden sich in diesen Sammelhandschriften Traktate, die von ihrem Inhalt her in die frühe Zeit der Melker Reform weisen. H^2 trägt das Datum 1442 und ist deshalb die älteste datierte Handschrift. Abweichend von der ursprünglichen Konzeption des Regelkommentars als dreibändigem Werk wurde die *Exposicio in regulam s. Benedicti* in H^2 auf zwei Bände verteilt; dieser Textausgabe fehlt das Lokalkolorit.

Für die Textedition des 64. Kapitels des Regelkommentars wurden die Handschriften T^3 und M^2 ausgewählt, da eine persönliche Nähe zum Autor gegeben ist. Aufgrund ihres Alters und ihrer räumlichen Nähe zu Kastl wurde H^2 berücksichtigt. Da S^3 zur Gruppe α gehört und in vielen Punkten M^2 gleicht, aber in keiner besonders nahen Beziehung zu Kastl steht, wurde bei der Edition von dieser Handschrift abgesehen. Der Text von A³ wurde für die Texterstellung ausgeschlossen, da er als Kopie von T³ letztlich nur Wiederholungen bringt. Nicht nur, weil M⁸ eine Kopie von M⁶ ist und diese von M² abgeschrieben wurde, sondern weil diese Exzerpte keinen vollständigen Text bieten, wurde bei der Erstellung des Textes auf sie verzichtet.

3 Das 64. Kapitel der *Exposicio in regulam s. Benedicti* des Johannes von Kastl: Literarkritische Einführung

Der folgende Abschnitt beschäftigt sich mit der Frage, welcher Gattung die *Exposicio in regulam s. Benedicti* des Johannes von Kastl zuzuordnen ist.[245] Mit den Titeln *Exposicio in regulam s. Benedicti* bzw. *Glossae in regulam s. Benedicti* wird deutlich, dass sich die Ausführungen des Johannes von Kastl auf die *Regula Benedicti* beziehen. In der mittellateinischen Literatur wird bei erläuternden Texten zwischen Kommentar, Glosse und Scholion unterschieden.[246] Der Kommentar ist eine „durchgehende Erläuterung des Textganzen".[247] Während in einem Scholion ein Einzelwort oder eine Textstelle ausführlich interpretiert wird, findet man in der Glosse die Interpretation eines Einzelwortes.[248] Grundlage der Ausführungen des Johannes von Kastl ist die *Benediktsregel*. In einem ersten Schritt wird hier geklärt, welchen Text Johannes von Kastl kommentiert. Dazu ist es notwendig, den Text des 64. Kapitels der *Regula s. Benedicti* aufzufinden und mit der kritischen Edition von Rudolf Hanslik zu vergleichen. In diesem Zusammenhang ist der Textumfang zu bestimmen, der den Inhalt des Regelkommentars festlegt und sowohl die Einteilung als auch die Gliederung des Regeltextes beeinflusst. Vorab lässt sich hier definieren, welcher Art von Kommentar das Werk des Johannes von Kastl zuzuordnen ist und welcher Tradition diese Arbeit entspringt. Zur Literarkritik gehört die Analyse der Quellenliteratur, die Johannes von Kastl benutzt hat. In diese Untersuchung fließen die Ergebnisse ein, die im Abschnitt zuvor erarbeitet worden sind. Es ist zu überlegen, ob der Autor für die einzelnen Teile des 64. Kapitels eine ganz bestimmte Literatur verwendet hat. Zu diesem Zweck erfolgt eine Einteilung der verwendeten Quellenliteratur in biblische Texte, Rechtstexte, monastische Literatur, theologische Werke mittelalterlicher Autoren, Texte der Kirchenväter und Texte antiker Autoren. Die verwendete Literatur, die literarische Zuordnung und Funktion lässt Schlüsse darauf zu, wie sich der Autor selbst verstanden hat. Das kann aber nicht für jedem Fall vertieft dargestellt werden. In diesem Zusammenhang ist die Frage zu berücksichtigen, wie der Autor mit den Texten umgeht. Im Rückblick auf den Handschriftenbestand lassen sich Zeitströmungen erkennen, von denen Jo-

---

245 Vgl. EGGER, W.: Methodenlehre, S. 147.
246 Vgl. VOLLMANN, B.: Kommentar, Sp. 1279.
247 Ebd.
248 Vgl. ebd.

hannes von Kastl beeinflusst wurde und mit denen er sich auseinander setzen musste.

3.1 Das 64. Kapitel der *Regula s. Benedicti* als Grundlage des Kommentars

3.1.1 Der verwendete Text der Regula s. Benedicti

Die *Regula s. Benedicti* gibt dem Regelkommentar Struktur und inhaltliche Grundbedeutung. Da der Text der *Benediktsregel* in die *Exposicio* aufgenommen wurde, ist zunächst zwischen dieser Textgrundlage und dem Kommentar zu unterscheiden. Die Schreiber von T^3 kennzeichnen den Text des 64. Kapitels, indem sie den Wortlaut in der Handschrift unterstreichen. Beim Wort „sobrium" im Vers 9 bricht der Schreiber mit dieser Hervorhebung ab.[249] Der Codex M^2 folgt dem gleichen Prinzip, wobei die Klosterregel durchgehend durch Unterstreichungen gekennzeichnet wird. Am deutlichsten tritt der Regeltext in der Handschrift H^2 hervor. Die *Regula* ist an der gotischen Minuskel erkennbar und unterscheidet sich vom Kommentar, der in einer spätmittelalterlichen Bastarda geschrieben wurde.

Johannes von Kastl hat bei der Abfassung seines Kommentars den Text der *Regula s. Benedicti* nicht aus den Regelkommentaren des Bernardus Ayglerius und des Petrus Boerius übernommen, sondern kommentiert eine eigene Fassung. Aufgrund der Unterstreichungen bzw. Hervorhebungen ist es möglich, den Text der Regel zu rekonstruieren. Vergleicht man dann diesen Regeltext mit dem Wortlaut der kritischen Ausgabe, so sind 21 Abweichungen festzustellen. Besonders auffällig ist die Abweichung im Vers 4 des 64. Kapitels. Im kritischen Text heißt es: „... et vitia ipsa aliquatenus in notitia episcopi, ad cuius diocesim pertinet ... ."[250] Das ist in den Regelkommentaren des Bernardus Ayglerius[251] und mit geringen Abweichungen in der *Regula cum glossa* des Petrus Boerius[252] zu lesen. Im Gegensatz dazu verwendet Johannes von Kastl einen Regeltext mit dem Wortlaut: „Et vitia ipsa aliquatenus [...] ad noticiam pervenerint episcopi [...] ad cuius dyocesim pertinet iste locus."[253] Der Apparatus criticus der kritischen Ausgabe kennt diese Leseart nur für den Codex *t*.[254] Es handelt sich hier um eine Ausgabe, die bevorzugt im Zisterzi-

---

[249] „Oportet ergo eum esse doctum lege divina, ut sciat et sit, unde proferat nova et vetera, castum, sobrium, misericordem ..." RB 64,9 (CSEL 75, Hanslik, R. (Ed.), 2. Auflage, S. 164).

[250] RB 64,4 (CSEL 75, Hanslik, R. (Ed.), 2. Auflage, S. 163).

[251] „... et vitia ipsa aliquatenus in noticia episcopi ad cuius diocesim pertinet locus ipse ..." Ernardus <Ayglerius>: In regulam, Cap. 64 (Caplet, A. (Ed.), S. 390).

[252] „... et vitia ipsa aliquatenus in noticiam episcopi ad cuius diocesim pertinet locus ipse ..." Boerius, P.: Regula cum glossa, Cap. 63 (Ms 155, fol. 223^{v}(b)).

[253] clm 18154, fol. 86^{r}(b).

[254] Vgl. Apparatus criticus zu RB 64,4 (CSEL 75, Hanslik, R. (Ed.), 2. Auflage, S. 163).

enserorden benutzt wurde.[255] Hanslik ordnet diese Textfassung einer Handschriftengruppe zu, deren Texte vor allem in Spanien und Südfrankreich zu finden sind.[256] Untersucht man die oben genannten 21 Abweichungen auf diesem Hintergrund, so lassen sich 13 Varianten der spanisch-südfranzösischen Textfamilie zuweisen. Rudolf Hanslik gibt in der Einführung zu seiner kritischen Ausgabe zwei weitere charakteristische Abweichungen im 64. Kapitel für den Codex *t* an.[257] Diese waren im Kastler Regelkommentar nicht zu finden. Weitere fünf Textversionen der *Regula s. Benedicti,* die die obengenannte Textfamilie charakterisieren, konnten entsprechend der Vorgabe Hansliks im Text der *Exposicio* ebenfalls nicht gefunden werden. Hierbei sind zwei Ausnahmen zu machen: Im 44. Kapitel heißt es in Vers 4: „... uolbat se ipsius abbatis ...“[258] Im Regelkommentar lautet der Text: „... volvat se ipsius abbatis ...“[259] Diese Variante findet sich entsprechend dem textkritischen Apparat auch in der spanisch-südfranzösischen Textfamilie.[260] Die zweite Ausnahme ist der Titel des 55. Kapitels, der im Urtext lautet: „De vestiario vel calciario fratrum.“[261] Johannes von Kastl orientierte sich an dem Wortlaut „De vestiarijs vel calciarijs fratrum“[262], der in der spanisch-südfranzösischen Textfamilie gebräuchlich ist.[263]

3.1.2 Der Umfang des Regeltextes im Regelkommentar

Auffindung und Rekonstruktion der *Regula s. Benedicti* ist mit Hilfe des Textbildes möglich. Immer wieder weisen Begriffe wie „idest“, „scilicet“ und „sequitur“ auf den Regeltext hin. Die Frage, in welchem Umfang der Text der Regel kommentiert wurde, kann nur im Vergleich mit dem kritischen Text der *Regula s. Benedicti* sicher beantwortet werden. Bis auf den Konsekutivsatz im Vers 10 „ut idem ipse consequatur“[264] kommentiert Johannes von Kastl den ganzen Text des 64. Kapitels. Da der Kastler Regelkommentator nahezu jedes Wort bzw. jeden kurzen Sinnabschnitt des 64. Kapitels zu beschreiben und zu interpretieren sucht, unterscheidet sich sein Werk wesentlich von den Aus-

---

255 Vgl. ebd., S. LXIV.

256 HANSLIK spricht von „De codicibus Narbonensibus-Hispanis“, zu denen die Codices H_{1-3}, Y, e, Q, g, h und i gehören. Vgl. CSEL 75, HANSLIK, R. (Ed.), 1. Auflage, S. LXXV; vgl. Ebd., 2. Auflage, S. XLVIII–LII.

257 Vgl. CSEL 75, HANSLIK, R. (Ed.), 1. Auflage, S. LXIV.

258 Vgl. ebd., S. LXIV. 121.

259 clm 18153, fol. 216r(a).

260 Es handelt sich um die Codices H_{1-3}, Y; Q; g, h, i. Vgl. CSEL 75, HANSLIK, R. (Ed.), 2. Auflage, S. 121.

261 RB 55 (Titulus) (CSEL 75, HANSLIK, R. (Ed.), 2. Auflage, S. 140).

262 clm 18153, fol. 314v(b).

263 Der Apparatus criticus gibt die Codices Y, h und i an. Vgl. CSEL 75, HANSLIK, R. (Ed.), 2. Auflage, S. 140.

264 RB 64,10 (CSEL 75, HANSLIK, R. (Ed.), 2. Auflage, S. 164).

führungen des Bernardus Ayglerius und des Petrus Boerius, die nur auf Abschnitte bzw. einzelne Stichwörter eingehen.

3.1.3 Die Einteilung des Kommentars durch den Regeltext

Der Aufbau des 64. Kapitels des Regelkommentars steht im engen Zusammenhang mit der Textgrundlage, die Johannes von Kastl für seinen Kommentar vorgegeben ist. Folgt man der Einleitung zum 64. Kapitel des Kommentars, so besteht dieses Kapitel aus zwei Hauptteilen: „Und dieses Kapitel hat zwei Hauptteile: Im ersten Teil wird die Wahl des künftigen Abtes behandelt. Im zweiten geht es über die Eigenschaften und die Führung und dies im Hinblick auf sich selbst als auch auf die Leitung der Gemeinschaft. Der zweite Teil beginnt mit den Worten: ‚Ordinatus'."[265] Während sich der erste Hauptteil mit der Wahl des künftigen Abtes beschäftigt, geht der zweite Hauptteil von einem bereits gewählten und eingesetzten Abt aus, also von einem Amtsinhaber. Letzterer beginnt beim Wort „Ordinatus" (RB 64, 7) und setzt sich mit der Frage der Qualifikation des Abtes und dessen Leitung auseinander.

Aus dieser textlichen Vorgabe ergibt sich zunächst folgende Einteilung: Der erste Hauptteil des 64. Kapitels besteht aus den Abschnitten A–Ac; der zweite umfasst die Abschnitte Ad–Do. Bei näherer Analyse des ersten Hauptteiles läßt sich eine Zweiteilung erkennen: Der Erste, der die Abschnitte A–Q umfasst, geht auf den zu wählenden Abt und die Wähler ein; der eigentliche Wahlvorgang wird im zweiten Teil in den Abschnitten R–Ac beschrieben. Der zweite Hauptteil, der die Abschnitte Ad–Do beinhaltet, beschreibt die Leitungsaufgaben des Abtes.

Für die Einteilung in zwei Hauptteile konnten keine literarischen Vorgaben gefunden werden; sie stammt demzufolge von Johannes von Kastl selbst. Die Beschreibung des Wahlvorganges entnimmt er der *Regula cum glossa Petri Boerii* und dem Regelkommentar des Bernardus Ayglerius. Der Wahlvorgang wird in diesem Kommentar in fünf Hauptstücke gegliedert:

1. Anweisungen nach dem Tod des Abtes
2. Abhandlung über die Wahlformen des Abtes
3. Anweisungen darüber, was nach der Wahl des Abtes zu tun ist
4. Über die Bestätigung der Wahl durch den Papst
5. Über die Weihe, Aufnahme und Installation des Abtes

Bernardus Ayglerius übernimmt diese Gliederung aus einer älteren Vorlage, da er sagt, „dass Paulus Diaconus vieles an dieser Stelle übermittelte, aber Petrus, Diakon des Klosters Montecassino, den Brauch hinterließ, den er in einem weitläufigen Stil beschreibt: über den Tod des Abtes, bei der Wahl, nach

265 „Et habet hoc capitulum duas partes principales: In prima agit de ipsius abbatis futuri eleccione, in secunda de iam electi qualitate et moderacione et hoc tam respectu sui ipsius quam eciam regende congregacionis. Secunda ibi: Ordinatus etc." JOHANNES <DE CASTELLO>: Exposicio, Cap. 64, Praefatio (clm 18154, fol. 82r(a)–82r(b)).

der Wahl, bei der vom apostolischen Stuhl erhaltenen Konfirmation, bei der Benediktion des Gewählten und bei der Aufnahme und Installation des feierlich Geweihten."[266]

3.1.4 Die Gliederung des Regeltextes im Kommentar

In der Einleitung dieses Kapitels wurde bereits hingewiesen, dass zwischen einem Kommentar, einer Glosse und einem Scholion unterschieden wird. Um nun die *Exposicio in regulam s. Benedicti* des Johannes von Kastl einer dieser Literaturgattungen zuweisen zu können, ist es notwendig, die Gliederung des Regeltextes in der *Exposicio* zu analysieren und sie mit anderen Regelinterpretationen zu vergleichen. Anhand eines Textbeispiels – es geht um die Wendung, dass der Abt sich bemühen soll, mehr geliebt als gefürchtet zu werden (RB 64,15) – sollen die unterschiedlichen Gliederungen des Regeltextes verdeutlicht werden.

Das erste Beispiel stammt aus einem karolingischen Regelkommentar (*Commentarium Pauli Warnefridi Diaconi Casinensis in regulam s. patris nostri Benedicti*), der vom Grundtext her auf Hildemar von Corbie zurückgeht, später redaktionell bearbeitet und Paulus Diaconus zugeschrieben wurde. Dieser kommentiert den Text mit den Worten: „Sequitur. *Et studeat plus amari quam timeri.* Subaudiendum est; a bonis. Isto modo oportet hoc preceptum implere. Verbi gratia. si flagellum alicui adhibet; debet illi postea dulcem confabulationem porrigere. vel formam huiuscemodi; quatinus ad amorem provocetur."[267]

Der französische Abt Smaragdus von Sankt Mihiel (frühes 9. Jahrhundert), den Johannes von Kastl oft zitiert, schrieb eine *Expositio in regulam s. Benedicti.* Zu RB 64,15 bemerkt er: „Et in his omnibus sanctis discretisque actionibus studeat plus amari quam timeri, id est plus exerceat in subditis opus amoris quam timoris, et plus eos paternitatis amore demulceat quam tyrannidis suae poena deterreat. Unde et sequitur ..."[268]

Zu den wichtigsten Quellen der Kastler *Exposicio* zählt die Regelauslegung des Bernardus Ayglerius, die den Titel *In regulam s. Benedicti expositio* trägt.

---

266 „in hoc loco paulus dyaconus multa effudit set petrus dyaconus casinensis monasterii obeunte abbate, in electione, post electionem, et in confirmatione a sede apostolica obtinenda, et in electi benedictione ac in ordinati sollempni receptione ac istallatione diffuso stilo prosecutus, consuetudinem ad memoriam describendo reliquid." BERNARDUS <AYGLERIUS>: In regulam, Cap. 64 (CAPLET, A. (Ed.), S. 391).

267 PAULUS <DIACONUS>: In sanctam regulam commentarium, Cap. 64 (Florilegium Casinense, S. 162); vgl. HILDEMARUS <CORBIENSIS>: Expositio regulae, Cap. 64 (MITTERMÜLLER, R. (Ed.), S. 594).

268 SMARAGDUS <SANCTI MICHAELIS>: Smaragdi Abbatis expositio in regulam s. Benedicti, Cap. 64 (CCM 8, SPANNAGEL, A; ENGELBERT, P. (Ed.), S. 317).

Er schreibt: „et studeat plus amari quam timeri, supple a bonis. Nam bonus prelatus non facile amatur a malis.“[269]

Zwei Regelkommentare wurden von Abt Petrus Boerius verfasst. Ein Werk trägt den Titel: *Regula cum glossa s. Benedicti*. Die besagten Verse der *Benediktsregel* interpretiert er folgendermaßen: „plus amari, scilicet plus *a bonis. Nam bonus prelatus non facile amatur a malis.* Bernhardus. Argumentum 84. di., Nichil. Extra de accusacione, Qualiter 2, Incipit: Licet autem. Sed malis discipline amabilis est, ut dicit Seneca in libro: De reme fortu. Prelatus esse debet intus amare subditos et foris, cum expedit se iure in ipsos. 45. di., Disciplina in fine. Quia nimia familiaritas perit quandoque contemptum Extra, De Judaeis, Etsi Judeos. Digesta, De officio presidis, lege Observandum saltem inter fatuos, ut exponebat Azo. Notatur 86. di., quando facit, quod notatur 18. q. 2, Nullam. Et concor huic remota Augustinus in fine versus disciplinam, quam timeri contrarium appetunt principes huius mundi.“[270] In seiner zweiten Auslegung schreibt Petrus Boerius nur noch: „*Plus amari quam timeri* – De his satis diximus in primo apparatu.“[271]

Nahezu durchgängig wird der Regelkommentar des Johannes von Kastl als *Exposicio in regulam s. Benedicti* bezeichnet. Eine einzige Ausnahme bildet die Handschrift M^2, die die *Exposicio* als *Glossae in regulam s. Benedicti* bezeichnet. Der 15. Vers des 64. Kapitel der *Regula s. Benedicti* wird von Johannes von Kastl mit folgenden Worten kommentiert: „*Et studeat plus amari, scilicet a bonis. Nam bonus prelatus non facile amatur a malis, argumentum <83.> di., Nichil; Extra, De accussacionibus, Qualiter, Incipit: Licet autem. Prelatus eciam debet intus amare subditos et foris, cum expedit se iure in ipsos, 45. di., Disciplina, in fine. Quia nimia familiaritas parit quandoque contemptum saltem inter fatuos,* ut dicit *Augustinus* super eodem, notatur *86. di., Quando. Quam timeri:*“[272]

Fasst man den Textvergleich zusammen, ergibt sich Folgendes: Die Kommentare des Hildemar von Corbie, des Smaragdus und des Bernardus Ayglerius, beziehen sich auf den Satz „et studeat plus amari quam timeri“[273]. Die Regelinterpretationen des Petrus Boerius und Johannes von Kastl werden mitunter als *Glossae* bezeichnet. Beide Autoren trennen den Text in zwei Teile („plus amari“ – „quam timeri“). Diese Teilsätze bilden die Grundlage der sich anschließenden Ausführungen.

---

269 BERNARDUS <AYGLERIUS>: In regulam, Cap. 64 (CAPLET, A. (Ed.), S. 403).

270 BOERIUS, P.: Regula cum glossa, Cap. 64 (Ms 155, fol. 231r(a)) (Die von mir vorgenommene Unterstreichung zeigt den Text der *regula Benedicti* an und der kursive Schriftsatz weist den Text aus, den PETRUS BOERIUS von BERNARDUS AYGLERIUS übernommen hat.)

271 BOERIUS, P.: In regulam sancti Benedicti commentarium, Cap. 64,§4 (ALLODI, L. (Ed.), S. 723)

272 JOHANNES <DE CASTELLO>: Exposicio, Cap. 64 CC (clm 18154, fol. 107r(b))

273 RB 64,15 (CSEL 75, HANSLIK, R. (Ed.), 2. Auflage, S. 165)

Die früh- und hochmittelalterlichen Regelinterpreten orientierten sich stärker an den Sinnabschnitten der Klosterregel als die späteren. Aus diesem Grund werden ihre Regelwerke als *Commentarium* bzw. *Expositio* bezeichnet. Die spätmittelalterlichen Kommentatoren, die diese Erläuterungen für ihre Werke benutzten, interessierten sich darüber hinaus auch für den Sinn einzelner Worte der Regel und teilten die großen Sinnabschnitte in kleinere Abschnitte auf. Demzufolge werden diese Regelinterpretationen *Glossae* genannt. Mit einer solchen Einteilung des Textes war es möglich, die *Regula s. Benedicti* differenziert und umfassend zu interpretieren. Der Textumfang der Kommentare wurde damit aber größer und unübersichtlicher.

Zu Beginn des 14. Jahrhunderts zeichnete sich ein Umschwung in der Kommentierung des Regeltextes ab. Vergleicht man nämlich den Kastler Regelkommentar mit den Ausführungen des Petrus Boerius, so wird deutlich, dass Johannes von Kastl die kirchenrechtlichen Anmerkungen, die er bei Petrus Boerius fand, stark reduzierte. Es entstand eine Interpretation, die übersichtlicher und besser lesbar wurde. Deutlich erkennbar ist das Interesse an der theologischen Bedeutung der Auslegung, wobei der rechtliche Hintergrund nicht verloren ging. Wie die Mondseer Exzerpte zeigen, wurde auch mit dem Kommentar des Johannes von Kastl so umgegangen. Das Weglassen der Kirchenrechtszitate führte zu einer Reduktion des Textes, die den Eindruck vermittelte, die „verba authentica" des Autors zu lesen. Solche Prozesse machen deutlich, dass die Leser ein starkes Interesse am theologischen Sinn des Textes und der Aussage des Autors hatten.

3.2 Die Quellenliteratur des Kastler Regelkommentars

In der Person des hl. Benedikt erkennt Johannes von Kastl den „fabricator regule" und „legislator". Der Mönchsvater Benedikt ist Autor einer Regel. Er unterweist seine Mönche im klösterlichen Leben und lehrt sie das Gesetz Gottes. Ausgehend von diesem Personenbild und den damit verbundenen Handlungsweisen ist im Regelkommentar mit verschiedenen Textsorten zu rechnen. Johannes von Kastl benutzt für seine *Exposicio in regulam s. Benedicti* verschiedene Quellentexte, die den Regelkommentar als Kompilation ausweisen.

Aus diesem Grund ist bei der Untersuchung des Regelkommentars auf die Identifikation der Quellen zu achten. So greift Johannes von Kastl bei der Abfassung seines Kommentars wiederholt auf die Regelauslegungen der Äbte Petrus Boerius, Bernardus Ayglerius und Smaragdus von Sankt Mihiel zurück. Diese Kommentatoren arbeiteten Texte anderer Autoren ein. Deshalb ist von folgender Unterscheidung auszugehen:

a) Primäre Quellen: Es handelt sich hierbei um Texte, die Johannes von Kastl vor sich liegen hatte und direkt in seinen Kommentar übertrug.

b) Sekundäre Quellen: Es handelt sich hierbei um Texte, die Johannes von Kastl innerhalb der primären Quellentexte vorfand und die er in seine Auslegung übernahm.

Bei der Analyse der Quellentexte wurden folgende Schritte unternommen. Die Verifikation der Quellentexte zielt zunächst auf die Zuordnung eines Textes zu einem bestimmten Autor. Johannes von Kastl gibt gewöhnlich in seinem Kommentar die Werke an, aus denen er zitiert. Daneben finden sich an verschiedenen Stellen Texte, deren Autor im Kommentar nicht genannt wird. In einem zweiten Schritt werden die aufgefundenen Quellentexte verschiedenen Textgruppen (Bibel, Rechtsquellen, Kirchenschriftsteller und antike Autoren) zugeordnet. In einem dritten Schritt ist die Verteilung dieser Zitate auf die drei Hauptstücke (Abschnitte A–Q, R–Ac und Ad–Do) zu betrachten.

In der folgenden Übersicht sind die Textgruppen und die Verteilung der einzelnen Zitate auf die drei Hauptstücke zu entnehmen:

Kapitel	A – Q	R – Ac	Ad – Do	Summe
Anzahl der Kapitel	16	10	78	104
Heilige Schrift	88	–	192	280
Rechtstexte	159	53	80	292
Monastische Quellentexte	24	21	129	174
Mittelalterliche Autoren	5	7	48	60
Kirchenväter	8	1	48	57
Antike Autoren	5	–	66	71
Summe der Zitate	289	82	563	934

Lässt man den zweiten Teil (R – Ac), den Johannes von Kastl aus den Kommentarwerken des Bernardus Ayglerius und des Petrus Boerius entnommen hat, außer Acht, kann man erkennen, welche Texte Johannes von Kastl mit Vorliebe zitiert. Am häufigsten zieht unser Autor Texte aus der Hl. Schrift (280 Zitate) heran, wiederholt konsultiert er auch Rechtstexte (292 Zitate), die Schriften der Kirchenschriftsteller (291 Zitate) und Texte antiker Autoren (71 Zitate).

Noch interessanter erscheint die Verteilung der Zitate auf die einzelnen Kapitel der zwei Hauptteile: Im ersten Hauptteil, in dem Teil, in dem sich Johannes von Kastl mit dem Kandidaten und den Wählern auseinandersetzt, sind wesentlich mehr Zitate zu finden als im letzten Teil, in dem sich unser Autor mit der Amtsführung des Abtes beschäftigt. Im ersten Teil steht also nicht das eigene theologische Interesse im Vordergrund. Johannes von Kastl geht es darum, den Kandidaten und Wählern Texte aus der kirchlichen Tradition vorzulegen, an denen sie sich bei ihrer Entscheidung orientieren können.

Rechtstexte werden im ersten Teil wesentlich häufiger zitiert als im dritten. Bezieht man diese auf die Rechtslage und die Zitate aus der Bibel und den Kirchenschriftstellern auf theologische Fragen, so ergibt sich folgendes Bild: Vor einer Wahl geht es Johannes von Kastl um die kirchenrechtlichen Fragen;

Kandidaten wie Wähler sollen für die Rechtslage sensibilisiert werden. Im dritten Hauptstück, wenn der Abt gewählt und eingesetzt ist, sind die theologischen und spirituellen Themen wieder von großem Interesse. Deshalb finden sich in diesem Textteil weit mehr Zitate aus der Bibel und den Kirchenschriftstellern als im ersten. Zudem eröffnet die Verteilung der Zitate (563 Zitate auf 78 Kapitel) dem Autor die Möglichkeit, seine theologische Auffassung öfter kundzutun.

Bei den Kirchenrechtsquellen ist hinsichtlich des *Decretum Gratiani* der literarische Ursprung von der Bedeutung zu unterscheiden: Während der literarische Ursprung der Capitula in der Heiligen Schrift oder bei den Kirchenschriftstellern zu suchen ist, gehören sie von ihrer Bedeutung her zu den Rechtstexten, wenn sie im Regelkommentar als Auszüge aus dem *Decretum Gratiani* gekennzeichnet sind. In diesem Zusammenhang muss die Frage im Auge behalten werden, mit welcher Zitatangabe diese Texte im Kommentar versehen wurden; es macht also einen Unterschied, ob Johannes von Kastl die Texte dem *Decretum Gratiani* oder einer anderen Zitatangabe zuweist.

Ein besonderes Augenmerk gilt den Zitaten, die sich in den verschiedenen Hauptstücken des 64. Kapitels öfter finden. Daraus ergibt sich die Überlegung, ob diese Texte und Inhalte, wenn sie in gleicher Weise für den Abt wie für die Mönche verwendet werden, nicht von grundlegender Bedeutung für das Verständnis des spätmittelalterlichen Mönchtums sind.

Der Vorliebe des Johannes von Kastl für biblische Werke folgend werden zunächst diese Texte untersucht. Dabei sollen auch die theologischen Überlegungen nicht außer Acht gelassen werden, die die Rezeption dieser Texte begründen.

3.2.1 Die Rezeption von biblischen Texten und die Bedeutung der Wissenschaft

Johannes von Kastl zitiert im 64. Kapitel des Regelkommentars 280mal die Bibel. Aus der Unterscheidung des Alten Testamentes in den Pentateuch, die Geschichtsbücher, die Weisheitsliteratur und die Propheten, und des Neuen Testaments in die Evangelien und die Apostelgeschichte, die Paulusbriefe, die Pastoralbriefe, die Katholischen Briefe und die Offenbarung des Johannes ergibt sich folgende Aufteilung der Zitate.

	A - Q	R - Ac	Ad - Do	Summe
Anzahl der Kapitel	16	10	78	104
Pentateuch	6	-	10	16
Geschichtsbücher	3	-	9	12
Lehrweisheit und Psalmen	21	-	64	85
Propheten	15	-	23	38
Evangelien und Apostelgeschichte	32	-	39	71
Paulusbriefe	4	-	25	29
Pastoralbriefe	5	-	7	12
Katholischen Briefe	-	-	15	15
Offenbarung des Johannes	2	-	-	2
Summe der Zitate	88		192	280

Es fällt auf, dass der Regelkommentator im zweiten Hauptstück, in dem er die Wahlvorgänge beschreibt, die Heilige Schrift nicht zitiert. Ein besonderes Interesse hatte Johannes von Kastl an der Weisheitsliteratur (85 Zitate), danach folgen die Evangelien (71 Zitate). Während er im ersten und dritten Teil Evangelien und Apostelgeschichte ausgewogen zitiert – wobei sich allerdings für die Abschnitte A–Q eine höhere Dichte an Evangelienstellen ergibt – benutzt er für den dritten Teil verstärkt die alttestamentliche Weisheitsliteratur und stellt somit die Amtsführung des Abtes unter das Vorzeichen der Weisheit.

Auf die Bedeutung der Heiligen Schrift geht Johannes von Kastl in drei aufeinander folgenden Kapitel ein.[274] In den Abschnitten Ay und Az des 64. Kapitels legt der Autor das Wesen der Heiligen Schrift und ihre Wirkung dar. Diese stiftet Frieden, spendet Leben und macht den Menschen selig.[275] Von der Bibel geht eine ausgleichende Wirkung auf den Menschen aus. Das Meditieren der Heiligen Schrift wirkt sich mäßigend auf den Willen des Menschen aus und hilft ihm, wenn er vom Bösen versucht wird. Sodann vermittelt sie dem Leser wahre Frömmigkeit und lässt ihn in der Liebe tätig werden.[276] Diese Wirkungen entfaltet die Heilige Schrift nur, wenn der Leser anhaltend, täglich

---

274 JOHANNES <DE CASTELLO>: Exposicio, Cap. 64 AY (clm 18154, fol. 96v(b)–97r(a)); ebd., Cap. 64 Az (Ebd., fol. 97r(a)–97r(b)); ebd., Cap. 64 Bb (Ebd., fol. 97r(b)–97v(b)).

275 „Hec lex divina non est gberrifica, sed pacifica, ..., non mortifica, sed vivifica, ... , non dampnifica, sed beatifica ...“ Ebd., Cap. 64 AY (Ebd., fol. 96v(b)).

276 „ ... Et merito legis enim divine sive scripture sacre iugis meditacio temperat corporis voluntatem, mitigat mundi tempestatem, predicat dei pietatem, excitat hominis caritatem. ...“ Ebd., Cap. 64 AZ (Ebd., fol. 97r(a)).

und kontinuierlich meditiert[277], wie es die *Consuetudines castellenses* vom Mönch verlangen.[278]

Im Kapitel 64 Bb, das die Überschrift trägt „Die Prälaten müssen ein dreifaches Wissen haben", bezieht Johannes von Kastl den Begriff der „sciencia" auf drei verschiedene Bereiche: die weltliche Literatur, die Heilige Schrift und das kanonische Recht. Dass der Abt in diesen drei Bereichen bewandert sein muss, wird ausschließlich durch das *Decretum Gratiani* begründet. Im Hinblick auf den Umfang des Wissens geht Johannes von Kastl von drei Graden aus.[279]

Die Forderung, die Heilige Schrift und das kanonische Recht zu kennen, entnimmt der Regelkommentator dem *Decretum Gratiani*.[280] Zudem fordert er die Kenntnis der weltlichen Literatur und verweist dazu auf zwei Capitula der besagten Rechtssammlung.[281] In diesen heißt es, dass Mose und Daniel im Wissen der Ägypter und Chaldäer bewandert waren. Beide lasen die Schriften der Heiden nicht aus Vergnügen, sondern zum einem aus apologetischen Gründen und literarischem Interesse, und zum andern nutzten sie auch das Wissen der Heiden für ihre eigene Frömmigkeit.[282] Das Ziel des Wissens be-

---

277 „Ista meditacio sacre scripture non debet esse transitoria seu perfunctoria, sed debet esse morosa, diuturna et continua eo fervencior, quo homo senior invenitur." Ebd. (Ebd., fol. 97r(b)).

278 Bemerkenswert ist auch die Einleitung zu dem Kapitel: „Quomodo fratres se habeant tempore lectionis" der Redaktion DFF1 der *Consuetudines castellenses*: „Quoniam per studium lectionis acquiritur scientiae margarita, ideo beatissimus pater noster Benedictus voluit nos eidem lectioni frequentius insistere, ut habetur capitulo quadragesimo octavo: in principio, ubi dicit, quod *certis temporibus* vacent *fratres* lectioni; et infra *Dominico* autem *die lectioni vacent omnes*." Consuetudines castellenses, Cap. 36 (CCM 14/1, MAIER, P. (Ed.), S. 315).

279 In Anlehnung an X 1,6,19 (Fr. 60) und X 1,9,10 (Fr. S. 108) geht JOHANNES VON KASTL von einer „sciencia eminens", „sciencia competens" und einer „imperfeccio scienciae" aus. Er schreibt: „Porro quamquam *ignorancia mater* omnium *errorum* sit *in* prelatis et *sacerdotibus maxime vitanda, 38. di., c. 1*, licet *eminens* sciencia, ut supra dictum est, sit semper in prelatis desideranda, competens tamen est tolleranda, *De eleccione, Cum nobis, et* tunc *imperfeccionem sciencie debet supplere perfeccio caritatis, Extra, De renunciacione, Nisi cum pridem <paragraphus> Pro defectu*." JOHANNES <DE CASTELLO>: Exposicio, Cap. 64 BB (clm 18154, fol. 97r(b)).

280 In der Einleitung zum Cap. 64 BB verweist JOHANNES VON KASTL auf Grat. 38,1. Dort heißt es: „Sciant ergo sacerdotes scripturas sacras et canones, et omne opus eorum in predicatione et doctrina consistat, atque edificent cunctos tam fidei scientia quam operum disciplina." (Fr. 141).

281 „Primo debent habere scienciam *secular*ium litterarum, *37. di., Sed econtra* et *c. Turbat*." JOHANNES <DE CASTELLO>: Exposicio, Cap. 64 BB (clm 18154, fol. 97r(b)).

282 „Sed econtra legitur, quod Moyses et Daniel omni scientia Egiptiorum et Caldeorum eruditi fuerint." Grat. 37,7,§2 (Fr. 137). „Cur ergo legi prohibentur, que tam rationabiliter legenda probantur? Sed seculares litteras quidam legunt ad voluptatem, poetarum figmentis et verborum ornatu delectati, quidam vero ad eruditionem eas addiscunt, ut errores gentilium legendo detestentur, et utilia, que in eis invenerint, ad usum sacrae eruditionis devote invertant." Grat. 37,8 (Fr. 137f.).

steht in der Frömmigkeit. Deswegen kann weder rechtlich noch theologisch etwas gegen den Gebrauch des heidnischen Schrifttums eingewandt werden. Die alttestamentlichen Vorbilder legitimieren dieses Verhalten; ebenso stehen die Kenntnis des kanonischen Rechts und der Heiligen Schrift ganz im Dienst der Frömmigkeit.

Der Abt soll an der Heiligen Schrift interessiert sein, mit dem Ziel, seine eigenen Kenntnisse zu vervollkommnen, Irrtümer abzuwehren und seine Untergebenen zu belehren.[283] Als Belege für diese drei Argumente führt der Regelkommentator ausschließlich Rechtstexte an. Bemerkenswert sind dabei die feinen Nuancierungen. Während das erste und das letzte Argument humaner bzw. moralischer Natur ist, reicht das zweite, in dem es um die Abwehr von Häresien geht, in den theologisch-rechtlichen Bereich hinein. Johannes von Kastl führt im ersten und dritten Argument lediglich Texte aus dem *Decretum Gratiani* an[284], beim zweiten verweist er auf Rechtstexte, die im *Liber extravagantium* und im *Decretum Gratiani* stehen.[285] Der Gebrauch der unterschiedlichen Rechtstexte richtete sich offensichtlich danach, ob ein rechtlich-theologisches, ein menschliches oder ein moralisches Problem berührt wird.

Führt man sich die drei oben genannten Argumente, die die Notwendigkeit des Wissens um die Heilige Schrift darlegen, nochmals vor Augen, ist darin eine innere Logik zu erkennen. Im Vordergrund steht zunächst die Vollständigkeit des Wissens. Die Häresie bildet dazu den Gegensatz. Da jegliches Wissen – besonders das der Heiligen Schrift – dem Wachstum in der Frömmigkeit dient, ist der Abt gehalten, die Mönche zu unterrichten.

Ein Vergleich der *Exposicio in regulam s. Benedicti* des Johannes von Kastl mit den Regelerklärungen des Bernardus Ayglerius und des Petrus Boerius zeigt unter dem Aspekt der biblischen Zitate, dass in keiner dieser Regelerklärungen die Heilige Schrift so häufig zitiert wird wie im Kastler Kommentar. Der Heiligen Schrift ist deshalb bei Johannes von Kastl ein besonderes Gewicht zuzumessen.

3.2.2 Die Rezeption von Rechtstexten

Johannes von Kastl entnimmt der Regelerklärung des Petrus Boerius viele juristisch-kanonistische Zitate. Ein Vergleich der drei Teile des 64. Kapitels unter dem Aspekt der Rechtstexte lässt Folgendes erkennen:

---

283 „Secundo debent habere scienciam sacre scripture ut *26. di.*, per totum, et hoc propter tria: Primo propter huius sciencie perfeccionem. ... Secundo propter *heresis* vitacionem, ... Tercio propter subditorum informacionem ...“ JOHANNES <DE CASTELLO>: Exposicio, Cap. 64 BB (clm 18154, fol. 97v(a)).

284 „Primo propter huius sciencie perfeccionem. Hec *est* enim *perfecta virtus et sapiencia, quidquid alibi queritur, hic perfecte invenitur, <37. di., Hinc eciam>*. ... Tercio propter subditorum informacionem, ut *37. di., c. 2.*“ Ebd. (Ebd.).

285 „Secundo propter *heresis* vitacionem, quia dubius in fide hereticus est, *Extra, De hereticis, c. 1.* Fides autem in sacra scriptura docetur, *Extra, De fide, Firmiter* et *23. di., Qui episcopus.*“ Ebd. (Ebd.).

	A – Q	R – Ac	Ad – Do	Summe
Anzahl der Kapitel	16	10	78	104
Decretum Gratiani	114	20	68	202
Decretales Gregorii IX.	22	28	10	60
Liber sextus	15	2	1	18
Clementinen	1	–	–	1
Consuetudines Castellenses	6	–	–	6
weitere Rechtstexte[286]	1	3	1	5
Summe der Zitate	**159**	**53**	**80**	**292**

Den zweiten Teil des 64. Kapitels, der die Beschreibung der Wahlmodi umfasst, übernimmt Johannes von Kastl aus der *Regula cum glossa Petri Boerii.* Bei den zwei anderen Hauptteilen bezieht er sich wiederholt auf diese Regelerklärung, ergänzt aber das Gedankengut des Petrus Boerius mit Zitaten aus anderen Rechtsammlungen.[287]

Zunächst ist der Frage nachzugehen, welche Bedeutung Johannes von Kastl dem Kirchenrecht zumisst. In drei Punkten legt er im Abschnitt Cap. 64 BB die Gründe für die Kenntnis des kanonischen Rechts dar. Bei näherer Untersuchung zeigt sich der systematische Aufbau der Argumente. Für die Prälaten und Priester gilt der Leitsatz, dass sie um das kanonische Recht wissen müssen, damit sie nicht gegen das Gesetz handeln. Diese Maxime geht den folgenden Aussagen voran.[288] Bedeutend ist die Kenntnis des Kirchenrechts, die sich auf die eigene Lebensführung auswirkt.[289] Das Wissen um die Canones kommt bei der seelsorglichen Betreuung der Konventualen zu Geltung, wobei er hier besonders die Beichte anspricht.[290]

---

286 Zu den weiteren Rechtstexten zählen die *Consuetudines castellenses*, die Novellen und die Digesten.

287 Dies ist bei den Abschnitten Cap. 64 G Eligendus sciencia polleat, Cap. 64 M Electores pravi pravum eligunt, Cap. 64 N Electores pravi qualiter peccant et puniantur, Cap. 64 At Abbas quare debet preesse sed prodesse, Cap. 64 Ay Abbas sit doctus lege divina und Cap. 64 Cc Amari plus studeant abbates quam timeri festzustellen.

288 „Debent autem prelati et *sacerdotes scire canones* propter tria, *ne* per ignoranciam *contra* eos offendant, *38. di., Placuit,* quia ignorancia in prelatis et sacerdotibus *nec excusacione est digna nec venia, 38. di., Si in <laicis>.*" Johannes <de Castello>: Cap. 64 BB (clm 18154, fol. 97^{v}(a)).

289 „Secundo, ut se ipsos honeste regant, *Extra, De vite et honestate clericorum,* per totum." Ebd. (Ebd.).

290 „Tercio, ut penitentibus consulere sciant, quia, si prelati *per ignoranciam cecis alys ducatum prebeant, ambo in foveam cadunt, 37. di.,* c. *<Ut> itaque* et *Extra, De etate et qualitate preficiendorum. Cum sit ars artium. Et ideo penitens querat*

Von welcher Bedeutung der oben genannte Leitsatz ist, wird deutlich, wenn man die Art und Weise betrachtet, wie die Capitula des *Decretum Gratiani* bzw. die Canones des Dekretalenrechts verwendet werden. Wiederholt zitiert Johannes von Kastl die Rechtstexte im Zusammenhang mit der Heiligen Schrift: „Item *non* sit *apud* electores private intencionis *accepcio personarum*, ut tangitur, *Act. 10; 1 q. <7>, Incipit: H<ui>c petrus; Deut. <10>; Extra, De prebendis, Venerabili.*“[291] Das Zitat basiert auf dem Text der angegebenen Dekretale.[292] Dieses Gesetz bildet den Ausgangspunkt für seine Ausführungen zur „accepcio personarum“ und zur „nobilitas“, die im Verlauf des Regelkommentars zur Sprache kommen.[293] Für Gott spielt das Ansehen der Person keine Rolle. Aus diesem Grund ist „accepcio“ mit den verwandten Begriffen „accipere“ bzw. „acceptor“ von Bedeutung, da sich alle oben genannten Textstellen genau auf diese Wortfamilie beziehen.[294] Johannes von Kastl greift sehr häufig auf die Capitula des *Decretum Gratiani* zurück. Dabei geht es ihm nicht allein um den Rechtstext. Mit der häufigen Nennung der Bibel bekundet er sein Anliegen, den biblisch-theologischen Hintergrund der Rechtstexte zu erhellen. Das ist in erster Linie mit den Texten aus dem *Decretum Gratiani* möglich, die er besonders häufig zitiert.

An einem weiteren Beispiel soll nun verdeutlicht werden, warum er die *Regula cum glossa Petri Boerii* an manchen Stellen ergänzt hat. Dem Diözesanbischof, den Äbten und Christen aus der Nachbarschaft des Klosters kommt entsprechend dem Vers 5 des 64. Kapitels der *Regula s. Benedicti* die Aufgabe

---

sacerdotem, qui sciat ligare et solvere, De penitencia, di. <6>, Qui <vult>. Nam propter ignoranciam sacerdotis potest subditus licite confiteri alteri quam proprio sacerdoti, De penitencia, di. 6, Placuit.“ Ebd. (Ebd., fol. 97^{v}(a)–97^{v}(b)). Die Beichtpraxis wird auch in den *Consuetudines castellenses* angesprochen. Vgl. Consuetudines castellenses, Cap. 28 (CCM 14/1, MAIER, P. (Ed.), S. 226–229).

291 JOHANNES <DE CASTELLO>: Exposicio, Cap. 64 D, clm 18154, fol. 83^{r}(a).

292 „Nos igitur attendentes, quod non generis, sed virtutum nobilitas vitaeque honestas gratum Deo faciunt et idoneum servitorem, ad cuius regimen non multos secundum carnem nobiles et potentes elegit, sed ignobiles ac pauperes eo, quod non est personarum acceptio apud ipsum, et vix ad culmina dignitatum, nedum praebendas viri eminentis scientiae valeant reperiri, exceptiones huiusmodi non duximus admittendas.“ X 3,5,37 (Fr. S. 481) In diesem Capitulum wird 1 Cor. 1, 26: „... quia non multi sapientes secundum carnem, non multi potentes, sed quae stulta sunt mundi elegit Deus ...“ wiedergegeben.

293 „Non curent nobilitatem, quia Iesu *fabri filio* et *piscatori Petro, Luc. 5, Matth. 4*; *successorem* querimus non augusto, *24 q. 1, Quoniam.* Utrum autem racio nobilitatis habeatur, notatur *Extra, De appellationibus, Constitutus*; ad hoc: *15 q. 1, Illa.*“ JOHANNES <DE CASTELLO>: Exposicio, Cap. 64 D (clm 18154, fol. 83^{r}(a)–83^{r}(b)).

294 „... *quod non est personarum acceptio apud ipsum, ...*“ X 3,5,37 (Fr. S. 481); „... *in veritate conperi quoniam non est personarum acceptor Deus ...*“ Act. 10, 34; „*Huic Petrus concordans ait: „In veritate conperi, quia non est personarum acceptor Deus, etc, ...*“ Grat. 1,7,17 (Fr. 434); „*Deus magnus et potens et terribilis qui personam non accipit nec munera ...*“ Deut. 10,17.

zu, das Wahlergebnis der Bösen zu verhindern.[295] Petrus Boerius geht nur auf die Frage ein, wer diese Mönche sind und veranschaulicht dies durch ein Zitat aus der Nikomachischen Ethik des Aristoteles.[296] Johannes von Kastl nimmt diesen Text auf, schaltet aber einen größeren Abschnitt des Zitates aus der *Benediktsregel* vor um darzulegen, was diese Wähler bewegt. In der Aussage, die Bösen suchen ihresgleichen[297], findet er eine Antwort auf die Frage, wie dieses Wahlergebnis zustandegekommen ist. Der Beweis dafür ergibt sich aus dem geschickten Aneinanderfügen verschiedener Texte aus dem *Decretum Gratiani* und der Heiligen Schrift. Zentrales Argument ist die Aussage, dass es Menschen sind, die nur das Ihrige suchen und nicht die Botschaft Gottes.[298] Johannes ist bemüht, den theologischen Zusammenhang, in dem der Text der *Benediktsregel* steht, der aber in der *Regula cum glossa* des Petrus Boerius nicht zur Sprache kommt, zu klären. Dazu benützt er Texte aus der Heiligen Schrift und einzelne Capitula aus dem *Decretum Gratiani.* Zunächst führt er zwei Schriftzitate an. Daraus erschließt sich ihm, dass die Wähler, die auf Eigennutz bedacht sind, nicht auf den Ratschluss Gottes hören.[299] Eingeleitet bzw. zusammengefasst wird diese Aussage durch zwei Capitula des *Decretum Gratiani.*[300] Die Texte verdeutlichen zum einen das Problem und zum anderen dessen Hintergrund und größere Zusammenhänge, die in der *Glossa cum regula Petri Boerii* nicht erkennbar sind. Gerade im Hinblick auf das oben genannte Beispiel legt Johannes von Kastl das Laster der „avaricia" nicht detailliert dar. Immer sind seine Ausführungen im Zusammenhang mit dem Text der Regel zu sehen. Will man genauere Auskünfte über die „avaricia" einholen, sind die Indices zu konsultieren.[301]

---

295 „... prohibeant praborum praeualere consensum, sed domui dei dignum constituant dispensatorem, ..." RB 64, 5 (CSEL 75, HANSLIK, R. (Ed.), S. 164).

296 „Pravorum: Pravi sunt malis deteriores iuxta nota scilicet que sunt instrumenta ... Aristoteles IX. Ethicorum: Pravus nichil amicabile habet nec ad se ipsum nec ad alium." BOERIUS, P.: Regula cum glossa, Cap. 64 (Ms 155, fol. 225v(b)).

297 „Tales siquidem pravi quem alium eligerent nisi viciosum et pravum. Nam simile applaudat suo simili, et potest esse racio, quia *nunc crevit avaricia* in clero." JOHANNES <DE CASTELLO>: Exposicio, Cap. 64 M (clm 18154, fol. 86v(a)).

298 „Et nunc *sanam doctrinam non sustinent, sed ad sua desideria coacervant sibi magistros prurientes auribus, 2 Tim. 4* et *26 q. 5, Nec mirum, querentes sua, non que Iesu Christi, Philipp. 2.*" Ebd. (Ebd.).

299 Die entscheidenden Stellen sind 2 Tim. 4, 3 und Philipp. 2, 21. Die Stelle Ezech. 7, 26 steht im Zusammenhang mit dem *Decretum Gratiani.*

300 Grat. 93,23 (Fr. 326) und Grat. 8,2,2 (Fr. 598). Erwähnt wird noch die Stelle Grat. 26,5,14,§8 (Fr. 1033), dessen Grundlage ein Abschnitt aus dem 2. Timotheusbrief ist.

301 JOHANNES VON KASTL geht an verschiedenen Stellen seines Regelkommentars auf die *avaricia* ein. In clm 18152 fol. 6r(b) werden in der Tabula alphabetica folgende Stellen angegeben: „Avaricia religiosorum unde sit 18 r 18 s"; „Avaricia laqueus dicitur diabuli 18 s"; „Avaricie currus 18 t"; „Avaricie et cupiditatis differencia 4 h"; im Index von clm 18153, fol. 11v(b) wird angeführt: „Avaricie et prodigalitatis differencia 31 y"; „Avaricia at gravius sit peccatum quam prodigalitas 31 aa";

In den drei Teilen des 64. Kapitels kommen zwei Rechtstexte als Dubletten vor. Da diese Texte auf das erste und zweite Hauptstück verteilt sind, gelten sie in gleicher Weise für die Mönche wie für den Abt. Im ersten Text wird der Abt ermuntert, keine falsche Bescheidenheit gegenüber dem Amt zu zeigen, da dies seiner Autorität schadet.[302] Die zweite Dublette steht im Zusammenhang mit der Zustimmung des Kandidaten zur erfolgten Wahl. Von einer sicheren Berufung zum Abtsamt ist dann auszugehen, wenn „der Eingeladene abwinkt, der Gefragte flüchtet."[303] Neben diesen beiden Dubletten gibt es an verschiedenen Stellen noch eine ganze Reihe weiterer Texte, die sich inhaltlich berühren, aber nicht wörtlich übereinstimmen.

3.2.3 Die Consuetudines castellenses *und der Regelkommentar des Johannes von Kastl*

Der Regelkommentar des Johannes von Kastl und die *Consuetudines castellenses* stehen an verschiedenen Stellen in Verbindung. Aus dieser Beobachtung ergeben sich zwei Fragestellungen: Inwieweit diente der Regelkommentar den *Consuetudines castellenses* als Vorlage? Diese Frage berührt in erster Linie die Textkritik. Umgekehrt ist zu fragen, ob Johannes von Kastl die Brauchtexte seines Klosters in seinem Regelkommentar verarbeitet hat. Eine Antwort soll an dieser Stelle gesucht werden. Um die möglichen literarischen Abhängigkeiten darstellen zu können, sind die redaktionsgeschichtlichen Zusammenhänge der Kastler Brauchtexte genauer darzustellen.

„Avaricie detestacio et insaciabilitas 31 as 31 av"; „Avaro tam deest quod habet quam quod non habet 31 at"; „Avaricia religiosorum invehitur 57 y"; „Avaricia quam sit religiosis periculosa 57 z"; „Avaricia quid sit et unde causatur 57 aa"; der Index von clm 18154, fol. 2ᵛ(a) gibt folgende Abschnitte an: „Avarus non sit prelatus 64 co"; „Avarus prelatus tria mala incurrit 64 cp"; „Avarus quare non saciatur peccunia 64 cq"; „Avaricia prodigalitati comperata 64 co"

302 „... dum nimium seruatur humilitas, regendi frangatur auctoritas." Grat. 86,4 (Fr. S. 298). JOHANNES VON KASTL schreibt im Cap. 64 BU seiner *Exposicio*: „*Dum nimium servatur humilitas* correccionis vel *regendi, frangitur auctoritas; 86. di., Quando.*" (clm 18154, fol. 103ᵛ(b)); ferner: „Non tamen nimis humilietur, quia, *dum nimium servatur humilitas, regendi frangitur auctoritas, 86. di., Quando.*" Ebd., Cap. 64 J (Ebd., fol. 85ʳ(a)). Das Problem falscher Bescheidenheit gegenüber dem Abtsamt wird auch in modernen Texten behandelt: „Rechthaberei und die Angst, Verantwortung zu delegieren, soll er ebenso ablegen wie Unentschiedenheit, Empfindlichkeit und falsche Bescheidenheit seinem Amt gegenüber." Gerufen von Gott. Der Weg des hl. Benedikt für unsere Zeit. Die Satzungen der Bayersichen Benediktiner-Kongregation (Spiritueller Teil), Cap. 89, S. 45.

303 „... qui inuitatus rennuit, quesitus refugit ..." Grat. 1,6,3 (Fr. 425) Bei JOHANNES VON KASTL heißt es im Cap. 64 J seiner *Exposicio*: „Ymo eligendus debet a deo vocari. Iste autem vocatur a deo, *qui invitatus rennuit, quesitus fugit, 1 q. 6, Sicut;*" (clm 18154, f, 85ᵛ(a));"*Et contra installatum instatur verbo Gregory: Qui ultro, inquit, ambit vel importune se ingerit dignitati, est procul dubio repellendus, sicut qui invitatus rennuit et quesitus refugit, admovendus; 1 q. 6, c. fine.*" Ebd., Cap. 64 X (ebd., fol. 90ʳ(b)–90ᵛ(a))

Die Kastler *Consuetudines* liegen in drei unterschiedlichen Redaktionsstufen vor.[304] Die Reformstatuten wurden erstmals 1391 redaktionell bearbeitet.[305] Erhalten blieben sie im Füssener Kloster St. Mang, wo sie zwischen 1397 und 1410 eingeführt worden sind.[306]

Die zweite Redaktion kann auf das Jahr 1418 festgesetzt werden. In diesem Jahr wurden die Kastler Brauchtexte im Kloster Weihenstephan eingeführt. Die Textfassungen der *Consuetudines,* die in Weihenstephan und Reichenbach verfasst wurden, stammen aus dieser Zeit. Neben dem Kloster St. Ägidien in Nürnberg ist als weiteres Zentrum der Kastler Reform das Kloster Reichenbach zu nennen.[307]

In der Zeit des Basler Konzils (1431–39) wurden die Kastler Brauchtexte das letzte Mal redaktionell überarbeitet.[308] Die überlieferten Texte stammen aus den Klöstern St. Gallen, Donauwörth, Füssen und St. Emmeram/Regensburg.

Peter Maier stellt die Kastler Brauchtexte, die sich redaktionell unterscheiden, einander gegenüber. Auf die Wahl des Abtes und dessen Amtsführung gehen in der ersten Textfassung der *Consuetudines* die ersten zwei Kapitel ein.[309] Ferner wurden in den ersten beiden Redaktionsstufen die Brauchtexte aus den Klöster Füssen, Weihenstephan und Reichenbach den örtlichen Verhältnissen angepasst. Sie weisen Lokalkolorit auf. Die Reichenbacher Statuten wurden an mehreren Stellen erweitert.[310] Bei der dritten redaktionellen Überarbeitung wurde allerdings das Kapitel über die Wahl des Abtes gänzlich getilgt.[311]

Vergleicht man die Abtswahl in den Statuten mit dem Regelkommentar des Johannes von Kastl, fällt ein Kapitel auf, das in beiden Texten zu lesen ist. Es handelt sich um die *Summa de eleccione* des Kanonisten Johannes Andreae (ca. 1270–1348).[312] Diese Summe legt dar, welche Vorkommnisse die Wahl eines Prälaten ungültig machen. Während in den *Consuetudines castellenses* dieser Traktat 31 Fälle enthält, findet er sich in der *Exposicio* des Johannes von Kastl mit 30 Punkten wieder. Bei genauer Analyse und Gegenüberstellung der Texte ergibt sich folgendes Bild:

---

304 Vgl. CCM 14/1, MAIER, P. (Ed.), S. XXIV.
305 Vgl. ebd., S. XI.
306 Vgl. ebd., S. XII.
307 Vgl. ebd.
308 Vgl. ebd., S. XXXV.
309 Vgl. ebd., S. XXVI. XXIX.
310 Vgl. ebd., S. XXXIII.
311 Vgl. ebd., S. XXXV.
312 Zur *Summa de eleccione* vgl. CCM 14/1, MAIER, P. (Ed.), S. 9–12; zu *Johannes Andreae* vgl. PLÖCHL, W.: Geschichte des Kirchenrechts, Band 2, S. 449.

CCM 14/1, S. 10f.	Johannes von Kastl, Exposicio in regulam s. Benedicti, clm 18154, fol. 83^{r}(b) – 83^{v}(b)
... Primus, si omittatur forma tradita in iure, de electione, *Quia propter diversas* et cetera.	... *Primo, si obmittatur forma tradita in iure, De elecctione, Quia propter.*
Secundus, si eligatur corpore episcopi seu abbatis non sepulto.	*Secundo, si eligatur corpore* prelati *non*dum *sepulto.*
Tercius, si fuerit tractatus habitus cum eligendo vel cum amicis suis vel per inquisicionem. ...	*Tercio, si fuerit* con*tractus habitus cum eligendo vel cum amicis suis vel per inquisicionem.* ...
Quintus, si electio fuerit facta per abusum secularis potestatis. ...	*Quinto, si eleccio fuit facta per abusum secularis potestatis.* ...
Octavus, si fiat electio ad clamorem populi et cetera. ...	*Octavo, si fiat eleccio ad clamorem populi*, nisi sit ex inspiracione divina. ...
Undecimus, si fiat a minore parte capituli.	*Undecimo, si fuerit a minor*i *parte capituli.*
Duodecimus, si non fiat a maiore parte capituli et saniore.	*Duodecimo, si non fiat a maiore parte capituli et sanior*i.
Tredecimus, si fiat electio a suspensis.	*Tredecimo, si fiat eleccio a suspensis* vel interdictis vel *de interdicto vel suspenso.*
Quartus decimus, si fiat de interdicto vel suspenso.	
Quintus decimus, si fiat ab excommunicato vel de excommunicato vel qui interdictum non servavit. ...	14, *si fiat ab excomunicat*is *vel de excomunicato vel qui interdictum non servavit.*
	...
Vicesimus, si eligatur in abbatem vel priorem nulla facta professione.	19, *si eligatur* quis *in abbatem vel priorem nulla facta professione.*
Vicesimus primus, si fiat per subreptionem electio.	20, *si per subrepcionem eleccio fiat.*
	...
Vicesimus sextus, si mandat papa, quod eligatur aliquis consilio aliquorum et si electores postea sine illorum consilio. ...	25, *si mandat* persona, *quod eligatur aliquis de consilio aliquorum, et si electores post eligant sine illorum consilio.* ...
Vicesimus octavus, si capitulum eligat quinque, quibus committit, ut ipsi eligant illum, in quem non omnes quinque vel maior pars eorum consenserit. ...	27, *si capitulum eligat quinque, quibus committit, ut illi, ipsi eligant illum, in quem non omnes quinque vel maior pars eorum consenserit.* ...
Tricesimus, si eligatur vel postuletur, cuius electio vel postulatio ante fuerit	29, *si eligatur vel postuletur, cuius eleccio vel postulacio* ante *fuit cassa-*

cassata vitio personae.	*ta vicio persone.*
Tricesimus primus, si electio fiat subalternatim et incerte, ut in constitucione nona Lugdunensi, que incipit *In Eleccionibus.*	*30, si eleccio fiat subalternatim et incerte, ut institucione nova Lugdunensis, que incipit: In Eleccionibus etc.*

Ein Vergleich der *Exposicio* mit den *Consuetudines* lässt erkennen, dass Johannes von Kastl den angeführten Abschnitt den Kastler Brauchtexten entnommen hat. Sie gehen im 13. und 14. Punkt darauf ein, welcher Personenkreis von der Wahl ausgeschlossen ist. In die *Exposicio* sind diese Abschnitte in bearbeiteter Form übernommen worden. Aber auch in den ersten beiden Gliederungspunkten sind Spuren einer Bearbeitung erkennbar. Während die *Consuetudines* den Titel des Gesetzes ausführlich zitieren, entscheidet sich Johannes für die Kurzfassung. Ist in den Brauchtexten im zweiten Punkt noch von den Bischöfen und Äbten zu lesen, wurde in der *Exposicio* diese Aufzählung durch den Begriff des Prälaten ersetzt. Entsprechend dem 8. Punkt ist eine Wahl dann ungültig, wenn sie unter dem Tumult des Volkes oder ähnlichen Umständen stattfindet. Die *Exposicio* lässt dagegen eine differenziertere Sicht dieses Problems erkennen. Die Akklamation stellt eine gültige Möglichkeit dar, einen Abt zu wählen. Damit diese Vorgabe ersichtlich wird, arbeitet Johannes von Kastl den Text unter diesem Aspekt um. Sodann ist eine weitere Korrektur zu erkennen. Laut *Consuetudines castellenses* kann das Mandat des Papstes die Wahl des Oberen ungültig machen. Da aber ein weit größerer Personenkreis die Wahl beeinflussen kann, ersetzt Johannes von Kastl den Begriff „papa" durch das Wort „persona".

In den *Consuetudines castellenses* tritt die Bedeutung der Regelkommentare deutlich hervor. Im täglichen Kapitel wurden abwechselnd die *Benediktsregel* und ein Kommentar zur *Regula s. Benedicti* vorgelesen; ausdrücklich wird hierbei auf die *Exposicio* des Bernardus Ayglerius hingewiesen.[313] An einer anderen Stelle – es geht um die Fußwaschung – verweisen die *Consuetudines castellenses* auf den Regelkommentar des Petrus Boerius, wobei aus dem Text nicht hervorgeht, welches Werk gemeint ist.[314] Folglich sind beide Regelkommentare in der Abtei Kastl und den Klöstern der Kastler Reformbewegung studiert und rezipiert worden. In welchem Umfang dies geschah, wird nun näher untersucht. Dabei soll auch die Frage beantwortet werden, ob Johannes von Kastl weitere monastische Quellenliteratur in seiner *Exposicio* verarbeitet hat.

---

313 „Potest etiam alternatis diebus legi Bernhardus Cassinensis vel unus alius regulae expositor, ita ut una die legatur textus regulae, alio die expositio." Consuetudines castellenses, Cap. 35 (CCM 14/1, MAIER, P. (Ed.), S.293) (Redaktion E).

314 „Refert Petrus Boerii in lectura sua super regulam, quod in monasterio suo in die Cenae hoc ad litteram conservatur." Ebd., Cap. 16 (Ebd., S. 155) (Redaktion GEDFF).

3.2.4 Die Rezeption von monastischer Quellenliteratur

In der Interpretation der *Regula s. Benedicti* steht Johannes von Kastl in einer großen Tradition monastischer Texte. Aus der untenstehenden Tabelle ist zu entnehmen, welche Autoren monastischer Provenienz für ihn besonders in Frage kamen:

	A–Q	R–Ac	Ad–Do	Summe
Anzahl der Kapitel	16	10	78	104
Petrus Boerius	17	10	50	77
Bernardus Ayglerius	4	11	42	57
Bernhard von Clairvaux	1	–	12	13
Petrus Damiani	2	–	9	11
Smaragdus von Sankt Mihiel	–	–	14	14
Paulus Warnefridus Diaconus	–	–	1	1
Benedikt von Aniane	–	–	1	1
Summe der Zitate	24	21	129	174

Die *Regula s. Benedicti* wurde erstmals durch Abt Smaragdus von Sankt Mihiel interpretiert. Dieser Kommentar wurde nach 816 verfasst; also zur Zeit der karolingischen Klosterreform.[315] Johannes von Kastl war dieses Werk bekannt. Neun von den 14 Zitaten gelangten auf dem Weg über die *Regula cum glossa* des Petrus Boerius in den Kastler Regelkommentar.

Die verbleibenden sechs Zitate sprechen für eine eigenständige Benutzung des frühmittelalterlichen Kommentars durch Johannes von Kastl. Der kontextuelle Zusammenhang eines Hieronymus- und eines Bibelzitates legt den Gedanken nahe, dass Johannes in der *Exposicio in regulam s. Benedicti* des Smaragdus von Sankt Mihiel diese Zitate entdeckt und in sein Werk übernommen hat.[316] Die vier verbleibenden Zitate zeigen, wie der Abt auf die Mönche individuell eingehen soll. Der Abt soll sich wie ein Arzt der Mitbrü-

---

315 Vgl. ebd., S. XXIX f.

316 Im Cap. 64 BY der *Exposicio* des JOHANNES <DE CASTELLO> findet sich folgendes Zitat: „*Qui enim, ut ait Ieronimus, peccatori non porrigit manum, nec portat onus fratris sui, quassatum calamum confringit, ...*" (clm 18154, fol. 104v(a)), das an der gleichen Stelle in der *expositio in regulam s. Benedicti* des SMARAGDUS VON SANKT MIHIEL steht. Vgl. SMARAGDUS <SANCTI MICHAELIS>: Smaragdi Abbatis expositio in regulam s. Benedicti, Cap. 64 (CCM 8, SPANNAGEL, A.; ENGELBERT, P. (Ed.), S. 316). In gleicher Weise ist davon auszugehen, dass 1. Tim 5,17 in Cap. 64 Dk aus dem Regelkommentar des SMARAGDUS übernommen wurde, da es dort im gleichen Kontext steht. Vgl. ebd., S. 318.

der annehmen und sie entsprechend den Fehlern, die er an ihnen erkennt, behandeln.[317] Hat der Abt das Versagen eines Mitbruders zu ahnden, so muss er die Strafe, den Schuldigen und die Vorgehensweise beachten.[318] Bei der Zuteilung der Arbeit ist der Vorsteher gehalten, jeden Einzelnen zu berücksichtigen. Besonders hilfreich ist ihm dabei die eigene Erfahrung.[319]

Neben der *Expositio in regulam s. Benedicti* des Smaragdus von Sankt Mihiel war Johannes von Kastl eine Regelinterpretation bekannt, die Paulus Warnefridus Diaconus zugeschrieben wird. Es handelt sich hierbei um die Rezension (A) eines Regelkommentars, der als Lehrvortrag auf Hildemar von Corbie zurückgeht.[320] Die Rezension B wurde unter dem eigentlichen Autorennamen veröffentlicht.[321] Obwohl der Redaktor der Rezension C eigentlich unbekannt ist, wird sein Werk als „Basiliuskommentar" bezeichnet.[322] Der Name Paulus Diaconus wird in der *Exposicio* des Johannes von Kastl an zwei

---

317 „*Quidquid enim caritatis officio geritur, ad salutis profectum sine dubio venit.* Alter *enim uni et aliter convenit ipsa salutis impensio alteri. Et ideo more medici abbas aliter unum, aliter vero* alium *secundum quantitatem* et *qualitatem delicti sanare studeat* et mederi." JOHANNES <DE CASTELLO>: Exposicio, Cap. 64 BZ (clm 18154, fol. 105v(b)). Die kursiven Hervorhebungen, die von mir stammen, entsprechen: SMARAGDUS <SANCTI MICHAELIS>: Smaragdi Abbatis expositio in regulam s. Benedicti, Cap. 64 (CCM 8, SPANNAGEL, A.; ENGELBERT, P. (Ed.), S. 316).

318 „Sunt et alie cause timoris prelatorum, scilicet quod sint potentes in punicione, quia ut patet ex *2. Rethorice*: Potissime timentur potentes propter puniciones, quas *exercent in subditos*. In punicione autem tria sunt consideranda, scilicet punicio ipsa, persona punita et modus puniendi." JOHANNES <DE CASTELLO>: Exposicio, Cap. 64 CG (clm 18154, fol. 108r(b)) Die kursiven Hervorhebungen, die von mir stammen, entsprechen: SMARAGDUS <SANCTI MICHAELIS>: Smaragdi Abbatis expositio in regulam s. Benedicti, Cap. 64 (CCM 8, SPANNAGEL, A.; ENGELBERT, P. (Ed.), S. 317).

319 „*Sic ergo* omnis *labor*is *accio temperetur, ut alacri animo* fortes *ad hunc cupiant in operibus exerceri*, et dicit: Cupiant scilicet *agere vel* ad*implere* scilicet opus iniunctum; *et infirmi non refugiant* ipsum opus iniunctum vel ipsius operis pondus." JOHANNES <DE CASTELLO>: Exposicio, Cap. 64 DC (clm 18154, fol. 113v(b)) Die kursiven Hervorhebungen, die von mir stammen, entsprechen: SMARAGDUS <SANCTI MICHAELIS>: Smaragdi Abbatis expositio in regulam s. Benedicti, Cap. 64 (CCM 8, SPANNAGEL, A.; ENGELBERT, P. (Ed.), S. 317). „Unde *Smaragdus*: *Super omnia* , inquit, *beatus Benedictus iubet abbatem regulam* istam *observare, ut, qui est primus nomine, sit* eciam *primus in operacione, et quod ore predicat, opere compleat. Et prior in humeris vel cervicibus suis portet, que portare fratres iubet, et utrum sint levia an gravia, que fratribus inponit onera, experimento cognoscat*." JOHANNES <DE CASTELLO>: Exposicio, Cap. 64 DJ (clm 18154, fol. 115r(b)) Die kursiven Hervorhebungen, die von mir stammen, entsprechen: SMARAGDUS <SANCTI MICHAELIS>: Smaragdi Abbatis expositio in regulam s. Benedicti, Cap. 64, 20, 5–9 (CCM 8, in SPANNAGEL, A.; ENGELBERT, P. (Ed.), S. 318).

320 Vgl. HAFNER, W.: Der Basiliuskommentar, S. 110f.

321 HILDEMARUS <CORBIENSIS>: Expositio regulae (MITTERMÜLLER, R. (Ed.)).

322 Vgl. HAFNER, W.: Der Basiliuskommentar, S. 143.

Stellen ausdrücklich genannt.[323] Die Textanalyse zeigt, dass er auf diesen Regelkommentar keinen direkten Zugriff hatte. Er kennt dieses Werk nur aus *In regulam s. Benedicti expositio* des Bernardus Ayglerius[324] und der *Regula cum glossa Petri Boerii.*[325] Analysiert man Textpassagen und Bilder, die in den einzelnen Regelkommentaren zur Sprache kommen, findet man diese in den frühmittelalterlichen Regelkommentaren wesentlich vorgebildet.[326]

---

323 *„Dicit tamen Paulus Dyaconus, quod zelotipus est zelo sollicitudinis plenus. Suspiciosus typo repletus, ut que non fiunt, semper fieri suspicetur. Sed nota, quod dicit nimis, ne incaute permittat fieri absconse mala et acciones tolleret malorum. Secundum vero Paulum Dyaconum ista duo non ad spiritualia, sed temporalia transferuntur, ut* scilicet *non sit nimis suspiciosus circa officiales, qui habent administraciones temporalium et curas.*" JOHANNES <DE CASTELLO>: Exposicio, Cap. 64 CR (clm 18154, fol. 111r(a)).

324 Vgl.BERNARDUS <AYGLERIUS>: In regulam, Cap. 64 (CAPLET, A. (Ed.), S. 404).

325 Vgl. BOERIUS, P.: Regula cum glossa, Cap. 64 (Ms 155, fol. 231r(b)).

326 In der Rezension A des Hildemarkommentars heißt es in der Einleitung zum 64. Kapitel: „*obsculta o fili praecepta magistri.* eoquod discipulos ammonuit **oboedire** magistro. Deinde totum corpus comprehendit; cum **de generibus** vel vita **monachorum** dixit. Ait enim; ad coenovitarum fortissimum genus disponendum; adiuvante christo veniamus. Quod vero quasi **caput** huius corporis constituit; cum de abbate dixit; **qualis debeat esse** tam in se; quam in exterioribus. Post vero; ***de instrumentis bonorum operum.*** deinde **de** duodecim **gradibus humilitatis.** post autem; **de officiis divinis. deinde de iudiciis. Postmodum** ..." PAULUS <DIACONUS>: In sanctam regulam commentarium, Cap. 64 (Florilegium Cassinense, S. 159); Bei BERNARDUS AYGLERIUS folgt eine ähnliche Aufzählung der Regelkapitel: „... primo egit **de generibus monachorum.** et incontinenti adiecit ad regulandum cenobitas, **qualis debeat esse** abbas. postmodum premisso de adhibendis ad consilium fratribus, subiecit **de instrumentis bonorum operum.** de **obedi**entia et taciturnitate. **de gradibus humilitatis.** et **de divinis officiis. deinde de iudiciis.** ac **postmodum** convenienter sicut in singulis continuationibus videre poteris ad disponendum totum corpus monasterii suum tractatum extendendo processit. quia vero hominibus **ex contactu originalis peccati omnibus sententia mortis est indicta corporalis. et abbas perconsequens** est **mortalis.** convenienter agitur **hic qualiter** patre **defuncto successor debeat ordinari.**" BERNARDUS <AYGLERIUS>: In regulam, Cap. 64 (CAPLET, A. (Ed.), S. 389). Im Cap. 64 der *regula cum glossa Petri Boerii* heißt es: „Postquam egit magister **de generibus monachorum** et **capud** et membra pro ut melius potuit ordinavit considerans quod **ex contractu originalis peccati omnibus mortis corporalis sentencia est indicta** cum nichil in humana condicione existat quod perpetuo stare possit **et abbas perconsequens** sit **mortalis** non incongrue **hic** subiunxit **qualiter** abbate **defuncto successor debeat ordinari.**" (Ms 155, fol. 223v(b)–224r(a)) (Die Hervorhebungen im Fettdruck stammen von mir.) Ein weiteres Beispiel, das hier nicht näher ausgeführt werden soll, findet sich im Zusammenhang mit dem Bild des Rostes (RB 64,12). Der Ausgangspunkt für die Ausführungen des BERNARDUS AYGLERIUS finden sich in der Rezension A des Hildemarkommentars, wo es ausdrücklich heißt: „Sunt enim tales homines, qui naturaliter habent qualecumque vitium. Et sunt alii; qui non naturaliter habent aliquid vitium. sed postea illud assumpserunt. Itaque iste qui non habet illud vitium naturaliter; potest emendare. Ille autem qui naturaliter habet qualecumque vitium; emendari non potest." PAULUS <DIACONUS>: In sanctam regulam commen-

Aus dem Gesamtwerk des Petrus Damiani greift Johannes von Kastl für seinen Kommentar zum 64. Kapitel der *Regula s. Benedicti* die Epistulae 61, 66, 69, 105, 132 und 153 heraus.

Im Brief 61 wendet sich Petrus Damiani an Papst Nikolaus II. und ermuntert ihn, gegen die Bischöfe vorzugehen, die im Konkubinat leben.[327] Im selben Jahr (1059) oder im darauf folgenden Jahr schreibt Damiani einen Brief an die Gräfin Bianca de Torino. In diesem Brief (Nr. 66) lobt er ihre Entscheidung, sich von der Welt abzukehren, um an der Glorie des Paradieses teilzuhaben.[328] Kritisch wendet er sich 1059/60 in einem Schreiben (Nr. 69) an den Kardinalbischof von Albano, Bonifatius, indem er sich über Simonie und Gebührenerhebung beklagt.[329] Der Brief 105 wurde 1064 abgefasst und ist an Abt Bonizo von San Pietro in Perugia gerichtet.[330] Da der Absender in seinem Schreiben sehr oft auf die *Benediktsregel* Bezug nimmt, ist mit einem starken Einfluss auf die eremitische Bewegung zu rechnen.[331] Petrus Damiani honoriert darin den Rücktritt Bonizos vom Abtsamt, der wohl aus Sorge um dessen eigenes Seelenheil geschah.[332] 1065/70 schreibt er an seinen Neffen Marinus und unterweist ihn im monastischen Leben.[333]

Ein interessanter Einblick, wie Johannes von Kastl mit den Quellentexten umgeht, ergibt sich, wenn man die Rezeption des Briefes 105 von Petrus Damiani in den Kastler Regelkommentar untersucht. Johannes von Kastl zitiert sehr lange Passagen aus diesem Brief. Den Abweichungen nach verwendet er einen Text, der im Umfeld der Handschrift *G 1* entstanden ist. Diese Handschrift stammt möglicherweise aus dem Kloster Maria Schnee in Prag und wurde 1404 nach der Vorlage a geschrieben. Von diesem Exemplar a, das

---

tarium, Cap. 64 (Florilegium Cassinense, S. 161). BERNARDUS AYGLERIUS schreibt: „... aut vitium novum. aut vetustate quasi in naturam conversum. aut nature coniunctum vel annexum. Vasis ergo considera qualitatem quia aliter debile. aliter potest solidum contrectari; aliter novum; aliter vetus. aliter coniunctum nature vitium habet mederi. quod est novum est in superficie. quod vetus ad medium pertingit fere; quod pene naturale vel coniunctum nature, est incorporatum quasi subiectum." Ders., In regulam s. Benedicti expositio, S. 402.

327 Vgl. PETRUS <DAMIANI> u.a.: Liber Gomorrhianus, S. 22; vgl. ders.: Epistola 61 (MGH.Ep 4,2,4,2, REINDEL, K. (Ed.), S. 206, Einleitung).

328 Vgl. PETRUS <DAMIANI> u.a.: Liber Gomorrhianus, S. 22; vgl. ders.: Epistola 66 (MGH.Ep 4,2,4,2, REINDEL, K. (Ed.), S. 247, Einleitung).

329 Vgl. PETRUS <DAMIANI> u.a.: Liber Gomorrhianus, S. 22; vgl. ders.: Epistola 69 (MGH.Ep 4,2,4,2, REINDEL, K. (Ed.), S. 247, Einleitung).

330 Vgl. PETRUS <DAMIANI> u.a.: Liber Gomorrhianus, S. 24; vgl. LOHMER, C.: Heremi conversatio, S. 56. 58.

331 Vgl. ebd.

332 „Karissime pater, dignas auctori bonorum Deo gratias refero, qui te per suum spiritum docuit periculoso hoc tempore aridam virgam vanae praelationis abicere ad privatam animae tuae custodiam expeditis gressibus festinare." PETRUS <DAMIANI>: Epistola 105 (MGH.Ep 4,2,4,3, REINDEL, K. (Ed.), S. 159, Z. 7–10).

333 Vgl. PETRUS <DAMIANI> u. a.: Liber Gomorrhianus, S. 26; vgl. ders.: Epistola 69 (MGH.Ep 4,2,4,3, REINDEL, K. (Ed.), S. 438, Einleitung).

heute als verloren gilt, könnte auch der Kastler Regelkommentator abgeschrieben haben, da sich nicht alle Abweichung von G 1 im Text der *Exposicio* finden.[334] Vermutlich lag ihm der Brief als Exzerpt vor. Bemerkenswert ist der Charakter dieses Exzerpts, da sich darin bis auf eine einzige Ausnahme kein Zitat aus der Heiligen Schrift oder aus der *Benediktsregel* findet. Der Urheber war allem voran an den „Verba authentica" des Petrus Damiani interessiert. Johannes von Kastl gruppiert für seinen Kommentar ganze Textblöcke um, ohne sich an deren ursprüngliche Abfolge zu halten. Folgt man dem Verlauf des Briefes und vergleicht dazu die *Exposicio in regulam s. Benedicti* des Johannes von Kastl, so findet sich der Text des Briefes in folgenden Kapiteln wieder: Cap. 64 CV – Cap. 64 CX – Cap. 64 AQ – Cap. 64 CI – Cap. 64 L – Cap. 64 CI – Cap. 64 L. Dieser Abfolge gemäß wurde der Brief vor der Abfassung des Regelkommentars exzerpiert und durchgearbeitet. Dabei wurden vor allem Abschnitte aus dem ersten Teil des Briefes verwendet; der abschließende Teil des Schreibens fand keine Verwendung; die Exzerpte wurden ihrem Inhalt entsprechend in die *Exposicio* aufgenommen.

Kurt Reindel legt in seinem Aufsatz: „Petrus Damiani in Bayern" dar, dass dessen Werke im Zuge der Melker Reform ihren Siegeszug antraten.[335] Die Klöster Tegernsee, Andechs, Fürstenfeld und Ebersberg besaßen wichtige Handschriften.[336] Auch Weltpriester interessierten sich für das Werk des Petrus Damiani; erinnert sei hier an Rudolph Volkart von Heringen, der in Regensburg wirkte und 1445 nach München kam. Es besaß eine Handschrift, die Werke Damianis enthielt.[337] Mit der literarkritischen Analyse des 64. Kapitels der *Exposicio in regulam s. Benedicti* des Johannes von Kastl ist jedoch festzuhalten, dass bereits gegen Ende des 14. Jahrhunderts, also noch vor der Melker Reform, die Werke des Petrus Damiani ihren Siegeszug begannen, indem sie Eingang in die Kastler Reform fanden. Hervorzuheben ist hier vor allem die Art der Rezeption. Johannes von Kastl wählte bestimmte Texte aus, integrierte sie seinem Traktat und ließ sie in einem neuen Kontext ihre Wirkmächtigkeit entfalten. Ein besonders beeindruckendes Beispiel für den lebendigen Umgang mit dem Gedankengut des Petrus Damiani findet sich im Absatz O der *Exposicio in regulam s. Benedicti.* Johannes von Kastl geht hier auf die Eigenschaften des Abtes ein, der im Sinne eines guten Verwalters handeln soll. Petrus Damiani umschreibt in der Epistula 153 neben dem Priorenamt die Aufgabe des Tischlesers und das Amt des klösterlichen Cellerars.[338] Der Kastler Regelkommentator greift nun diesen Textabschnitt auf, löst ihn aus seinem ursprünglichen Kontext, bezieht ihn auf den Abt und gibt ihm somit eine gewichtigere und größere Bedeutung. Aber nicht nur in der *Exposicio* wurden die Texte des Petrus Damiani rezipiert, sondern auch in den *Consue-*

---

334 Vgl. REINDEL, K.: Einleitung, S. 23; vgl. ders.: Studien zur Überlieferung, S. 102 f.

335 Vgl. ders.: Petrus Damiani in Bayern, S. 330.

336 Vgl. ebd., S. 330–332.336 f.

337 Vgl. ebd., S. 337 f.

338 PETRUS <DAMIANI>: Epistola 153 (MGH.Ep 4,2,4,4, REINDEL, K. (Ed.), S. 46–51).

tudines castellenses wird auf seine Werke hingewiesen. So wird im Prologus der Kastler Brauchtexte ausdrücklich das Opusculum *Apologeticum de contemptu saeculi* genannt.[339] Ferner sei erwähnt, dass sich im Kastler Bibliothekskatalog von 1600 verschiedene Werke des Petrus Damiani finden, u. a. ein „Tractatus de simonia", eine Schrift „De incontinentia sacerdotum", der oben schon erwähnte „Liber apologeticus de contemptu mundi" und „Quaedam notabilia".[340]

Sehr häufig bezieht sich Johannes von Kastl direkt auf den Regelkommentar des Bernardus Ayglerius. Bei der Abfassung seiner *Exposicio* lag ihm möglicherweise auch das *Speculum monachorum* des Bernardus Ayglerius vor, in dem viele Schriften Bernhards von Clairvaux rezipiert wurden.[341] Dem Kastler Regelkommentator kann also der Einfluss des Zisterzienserordens auf das Schrifttum, das in Montecassino entstanden war, nicht entgangen sein. Zudem weisen die *Consuetudines castellenses* zwei Stellen aus, in denen Bernhard von Clairvaux ausdrücklich genannt wird: Hinsichtlich der Formen des Singens und Psallierens wird ausdrücklich auf eine Hoheliedpredigt Bezug genommen, in der Bernhard die Regel Benedikts interpretiert.[342] Mit den *Consuetudines castellenses* teilt Johannes von Kastl die Vorliebe für die Hoheliedpredigten; sehr gern benützt er die Schrift *De consideratione*, die er immer wieder für seine Regelerklärung heranzieht. Diese Werke sind von ihrem Ursprung her an Mönche gerichtet.[343] Johannes von Kastl unterscheidet sich in seiner Auswahl der bernhardinischen Werke von Bernardus Ayglerius. Dieser benutzt an einer vergleichbaren Stelle im *Speculum monachorum* die *Apologia ad Guillelmum Abbatem* und die *Epistola ad sanctimonialem quamdam de monasterio sanctae Mariae Trecensis*[344], die Johannes von Kastl nicht verwendet. Wenngleich sich die Rezeption der *Apologia* in den *Consuetudines castellenses* an mehreren Stellen nachweisen lässt[345], ist man überrascht, sie nicht im 64. Kapitel der *Exposicio* zu finden.

---

339 Consuetudines castellenses, Prologus (CCM 14/1, MAIER, P. (Ed.), S. 3) (Redaktion ARW GE).

340 Vgl. SUDBRACK, J.: Die geistliche Theologie, Teil 2, S. 176.

341 Vgl. MOSHER, P.: Abbot Bernard I of Montecassino, S. 115.

342 „Praecipue illam formam cantandi et psallendi teneamus, quam docet beatus Bernhardus in sermone quadragesimo septimo super *Cantica canticorum*, ubi allegans regulam sancti Benedicti, ex regula namque nostra, inquit, *nichil operi dei praeponere* licet." Consuetudines castellenses, Cap. 9 (CCM 14/1, MAIER, P. (Ed.), S. 112) (Redaktion RW GE DFF[1]).

343 Vgl. KÖPF, U.: Einleitung, S. 31 f. ; zum Einfluss BERNARDS VON CLAIRVAUX auf die Schriften des JOHANNES VON KASTL vgl. SUDBRACK, J.: Die geistliche Theologie, Teil 1, S. 144.

344 Vgl.BERNARDUS <AYGLERIUS>: Speculum monachorum (WALTER, H. (Ed.), S. 231).

345 Vgl. Consuetudines castellenses, Prologus (CCM 14/1, MAIER, P. (Ed.), S. 2 f.) (Redaktion ARW GE).

Bei aufmerksamer Durchsicht des ersten Regelkommentars des Petrus Boerius fällt einem der wiederholte Gebrauch des Kürzels „B“ auf.[346] Dieser Buchstabe verweist auf die *Exposicio in regulam s. Benedicti* des oben erwähnten Bernardus Ayglerius. Dieser wurde um 1200 in Lyon geboren. Er trat in das Kloster Savigny ein und wurde 1256 Abt dieses Klosters. Papst Urban IV., unterstützt durch König Karl II. von Anjou, übertrug ihm 1263 die Leitung der Abtei Montecassino. Thomas von Aquin stand in Briefkontakt mit Bernardus.[347] Darüber hinaus war er literarisch tätig und verfasste das *Speculum monachorum*, die *In regulam s. Benedicti expositiones* und die Statuten für das Kloster Montecassino. Bernardus Ayglerius starb am 4. April 1282 in Montecassino.[348]

Johannes von Kastl hatte bei der Abfassung seines Kommentars die Regelauslegung des Abtes von Montecassino vor sich liegen; dies geht aus einem Vergleich zwischen der *Exposicio* des Bernardus, der Glosse des Petrus Boerius und dem Kastler Regelkommentar hervor. Folgendes wird ersichtlich:

BERNARDUS AYGLERIUS, In regulam s. Benedicti exposicio, Cap. 64 (CAPLET, A. (Ed.), S. 390)	PETRUS BOERIUS, Regula cum glossa, Cap. 64 (Ms 155, fol. 225^{v}(a))	JOHANNES VON KASTL, Exposicio in regulam s. Benedicti, Cap. 64A (clm 18154, fol. 82^{r}(b))
... saniori consilio elegerit	**Quod si posuit**	**illa semper consideretur ratio.**
① Temporibus beati benedicti nondum erant edite diverse constitutiones super electionibus prelatorum. et idcirco beatus benedictus suam edidit constitutionem, secundum quod suo tempore expedire videbat. secundum suum igitur intellectum tres distinctiones in hoc constitutione fecisse videtur.	sanctus magister duas *formas* eleccionum, quas	Et *ponit beatus Benedictus* ibi tres *formas* eligendi. ① *Non enim processerant tot decretales super faciendis eleccionibus, quot sunt hodie, tempore beati Benedicti. Et ideo prout ei visum fuit, hanc levem et bonam normam nobis edidit, qua sola utinam contenti essemus.*
② Prima est, si tota congregatio secundum deum concors fuerit in eligen-		② *Prima est, si tota congregacio secundum deum concors fuerit in eligendo.*

346 „Tercium christiani vicini ut adiuvent manuali si necesse fuerit execucione. B.“ BOERIUS, P.: Regula cum glossa, Cap. 64 (Ms 155, fol. 225^{v}(b)); vgl.BERNARDUS <AYGLERIUS>: In regulam, Cap. 64 (CAPLET, A. (Ed.), S. 391).

347 THOMAS <DE AQUINO>: Epistola ad Bernardum abbatem Cassinensem (In: Sancti Thomae Aquinatis Doctoris Angelici Opera Omnia, Tomus 42, Rom: 1979, S. 411–415).

348 Vgl. PUZICHA, M.: Bernhard I. von Montecassino, Sp. 273.

do. secunda. si etiam parva pars eligat consilio saniori. tertia. si tota congregatio quasi vitiosa concorditer eligit vitiosum.

③ Primam approbat et secundam. tertiam reprobat et remedia que potest apponit in contrarium, ne procedat. quia vero credi posset quod senior etate vel prior esset in abbatem potius eligendus. huic opionioni imprincipio contradicens subdit.

③*approbat* hic ponit *terciam* quas *reprobat et ponit remedia contraria, ne procedat.*

① *Non* quippe *processerant tot decretales superfaciendis eleccionibus, quot sunt hodie tempore Beati Benedicti* magistri nostri. *Et ideo prout ei visum fuit hanc levem et bonam normam vobis edidit, qua sola ultimam contenti essemus.*

Secunda, si eciam pars parva eligat consilio saniori. Tercia, si tota congregacio quasi viciosa concorditer elegit viciosum.

③ *Primam approbat et secundam. Terciam* vero *reprobat et ponit remedia contraria, ne procedat.*

Bernardus Ayglerius gibt zunächst eine kleine historische Einführung (①): Die Erwähnung des Wahlrechts im 64. Kapitel der *Regula s. Benedicti* ist deshalb notwendig, weil es zur Zeit des hl. Benedikt noch keine Regelung der Abtswahl gab. Anschließend erklärt er die drei Wahlmodi (②), auf die das Urteil des hl. Benedikt folgt(③).

Petrus Boerius stellt im Anschluss an Bernardus Ayglerius fest, dass der hl. Benedikt drei Wahlformen kannte; diese werden jedoch nicht näher erklärt. Bemerkenswert ist der Epilog dieses Passus (①). Boerius, um die wahren historischen Zusammenhänge wissend, geht auf den rechtsgeschichtlichen Kontext des Wahlrechts ein. Die Dekretalen, die heute die Wahl des Abtes regeln, kannte der hl. Benedikt noch nicht und erließ aus diesem Grund ein eigenes Wahlrecht.

Johannes von Kastl ordnet nun die verschiedenen Textabschnitte der Kommentare neu und hält sich in den Grundzügen an das Schema des Bernardus Ayglerius; diesem und Petrus Boerius folgend verfasst er eine kleine Hinführung, in der er darlegt, dass der hl. Benedikt drei Wahlformen kannte.[349] Nach dieser Einleitung legt er die Umstände dar, die die Rechtspraxis seiner Zeit bedingen (①); Johannes von Kastl benutzt in diesem Fall den Epilog des entsprechenden Abschnitts aus der *Regula cum glossa* des Petrus Boerius. Daran schließt sich eine Erklärung der *Regula s. Benedicti* (②) und das Urteil(③) an, das er von Bernardus Ayglerius übernimmt.

---

349 „Et *ponit beatus Benedictus* ibi tres *formas* eligendi." JOHANNES <DE CASTELLO>: Exposicio, Cap. 64 A (clm 18154, fol. 82^{r}(b)).

Im Hinblick auf die Rezeptionsgeschichte der *Exposicio in regulam s. Benedicti* des Bernardus Ayglerius lässt sich sagen, dass Johannes von Kastl unabhängig von Petrus Boerius die *Exposicio* des Abtes von Montecassino verwendet hat. Während er sich in der Rechtfertigung der gegenwärtigen Rechtspraxis an die *Regula cum glossa* des Petrus Boerius hält, entnimmt er der *Exposicio* des Abtes Bernardus Ayglerius die Erklärung des Wortlautes der Regel. Ein andere Weise der Rezeption des cassinensischen Abtes ist beim Aufbau der Argumente zu erkennen. Dessen Logik folgend – Hinführung, Darlegung und Beurteilung – ordnet Johannes von Kastl seinen Stoff neu, den er aus der *Glossa cum regula Petri Boerii* übernommen hat.

Laut Sudbrack verwendet der Kastler Regelkommentator das *Speculum monachorum* des Bernardus Ayglerius für seine Ausführungen.[350] Wenngleich der Abt von Montecassino in seinem Werk an vier Stellen auf das 64. Kapitel der *Regula s. Benedicti* eingeht,[351] rezipiert Johannes von Kastl keinen dieser Textabschnitte für seine Interpretation; nur in Aufbau, Stil und der Quellenrezeption berühren sich beide Werke.

Bernardus Ayglerius geht in seinem *Speculum monachorum* auf die Gestalt der Rede des Abtes ein und charakterisiert sie mit neun Eigenschaften: „Debet enim praelati et subditi locutio esse discreta, sana, cauta, ponderosa, vera, non otiosa, non maledica, non detractoria, non adulatoria."[352] Ein Blick in die *Exposicio in regulam s. Benedicti* des Johannes von Kastl zeigt sogleich die Verwandtschaft: „Sit igitur prelati doctrina caritatis inflammativa, non litigiosa, concordie inductiva, non contumeliosa, rationabiliter, distrectiva, non verbosa, modificativa, non superflua, iustificativa, non adulatoria, honorificativa, non detractoria."[353]

Beide Autoren charakterisieren die Rede des Abtes durch das Aneinanderreihen verschiedener Adjektive. Bernhard zählt zunächst fünf positive Eigenschaften auf, an die sich vier Adjektive anschließen, die darlegen, wie die Rede des Abtes nicht sein soll. Diese vier Eigenschaftswörter sind mit dem Partikel „non" verbunden. Johannes von Kastl legt mit einer Unterbrechung in sieben aufeinander folgenden Begriffspaaren die Eigenschaften der äbtlichen Rede dar, wobei deren erstes Wort den positiven Zug der Rede des Abtes beschreibt. Unmittelbar darauf folgt die Einschränkung durch eine Verneinung. In der Mitte – ohne jeglichen Gegensatz – unterbricht das Adjektiv „rationabiliter" diese Reihung. Obwohl sich die beiden Beschreibungen inhaltlich nur in sehr wenigen Eigenschaften („non dectractoria", „non adulatoria", „dis-

---

350 Vgl. SUDBRACK, J.: Die geistliche Theologie, Teil 1, S. 136; Vgl. MOSHER, P.: Abbot Bernard I of Montecassino, S. 113–120.

351 BERNARDUS AYGLERIUS geht in seinem *speculum monachorum*, Pars I, 2 (WALTER, H. (Ed.), S. 15) auf RB 64,19, in Pars III, 1 B (S. 159) auf RB 64,9, in Pars III, 1 B (S. 165) auf RB 64,10 und in Pars III, 5 (S. 200) nochmals auf RB 64,19 ein.

352 Vgl. ebd., Pars I, 7 (WALTER, H. (Ed.), S. 66).

353 JOHANNES <DE CASTELLO>: Exposicio, Cap. 64 H (clm 18154, fol. 84^v(a)–84^v(b)).

cretiva") gleichen, ist in der Aneinanderreihung von Adjektiven eine Stilverwandtschaft wahrzunehmen.

Im dritten Teil des *Speculum monachorum* geht der Abt von Montecassino auf die Aufgaben des Abtes ein. In vier Bildern – der Sonne, des Vaters, des Hirten und des Lehrers – erkennt er die Wesenszüge des Abtes.[354] An anderer Stelle sieht er den Abt als Verwalter, Pförtner, Landbesitzer und Arzt.[355] Im Vergleich mit der *Exposicio in regulam s. Benedicti* des Johannes von Kastl berühren sich die Werke nur in den Bildern des Vaters, des Hirten, des Arztes[356] und des Verwalters[357].

Analysiert man beide Werke auf ihren Stil, so stößt man auch hier auf Verwandtschaften. Bernardus Ayglerius benutzt z. B. das Stilmittel der Aufzählungen: „Unde nota, quod lectio caecitatem mentis expellit, intellectum ignoranti tribuit, languorem mentalem sanando deprimit, famem spiritualem removendo reficit."[358] Jeder Satzteil ist nach der gleichen grammatikalischen Ordnung aufgebaut: In den ersten beiden Segmenten folgt auf das Objekt, das durch einen Genitiv erweitert wurde, das Prädikat. An den Satzgegenstand in den letzten beiden Segmenten schließt sich ein Adjektiv, ein Prädikativum in Form eines Gerundiums und das Prädikat an. Dieser Parallelismus membrorum findet sich auch in der *Exposicio in regulam s. Benedicti* des Johannes von Kastl: „Ut autem pascere sciat et valeat sic bonus pastor, neccessaria est sibi solercia pascendi, diligencia custodiendi, audacia defendendi. Solercia pascendi consistit in corporali ovium refeccione, verbi dei predicacione, iehenne comminacione, eternorum bonorum promissione ac exemplaris vite ostensione."[359] Auf den einleitenden Finalsatz („Ut autem pascere sciat et valeat sic bonus pastor") folgt der Hauptsatz („neccessaria est sibi") mit einem Subjekt, das aus drei Gliedern – es handelt sich hier jeweils um ein Substantiv mit einem Genitivattribut („solercia pascendi", „diligencia custodiendi", „audacia defendendi") – besteht. Im Anschluss daran wird das erste Segment („solercia pascendi") entfaltet. Der Parallelismus membrorum tritt dabei wieder deutlich zu Tage: Das Weiden der Schafe als Fertigkeit besteht aus fünf Handlungen, die durch eine Satzerweiterung ausgedrückt werden, wozu der Autor ein Präpositionalattribut mit Genitiv verwendet.

---

354 „Et nota, quod ipse debet habere officium solis vel lucis, patris, pastoris et doctoris." BERNARDUS <AYGLERIUS>: Speculum monachorum, Pars III, 1 (WALTER, H. (Ed.), S. 150).

355 Vgl. ders., Pars III, 1B (WALTER, H. (Ed.), S. 168f.).

356 „Nam cura committitur regibus, ducibus, dispensatoribus, patribus, pastoribus, medicis, vigilibus et spectatoribus sicut hoc notum est." JOHANNES <DE CASTELLO>: Exposicio, Cap. 64 AF (clm 18154, fol. 92^{v}(b)).

357 „<u>Et cui redditurus est racionem villicacionis sue</u> *idest administracionis vel gubernacionis. Nam gubernator ville villicus appellatur, Luc. 16,* que *reddenda racio* aggravatur." Ebd., Cap. 64 AS (Ebd., 95^{r}(b)–95^{v}(a)).

358 BERNARDUS <AYGLERIUS>: Speculum monachorum, Pars III, 5 (WALTER, H. (Ed.), S. 200).

359 JOHANNES <DE CASTELLO>: Exposicio, Cap. 64 AK (clm 18154, fol. 93^{v}(a)).

Im *Speculum monachorum* sind auch Abhandlungen zu lesen. Bernardus Ayglerius führt in diese Traktate im schon beschriebenen Stil ein. So schreibt er: „Et nota, quod **aggravatur peccatum** male in monasterio conversantis voti spontanea promissione, loci sanctitate, bonorum societate, bene vivendi opportunitate, beneficii receptione et sancta tractandi praesumptione."[360] Bernhard entsprechend wiegt im Kloster die Sünde aufgrund des Gelübdes, der Heiligkeit des Ortes, der Gemeinschaft, der günstigen Lebensbedingungen, der gesicherten Einkunft und der feierlichen Vorwegnahme himmlischer Freuden besonders schwer. Es schließt sich die Abhandlung an, in der er die sechs Glieder folgendermaßen beschreibt: „Voti autem praevaricatio post longam deliberationem spontanee emissi **aggravat** profitentis **peccatum** ... Loci etiam sanctitas **aggravat peccatum** in monasterio male conversantis, quia ... Tertium, quod **aggravat peccatum** in monasterio peccantis et male inter bonos conversantis, est bonorum societas. ... Quartum, quod **peccatum aggravat** in eo, qui inter sanctos male conversatur et stat, est opportunitas bene vivendi ... **Aggravat** quinto **peccatum** beneficium, victum scilicet et vestitum, a Deo recipientis ... Item sexto **peccatum** in monasterio male conversantis **aggravatur** ex eo, quia ..."[361] Mit ganz bestimmten Stichwörtern („aggravat" – „peccatum") und Ordinalzahlen führt Bernardus Ayglerius den Leser durch den Text.

Johannes von Kastl greift das System der Ordnungszahlen auf und verstärkt es, ohne dabei den Parallelismus membrorum ganz aufzugeben. Ein Beispiel soll dies verdeutlichen: „... prudencia prelati ex tribus attenditur: Primo, si intendat, ut sit prelatus secundum veritatem et non nomine tamen. Secundo, si studeat ad hoc, ne suum dominium convertatur in tyrannidem. Tercio, si advertat, ut naturaliter dominetur."[362] Der Regelkommentator beantwortet die Frage nach der Weisheit des Abtes in drei Abschnitten. Jedem Satz ist eine Ordnungszahl vorangestellt, an die sich ein Konsekutivsatz anschließt. Die Ordnungszahlen sind von großer Bedeutung, weil er im Anschluss daran auf jeden Punkt eingeht. Er benutzt folgende Form: „... Primum sic patet: Nam abbas est nomen officy et dignitatis, ... Secundo decet prelatum habere prudenciam, ne ... Tercio decet prelatum habere prudenciam, quia ..."[363] Johannes von Kastl hält sich in diesem Fall nicht strikt an den Parallelismus membrorum, da das erste Segment im Satzbau von den zwei kommenden abweicht. An anderer Stelle wiederum wird der Parallelismus memborum stringent durchgeführt: „Primo debent habere scienciam secularium litterarum ... Secundo debent habere scienciam sacre scripture ... Tercio debent habere scienciam iuris canonici."[364] Johannes von Kastl hat die gliede-

---

360 BERNARDUS <AYGLERIUS>: Speculum monachorum, Pars II, 2 (WALTER, H. (Ed.), S. 133) (Die Hervorhebungen im Fettdruck stammen von mir.).

361 Ebd. (WALTER, H. (Ed.), S. 133.136.141.142.144) (Die Hervorhebungen im Fettdruck stammen von mir.).

362 JOHANNES <DE CASTELLO>: Exposicio, Cap. 64 CA (clm 18154, fol. 105^{v}(b)–106^{r}(a)).

363 Ebd. (Ebd., fol. 106^{r}(a)–106^{r}(a)).

364 Ebd., Cap. 64 BB (Ebd., fol. 97^{r}(b)–97^{v}(a)).

rungstechnischen Ideen, die er bei Bernardus Ayglerius gefunden hat, aufgegriffen und konsequent zu Ende geführt. Diese Form der Gliederungen dürfte der Mnemotechnik gedient haben.[365] Durch die Parallelisierung der Formulierungen (z. B.: „debent habere scienciam") wird die Konzentration des Lernenden ganz auf die wechselnden Glieder (z. B.: „Primo – secularium litterarum; Secundo – sacre scripture; Tercio – iuris canonici") gelenkt. Für das Auswendiglernen ist der Parallelismus membrorum eine große Hilfe. Es besteht aber die Gefahr einer starken Mechanisierung des Einprägens. Um dem Problem vorzubeugen, kommt an manchen Stellen dieses Stilmittel nicht zum Einsatz. Durch die Abweichungen ist der Leser gezwungen, sich stärker auf den Text zu konzentrieren und seine Aufmerksamkeit besonders auf diese eine Stelle zu richten. Es wird daher darauf zu achten sein, ob wichtige Texte durch abweichende Formulierungen herausgehoben wurden. Die Beachtung der literarischen Form ist bei der Interpretation des Textes unerlässlich.

Wenngleich zwischen beiden Werken eine zeitliche Distanz von mehr als einem Jahrhundert liegt, ist dennoch ein Vergleich der Quellenliteratur von Interesse. Aus den Unterschieden geht hervor, für welche Literatur der Kastler Regelkommentator ein besonderes Interesse hatte. Beim Vergleich beider Werke fallen zunächst die vielen Berührungspunkte auf, was die Verarbeitung biblischer Texte und die Rezeption der patristischen Quellenliteratur anbelangt. Capitula und Zitatangaben aus dem *Decretum Gratiani*, aristotelische Texte, Abschnitte aus der *Summa theologica* des Thomas von Aquin und der *Expositio in regulam s. Benedicti* des Abtes Smaragdus sucht man bei Bernardus Ayglerius vergebens. Zur Rezeption dieser Werke wurde Johannes von Kastl durch die *Regula cum glossa* des Petrus Boerius angeregt. Von daher ergeben sich für die *Exposicio in regulam s. Benedicti* zwei Perspektiven: Johannes von Kastl legt in erster Linie Wert auf die Lesbarkeit seines Kommentars. Als zweite wichtige Perspektive kann die Überprüfbarkeit bzw. das Gewicht der zitierten Autoren betrachtet werden. Johannes hält sich an den Stil der traditionellen Regelkommentare und versucht, die neuen Inhalte, die er der *Regula cum glossa* des Petrus Boerius entnimmt, zu integrieren. Sein Kommentar ist eine Synthese zweier verschieden gearteter Regelerklärungen.

Im Kapitel 23 der *Exposicio in regulam s. Benedicti* heißt es im Absatz R: „Et dicitur excommunicacio, quia extra communionem posicio. Hec pe. bo."[366] Johannes von Kastl verweist mit der Abkürzung „pe. bo." auf den Bischof und Abt Petrus Boerius, der zwei Regelkommentare verfasste.[367]

Petrus Boerius war 1335 Mönch des südfranzösischen Klosters S. Aniani, dessen Abt er 1350 wurde. 1364 wurde er zum Bischof von Orvieto erhoben und sechs Jahre später, 1370, stand er der Diözese Vaison vor. Als Anhänger des avignonesischen Papstes Clemens VII. wurde er 1382 vom römischen

---

365 Vgl. BERNT, G.: Merkverse, Sp. 541 und vgl. ZEDELMAIER, H.: Mnemotechnik, Sp. 698f.

366 clm 18153, fol. 29^{v}(a).

367 Vgl. SUDBRACK, J.: Die geistliche Theologie, Teil 1, S. 135.

Papst Urban VI. exkommuniziert. Bevor er 1389 im Kloster des hl. Hieronymus, das er in der Nähe von Subiaco gegründet hatte, verstarb, söhnte er sich mit dem römischen Papst aus.[368]

Seinem zweiten Kommentar stellt Petrus Boerius einen Brief voran, in dem er die Abfassung eines zweiten Kommentars begründet. Weil er in seiner *Glossa cum regula s. Benedicti* die Lehren und Worte der Väter nicht genügend berücksichtigt habe, möchte er diese Nachlässigkeit beheben und ein weiteres Werk verfassen, in dem er das Übergangene darlegen will.[369] Den ersten Kommentar, in dem zu einem nicht geringen Teil die *Benediktsregel* vermittels kanonistischer Quellentexte interpretiert wird, schrieb Petrus Boerius im Jahre 1361.[370] 1379 oder 1380 verfasste er das *Commentarium in regulam s. Benedicti.*[371]

Vergleicht man das 64. Kapitel im Kastler Regelkommentar mit den Ausführungen des Petrus Boerius, ist zu erkennen, dass Johannes von Kastl den Text der *Glossa cum regula s. Benedicti* des Petrus Boerius rezipiert. Wie schon bemerkt, übernimmt der Regelkommentator aus Kastl nicht den ganzen Text seiner Vorlage; einem Beispiel ist dies zu entnehmen:

Petrus Boerius, Regula cum glossa, Ms 155, fol. 231r(a)	Johannes von Kastl, Exposicio in regulam s. Benedicti, clm 18154, fol. 107r(b)
„ *plus amari, scilicet* plus *a bonis. Nam bonus prelatus non facile amatur a malis.* Bernhardus. *Argumentum 84. di., Nichil; Extra, De accusacione, Qualiter II, Incipit: Licet autem.* Sed malis discipline amabilis est, ut dicit Seneca, in libero De reme fortu.	„*Et studeat plus amari, scilicet a bonis. Nam bonus prelatus non facile amatur a malis, argumentum <83.> di., Nichil; Extra, De accussacionibus, Qualiter, Incipit: Licet autem.*
Prelatus esse debet intus amare subditos et foris, cum expediat se iure in ipsos. 45. di., Disciplina in fine. Quia nimia familiaritas parit quandoque contemptum, Extra de Judaeis, Etsi Judeos. Digesta, De officio presidis, lege Observandum *saltem inter*	*Prelatus* eciam *debet intus amare subditos et foris, cum expedit se iure in ipsos, 45. di., Disciplina, in fine. Quia nimia familiaritas parit quandoque contemptum* *saltem inter*

[368] Vgl. Boerius, P.: In regulam sancti Benedicti commentarium, S. X; vgl. Sudbrack, J.: Die geistliche Theologie, Teil 1, S. 134 f.

[369] „Cum igitur Petrus ego peccator, indignusqne (sic!) nomine Petri, in primo apparatu regulae S. Benedicti praelibatorum doctrinas Patrum atque eloquia allegare neglexerim negligentia vigilante, ductus tandem poenitentia opus hoc aggredior, quo solerter valeam restaurare omissa.“ Boerius, P.: In regulam sancti Benedicti commentarium, S. XXX.

[370] Vgl. ebd., S. XIX f.

[371] Vgl. ebd., S. XXI.

fatuos, ut exponebat Azo. *Notatur 86. di., Quando* facit, quod notatur 18. q. 2, Nullam. Et concor huic remota *Augustinus* in fine versus disciplinam, *quam timeri contrarium appetunt principes huius mundi.*“	*fatuos, ut* dicit *Augustinus* super eodem, *notatur 86. di., Quando.* *Quam timeri: Contrarium appetunt principes huius mundi.*“

Der Gegenüberstellung ist zu entnehmen, wie Johannes von Kastl den Text aus dem Regelkommentar des Petrus Boerius strafft. Er lässt einen großen Teil der Zitatangaben, die sich auf die Rechtsquellen bzw. auf die Werke des Bernardus Ayglerius, von Seneca, Azo und Augustinus beziehen, weg. Durch diese Reduktion fasst er den Text der *Regula cum glossa*, der durch die vielen Zitatangaben immer wieder unterbrochen wird und dessen Sinn dadurch nur schwer erkennbar ist, für seine *Exposicio* zusammen. Johannes von Kastl ist an einer guten Lesbarkeit seines Kommentars interessiert. Die Quellen des Textes der *Regula cum glossa* lassen sich anhand der Zitatangaben identifzieren[372]. Durch die Reduktion der Quellenverweise ergeben sich für die *Exposicio in regulam s. Benedicti* Schwierigkeiten, deren Quellen umfassend zu analysieren.

Im Bibliothekskatalog der Abtei Kastl ist der Titel „Excerpta M. Johannis super regulam Benedicti de expositione Petri Boerii“ enthalten.[373] Aus dieser Angabe geht nicht hervor, auf welchen Regelkommentar des Petrus Boerius sich diese Excerpta beziehen; ferner ist nicht klar, ob „M. Johannis“ mit Johannes von Kastl zu identifizieren ist.[374] Wenngleich sich die volle Gestalt des Exzerptes nicht mit Sicherheit herstellen lässt, so ist es doch möglich, über einen Textvergleich zwischen der *Regula cum glossa* des Petrus Boerius und der *Exposicio* des Johannes von Kastl den Umfang einzelner Passagen zu rekonstruieren. Diese Arbeitsweise ist bei der Interpretation des Textes wertvoll, da so festgestellt werden kann, auf welche Inhalte der Kastler Regelkommentator besonderen Wert gelegt hat.

3.2.5 Die Rezeption von theologischer Literatur mittelalterlicher Autoren

Sucht man im Text des 64. Kapitels des Regelkommentars nach den Schriften mittelalterlicher Theologen, ergibt sich folgender Überblick:

---

372 Im Satz „Quia nimia **familiaritas** parit quandoque **contemptum**, Extra de Judaeis, Etsi Judeos.“ finden sich einzelne Begriffe aus der Dekretale X 5,6,13 (Fr. 775 f.). (Die Hervorhebungen im Fettdruck, die von mir stammen, zeigen die Wörter an, die der Autor aus der Dekretale übernommen hat.).

373 SUDBRACK, J.: Die geistliche Theologie, Teil 2, S. 173.

374 Vgl. ebd., Band 1, S. 134–136.

	A-Q	R-Ac	Ad-Do	Summe
Anzahl der Kapitel	16	10	78	104
Richard von St. Viktor	-	-	4	4
Wilhelm von Auvergne	-	-	4	4
Thomas von Aquin	-	-	28	28
Guilelmus Durantis	-	7	1	8
Weitere Autoren[375]	5	-	11	16
Summe der Zitate	5	7	48	60

Johannes von Kastl benützt 14 Quaestiones aus der *Summa theologica* des Thomas von Aquin. Diese Textteile sind teilweise sehr umfangreich. Für seine Interpretation benutzt er alle Teile einer Quaestio, d.h. die Objectiones, das Sed contra, das Corpus articuli und die Responsiones ad objecta.

In der *Prima pars* der theologischen Summe, dem Teil also, der die Gottesfrage behandelt, interessiert ihn der dritte und vierte Artikel der *21. quaestio.* Thomas von Aquin geht dort der Frage nach, ob die Barmherzigkeit eine Eigenschaft Gottes ist[376] bzw. ob in allen Werken Gottes Barmherzigkeit und Gerechtigkeit zugleich zu finden sind.[377] Der zweite Teil der *Summa theologica* stellt die Reaktion der vernünftigen Geschöpfe auf die Existenz Gottes dar.[378] Aus der *Secunda primae* benutzt Johannes von Kastl die Fragen 13, 55, 65 und 71. Teile einzelner Artikel der 25., 26., 30., 48., 49., 60. und der 152. Frage der *Secunda secundae* werden im dritten Hauptstück des 64. Kapitels des Regelkommentars wiedergegeben. Aus dem dritten Teil der *Summa theologica*, die sich mit der Christologie auseinandersetzt[379], zitiert der Kastler Regelkommentator lediglich die 46. Quaestio. Thomas von Aquin setzt sich mit der Frage auseinander, ob die Torheit eine Sünde ist.[380]

Johannes von Kastl arbeitet an den Texten, die er aus der *Summa theologica* übernimmt; er verkürzt, stellt um, ergänzt und fasst zusammen.[381] Bear-

375 Zu den weiteren Autoren zählen: Beda, Guido de Baysio, Iohannes Andreae, Iohannes Climacus, Petrus Blesensis, Petrus Ravennatensis, Stephanus de Borbone, Glossa ordinaria und ein nicht identifizierbarer König Ludwig.

376 „Utrum misericordia competat deo" THOMAS VON AQUIN: Summa theologica I,21,3 (Sancti Thomae Aquinatis Doctoris Angelici Opera omnia, Tomus 4, S. 260).

377 „Utrum in omnibus operibus dei sit misericordia et iustitia" Ders.: Summa theologica I,21,4 (Ebd., S. 261).

378 Vgl. TORELL, J.-P.: Magister Thomas, S. 166.

379 Vgl. ebd.

380 „Utrum fuerit possibilis alius modus liberationis humanae naturae quam per passionem Christi „ THOMAS VON AQUIN: Summa theologica III,46,2 (Sancti Thomae Aquinatis Doctoris Angelici Opera omnia, Tomus 11, S. 436)

381 Vgl. SUDBRACK, J.: Die geistliche Theologie, Teil 1, S. 153

beitungen dieser Art kann entnommen werden, auf was es Johannes von Kastl in diesen Texten ankommt. So schreibt Thomas von Aquin in seiner *Summa theologica* in I. 21. 4c., dass nicht alle Mängel in einem eigentlichen Sinn bedauernswert sind, sondern nur die Defekte der vernünftigen Natur, die allein befähigt ist, die Glückseligkeit zu erreichen; aus diesem Grund ist mit den Defekten barmherzig umzugehen.[382] Im Vergleich dazu bringt Johannes von Kastl die eschatologische Perspektive der Glückseligkeit nicht mehr zur Sprache. Zudem wird der „defectus rationalis nature“ auf den kreatürlichen Bereich erweitert.[383] Folglich ist die Barmherzigkeit als umfassendes Handlungsprinzip zu verstehen, aus der und auf die die Gerechtigkeit folgt.[384] Diese Korrektur am Text wirkt sich auch konkret aus, wenn man den folgenden Abschnitt betrachtet, in dem der Abt ermahnt wird, mehr Gnade als Strenge walten zu lassen.[385]

3.2.6 Die Rezeption von Literatur der Kirchenväter

Untersucht man das 64. Kapitel der *Exposicio in regulam s. Benedicti* im Blick auf die Texte der Kirchenväter, ergibt sich folgende Übersicht:

---

382 „... misericordia pro remotione cujuscumque defectus accipiatur, quamvis non omnis defectus proprie possit dici miseria, sed solum defectus rationalis naturae, quam contingit esse felicem: nam miseria felicitati opponitur.“ THOMAS VON AQUIN: Sth. I. 21. 4. c. (Sancti Thomae Aquinatis Doctoris Angelici Opera omnia, Tomus 4, S. 261)

383 „Unde secundum *Beatum Thomam in: Prima Parte, q. 21, ar. 4*: *Necesse est, quod in quolibet opere dei misericordia et veritas inveniatur* capiendo *misericordiam pro remocione cuiuscumque defectus racionalis* creature vel *nature*.“ JOHANNES <DE CASTELLO>: Exposicio, Cap. 64 BQ (clm 18154, fol. 101^{r}(a))

384 „Ex quo eciam iusticia fundatur super dei misericordiam, radicaliter sequitur, quod misericordia est principalior in omni opere dei quam iusticia, presertim quia misericordia se tenet ex parte agentis et agens principalius est paciente.“ Ebd. (Ebd., fol. 101^{r}(b)–101^{v}(a))

385 „<64 Br Clementes sint prelati et iudices propter decem> Advertendum circa litteram, quod *philosophus primo Rethorice* enunciat decem, propter que prelatus sive iudex pocius debet esse clemens et misericors quam severus. „ Ebd., Cap. 64 BR (Ebd.)

	A-Q	R-Ac	Ad-Do	Summe
Anzahl der Kapitel	16	10	78	104
Ambrosius	1	-	1	2
Augustinus	1	-	13	14
Hieronymus	2	-	6	8
Gregor	2	1	18	21
weitere Autoren[386]	2	-	10	12
Summe der Zitate	8	1	48	57

Für die Texte der vier großen lateinischen Kirchenväter zeigt Johannes von Kastl eine besondere Vorliebe. Sein Interesse gilt vor allem den Texten Gregors des Großen, und hier vor allem der *Moralia sive exposicio in Iob* und der *Regula pastoralis.*[387] Es konnten nahezu alle Zitate in den Werken Gregors identifiziert werden. Führt man sich die Adressaten dieser beiden Werke vor Augen – die *Moralia in Iob* entstanden aus Predigten, die vor Mönchen gehalten worden sind, und die *Regula pastoralis* ist an Bischöfe gerichtet[388] – zeigt sich der Grund, warum diese beiden Werke von ihrem Ursprung her für die Vertiefung des Gedankengutes aus dem 64. Kapitel des Regelkommentars geeignet sind. Während die Werke von Ambrosius und Hieronymus stark in den Hintergrund treten, greift Johannes von Kastl relativ häufig auf Augustinus zurück, wobei er keinem speziellen Werk den Vorzug gibt.[389] Ferner benützt Johannes von Kastl die Schriften des Caesarius von Arles, des Papstes Clemens, des Iohannes Cassian, von Isidorus Hispalensis und Martin von Braga.

3.2.7 Die Rezeption von Literatur antiker Autoren

Im Kommentar des Johannes von Kastl zum 64. Kapitel der *Regula s. Benedicti* kommen wiederholt Autoren der Antike zur Sprache. Aus der folgenden Tabelle wird ersichtlich, in welchem Zusammenhang die Rezeption antiker Schriftsteller steht:

---

386 Zu den Kirchenvätern sind ferner Caesarius <Arelatensis>, Clemens <Papa, I.>, Iohannes <Cassianus>, Isidorus <Hispalensis> und Martinus <Bracarensis> zu zählen.

387 Vgl. SUDBRACK, J.: Die geistliche Theologie. Band 1, S. 141.

388 Vgl. GERWING, M.: Gregor der Große. Schriften und Wirkungsgeschichte im Mittelalter, Sp. 1664 f.

389 Vgl. SUDBRACK, J.: Die geistliche Theologie. Band 1, S. 141.

	A-Q	R-Ac	Ad-Do	Summe
Anzahl der Kapitel	16	10	78	104
Aristoteles	2	-	46	48
Florilegien	3	-	6	9
Seneca	-	-	3	3
Weitere Autoren[390]	-	-	11	11
Summe der Zitate	5	-	66	71

Johannes von Kastl ist nicht der erste, der griechische und römische Schriftsteller heranzog, um den Text der *Regula s. Benedicti* zu interpretieren. Schon vor ihm benützten Hildemar von Corbie und Petrus Boerius die Schriften heidnischer Autoren, um die Regel zu kommentieren.[391] Das Augenmerk des Kastler Regelinterpreten gilt den Werken des Aristoteles. Besonders interessiert ihn die *Ars rhetorica*, die 19mal im Text genannt wird. 12mal zitiert er aus den ersten sechs Büchern der Nikomachischen Ethik, 7mal aus der Politik und einmal aus dem Werk *De animalibus*. Johannes von Kastl benutzte auch Florilegien, aus denen er dreimal die Nikomachische Ethik, zweimal die Politik, je einmal die Metaphysik und die Topik zur Sprache bringt. Sodann finden sich im Kastler Regelkommentar die Schriften des Boethius, M. Tullius Cicero, Decimus Junius Juvenalis, Plato, Sokrates, Dionysius, Julius Caesar und des Autors der Disticha Catonis.

Johannes von Kastl verlangt vom Abt die Kenntnis der weltlichen Literatur, der Heiligen Schrift und der Canones des Kirchenrechts. Betrachtet man den einleitenden Satz des ersten Arguments im Cap. 64 BB[392], so ist die Forderung des Wissens um die weltliche Literatur nur im Zusammenhang mit dem *Decretum Gratiani* zu verstehen. Moses wie Daniel waren im Wissen der Ägypter und Chaldäer bewandert; sie verstanden, die Kenntnisse der heidnischen Völker so zu nützen, dass sie im Heil fortschreiten konnten.[393] Das

390 Unter die weiteren Autoren werden BOETHIUS, M. TULLIUS CICERO, DECIMUS IUNIUS JUVENALIS, PLATO, SOKRATES, DIONYSIUS, IULIUS CAESAR und der Autor der Disticha Catonis gezählt.

391 Im 64. Kapitel der *expositio regulae* des HILDEMARUS <CORBIENSIS> heißt es: „Interdum autem vilicus non gubernationem villae, sed dispensationem universae domus Tullio interpretante significat, quod est universarum possessionem et villarum dispensator." (MITTERMÜLLER, R. (Ed.), S. 587).

392 „Primo debent habere scienciam *secularium* litterarum, *37. di.*, *Sed econtra* et c. *Turbat.*"JOHANNES <DE CASTELLO>: Exposicio, Cap. 64 BB (Ebd., fol. 97r(b)).

393 „Sed econtra legitur, quod Moses et Daniel omni scientia Egiptiorum et Caldeorum eruditi fuerint. Legitur etiam, quod precepit Dominus filiis Israel, ut spoliarent Egiptios auro et argento, moraliter instruens, ut sive aurum sapientiae, siue argentum eloquentiae apud poetas inueniremus, in usum salutiferae eruditionis vertamus." Grat. 37,8,§2 (Fr. 137).

Wissen der heidnischen Philosophen soll zunächst dazu benutzt werden, um das Wahre vom Falschen unterscheiden zu können.[394] Dem Verweis auf das *Decretum Gratiani*[395] folgend wird im Zusammenhang mit den Brauchtexten der Abtei Kastl die Bedeutung dieser Forderung erkennbar. In den *Consuetudines castellenses* ist ein Kapitel enthalten, in dem es um die Korrektur von Büchern geht.[396] Dem Abt wie auch dem Prior und einigen ausgebildeten Mönchen kommt das Urteil zu, über einen Fehler bzw. über die richtige Fassung eines Textes zu befinden.[397] Damit Berichtigungen durchgeführt werden können, muss der Abt um die Grammatik wissen. Der Zusammenhang mit der Korrektur von Büchern, vor allem liturgischen Büchern, wird im zweiten Abschnitt deutlich, dessen Sinn sich wiederum nur durch das *Decretum Gratiani* erschließt. Das Wissen um die weltliche Literatur bahnt den Weg zur Theologie.[398] Johannes von Kastl verwendet hier den Begriff der „sciencia pietatis", worunter das *Decretum Gratiani* die Kenntnis der Propheten, der Evangelien und der neutestamentlichen Briefliteratur versteht.[399] Auch an anderen Stellen im 64. Kapitel des Regelkommentars wird die „sciencia pietatis" mit der Kenntnis der Heiligen Schrift in Verbindung gebracht.[400] Die ersten beiden Abschnitte finden im dritten Teil ihre Zusammenfassung. Dem *Decretum Gratiani* nach wird das Wesen des priesterlichen Dienstes durch die Kenntnis der Heiligen Schrift begründet. Damit der Abt sein Amt zufriedenstellend ausüben

---

394 „Hanc autem debent habere propter tria, ut *verum* a *falso* possint discernere, *37. di., Si quis gram<m>aticam.*" JOHANNES <DE CASTELLO>: Exposicio, Cap. 64 BB (clm 18154, fol. 97^{r}(b)).

395 „Si quis grammaticam artem novit vel dialecticam, ut recte loquendi rationem habeat, et inter falsa et vera diiudicet, non improbamus." Grat. 37,10 (Fr. 138).

396 Consuetudines castellenses, Cap. 37 (CCM 14/1, MAIER, P. (Ed.), S. 318) (Redaktion WGE DFF[1]).

397 „Libros veteris ac novi testamenti et eos, cum quibus divina officia celebrantur, sine speciali abbatis consensu nullus emendare vel cancellare praesumat, nisi iudicio prioris et monachorum discretorum error aliquis manifestus appareat." Ebd. (Ebd.).

398 „Secundo, ut viam ad *scienciam pietatis* possint habere id est ad theologiam, <*37. di., Si quis*>." JOHANNES <DE CASTELLO>: Exposicio, Cap. 64 BB (clm 18154, fol. 97^{r}(b)–97^{v}(a)).

399 „Sciencia autem pietatis est legere scripturas et intelligere prophetas, euangelio credere, apostolos non ignorare" Grat. 37,10,§1 (Fr. 138).

400 „Unde *Prov. 12: Doctrina sua* cog*noscitur vir.* Prelatus quidem virilis esse debet contra peccati malum, tam in se quam in subditis suis, et virtuosus, id est plenus virtute ac pietate circa sanctitatis bonum. Vir denique cognoscitur in doctrina, si bene docet et opere doctrinam implet, *Matth. 5: Qui sic fecerit et docuerit, hic magnus vocabitur in regno celorum.*" JOHANNES <DE CASTELLO>: Exposicio, Cap. 64 H (clm 18154, fol. 84^{v}(b)); „Et bene et notanter dicit *lege divina.* Nam *beatus vir in lege domini meditatur die ac nocte* etc. Et merito legis enim divine sive scripture sacre iugis meditacio temperat corporis voluntatem, mitigat mundi tempestatem, predicat dei pietatem, excitat hominis caritatem." Ebd., Cap. 64 AZ (Ebd., fol. 97^{r}(a)).

kann, bedarf es der weltlichen Literatur.[401] Wiederum stellen die angegebenen Capitula des *Decretum Gratiani* den größeren Zusammenhang her: Um das Volk lehren zu können, darf nur der zur Bischofsweihe zugelassen werden, der über eine gediegene Kenntnis der Heiligen Schrift, besonders der Psalmen, verfügt.[402]

Zusammenfassend kann gesagt werden, dass Johannes von Kastl die Kenntnis der weltlichen Literatur bewusst vor das Wissen um die Heilige Schrift und das Kirchenrecht gesetzt hat. Mit Hilfe der antiken Literatur erwirbt sich der Mönch Kenntnisse in Grammatik und Rhetorik, die ihm helfen, literarische Probleme und Fragen der Theologie hinreichend zu klären, um sie für den Umgang mit dem Menschen fruchtbar zu machen.

3.3 Ergebnisse der Untersuchung über die Literarkritik

Johannes von Kastl kommentiert nahezu den ganzen Text des 64. Kapitels der *Regula s. Benedicti*. Der Text, den er verwendet, ist einer Handschriftengruppe zuzurechnen, die sich hauptsächlich in südfranzösisch-spanischen Klöstern lokalisieren lässt und die bevorzugt in Zisterzienserklöstern verwendet wurde. Johannes von Kastl hat den Text sehr genau analysiert, denn er entnimmt die Grundstruktur seines Kommentars dem Text der *Regula s. Benedicti*; die Einteilung in zwei Hauptteile bzw. drei Teile machen dies deutlich. Ein Vergleich mit den früh- und hochmittelalterlichen Regelkommentaren und der *Regula cum glossa Petri Boerii* zeigt, dass Johannes von Kastl den Text Wort für Wort oder in kleinen Sinnabschnitten kommentiert. Von der Gliederung des Regeltextes her entspricht sein Werk der *Regula cum glossa* des Petrus Boerius; seine Interpretation ist daher mehr eine Glosse als ein Kommentar. Johannes von Kastl legt großen Wert auf die Gliederung des Textes, was an den Ordnungszahlen und den parallelen Formulierungen erkennbar wird. Texte, die derart strukturiert sind, ermöglichen dem Leser, sich den Wortlaut und den Inhalt besser zu merken und ihn zu verinnerlichen.

Die Quellen, die Johannes von Kastl für seinen Kommentar verwendet, lassen sich in sechs Gruppen einteilen: Biblische Texte, Rechtstexte, monastische Texte, Auszüge aus der Literatur der mittelalterlichen Autoren und der Kirchenväter und Texte antiker Autoren. Für die Charakterisierung der einzel-

---

401 „Tercio., ut officium suum possint exequi licite, quod sine litteris fieri non potest. Quia *substancia summi sacerdotis sunt eloquia divinitus tradita, 38. di., Omnes; 40. di., Sicut.*" Ebd., Cap. 64 BB (Ebd., fol. 97^{v}(a)).

402 „Unde diffinimus omnem, qui ad episcopatus prouehendus est gradum, modis omnibus psalterium nosse, ut ex hoc etiam omnis clerus, qui sub eo fuerit, ita moneatur et inbuatur. Inquiratur autem diligenter a metropolitano, si in promtu habeat legere scrutabiliter et non transitorie tam sacros canones et sanctum euangelium, quam diuini Apostoli librum et omnem diuinam scripturam atque secundum mandata conuersari, et docere populum sibi commissum." Grat. 38,6 (Fr. 142).

nen Teile des 64. Kapitels der *Exposicio* ist die Verteilung der benützten Literatur zu analysieren. Im ersten Hauptteil (Kapitel A–Q), in dem auf die Wähler und die Abtskandidaten eingegangen wird, kommen sehr häufig die Bibel und das Kirchenrecht zur Sprache. Dadurch bindet der Autor den betroffenen Personenkreis an die bestehende Rechtslage und möchte sie für den theologischen Zusammenhang sensibilisieren. Die Dichte der Zitate in diesen Kapiteln ist als Signal für die Wähler zu werten, denen wenig Gestaltungsfreiheit im Vorfeld der Wahl zugestanden wird. Nach der Wahl, also in dem Abschnitt, in dem es um die Gestaltung des Abtsamtes geht, reduziert er die Zahl der Zitate. Demzufolge ergeben sich nach Johannes von Kastl für die Ausübung und Gestaltung des Abtsamtes Spielräume, die eine flexible Anpassung an die Situation ermöglichen.

Johannes von Kastl nähert sich in der Abfassung und im Stil den alten Vorbildern, wie Smaragdus von Sankt Mihiel, Hildemar von Corbie und Bernardus Ayglerius, an. Inhaltlich orientiert er sich im ersten Teil sehr stark an der wesentlich jüngeren *Regula cum glosssa Petri Boerii*, die er durch Weglassung der Zitatangaben gekürzt hat. Mit der Bearbeitung gelingt es ihm, eine gute Lesbarkeit und ein besseres Verständnis des Textes zu erzielen. Dabei wertet er auch den Autor auf – was ihm später in gleicher Weise selbst widerfahren wird. Den zweiten Kommentar des Petrus Boerius sucht man im Kastler Regelkommentar vergeblich. Mit seiner Bearbeitungsmethode weist sich Johannes von Kastl sowohl als Wissenschaftler als auch spirituell Suchender aus. Ihm geht es nicht mehr um die vielen Bücher, die er dem Leser zur Lektüre bietet, vielmehr zeigt sich sein Interesse an Sinn und Inhalt des Geschriebenen. Sein Ziel ist es, die modernen Inhalte auf eine verständliche Weise seinen Lesern zu vermitteln. Während er die Kirchenväter und Autoren der theologischen Literatur des Mittelalters mit Namen zitiert, lässt er bei der Zitation der Regelkommentare deren Autorennamen weg. Mit der häufigen Verwendung der Regelkommentare und der Werke monastischer Autoren, wie Petrus Damiani und Bernhard von Clairvaux, hält sich Johannes von Kastl bei der Abfassung seines Werkes an die Reformzweige des Benediktinerordens.

4 Das Abtswahlkapitel der *Regula s. Benedicti* in der Interpretation des Johannes von Kastl

Die Kandidatensuche, die Wahl und die Amtsführung stellen die drei Abschnitte dar, in die Johannes von Kastl seine Interpretation des 64. Kapitels der *Regula s. Benedicti* gliedert. Ohne Zweifel stehen die Eigenschaften eines Kandidaten im engsten Zusammenhang mit der äbtlichen Amtsführung. Die Wahl eines neuen Abtes wird durch verschiedene liturgische und rechtliche Handlungen eingerahmt. Als liturgischer Rahmen gehen die Bestattung des verstorbenen Abtes, die Benachrichtigung der abwesenden Wahlberechtigten, die feierliche Eröffnung des Konventkapitels und die Entscheidung der Wahlberechtigten über den Modus der Wahl des Abtes voraus. Nachdem der Abt gewählt wurde, findet die Wahl in der feierlichen Installation des neuen Abtes ihren liturgischen Abschluss. In der Wahl des geeigneten Kandidaten haben die Wähler die Eigenschaften des Kandidaten bejaht und möchten danach als Gemeinschaft geführt werden. Infolgedessen ist der Frage nachzugehen, wie sich die Eigenschaften eines Abtskandidaten in der Amtsführung und auf das Leben der Gemeinschaft auswirken.

4.1 Aspekte der Abtswahl in der *Regula s. Benedicti* und ihre rechtsgeschichtlichen Zusammenhänge

Die Bischofswahlen gehen rechts- und quellengeschichtlich den Wahlen der Klostervorsteher voraus.[403] In einem ersten Schritt werden ausgewählte Texte der frühen Kirche zu den Bischofswahlen untersucht. Dies ist notwendig, da diese Ausführungen die *Regula s. Benedicti* beeinflussten und als eigenes Schriftgut im Mittelalter bekannt und wirksam waren. Beginnend mit der Wahl des Apostels Matthias in der Apostelgeschichte bis zu den Aussagen über die Papst- und Bischofswahl bei Leo dem Großen setzten sich die Autoren mit dem Zusammenwirken von Gläubigen, Bischöfen und Erzbischöfen auseinander. Bereits in der Urkirche waren sich die Wähler im Klaren, dass nicht jede Person die nötigen Qualitäten mitbringt, um ein Leitungsamt adäquat ausüben zu können. Die Wahlverfahren mussten demzufolge so strukturiert sein, dass ein Kandidat mit den geforderten Eigenschaften gefunden werden konnte.

---

[403] Einen Überblick über die Schriften, die auf die Bischofswahl eingehen, geben FUNK, F. X.: Die Bischofswahl, S. 23–39 und STOCKMEIER, P.: Die Wahl des Bischofs durch Klerus und Volk in der frühen Kirche, S. 464 f.

In einem zweiten Schritt werden die quellenrelevanten Texte des 64. Kapitels, die sich mit der Wahl des Klostervorstehers beschäftigen, in die Untersuchung einbezogen.[404] Benedikt von Nursia gebrauchte bei der Abfassung seiner *Regula* verschiedene Texte, die als Quellentexte bzw. als patristische und monastische Paralleltexte zur Benediktsregel bezeichnet werden. Für die Untersuchung der einschlägigen Quellentexte ist der Terminus ante quem der Abfassung der *Regula s. Benedicti* von Bedeutung. Hanslik geht bei dieser Frage von der *Regula monachorum* des Caesarius von Arles aus. Seinen Ausführungen nach wurde die Endredaktion dieser Regel in den Jahren zwischen 540 und 560 vorgenommen.[405] Steidle setzt den Terminus ante quem etwas früher an, da Benedikt von Nursia die so genannten Väter-Sprüche, die Papst Pelagius I. zwischen 526–556 ins Lateinische übertrug, in kurzen Auszügen verarbeitete.[406] Eine Durchsicht dieser Texte ist notwendig, da sie von den mittelalterlichen Autoren unabhängig von der *Regula s. Benedicti* benutzt wurden. Beginnend bei Pachomius und endend bei Papst Pelagius I. wird in den Klöstern der Obere durch verschiedene Wahlverfahren ermittelt. In diesem Zusammenhang ist es von Bedeutung, mit welchen Worten die Wahl beschrieben wird, da sich hieraus Rückschlüsse auf die Wahlvorgänge ergeben.

Nach der Untersuchung der Quellentexte wird dem benediktinischen Wahlrecht in seinen Grundzügen nachgegangen. Dabei ist vor allem der theologische und rechtliche Hintergrund zu berücksichtigen, der sich aus dem Textumfeld zur *Regula s. Benedicti*" ergeben hat. Hierbei spielt der parallele Aufbau zu der *Regula magistri* eine besondere Rolle, da sich darin die Bedeutung der klösterlichen Rangordnung für die Abtswahl manifestiert. Die persönlichen Eigenschaften strukturieren nicht nur die klösterliche Rangordnung, sondern beeinflussen in gleicher Weise die Wahl des Abtes. Eine inhaltliche Klärung wichtiger Begriffe aus dem Abtswahlkapitel wie „eligere", „constituere", „ordinare", „infirmus", „sanus" und „pars parva" zeigt u. a., auf welche Weise die *Regula s. Benedicti* mit den Wählerstimmen umgeht. Die Inhalte verweisen auf außerklösterliche Autoritäten, die bei der Wahl eines Abtes mitwirkten, woraus wiederum auf das rechtliche Verhältnis zwischen Kloster und Diözese geschlossen werden kann.

Die Texte aus dem Umfeld der *Regula s. Benedicti* entfalteten ihre Kraft und Wirkung in der nachfolgenden Zeit des Frühmittelalters. Das Wahlverfahren etablierte sich in zunehmenden Maße. Das ist aus den Urkunden, Synodenbeschlüssen, Klosterregeln, Wahlprotokollen und Regelkommentaren ersichtlich. Bei der Entscheidung einer Wahl sind der Kandidat und die Wähler in gleicher Weise in Augenschein zu nehmen, wobei die pyramidiale Struktur der Gemeinschaft entsprechende Hilfestellungen leistet. Erstmals treten bei

---

[404] Einen ebenso guten Überblick über die Texte monastischer Provenienz bietet HALLINGER, K.: Papst Gregor der Große, S. 310; vgl. JAKOBS, K. U.: Die Regula Benedicti als Rechtsbuch, S. 51–56.

[405] Vgl. HANSLIK, R.: Praefatio, S. XIII. (CSEL 75, 2. Auflage).

[406] Vgl. STEIDLE, B.: Die Benediktusregel, S. 9.

den Kandidatenqualitäten soziale Fähigkeiten in den Vordergrund. Daraus können Schlüsse auf das Amtsverständnis des Abtes und die Verfasstheit der Gemeinschaft gezogen werden.

Bedingt durch das starke Mitspracherecht der politischen Verantwortungsträger und durch die Rezeption des Gedankenguts der Kirchenväter kam es vom 11. bis zum 13. Jahrhundert zu einer großen Veränderung des kirchlichen Wahlrechts. Die Texte der Synoden, Konzilien und Gesetzestexte zeigen, wie das kirchliche Wahlrecht systematisch aufgebaut wurde und durch Erfahrung korrigiert werden musste. Die Untersuchung geht der Frage nach, welcher Mittel man sich bediente, um eine kirchliche Leitungsposition möglichst schnell, eindeutig und ohne jede Fremdbestimmung zu besetzen.

Aufgrund der rechtssystematischen und geschichtlichen Zusammenhänge, die es zwischen einer Abtswahl durch den Konvent und der Papstwahl gibt, ist davon auszugehen, dass die Änderung des allgemeinen kirchlichen Wahlrechts in der Folgezeit gleichfalls das Wahlrecht der Orden beeinflusste. Umgekehrt nehmen *Consuetudines*, Statuten und Beschlüsse der Generalkapitel der verschiedenen Orden bestimmte Maßnahmen vorweg, die später in das allgemeine Wahlrecht der Kirche Eingang fanden. Es wird also die Wechselwirkung zwischen dem allgemeinen kirchlichen Wahlrecht und der Oberenwahl in den Orden zu untersuchen sein. Im Zusammenhang mit der *Exposicio in regulam s. Benedicti* des Johannes von Kastl sind an dieser Stelle besonders die Qualifikationen der Kandidaten zu beachten, die sich von Orden zu Orden unterscheiden, da sich in ihnen u.a. das Selbstverständnis der Orden ausdrückt.

4.1.1 Aspekte des Bischofswahlrechts in der alten Kirche

Die Schriften des Neuen Testaments, allen voran die Apostelgeschichte und die Pastoralbriefe, berichten von Bestimmungen zu Oberen. Die Wahl des Matthias zum Apostel erfolgte durch das Los (ὁ κλῆρος)[407]. Sehr früh beschäftigte man sich mit der Kandidatenqualität. Bei der Wahl des Matthias suchten die Apostel einen Mann, der angefangen von der Taufe im Jordan bis zu seiner Himmelfahrt mit Jesus zusammen war. Bei der Wahl der Diakone suchten die Apostel Männer, die einen guten Ruf hatten, sich durch Heiligen Geist, Weisheit und Glauben auszeichneten (Act. 6,3.5). Für die weitere Betrachtung ist vor allem der lateinische Text von Interesse: „Considerate ergo fratres viros ex vobis boni testimonii septem plenos Spiritu et sapientia quos constituamus super hoc opus. ... et elegerunt Stephanum virum plenum fide et Spiritu Sancto.“ (Act. 6,3.5) An dieser Stelle sei auf eine exegetische Anmerkung hingewiesen, die bei einer späteren Darstellung der Wählerqualitäten nochmals zur Sprache kommt: Unter dem Erfülltsein mit Geist und Weisheit könnte eine „praktische Lebensklugheit gemeint sein: die Männer müssen mit Geld und

---

407 „καὶ ἔδωκαν κλήρους αὐτοῖς καὶ ἔπεσεν ὁ κλῆρος ἐπὶ Μαθθίαν καὶ συνκατεψηφίσθη μετὰ τῶν ἕνδεκα ἀποστόλων.“ (Act. 1,26).

Gaben der Gemeinde umgehen".[408] Wichtig sind die Wörter καθίστημι (= „constituere" in Act. 6,3 und Tit 1,5), was soviel bedeutet wie „in eine gehobene Stellung, ein Amt einsetzen; verordnen, bestellen"[409], und ἐκλέγω (= „eligere" in Act. 6,4 und 15,22), das auf die „Auswahl bestimmter Amtsträger und Abgeordneter"[410] zielt. Diese Begriffe kommen in gleicher Weise im Wahlrecht wieder zur Sprache.

Der dem Papst Clemens von Rom zugeschriebene Brief an die Korinther wurde gegen Ende des 1. Jahrhunderts verfasst.[411] Er setzt sich vor allem mit der Gemeinde von Korinth auseinander. Presbyter, die die Apostel mit Zustimmung der Gemeinde einsetzten, wurden ihres Amtes enthoben. In diesem Brief wird auf die Qualifikation der Presbyter eingegangen. Allen voran wird von den Männern verlangt, dass sie im Leben erprobt sein sollen. Als weitere Voraussetzungen werden genannt: Ein untadeliger Lebenswandel, Demut, Bescheidenheit, Würde und ein guter Ruf.[412]

Auch die *Didache*, die in der ersten Hälfte des 2. Jahrhunderts entstand, nimmt Bezug auf die Bischofswahl.[413] Darin wird das Volk angewiesen, Bischöfe und Diakone zu wählen. Sie nehmen die Stelle der Propheten und Lehrer ein, und ihre Aufgabe besteht darin, den Gottesdienst der Gemeinde zu leiten.[414] Die *Didache* geht dabei auf die Qualifikationen ein; sie verlangt, dass die Gottesdienstvorsteher sanftmütig, frei von Geldgier, aufrichtig und erprobt sein sollen.[415]

---

408 SCHNEIDER, G.: Die Apostelgeschichte, I. Teil, S. 426 (Anmerkung 45); vgl. HAENCHEN, E.: Die Apostelgeschichte, S. 216.

409 OEPKE, A.: καθίστημι, S. 447.

410 SCHRENK: ἐκλέγεσθαι, S. 179.

411 Zum *Clemensbrief* vgl. ALTANER, B., STUIBER, A.: Patrologie, S. 45–47; vgl. DROBNER, H.: Lehrbuch der Patrologie, S. 39 f. Vgl. HOFMANN, J.: Clemens von Rom, S. 154 f. Der *Clemensbrief* (Abschnitt 13.1) wird im RB Prol. 32 (SALZBURGER ÄBTEKONFERENZ (Hg.), S. 68. 296).

412 „Καὶ οἱ ἀπόστολοι ἡμῶν ἔγνωσαν διὰ τοῦ κυρίου ἡμῶν Ἰησοῦ Χριστοῦ, ὅτι ἔρις ἔσται ἐπὶ τοῦ ὀνόματος τῆς ἐπισκοπῆς· 2. Διὰ ταύτην οὖν τὴν αἰτίαν πρόγνωσιν εἰληφότες τελείαν κατέστησαν τοὺς προειρημένους καὶ μεταξὺ ἐπινομὴν ἔδωκαν, ὅπως, ἐὰν κοιμηθῶσιν, διαδέξωνται ἕτεροι δεδοκιμασμένοι ἄνδρες τὴν λειτουργίαν αὐτῶν· 3. Τοὺς οὖν κατασταθέντας ὑπ᾽ ἐκείνων ἢ μεταξὺ ὑφ᾽ ἑτέρων ἐλλογίμων ἀνδρῶν συνευδοκησάσης τῆς ἐκκλησίας πάσης, καὶ λειτουργήσαντας ἀμέμπτως τῷ ποιμνίῳ τοῦ Χριστοῦ μετὰ ταπεινοφροσύνης, ἡσύχως καὶ ἀβαναύσως, μεματυρημένους τε πολλοῖς χρόνοις ὑπὸ πάντων, τούτους οὐ δικαίως νομίζομεν ἀποβάλλεσθαι τῆς λειτουργίας·" CLEMENS <PAPA, I.>: Κλημεντος προς κορινθιους I,44,1–3 (Opera patrum apostolicorum, Tomus I, FUNK, Fr. X. (Ed.), S. 115 f.).

413 Zur *Didache* vgl. ALTANER, B., STUIBER, A.: Patrologie, S. 79–82; vgl. DROBNER, H.: Lehrbuch der Patrologie, S. 46 f. Vgl. STEIMER, B.: Didache, S. 194 f. *Didache* (Abschnitt 2,7) wird in RB 4,65 (SALZBURGER ÄBTEKONFERENZ (Hg.), S. 92. 298) zitiert.

414 Vgl. STOCKMEIER, P.: Die Wahl des Bischofs durch Klerus und Volk in der frühen Kirche, S. 464 f.

415 „Χειροτονήσατε οὖν ἑαυτοῖς ἐπισκόπους καὶ διακόνους ἀξίους τοῦ κυρίου, ἄνδρας πραεῖς καὶ ἀφιλαργύρους καὶ ἀληθεῖς καὶ δεδοκιμασμένους· ὑμῖν γὰρ λειτουργοῦσι καὶ

Bischof Hippolyt von Rom verfasste um 215 die *Traditio apostolica*.[416] Darin wird die Wahl des Bischofs als eine Angelegenheit des ganzen Volkes deklariert.[417] Ausdrücklich wird von einer Nomination, einer Zustimmung und einer Ordination gesprochen.[418] Im sich anschließenden Weihegebet werden die Nomination wie die Zustimmung aller als eine Erwählung des Kandidaten durch Gott verstanden.[419] Im Gegensatz zum *ersten Clemensbrief* und zur *Didache* werden hier keine näheren Voraussetzungen für den Kandidaten genannt.

Funk wie Stockmeier verweisen sodann auf Origenes (185–254), der an zwei Stellen auf die Wahl von Priestern bzw. Bischöfen eingeht.[420] Origenes beklagt sich in seiner Homilie zu Num. 22,4 über die Nachfolgeregelung der Bischöfe. Im zweiten Text – es handelt sich hier um eine Homilie über eine Stelle aus dem Buch Levitikus – nennt er die Qualifikationen der Gemeindevorsteher. Dieser Auszug aus der Predigt fand Aufnahme in das *Decretum Gratiani*, wobei er allerdings einem falschen Autor – Hieronymus – zugeordnet wurde.[421] Johannes von Kastl übernahm aus dem *Decretum Gratiani* diese

---

αὐτοὶ τὴν λειτουργίαν τῶν προφητῶν καὶ διδασκάλων." Didache 15.1 (FC 1, SCHÖLLGEN, G. (Übers. u. Einl.), S. 135).

416 Zur *Traditio apostolica* vgl. ALTANER, B., STUIBER, A.: Patrologie, S. 82–84; vgl. DROBNER, H.: Lehrbuch der Patrologie, S. 102 f. Vgl. STEIMER, B.: Traditio apostolica, S. 698–701. Die *Traditio apostolica* verwendete Benedikt von Nursia für seine *Regula* nicht.

417 „Epsicopus ordinetur electus ab omni populo, quique cum nominatus fuerit et placuerit omnibus ..." Traditio apostolica, Cap. 2 (Fontes Christiani 1, GEERLINGS, W., S. 214, Textfassung L) „Ordinabitur (χειροτονεῖν) episcopus secundum quod dictum est, electus ab omni populo, irreprehensibilis." Ebd. (Textfassung S (AE)).

418 „... convenit populum una cum praesbyterio et his qui praesentes fuerint episcopi, die dominica. Consentientibus omnibus, inponant super eum manus, et praesbyterium adstet quiescens." Ebd. (S. 214. 216, Textfassung L) „Qui cum nominatus erit et placuerit eis, populus omnis conveniet et presbyteri et diaconi, die dominica (κυριακή), episcopis omnibus consentientibus (συνευδοκεῖν), qui imposuerunt manus super eum." Ebd. (S. 214. 216, Textfassung S (AE)).

419 „Da, cordis cognitor pater, super hunc seruum tuum, quem elegisti ad episcopatum ..." Ebd. (S. 218, Textfassung L).

420 Vgl. FUNK, F. X., der im Aufsatz „Die Bischofswahl" (S. 25 f.) eine Stelle aus einer Homilie zum Buch Levitikus nennt, und STOCKMEIER, P., der in seinem Aufsatz „Die Wahl des Bischofs durch Klerus und Volk in der frühen Kirche" (S. 465.467 (Anm. 15)) eine Homilie zu Num. 22,4 erwähnt. Zu den homiletischen Werken des Origenes vgl. ALTANER, B., STUIBER, A.: Patrologie, S. 201–203; vgl. DROBNER, H.: Lehrbuch der Patrologie, S. 114–116; vgl. VOGT, H. J.: Origenes, S. 528–536. Die *Homilia in Numeri* (20,22) wird in RB Prol. 28 (SALZBURGER ÄBTEKONFERENZ (Hg.), S. 66.299) zitiert. RUDOLF HANSLIK sieht diesen Vers des Prologs auf dem Hintergrund der Schrift *Contra Celsum* (7,22) des Origenes. Vgl. ders.: Index scriptorum. In: CSEL 75, 2. Auflage, S. 190. Aus dem 7. Kapitel der *Homilia in Jesu Nave* wird RB 23,1–2; 25,4; 27,2; 27,8; 28,2–6; 28,7–8 (SALZBURGER ÄBTEKONFERENZ (Hg.), S. 140. 144. 146. 148. 299) zitiert.

421 Vgl. Grat. 8,1,15 (Fr. 594 f.).

Aussage und arbeitete sie in seinen Regelkommentar ein.[422] Der Predigt des Origenes entsprechend soll die Ordination eines Priesters in der Gegenwart des Volkes stattfinden, da nur die Gläubigen der Gemeinde sagen können, wer aus ihrem Kreis vortrefflicher, gelehrter, heiligmäßiger und tugendhafter ist als andere und deshalb für das Priestertum als geeignet erscheint.[423] Wenngleich dem Text zu entnehmen ist, dass der Vorsteher der Gemeinde gewählt wird und das Volk an der Kandidatenbestellung beteiligt ist, kann nicht gesagt werden, wer diese Wahl durchführt.

Auch in der Kirche Nordafrikas war die Bestellung der Bischöfe von Bedeutung. Cyprian von Karthago (200/10–258) geht an verschiedenen Stellen seiner Briefsammlung auf diese Frage ein.[424] In seinem Brief an den numidischen Bischof Antonianus spricht Cyprian die Bestellung des Papstes Cornelius (251–253) an. Dieser wurde durch das Urteil Gottes zum Bischof bestellt. Bezeugt wurde die Wahl durch die Bischöfe, die dem Ergebnis einmütig zustimmten.[425] Im Verlauf des Textes verdeutlicht er nochmals, wer an der Wahl beteiligt war: Während die Kleriker als Zeugen auftraten, stimmten das Volk, das Kollegium der Ältesten und die Männer mit gutem Ruf ab.[426] Dass sich

---

422 Das obengenannte Capitulum aus dem Decretum Gratiani findet sich im Regelkommentar in den Abschnitten 64 A, B, G, J und Y. .

423 „Requiritur enim in ordinando sacerdote et populi praesentia, ut sciant omnes et certi sint, quia qui praestantior est ex omni populo, qui doctior, qui sanctior, qui in omni virtute eminentior, ille eligitur ad sacerdotium et hoc astante populo, ne qua postmodum retractatio, cuiquam, ne quis scrupulus resideret." Grat. 8,1,15 (Fr. 594 f.); FUNK, F. X. (Die Bischofswahl, S. 26) sieht diesen Abschnitt im Anschluss an 1 Tim. 3,7 und bezieht ihn auf die Bischofswahl.

424 Zur Briefsammlung des Cyprianus vgl. ALTANER, B., STUIBER, A.: Patrologie, S.176 f.; DROBNER, H.: Lehrbuch der Patrologie, S. 138 f.; vgl. HOFFMANN, A.: Cyprian, S. 169–174; STOCKMEIER, P.: Die Wahl des Bischofs durch Klerus und Volk in der frühen Kirche, S. 467 (Anm. 10, 11 und 14), der sich auf Cyprians Epistulae 19, 55 und 67 bezieht; vgl. FUNK, F. X.: Die Bischofswahl, S. 27 f. nennt die Epistulae 44, 55, 59, 67, und 68. Nach dem Verzeichnis bei DROBNER stammen der 19. und der 55. Brief von Cyprian selbst, während der 67. Brief von ihm nur redigiert wurde. Benedikt von Nursia ist das Briefcorpus des Cyprian bekannt. In seiner Regel zitiert er auch aus den obengenannten Briefen (RB 27,5–9; RB 28,2–3 und RB 63,2–3 wird Epistula 55,15–16.21; in RB 4,25 bzw. 28,7–8 wird Epistula 59,13.15; in RB 7,10–11 bzw. 64,1–5 wird Epistula 67,2–3 und in RB 27,7 wird Epistula 68,4. Vgl. die entsprechenden Stellen in der RB (SALZBURGER ÄBTEKONFERENZ (Hg.) 88.102.146.148.218.222.297).

425 „Venio iam nunc, frater carissime, ad personam Corneli collegae nostri, ut Cornelium nobiscum uerius noueris, non de malignorum et detrahentium mendacio, sed de Dei iudicio qui episcopum *eum* fecit et coepiscoporum testimonio quorum numerus uniuersus per totum mundum concordi unanimitate consenit." CYPRIAN, Epistula 55, 8 (CSEL 3,2, HARTEL, G. (Ed.), S. 629).

426 „... factus est autem Cornelius episcopus de Dei et Christi eius iudicio, de clericorum paene omnium testimonio, de plebis quae tunc adfuit suffragio, de sacerdotum antiquorum et bonorum uirorum collegio, cum nemo ante se factus esset,

das Volk wie das Kollegium der Bischöfe durch ihre Stimmabgabe und ihr Zeugnis an der Wahl des Cornelius zum Bischof von Rom beteiligten, kann einem Brief des Bischofs Cyprian an Papst Cornelius selbst sowie an Bischof Marcian von Arles entnommen werden.[427] Laut Cyprian kann jemand nur Bischof werden, der wie Papst Cornelius alle Weihestufen durchlaufen hat, nicht nach dem Papstamt strebt, sondern sich dem Zwang in Ruhe und Gelassenheit fügt.[428]

Im einem Synodalschreiben (67. Brief), das an zwei spanische Gemeinden gerichtet ist, geht Cyprian nochmals auf die Bischofswahl ein. Deutlich wird, dass der Bischof aus der Gemeinde genommen wird, der er vorstehen soll. Er wird vom Volk gewählt. Den Nachbarbischöfen, die bei der Wahl anwesend sind, kommt die Aufgabe zu, ein Urteil über den Kandidaten abzugeben.[429] Dem Volk jedoch wird hinsichtlich der Wahl eine größere Kompetenz zugemessen. Dieser Zuwachs an Entscheidungskompetenz hat seinen Grund darin, dass der Bischof aus der Gemeinde stammt und dass die Lebensumstände des Kandidaten damit bekannt sind.[430] Damit berührt Cyprian den Zusammenhang von Wahl und Qualifikation des Kandidaten. Dem genannten Synodalschreiben folgend, sollen durch die Wahl und das Zeugnis aller die Fehler wie

---

cum Fabiani locus id est cum locus Petri et gradus cathedrae sacerdotalis uacaret.“ Ebd. (Ebd., S. 629 f.).

427 „... adque intellegant episcopo semel facto et collegarum ac plebis testimonio et iudicio conprobato alium constitui nullo modo posse ...“ Ders., Epistula 54,3 (S. 599); „... hinc a concilio plurimorum sacerdotum qui praesentes eramus sententiam retulerit se foris esse coepisse nec posse a quoquam nostri sibi communicari qui episcopo Cornelio in catholica ecclesia de Dei iudicio et cleri ac plebis suffragio ordinato profanum altare erigere ...“ Ders., Epistula 68,2 (Ebd., S. 745).

428 „... item consacerdotibus cunctis laudabili praedicatione commendat, non iste ad episcopatum subito peruenit, sed per omnia ecclesiastica officia promotus et in diuinis administrationibus Dominum saepe promeritus ad sacerdotii sublime fastigium cunctis religionis gradibus ascendit. tunc deinde episcopatum ipsum nec postulauit nec uoluit, nec ut ceteri quos adrogantiae et superbiae suae tumor inflat inuasit, sed quietus alias et modestus et quales esse consuerunt qui ad hunc locum diuinitus eliguntur, pro pudore uirginalis continentiae suae et pro humilitate ingenitae sibi et custoditae uerecundiae non ut quidam uim fecit ut episcopus fieret, sed ipse uim passus est ut episcopatum coactus exciperet.“ Ders., Epistula 55,8 (Ebd., S. 629).

429 Vgl. GANZER, K.: Unanimitas, maioritas, pars sanior, S. 4.

430 „Propter quod diligenter de traditione diuina et apostolica obseruatione seruandum est et tenendum quod apud nos quoque et fere per prouinicias uniuersas tenetur, ut ad ordinationes rite celebrandas ad eam plebem cui praepositus ordinatur episcopi eiusdem prouinciae proximi quique conueniant et episcopus deligatur plebe preaesente, quod singulorum uitam plenissime nouit et uniuscuiusque actum de eius conuersatione perspexit. quod et apud uos factum uidemus in Sabini collegae nostri ordinatione, ut de uniuersae fraternitatis suffragio et de episcoporum qui in praesentia conuenerant quique de eo ad uos litteras fecerant iudicio episcopatus ei deferretur et manus ei in locum Basilidis inponeretur.“ CYPRIAN, Epistula 67, 5 (Ebd., S. 739).

die Verdienste aufgedeckt werden. Das Ziel besteht darin, eine unwürdige Person vom Bischofsamt fernzuhalten.[431]

Aus der Zeit nach der Konstantinischen Wende gehen die Synoden von Arles und Ankyra (beide 314), das Konzil von Nizäa (325) und die Synoden von Antiochien (341) und Laodicea (325/82) auf die Bestellung von Bischöfen ein. Laut 20. Kanon der Synode von Arles ist es niemandem erlaubt, einen Bischof allein zu weihen. Im Regelfall soll die Weihe eines Bischofs mit sieben weiteren Bischöfen vorgenommen werden. Ist dies nicht möglich, sollten wenigstens drei Bischöfe zugegen sein.[432] Im Gegensatz zu den Texten vor der Konstantinischen Wende geht die Synode von Arles davon aus, dass das Volk bei der Bestimmung eines Bischofs keinen entscheidenden Einfluss geltend machen kann. Dem 18. Kanon der Synode von Ankyra nach dürfen bei einer Bischofswahl die Gläubigen nicht übergangen werden, sondern sie sind in die Entscheidung einzubeziehen. Die Väter der Synode befassten sich hier mit der Frage, wie zu verfahren sei, wenn ein gewählter Bischof vom Volk nicht angenommen wird.[433] Aus diesem Grund ist von einer Wahl des Bischofs ohne Beteiligung des Volks abzusehen. Sieht man die Canones der Synode von Arles und von Ankyra zusammen, drängt sich die Vermutung auf, dass eine Bischofsbestimmung ohne Volk möglich war. Entsprechend dem 4. Kanon des Konzils von Nicäa soll ein Bischof von allen Suffraganbischöfen einer Kirchenprovinz eingesetzt werden. Die Aufgabe des Metropoliten besteht darin, die Ordination des neuen Bischofs durch die Suffraganbischöfe zu bestätigen. Die oben erwähnte Vermutung, dass ein Bischof ohne das Volk bestellt werden kann, findet seine Bestätigung im 4. Kanon des Konzils von Nicäa, weil

---

431 „... propter quod plebs obsequens praeceptis dominicis et Deum metuens a peccatore praeposito separare se debet, nec se ad sacrilegi sacerdotis sacrificia miscere, quod ipsa maxime habeat potestatem uel eligendi dignos sacerdotes vel indignos incusandi." Ders., Epistula 67,3 (Ebd., S. 737 f.) „... coram omni synagoga iubet Deus constitui sacerdotem, id est instruit et ostendit ordinationes sacerdotales non nisi sub populi adsistentis conscientia fieri oportere, ut plebe praesente uel detegantur malorum crimina vel bonorum merita praedicentur et sit ordinatio iusta et legitima quae omnium suffragio et iudicio fuerit examinata." Ders., Epistula 67,4 (Ebd., S. 738).

432 „De his qui ursupant sibi quod soli debeant episcopos ordinare, placuit ut nullus hoc sibi praesumat nisi assumptis secum aliis septem episcopis. Si tamen non poterit septem, infra tres non audeat ordinare." Concilium arelatense, Can. 20 (Mansi 2, Sp. 473a); vgl. STOCKMEIER, P.: Die Wahl des Bischofs durch Klerus und Volk in der frühen Kirche, S. 466.

433 „Si qui constituti episcopi, & ab illa parochia, in quam nominati fuerunt, non suscepti, alias velint parochias invadere, & iis qui constituti sunt, vim afferre, & seditiones adversus illos excitare, eos segregari. Sin autem velint in presbyterio residere, in quo prius erant presbyteri, ipsos honore non moveri. Quod si adversus eos, qui illic constituti sunt, episcopos seditiones excitaverint, honorem quoque presbyterii ab eis auferi: & illos abdicatos effici." Concilium Ancyranum, Can. 18 (Mansi 2, Sp. 519a).

hier das Volk mit keinem Wort erwähnt wird.[434] Dass sich die Synode von Antiochien (341) wiederum mit der Frage beschäftigte, wie zu verfahren sei, wenn ein Bischof vom Volk nicht angenommen wird, bestätigt diese Vermutung.[435] Den Ausführungen Funks nach nahm bisweilen nur ein Bischof die Wahl und Ordination des neuen Bischofs vor. Nach der Konstantinischen Wende griff der Kaiser bei der Besetzung der Bischofsstühle ein. Aus diesem Grund kamen Unmut und Ärger bei den Gemeinden auf.[436] Die Synode von Laodicea (325/382)[437] fasst zwei wichtige Aspekte der Bischofswahl zusammen: Der Metropolit wie die Suffraganbischöfe wirken durch ein Urteil bei der Bestellung eines neuen Oberhirten entscheidend mit; ihnen steht auch die Prüfung der Kandidatenqualifikationen, wie Rechtgläubigkeit und Lebenswandel, zu.[438]

Sulpicius Severus († 420) berichtet in der Vita s. Martini von der zwiespältigen Wahl Martins zum Bischof von Tours im Jahr 372. Während sich einige wenige Bürger der Stadt und so manche Bischöfe, die herbeigerufen wurden, gegen Martins Bestellung zum Bischof aussprachen, blieb das Volk bei seinem gesunden Urteil. Die kleinere, zugleich jedoch mächtigere Gruppe der Gegen-

---

434 „Episcopum convenit maxime quidem ab omnibus qui sunt in provincia episcopis ordinari. Si autem hoc difficile fuerit, aut propter instantem necessitatem aut propter itineris longitudinem: modis omnibus tamen tribus in id ipsum convenientibus et absentibus episcopis pariter decernentibus et per scripta consentientibus tunc ordinatio celebretur. Firmitas autem eorum, quae geruntur per unamquamque provinciam, metropolitano tribuatur episcopo.“ Concilium Nicaenum I, Can.4 (COD, S. 7b).

435 „Si quis ordinatus non ierit in parochiam, ad quam est ordinatus, non sua quidem culpa, sed propter populi recusationem, vel aliquam aliam causam, quae a se non oritur, is sit & honoris & muneris particeps, dummodo nullam rebus ecclesiae, in qua convenit, molestiam afferat. Is autem id suscipiat, quod perfecta provinciae synodus, eo quod ad se allatum est judicato, statuerit.“ Synode von Antiochien, can. 18 (Mansi 2, Sp. 1315a).

436 „Die Kanones lassen deutlich erkennen, dass bei Besetzung von Bischofsstühlen nicht selten nur ein Bischof mitwirkte, derjenige, der den Gewählten ordinierte, oder dass ihm höchstens noch einer zur Seite stand. Dies schien unangemessen. Bei der wichtigen Handlung sollte eine größere Anzahl von Bischöfen zugegen sein, nach der Synode von Nicäa eigentlich sämtliche Oberhirten der Provinz, wenigstens aber drei.“ FUNK, F. X.: Die Bischofswahl, S. 29; „auch die Kaiser übten, seitdem sie christlich geworden waren, wiederholt auf die Besetzung der Bischofsstühle einen Einfluss aus, bei dem das Wahlrecht der Gemeinde nur uneigentlich bestehen konnte. Manchmal ernannten sie einen Bischof geradezu selbst, und dies nicht bloß der Arianer Konstantius, der sich in dieser Richtung am meisten hervorthat, sondern auch die späteren katholischen Herrscher.“ Ebd., S. 31.

437 Zur Datierung der Synode von Laodicea vgl. OLSHAUSEN, E.: Laodicea in Südphrygien, Sp. 648.

438 „Ut episcopi metropolitanorum & eorum, qui sunt circumcirca, episcoporum judicio, in ecclesiastico magistratu constituantur, diu examinati, & in ratione fidei, & in rectae rationis dispensatione.“ Synode von Laodicea, Can. 12 (Mansi 2, Sp. 565a).

spieler lehnte den Bischofskandidaten Martin aufgrund falscher Kandidatenqualifikationen ab, da er verächtlich und unwürdig sei, wenig gut gekleidet und ein entstelltes Erscheinungsbild darböte.[439] Das Volk konnte sich dennoch durch eine Art Gottesurteil durchsetzen: Das Verlesen eines bestimmten Psalmverses beim Gottesdienst deutete daraufhin, dass die Gläubigen mit ihrer Meinung im Recht waren, und so wurde die andere Gruppe genötigt, dem Volk beizustimmen.

Papst Leo der Große († 461) geht in mehreren Briefen auf die Bischofswahl ein.[440] Einschlägig sind hier die *Epistolae 10, 14* und *167*. In der *Epistola 10,4* zählt Papst Leo der Große auf, wer bei der Wahl eines Bischofs beteiligt ist. An erster Stelle nennt er die Voten der Bürger, dann die Zeugnisse des Volkes. Anschließend sollen der Wille der Vornehmen und die Wahl des Klerus erfragt werden. Um einen Skandal in jeder Hinsicht zu verhindern, muss der Gewählte nicht nur bei den Gläubigen, sondern auch bei den Nichtchristen einen guten Ruf haben. Diese Forderung stellt Leo der Große in den Zusammenhang mit 1 Tim 3,7: „Er muss auch bei den Außenstehenden einen guten Ruf haben, damit er nicht in üble Nachrede kommt und in die Falle des Teufels gerät." Seinen Ausführungen folgend stand die Gemeinde mit heidnischen Bevölkerungskreisen in Verbindung; die Wahl eines Bischofs durfte daher nicht als eine innerkirchliche Angelegenheit betrachtet werden. Aus diesem Grund ist das Ansehen des zu bestellenden Bischofs im sozialen Umfeld der Gemeinde wichtig. Deshalb müssen die Voten der Bürger und die Zeugnisse des Volkes sicher erhoben werden, damit der Gelegenheit zum Skandal vorgebeugt wird.[441]

Wie nun zu verfahren sei, wenn das Votum des Wahlkörpers nicht einmütig ausfällt, legt er in *Epistola 14,5* dar. Tritt der Fall ein, dass der Kandidat bei den Klerikern und beim Volk keine einmütige Zustimmung erfährt, soll

---

439 „Pauci tamen et nonnulli ex episcopis, qui ad constituendum antistitem fuerant euocati, impie repugnabant, dicentes scilicet, contemptibilem esse personam, indignum esse episcopatu hominem uultu despicabilem, ueste sordidum, crine deformem. ita a populo sententiae sanioris haec illorum inrisa dementia est, qui inlustrem virum dum uituperare cupiunt praedicabant." SULPICIUS <SEVERUS>: Vita s. Martini 9 (CSEL 1, HALM, C.(Ed.), S. 119).

440 Zu Papst Leo d. Großen vgl. ALTANER, B., STUIBER, A.: Patrologie, S. 357 f.; DROBNER, H.: Lehrbuch der Patrologie, S. 384–391; vgl. WYRWA, D.: Leo der Große, S. 447–449: LEO <Papa, I.>, Epistola 10,4 (PL 54, Sp. 632 f.); ders., Epistola 8,5 (Ebd., Sp. 673).

441 „Exspectarentur certe vota civium, testimonia populorum; quaereretur honoratorum arbitrium, electio clericorum, quae in sacerdotum solent ordinationibus ab his qui noverunt patrum regulas, custodiri: ut apostolicae auctoritatis norma in omnibus servaretur, qua praecipitur ut sacerdos ecclesiae praefuturus, non solum attestatione fidelium, sed etiam eorum qui foris sunt, testimonio muniatur (1. Tim. 3,7), neque illius scandali relinquatur occasio, cum per pacem et Deo placitam concordiam consonis omnium studiis, qui doctor pacis futurus est, ordinatur." LEO <Papa, I.>, Epistola 10,4 (PL 54, Sp. 632 f.).

der Metropolit die Wahl entscheiden. Dieses Verfahren kommt nur dann zum Einsatz, wenn es wegen eines anderen Kandidaten zu einer Stimmensplitterung kommt. Bei einer zwiespältigen Wahl tritt der Entscheid des Volkes in den Hintergrund, und der Metropolit soll sein Augenmerk ganz auf die Kandidaten lenken und deren Eifer und Verdienste prüfen. Dabei darf kein Kandidat zum Bischof geweiht werden, den das Volk ablehnt. Der Metropolit hat also die Wünsche und Vorschläge der Gemeinde im Blickfeld zu haben. Für Papst Leo den Großen ist es wichtig, einen guten Bischof zu finden, der in der Gemeinde einen Rückhalt hat.[442]

Von rechtsgeschichtlich höchster Bedeutung ist der Brief Papst Leos des Großen an Bischof Rusticus von Narbonne.[443] In dieser Schrift werden nicht nur die Personengruppen aufgeführt, die bei der Bischofswahl beteiligt sind, sondern auch deren Funktion. Es werden die Kleriker, das Volk und der Metropolit mit seinen Suffraganbischöfen genannt. Den Klerikern kommt die Aufgabe der Wahl zu. Da das Volk die Aufgabe hat, um einen Bischof zu bitten, kann diese Wahl als Nominationswahl verstanden werden. Diese Wahlbitte ist als eine Art Zustimmung zum Kandidaten zu verstehen, da die Bitte auf die Wahl folgt. Der Metropolit der Kirchenprovinz, der seine Zustimmung zum Kandidaten geben muss, hat die Pflicht, die Wahl und den Kandidaten prüfen. Zusammen mit den Konprovinzialbischöfen kann er dann den Kandidaten zum Bischof weihen.

Von einer Wahl unter dem Aspekt der Sanioritas berichtet ebenso Sidonius Apollinaris (432–480/90) in einem Brief: Bei der Wahl des Bischof Johannes in Châlons im Jahr 470 hielten die beiden Bischöfe Patiens und Euphronius gegen den Hass und die Gunsterweise der Vornehmen an der Unbeugsamkeit und Stärke des gesünderen Teils der Wählerschaft fest. In diesem Zusammenhang werden als Kandidatenqualifikationen Würde, Menschlichkeit und Güte genannt.[444]

---

442 „Cum ergo de summi sacerdotis electione tractabitur, ille omnibus praeponatur quem cleri plebisque consensus concorditer postularit: ita ut si in aliam forte personam partium se vota diviserint, metropolitani judicio is alteri praeferatur qui majoribus studiis juvatur et meritis: tantum ut nullus invitis et non petentibus ordinetur; ne civitas episcopum non optatum aut contemnat, aut oderit; et fiat minus religiosa quam convenit, cui non licuerit habere quem voluit." LEO <Papa, I.>, Epistola 14,5 (PL 54, Sp. 673); vgl. GANZER, K.: Unanimitas, maioritas, pars sanior, S. 5 f.; vgl. ELSENER, F.: Zur Geschichte des Majoritätsprinzips, S. 105; vgl. HILLING, N.: Der Grundsatz der Pars sanior, S. 230; vgl. ders.: Zur Abtswahl der Benediktinerregel, S. 56.

443 „Nulla ratio sinit, ut inter episcopos habeantur, qui nec a clericis sunt electi, nec a plebibus expetiti, nec a conprouincialibus episcopis cum metropolitani iudicio consecrati." Grat. 62,1 (Fr. 234) (vgl. LEO <Papa, I.>, Epistola 167 (PL 54, Sp. 1203).

444 „Quod ubi viderunt sanctus Patiens et sanctus Euphronius, qui rigorem firmitatemque sententiae sanioris praeter odium gratiamque tenebant, consilio cum coepiscopis prius clam communicato quam palam prodito strepituque despecto turbae

4.1.2 Aspekte des Oberenwahlrechts in den quellenrelevanten Texten der Regula s. Benedicti

Benedikt von Nursia unterscheidet in seiner Regel vier verschiedene Arten von Mönchen. An erster Stelle nennt er dabei die Koinobiten. Er versteht deren gemeinschaftliches Leben als Dienst unter Regel und Abt.[445] Damit benützt er die zentralen Begriffe, die das Koinobitentum vom Anachoretentum unterscheiden. Das Koinobium geht auf Pachomius (292–346) zurück, der das gemeinschaftliche Leben der Mönche begründete. Benedikt von Nursia kannte das Schrifttum des Pachomius und seines Schülers Horsiesius, benützt er doch wiederholt deren Schriften.[446] Eine weitere Darstellung des ägyptischen Koinobitentums findet sich im Briefcorpus des Hieronymus (347–419/20); es ist hier vor allem die *Epistula 22*, die an Eustochium gerichtet ist. Hieronymus geht in diesem Brief nicht auf die Oberenbestimmung der ägyptischen Klöster ein. Benedikt von Nursia griff bei der Abfassung seiner Klosterregel immer wieder auf diesen Brief zurück.[447]

Hieronymus stellt in seiner *Epistula 22* einen Typ des ägyptischen Klosters vor, der sich von der Darstellung der Pachomiusklöster in seinem Vorwort zur *Pachomiusregel* zunächst im Punkt der Gruppengröße unterscheidet.[448] Im Blick auf die Oberenämter werden in den beiden Texten Parallelen deutlich. Mögen sich die ägyptischen Klöster durch ihre Größe voneinander unterschieden haben, so darf die hierarchische Gliederung der Oberenämter als eine feste Struktur dieser Ordenshäuser betrachtet werden. In der *Praefatio Hieronymi* zur Übersetzung der *Pachomiusregel* wird der Vorsteher des einzelnen Klosters als „dispensator", „ebdomadarius" oder „minister" bezeichnet; dieser

---

furentis iunctis repente manibus arreptum nihilque tum minus quam quae agebantur optantem suspicantemque sanctum Iohannem, virum honestate, humanitate mansuetudine insignem." APOLLINARIS SIDONIUS, G. S.: Epistulae IV,25,3 (MGH.SS 1,1,8, LUETJOHANN, Chr. (Ed.), S. 76); vgl. GANZER, K.: Unanimitas, maioritas, pars sanior, S. 6 f.

445 „Primum coenouitarum, hoc est monasteriale, militans sub regula uel abbate." RB 1,2 (CSEL 75, HANSLIK, R. (Ed.), 2. Auflage, S. 18).

446 Vgl. die zahlreichen Stellen in der RB (SALZBURGER ÄBTEKONFERENZ (Hg.), S. 255. 299 f.); zu Pachomius vgl. ALTANER, B., STUIBER, A.: Patrologie, S. 262–264; DROBNER, H.: Lehrbuch der Patrologie, S. 298–300; vgl. SKEB, M.: Pachomius, S. 540 f.; zu den Lebensdaten vgl. FRANK, K. S.: Pachomius, Sp. 1607.

447 Auf das koinobitische Leben geht Hieronymus im 35. Abschnitt dieses Briefes ein, der RB 1,13; 21,1; 35,1; 37,2 und 48,22 zitiert wird. Vgl. die Stellen in der RB (SALZBURGER ÄBTEKONFERENZ (Hg.), S. 254.298).

448 „Ita ut una domus quadraginta plus minusve fratres habeat qui oboediant praeposito, sintque pro numero fratrum triginta vel quadraginta domus in uno monasterio, et ternae vel quaternae domus in unam tribum foederentur: ut vel ad opera simul vadant, vel in ebdomadarum ministerio sibi succedant per ordinem." Praefatio Hieronymi, Cap. 2 (BACHT, H.: Das Vermächtnis des Ursprungs. Band 2, S. 66 f.) Zur Einteilung der Häuser in Stämme – Phylen – vgl. RUPPERT, F.: Das pachomianische Mönchtum, S. 300–308.

führt auch den Titel „pater". Die einzelnen Häuser, aus denen sich das Kloster zusammensetzt, werden von einem „praepositus domus" geleitet.[449] Laut Steidle wird jeder Obere durch einen so genannten Zweiten vertreten.[450] Der Vorsteher eines einzelnen Hauses – Hieronymus übersetzt den Amtstitel οἰκιακοί mit „praepositus domus" – trägt die Verantwortung für die Arbeit.[451] Sein Stellvertreter, der Zweite also, ist für die Werkzeuge zuständig.[452]

Das gemeinsame Leben der Mönche und das Anliegen, sie zu leiten, führt in den pachomianischen Klöstern zum Oberen- und Stellvertreteramt.[453] Im Kontext der Oberenbestellung ist nun die Frage zu stellen, ob Pachomius seinen Mönchen ein Mitbestimmungsrecht bei der Wahl zugesteht. Wiederum ist es die *Praefatio Hieronymi*, die einen wichtigen Hinweis liefert: Jedes Jahr lädt der Abt des Kloster Pbow alle Mönche zu einer allgemeinen Versammlung ein. Bei dieser Zusammenkunft werden die Vorsteher, Ökonome, Hausoberen und Minister entsprechend den Erfordernissen neu eingesetzt.[454] Laut Ruppert wurden die Klosteroberen vom „Generalabt" eingesetzt.[455] Muss jedoch der Abt des Klosterverbandes gewählt werden, geschieht dies durch eine Designationswahl. Das geht aus den Viten der ägyptischen Mönchsväter hervor. So wählt Abt Pachomius nicht seinen Stellvertreter Theodor zu seinem Nachfolger, sondern zieht den Petronius vor; Abt Horiesius wird dessen Nachfolger.[456] Aufgrund der Schwierigkeiten, denen sich dieser Abt gegenüber sieht, bestellt er den schon erwähnten Theodor zu seinem Stellvertreter.[457] Bei der Besetzung der verschiedenen Oberenämter hatten die Konvente keinen

---

449 „Qui habent per singula monasteria patres, et dispensatores, et ebdomadarios, ac ministros, et singularum domuum praepositos." Praefatio Hieronymi, Cap. 2 (BACHT, H.: Das Vermächtnis des Ursprungs. Band 2, S. 66).

450 Vgl. STEIDLE, B.: „Der Zweite" im Pachomiuskloster, S. 99–102; vgl. RUPPERT, F.: Das pachomianische Mönchtum, S. 315 f.

451 „Fratres eiusdem artis in unam domum sub uno praeposito congregantur, verbi gratia: ut qui lina texunt sint pariter, qui mattas in unam reputentur familiam, sarcinatores, carpentarii, fullones, gallicarii seorsum a suis praepositis gubernentur." HIERONYMUS: Praefatio, Cap. 6 (BACHT, H.: Das Vermächtnis des Ursprungs. Band 2, S. 68); Vgl. STEIDLE, B.: „Der Zweite" im Pachomiuskloster, S. 99; vgl. RUPPERT, F.: Das pachomianische Mönchtum, S. 311.

452 „Cum ad domos suas pervenerint, ferramenta, quibus opus fecerant, et galliculas tradent ei qui secundus est post praepositum domus, et ille inferent ea vespere in cellulam separatam ibique concludet." PACHOMIUS: Praecepta, Cap. 65 (In: BACHT, H.: Das Vermächtnis des Ursprungs. Band 2, S. 99); vgl. STEIDLE, B.: „Der Zweite" im Pachomiuskloster, S. 101.

453 Vgl. ebd., S. 99 f.

454 „Mense cui vocabulum est Mesore, id est Augusto ... disponuntur monasteriorum capita, dispensatores, praepositi, ministri, prout necessitas postularit." HIERONYMUS: Praefatio, Cap. 8 (BACHT, H.: Das Vermächtnis des Ursprungs. Band 2, S. 68 f.).

455 Vgl. RUPPERT, F.: Das pachomianische Mönchtum, S. 291.

456 Vgl. STEIDLE, B.: „Wer euch hört, hört mich" (Lk 10,16), S. 193.

457 Vgl. ders.: „Der Zweite" im Pachomiuskloster, S. 103.

Einfluss auf die Bestimmung des Oberen. Blickt man nun auf den monastischen Werdegang Benedikts von Nursia, ist man überrascht, dass er neben der bekannten Form der Abtswahl, wie sie seiner *Regula* entnommen werden kann, auch die Designationswahl kannte. Gemäß seiner Lebensbeschreibung setzte er die „patres" seiner zwölf Klöster in Subiaco selbst ein.[458]

Am Schluss seiner *Regula* empfiehlt Benedikt von Nursia die Lektüre der „Regel unseres hl. Vaters Basilius".[459] Ein Blick in das Quellenverzeichnis zeigt, dass Benedikt von Nursia häufig aus den Regeln des Basilius von Caesarea (329/30–379) schöpfte, wobei ihm die kürzeren und die längeren Regeln des Basilius nur über die Regelübersetzung des Rufinus zugänglich waren.[460] Die Fragen 35, 43 und 45 der längeren Regeln des Basilius gehen auf die Bestimmung des Oberen ein; diese Fragen konnten jedoch Benedikt von Nursia nicht bekannt sein, da die Regelübersetzung des Rufinus († 410) nur den Prolog und die Fragen 1–23 der *Regulae fusius tractatae* umfasst.[461]

Einen starken Einfluss auf Benedikt von Nursia haben die Schriften des südgallischen Mönchtums genommen.[462] Chronologisch an erster Stelle stehen hier die Klosterregeln von Lérins. Die *Regula sanctorum patrum Serapionis, Macharii, Pafnutii et alterius Macharii*, kurz R4P genannt, entstand zwischen 397 und 410. Die Abgrenzung vom eremitischen Mönchtum und der Wille zu einem gemeinsamen Leben weisen zusammen mit der Struktur der Tagesordnung auf die Insel Lérins als Entstehungsort hin.[463] Daraus folgernd stellen das gemeinschaftliche Leben, der Obere und der Gehorsam der Mönche die zentralen Themen der Regel dar.[464] Auf die Bestimmung des Oberen wird in R4P jedoch nicht eingegangen. Erst in der Weiterführung der ersten Regel aus Lérins, der *Statuta patrum* oder 2RP, wird dieses Problem thematisiert.

2RP wurde vom Diakon Vigilius verfasst und entstand zwischen 418–428/30.[465] Für das Verständnis der Oberenbestellung ist die Entwicklung der Be-

---

458 „... ita ut illic duodecim monasteria cum omnipotentis Iesu Christi Domini opulatione construeret, in quibus statutis patribus duodenos monachos deputavit ..." GREGORIUS <PAPA, I.>: Dialogi II 3,13 (SALZBURGER ÄBTEKONFERENZ (Hg.): Der hl. Benedikt, S. 120.122) „... Quod cum servo Dei ab eodem monasterii patre, quem constituerat, nuntiatum fuisse ..." Ders.: Dialogi II 4,2 (Ebd., S. 122).

459 „... sed et Regula sancti patris nostri Basilii" RB 73,5 (CSEL 75, HANSLIK, R. (Ed.), 2. Auflage, S. 180).

460 Vgl. die entsprechenden Stellen in der RB (SALZBURGER ÄBTEKONFERENZ (Hg.), S. 253. 292); zu Basilius von Caesarea vgl. ALTANER, B., STUIBER, A.: Patrologie, S.292; DROBNER, H.: Lehrbuch der Patrologie, S. 302; vgl. PAULI, J.: Basilius von Caesarea, S. 114–120; zur lat. Regelübersetzung des Basilius vgl. ALTANER, B., STUIBER, A.: Patrologie, S. 392.

461 Basilii regula (CSEL 86, ZELZER, K. (Ed.), S. XXX).

462 Vgl. die entsprechenden Stellen in der RB (SALZBURGER ÄBTEKONFERENZ (Hg.), S. 253 f. 256. 293–296).

463 Vgl. PUZICHA, M.: Einführung (Die Regeln der Väter, PUZICHA, M. (Übers.), S. 36 f.).

464 Vgl. ebd., S. 31–33.

465 Vgl. ebd., S. 68.

grifflichkeit von Bedeutung: Wird in R4P der Obere noch als der „is qui praeest" bezeichnet – ein Begriff, der der Übersetzung der *Basilius-Regel* durch Rufinus entstammt – trägt er in 2RP den Titel des „praepositus";[466] dieser gelangte durch den Entscheid Gottes und durch bischöfliche Einsetzung in das Vorsteheramt.[467] Dieser Aussage nach kann also von einer Beteiligung des Konvents bei der Oberenbesetzung nicht ausgegangen werden.

Zu den Hauptquellen der *Benediktsregel* zählen die *Institutiones* und die *Collationes* des Johannes Cassian (ca. 360–423).[468] In seinen *Institutiones*, die er zwischen 419 und 426 verfasste, berichtet er über die Lebensweise der ägyptischen Mönche. Das 3. Kapitel des zweiten Buches der *Institutiones* ist mit den Worten „De uniformis regulae per totam Aegyptum custodia et de electione eorum, qui fratribus praeponuntur"[469] überschrieben, doch finden sich in diesem Abschnitt keinerlei Hinweise auf das Wahlverfahren der Oberen in den ägyptischen Klöstern. Ein Kriterium für einen geeigneten Kandidaten ist nach Johannes Cassian der Gehorsam. Aus diesem Grund soll keiner zum Vorsteher gewählt werden, der den Gehorsam nicht aus eigener Erfahrung gelernt hat; gutes Gehorchen und Befehlen weist auf die Weisheit hin und wird als Gabe und Gnade des Heiligen Geistes verstanden.[470] Hinsichtlich der Kandidatenqualität ist in *Institutiones 4,28* eine Parallele zu erkennen. Johannes Cassian schildert, wie ein Mönch namens Mucius durch Designation zum Abt bestellt wurde.[471] Ohne Zweifel gab der Tugendwandel des Mucius für die Wahl den entscheidenden Ausschlag. Bewusst im Horizont der Abrahamsgeschichte, der auf den Befehl Gottes seinen Sohn Isaak opfern wollte (vgl. Gen. 22,1–19), wird Mucius von seinem Vorsteher geprüft. Mucius erhält vom Oberen den Befehl, seinen Sohn in den Fluss zu werfen.[472] Den Gehor-

---

466 Vgl. ebd., S. 69.

467 „Hunc autem qui praepositus est Dei iudicio et ordinatione sacerdotali in omnibus timere ..." 2RP I (Die Regeln der Väter, PUZICHA, M. (Übers.), S. 72).

468 Zu Johannes Cassian vgl. ALTANER, B., STUIBER, A.: Patrologie, S. 452; DROBNER, H.: Lehrbuch der Patrologie, S. 314; vgl. SKEB, M.: Johannes Cassianus, S. 376–378.

469 CASSIAN, Inst. 2,3 (CSEL 17, PETSCHENIG, M. (Ed.), S. 16).

470 „... ideoque nullus congregationi fratrum praefuturus eligitus, priusquam idem, qui praeficiendus est, quid obtemperaturis oporteat imperari, oboediendo didicerit, et quid iunioribus tradere debeat, institutis seniorum fuerit adsecutus. bene enim regere uel regi sapientis esse pronuntiant summumque donum et gratiam sancti spiritus esse definiunt." Ebd., (S. 19 f.).

471 „Cumque breui tempore transacto idem abbas coenobii de huius mundi commoratione migraret ad Christum, hunc praeponens cunctis fratribus successorem sui atque abbatem monasterio dereliquit." Ders., Inst. 4,28 (Ebd., S. 67); vgl. HEGGLIN, B.: Der benediktinische Abt, S. 45.

472 „Quam districtionem mentis illius atque inmobilem rigorem peruidens coenobii senior, ad conprobandam penitus animi eius constantiam, cum plorare quadam die uidisset infantem, simulans se aduersus eum commotum praecepit patri, ut tollens eum iactaret in flumen." CASSIAN, Inst. 4, 27 (CSEL 17, PETSCHENIG, M. (Ed.), S. 66 f.).

sam des Abraham nachahmend kommt er dieser Anweisung nach und wirft seinen Sohn in den Fluss, der sogleich daraus gerettet wird.[473] Wenngleich nun diese Prüfung ganz im Rahmen der biblischen Geschichte bleibt, soll zum Ausdruck gebracht werden, dass Mucius im Befehl des Oberen die Stimme Gottes gehört hat. Es wird nicht nur deutlich, welche Bedeutung der Gehorsam hat, sondern auch wie sich das Verhältnis zwischen Oberen und Mönchen gestaltet. Durch die Übung des Gehorsam erweist sich Mucius als des Abtsamtes würdig.

Obwohl die Wahl der Oberen in den Erlassen des Konzils von Chalkedon (451) explizit nicht zur Sprache kommt, so wird doch wiederholt das Verhältnis zwischen Bischof und Kloster bzw. Mönchen thematisiert. Nach Jenal kommen monastische Fragen in den Canones 3 (Verbot für Bischöfe, Kleriker und Mönche, sich in weltlichen Geschäften zu betätigen, bzw. als Interessensvertreter anderer darin tätig zu werden), 4 (Rechte des Ortsbischofs gegenüber den Klöstern), 7 (Verbot der Annahme von weltlichen Ehrenämtern nach dem Austritt aus dem Kleriker- bzw. Mönchsstand), 8 (Kleriker in einem Kloster bleiben dem Ortsbischof unterstellt), 16 (Verbot, das „propositum" zu verletzen), 18, 23 (Stabilitas loci) und 24 (Verbot der Säkularisation von Klöstern) zur Sprache.[474] Vor allem ist der Canon 4 von entscheidender Bedeutung. Die Mönche einer Stadt oder einer Region bleiben entsprechend dem Gesetz dem Bischof unterstellt; sie sollen die Ruhe lieben, das Fasten üben, sich auf das Gebet ausrichten und an den Orten, an denen sie sich von der Welt zurückgezogen haben, bleiben. Ferner ist es ausschließlich Sache des Bischofs, in kompetenter Weise für die Klöster zu sorgen.[475] Die Beziehung zwischen Bischof und Kloster, wie sie in den Mönchscanones des Konzils von Chalkedon behandelt worden war, wurde nochmals Gegenstand bei der III. Synode von Arles (455). Hier ging es konkret um die Abklärung der Iurisdiktion des Bischofs von Fréjus gegenüber dem Kloster Lérins. Dem angefertigten Beschluss ist eine Anzahl von Bestimmungen zu entnehmen, die sich auf die Spendung der Sakramente, auf die Feier der Liturgie und auf das Verhältnis zwischen Mönchsklerikern, Abt und Bischof beziehen.[476] Im Zusammenhang mit der Iurisdiktionsgewalt des Abtes gegenüber den Laien des Klosters findet sich der

---

[473] „Cuius fides atque deuotio in tantum deo fuit accepta, ut diuino statim testimonio conprobata ist. reuelatum namque est continuo seniori hac eum oboedientia Abrahae patriarchae opus inplesse." Ders., Inst. 4, 28 (Ebd., S. 67).

[474] Vgl. JENAL G.: Italia ascetica, Halbband 2, S. 811 (Anmerkung 2).

[475] „Monachos vero per unamquamque civitatem aut regionem subiectos esse episcopo et quietem diligere et intentos esse tantummodo ieiunio et orationi, in locis, quibus renuntiaverunt saeculo, permanentes. ... Verum tamen episcopum convenit civitatis competentem monasteriorum providentiam gerere." Concilium chalcedonense, Can. 4 (COD, S. 89b); vgl. EWIG, E.: Beobachtungen zu den Klosterprivilegien, S. 52.

[476] Vgl. HEFELE, K. J.: Conciliengeschichte, Band 2, S. 563 f.

Hinweis, dass die Lérinser Mönche ihren Abt selbst wählen konnten.[477] Das Wahlrecht des Konvents wird also aus der Jurisdiktionsgewalt des Bischofs herausgenommen. Die Erwähnung der Konventwahl ist deswegen von Bedeutung, weil sie die Grundlage der beiden Synoden von Karthago (525 und 535) bildet.

In engem Zusammenhang mit der *Regula orientalis* steht die Lebensbeschreibung der Äbte Romanus, Lupizinus und Eugendus, die dem Jura-Kloster Condat, das im Jahr 453 gegründet wurde, vorstanden.[478] Die *Vita patrum jurensium* wurde im Jahr 515 von einem Mönch dieses Klosters verfasst.[479] Die Lebensbeschreibung berichtet an mehreren Stellen über die Bestellung von Äbten und Äbtissinnen. So ist in der Lebensbeschreibung des Romanus zu lesen, dass er am Ende seines Lebens nochmals seine Schwester besuchte. Sie wurde von ihm und seinem Bruder Lupizinus zur Vorsteherin eingesetzt.[480] Auf dem Sterbebett bestimmt Romanus seinen Bruder zum Abt des Klosters Condat, indem er über ihn betet, ihn küsst und ihm die Leitungsgewalt über die Brüder überträgt.[481] Abt Lupizinus erwählt bei seinem Tod für das Kloster Laucone einen Abt. Der Text spricht hier ausdrücklich von „designare". Zuvor suchte er für das Kloster Condat einen Abt aus; der Autor bezeichnet diesen Vorgang als ein „praeficere patrem".[482] Der Abtsliste von Condat nach hieß dieser Abt Minausus.[483] Schon zu seinen Lebzeiten bestimmt er Eugendus zu seinem Stellvertreter, dessen Aufgabe es war, die Ver-

---

477 „Laica vero omnis monasterii congregatio ad solam ac liberam abbatis proprii, quem sibi ipsa elegerit, ordinationem dispositionemque pertineat." Concilium arelatense III., Institutio sanctorum episcoporum (Mansi 7, Sp. 908b); vgl. EWIG, E.: Beobachtungen zu den Klosterprivilegien, S. 53.

478 Vgl. FRANK, K. S.: Frühes Mönchtum im Abendland. Band 2, S. 99.

479 Ebd.; vgl. MARTINE, F.: Introduction, S. 56 f.; PUZICHA, M. geht von einer Abfassung der Lebensbeschreibungen um 515 aus. Vgl. dies.: Die Regeln der Väter, S. 118 f.

480 „Cumque igitur heroam Christi, inminente transitu, longaeuitate prelata, corporea urgueret infirmitas, germanam quoque suam, quam in cingulo illo vel Balma – Gallico, ut reor, sermone sic uocitant – monasterio praefecerant puellari, de transitu, reuelante Domino, iam securus, ad uale dicendum expetiit." Vita s. Romani, Cap. 60 (SC 142, MARTINE, F. (Ed.), S. 304).

481 „Vltimum quoque germanum suum Lupicinum, data oratione, deosculans, fraternitatem cunctam pastorali amore regendam commendauit adtentius et, purus a noxa sicut liber a crimine, mortem laetus adspiciens, exhalauit." Ebd., Cap. 61 (Ebd.).

482 „Igitur, cum beatissimum patrem longaeua tempora, senecta quoque atque inaequalitas gemino labore pulsarent, primitus Condatescensi, seniori utique coenobio, praeficiens patrem, tum quoque, inminente transitu, Lauconnensi monasterio designans abbatem, coepit in dies auctiori inaequalitate uexari, donec dudum arentia membra, cumulato febrium ardore, feruerent." Vita s. Lupicini, Cap. 115 (Ebd., S. 360).

483 Vgl. FRANK, K. S.: Frühes Mönchtum im Abendland. Band 2, S. 301 (Anmerkung 21).

waltung der Abtei mitzutragen.[484] In einer Vision wird Eugendus vor Augen geführt, wie ihm die Abtswürde übertragen wird. Wie schon bei der Designation des Lupizinus beten über ihn die Väter des Klosters und geben ihm den Friedenskuss. Dann wird Eugendus mit dem Gürtel und dem Pallium, die als Zeichen der Abtswürde galten, bekleidet.[485] Bei dieser Form der Abtsdesignation rückt Eugendus als Stellvertreter des Abtes – man könnte ihn auch als „Zweiten" bezeichnen – in das Leitungsamt auf. Konstitutive Elemente dieser Designation sind das Gebet, der Friedenskuss und die Übergabe der Herrschaftszeichen.

Als wichtige Quellenschriften für die *Benediktsregel* gelten die monastischen Schriften und die Predigten des Caesarius von Arles († 542), die dem südgallischen Raum zuzuordnen sind.[486] Wichtig für die Oberenbestimmung ist die Nonnenregel, bei deren Abfassung de Vogüé von zwei Redaktionen ausgeht. In der ersten Redaktionsphase ließ sich Caesarius von den *Institutiones* Cassians und den Regeln des Pachomius und der Väter inspirieren.[487] Das Schrifttum des Aurelius Augustinus fand in der zweiten Phase (524–525) Eingang in die Nonnenregel; in dieser Zeit fand die Endredaktion dieser Regel statt.[488] Mit einem eher indirekten Einfluss der *Regula virginum* ist beim Wahlverfahren des Abtes zu rechnen. Beiden Redaktionen nach soll die Klosterleitung von allen Untergebenen unter göttlichem Beistand einmütig gewählt werden.[489] Wie jedoch diese Einmütigkeit erzielt werden soll, legt Caesarius von Arles nicht dar. Der Bischof von Arles ermahnt die Schwestern,

---

484 „Cum ergo pater ille, quem beatissimus Romanus uel Lupicinus Condatescensi coenobio signauerant successorem, praeter labores sollicitudinesque coenobiales, etiam corporeae inaequalitatis frangeretur incommodis, uocatis ad se fratribus, sic sanctum Eugendum uicis suae sollicitudine innexuit, quod sibi tamen ius paternae eminentiae in nullo penitus inminuit aut subtraxit. Temptauit namque idem abba ut antedictum sanctumque Eugendum cum administrationis onere etiam presbyterii dignitate artius inligaret." Vita s. Eugendi, Cap. 132 (SC 142, MARTINE, F. (Ed.), S. 380. 382).

485 „Nocte igitur subsecuta, subito raptus in uisione, beatissimis quoque Romano ac Lupicino abbatibus ... necnon etiam inter ipsos seniores ac superstites circumspicit fratres ceteros ac lampadas gestare lucentes. Et data sibi a sanctis patribus oratione uel pace, ilico benedictum illum abbatem, decessorem sibi utique mox futurum, conspicit intromitti, ac super dorsum ipsius uel scapulas, rigentibus clausis purpureis, pallium album adspicit dependere. Soluto namque beatus Romanus sancti illius cingulo, constringit ilico lumbos Eugendi. Dehinc, excusso quod desuper, ut diximus, gestabat pallio, huius adaeque humeris superinponens, ait: „Haec tibi ad praesens nosce interim adsignari." Ebd., Cap. 135 f. (Ebd., S. 384).

486 Vgl. KASPER, C.: Caesarius von Arles, S. 136 f.; vgl. die entsprechenden Stellen der RB (SALZBURGER ÄBTEKONFERENZ (Hg.), S. 253. 293).

487 Vgl. VOGÜÉ, A. DE u. a.: Introduction générale, S. 22.

488 Vgl. ebd., S. 24.

489 „..., sed omnes Christo inspirante unanimiter sanctam ac spiritalem eligite ..." CAESARIUS <ARELATENSIS>: Statuta sanctarum virginum, Cap. 61,2 (SC 345, VOGÜÉ, A. DE u. a. (Ed.), S. 244).

dass sie sich bei der Wahl nicht von fleischlichen Begierden, der vornehmen Geburt der Kandidatin, deren Vermögen und Elternhaus leiten lassen sollen.[490] Vielmehr sollen sie sich an den Kriterien des geistlichen Lebens und eines heiligmäßigen Lebenswandels orientieren. Das soll später vor allem durch einen erbaulichen und ehrfürchtigen Umgang mit den Gästen zur Geltung kommen; diese sollen die Begegnungen mit der Äbtissin als einen persönlichen Gewinn betrachten und deshalb gerne wiederkommen.[491]

Zu den wichtigsten Quellentexten der *Regula s. Benedicti* gehört die *Regula magistri*, die im ersten Viertel des 6. Jahrhunderts verfasst wurde.[492] Bei der Abfassung der ersten Kapitel seiner *Regula* zitiert Benedikt von Nursia direkt aus der *Regula magistri*.[493] Bietet schon der Text der *Vita patrum jurensium* an verschiedenen Stellen einen guten Einblick in die Designationswahl des Abtes, so kann der *Regula magistri* die genaue Vorgehensweise bei der Designation des Abtes entnommen werden. Im Hinblick auf die Bestimmung eines neuen Abtes ist der *Regula magistri* eine klösterliche Rangordnung fremd.[494] Deshalb behandelt der Magister die Frage nach dem „ordo congregationis“ unmittelbar vor dem Kapitel über die Bestimmung des neuen Abtes.[495] Der Magister verzichtet auf eine klösterliche Rangordnung; nach dem Abt soll es keinen institutionalisierten Zweiten oder Dritten geben.[496] Zu Tisch und im Chor werden ständig die Plätze gewechselt, damit jedem Bruder die Möglichkeit gegeben ist, sich durch sein Tugendstreben für das Abtsamt zu profilieren.[497] Für den regierenden Abt beginnt die Wahl des Nachfolgers deshalb

---

490 „Quotiens sancta abbatissa ad deum migrauerit, nulla ex uobis carnali affectu, aut pro natalibus, aut pro facultatibus, aut pro parentela aliquam minus efficacem fieri uelit.“ Ders., Cap. 61,1 (Ebd.).

491 „... et superuientibus responsum cum aedificatione et conpunctione et cum sancto affectu sapienter ualeat reddere, ut omnes homines, qui uos cum grandi fide et reuerentia pro sui aedificatione expetunt, deum uberius benedicant, et de uestra electione et de illius quam eligitis conuersatione spiritaliter gratulentur.“ Ebd.

492 Vgl. Vogüé, A. de: Regula magistri, Sp. 605; vgl. Skeb, M.: Regula Magistri, S. 608.

493 Vgl. RB, Prologus-Cap. 7 (Steidle, Basilius (Hg.): Die Benediktusregel, S. 54–88).

494 „Ergo, sicut supra diximus, cum incertos posuerit diuersorum grados et omnes satagentes uiderit in hoc aliquando uelle se peruenire honore, certatim festinent adinplere quae Dei sunt, ut per bona acta placeant ordinandi, ut unusquisque ostendens opera sua sancta abbati et Deo, in hoc honore de se posse consentire Deum et abbatem digne de se suspicent iudicare, cum inuicem sibi ex zelo boni et honoris desiderio propensiores extiterint.“ RM 92, 48–51 (SC 106, Vogüé, A. de (Ed.), S. 418).

495 RM 92 trägt die Überschrift: „XCII. De honore vel gradu post abbatem ceteris denegando.“ (Ebd., S. 410).

496 „Cauere debet abbas, ne quem sibi aliquando secundarium adiudicet uel in tertium aliquem constituat locum.“ RM 92,1 (Ebd.); vgl. Frank, K. S.: Die Bestellung des Abtes nach der Magisterregel, S. 105.

497 „Cum hoc ergo abbas saepe congregationi praedixerit et nullum certum reddiderit de honore, semper eorum confundat grados uicibusque ad mensam secus se sedere

schon während seiner Amtszeit. Er beobachtet die Mönche und sucht unter ihnen den aus, der sich als geeigneter Nachfolger ausweist.[498] Ein wesentliches Kriterium für seine Entscheidung ist die Kandidatenqualität.[499] Auf seinem Sterbebett designiert dann der regierende Abt seinen Nachfolger; er nennt den Namen desjenigen, der sich im Bemühen um die Tugend als der Beste hervorgetan hat, nimmt ihn an der Hand und bestimmt ihn vor dem versammelten Konvent zum Nachfolger.[500] Zu dieser „electio" kommt als weiteres konstitutives Element das Gebet des Konvents hinzu. Nachdem der Bischof benachrichtigt wurde, trägt dieser in Gegenwart seiner Kleriker den Namen des „designatus" in das Diptychon ein. Anschließend wird im Oratorium des Klosters die Messfeier gefeiert, wobei der gewählte Abt die Gaben darbringt.[501] Nach der Messfeier gibt der Vorgänger dem Designatus den Friedenskuss und überreicht ihm die Klosterregel, die Schlüssel zu den klösterlichen Vorratskammern, das Besitzverzeichnis des Klosters und das Pallium.[502] Nach dieser Amtsübergabe gehen der designierte Abt, der Bischof und die Gemeinschaft in das Oratorium. Dort erfolgt die Installation: Der Neugewählte nimmt den Chorplatz seines Vorgängers ein. Diese Handlung wird vom Gebet des Bi-

---

faciat, uicibus in oratorio iubeat secus se uniuersos stare, uniuersos uicibus post se psalmos inponere, ut nullus de secundarii honore iam reddatur elatus siue de ultimo gradu aliquis se faciat desperatum." RM 92,33–37 (SC 106, VOGÜÉ, A. DE (Ed.), S. 414.416).

498 Vgl. STEIDLE, B.: „Wer euch hört, hört mich" (Lk 10,16), S. 193.

499 Vgl. HALLINGER, C.: Regula Benedicti 64, S. 124.

500 „... et iam tempore mortis suae, uocatis omnibus ante se fratribus, dicat eis: „Bene uos quidem omnes in obseruatione sancta egistis. Bene acta uestra Dei semper praebuistis aspectibus." Et uocato subito nomen illius uel adpraehensa manu eius, quem meliorem in omni perfectione semper absconse ceteris iudicauit, dicat omni congregacioni: „Audite me, filii, Trinitas sancta nouit, cuius iudicio hoc eligitur, quia uobis omnibus in omni obseruatione mandatorum Dei, id est in taciturnitate, in obedientia, in fide, in pace, in gratia, in patientia, in bonitate, in simplicitate, in uigilantia, in sobrietate, in continentia, in castitate semper uobis melior extitit iste." RM 92,73–82 (SC 106, VOGÜÉ, A. DE (Ed.), S. 422); vgl. HALLINGER, K.: Das Wahlrecht, S. 239 f. .

501 „Post haec acta, statim oratione ab omnibus facta, accersitus statim praesul ecclesiae ipsius territorii uel testimonio eius clericatus officii, mutato episcopi manu nomine eius in abbatis honore in diptico post nomen prioris eius, nam missae altaris in oratorio a clerico recitetur, ipos oblationem fratre offerente." RM 93,6–8 (SC 106, VOGÜÉ, A. DE (Ed.), S. 424); vgl. FRANK, K. S.: Die Bestellung des Abtes nach der Magisterregel, S. 111.

502 „Mox ergo celebrantes oratorio missas cum perexplicuerint, praesente, ut diximus, pontifice uel cuncto ordine clericatus officii, data ei a priore pace uel subsequente congregatione, tradat ei in manu regulam hanc, simul et petitas claues a cellerario de inthicis monasterii uel breuem rerum uniuersarum uel ferramentorum et codicum uel uniuersi mobilii uel conlata singulorum testamento omnia, ante pontifice adsignante. ... Et post haec dicta tradat ei pallium suum." RM 93,11–13.27 (SC 106, VOGÜÉ, A. DE (Ed.), S. 426.428); vgl. FRANK, K. S.: Die Bestellung des Abtes nach der Magisterregel, S. 111 f.

schofs begleitet.[503] Im Anschluss daran bittet der neue Abt um das Gebet des Bischofs. Danach küsst er dem Bischof die Knie und gibt zuerst ihm, dann dem Klerus, den Dekanen und den Mitbrüdern den Friedenskuss. Der neue Abt übergibt nun die Schlüssel zu den Vorratsräumen dem Cellerar, und nach dem Gebet und dem Segen nimmt er auf der äbtlichen Kathedra Platz.[504] Bei dieser Form der Kandidatenbestimmung hat die klösterliche Gemeinschaft auf die Wahl ihres Vorstehers keinen Einfluss. Der Magister ist der Auffassung, dass ein Abt nur durch einen Abt bestimmt werden kann. Solange also der Abt lebt, nimmt er im Kloster die Schlüsselposition ein. Folglich kann der designierte Abt sein Amt erst dann ausführen, wenn sein Vorgänger gestorben ist. Erholt sich der kranke Abt und ist er wieder fähig, sein Amt auszuüben, nimmt der designierte Abt die Stelle des Zweiten ein.[505] Er darf die äbtlichen Funktionen nur dann ausüben, wenn der Amtsinhaber abwesend ist.[506] Dem „abbas designatus“ erwächst aber mit der „electio“ und der „ordinatio“ kein Anspruch auf Amtsnachfolge, da es dem regierenden Abt freisteht, einen anderen Bruder zum Amtsnachfolger zu bestimmen, wenn der designierte Abt stolz wird. In diesem Fall trifft den designierten Abt die Strafe der Degradation.[507] Was ist nun zu tun, wenn der Fall eintreten würde, dass der Abt stirbt,

---

503 „... et cum acceperit, mox ingressus cum sacerdote nouus abbas cum congregatione iam sua in oratorio et stans in loco prioris, postquam sacerdos pro eo orationem effuderit, statim uadat nouus abbas ad altarem et ponat super eum regulam quam accepit.“ RM 93,29 f. (SC 106, VOGÜÉ, A. DE (Ed.), S. 428); vgl. FRANK, K. S.: Die Bestellung des Abtes nach der Magisterregel, S. 112; vgl. STEIDLE, B.: „Wer euch hört, hört mich“ (Lk 10,16), S. 194.

504 „Quem cum perdixerit, mox clara uoce, prosternens se in oratione pauimento, petat pro se orare iterum sacerdotem. Quod et retro congregatio similiter pauimento adhereat. Et surgentes, conpleta oratione, osculetur genua sacerdotis et erigatur ei ad pacem. Deinde omni officio eius pacem contradat, deinde praepositis uel omni congregationi, et sic exeat disciplinae. Et tradens claues manu sua cellerario, mox uadens et orans cum omnibus, conplens sine sacerdote iam ipse, petita benedictione, in cathedra sedeat praecessoris. Et uenuientes primo praepositi, deinde omnes ei genua osculentur.“ RM 93,32–38 (SC 106, VOGÜÉ, A. DE (Ed.), S. 428 f.); vgl. FRANK, K. S.: Die Bestellung des Abtes nach der Magisterregel, S. 113.

505 „Vnde si post hoc forte melioratus ipse abbas defunctus non fuerit, omnem licentiam uel potestatem ordinationis uel honorem pristinum disciplinae ipse recipiat ...“ RM 93,43 (SC 106, VOGÜÉ, A. DE (Ed.), S. 430 f.).

506 „... et ubicumque abbas ambulauerit, ipse locum pro se suscipiendi uel uitia fratrum emendandi uel excommunicandi licentiam habeat adtributam. ... Omnia ista ex delegatione ambulantis exerceat et in omnibus absentis agat uices abbatis.“ RM 93, 66.68 (Ebd., S. 434.436).

507 „Et mox sciat pro certo quia, cum abbas frequenter eum in aliquas culpas, quem elegerat, non in maius proficientem, sed per neglegentiam magis deterioratum eum aspexerit et monitus ab abbate non emendauerit, et nomen eius deleat quiuis sacerdos rogatus ab abbate de diptico, et ipse in suo rediens numero iudicetur neglegentibus coaequalis et excommunicationi consuete subiaceat, qui culpas non uitat. Qui per neglegentiam perdidit quod inuenerat, et recipiat quod amiserat. Et

ohne einen Kandidaten bestellt zu haben? Die erste Maßnahme besteht darin, dem Konvent die Möglichkeit zu nehmen, in eigener Regie einen Abt zu wählen. Der Diözesanbischof soll unter Beteiligung des Klerus einen sehr erfahrenen und religiösen Abt suchen. Dieser erforscht innerhalb von 30 Tagen den Lebenswandel der Brüder. Am Ende dieser Tage soll er unter Eid durch ein Handzeichen unter den Mönchen den Kandidaten bestimmen, der den Geboten Gottes und der Klosterregel am besten Folge geleistet hat.[508] Der Abt soll bei dieser Form der Nachfolgeregel weder von außen durch den Bischof oder den Klerus noch von innen durch den Konvent beeinflusst werden.

Der *Magisterregel* chronologisch nachgeordnet und in etwa zeitgleich zur *Benediktsregel* galten die Gesetze Kaiser Justinians, die sich auf das klösterliche Leben beziehen. Jenal weist darauf hin, dass die Klostergesetzgebung Justinians in engem Zusammenhang mit den so genannten Mönchscanones von Chalkedon steht. Kaiser Justinians gesetzgeberische Leistung bestand darin, die Klostergesetze zu präzisieren, zu erweitern und mit anderen Synodenbeschlüssen zu kombinieren.[509] Drei Gesetze aus dem *Corpus iuris civilis* behandeln das Thema der Oberenwahl. Sie stammen aus den Jahren 530, 535 und 546.[510]

Das erste Wahlgesetz aus dem Jahr 530 geht von einer klösterlichen Rangordnung aus. Offensichtlich war es Brauch, dass der Zweite des Klosters in das Abtsamt aufrückte.[511] Kaiser Justinian verbietet dieses Sukzessionsmodell und

---

postquam fuerit inferiori redditus merito, a latere iam deiungatur abbatis et ex illa iam die ab abbate alius frater de omnibus iam oculo et animo quaeratur superio neglegenti." RM 93,76–80 (Ebd.); vgl. FRANK, K. S.: Die Bestellung des Abtes nach der Magisterregel, S. 114 f.

508 „... cum ergo non iudicauerit abbas uiuens post se ordinandum, quem ceteris probauerit meliorem, quod si subito supradictus migret ad Dominum, respondemus: Quid? Ne cum unusquisque de se suo iudicio successionem praesumens, uniuersos in seditione exagitet, studiosa partibus pugna scandali domum pacis faciat in contentionem conuerti, ideo hoc decernimus, ut iudicio pontificis ipsius territorii et cleri quaeratur abbas sanctissmus, qui accepta hac regula supra hanc congregationem ad uicem prioris defuncti, supra omnes fratres triginta habitet diebus, et ipse consideret secundum huius regulae constituta, quis superior de omnibus in omni obseruantia poterit inueniri. Qui ergo abbas tricesimo die coram illo sacerdote uel clero per sacrosancta iuratus euangelia, dicat se a nullo promissionibus uel adulationibus esse redemptum, sed in causa Dei quod inuenit integre pandere. Mox uero stante ante eum omni congregatione, subito adpraehendat ei manum, quem inuenit in omnibus meliorem in omni obseruantia mandatorum Dei uel regulae constituta ..." RM 94,3–10 (SC 106, VOGÜÉ, A. DE (Ed.), S. 441. 442); vgl. FRANK, K. S.: Die Bestellung des Abtes nach der Magisterregel, S. 115–117.

509 Vgl. JENAL, G.: Italia ascetica, Zweiter Halbband, S. 811 f.

510 C. 1,3,46 (CIC(B).C, KRUEGER, P. (Ed.), S. 33 f.); Auth. 1,5,9-Nov. 5,9 (CIC(B).N, SCHOELL, R. (Ed.), S. 34 f.); Auth. 9,15,34-Nov. 123,34 (CIC(B).N, SCHOELL, R. (Ed.), S. 618); vgl. HALLINGER, K.: Papst Gregor der Große, S. 310.

511 „Idem A. Iuliano pp. Sacris legibus nostris et hanc addendam esse nobis visum est, quae ex virtute, non ex temporis ordine pias praefecturas concedit, ut in venera-

ersetzt es durch eine Konventwahl, die unter dem Anspruch der Einmütigkeit steht. Wie bei Caesarius von Arles bleibt die Frage offen, wie diese „unanimitas" erzielt werden soll. Kommt es im Konvent zur Stimmensplitterung, gilt der Kandidat als gewählt, auf den die meisten Stimmen des Konvents entfallen.[512] Folglich war eine Wahlentscheidung durch eine nummerische Stimmenmehrheit zulässig. Von zentraler Bedeutung bleibt die Eignung des Kandidaten. Das Abtsbild Kaiser Justinians zeichnet sich durch einen integren Lebensstil, gute Sitten und Frömmigkeit aus.[513] Sollte nun der Zweite des Klosters über diese Eigenschaften verfügen, so entsteht aus seiner Stellung in der klösterlichen Hierarchie kein Wahlhindernis.[514] Demzufolge sind die Eigenschaften des Kandidaten von primärer Bedeutung, und die Fragen nach der Stellung als Zweitem und nach der klösterlichen Rangordnung treten dahinter zurück. Kaiser Justinian kommt auch auf die Rolle des Bischofs zu sprechen. Ihm steht es zu, die Wahl zu prüfen, wobei sein Augenmerk in erster Linie dem Wahlergebnis gelten soll. Kann er dem Wahlentscheid des Konvents zustimmen, so hat er den Gewählten zu installieren. Dem Bischof wird ans Herz gelegt, er möge sich bei der Wahlprüfung mehr vom Entscheid des Konvents als von persönlichen Affekten leiten lassen. Entscheidet er falsch, droht ihm die Gefahr, im zukünftigen Leben dafür bestraft zu werden, weil er vielen Menschen die Gelegenheit zur Sünde gegeben hat.[515]

Das zweite Wahlgesetz aus dem Jahr 535 gleicht in einigen Punkten dem vorhergehenden Gesetz aus dem Jahr 530. Wie im ersten Wahlgesetz wird die klösterliche Rangordnung außer Kraft gesetzt und die Eignung des Kandidaten als ausschlaggebendes Kriterium angegeben; derjenige, der der Beste unter den Mönchen ist, gilt als aussichtsreichster Kandidat. Nimmt dieser in der

---

bilius monasteriis vel asceteriis nequaquam defuncto abbate vel abbatissa sequens vel secunda succedant ..." C. 1,3,46 (CIC(B).C, KRUEGER, P. (Ed.), S. 33).

512 „... sed quem et vita integra et honesti mores et asidua devotio [commendent] et totum reliquorum monachorum corpus vel maior eorum pars ad hoc idoneum putaverit et propositis sanctis evangeliis elegerit, eum ad praefecturam vocari." Ebd.

513 „Si vero nemo eorum dignus videtur, tum qui ex cunctis idoneus erit, cuiuscumque gradus sit, antistes creetur, cuius videlicet et vita honesta sit et honestus status quique sibi commissos servare possit; nam convenit omnem principatum omnemque hominum guberationem non ex tempore vel sorte vel fortuitis momentis, sed ex electione praestantiaque prodire omniumque testimonium corpori ordinem constituere." Ebd.

514 „Si ergo proximus a defuncto idoneus et dignus est, qui monachos regat, ille reliquis praeferatur, si qui eum sequitur, similiter in eum praefecturae suffragium dirigatur." Ebd.

515 „Quorum electio examinanda est pro tempore patriarchae et religiosissimis locorum episcopis, qui et ipsi sub iudicio domini dei sunt et futuram condemnationem verentur, num minus per electionem quam ad humanam quandam affectionem respicientes suffragium tulerint: ipsis etenim tam in hac vita quam in futura poena ex deo aderit, cum eorum neglegentia multis animis peccandi causa fuerit." Ebd.

klösterlichen Rangordnung die Stellung eines Zweiten ein, so braucht hier auf die hierarchische Ordnung des Klosters keine Rücksicht genommen werden.[516] Der entscheidende Unterschied zum ersten Wahlgesetz besteht darin, dass den Bischöfen bei der Wahl eine gewichtige Rolle zukommt. Dem Gesetz entsprechend, ist der Mönch zu wählen, der den Bischöfen als gut und würdig erscheint.[517] Folglich haben sich die Bischöfe intensiver mit den Kandidaten auseinanderzusetzen. Ihre Aufgabe ist es zu unterscheiden, wer der bessere Kandidat ist, wer die Regierungsgeschäfte ausüben kann und wem das Gehorchen dienlicher ist.[518]

Nach wie vor konnte die Bestellung eines Abtes durch Designation erfolgen; ein Beispiel findet sich in der Vita des afrikanischen Bischofs Fulgentius von Ruspe (467–533). Der Biographie des Diakons Ferrandus nach fürchtete sich der selige Fulgentius aufgrund der Verfolgungen, sowohl allein an einem Ort zu bleiben als auch wiederholt von einem Ort zum anderen zu flüchten. Deshalb erbat er nach vormaliger Beratung mit dem Bischof für das Kloster einen Abt. In einem benachbarten Kloster waren wenige Brüder verblieben, denen ein Felix als Abt vorstand. Mit diesem war Fulgentius seit seiner Jugendzeit befreundet und fühlte sich mit ihm familiär verbunden. Diesem Felix verlieh Fulgentius Vollmacht und Namen eines Abtes; er nahm dies nur mit Zustimmung der Gemeinschaft an.[519] Die Leitung eines Klosters durch zwei Äbte findet sich noch an einer anderen Stelle der *S. Fulgentii episcopi Ruspensis vita*: Das Amt eines Abtes wurde von zwei außerordentlichen und

---

516 „Ordinationem vero abbatum, si quando contigerit egere monasterium abbate, non per ordinem reverentissimorum fieri monachorum, nec omnino eum, qui post primum est, mox abbatem fieri, nec qui post illum secundus est, neque tertium aut reliquos (hoc quod etiam lex nostra alia dicit) ...“ Auth. 1,5,9-Nov. 5,9 (CIC(B).N, SCHOELL, R. (Ed.), S.34 f.).

517 „... sed deo amabilem locorum episcopum percurrere quidem consequenter per omnes (non enim exhonorandum est omnino tempus et ex eo ordo), et eum, qui apparuerit prius optimus inter monachos constitutus et dignus praesulatu eorum, hunc eligere: eo quod humana natura talis est et neque omnes per ordinem inter summos neque rursus omnes inter novissimos constitui sunt ...“ Ebd.

518 „Sed procedat quidem secundum gradum praecedentis inspectio; qui vero prior mox inter numeratos optimus apparuerit, is abbas sit, et ordinem simul et virtutem suffragantem habens. Oportet enim eos, qui discernunt quod melius est a peiore, aliud quidem ad regendum dimittere, aliud vero inclinari iubere, et paulatim per eruditionem hoc etiam ad melius accedere.“ Ebd.

519 „Tunc beatus Fulgentius timens aut in illo loco solus remanere, aut de loco in locum frequentius transmigrare, consulto prius episcopo Fausto, vicinum monasterium petiit, ubi paucis, sed simplicibus fratribus Felix nomine abbas praeerat, amicus ejus ab adolescentia, cum quo semper etiam laicus familiariter vixerat. Tunc igitur eum Felix abbas cum gaudio suscipiens, imparemque se ejus virtutibus sciens, et nomen et potestatem ei tradidit abbatis. Ille plenus studio humilitatis, excusat privilegium potestatis: ... ex consensu totius congregationis ... vix consentit esse collega boni consortis.“ S. Fulgentii episcopi Ruspensis vita, Cap. 8 (PL 65, Sp. 124 C).

durch Verdienst hervorragenden Priestern ausgeführt, die aufgrund ihrer Reife verehrungswürdig erschienen, niemals das Kloster verließen und viele geeignete Männer heranbildeten, die eines kirchlichen Amtes würdig waren.[520]

Die klösterliche Rangordnung als Kriterium der Kandidatensuche wird auch im dritten Wahlgesetz des Kaisers Justinian aus dem Jahr 546 außer Kraft gesetzt. Zur Wahl des Abtes sind alle Mönche zugelassen. Sie sollen sich dabei nicht von Freundschaften oder Gunsterweisen lenken lassen. Vielmehr haben sie darauf zu achten, ob der Kandidat rechtgläubig ist, über einen moralisch untadeligen Lebenslauf verfügt, für die Verwaltung des Klosters geeignet ist und die monastische Disziplin einhält. Die Wahl entscheiden die höher gestellten Mönche, die im Gesetz in Verbindung mit der „melior opinio" gebracht werden.[521] Übt der Bischof die Herrschaft über das Kloster aus, so kommt ihm die Aufgabe zu, den „electus" zu ordinieren.[522]

Fasst man die drei justinianischen Wahlgesetze zusammen, so wird bei allen Gesetzen von der klösterlichen Rangordnung abgesehen. Ziel der Wahlgesetze ist es, den geeignetesten Kandidaten für das Abtsamt zu finden. Das Spektrum der Kandidatenqualität beginnt bei allgemeinen Bestimmungen, wie Würdigkeit, guten Sitten und Frömmigkeit. Es schließt sich ein Vergleich zwischen den Mönchen an, wobei hier der Beste der Gemeinschaft den Vorrang bekommen soll. Letztes Kriterium sind integrer Lebensstil, Rechtgläubigkeit. Bei der Durchführung der Wahl gehen das erste und das dritte Wahlgesetz von einer Konventwahl aus. Im dritten Wahlgesetz wird die Wahlentscheidung durch die Höhergestellten der Gemeinschaft herbeigeführt; im zweiten Gesetz scheinen die Bischöfe über die Amtsnachfolge zu entscheiden. Den drei Gesetzen gemeinsam ist die Funktion des Ortsbischofs, der die Wahlprüfung bzw. die Installation des Gewählten durchführt.

Nahezu zeitgleich mit der justinianischen Gesetzgebung beschäftigen sich die Bischöfe auf der Synode von Karthago (535) mit der Wahl der Klostervorsteher. Ihnen ist es ein Anliegen, den Oberen durch eine Konventwahl zu be-

---

520 „Ubi tunc duo presbyteri peculiares et merito mirabiles, et immaculatae senectutis honore venerabiles, abbatis officio fungebantur, nunquam de coenobio recedentes, sed ecclesiasticae dignitati multos viros idoneos nutrientes." Ebd., Cap. 14 (Ebd., Sp. 132 B).

521 „Iubemus igitur abbatem aut archimandritam in unoquoque monasterio ordinari non omnino secundum gradum monachorum, sed omnes monachi melioris opinionis existentes eligant, propositis sanctis evangeliis dicentes, quia neque propter amicitiam aut aliam quamlibet gratiam, sed scientes eum et fide rectum et vita castum et gubernatione dignum et qui possit monachorum disciplinam et omnem monasterii statum utiliter custodire eum elegerunt ..." Auth. 9,15,34-Nov 123,34 (CIC(B).N, SCHOELL, R. (Ed.), S. 618); vgl. HALLINGER: Regula Benedicti 64, S. 116 f.

522 „... sanctissimum autem episcopum, sub quo monasterium constitutum est, eum qui ita electus est omnibus modis abbatem ordinare. Haec autem omnia quae a nobis disposita sunt propter ordinationem abbatum valere praecipimus et in venerabilibus feminarum monasteriis et asceteriis." Auth. 9,15,34-Nov 123,34 (CIC(B).N, SCHOELL, R. (Ed.), S. 618).

stimmen.[523] Bedeutend ist hierbei die Rahmengesetzgebung: Dem Gesetz nach untersteht das verwaiste Kloster nicht der bischöflichen Jurisdiktion. Laut Hefele wurde dieser gesetzliche Rahmen schon in der Synode zu Karthago (525) behandelt.[524] In den Akten dieser Synode findet sich ein Hinweis, dass die Freiheit der Klöster von der bischöflichen Iurisdiktion ihren Ursprung in Lérins hat. In diesem Zusammenhang wird nochmals der Beschluss der III. Synode von Arles (455) zitiert, mit dem die Bischöfe den Mönchen von Lérins erlaubten, ihren Abt selbst zu wählen.[525] Bei der Synode von Karthago (535) gestehen die Bischöfe den Mönchen das Recht zu, ihre Angelegenheiten, z. B. den Sakramentenempfang und die Weihen von Kirchen und Kapellen, im Einverständnis mit dem Ortsbischof zu klären.[526] Dazu gehört die Regelung der Abtsnachfolge, die vom Urteil des Konvents abhängt. Kommt es bei einer Abtswahl zu einem Streit, sollen die anderen Äbte durch ihren Rat und ihr Urteil den Streit beenden. Erst wenn der Konflikt als unlösbar erscheint, sollen die streitenden Parteien vor den Primas der Provinz treten; dessen Aufgabe besteht darin, den Fall einer Lösung zuzuführen.[527]

Das Schrifttum des Papstes Pelagius I. gilt als Terminus ad quem für die Abfassung der *Regula s. Benedicti*. Einem Brief vom Februar 559 kann entnommen werden, dass der Eigenklosterherr bei der Abtswahl mitwirkte. Im Textverlauf lässt sich zunächst zwischen „electio" und „ordinatio" unterscheiden. Über die Eignung eines Kandidaten entscheidet an erster Stelle die klösterliche Rangordnung, sodann die Verdienste im Leben. Die Wahl wird sowohl von den Mönchen als auch vom Eigenklosterherrn durchgeführt, wobei die Vorgehensweise nicht dargelegt wird. Über den Wahlmodus stellt er die

---

523 „Et quando ipsi abbates de corpore exierint, qui in loco eorum ordinandi sunt, judicio congregationis eligantur: nec officium sibi hujus electionis vindicet, aut praesumat episcopus." Canon concilii Carthaginensis (Mansi, 8, Sp. 842).

524 Vgl. HEFELE, K. J.: Conciliengeschichte, Band 2, S. 738.

525 „... laica vero omnis monasterii congregatio ad solam, ac liberam abbatis proprii, quem sibi ipsa elegerit, ordinationem dispositionemque pertineat." Incipit institutio sanctorum episcoporum, Ravenii, Rustici ... in causa insulae Lerinensis (HARDOUIN, J.: Acta conciliorum, Tomus II, Sp. 1090); vgl. EWIG, E.: Beobachtung zu den Klosterprivilegien, S. 55.

526 „Cetera vero monasteria etiam ipsa libertate plenissima perfruantur; servatis limitibus conciliorum suorum in haec dumtaxat, ut quandocumque voluerint sibi clericos ordinare, vel oratoria monasteriis dedicare, episcopus, in cujus plebe, vel civitate locus monasterii consistit, ipse hujus muneris gratiam compleat, salva libertate monachorum." Canon concilii Carthaginensis (Mansi 8, Sp. 841).

527 „Si qua vero contentio, quod non optamus, exorta fuerit, ut ista abbatum aliorum concilio sive judicio finiatur: aut si scandalum perseveraverit, ad Primates uniuscujusque provinciae universae causae monasteriorum judicandae perducantur." Ebd. (Ebd., Sp. 842); vgl. STEIDLE, B.: „Wer euch hört, hört mich" (Lk 10,16), S. 196; vgl. EWIG, E.: Beobachtung zu den Klosterprivilegien, S. 53.

Kriterien des Wahlentscheides. Der Papst behält sich vor, den gewählten Abt einzusetzen.[528]

4.1.3 Das Wahlrecht der Regula s. Benedicti *in seinem Kontext*

Bei der Klärung des Kontextes ist es hilfreich, die *Regula magistri* heranzuziehen, da hier in gleicher Weise wie bei der *Regula s. Benedicti* die Abtswahl mit der Rangordnung der klösterlichen Gemeinschaft zusammenhängt. Die Kapitelabfolge beider Klosterregeln zeigt diesen Zusammenhang[529]:

	RM	RB
Die klösterliche Rangordnung	Cap. 92	Cap. 63
Die Wahl und Einsetzung des neuen Abtes	Cap. 92–94	Cap. 64
Der Prior	Cap. 92–93	Cap. 65

Bei der *Regula magistri* wie bei der *Regula s. Benedicti* geht das Kapitel über die klösterliche Rangordnung der Wahl und Einsetzung des Abtes voran. Da die *Regula magistri* die klösterliche Rangordnung in Verbindung mit der Wahl des Abtes versteht, ist dieser Zusammenhang auch für die *Regula s. Benedicti* anzunehmen. Bereits im 2. Kapitel der *Benediktsregel* – einem Kapitel, das Benedikt aus der *Magisterregel* übernommen und an einigen Stellen überarbeitet hat – wird dem Abt die Möglichkeit eröffnet, die klösterliche Rangordnung umzugestalten. Benedikt von Nursia hält es für gerechtfertigt, wenn der Abt bestimmten Mönchen nach ihrem Verdienst einen höheren Rang zuweist.[530] Von daher ist man nicht überrascht, wenn Benedikt von Nursia das Zuspätkommen beim Gottesdienst mit einer vorübergehenden Degradation ahndet.[531] Diese Art der Bestrafung wie die Anerkennung des Verdienstes obliegt allein dem Abt. In diesem Zusammenhang sei auf den biblischen Hinter-

---

528 „Pelagius [Papa] melleo subdiacono. Abbatem autem in eodem loco illum volumus ordinari, quem sibi de sua congregatione, et monachorum electio, et possessionis dominus et, quod magis observandum est, ordo uitae ac meritum poposcerit ordinari." PELAGIUS <Papa, I> Epistula 28 (Pelagii I Papae Epistulae quae supersunt (556–561), GASSÓ, P. u.a. (Ed.), S. 83).

529 Vgl. Regula s. Benedicti (STEIDLE, B. (Hg.): Die Benediktusregel, S. 33 f.); vgl. FRANK, K. S.: Die Bestellung des Abtes nach der Magisterregel, S. 102.

530 „Quod si ita iustitia dictante abbati uisum fuerit, et de cuiuslibet ordine id faciet; sin alias, propria teneant loca ... Ergo aequalis sit ab eo omnibus caritas, una praebeatur in omnibus secundum merita disciplina." RB 2, 19.22 (CSEL 75, HANSLIK, R. (Ed.), S. 24 f.).

531 „Quod si quis in nocturnis uigiliis post *gloriam* psalmi nonagesimi quarti, quem propter hoc omnino subtrahendo et morose uolumus dici, occurrerit, non stet in ordine suo in choro, sed ultimus omnium stet ..." RB 43,4.5 bzw. „Diurnis autem horis, qui ad opus dei post uersum et *gloriam* primi psalmi, qui post uersum dicitur, non occuerrerit, lege, qua supra diximus, in ultimo stent ..." RB 43,10 (Ebd., S. 117 f.).

grund hingewiesen: Das Gleichnis in Luc. 12,41–46 geht vom wiederkommenden Herrn aus, dessen Sache es ist, dem nachlässigen Knecht einen anderen Platz zuzuweisen. Auf diesem Hintergrund versteht Benedikt von Nursia den Abt als Stellvertreter Christi, der berechtigt ist, einen eschatologischen Vorgriff zu wagen, indem er den Mönchen einen eigenen Platz in der Rangordnung zuweist.[532] Aus der Zusammenschau des 63. und 64. Kapitels der *Regula s. Benedicti* eröffnet sich für den Abt die Möglichkeit, über die klösterliche Rangordnung einen indirekten Einfluss auf die Wahl seines Nachfolgers auszuüben. Folgt man der benediktinischen Wahlordnung, dann darf nur der Mönch als Abt gewählt und eingesetzt werden, der sich durch „vitae meritum" und „sapientiae doctrina"[533] auszeichnet. Von beiden Qualifikationen ist es die verdienstvolle Lebensführung, die zusammen mit dem Urteil des Abtes die klösterliche Rangordnung bedingt.[534]

Da sich der Inhalt des „meritum vitae" durch die *Regula s. Benedicti* nicht eindeutig bestimmen lässt, ist davon auszugehen, dass sich Benedikt von Nursia und seine Mönche über den Inhalt der verdienstvollen Lebensführung im Klaren waren. Will man sich von diesem Begriff dennoch eine Vorstellung machen, ist man auf die *Regula magistri* verwiesen. Dort findet sich ein Text, der deutlich macht, welche menschlichen Qualifikationen als herausragend betrachtet werden. Religiös-menschliche Fortschritte macht der Mönch durch die Demut, die Schweigsamkeit, das Wohlwollen, die Liebe, den Frieden, die Nüchternheit, die Enthaltsamkeit, die Geduld, den Gehorsam, die Beweglichkeit, die Eintracht, den Ernst, wenige, kluge Worte, die Tränen der Geduld und durch die Keuschheit.[535] Das Kapitel über die klösterliche Rangordnung er-

---

532 „Abbas autem, quia uices Christi creditur agere, dominus et abbas vocetur, non sua assumptione, sed honore et amore Christi." RB 63,13 (Ebd., S. 161); vgl. PUZICHA, M.: Kommentar zur Benediktusregel, S. 529.

533 RB 64,2 (Ebd., S. 163).

534 „Ordines suos in monasterio ita conseruent ut conseruationis tempus, ut uitae meritum discernit utque abbas constituerit." RB 63,1 (Ebd., S. 159) In seiner Studie „Papst Gregor der Große und der hl. Benedikt" geht HALLINGER an mehreren Stellen (S. 300. 314 f.) auf das „Würdigkeitsprinzip" der *Regula s. Benedicti* ein, das er im direkten Gegensatz zum traditionellen Altersprinzip sieht.

535 „Unde ergo secundum hanc humiliandi formam, hoc semper omnibus fratribus dicere debet abbas: „Fratres et filii mei, quicumque de uobis hoc elaborauerit, ut diuinis praeceptis in omnibus oboediens uel per omnia regulae obtemperans uel meis actibus similis inueniatur; quicumque ad hoc contenderit, ut doctrinam meam conpleat factis; quicumque mores suos non in sua propria uoluntate et arbitrio, sed Dei oboedientiae per me tradiderit corrigendos, id est non in superbia sed in humilitate, non in multiloquio sed in taciturnitate, non in odio sed in gratia, non in dolo sed in caritate, non in ira sed in pace, non in ebrietate sed in sobrietate, non in satietate sed in continentia, non in scandalo sed in patitentia, non in murmurio sed in oboedientia, non in tarditate sed in agilitate, non in contentione sed in adsensione, non in leuitate sed in grauitate, non in uaniloquio sed in paucis sapientiae uerbis, non in risu multo aut excusso sed in patientiae lacrimis, non in luxuria sed in castitate; haec ergo omnia quicumque de uestris ad per-

laubt dem Abt, einem Mönch aufgrund seines verdienstvollen Lebens einen höheren Rang zuzuweisen. Möchte der Abt die klösterliche Rangordnung ändern, darf er dies nur in begründeten Fällen tun, sonst bringt er die ihm übertragene Herde durcheinander. Beim freien Gebrauch seiner Macht muss er sich das künftige Gericht Gottes vor Augen halten, um nicht ungerecht zu entscheiden.[536] Die vom Abt bewusst gestaltete Hierarchie zeigt, wer nach seinem Urteil das Kriterium des verdienstvollen Lebens erfüllt. Da nur der zum Abt gewählt werden soll, der sich durch ein verdienstvolles Leben und durch Lehrweisheit auszeichnet, gewinnt die klösterliche Rangordnung an Bedeutung. Dadurch kann der Abt dem Konvent Personen vorschlagen, die seiner Meinung nach zur Ausübung des Abtsamtes fähig sind. Da er nach dem Kriterium des verdienstvollen Lebens Mönche auswählt und ihnen in der Gemeinschaft einen höheren Platz zuweist, steht ihm damit für die Wahl seines Nachfolgers theoretisch ein Instrument zur Verfügung, das als „nicht bindende Vorschlagswahl" bezeichnet werden kann. Im Falle einer Abtswahl ist der Konvent frei, aus der Gruppe der Ranghöheren nach dem Kriterium des verdienstvollen Lebens und der Lehrweisheit einen Mönch auszuwählen. Der Konvent verstößt aber nicht gegen die Wahlordnung, wenn er einen Mönch wählt, der in der klösterlichen Rangordnung auf dem letzten Platz steht.[537] Selbst bei der Wahl des Abtes kann sich Benedikt von Nursia entsprechend dem Kapitel über den Rat der Brüder (RB 3) ein mögliches Zusammenwirken von Abt und Konvent vorstellen.[538]

Entscheidend für die Wahl des Amtsnachfolgers ist jedoch nicht die Hierarchie des Konvents, sondern das Votum der „congregatio". Um das benediktinische Wahlrecht inhaltlich bestimmen zu können, ist der Begriff „congregatio" zu analysieren. Dem Inhalt entsprechend sind alle zur klösterlichen Gemeinschaft zu zählen, die im Kloster eine „promissio", d.h. die Profess, abge-

---

fectum inpleuerit, non solum meo sed et Dei iudicio tempore mortis meae scolae Dei ordinabitur magister, artem dominicam, quam ipse iam perfecte adinplet, Christi discipulis monstraturus." RM 92,7–27 (SC 106, De Vogüé, A. (Ed.), S. 412. 414); vgl. Frank:, K. S.: Die Magisterregel, S. 326 f. An anderer Stelle heißt es: „Audite me, filii, Trinitas sancta nouit, cuius iudicio hoc eligitur, quia uobis omnibus in omni obseruatione mandatorum Dei, id est in taciturnitate, in oboedientia, in fide, in pace, in gratia, in patientia, in bonitate, in simplicitate, in uigilantia, in sobrietate, in continentia, in castitate, semper uobis melior extitit iste." RM 92,77–82 (SC 106, Vogüé, A. de (Ed.), S. 422).

536 „Qui abbas non conturbet gregem sibi commissum nec, quasi libera utens potestate iniuste disponat aliquid, sed cogitet semper, quia de omnibus iudiciis et operibus suis redditurus est Deo rationem." RB 63,2.3 (CSEL 75, Hanslik, R. (Ed.), S. 160).

537 „Uitae autem merito et sapientiae doctrina elegatur, qui ordinandus est, etiam si ultimus fuerit in ordine congregationis." RB 64,2 (Ebd., S. 163).

538 „Quotiens aliqua praecipua agenda sunt in monasterio, conuocet abbas omnem congregationem et dicat ipse, unde agitur. Et audiens consilium fratum tractet apud se et, quod utilius iudicauerit, faciat." RB 3,1 f. (Ebd., S. 29).

legt haben: „et iam ex illa die in congregacione reputetur“[539]. Von der „congregatio“ ausgeschlossen sind die Novizen. In gleicher Weise gehören die Knaben und Heranwachsenden nicht zur Gemeinschaft.[540]

Die „congregatio“ ist zudem das Gremium, das den Abt bei wichtigen Fragen in seiner Amtsführung berät und unterstützt.[541] Unbedeutende Fragen werden nicht von der ganzen Gemeinschaft, sondern von einem kleineren Gremium, dem „consilium seniorum“ besprochen und entschieden.[542] Der „senior“ wiederum wird im Kapitel über die Rangordnung des Klosters genannt und wird dort synonym mit dem Begriff „prior“ bzw. „maior“ verwendet.[543] Es sind die, denen der Abt aufgrund eines verdienstvollen Lebens und ihrer Lehrweisheit einen höheren Platz zugewiesen hat. Den „seniores“ im Kloster, die in der Nähe des Abtes sind, kommt nicht nur ein Ehrenrang zu, sondern sie haben die Funktion, durch ihren Rat auf den Abt Einfluss zu nehmen.

Die Auswahl einer Person nach einem bestimmten Kriterium durch den Konvent bezeichnet die *Regula s. Benedicti* als „electio“. Dieser Terminus wird durch die zwei weiteren Ausdrücke „constituere“ und „ordinare“ ergänzt.[544] Die Begriffe „eligere“ und „electio“ werden in der *Regula s. Benedicti* elfmal gebraucht.[545] Das Wort „eligere“ wird ausschließlich auf Personen bezogen: Gewählt werden der Abt, der „praepositus“, die Dekane und der Cellerar des Klosters.[546] Diese Ämter sind laut *Benediktsregel* mit bestimmten Qualifikationen verbunden. Einer Wahl geht also immer eine Prüfung möglicher Kandidaten auf bestimmte Eigenschaften voraus: Die Dekane sollen einen guten Ruf haben und sich durch ein heiligmäßiges Leben auszeichnen.[547] Der Cellerar des Klosters soll sich allem voran durch Weisheit auszeichnen.[548] Das einzige Kriterium für den Empfang der Priesterweihe ist die Würde.[549] Der künftige Abt soll sich durch ein verdienstvolles Leben und durch Lehrweisheit auszeichnen.[550] Für den „praepositus“ des Klosters gelten die gleichen Be-

---

539 RB 58,23 (Ebd., S. 150).

540 Vgl. RB 63,18 (Ebd., S. 162).

541 Vgl. RB 3,1 (Ebd., S. 29).

542 Vgl. RB 3,12 (Ebd., S. 31).

543 Vgl. RB 63,10.12.16 (Ebd., S. 161 f.).

544 Vgl. Brechter, S.: Die Bestellung des Abtes, S. 44.

545 Vgl. ebd., S. 46; vgl. „eligere“ im Index verborum (CSEL 75, Hanslik, R. (Ed.), S. 232).

546 Vgl. Brechter, S.: Die Bestellung des Abtes, S. 46.

547 „Si maior fuerit congregatio, elegantur de ipsis fratres boni testimonii et sanctae conuersationis et constituantur decani ...“ RB 21,1 (CSEL 75, Hanslik, R. (Ed.), S. 83).

548 „Cellararius monasterii eligatur de congregatione sapiens, ...“ RB 31,1 (Ebd., S. 95).

549 „Si quis abbas sibi presbyterum uel diaconem ordinari petierit, de suis elegat, qui dignus sit sacerdotio fungi.“ RB 62,1 (Ebd., S. 158).

550 „Uitae autem merito et sapientiae doctrina elegatur ...“ RB 64, 2 (Ebd., S. 163).

stimmungen wie für die Dekane.[551] Die Wahlen erfolgen also nach bestimmten Kriterien; es wird nicht der Erstbeste für eine bestimmte Aufgabe herangezogen, sondern der künftige Amtsinhaber wird bewusst vom Vorsteher ausgewählt.[552] Auf diesem Hintergrund wäre die Wahl eines Abtes durch Designation durch seinen Vorgänger, wie es andere Klosterregeln vorsehen, verständlich. Der *Regula s. Benedicti* nach wählt der Konvent einen Mönch nach den genannten Kriterien. Die *Benediktsregel* traut dem Abt wie dem Konvent zu, in gleicher Weise über das Kriterium des verdienstvollen Lebens zu befinden, doch über die Eigenschaft der „doctrina sapientiae" hat allein der Konvent zu entscheiden.

Nach erfolgter Wahl wird der Erwählte in sein Amt eingeführt; die *Regula s. Benedicti* beschreibt diesen Vorgang mit dem Begriff „constituere", der in der *Benediktsregel* in seiner umfassenden Bedeutung zweiundzwanzig Mal verwendet wird.[553] Sucht man die Subjekte zu diesem Verb, so begegnen einem Gott (RB 64,22), der Regelautor (Prol. 45 und 46, RB 18,21; 21,7; 31,16; 40,2; 50,4; 58,15; 62,7; 70,2 und 73 (Titulus)), der Abt (RB 2,4; 21,1; 43,5; 61,11; 63,1; 63,4 und 70,2) und der Bischof, die Äbte und Christen (RB 64,1.5). Führt man sich diese Personen nochmals vor Augen, so kann man mit Brechter Folgendes sagen: „Constituere kommt nie den Mönchen zu – der Mönch hat zu gehorchen –, es ist ausschließlich Vorrecht des Abtes, des Gesetzgebers, der Autorität."[554] Im Sinne des „constituere" wird jemand tätig, wenn er ein Kloster gründet[555], durch einen Befehl oder eine Lebensordnung etwas anordnet[556], die Zeiten und bestimmte Orte für den Gottesdienst[557], das Maß an Speise und Trank und die Rangordnung im Kloster festsetzt[558] und andere Äbte, Dekane und „praepositi" in ihr Amt einweist.[559]

Neben dem „eligere" als eine durch den Konvent gemeinsam vollzogene Auswahl des Abtskandidaten nach bestimmten Kriterien und dem „constituere" als Einführung des „electus" in sein Amt durch eine kirchliche Autorität folgt das „ordinare". In der *Regula s. Benedicti* werden dieses Wort und

---

551 „Et de praeposito eadem constituimus." RB 21,7 (Ebd., S. 84); „Et si potest fieri, per decanos ordinetur,ut ante disposuimus ..." RB 65,12 (Ebd., S. 169).

552 Vgl. BRECHTER, S.: Die Bestellung des Abtes, S. 47.

553 Vgl. „constituere" im Index verborum (CSEL 75, HANSLIK, R. (Ed.), S. 213); Brechter, S. Die Bestellung des Abtes, S. 47 zählt nur siebzehn Stellen mit dem Begriff „constituere".

554 BRECHTER, S.: Die Bestellung des Abtes, S. 47.

555 „Constituenda est ergo nobis dominici scola seruitii." RB Prol 45 (CSEL 75, HANSLIK, R. (Ed.), S. 9).

556 „Qui tamen regulam decanis uel praepositis constitutam sibi seruare sciat." RB 62,7 (Ebd., S. 159).

557 „..., sed ultimus omnium stet aut in loco, quem talibus negligentibus seorsum constituerit abbas, ut uideantur ab ipso uel ab omnibus." RB 43,5 (Ebd., S. 117).

558 „Quem si etiam talem esse perspexerit abbas, liceat eum in superiori aliquantum constituere loco." RB 61,11 (Ebd., S. 156).

559 „Et de praeposito eadem constituimus." RB 21,7 (Ebd., S. 84).

das dazugehörige Substantiv „ordinatio“ achtzehn Mal verwendet.[560] Der Begriff „ordinare“ steht dem „constituere“ sehr nahe, denn er wird durch den Regelautor[561], den Bischof, die Äbte der umliegenden Klöster[562] und den Abt[563] vollzogen. Das „ordinare“ ist hier als ein Handeln zu verstehen, das von einer Person getragen wird, die in einer kirchlichen Hierarchie lokalisiert werden kann. Der ursprünglich im Profanbereich beheimatete Begriff „ordinare“ wurde durch Tertullian († nach 220) und Cyprian auf den kirchlichen Bereich übertragen und bezeichnet bei diesen Autoren „die Erhebung zu den einzelnen Stufen der kirchlichen Hierarchie“.[564] Da Benedikt von Nursia diesen Begriff in Verbindung mit der Zeit und den Psalmen gebraucht, kann das „ordinare“ folglich nicht auf eine Weihehandlung eingegrenzt werden, sondern ist im übergeordneten Sinn als Errichtung einer hierarchischen Ordnung zu verstehen.[565]

Das Wahlrecht der *Regula s. Benedicti* befasst sich mit den Wählern, den Wahlmodi, dem Wahlentscheid und der Einsetzung des neuen Abtes. Ihr zufolge können bis zu fünf Personengruppen an der Wahl des neuen Abtes beteiligt sein: Der Amtsinhaber, die Mönche des Klosters, der Bischof, die Äbte und Christen aus der Nachbarschaft des Klosters. Über die klösterliche Rangordnung ist es dem Amtsinhaber möglich, dem Konvent Mönche vorzuschlagen, die aus seiner Sicht das Kriterium des verdienstvollen Lebens erfüllen und damit für das Abtsamt geeignet sind. Bei der Wahl wird die entscheidende Aufgabe von den Mönchen des Klosters wahrgenommen; sie haben das Recht, durch Stimmabgabe den neuen Abt zu wählen. Bei dieser Wahl werden die einzelnen Voten überprüft. Dem Text der *Benediktsregel* entsprechend wird die Wahl publiziert.[566] Dem Diözesanbischof, den Äbten und den Christen aus der Nachbarschaft kommt die Aufgabe der Wahlprüfung zu.[567] Um zu klären, ob der „electus“ geeignet ist, muss in jedem Fall eine Prüfung stattfinden, da sonst das Einschreiten des Bischofs, der Äbte und Christen aus dem Umfeld des Klosters als nicht gerechtfertigt erscheint. Können die Wahlprüfer dem Ergebnis der Konventwahl zustimmen, bedarf es keiner Intervention. Um

---

560 Vgl. „ordinare“ und „ordinatio“ im Index verborum (CSEL 75, HANSLIK, R. (Ed.), S. 285).

561 „Hoc praecipue commonentes, ut, si cui forte haec distributio psalmorum displicuerit, ordinet, si melius aliter iudicaverit ...“ RB 18,22 (Ebd., S. 80).

562 „Si quis abbas sibi presbyterum uel diaconem ordinari petierit, de suis elegat, qui dignus sit sacerdotio fungi“ RB 62,1 (Ebd., S. 158) „... et maxime in illis locis, ubi ab eodem sacerdote uel ab eis abbatibus, qui abbatem ordinant, ab ipsis etiam et praepositus ordinantur“ RB 65, 3 (Ebd., S. 167).

563 „... quemcumque elegerit abbas cum consilio fratrum timentium deum, ordinet ipse sibi praepositum.“ RB 65,15 (Ebd., S. 169).

564 BRECHTER, S.: Die Bestellung des Abtes, S. 48 f.

565 Vgl. ebd., S. 49.

566 „... in notitia episcopi, ad cuius diocesim pertinet locus ipse, vel ad abbates aut christianos vicinos claruerint ...“ RB 64,4 (Ebd.).

567 Vgl. STEIDLE, B.: „Wer euch hört, hört mich“ (Lk 10,16), S. 194 f.

das Wahlergebnis beurteilen zu können, orientiert sich die Wahlprüfung an der Anzahl der Stimmen („concordia" – „pars parva" – „omnis congregacio"), deren Qualität („consilium sanius" – „vitia congregacionis") und an der Qualifikation des Kandidaten („vitae meritum" – „sapientiae doctrina"). Die Wahlprüfer haben zu fragen, ob der Beschluss des Konvents einhellig ist oder ob es aufgrund von Stimmensplitterung eine qualifizierte Minderheit gibt. Entsprechend der Wahlordnung werden bei der Wahlprüfung die Stimmen gezählt und auf ihre Qualität geprüft. Den Wahlprüfern muss es dabei um die Authentizität der Stimmen gehen, d. h. sie müssen einerseits auf die moralische Disposition der Wähler schauen und andererseits beobachten, welcher Kandidat von welchem Wähler eine Stimme erhielt. Folgt man dem Text der *Regula s. Benedicti,* so steht es den Wahlprüfern nicht nur zu, einen ungeeigneten „electus" abzulehnen, sondern es ist ihre Aufgabe, dem Konvent einen geeigneten Kandidaten zu präsentieren.[568] Abgesehen davon, nach welchem Kriterium nun die Wahl erfolgt, sie findet ihren Abschluss in der Amtseinführung des „electus" durch den Diözesanbischof und die benachbarten Äbte. Diesen Vorgang beschreibt die *Benediktsregel* als „constituere". Der Terminologie des 64. Kapitels entsprechend wird der Amtsinhaber in der *Benediktsregel* als „abbas ordinatus" bezeichnet. Zur „constitutio" tritt die „ordinatio" des Abtes hinzu. Folglich ist von zwei unterschiedlichen Vorgängen auszugehen, deren gemeinsame Träger der Diözesanbischof bzw. die benachbarten Äbte sind. Mit der Ordination wird der „abbas electus" in die kirchliche Hierarchie aufgenommen, womit die Bestellung des neuen Abtes abgeschlossen wird.[569]

Im Vergleich mit anderen Mönchsregeln stellt auf dem Hintergrund des Mehrheitswahlrechts, der Designationswahl und der Wahl durch den Bischof die qualifizierte Minderheitswahl ein Proprium der *Regula s. Benedicti* dar. Da die Entscheidung einer Wahl unter dem Aspekt der Wählerqualität bereits für die Zeit vor Benedikt belegt ist, kann die Minderheitswahl nicht als Novum bezeichnet werden.[570]

Bei der Untersuchung der qualifizierten Minderheitswahl ist die Formulierung „sive etiam pars quamvis parva congregationis saniore consilio elegerit"[571] von Bedeutung. Wenn die *Benediktsregel* im Hinblick auf die Wahl des Abtes von einem kleineren Teil („pars quamvis parva") spricht, müssen eine Stimmensplitterung und mehrere Kandidaten vorausgesetzt werden. Diesem entsprechen im System der qualifizierten Minderheitswahl das numerische und das qualitative Element. Deshalb müssen die Stimmen sowohl gezählt als

---

568 „... prohibeant praborum praeualere consensum, sed domui dei dignum constituant dispensatorem ..." RB 64,5 (CSEL 75, HANSLIK, R. (Ed.), S. 164).

569 „... et maxime in illis locis, ubi ab eodem sacerdote vel ab eis abbatibus, qui abbatem ordinant, ab ipsis etiam et praepositus ordinatur." RB 65,3 (Ebd., S. 167).

570 Vgl. HALLINGER, K.: Regula Benedicti 64, S. 114 f. ; vgl. ders.: Das Wahlrecht, S. 242 f.; vgl. auch dessen Auseinandersetzung mit GRUNDMANN, H.: Pars quamvis parva, S. 237–251; ders.: Zur Abtwahl, S. 217–223.

571 RB 64,1 (CSEL 75, HANSLIK, R. (Ed.), S. 163).

auch gewogen werden. Entscheidend scheint hier jedoch das Wägen der Stimmen nach dem Kriterium des „sanius consilium" zu sein. Es ist in diesem Zusammenhang der Frage nachzugehen, was unter dem Begriff „sanus" zu verstehen ist. Die *Regula s. Benedicti* gibt im 27. Kapitel den entscheidenden Hinweis: „Noverit [scilicet abbas] enim se infirmarum curam suscepisse animarum, non super sanas tyrannidem." Den gesunden Brüdern stehen demzufolge die Kranken gegenüber. Da der Begriff „infirmus" nicht allein von der gesundheitlichen Warte aus betrachtet werden darf, sondern mehrere Aspekte hat, ist dessen Wortbedeutung anhand der *Benediktsregel* zu untersuchen. Zu den kranken Mitbrüdern wird der gezählt, der sich verfehlt hat und deswegen bestraft wurde[572]; auch Hochmut wird als Krankheit verstanden.[573] Kranke werden mit Kindern, Gästen und Armen in einem Atemzug genannt.[574] Sodann sind die in einem speziellen Sinn „krank", die nicht die Kraft haben, abstinent zu leben[575], die nicht jede Speise vertragen[576] und die leicht in Verwirrung geraten.[577] Als krank werden die bezeichnet, die in der Arbeit nicht voll belastbar sind.[578] Die *Benediktsregel* bezeichnet einen Mönch als krank, wenn er spezielle Wünsche hinsichtlich der Kleidung, der Schuhe oder anderer Notwendigkeiten hat.[579] Diese Arten von Krankheiten fasst die Regel im 72. Kapitel zusammen. Sie fordert die Mönche auf, ihre leiblichen und charakterlichen Schwächen in größter Geduld zu ertragen.[580] Die Wahlprüfer haben deshalb bei der Prüfung der Qualität der Stimmen auf diese Aspekte von Krankheit zu achten, die nur festgestellt werden können, wenn der Zustand der Gemeinschaft bekannt ist. Die Stimmen der Mönche, die in diesem speziellen Sinn „krank" sind, dürfen bei der Wahl nicht den Ausschlag geben; deshalb gilt es, die Voten zu untersuchen. Ein besonderes Gewicht der Stimmen wird also den Brüdern zukommen, die durch keinerlei körperliche und moralische Schwächen in ihrem Urteilsvermögen eingeschränkt sind. Ferner werden auch die „seniores" einer Gemeinschaft bei der Wahl berücksichtigt, da sie gleichsam den engeren Rat des verstorbenen Abtes gebildet haben und in einem gewissen Sinn den Kreis der Abtskandidaten darstellen, da sie sich durch Verdienst und Lehrweisheit auszeichnen.[581] Sodann ist aber in der „congregatio" damit zu rechnen, dass der Hl. Geist den „iuniores" das Wahre

---

572 RB 28,5 (Ebd., S. 92).
573 RB 28,2 (Ebd.).
574 RB 31,9 (Ebd., S. 96).
575 RB 40,3 (Ebd., S. 111).
576 RB 34,2 (Ebd., S. 100).
577 RB 42,4 (Ebd., S. 114 f.).
578 RB 48,24 (Ebd., S. 130 f.).
579 RB 55,21 (Ebd., S. 144).
580 RB 72,5 (Ebd., S. 178).
581 Vgl. HALLINGER, K.: Regula Benedicti 64, S. 116.

offenbart.[582] Ein adäquates Ergebnis wird also letztlich dadurch zu erzielen sein, dass die Wahlprüfer jede einzelne Stimme untersuchen und abwägen.

4.1.4 Aspekte des Wahlrechts in den frühmittelalterlichen Klöstern

Bis zu dem Zeitpunkt, zu dem Karl der Große die *Regula s. Benedicti* als verbindliche Norm für alle Klöster im Frankenreich eingeführt hat, wurden in den monastischen Gemeinschaften des Abendlandes verschiedene Regeln beobachtet. In manchen Klöstern des Frankenreiches lebten die Mönche sogar nach mehreren Regeln gleichzeitig.[583] Im Regula-mixta-Zeitalter war neben der *Regula s. Benedicti* die Klosterregel des hl. Kolumban in Übung; dies ist den Urkunden für die Abteien in Rebais-en-Brie (636)[584], S. Maria in Soissons (666)[585], Corbie (667)[586], Moûtier-en-Der (692)[587], Pierre-le-Vif (670)[588], Murbach (728)[589] und Arnulfsau (749[590]) zu entnehmen. Von der *Regula s. Benedicti* sprechen nur die Urkunden für Flavigny (719)[591] und für das Martins-

---

582 „Ideo autem omnes ad consilium uocari diximus, quia sepe iuniori dominus reuelat, quod melius est." RB 3,3 (CSEL 75, HANSLIK, R., (Ed.), S. 29).

583 Diesen Ausführungen über das Wahlrecht in den frühmittelalterlichen Klöstern liegen die Untersuchungen von EWIG, E.: Beobachtungen zu den Klosterprivilegien des 7. und frühen 8. Jahrhunderts, S. 52–65; ders.: Das Formular von Rebais und die Bischofsprivilegien der Merowingerzeit, S. 11–42; HALLINGER, K.: Regula Benedicti 64 und die Wahlgewohnheiten des 6.–12. Jahrhunderts, S. 109–130 zugrunde. .

584 „Secundum regulam ipsius B. Benedicti vel B. Columbani, ab eorum abbate corrigantur." BURGUNDOFARO <Meldensis>: Charta (PARDESSUS, J.: Diplomata, Tomus 2, S. 40); vgl. PRINZ, F.: Frühes Mönchtum, S. 125.

585 „... secundum votum saepe dictorum Deo timentium qui construxerunt regulam et cursum sancti Benedicti, ... et ad modum Luxoviensis monasterii, quem beatus Columbanus tenuit, regulam ad profectum animarum earum studeant in omnibus custodire." DRAUSCIUS <Suessionensis>: Charta (PARDESSUS, J.: Diplomata, Tomus 2, S. 139); vgl. PRINZ, F.: Frühes Mönchtum, S. 129.

586 „sub regula sancti Benedicti vel sancti Columbani conversari et vivere debeant." BERTHEFREDUS <Ambianensis>: Charta (PARDESSUS, J.: Diplomata, Tomus 2, S. 128); vgl. PRINZ, F.: Frühes Mönchtum, S. 173.

587 „secundum regulam sancti Benedicti vel domni Columbani" BERTOENDUS <Catalaunensis>: Charta (PARDESSUS, J.: Diplomata, Tomus 2, S. 222).

588 „secundum regulam ipsius domini Benedicti, & sancti Columbani ab eorum abbate" EMMO <Senonensis>: Ejusdem Privilegium (Mansi 11, Sp. 122); vgl. PRINZ, F.: Frühes Mönchtum, S. 275.

589 „sub regulas SS. Patrum, maxime beati Benedicti et sancti Columbani abbatibus" WIDEGERNUS <Straceburgensis>: Charta (PARDESSUS, J.: Diplomata, Tomus 2, S. 353); vgl. PRINZ, F.: Frühes Mönchtum, S. 215.

590 „sub regulas sanctorum patrum, maxime beati Benedicti et sancti Columbani abbatibus" HEDDO <Straceburgensis>: Fundatio (BRUCKNER, A.: Regesta alsatiae, Quellenband, S. 97).

591 „Qui eos secundum sancti Benedicti regat ..." WIDERADUS <Flaviniacensis>: Alterum Wideradi abbatis testamentum (Ebd., S. 401); vgl. PRINZ, F.: Frühes Mönchtum, S. 281.

kloster in Tours (720)[592]. Dem Wortlaut einer Urkunde für Graseaux (683) folgend, waren dort die Regeln des hl. Benedikt, des hl. Columban und des hl. Makarius bekannt.[593]

Hinsichtlich der Abtswahlen haben nähere Untersuchungen gezeigt, dass sich entsprechend der Privilegien die genannten Urkunden in zwei Gruppen aufteilen lassen: In der ersten Gruppe (Rebais-en-Brie, S. Maria in Soissons, Corbie, Moûtier-en-Der und Pierre-le-Vif) erfolgte die Wahl durch die ganze Mönchsgemeinschaft, die als „omnis congregatio" bezeichnet wird; ein Begriff, der sich auch in der *Regula s. Benedicti* findet. Die Mönche sollen einmütig einen Kandidaten wählen, der sich durch besondere Qualitäten, wie Erfahrung, Würde und verdienstvolles Leben, auszeichnet.[594] Diese Merkmale würden laut Hallinger auf die Kandidatenqualitäten hinweisen, wie sie im zweiten Wahlgesetz Justinians und in der *Regula magistri* zu finden sind.[595] Die Urkunden der Klöster Corbie, St. Columba in Sens und Pierre-le-Vif zeigen, dass den Bischöfen Berthefried von Amiens und Emmo von Sens die oben erwähnten Beschlüsse der Synode von Karthago bekannt waren.[596] Den

---

592 „sicut regula sancti Benedicti edocet" HADRIANUS <Papa, I.>: Privilegium (MGH.L 2,2,5,1, ZEUMER, KARL (Ed.), S. 502); vgl. PRINZ, F.: Frühes Mönchtum, S. 289.

593 „... ut secundum normam venerabilis viri sancti patris Benedicti abbatis, vel sancti Macarii, seu sancti Columbani, degere vel habitare deberent" AREDIUS <Vasionensis>: Charta (PARDESSUS, J.-M.: Diplomata, Tomus 2, S. 192); vgl. PRINZ, F.: Frühes Mönchtum, S. 277.

594 „Et quum abbas ejusdem monasterii de saeculo fuerit evocatus, quem unanimiter omnis congregatio illa monachorum ex semetipsis optime regulam compertam elegerint, sibi seniorem instituant." BURGUNDOFARO <Meldensis>: Charta (PARDESSUS, J.-M.: Diplomata, Tomus 2, S. 40); „Et cum abbatissa ejusdem monasterii de saeculo fuerit revocata, quas unanimiter omnis congregatio illa ancillarum Dei, ex semetipsis, optime regulam compertam eligerent, pro se, Christo praesule, sibi seniorem instituant;" DRAUSCIUS <Suessionensis>: Charta (Ebd., S. 139); „Et cum saepedictus Deodatus episcopus, qui est pater ipsius monasterii, de hoc saeculo evocatus, illum quem unanimiter omnis congregatio illa ex semetipsis optime regula compertum elegerit, seniorem et abbatem sibi instituant." CHROTHILDIS: Charta (Ebd., S. 148); „Et cum abbas fuerit de saeculo isto evocatus, quem unanimiter congregatio ipsius monasterii ex semetipsis bonum et dignum elegerint" BERTHEFREDUS <Ambianensis>: Charta (Ebd., S. 127); „Ille sane instituatur, quem omnis ejusdem monasterii congregatio bene regulam scientem uno animo elegerit." EMMO <Senonensis>: Privilegium (Mansi 11, Sp. 120); „Et cum abba ille fuerit de hoc saeculo evocatus, quem unanimiter omnis congregatio illa monachorum ex semetipsis optima regula compertum eligerent." DERS.: Ejusdem Privilegium (Ebd., S. 122); „et cum pater monasterii fuerit de saeculo evocatus, quem unanimiter omnis congregatio ipsorum servorum Dei undecumque sibi optime regulam compertam elegerint." BERTOENDUS <Catalaunensis>: Charta (PARDESSUS, J.-M.: Diplomata, Tomus 2, S. 222); vgl. EWIG, E.: Beobachtungen zu den Klosterprivilegien, S. 58.

595 Vgl. HALLINGER: Regula Benedicti 64, S. 122.

596 „Licet sancta Carthaginensis synodus a bonae memoriae Bonifacio ejusque coepiscopis facta ... doceant monachos sub quiete regulariter viventes, absque inquitu-

Urkunden der zweiten Gruppe (Klöstern Graseaux, Tours, Flavigny, Murbach und Arnulfsau) nach wählt die ganze Klostergemeinschaft in gleicher Weise.[597] Die Wahl wird jedoch durch eine Gruppe von Mönchen entschieden, deren Wähler einerseits über ausgezeichnete Qualitäten verfügen, andererseits unter dem Anspruch stehen, einen Kandidaten zum Abt zu wählen, der als der Bessere gilt.[598] Die Aspekte der Kandidatenqualität wie der Wählerqualität, die speziell das Prüfen und Wägen der Stimmen durch eine kirchliche Autorität implizieren, deuten darauf hin, dass das Wahlrecht der *Regula s. Benedicti* und das dritte Wahlgesetz Justinians (546) in der zweiten Gruppe angewendet wurde.[599]

Der Einfluss des Eigenklosterherrn auf die Abtswahl geht u.a. aus den Beschlüssen der Synoden von Toledo in den Jahren 633 und 651 hervor. In der IV. Synode von Toledo (633) beschließen die Bischöfe, dass die Vorsteher der Kirchen entsprechend den kirchlichen Vorschriften das monastische Leben zu schützen haben. Die Mönche zu einem heiligmäßigen Leben zu ermahnen,

---

dine clericorum et episcoporum residere „BERTHEFREDUS <Ambianensis>: Charta (PARDESSUS, J.: Diplomata, Tomus 2, S. 127); für das Columba Kloster in Sens: „... quia monachi sub abbatis regimine regulariter viventes semper fuerunt a conditionibus clericorum segregati ac liberi; et si quis hoc manifestius cognoscere appetit, legat consilium Carthaginense sub sanctae recordationis Bonifacio, ejusdem civitatis Ecclesiae pontifice“ EMMO <Senonensis>: Praeceptum (Ebd., S. 110); für Pierre-le-Vif: „Licet sancta Carthaginensis synodalis domni Augustini epistola jubeat Abbates monachosque eorum libertatis privilegium, ut nec ullo potestatis vinculo ab episcopis detinere“ Ders.: Ejusdem Privilegium (Mansi 11, Sp. 121).

597 Vgl. EWIG, E.: Beobachtungen zu den Klosterprivilegien, S. 59.

598 „Absque ullo praemio abbas in ipso monasterio eligatur; ita tamen electio ab omni congregatione agatur, ut ne quacumque pars inferior, sed quem ordo perfectorum elegerint, ille, Domine dispensante, sine rixa, a pontifice civitatis hius instituatur.“ AREDIUS <Vasionensis>: Charta (PARDESSUS, J.: Diplomata, Tomus 2, S. 193); für Flavigny: „Cum vero abba illius loci acceperit transitum, quemcumque de semetipsis monachi ibi habitantes secundum deum et regulam sancti Benedicti meliorem invenerint, ipsum abbatem ipsi instituant. Quod si ibidem de seipsis talem non invenerint, communi consilio illi sanctiores monachi aliunde regularem abbatem qui eos secundum regulam sancti Benedicti regat, eligendum in eorum maneat potestate.“ WIDERADUS <Flaviniacensis>: Alterum Wideradi abbatis testamentum (Ebd.,S. 400);“Et si abbas ab ac luce discesserit, per electionem memorate congregationis monasterii, quorum vita perfecta creditur“ HADRIANUS <Papa, I.>: Privilegium (MGH.L 2,2,5,1, ZEUMER, KARL (Ed.), S. 502); „Cum vero abba loci ipsius acciperit transitum, quemcumque perecrini monachi ibidem habitantes de semetipsis secundum Deum et regula meliorem inninerit, ipsum sibi constituant abbatem.“ WIDEGERNUS <Straceburgensis>: Charta (PARDESSUS, J.: Diplomata, Tomus 2, S. 354);“nec quandocumque necessitas evenerit abbatem instituere, nisi quem ipsa congregatio et melior pars elegerit, secundum quod regula et privilegius ipsorum continet, ipsi sibi dignum constituant pastorem ...“ HEDDO <Straceburgensis>: Privilegium (12. Juli 728) (BRUCKNER, A.: Regesta alsatiae, Quellenband, S. 58).

599 Vgl. HALLINGER: Regula Benedicti 64, S. 123.

Äbte und andere Dienste einzusetzen und Gegebenheiten, auf die sich die Klosterregel nicht bezieht, zu korrigieren, liegen nicht in der Kompetenz der Bischöfe.[600] Dem zweiten Kapitel der IX. Synode von Toledo (651) kann entnommen werden, dass die Kirchen und Klöster in der Gefahr stehen zu verwahrlosen, da sich niemand um sie kümmert. Aus diesem Grund ist es dem Eigenkirchenherrn bzw. dem Bischof erlaubt, für die Klöster und Pfarrkirchen geeignete Vorsteher zu suchen und sie dem Bischof zur Ordination zu präsentieren.[601]

Neben den Beschlüssen der Synoden von Toledo sind die beiden Klosterregeln des Fructuosus von Braga (ca. † 675) wichtig, da man sie später in den Kommentaren der *Regula s. Benedicti* wiederfinden kann. Fructuosus verfasste für das Kloster Compludo eine *Regula monachorum* und zusammen mit anderen Äbten eine *Regula communis* für einen spanischen Klosterverband.[602] Im 19. Kapitel der *Regula monastica* legt er dar, dass der Abt von den Mönchen des Klosters gewählt wird. Sodann zählt er eine Reihe Tugenden auf, die für den Abt von Bedeutung sind: Er soll heilig, unterscheidend, würdig, lauter, liebenswürdig, demütig und mild sein. Seine Gelehrsamkeit und Erfahrung gründet auf den Schriften und auf der Praxis. Er soll sich in der Abstinenz, in der Gelehrsamkeit und in der Sorge um die Mitbrüder als bewährt erweisen.[603] Der Abt darf sich nicht von Zorn, Hochmut, Kleinmut und von den Begierden leiten lassen; vielmehr hat er auf die Geduld, die Unterschei-

---

600 „Quapropter monemus eos qui ecclesiis praesunt, ut ultra talia non praesumant, sed hoc tantum sibi in monasteriis vindicent sacerdotes, quod praecipiunt canones, id est, monachos ad conversationem sanctam praemonere, abbates, aliaque officia instituere, atque extra regulam facta corrigere." Concilium Toletanum IV., Cap. 51. (Mansi 10, Sp. 631).

601 „Quia ergo fieri plerumque cognoscitur, ut ecclesiae parochiae, vel sacra monasteria ita quorumdam episcoporum, vel insolentia, vel incuria horrendam decidant in ruinam, ut gravior ex hoc oriatur aedificantibus moeror, quam in construendo gaudii extiterat labor, ideo pia compassione decernimus, ut quamdiu earumdem fundatores ecclesiarum in hac vita superstites extiterint, pro eisdem locis curam permittantur, habere solicitam, & solicitudinem ferre praecipuam, atque rectores idoneos in iisdem basilicis iidem ipsi offerant episcopis ordinandos. Quod si tales forsan non inveniatur ab eis, tunc quos episcopus loci probaverit Deo placitos, sacris cultibus instituat, cum eorum conniventia servituros." Concilium Toletanum IX., Cap. 2. (MANSI 11, S. 26).

602 Vgl. PRELOG, J.: Fructuosus von Braga, Sp. 997; vgl. REICHERT, E.: Fructuosus von Braga, S. 272 f.

603 „Abbas uel prepositus e propriis semper coenobii monachis eligatur. Vir sanctus, discretus, grauis, castus, karus, humilis, mansuetus et doctus, qui diutinis experimentatus est documentis, omnibus praefatis rebus bene fuerit eruditus, qui in abstinentia praecellat, in doctrina refulgeat, exquisitas epulas et mensae lautioris consuetudinem contemnat. Vini nimis perceptionem respuat. Cunctis in commune fratribus ut pater proprius piissimusque provideat." FRUCTUOSUS <Bracarensis>: Regula monastica, Cap. 19 ((BAC 321, Sanctos padres espanñoles II: San Leandro, San Isidoro, San Fructuoso, CAMPOS RUIZ, J. u.a. (Ed.), S. 157 f.).

dung und die Sanftmut zu achten.[604] Indem sich der Abt den Bedürftigen und Armen unterstellt und ihnen dient, gibt er sich nicht nur als Prälat zu verstehen.[605] Bemerkenswert ist der Hinweis, dass sich Wort und Tat nur in der Übereinstimmung als scharfes Schwert erweisen. Die überzeugende Kraft des Wortes bzw. der Tat entfaltet sich allein dann, wenn beide Elemente konvergieren.[606] Wenngleich das 3. Kapitel der *Regula communis* mit den Worten „Qualis debeat eligi abbas in monasterio" überschrieben ist, so finden sich zur Wahlordnung und zum Wahlverfahren keine Hinweise. Bemerkenswert sind in diesem Kapitel die Ausführungen über die Kandidatenqualität. Fructuosus verlangt vom Abtskandidaten, dass dieser im klösterlichen Leben umsichtig und erprobt ist; ferner muss er über eine längere Zeit unter einem Abt als Mönch in einer Gemeinschaft gelebt haben und darf außerhalb des Klosters keinen Besitz haben.[607]

Abschließend kann im Hinblick auf die Bestellung des Abtes im Merowingerreich gesagt werden, dass es in einzelnen Klöstern möglich war, den Abt nach der justinianischen Gesetzgebung zu bestimmen. Dies wurde den Konventen durch bischöfliche Urkunden zugestanden. Daneben finden sich Zeugnisse, aus denen hervorgeht, wie der Amtsinhaber, der Diözesanbischof und der Eigenklosterherr ihren Einfluss auf die Wahl eines Abtes geltend machten.[608]

Von der Einführung der *Regula s. Benedicti* als alleingültiger Mönchsregel in den Klöstern des Frankenreichs in den Jahren 816–819 ist die Durchführung der Reform in den einzelnen Konventen zu unterscheiden. Das zeigt sich auch an den Abtswahlen. Bei diesen sind die ersten Veränderungen sogleich in der ersten Hälfte des 9. Jahrhundert festzustellen. Hugo Candidus berichtet in seiner *Vita Eigils*, wie die „pars prima patrum", die an anderer Stelle als „pars prior seniorum" bezeichnet wird, aufgrund besserer Einsicht im Jahr 818

---

604 „... Quem nec ira subita et inmoderate deiciat nec superbia extollat, nec maeror ac pusillanimitas frangat, nec libido corrumpat. Qui et in patientia discretionem, et cum ira exhibeat leuitatem." Ebd. (Ebd., S. 158).

605 „... Quique sic egentibus atque pauperibus pareat ut ministrum se et non praelatum tantum Xpi uisceribus recognoscat." Ebd. (Ebd.).

606 „Cuiusque tanta debet sermonis et uitae consonantia esse, ut id quod docet uerbis confirmet operibus sedulis; et bis acuto praecedens gladio quicquid alios informat uerbo iugi ipse gerat studio. Ut nec sermonem operatio destruat, nec e contra operationem bonam sermo inconueniens frangat, sed sint sibi cuncta in parte conuenientia ..." Ebd. (Ebd.).

607 „III. Qualis debeat eligi abbas in monasterio. Primum praeuidendus est abbas uitae sanctae institutione duratus; non conuersatione nouellus, sed qui per diuturnum tempus in monasterio sub abbate desudans inter multos est conprobatus, et non habet hereditatem in saeculo ..." Ders., Regula communis, Cap. 3 (Ebd., S. 177).

608 Vgl. HEGGLIN, B.: Der benediktinische Abt, S. 131 f.; weitere Beispiele finden sich auch bei UEDING, L.: Geschichte der Klostergründungen, S. 17. 29. 87. 175. 222 f.

Eigil als Abt nominierten.[609] Damit die Wahl durch Einmütigkeit zustande kommt, werben die „seniores“ des Klosters für ihren Kandidaten, indem sie ihr Votum als vom Heiligen Geist inspiriert vorstellen und die Qualifikationen des Kandidaten hervorheben. Dazu zählen die „maturitas aetatis“ und die „gravitas morum“.[610] Während der größte Teil des Konvents der Wahl der Senioren zustimmte, konnten einige wenige nicht beipflichten und blieben deshalb schwankend.[611] Hallinger macht an dieser Stelle deutlich, wie sich RB 64 („pars parva“ und „sanioritas“) mit dem justinianischen Wahlgesetz aus dem Jahr 546 verbindet.[612] Wenngleich einige der Wahl nicht zustimmen konnten, wird das Votum der jüngeren Mitbrüder, das den Kandidatenvorschlag der „Seniores“ annimmt, im Endergebnis als „concordia“ verstanden. Eigil wird aufgrund einer Nominierung durch eine qualifizierte Minderheit, mit Zustimmung eines großen Teils des Konvents und mit einer dagegen stimmenden Minderheit einmütig zum Abt von Fulda bestellt. Hier zeigt sich, wie eine Minderheit aufgrund besserer Einsicht einen Kandidaten mit entsprechenden Qualifikationen zum Abt wählt.

Auf den Regelkommentar des Smaragdus von Sankt Mihiel (1. Hälfte des 9. Jh.) wurde in der literarkritischen Einführung schon hingewiesen. Dieser Regelkommentator geht besonders auf die Qualifikation des Abtskandidaten und auf die Wahlordnung ein, jedoch nicht auf das Wahlverfahren. Smaragdus benutzt vor allem das 19. Kapitel der *Regula monastica* des Fructuosus, um die Begriffe des „meritum vitae“ und der „doctrina sapientiae“ von RB 64 zu erklären.

Detaillierte Ausführungen über die Wahlordnungen sind im Regelkommentar des Smaragdus nicht zu finden. Er interessiert sich nur für den Fall, dass eine Gemeinschaft einen ungeeigneten Abt einsetzt. Die Auseinandersetzung mit diesem Problem wirft jedoch ein interessantes Licht auf den Wahlkörper. Zu einem Abstimmungsergebnis kommen die Mönche durch Willensübereinstimmung: „Si etiam omnes qui intus sunt habere vitiosum abbatem consentiunt.“[613] Für die Bestellung des neuen Abtes scheint ihr Votum jedoch nicht allein konstitutiv zu sein, heißt es doch: „... hii qui foris sunt catholici

---

609 „Factum est autem, cum haec orta dissensio finiretur, extollens vocem pars primo patrum saniori consilio dixit ...“ HUGO CANDIDUS: Vita Eigilis Abbatis Fuldensis, Cap. 6 (MGH.SS 1,5,15,1, WAITZ, G. (Ed.), S. 224).

610 „De cetero quoque, inspirante ac demonstrante Spiritu sancto, visum est nobis, si vestrae placuerit voluntati, quod pater Aeigil propter aetatis suae maturitatem, immo etiam et gravitatem morum suorum congruentis conveniat in locum ministerii huius, de quo sublatus est ille qui nobis ante praeerat.“ Ebd. (Ebd.).

611 „Quo dicto, statim universa multitudo monachorum consensit consilio eorum et actu; quamvis pauci propter constantiam mentis illius der hac conventione claudicarent, timore correpti.“ Ebd. (Ebd.).

612 Vgl. HALLINGER, K.: Regula Benedicti 64, S. 117 f.

613 SMARAGDUS <SANCTI MICHAELIS>: Expositio in regulam s. Benedicti, Cap. 53 (CCM 8, SPANNAGEL, A. u. a. (Ed.), S. 314).

viri, fortiter resistant et non consentiant eis."[614] In diesem Satz gebraucht Smaragdus die zwei Begriffe „resistant" und „consentiant". Das erste Wort bringt zunächst nur den Widerstand der Außenstehenden zum Ausdruck. Aus der Wendung „non consentiant eis" wird deutlich, dass es sich hierbei um mehr als nur um Widerstand handeln muss. Unmittelbar zuvor gebrauchte er nämlich das Verbum „consentio" im Zusammenhang mit der Wahl der Mönche. Die Verwendung eines Begriffes für zwei verschiedene Personengruppen bei ein und demselben Vorgang weist darauf hin, dass der Willenskundgebung der Außenstehenden im Hinblick auf das Wahlergebnis eine konstitutive Rolle zukommt. Während den Mönchen bei der Wahl eines neuen Abtes die Nomination eines bestimmten Kandidaten zukommt, steht es den Außenstehenden zu, den „electus" zu prüfen und der Nomination zuzustimmen bzw. sie abzulehnen. Unter „consentio" ist demzufolge die Nomination, die Wahlprüfung wie die Zustimmung bzw. Ablehnung des Kandidaten zu verstehen. Zudem ist den Ausführungen des Smaragdus zu entnehmen, dass die Wahl publiziert wurde, da es sonst den außenstehenden Personen nicht möglich war, in die Wahl einzugreifen. In seinen Aussagen zur „ordinatio abbatis", die in der *Benediktsregel* im 65. Kapitel behandelt wird, finden sich keine weiteren Hinweise, die die Amtseinsetzung näher beleuchten.

Hildemar wurde 821/26 Mönch in Corbie, hielt sich 841 in Brescia und später in Civate auf. Dort starb er 850. Er interpretierte in Form von Vorträgen die *Benediktsregel.* In drei Redaktionen wurde das Gesagte festgehalten bzw. bearbeitet.[615] Vergleicht man diese Ausgaben miteinander, so darf die gemeinsame Textbasis als der eigentliche Hildemar-Kommentar angesehen werden. Bemerkenswert ist, dass sich diese Kommentare erheblich von den Ausführungen des Smaragdus von Sankt Mihiel unterscheiden. Die Regelinterpretation des Hildemar geht in einer sehr differenzierten Weise auf Fragen der klösterlichen Rangordnung, der Qualifikation des Kandidaten und der Wahlordnung ein. In der Frage nach der Hierarchie unterscheidet er den Einzelfall, in dem eine Umstrukturierung der klösterlichen Rangordnung aufgrund von Diensten notwendig ist[616], von den Fällen, in denen der Abt auf-

---

614 Ebd.

615 Vgl. BERNT, G.: Hildemar von Corbie, Sp. 15.

616 „Verbi gratia; sunt tales qui pro merito vite non debent promoveri. tamen pro necessitate; promoventur. quia sunt tales qui bonam vitam non habent; sed tamen cantare sciunt. Et quamvis pro merito vitae isti non promoveantur; tamen pro necessitate cantandi promoveri debent. Similiter et in ceteris causis agendum est. Verum si aliquis solummodo pro necessitate promovetur. idest; si vita illorum non fuerit melior quam aliorum; solummodo in choro stant. tunc promoveri debent. In alii autem locis sicut intraverunt; ita stent." PAULUS <DIACONUS>: Commentarium in regulam s. Benedicti, Cap. 64 (Florilegium Casinense, S. 156b); „v. gr. sunt tales, qui pro merito vitae non debent promoveri, tamen pro necessitate debent promoveri, quia sunt tales, qui bonam vitam non habent, sed tamen cantare sciunt, et quamvis pro merito vitae isti non promoventur, tamen pro necessitate cantandi promoveri debent. Similiter et in ceteris causis agendum est. Verum si ali-

grund einer guten Lebensführung die Rangordnung im Kloster auf Dauer ändert. Eine dauerhafte und bedingungslose Umstrukturierung der klösterlichen Rangordnung hat ihren Grund in der guten Lebensführung, „vita bona", bzw. im verdienstlichen Leben, „meritum vitae", eines Mönches. Die beiden genannten Begriffe werden im Kommentar zur Abtswahl synonym gebraucht. Die gute Lebensführung kann ihren Grund im Wissen, „scientia", und in der Tüchtigkeit, „ars", haben.[617] Ein Aufrücken in der klösterlichen Rangordnung gilt jedenfalls nur dann als gerechtfertigt, wenn der Mönch eine gute Lebensführung mit der Tugend der Demut bzw. des Nutzens zu verbinden weiß. Ist dies nicht der Fall, hat der Abt davon abzusehen, dem Mitbruder einen höheren Platz anzubieten.[618] Letztlich scheint also die Tugend der Demut bzw. des Nutzens von entscheidender Bedeutung zu sein. Die Parallele zur *Regula magistri* ist hier unübersehbar. Die klösterliche Rangordnung hängt eng mit der Qualifikation des Abtskandidaten zusammen. Der Autor dieser Regelinterpretation rechnet auch mit dem Fall, dass einer, der erst seit einem Jahr im Kloster lebt, aufgrund seiner guten Lebensführung und menschlicher Qualifikationen für das Abtsamt geeigneter zu sein scheint als einer, der schon dreißig Jahre im Kloster zubrachte.[619] An der Stelle im 64. Kapitel der *Regula s.*

---

quis solummodo pro necessitate promovetur. i. e. si vita sua non fuerit melior, quam aliorum, solummodo quando in choro stant, tunc debent promoveri, in aliis autem locis sicut intraverunt, ita stent." vgl. HILDEMARUS <CORBIENSIS>: Expositio regulae, Cap. 63 (MITTERMÜLLER, R. (Ed.), S. 575).

617 „Si autem talis fuerint qui vitam meliorem habeant. et habuerint scientiam vel artem; non solum illic ubi necessitas cogit; sed in omnibus locis promoveantur." PAULUS <DIACONUS>: Commentarium in regulam s. Benedicti, Cap. 64 (Florilegium Casinense, S. 156b); „Si autem tales fuerint, qui vitam habuerint talem qualem et alii, et habuerint scientiam vel artem, non solum illic, ubi necessitas cogit, sed etiam in omnibus locis possunt promoveri." HILDEMARUS <CORBIENSIS>: Expositio regulae, Cap. 63 (MITTERMÜLLER, R. (Ed.), S. 575).

618 „Si autem tales fuerint; qui quasi meliorem vitam habuerint quam alii. et nullius humilitatis fuerint; isti non debent promoveri." PAULUS <DIACONUS>: Commentarium in regulam s. Benedicti, Cap. 64 (Florilegium Casinense, S. 156b). „Si autem tales fuerint; qui meliorem vitam habuerint quam alii, et nullius utilitatis fuerint; isti non debent promoveri." HILDEMARUS <CORBIENSIS>: Expositio regulae, Cap. 63 (MITTERMÜLLER, R. (Ed.), S. 575).

619 „Verbi gratia; si fuerit talis qui per triginta annos habitabit in monasterio et non fuerit dignus eligi abba. et alius iterum fuerit qui solummodo uno anno habitavit ibi. et hic comprobatur melioris esse vite quam ille; iste eligendus (est); qui uno anno habitabit monasterio et est sanctae conversationis et bonis moribus. et non ille qui per triginta annos habitabit in monasterio; et in hoc utilis non est ministerio" PAULUS <DIACONUS>: Commentarium in regulam s. Benedicti, Cap. 64 (Florilegium Casinense, S. 160a); „Verbi gratia, si fuerit talis, qui per triginta annos fuerit in monasterio et non fuerit dignus, et alter fuerit, qui uno anno habitavit in monasterio et fuerit dignus, iste est eligendus, qui uno anno habitavit in monasterio studiose et diligenter, et non ille, qui per triginta annos tepide et negligenter habitavit in monasterio." HILDEMARUS <CORBIENSIS>: Expositio regulae, Cap. 64 (MITTERMÜLLER, R. (Ed.), S. 584).

Benedicti, in der es heißt: „Vitae autem merito et sapientiae doctrina elegatur“[620] geht der Kommentator explizit auf die Qualifikationen des Kandidaten ein. Wiederum unterscheidet er mehrere Fälle, wobei das erste Beispiel klar ist: Findet sich ein Kandidat, der eine gute Lebensführung mit der Weisheit in der Lehre zu verbinden weiß, so ist dieser zu wählen.[621]

Sodann werden zwei Fälle dargelegt, in denen der eine Kandidat über eine gute Lebensführung, aber nicht über die nötige Lehrweisheit verfügt, bzw. ein Abtskandidat zwar weise ist, aber nicht immer ein gutes Leben geführt hat. Ist zwischen diesen beiden Kandidaten zu entscheiden, so ist es ratsam, den Kandidaten mit der guten Lebensführung zu wählen.[622] Doch darf dieser nur unter der Voraussetzung zum Abt gewählt werden, dass er kommunikativ ist. Denn die anderen Mitbrüder haben nur dann einen Nutzen, wenn der neue Abt es versteht sich mitzuteilen. So ist ein Mitbruder, wenngleich sein Leben nicht in allem tugendhaft zu sein scheint, er aber dennoch mitteilsam und weise ist, dem Mönch vorzuziehen, der schweigsam ist und ein vollkommenes Leben führt.[623] Den Fallbeispielen folgend steht die Fähigkeit sich mitzuteilen, über

---

620 RB 64,2 (CSEL 75, HANSLIK, R. (Ed.), S. 163).

621 „Adtendendum est; quia duo dixit beatus benedictus habere illum qui eligendus est; ut abba consecretur. idest; vitam bonam et sapientiam. Notandum est; quia si inveniri potest qui ista duo habeat; ipse eligendus est.“ PAULUS <DIACONUS>: Commentarium in regulam s. Benedicti, Cap. 64 (Florilegium Casinense, S. 160) „Attendendum est, quia duo dixit B. Benedictus habere illum, qui eligendus est ad abbatem consecrandum, i. e. vitam et sapientiam. Notandum est enim, quia si inveniri potest, qui ista duo habeat, i.e. sapientiam et vitam bonam, ipse est eligendus.“ HILDEMARUS <CORBIENSIS>: Expositio regulae, Cap. 64 (MITTERMÜLLER, R. (Ed.), S. 585).

622 „Si vero non fuerit inventus qui ista duo pariter habeat; verbi gratia; si inventus fuerit talis frater qui vitam bonam habeat; et tamen sapientiam non habet. et invenitur item alter frater qui vitam bonam non habet et tamen sapientiam habet; ille eligendus est magis; qui vitam bonam habet; quamvis non habeat sapientiam; quam ille qui sapientiam habet; et non bonam vitam.“ PAULUS <DIACONUS>: Commentarium in regulam s. Benedicti, Cap. 64 (Florilegium Casinense, S. 160a) „Si vero non fuerit inventus qui ista duo habeat, sed divise, v. gr. si inventus fuerit talis frater, qui vitam bonam habuerit et tamen non habuerit sapientiam, et iterum invenitur alter frater, qui vitam bonam non habuerit, et tamen habuerit sapientiam, ille eligendus est magis, qui vitam bonam habet, quamvis non habeat sapientiam, quam ille, qui sapientiam habet et non bonam vitam.“ HILDEMARUS <CORBIENSIS>: Expositio regulae, Cap. 64 (MITTERMÜLLER, R. (Ed.), S. 585).

623 „Si autem talis fuerit illa persona quem bitam (sic!) bonam habet. et tamen non est affabilis; ut aliis possit prodesse; sicut solent multi esse qui non sunt affabiles; nec zelum habent. et iterum est alter qui sapientiam habet et potest aliis prodesse; eo quod affabilis et zelans est. et quambis (sic!) eius vita sit fragilis; tamen non multum est mala; iste potius est eligendus. quia quamvis eius vita sit fragilis; tamen non multum est mala; si sapiens est et doctus. et affabilis; ut aliis proficiat. Si autem iste qui quamvis sapiens sit tamen eius vita multum est mala; ille eligendus est; qui vitam bonam habet. quamvis non sit ita doctus; ut aliis proficiat.“ PAULUS <DIACONUS>: Commentarium in regulam s. Benedicti, Cap. 64 (Florilegium

der Qualifikation der Lebensführung. Diese Interpretation liegt ganz im Sinne der *Regula s. Benedicti*, was sich durch zwei signifikante Stellen der Mönchsregel belegen lässt. So ist im Kapitel über die Werkzeuge der geistlichen Kunst zu lesen, dass der Mönch weniger auf die Taten seines Abtes schauen soll, sondern sich mehr an dessen Befehl zu halten habe.[624] Und im Kapitel über den Zellerar heißt es, dass das gute Wort über die beste Gabe geht.[625] Im Gegensatz zu Smaragdus von Sankt Mihiel geht Hildemar von Corbie in seinem Regelkommentar detailliert auf das Minderheitswahlrecht ein. Terminologisch wird zwischen einer Wahl – im Text wird der Begriff „eligere" verwendet – und einer rechtskräftigen Zustimmung, „consentire", unterschieden.[626] Die rechtskräftige Zustimmung orientiert sich an der Qualifikation des Kandidaten und an den Wählern.[627] Wer jedoch die rechtskräftige Zustimmung erteilt, ist aus dem Text nicht ersichtlich. Da der Text davon ausgeht, dass nur wenige Stimmen einen besseren Kandidaten gewählt haben, ist anzunehmen, dass die

---

Casinense, S. 160a)"Si autem talis fuerit illa persona, quae vitam bonam habet et tamen non est affabilis, ut aliis possit prodesse, sicut solent multi esse, eo quod non sunt affabiles nec zelum habent, et iterum est alter, qui sapientiam habet et potest aliis prodesse eo, quod est affabilis et zelans, et quamvis ejus vita sit fragilis, tamen non multum est mala, iste est potius eligendus, qui, quamvis ejus vita sit fragilis, tamen non multum est mala, si sapientiae doctrina affabilis est, ut aliis proficiat. Si autem iste, qui, quamvis sapiens sit, tamen ejus vita multum est mala, ille eligendus est, qui vitam bonam habet, quamvis non sit ita doctus, ut aliis proficiat." HILDEMARUS <CORBIENSIS>: Expositio regulae, Cap. 64 (MITTERMÜLLER, R. (Ed.), S. 585).

624 „Praeceptis abbatis in omnibus oboedire, etiam si ipse aliter, quod absit, agat, memores illud dominicum praeceptum: *Quae dicunt, facite, quae autem faciunt, facere nolite.*" RB 4,61 (CSEL 75, HANSLIK, R. (Ed.), S. 36).

625 „Humilitatem ante omnia habeat, et cui substantia non est, quod tribuatur, sermo responsionis porrigatur bonus, ut scriptum est: *Sermo bonus super datum optimum.*" RB 31, 13 f. (Ebd., S. 96 f.).

626 „... illis consentiendum est; qui saniorem. idest meliorem consilium eligunt." PAULUS <DIACONUS>: Commentarium in regulam s. Benedicti, Cap. 64 (Florilegium Casinense, S. 159b)"... illis consentiendum est; qui saniori, i. e. meliori consilio eligunt." HILDEMARUS <CORBIENSIS>: Expositio regulae, Cap. 64 (MITTERMÜLLER, R. (Ed.), S. 584).

627 „Verbi gratia; si quinquaginta monachi sunt qui malum abbatem eligunt. et sunt duo boni fratres qui meliorem eligunt abbatem; istis duobus consentiendum est; et non illis quinquaginta ... Similiter si ducenti vel trecenti. aut etiam quingenti fuerint qui in malo consensu sunt; et tres vel quattuor aut quinque boni fuerint qui melius voluerint; istis tribus." PAULUS <DIACONUS>: Commentarium in regulam s. Benedicti, Cap. 64 (Florilegium Casinense, S. 159b f.) „Verbi gratia, si quinquaginta monachi sunt, qui malum abbatem eligunt, et sunt duo boni fratres, qui meliorem eligunt abbatem, istis duobus consentiendum est et non illis quinquaginta ... Similiter si ducenti vel trecenti aut etiam quingenti, et fuerint tres aut quattuor vel quinque boni, qui meliorem eligunt, istis tribus vel quatuor aut quinque fratribus consentiendum est et nonillis ducentis vel trecentis aut quingentis." HILDEMARUS <CORBIENSIS>: Expositio regulae, Cap. 64 (MITTERMÜLLER, R. (Ed.), S. 584).

Voten der einzelnen Wähler gewogen und gezählt wurden. Aus dem Text gewinnt man den Eindruck, dass die Wahlprüfung wie die rechtskräftige Zustimmung von einer Person ausgeht.

Bereits im 10. Jahrhundert deuten sich die Grundstrukturen der kanonischen Wahl an. Schmid legt in seinem Werk: „Der Begriff der kanonischen Wahl in den Anfängen des Investiturstreits“ dar, dass die kanonische Wahl ihren Ursprung in den cluniazensischen Klöstern hatte. Die Wahl der ersten Äbte Odo (927–942) und Aymard (ca. 942–ca. 954) erfolgte in Cluny durch Designation durch den jeweiligen Vorgänger.[628] Da bei dieser Wahlform eine Beeinflussung von außen nicht zu befürchten war, kann die Designationswahl rückblickend als kanonische Wahl bezeichnet werden.[629] Den Ausführungen von Wollasch ist zu entnehmen, dass Abt Berno von Cluny (907–927) die Designation der neuen Äbte von Cluny und Déols vom Konsens der Brüder abhängig machte. Wollasch bezeichnet diese Wahl deshalb als eine Konsenswahl. Im Hintergrund sieht er die deutsche Königswahl, bei der das Gremium, das den Konsens geben musste, auf den Kreis der „Großen“ eingeschränkt war.[630]

In Cluny wurde die Designationswahl erst ab der zweiten Hälfte des 10. Jahrhunderts durch eine Konventwahl ersetzt. Abt Aymard erbat sich von Papst Agapitus das Privileg, den Abt entsprechend der *Regula s. Benedicti* zu wählen. Papst Agapitus gewährte ihm diese Bitte unter der Auflage, dass ein Kandidat, der über keinen guten Lebenswandel verfügt, nicht zum Abt gewählt werden darf. Ferner hat keiner das Recht, gegen den Willen der Mönche einen Abt einzusetzen.[631] Abt Majolus (ca. 954–994) gelangte unter Beteiligung der Mönche, des Volkes und der Bischöfe in sein Amt. Von Bedeutung ist hier, wie den einzelnen Gruppen eine bestimmte Aufgabe zugewiesen wird,

---

628 Vgl. HALLINGER, C.: Gorze-Kluny, Band 1, S. 567 f.; für die Jahreszahlen der Regierungszeiten der Äbte von Cluny vgl. BULST, N.: Cluny, Cluniacenser, A. I. Das Kloster Cluny, Sp. 2173.

629 „Cluny ist auch hierin vorangegangen. Die freie Wahl des Abtes war dem Kloster schon bei der Gründung zugesagt worden. Bei den wenigen Wahlen des folgenden Jahrhunderts hat zwar jedesmal der alternde Abt seinen Nachfolger selbst bezeichnet und noch zu seinen Lebzeiten wählen lassen, aber diese Wahlen sind doch frei gewesen, da sie die Angelegenheiten des Klosters blieben.“ SCHMID, P.: Der Begriff der kanonischen Wahl, S. 96.

630 Vgl. WOLLASCH, J.: Cluny – Licht der Welt, S. 32; zum „Konsens“ vgl. THEUERKAUF, G.: Königswahl, Sp. 1061 f. .

631 „Igitur quia petistis a nobis, quatinus Monasterium praedictum in illo statu, quo a Guillelmo Duce per Testamentum manere decretum est, nostra Apostolica authoritate decerneremus, sanctae Romae, cui, Deo authore, deseruimus, Ecclesiae subiectum esse, inclinati precibus tuis tibi ad regendum concedimus. ... Nullus ibidem contra uoluntatem Monachorum Praelatum eis post tuum decessum ordinare praesumat; sed habeant liberam facultatem sine cuiuslibet Principis consultu, quemcumque secundum Regulam s. Benedicti uoluerint sibi ordinare: nisi forte, quod absit, personam suis uitiis consentientem eligere maluerint.“ MARRIER, M.: Bibliotheca Clvniacensis, Sp. 273A-C.

die in Grundzügen an die Bischofswahl in der alten Kirche erinnert und sich in Abwandlung auch in der *Regula s. Benedicti* findet: Die Mönche wählen, das Volk stimmt zu, die Bischöfe weihen, ein Mönch installiert den Abt, die Brüder geben ihm den Friedensgruß und von allen wird er geehrt und geachtet.[632] Ebenso wurden die Äbte Odilo (994–1049) und Hugo (1049–1109) durch den Konvent von Cluny gewählt.[633] Der *Ordo cluniacensis*, den Abt Hugo von den Mönchen Bernhard und Ulrich aufzeichnen ließ, dokumentiert die Konventwahl. Es dürfen nur die wählen, die zu den Professen des Klosters zählen. Die Wahl selbst erfolgt durch die Gruppe der „fratres spiritales", die denjenigen zum Abt wählen, der ihnen für dieses Amt als geeignet erscheint.[634] Darauf folgt die Amtseinführung durch den Prior, der dem Neugewählten den Abtsstab übergibt. Mayer versteht diese Geste als Ausdruck eines scharfen Gegensatzes zum Bischof Drogo von Mâcon.[635] Es schließt sich die Antiphon „Confirma hoc deus", der Psalm „Exsurgat Deus", das Gebet „Actiones nostras" und der Hymnus „Te Deum laudamus" an. Ihren Gehorsam bringen die Mönche dadurch zum Ausdruck, dass sie dem gewählten Abt den Friedenskuss geben. Die Untergebenen des Klosters treten vor den Abt und legen zum Zeichen ihres Gehorsams ihre Schlüssel vor dem neugewählten Abt nieder, um ihn gegebenenfalls für die Fortführung ihres Dienstes wieder zu empfangen.[636] Der Bischof ist bei der Wahl des Abtes nicht zugegen, übernimmt aber am darauf folgenden Tag die Untersuchung der Wahl und befragt die Wähler, ob sie der Wahl zustimmen. Diese Formulierungen, die darauf hindeuten, dass die Wahl von einer Sondergruppe im Konvent („fratres spiritales") entschieden wurde, erinnert an die Wahlgebräuche der frühmittelalter-

---

632 „Postremo a fratribus eligitur, a populo acclamatur, a pontificibus benedicitur, & a supradicto Patre Monasterij in loco sublimi celeberrime collocatur, & a fratribus officiosissime saluatur, & ab omnibus domnus & Abba honoratur & colitur." Ebd., Sp. 284A.

633 „954 bei der Wahl des Majolus wie 988 bei der Wahl Odilos sind nur die Klosterangehörigen (omnes fratres, filii et conservi) als Wähler beteiligt. Erst recht zu den späteren Wahlen hat niemand mehr Zutritt außer den Söhnen der Kirche (praeter eos solos, qui ecclesiae nostrae confessi). Auch Hugos Wahl, wie sie uns Udalrich beschreibt, vollzog sich genau nach den Bestimmungen der consuetudines." SCHMID, P.: Der Begriff der kanonischen Wahl, S. 96; vgl. POLZIN, J.: Die Abtswahlen, S. 29–32.

634 „Electio D. Abbatis hoc modo fieri solet. Ad eam nullus mortalium interest praeter eos solos, qui sunt ipsius Monasterii Professi. ... & interim considente Conventu, spiritales fratres post haec non dubitantes de divina praesentia eligere debent, qui eis magis videtur idoneus ad tantum officium ..." BERNHARD <MORLANENSIS>: Ordo cluniacensis I,1 (HERRGOTT, M.: Vetus disciplina monastica, S. 135); vgl. MAYER, TH.: Fürsten und Staat, S. 75.

635 Vgl. ebd., S. 67.73.

636 Vgl. BERNHARD <MORLANENSIS>: Ordo cluniacensis I,1 (HERRGOTT, M.: Vetus disciplina monastica, S. 135).

lichen Klöster.[637] In diesem Zusammenhang sind die Ausführungen über die Wahl des Petrus Venerabilis (1122–57) zum Abt von Cluny und die Hinweise im *Liber tramitis aevi Odilonis abbatis* wichtig. Im Gegensatz zum *Ordo cluniacensis* gehen diese Texte davon aus, dass neben den Mönchen die Bischöfe, Äbte und auch der Eigenkirchenherr bei der Wahl zugegen waren.[638] Für das 12. Jahrhundert sind die Fragen, wer nun zum Wahlgremium der klösterlichen Gemeinschaft zu zählen ist und wem ein Wahlrecht zukommt, noch nicht vollständig geklärt.

Im Zusammenhang mit der Konventwahl ist die Frage zu stellen, nach welchem Prinzip eine Wahl zu entscheiden ist. So finden sich in der ersten Hälfte des 10. Jahrhunderts weitere Zeugnisse des Sanioritätsprinzips. Sodann sind vor Gregor VII. und dem Investiturstreit in den Dokumenten der päpstlichen Kanzlei Formeln zu finden, die die qualifizierte Minderheitsformel bezeugen.[639] Schlussfolgernd ist mit einer kirchlichen Autorität zu rechnen, die wahlentscheidend ihren Einfluss geltend macht.

Ergänzend zu den Ausführungen über das Wahlgremium und die Wahlentscheidungen geben sowohl der *Liber tramitis* als auch der *Ordo cluniacensis* liturgische Anweisungen zur Abtsbenediktion. Während der Wahlvorgang und die Abtsbenediktion im *Ordo cluniacensis* nach einem Tagesschema gegliedert ist[640], geht der *Liber tramitis* von einer unmittelbaren Abfolge von Wahl und Benediktion aus.

Die Abtswahl wird auch in den *Constitutiones hirsaugienses* beschrieben. Diese Brauchtexte entstanden nach 1076.[641] Im ersten Kapitel des Liber secundus geht Wilhelm von Hirsau auf die Abtswahl ein. Wie in Cluny, so sind auch hier jene Personen von der Wahl auszuschließen, die keine Professmönche des Klosters sind. Vor der Wahl erfolgt im Gremium der „senio-

---

637 „Sequenti die invitatur in Capitulum Episcopus, qui eum benedicturus est, qui inquisitio ab omni Conventu utrum omnibus electio placeat, ac maxime a spiritalibus Fratribus, auditaque concordia maxime spiritalium super hoc ...“ Ebd. (Ebd., S. 136); vgl. MAYER, TH.: Fürsten und Staat, S. 75.

638 „Fratres & isto ita subtracto, nouae electioni diem statuunt, proximis quibusque & remotis, ad diem statutum conueniant, indicunt. Congregatur cum quibusdam Episcopis & Abbatibus, multus monachorum populus, & in octauis Assumptionis beatae Virginis, utinam sibi melius consulentes, in presentium scriptorem conueniunt. Mandant iam dicto Papae huius suae electionis assensum ...“ MARRIER, M.: Bibliotheca Clvniacensis, Sp. 552A-B; „Ad ordinandum abbatem. Primum eligitur <abbas> ab omni congregatione in praesentia episcopi eiusdem diocesis et senioris ad quem abbatia pertinet absque ullo munere uel pecunia, quia maledictus qui dat, maledictus qui accipit.“ Liber tramitis aevi Odilonis abbatis II,19,144 (DINTER, P. (Ed.), CCM 10, S. 208); vgl. ENGELBERT, P.: Farfa, Sp. 1182; vgl. MAYER, TH.: Fürsten und Staat, S. 66 f.

639 Vgl. HALLINGER, K.: Regula Benedicti 64, S. 127.

640 „Sequenti die ... Tertia vero die ...“ BERNHARD <MORLANENSIS>: Ordo cluniacensis I,1 (HERRGOTT, M.: Vetus disciplina monastica, S. 136).

641 Vgl. BERKTOLD, CH.: Wilhelm von Hirsau, Sp. 155 f.

res“ eine Beratung über den Kandidaten.[642] Sehr ausführlich geht Wilhelm von Hirsau auf die Liturgie der Abtswahl ein: Nachdem sich die Mönche zum Gebet zu Boden geworfen haben, erfolgt der Gesang der ersten sieben Gradualpsalmen und das Vater unser. Der Prior spricht den Versikel „Ostende nobis“ und das Gebet „Assumus“.[643] Die Wahl erfolgt durch den Prior oder einen Senior, der befragt wird, wie er über die bevorstehende Wahl denkt; dieser nominiert den Kandidaten, dem der ganze Konvent zuzustimmen hat. Kommt es bei der Wahl nicht unmittelbar zu einem einstimmigen Ergebnis, soll durch Fasten, Gebet und gute Werke Gott angerufen werden, der sich der Wähler erbarmen möge.[644] Ist die Wahl erfolgt, stimmt der Prior die Antiphon „Confirma hoc deus“ an, worauf der Psalm „Exsurgat deus“ folgt. Währenddessen wird der Gewählte in die Kirche geführt. Dort wirft er sich vor den Stufen des Altares nieder und erhebt sich erst, nachdem der Psalm beendet, das Vater unser, der Versikel „Et veniat super nos“ und das Gebet „Acciones nostras“ gesprochen wurden. Auf die Installation folgt der Gesang des „Te Deum laudamus“.[645] Den Abschluss bilden der Friedenskuss und der Oboedienzerweis der dem Kloster untergebenen Laien. Die Übergabe des Abtsstabes ist im Gegensatz zu Cluny allein dem Diözesanbischof vorbehalten.[646] Die *Constitutio-*

---

642 „Electio Domni Abbatis hoc habet, quasi legitimum sempiternum, quod ad eam nullus mortalium interesse solet, praeter eos solos, qui sunt ecclesiae nostrae Professi. Ergo imprimis res ipsa sedulis omnium Fratrum precibus studiosissime Deo commendatur, ac deinde coadunato seniorum consilio de ipsa electione tractatur, & quomodo secundum Dominum fieri possit tota intentione perquiritur.“ GUILLELMUS <HIRSAUGIENSIS>: Constitutiones hirsaugienses II,1 (HERRGOTT, M.: Vetus disciplina monastica, S. 475); vgl. MAYER, TH.: Fürsten und Staat, S. 75.

643 „Cum autem ad orationem ipsius electionis ventum fuerit, primo totus Conventus se in ipso Capitulo prosternit, & de canticis quindecim graduum septem prima decantat sequente Oratione dominica: & ipse Prior aliis adhuc prostratis se levans praemisso verso: *Ostende nobis Domine misericordiam tuam*, hanc dicit Orationem. *Assumus Domine S. Spiritu* ...“ GUILLELMUS <HIRSAUGIENSIS>: Constitutiones hirsaugienses II,1 (HERRGOTT, M.: Vetus disciplina monastica, S. 475).

644 „Inter haec sive ipse Prior, sive alius senior, cujus animam timor Domini possideat, monetur & rogatur a caeteris majoribus, ut primus edicat, quid de gerenda electione sentiat. Si de eo quem primum nominaverit, pars aliqua Fratrum dissenserit, in sequentem, vel si opus, usque in tertium diem differtur, & interim jejuniis, orationibus, & eleemosynis instantius super hoc Dei misericordia invocatur.“ Ebd.

645 „Tandem vero secundum Regulam s. Benedicti electo Abbate, in ipso Capitulo imponit Prior antiphonam. *Confirma hoc Deus.* Cantatur psalmus *Exurgat Deus*, tonaliter & sic deducitur in ecclesiam. Ibi jacet prostratus ad gradum, donec finiatur psalmus & antiphona, cum Oratione Dominica, dictoque versu *Et veniat super nos* cum Oratione *Actiones nostras* &c. surgit, statuitur in locum Domini Abbatis, imponitur Hymnus *Te Deum laudamus*, & consequenter incipit custos pulsare ad classicum.“ Ebd.

646 „Eadem autem hora ad secundum praedicti Hymni versum singuli Fratres veniam petentes incipiunt eum osculari. Quo facto cuncti cum ipso revertentur ad Capitulum, omnesque Obedientiarii Monasterii ponunt claves suas ad pedes ejus, &

nes hirsaugienses kennen auch die Designation eines Abtes. Wird ein Abtskandidat außerhalb des verwaisten Konvents gesucht, so hat der angefragte Abt das Recht, in Absprache mit den Senioren seines Klosters einen Mönch zu designieren. In diesem Zusammenhang findet sich die „repugnatio". Der Kandidat stellt seine Demut dadurch unter Beweis, dass er das Ansinnen zunächst höflich ablehnt.[647]

Die Wahlprivilegien der deutschen Könige und Kaiser untersucht Hermann Claus in seiner Dissertation. Er bearbeitete den Zeitraum von der erstmaligen Nennung der Wahlprivilegien bis zum Jahr 1024. Die Arbeit ist deswegen zu nennen, weil Claus auf die Qualität der Wähler und des Kandidaten eingeht. Leider lassen seine Ergebnisse kein differenzierteres Bild entstehen, da er bisweilen nur den sinngemäßen Wortlaut der *Regula s. Benedicti* wiedergibt.[648]

Die Wahlen der Äbte in den Reichsabteien im Zeitraum zwischen 1024 und 1209 wurden zu Beginn des 20. Jahrhunderts in drei Dissertationen zusammengefasst und beschrieben. Johannes Polzin geht auf die Zeit zwischen den Jahren 1024 und 1056 ein und beschreibt im systematischen Teil seiner Arbeit die Wahl des Abtes.[649] Die Wiederbesetzung der Reichsabteien vollzog sich in mehreren Schritten: Nach der Bestattung des verstorbenen Abtes erfolgt die „tractatio", in der die Wähler einen geeigneten Kandidaten suchen. Darauf folgt die „electio", bei der unterschiedliche Gruppen, z. B. „fratres", „filii adoptionis", „fratres aut laici", „fratres aut milites", beteiligt waren. Es war auch möglich, dass Bischöfe oder ein Kardinal als Abgesandter des Papstes teilnahmen. In jedem Fall waren Laien bei der Wahl zugegen. Nachdem ein geeigneter Kandidat zum Abt gewählt wurde, erfolgten „confirmatio" und „investitur" durch den Kaiser.

Die Wahl der Äbte im Zeitraum zwischen den Jahren 1056 und 1137 wird von Heinrich Riese beschrieben.[650] Nachdem der verstorbene Abt bestattet wurde, wird die Wahl durch die Anrufung des Heiligen Geistes eingeleitet. In der sich anschließenden „tractatio" suchen die Wähler nach einem geeigneten Kandidaten. Die Nennung des Abtskandidaten wird als „denominatio" bezeichnet, an der sich die „deliberatio" anschließt, in der überlegt wird, ob der Kandidat geeignet ist. Mit der mündlichen Befragung der wahlberechtigten Mönche erfolgt die „electio", die auf eine Einmütigkeit zielt. Nach der erfolgten Wahl wird der notwendige „assensus" der Laien erfragt. Dazu gehört, dass

---

ipse praecipit eisdem, ut recipiant eas. Postea cum proxime opportunum fuerit, invitatur Episcopus ad benedicendum eum, & ipse, non alius, donat ei pastoralem baculum." Ebd. (Ebd., S. 476); vgl. MAYER, TH.: Fürsten und Staat, S. 78.

647 „Si forte Domnus Abba rogatur ab aliquo, ut de suis Fratribus Abbatem constituat in alieno Monasterio, juxta consilium seniorum eligit, qui tali videatur dignus officio. Electus autem si sapit, recusat, quantum potest, tale onus suscipere; servata tamen obedientia, si viderit Patrem in sua perstare sententia." Ordo hirsaugienses II,15 (HERRGOTT, M.: Vetus disciplina monastica, S. 489).

648 Vgl. CLAUS, H.: Untersuchungen der Wahlprivilegien, S. 44–53.69–72.

649 Vgl. POLZIN, J.: Die Abtswahlen, S. 45–56.

650 Vgl. RIESE, H.: Die Besetzung, S. 114–126.

das Wahlergebnis dem Kaiser vorgelegt wird. Seine Sorge besteht darin, dem Kandidaten die Besitznahme der Abtei im Sinne der „introductio“ zu ermöglichen. Doch das kann nur geschehen, wenn der Konvent und die Laienschaft durch die „susceptio“ den Gewählten aufnehmen. Auf die Inthronisation des Gewählten erfolgt die Oboedienzerklärung der Mönche und der Lehenseid der Laienschaft.

Auf die Abtswahlen in den Reichsabteien für die Jahre zwischen 1138 und 1209 geht Max Brennich ein.[651] Eine Wahl ist dann notwendig, wenn der Abtsstuhl durch Todesfall, Abdankung oder Absetzung des Amtsinhabers vakant wurde. Die Bestimmung des neuen Abtes entspricht den Vorgängen, die Polzin in seiner Dissertation beschrieben hat. Eine Ausnahme bilden die „repugnatio“, in der der gewählte Abt auf eine höfliche Weise die Annahme der Wahl verweigert, und die Bestattung des verstorbenen Abtes, die nach der Abtswahl stattfinden soll.

4.1.5 Aspekte des allgemeinen kirchlichen Wahlrechts (11.–13. Jahrhundert)

Dem Papstwahldekret des Papstes Nikolaus II. aus dem Jahr 1059 geht die Auseinandersetzung um den Einfluss der weltlichen Macht bei der Bestellung hoher kirchlicher Amtsträger voraus. Gaudemet legt dar, dass zur Zeit der Merowinger und der Karolinger die weltlichen Fürsten die Bischofsernennungen maßgeblich zu beeinflussen suchten, da die Bischöfe über einen ansehnlichen Grundbesitz, Untergebene und Militär verfügten.[652] Die Regelung der Papstwahl wurde 1059 festgelegt und steht im Kontext kirchlicher Reformbemühungen des 11. Jahrhunderts. Das Ziel der Kirche bestand darin, die weltliche Macht von einer Einmischung in kirchliche Angelegenheiten fern zu halten. Bedeutsam waren hier die kirchlichen Wahlen. Ziel der Reform war, dass ein kirchliches Rechtssubjekt, wie eine Diözese oder ein Kloster, seinen Leiter durch eine Wahl selbst bestimmen durfte. Jean Gaudemet gibt mit den Gesetzessammlungen des Burchard von Worms (1006/1008) und des Ivo von Chartres (1093/94 bzw. 1100) den Zeitrahmen an, in dem der Begriff der kanonischen Wahl entwickelt wurde. In beiden Werken werden Texte vorgestellt, auf deren Hintergrund die Definition der kanonischen Wahl zu sehen ist. Weitere Präzisierungen der Bestimmungen für die kanonische Wahl wurden in der Reformsynode von Reims (1049), im Papstwahldekret von 1059, in der römischen Synode von 1080, im Wormser Konkordat von 1122, sodann beim Laterankonzil von 1123 und in den Canones des II. Konzils von Lyon (1274) vorgenommen.[653] Im Zuge der Ausbildung des Papstwahlrechts entwickelte sich das Mehrheitswahlrecht, das ältere Abstimmungsprinzipien ablöste.

Der Begriff „kanonische Wahl“ wird dadurch definiert, dass die Bestellung des Kandidaten für ein kirchliches Oberenamt ausschließlich im binnenkirch-

---

651 Vgl. BRENNICH, M.: Die Besetzung, S. 69–106.
652 GAUDEMET, J.: Von der Bischofswahl zur Bischofsernennung, S. 468.
653 Vgl. ebd., S. 468 f.

lichen Bereich erfolgt. Die Wahl eines Oberen gilt dann nicht mehr als kanonisch, wenn die weltliche Macht ihren Einfluss bei den Wahlgeschäften zur Geltung bringt.[654] Die kanonische Wahl des Papstes erfolgte zuerst nur durch die sieben Kardinalbischöfe, in späteren Zeiten werden auch die Kardinalpriester und -diakone zugelassen.[655] Seinen rechtsgeschichtlichen Ursprung hat die kanonische Wahl des Papstes in der freien Wahl des Klostervorstehers.[656] Dieser rechtshistorische Zusammenhang zwischen Abts- und Papstwahl weist sogleich auf das entscheidende Element in der Rechtssystematik einer kanonischen Wahl: Der Einfluss fremder Kräfte kann nur ausgeschlossen werden, wenn das Wahlgremium auf einen festen Personenkreis beschränkt ist. Während Benedikt von Nursia in seiner Regel bei einer strittigen Wahl noch die Einflussnahme von Personen vorsieht, die nicht zur klösterlichen Gemeinschaft gehören, wird diese Möglichkeit im Zuge der Auseinandersetzung zwischen Imperium und Sacerdotium ausgeschlossen. Mit der Eingrenzung des Wahlgremiums auf einen festen Personenkreis, z. B. auf die Professmönche eines Klosters, war es möglich, die weltliche Macht aus den Wahlgeschäften kirchlicher Einrichtungen herauszuhalten. Kam es zu einer Einmischung, stand es der Kirche zu, rechtliche Schritte gegen die Wahl einzuleiten.

Dem Papstwahldekret von 1059 geht die Reformsynode von Reims voraus. 1049 trafen sich auf Einladung Papst Leos IX. in Reims Erzbischöfe, Bischöfe und Äbte aus Frankeich, Deutschland und England. Im 1. Kanon fassten sie den Entschluss, ohne Wahl durch Klerus und Volk niemanden zu einer Leitungsfunktion in der Kirche zuzulassen.[657]

Das theologische Fundament für die Neuordnung der Papstwahl bildet im Papstwahldekret von 1059 ein Zitat Leos des Großen, das besagt, dass keiner den Bischöfen zugerechnet werden darf, der weder vom Klerus gewählt, noch vom Volk erbeten, noch von den Konprovinzialbischöfen mit Erlaubnis des Erzbischofs geweiht wurde.[658] Zum entscheidenden Personenspektrum zählen

---

654 Vgl. SCHMID, P.: Der Begriff der kanonischen Wahl, S. 110.

655 Vgl. PLÖCHL, W.: Geschichte des Kirchenrechts. Band 2, S. 76.

656 „Nur an einer Stelle der Kirche, in den Klöstern der Reform, sahen wir einen neuen Begriff der Wahlfreiheit im Werden begriffen. Hier zuerst kam es zu einer Begrenzung und Abschließung des Wählerkreises: nur die fratres durften noch wählen! Begünstigt wurde diese Entwicklung durch die größere Freiheit und Unbekümmertheit, der sich die Klosterwahl ob ihrer geringen politischen Bedeutung von jeher erfreute, das Treibende aber war die neue Frömmigkeit der Mönche, das neue asketische Pathos." SCHMID, P.: Der Begriff der kanonischen Wahl, S. 95.

657 „Ne quis sine electione cleri & populi ad regimen ecclesiasticum proveheretur." Concilium Remense, Can. 1. (Mansi 19, Sp. 741).

658 „Et certe rectus atque legitimus hic electionis ordo perpenditur, si, perspectis diversorum patrum regulis sive gestis, etiam illa beati praedecessoris Leonis sententia recolatur. *Nulla*, inquit, *ratio sinit, ut inter episcopos habeantur, qui nec a clericis sunt electi, nec a plebibus expetiti, nec a conprovincialibus episcopis cum metropolitani iudicio consecrati*." JASPER, D.: Das Papstwahldekret, S. 103a f.; vgl. Grat. 23,1,§3 (Fr. 77).

demzufolge der Klerus und das Volk einer Diözese, der Erzbischof und die Bischöfe einer Kirchenprovinz. Konstituierende Akte für die Kreierung eines Bischofs sind die Wahl, die Wahlbitte, das Urteil des Erzbischofs und die Weihe durch die Konprovinzialbischöfe.

Die Synodenväter wussten, dass das Zitat Leos des Großen nur in einem übertragenen Sinn auf die Papstwahl angewandt werden konnte. Dies hängt vor allem mit der besonderen Stellung des Papstes zusammen. So hat der apostolische Stuhl gegenüber allen anderen Teilkirchen der Universalkirche eine Vorrangstellung. Da es in der Hierarchie der Gesamtkirche für den Bischof von Rom keine übergeordnete Instanz gibt, musste die Frage beantwortet werden, wer bei der Wahl des Papstes die Stelle des Erzbischofs einnahm. Man beantwortete diese Frage, indem man festlegte, dass an die Stelle des Erzbischofs die sieben Kardinalbischöfe treten; sie fungieren als Stellvertreter des Erzbischofs.[659] Die Gruppe der Kardinäle war in drei bzw. vier verschiedene Ordines gegliedert: Die erste Stelle nehmen die sieben Kardinalbischöfe ein, die den sieben suburbikarischen Bistümern vorstehen. Neben den liturgischen Funktionen – diese Kardinäle versahen an der Lateranbasilika den Hebdomadarsdienst – bildeten sie bei den römischen Synoden eine eigene Gruppe.[660] Im zweiten Ordo der Kardinäle finden sich die Kardinalpriester. Ihnen kam bei der Feier der Liturgie in den 28 Titelkirchen Roms der Vorsitz zu. Diese 28 Kardinalpriester bildeten vier Gruppen, die jeweils einer Patriarchalbasilika zugeordnet waren und dort den liturgischen Wochendienst versahen.[661] Der dritte und vierte Ordo bestand aus den Kardinaldiakonen bzw. -subdiakonen.[662] Die Bedeutung der einzelnen Ordines im Kardinalkollegium erwächst aus dem liturgischen Dienst in den verschiedenen Kirchen Roms. Die Lateranbasilika mit dem Papstpalast bildet das Zentrum des kirchlichen Lebens in Rom. Aus diesem Grund stehen die diensthabenden Kardinalbischöfe dieser Kirche in einem nahen Verhältnis zum Papst und nehmen deshalb eine besondere Stellung ein. Der Unterschied der einzelnen Ordines wird im Papstwahldekret bemerkbar. Wiederum ist das Spektrum der beteiligten Personen von Interesse: An erster Stelle stehen die Kardinalbischöfe, zu denen die Kardinalkleriker hinzutreten. Den Abschluss bilden die übrigen Kleriker und das Volk.

---

[659] „Quia vero sedes apostolica cunctis in orbe terrarum praefertur ecclesiis atque ideo super se metropolitanum habere non potest, cardinales episcopi proculdubio metropolitani vice funguntur, qui videlicet electum antistitem ad apostolici culminis apicem provehunt." JASPER, D.: Das Papstwahldekret, S. 104a; vgl. Grat. 23,1,§3 (Fr. 77 f.); vgl. KEMPF, F.: Pier Damiani, S. 78.

[660] Vgl. FEINE, H.: Kirchliche Rechtsgeschichte, Band 1, S. 314; vgl. PLÖCHL, W.: Geschichte des Kirchenrechts, Band 2., S. 82 f.

[661] Vgl. FEINE, H.: Kirchliche Rechtsgeschichte, Band 1, S. 314 f.; vgl. PLÖCHL, W.: Geschichte des Kirchenrechts, Band 2, S. 83.

[662] Vgl. FEINE, H.: Kirchliche Rechtsgeschichte, Band 1, S. 315; vgl. PLÖCHL, W.: Geschichte des Kirchenrechts, Band 2., S. 83.

Dieser Rangordnung entsprechend üben die einzelnen Ordines bei der Papstwahl unterschiedliche Funktionen aus: Die Träger des Wahlvorganges sind die Kardinalbischöfe, die die Wahl vornehmen; sie werden deshalb als „Perduces" bezeichnet, da sie den Wahlvorgang – angefangen von der Kandidatensuche bis zur endgültigen Feststellung des Wahlergebnisses – gestalten. Die Kardinalbischöfe ziehen bei der Wahl die Kardinalkleriker hinzu, wobei deren Aufgabe durch das Verb „adhibere" beschrieben wird. Im Kontext der Wahlvorschriften, die sich im Decretum Gratiani finden, wird das Wort „adhibere" auch im Zusammenhang mit dem Konsens des Volkes bei einer Bischofswahl verwendet.[663]

Den Kardinalklerikern, die dann zur Wahl beigezogen werden, würde nur ein Konsensrecht zukommen, das sich jedoch qualitativ vom Konsens der übrigen Kleriker und des Volkes unterscheidet. Dieser Unterschied zwischen den Kardinalklerikern und übrigen Klerikern wie auch deren qualitativ unterschiedlich bestimmter Konsens lässt sich durch den oben erwähnten Begriff aus dem Decretum Gratiani verdeutlichen, die sich auf das Bischofswahlrecht bezieht. Der qualitative Unterschied des Konsenses richtet sich danach, welche Aufgaben und Funktionen ein Kardinalkleriker bzw. Kleriker im Horizont der Universalkirche einnimmt. Ohne Zweifel nehmen die „reliqui clerici" des Papstwahldekretes im Gegensatz zu den Kardinalklerikern auf der universalkirchlichen Ebene keine Leitungs- und Beratungsfunktion wahr.[664] Die Diakone und Priester haben gleich dem Volk, die Lehre der Hirten zu hören und ihr zu folgen. Von daher hat ihr Konsens eine geringere Bedeutung als derjenige der Kardinalkleriker. Das Papstwahldekret versteht diesen Unterschied wiederum zu verdeutlichen, indem es auf der Ebene der Universalkirche das Konsensrecht der „clerici reliqui" nicht mit dem Begriff „adhibere" in Verbindung bringt wie beim Bischofswahlrecht[665], sondern durch das Verb „accedere" ersetzt.[666]

Aufgrund des Zitates von Papst Leo dem Großen, auf das sich die Reformer bei der Papstwahl berufen haben, konnte der Einfluss der Laien nicht gänzlich

---

663 „Sacerdotum quippe est electio, et fidelis populi consensus adhibendus est; quia docendus est populus, non sequendus." Grat. 63,12 (Fr. 238).

664 Vgl. LIERDE, P.: Das Kardinalskollegium, S. 30 f.

665 Vergleiche die Formulierung: „... et fidelis populi consensus adhibendus est" Grat. 63,12 (Fr. 238) mit der Aussage „... sicque reliquus clerus et populus ad consensum noue electionis accedant ...", die sich im Papstwahldekret (JASPER, D.: Das Papstwahldekret, S. 102a; vgl. Grat. 23,1,§3 (Fr. 77)) findet.

666 „Quapropter instructi praedecessorum nostrorum aliorumque sanctorum patrum auctoritate decernimus atque statuimus, ut obeunte huius Romane uniuersalis ecclesie pontifice inprimis cardinales episcopi diligentissima simul consideratione tractantes, mox sibi clericos cardinales adhibeant, sicque reliquus clerus et populus ad consensum noue electionis accedant, ut, nimirum ne venalitatis morbus aliqua occasione subripiat, religiosi viri perduces sint in promovendi pontificis electione, reliqui autem sequaces." JASPER, D.: Das Papstwahldekret, S. 101a–103a; vgl. Grat. 23,1,§2 (Fr. 77)) .

ausgeschalten werden.[667] Dabei ist festzustellen, dass aus dem Text des Papstwahldekretes nicht hervorgeht, wer unter dem Begriff „populus" zu subsummieren ist. In jedem Fall ist davon auszugehen, dass darunter Personengruppen angesprochen sind, die auf das Wahlgremium der Kardinalbischöfe Einfluss haben. Dass nicht vom gewöhnlichen Volk auszugehen ist, sondern von der wohlhabenden Bevölkerungsschicht, wird am Begriff der Bestechlichkeit („venalitas") deutlich. Unter „populus" sind demzufolge reiche Familien zu verstehen, die durch Geld den Entscheid der Kardinalbischöfe beeinflussen wollten. Das Papstdekret ermuntert die Wähler, sich vor dem Einfluss dieser Gruppen zu hüten. Dem oben genannten Volk und dem übrigen Klerus wird das Recht zugestanden, dem Konsens der Kardinalbischöfe zuzustimmen.[668] Wenngleich man mit dem Konsensrecht dem Volk und dem Klerus keine entscheidende Funktion zuweist, wünschte man doch, dass der neue Papst von der einflussreichen Bevölkerungsschicht angenommen wurde. Ziel war es, keine der gegensätzlichen Parteien zu bevorzugen, sondern mit der Papstwahl eine Person zu finden, die verschiedene Gruppen integrieren konnte. Mit einer größeren Unabhängigkeit von den einflussreicheren Bevölkerungsschichten war es dem Papst möglich, der Einheit der Kirche und des Volkes besser zu dienen.

Bevor das Papstwahldekret von 1059 auf die Beteiligung des weltlichen Herrschers an den Wahlgeschäften eingeht, wird die Frage nach der Kandidatensuche gestellt. Das Dekret sieht vor, dass der Kandidat in erster Linie aus dem Kreis der Kardinalbischöfe gewählt werden soll. Dabei wird vorausgesetzt, dass sich in diesem Gremium ein Bischof findet, der das Papstamt adäquat ausüben kann. Ist dies nicht der Fall, steht es den Kardinalbischöfen frei, eine Person zu wählen, die sie als geeignet erachten.[669] In diesen Vorschriften wird erkennbar, dass sich die Reformer im Bereich der Gesetzgebung bemühten, den päpstlichen Stuhl möglichst schnell zu besetzen, damit eine allzu lange Vakanz und so ein Machtvakuum vermieden werden konnte.

Die Möglichkeit, einen Kandidaten zu wählen, der nicht zum Gremium der Kardinalbischöfe gehört, wird dann recht verstanden, wenn sie auf dem Hin-

---

667 „Et certe rectus atque legitimus hic electionis ordo perpenditur, si perspectis diversorum patrum regulis sive gestis, etiam illa beati praedecessoris Leonis sententia recolatur: *Nulla,* inquit, *ratio sinit, ut inter episcopos habeantur, qui nec a clericis sunt electi, nec a plebibus expetiti, nec a conprovincialibus episcopis cum metropolitani iudicio consecrati.*" JASPER, D.: Das Papstwahldekret, S. 103a f.; vgl. Grat. 23,1,§3 (Fr. 77) .

668 „... sicque reliquus clerus et populus ad consensum noue electionis accedant, ut, nimirum ne uenalitatis morbus qualibet occasione subripiat." JASPER, D.: Das Papstwahldekret, S. 102a f.; vgl. Grat. 23,1,§2 (Fr. 77).

669 „§. 4. Eligant autem de ipsius ecclesie gremio, si repperitur idoneus, vel si de ipsa non invenitur, ex alia assumatur ..." JASPER, D.: Das Papstwahldekret, S. 104a f.; vgl. Grat. 23,1,§2 (Fr. 77).

tergrund der Vorschriften der Lateransynode von 769 betrachtet wird.[670] Diese Synode verbot, dass Laien zum Papst gewählt werden konnten. Sodann durfte der künftige Papst nur aus dem Gremium der Kardinalpriester und -diakone gewählt werden.[671] Diese Vorschriften sind nur auf dem Hintergrund der Wahl des Laien Konstantin II. (767–768) zum Papst verständlich, die von dieser Synode verurteilt wurde.[672] Mit der Beschränkung der Kandidatenwahl auf die Kardinalordines der Priester und Diakone kam man zudem nicht mit den altkirchlichen Translations- bzw. Translocationsverboten in Konflikt. Diese Verbote wurden von mehreren altkirchlichen Synoden festgeschrieben. In der Synode von Elvira (305/306) geht man bereits von einem festen Personenstamm einer Diözese aus[673], die Synode von Arles (314)[674], das Konzil von Nizäa (325)[675], schon die Synoden von Antiochien (341)[676] und von Sardika

---

670 „Ihnen allen wurde Buße auferlegt, (von wem?), und endlich nach genauer Untersuchung der alten Canones die Erhebung eines Laien auf den päpstlichen Stuhl bei Strafe des Anathems verboten. (Fußnote 1: Die betreffenden Worte der Synode sind in das Corpus juris canonici c. 4 Dist. LXXIX aufgenommen)“ HEFELE, K. J.: Conciliengeschichte. Band 3, S. 438; „Nullus unquam praesumat laicorum, neque ex alio ordine, nisi per distinctos gradus ascendens, Diaconus, aut Presbyter Cardinalis factus fuerit, ad sacrum Pontificatus honorem promoveri.“ Mansi 12, Sp. 719; vgl. Grat. 79,4 (Fr. 277).

671 „In der dritten Sitzung wurde positiv verordnet, dass künftig nur ein Cardinaldiakon oder Cardinalpriester zum Papst gewählt werden dürfe, und den Laien alle Theilnahme an der Wahl verboten. *A certis sacerdotibus atque proceribus ecclesiae et cuncto clero ipsa Pontificalis electio proveniat.*(Fußnote 2: Im Corp. jur. can. c. 3 Dist. LXXIX)“ HEFELE, K. J.: Conciliengeschichte. Band 3, S. 438; „Oportebat, ut hec sacrosancto Domina nostra Romana Ecclesia, juxta quod a Beato Petro, & eius successoribus institutum est, rite ordinaretur, & in Apostolatus culmen unus de Cardinalibus presbiteris, aut Diaconibus consecraretur.“ Mansi 12, Sp. 719; vgl. Grat. 79,3 (Fr. 277).

672 FEINE, H. E.: Kirchliche Rechtsgeschichte. Band 1, S. 318.

673 „II. Ut ubi quisque ordinatur ibi permaneat. De his qui in quibuscumque locis ordinatii fuerint ministri, in ipsis locis perseverent.“ Concilium arelatense, Can. 2. (Mansi 2, Sp. 470 f.).

674 „XXI. Ut presbyteri, aut diacones, qui ad alia loca se transferunt, deponantur. De presbyteris, aut diaconibus, qui solent dimittere loca sua in quibus ordinati sunt, et ad alia loca se transferunt, placuit ut iis locis ministrent, quibus praefixi sunt. Quod si relictis locis suis ad alium se locum transferre voluerint, deponantur.“ Ebd., Can. 21. (Ebd., Sp. 471.473).

675 „Propter multam perturbationem et seditiones quae fiunt placuit consuetudinem omnimodis amputari, quae praeter regulam in quibusdam partibus videtur admissa: ita ut de civitate ad civitatem non episcopus, non presbyter, non diaconus transferatur. Si quis vero post definitionem sancti et magni concilii tale quid agere temptaverit et se huiusce modi manciparit, hoc factum prorsus in irritum deducatur et restituatur ecclesiae, cui fuit episcopus, presbyter aut diaconus ordinatur.“ Concilium Nicänum I, Can. 15 (COD, S. 13).

676 HEFELE, K. J.: Conciliengeschichte. Band 1, S. 500 verweist in der ersten Fußnote auf den 13. Kanon der Canones apostolorum und auf den 15. Kanon des Konzil von Nicaä I., der bereits oben genannt wurde. Im 13. Kanon der Canones aposto-

(342/43)[677] legten bereits fest, dass der Wechsel eines Diakons, Priesters oder Bischofs von einer Diözese in eine andere Diözese nicht statthaft ist. Mit der Festlegung des Kandidaten auf die Ordines der Kardinalpriester oder -diakone musste der künftige Bischof von Rom nur die Bischofweihe erhalten. Erst das Papstwahldekret von 1059 führte zur Abschaffung der Translations- bzw. Translocationsverbote, da die Kandidatensuche zunächst auf das Gremium der Kardinalbischöfe festgelegt wurde, das sich aus den suburbikarischen Bischöfen zusammensetzte. In diesem Vorgang erkennt Feine die Absicht des Gesetzgebers, dem altkirchlichen Translations- bzw. Translocationsverbot von Klerikern und Bischöfen keine Geltung mehr zuzugestehen.[678] Wählte man jedoch eine geeignete Person, die nicht zu diesem Gremium gehörte, wurden diese Verbote davon nicht berührt, da zu diesem Zeitpunkt die Kardinalordines noch mit den Weihegraden übereinstimmten.[679]

Die Zuteilung neuer Funktionen wird auch im Umgang mit dem Kaiser deutlich. Setzte Heinrich III. noch die Päpste selbst ein, so räumt das Papstwahldekret ihm und seinen Nachfolgern nur noch das Konsensrecht ein.[680] Die Bischöfe waren gewillt, sich vor der kaiserlichen Bevormundung zu schützen, sich dem Einfluss reicher Bevölkerungsschichten zu entziehen und eine stärkere Eigenständigkeit unter Beweis zu stellen. Mit der Zubilligung eines Konsensrechts stellen die Bischöfe den Kaiser auf die gleiche rechtliche Ebene wie die einflussreichen Bevölkerungsschichten und die „clerici reliqui" und zeigen sich in ihrer Einstellung gegenüber den säkularen Machthabern als geschlossen. Mit der Unterscheidung zwischen Wahlrecht der Kardinäle

---

lorum heißt es: „Episcopo non licere alienam parochiam, propria relicta, pervadere, licet cogatur a plurimis, nisi forte quia eum rationabilis causa compellat, tanquam qui possit ibidem constitutis plus lucri conferre, et in causa religionis aliquid profectus prospicere; et hoc non a semetipso pertentet, sed multorum episcoporum judicio et maxima supplicatione perficiat." Ebd., S. 778.

677 „Osius urbis Cordubae episcopus dixit: Non tam mala consuetudo, quam perniciosissima rerum corruptela, est ex ipsis fundamentis penitus extirpanda: ne cui episcopo liceat a parva civitate in aliam migrare. Ejus enim causae praetextus est manifestus, propter quem talia tentantur. Nullus enim episcopus adhuc inveniri potuit, qui a majori civitate in minorem transire studuerit. Unde constat, eos ardenti plura habendi cupiditate succendi, & magis arrogantiae servire, ut videantur majorem habere potestatem. Placetne hoc omnibus, ut ejusmodi improbitas acerbius vindicetur? Existimo enim eos ne laicorum quidem debere habere communionem. Omnes episcopi dixerunt: Placet omnibus." Synode von Sardica, Can. 1. Mansi 3, Sp. 6 f.; vgl. HEFELE, K. J.: Conciliengeschichte. Band 1, S. 537.

678 „Wählbar sollten in erster Linie die Kardinäle sein, also auch Kardinalbischöfe, womit jenes ältere Translationsverbot endgültig fiel." FEINE, H. E.: Kirchliche Rechtsgeschichte. Band 1, S. 318.

679 Vgl. SCHMITZ, R. M.: Kardinal, Sp. 1230.

680 „... salvo debito honore et reverentia dilecti filii Henrici, qui in praesentiarum rex habetur et futurus imperator Deo concedente speratur, sicut iam sibi concessimus, et successorum illius, qui ab hac apostolica sede hoc ius personaliter impetraverint." JASPER, D.: Das Papstwahldekret, S. 104a f.; vgl. Grat. 23,1,§4 (Fr. 78).

und dem Konsensrecht der säkularen Machthaber geben die Bischöfe zu verstehen, wie sie das Zitat Leos des Großen in ihrem Papstwahldekret deuten. Der Kaiser wie die einflussreichen Bevölkerungsschichten werden zum Volk gerechnet, deren Aufgabe es nicht ist, sich einen Hirten zu suchen, sondern ihn zu erbitten. Weil die Bestimmung des Papstes entsprechend dem Zitat Leos des Großen allein durch die Kardinäle erfolgt, geben die Bischöfe zu erkennen, dass sie die Papstwahl als eine rein kirchliche Angelegenheit betrachten. Die Befugnis, den Papst zu wählen, wird als Ius potestatis bezeichnet. Dieses besitzen in erster Linie die Kardinäle, sodann die Kleriker und die Laien. Folglich gehört das Konsensrecht in seinen Abstufungen zum festen Bestand des Ius potestatis.

Kann das Wahlgremium aufgrund von Störungen durch Gegner keine Wahl durchführen, die rein, aufrichtig und ohne Begünstigung verläuft, dürfen die Wähler an jedem anderen Ort zusammentreten, der ihnen gelegen erscheint.[681] Demzufolge wird das Amt des Bischofs von Rom nicht mehr ausschließlich in Verbindung mit der Stadt und der Diözese Rom gesehen. Mit der Möglichkeit, im Notfall auch außerhalb der Stadt Rom den Papst zu wählen, geben die Gesetzgeber ihren Willen kund, keine längere Vakanz zuzulassen. Das gleiche gilt für die Inthronisation des Gewählten. Hier zeigt sich in gleicher Weise, dass den Gesetzgebern daran gelegen war, im Fall einer Belagerung oder Besetzung der Stadt Rom die Machtausübung des Papstes zu gewährleisten. Aus diesem Grund wurde die Verbindung der päpstlichen Amtsgewalt mit der Thronbesteigung nicht mehr als zwingend betrachtet.[682] Deutlich erkennbar wird hier die Loslösung der Regierungsgewalt der Papstes vom päpstlichen Amtssitz und dessen Amtseinsetzung. Die Rechte und Befugnisse des höchsten kirchlichen Amtes sind demzufolge nicht mehr an die Stadt Rom, an die Inthronisation und die Konsekration des Papstes gebunden, sondern an die Person des kanonisch gewählten Papstes. Vom gesetzgeberischen Standpunkt aus betrachtet, treten also der Wahlort, der Amtssitz des Papstes und die liturgischen Zeremonien in den Hintergrund und das Augenmerk wird ausschließlich auf die kanonische Wahl des Papstes gelenkt, die dessen Rechtmäßigkeit begründet.

Das, was bereits in der Reformsynode von Reims 1049 und in der römischen Synode von 1059 gesagt worden ist, wurde in der Synode von Rom

---

681 „Quod si pravorum atque iniquorum hominum ita perversitas invaluerit, ut pura, sincera atque gratuita electio fieri in urbe non possit, cardinales episcopi cum religiosis clericis catholicisque laicis, licet paucis, ius potestatis optineant eligere apostolice sedis pontificem, ubi conguentius iudicaverint." JASPER, D.: Das Papstwahldekret, S. 105a f.; vgl. Grat. 23,1,§5 (Fr. 78).

682 „Plane, postquam electio fuerit facta, si bellica tempestas vel qualiscumque hominum conatus malignitatis studio restiterit, ut is, qui electus est in apostolica sede iuxta consuetudinem inthronizari non valeat, electus tamen sicut papa auctoritatem obtineat regendi sanctam Romanam ecclesiam et disponendi omnes facultates illius, quod beatum Gregorium ante suam consecreationem fecisse cognoscimus." JASPER, D.: Das Papstwahldekret, S. 105a f.; vgl. Grat. 23,1,§6 (Fr. 78).

1080 für die Bischofswahl transformiert und zusammengefasst. Die Bestimmung der Synode von Rom (1080) besagt, dass im Todesfall des Bischofs dessen Nachfolger nur dann gewählt werden kann, wenn der vom Heiligen Stuhl oder vom Metropoliten entsandte Visitator den Klerus und das Volk zur Bischofswahl auffordert. Damit ist ein eindeutiger Bezug zum Papstwahldekret gegeben, weil die Wahl eines Bischofs nur im Zusammenwirken von Klerus, Volk und apostolischem Stuhl bzw. Metropoliten erfolgen kann.[683] Wer einen ungeeigneten Kandidaten wählt, verliert sein Wahlrecht. Dementsprechend verliert der sein Weiherecht, der den erwählten Bischof nicht den Riten entsprechend weiht. Für das Bischofsamt sind demzufolge Wahl und Weihe konstitutiv.[684]

Während in den Orden die Wahl des Oberen durch den Konvent vereinzelt schon üblich war, erlaubte nun der Kaiser für alle Kirchen, die zu seinem Reich gehören, die kanonische Wahl; dies legte er im Wormser Konkordat (23. September 1122) fest.[685] Dieses Vertragswerk, das aus einer kaiserlichen und aus einer päpstlichen Urkunde besteht, lässt noch weitere Erkenntnisse über die kanonische Wahl zu. Aus der päpstlichen Urkunde ist zu entnehmen, dass Papst Calixtus II. dem Kaiser nicht verbietet, bei Wahlen von Bischöfen und Äbten, die zu seinem Herrschaftsbereich gehören, anwesend zu sein.[686] Der Historiker Adolf Hofmeister geht von leibhaftiger Präsenz des Kaisers aus, wenn er schreibt: „Auch die praesentia bei den Wahlen zeigt ihr Gewicht erst voll, wenn es eben wirklich die „praesentia" der königlichen Person ist, selbst wenn in Einzelfällen mancher König auch durch Vetreter seinen Willen nachdrücklich zur Geltung zu bringen wusste."[687] Dieser Passus scheint zunächst gegen den Grundsatz einer kanonischen Wahl zu stehen. Erst aus dem weiteren Verlauf der Urkunde von Papst Calixtus II. wird deutlich, um welches Problem es eigentlich geht. Papst Calixtus II. nimmt nämlich den Fall an, dass

---

683 *„Nulla,* inquit, *ratio sinit, ut inter episcopos habeantur, qui nec a clericis sunt electi, nec a plebibus expetiti, nec a conprovincialibus episcopis cum metropolitani iudicio consecrati."* JASPER, D.: Das Papstwahldekret, S. 103a f.; vgl. Grat. 23,1,§3 (Fr. 77) .

684 „Quod si corruptus aliquo vitio aliter agere praesumpserit, electionis perperam factae omni fructu carebit, & de caetero nullam electionis potestatem habebit. Electionis vero potestas omnis in deliberatione sedis apostolicae sive metropolitani sui consistat. Si enim is, ad quem consecratio pertinet, non rite consecrando, teste beato Leone, gratiam benedictionis amittit, consequenter is, qui ad pravam electionem declinaverit, eligendi potestate privatur." Concilium Romanum VII., Cap. VI (Mansi 20, Sp. 533).

685 „...et concedo in omnibus ecclesiis, que in regno vel imperio meo sunt, canonicam fieri electionem et liberam consecrationem." Pax Wormatiensis cum Calixto II. Privilegium Imperatoris. (MGH.Cons 2,2,4,1, WEILAND, L. (Ed.), S. 159).

686 „... electiones episcoporum et abbatum Teutonici regni, qui ad regnum pertinent, in praesentia tua fieri, absque simonia et aliqua violentia" Pax Wormatiensis cum Calixto II. Privilegium Pontificis (Ebd., S. 161).

687 HOFMEISTER, A.: Das Wormser Konkordat, S. 91.

es bei einer kanonischen Wahl zu einer Stimmensplitterung kommt. Der Kaiser möge nun, nachdem er den Rat und das Urteil des Metropoliten und der Konprovinzialbischöfe eingeholt hat, dem gesünderen Teil der Wählerschaft zustimmen.[688] Die Mitwirkung des Kaisers scheint allein auf die Rolle beschränkt zu sein, eine unentschiedene Wahl einem Ergebnis zuzuführen. Dem Text nach sind bei einer Wahl mehrere Wählergruppen – Metropolit, Konprovinzialbischöfe, Wählerschaft und der Kaiser – beteiligt. Die Erwähnung der „sanior pars" legt den Schluss nahe, dass die Stimmen der Wähler nicht gezählt, sondern gewogen wurden. Auf dem Hintergrund der Vorschriften für die Bischofswahl in der frühen Kirche zeigt sich, dass die alten Wahlprinzipien, die bereits für die Papstwahl aktualisiert wurden, nun in abgewandelter Form auch für die Reichskirche geltend gemacht wurden. Weil die Wahlen in Gegenwart des Kaisers stattfinden können und ihm das Recht zukommt, zwiespältige Wahlen zu entscheiden, darf der Begriff der kanonischen Wahl nicht zu eng gefasst werden.

Die Vereinbarungen des Wormser Konkordats wurden im I. Laterankonzil (1123) ratifiziert.[689] Im 3. Kanon beschlossen die Konzilsväter, dass keiner zum Bischof konsekriert werden darf, der nicht kanonisch gewählt wurde. Sollte der Konsekrator oder der Weihekandidat gegen diese Vorschrift handeln, verliert er für immer seine Ämter.[690] Mit den Vereinbarungen des Wormser Konkordats und den Beschlüssen des I. Laterankonzils geht der Kaiser auf die Forderung der Kirche ein, kirchliche Leitungsämter nicht gegen Geld (Simonie) zu vergeben. Entsprechend der Beschreibung der Wahlmodalitäten orientierten sich das Konzil und die Bischöfe an historischen Vorgaben; neuere Wahlverfahren, wie sie bereits in den Orden geübt wurden, fanden noch keine Berücksichtigung.

„Damit es bei einer Wahl des Papstes zu keiner Splitterung der Stimmen kommt, ist es angemessen, dass die Bestimmungen, die von unseren Vorgängern erlassen wurden, gültig bleiben. Nur weil nach einer Wahl durch die Vermessenheit ehrgeiziger Wähler die Kirche oft zerrissen wurde, haben wir, um dieses Übel zu vermeiden, Nachfolgendes mit dem Rat unser Brüder und mit ordentlicher Genehmigung erlassen."[691] Mit diesen Worten beginnt der

---

688 „Ut si qua inter partes discordia emersit, metropolitani et conprovincialium consilio vel iudicio, saniori parti assensum et auxilium praebeas." Pax Wormatiensis cum Calixto II. Privilegium Ponitificis (MGH.Cons 2,2,4,1, WEILAND, L. (Ed.), S. 161); vgl. GANZER, K.: Unanimitas, maioritas, pars sanior, S. 9.

689 Vgl. FOREVILLE, R.: Lateran I–IV, S. 64 f.

690 „Nullus in episcopum nisi canonice electum consecret. Quod si praesumptum fuerit, et consecratus et consecrator absque recuperationis spe deponatur." Concilium Lateranense I, Can. 3 (COD, S.190).

691 „Licet de evitanda discordia in electione summi pontificis manifesta satis a nostris praedecessoribus constituta manaverint, tamen quia saepe post illa per improbae ambitionis audaciam gravem passa est ecclesia scissuram, nos etiam ad malum hoc evitandum, de consilio fratrum nostrorum et sacri approbatione concilii aliquid decrevimus adiugendum." Concilium Lateranense III, Can. 1 (COD, S. 211).

1. Kanon des III. Laterankonzils (1179), in dem das Papstwahlrecht von 1059 weiterentwickelt und den neuen Umständen angepasst wurde. Der Wortlaut der Arenga dieses Kanons wie der eigentliche Gesetzestext beziehen sich auf die Zeit zwischen dem Erlass des Papstwahldekrets von 1058 und dem III. Laterankonzil 1179, in der es eine große Anzahl von Gegenpäpsten gab. Der Beschluss des Konzils, künftig alle Papstwahlen durch eine Zweidrittelmehrheit zu entscheiden, war zunächst die Frucht der Auseinandersetzung um das Pontifikat Alexanders III.[692] Die Konzilsväter wollten künftigen Missständen entgegenwirken und es nicht mehr zu Gegenpäpsten kommen lassen. Dies verdeutlichen die Strafbestimmungen, die dem Konzilsdekret zu entnehmen sind. Im Falle, dass ein Kandidat der Stimmenminderheit das Papstamt an sich riss, drohte den Wählern wie dem Usurpator die Strafe der Exkommunikation, sodann sollten sie ihres Amtes enthoben, von der Eucharistie ausgeschlossen werden und ihre Einkünfte verlieren.[693] Mit dem Beschluss, künftige Wahlen durch die Concordia oder zumindest durch eine Stimmenmehrheit zu entscheiden, verließ man den Weg, die Papstwahl nach der Qualität der Stimmen zu entscheiden; man entschloss sich, Wahlentscheide durch das Zählen der Wählerstimmen herbeizuführen. Die Zweidrittelmehrheit sollte dem neugewählten Papst das Gefühl vermitteln, dass er von einer großen Mehrheit getragen wird.[694] Bemerkenswert ist in diesen Zusammenhang das ekklesiologische Argument. Es besagt, dass es bei der Wahl des höchsten Amtsträgers in der katholischen Kirche keine übergeordnete, hierarchische Institution gibt, die eine zweifelhafte Wahl entscheiden könnte.[695] Mit der Stimmenauszählung war es nun möglich, objektive und eindeutige Wahlentscheidungen herbeizuführen, die über jede Parteinahme erhaben waren. Aus diesem Argument ist zu schließen, dass die althergebrachte Methode der Stimmenwägung nur noch bei Wahlen von kirchlichen Oberen zugelassen war, denen eine übergeordnete Instanz zugeordnet war. Der übergeordneten Einrichtung kam die Berechtigung zu, im Falle einer strittigen Wahl eine Entscheidung herbeizuführen.[696]

---

692 Vgl. ELSENER, F.: Zur Geschichte des Majoritätsprinzips, S. 87.

693 „Si quis autem de tertiae partis nominatione confisus, quia rem non potest, sibi nomen episcopi usurpaverit, tam ipse quam qui eum receperint, excommunicationi subiaceant et totius sacri ordinis privatione mulctentur, ita ut viatici eis etiam, nisi tantum in ultimis, communio denegetur, et nisi resipuerint, cum Dathan et Abiron, quos terra vivos absorbuit, accipiant portionem.“ Concilium Lateranense III, Can. 1 (COD, S. 211).

694 „... et duabus partibus concordantibus tertia pars noluerit concordare aut sibi alium praesumpserit ordinare, ille Romanus pontifex habeatur, qui a duabus partibus fuerit electus et receptus ...“ Ebd.

695 „Ex hoc tamen nullum canonicis constitutionibus et aliis ecclesiasticis praeiudicium generetur, in quibus maioris et senioris partis debet sententia praevalere, quia quod in eis dubium venerit, superioris poterit iudicio definiri. In Romana vero ecclesia aliquid speciale constituitur, quia non potest recursus ad superiorem haberi.“ Ebd.; vgl. HOFMEISTER, Ph.: „Pars sanioris consilii“ (Regula c. 64), S. 16.

696 Vgl. ELSENER, F.: Zur Geschichte des Majoritätsprinzips, S. 108 f.

Das Konklave als Mittel, ein Wahlgremium zu einer Entscheidung zu zwingen, war als Rechtspraxis schon vor 1208 in Bologna bekannt. Dies ist der Glosse zum Konzilsbeschluss „Licet de vitanda" des III. Laterankonzils von 1179 zu entnehmen, die der Dekretist und Dekretalist Alanus Anglicus zwischen 1208 und 1210 in Bologna verfasste.[697] Er lehrte dort kanonisches Recht und verfasste eine Dekretalensammlung, einen Glossenapparat zum Decretum Gratiani, zur Compilatio I und einzelne Glossen zur Compilatio II.[698] Im Zusammenhang mit „Licet de vitanda" wirft er die Frage auf, was zu tun ist, wenn bei einem Konklave keine Zweidrittelmehrheit zustande kommt. In seiner Antwort rät er, die weltliche Macht beizuziehen, die die Kardinäle einschließen soll, damit sie sich einigen müssen.[699] Der Lösung des Alanus Anglicus schließt sich der Dekretalist Tankred (1185–1234/36) an,[700] der seiner Herkunft nach Bologneser war und in seiner Heimatstadt als Professor kanonisches Recht lehrte.[701] Die frühesten schriftlichen Zeugnisse für ein Konklave finden sich demzufolge in der Kirchenrechtsschule von Bologna. Weitere Zeugnisse für ein Konklave finden sich in den italienischen Kommunen, in denen ein Podestà gewählt werden musste. Aus dem Investiturstreit, der sich in den oberitalienischen Städten oftmals als Machtprobe zwischen dem Kaiser und den Bischöfen zeigte, ergab sich als Folge ein Machtvakuum für die Kommunen. Die Bürger nutzten dies und lösten die Belange ihrer Stadt selbstständig. Dazu zählte die Wahl eines Stadtoberhauptes, der als Podestà bezeichnet wurde. Dieses Amt findet sich erstmals im Jahr 1151 in Bologna, Ferrara und Siena; in den Jahren darauf in Reggio und in Modena.[702] Die Frage, ob zu diesem Zeitpunkt der Podestà bereits gewählt wurde, kann nicht sicher beantwortet werden. Von einer freien Wahl des Stadtoberhauptes darf jedenfalls nach 1166 ausgegangen werden, wenngleich nichts von einem Konklave berichtet wird.[703] Die Isolierung des Wahlgremiums von der Außenwelt wurde erstmals in den Städten Bologna und Piacenza durchgeführt.[704] Wann dies erstmals in Bologna geschah, lässt sich nicht sicher sagen; in Piacenza ist die Einsperrung der Wähler erstmals 1223 urkundlich bezeugt. Bei den Vorgängen in Piacenza zeigen sich bereits die wichtigen Charakteristika: Um den Einigungsprozess der Wähler zu beschleunigen, wurde die achtköpfige Wahlkommission von einem von auswärts gerufenen Schiedsrichter in einen Raum, d.h. in ein Konklave, eingesperrt. Zudem wurde die Verpflegung der Wahlkommission eingeschränkt. Nach drei Tagen zeigte sich

---

697 Vgl. JOELSON, O.: Die Papstwahlen des 13. Jahrhunderts, S. 28 (Anmerk. 51).

698 Vgl. LANDAU, P.: Alanus Anglicus, Sp. 267.

699 Vgl. JOELSON, O.: Die Papstwahlen des 13. Jahrhunderts, S. 28.

700 Vgl. ebd.

701 Vgl. PLÖCHL, W.: Geschichte des Kirchenrechts. Band 2, S. 441 f.; die Werke Tankred sind bei BORCHARDT, K.: Tankred von Bologna, Sp. 458 nachzulesen.

702 Vgl. HANAUER, G.: Das Berufspodestat im dreizehnten Jahrhundert, S. 378.

703 Vgl. ebd., S. 379.

704 Vgl. ebd., S. 401.

aber, dass diese Maßnahme zu keinem Ergebnis führte.[705] Ähnlich wie in Piacenza und Bologna wurden auch zur Dogenwahl in Venedig das Wahlgremium in ein Konklave geschlossen. Erstmals wird davon 1229 berichtet.[706]

In der Praxis zeigt sich das Konklave als eine Korrektur des bestehenden Papstwahlrechts, dessen Problematik kurz dargestellt werden soll. Seit dem Papstwahldekret von 1059 gewannen die Kardinalbischöfe an Einfluss. Aus diesem Grund versuchten die Kardinalpriester und -diakone ihren Geltungsverlust wettzumachen. Dies gelang ihnen dadurch, dass sie auf dem III. Laterankonzil (1179) eine Erweiterung des Wahlgremiums durchsetzen konnten; es waren nunmehr alle drei Kardinalordines berechtigt, zur Papstwahl zu schreiten.[707] Einer näheren Betrachtung ist zu entnehmen, dass das Wahlkollegium aus den Inhabern der Kardinalbistümer (sechs bzw. sieben suburbikanische Bistümer), der römischen Titelkirchen (28 Titelkirchen) und den Diakonien (sieben römischen Pfalzdiakone und zwölf Regionaldiakone) das Wahlkollegium gebildet wurde, das demzufolge 53 bzw. 54 Kardinäle umfasste.[708] Mit der Vergrößerung des Wahlkörpers traten nun zwei Probleme auf: Wie kann man die zwei ausschließende Prinzipien – das numerische Element (die Zweidrittelmehrheit – „maior pars“) und das qualitative Element („concordia“ bzw. „sanioritas“) – miteinander vereinen? Wie kommt man möglichst schnell zu einer Zweidrittelmehrheit?

Mit diesen beiden Problemen beschäftigte sich die kirchliche Rechtsprechung. Bei der Frage, wie sich das numerische und das qualitative Prinzip miteinander vereinen lassen, bilden die Texte, die Papst Innozenz III. (1198–1216) verfasst hat, einen Einschnitt. Im Jahre 1200 schreibt der Papst dem Archidiakon und dem Kapitel von Capua, dass eine Entscheidung, die von einer Zweidrittelmehrheit getragen wird, als ein Votum des ganzen Entscheidungsgremiums verstanden werden darf.[709] Ist nun für eine Entscheidung Einmütigkeit oder der größere und gesündere Teil einer Gemeinschaft notwendig, so heißt das, dass mindestens eine Zweidrittelmehrheit zustande kommen muss.

Der 24. Kanon des IV. Laterankonzils (11.–30. November 1215) stellt innerhalb der Entwicklung kirchlicher Wahlformen einen Abschluss dar. Er bildet gleichsam die Zusammenfassung der bis zu diesem Zeitpunkt in Gebrauch befindlichen Wahlformen; drei Wahlformen werden in diesem Gesetzestext vorgestellt: Die erste Möglichkeit, einen Oberen zu bestimmen, ist die Wahl durch ein Skrutinium. Drei Personen aus dem Wahlkörper haben die Aufgabe,

---

705 Vgl. KELLER, H.: Wahlformen und Gemeinschaftsverständnis, S. 358.

706 Vgl. JOELSON, O.: Die Papstwahlen des 13. Jahrhunderts, S. 28.

707 „Statuimus igitur ut si forte, inimico homine superseminante zizania, inter cardinales de substituendo pontifice non potuerit concordia plena esse …“ Concilium Lateranense III, Can. 1 (COD, S. 211).

708 Vgl. FEINE, H.: Kirchliche Rechtsgeschichte. Band 1, S. 314–316.

709 „… quod **duae partes capituli** faciunt totum facere videtur …“ X,1,6,19 (Fr. 60) (Die Hervorhebungen stammen von mir.).

das Votum der einzelnen Wahlberechtigten zu erfragen; damit jeder frei wählen kann, soll das Votum geheim bleiben. Das Ergebnis der Befragung wird erst dann publiziert, wenn alle Wähler befragt und deren Voten schriftlich festgehalten waren. Nach dem Stimmenvergleich gilt der als gewählt, der alle oder den größeren und gesünderen Teil der Stimmen auf sich vereinen konnte.[710] Eine weitere Möglichkeit der Wahl besteht darin, dass der Wahlkörper sein Stimmrecht auf eine bestimmte Anzahl von geeigneten Männern überträgt. Dieses Gremium nimmt in Stellvertretung für das Wahlgremium die Wahl des Oberen vor.[711] Diese Wahlform wird als Kompromiss bezeichnet. Neben diesen beiden Wahlformen sieht der 24. Kanon die Wahl durch Inspiration vor. Zum Oberen ist der gewählt, der von allen gemeinsam durch eine Art göttliche Eingebung gewählt wurde.[712]

Auf dem Hintergrund der päpstlichen Rechtsprechung durch Papst Innozenz III. und der Beschlüsse des IV. Laterankonzils (1215) unterstreicht Papst Honorius III. (1216–27) das numerische Element, indem er den Begriff Vergleich („comparatio") verwendete.[713] Es überrascht daher nicht, dass er nur noch von der „maior pars" spricht. Im Gegensatz dazu stehen die Texte von Papst Gregor IX. (1227–41), die gleichsam eine Rückbesinnung auf die „maior et sanior pars" vermitteln. Er geht der Frage nach, worin die „sanior pars" einer Wahl besteht. Neben dem numerischen Element geht es ihm um den Eifer der Wähler und den Verdienst des Gewählten.[714] Papst Gregor IX. versucht

---

710 „.statuimus ut cum electio fuerit celebranda, presentibus omnibus qui debent et volunt et possunt commode interesse, assumantur tres de collegio fide digni, qui secreto et singulatim voces cunctorum diligenter exquirant, et in scriptis redacta, mox publicent in communi, nullo prorsus appellationis obstaculo interiecto, ut is collatione adhibita eligatur, in quem omnes vel maior vel sanior pars capituli consentit ..." Concilium Lateranense IV, Can. 24 (COD, S. 246).

711 „... vel saltem eligendi potestas aliquibus viris idoneis committatur, qui vice omnium ecclesiae viduatae provideant de pastore ..." Ebd.

712 „... aliter electio facta non valeat, nisi forte communiter esset ab omnibus quasi per inspirationem divinam absque vitio celebrata." Ebd.

713 „... verum quum super his in nostra et nostrorum fratrum praesentia multa fuissent hinc inde proposita, invenimus, quod illi, qui sua in Thomam desideria dirigebant, licet **maiorem partem** facerent partium comparatione minorum, non tamen ad maiorem partem capituli pervenerunt." X,1,6,48 (Fr. 91) (Die Hervorhebungen stammen von mir.).

714 „In Genesi legitur: Quum in concilio caveatur, ut is collatione habita eligatur, **in quem omnes, vel maior et sanior pars capituli consentit**, et in G. maior pars totius capituli non consenserit, quanquam maiorem partem habuit partium comparatione minorum, nec plene numeri ad numerum, quia, utrum G. et H., de quibus adversarii referunt quaestionem, in electione vocem habuerint, tractatum non exstitit nec discussum, nec zeli ad zelum, nec meriti ad meritum collatio facta fuerit, nec etiam electio communiter celebrata, quoniam, licet in eundem G. singulariter singuli consensissent, non tamen debuit subsequi singularis electio, sed communis ..." X,1,6,55 (Fr. 94) (Die Hervorhebungen stammen von mir.); vgl. GANZER, K.: Uanimitas, maioritas, pars sanior, S. 11.

sowohl das numerische Element als auch das qualitative Element der Wähler und Kandidaten in den Blick zu nehmen. Bemerkenswert ist dabei, dass das Votum der einzelnen Wähler nicht als gemeinsame Wahl bezeichnet wird. Es geht darum, den Wahlwillen einer ganzen Gemeinschaft zu erkennen. Nach Papst Gregor IX. ist die Wahrheit nicht aus den einzelnen Stimmen ersichtlich, sondern durch ein gemeinsames Votum, das er als „signum universale" bezeichnet.[715] Deshalb ist neben der Anzahl der Stimmen das qualitative Element sowohl der Wähler wie der Kandidaten zu berücksichtigen.

Auf dem Hintergrund der langen Sedisvakanzen erließ Papst Gregor X. im II. Konzil von Lyon (1274) das Dekret „Ubi periculum". Dieses Dokument enthält die Konklaveordnung, die die künftigen Papstwahlen regeln sollte. Bei näherer Durchsicht des Textes finden sich die wesentlichen Elemente der Lehre und der Rechtspraxis des Konklaves wieder, wie sie in der Kirchenrechtsschule von Bologna, der Rechtspraxis mancher italienischer Städte und des Dominikanerordens bekannt waren. Im Dekret „Ubi periculum" geht Papst Gregor X. zunächst auf den Zeitpunkt und den Ort der Wahl des neuen Papstes ein. Er legt dabei eine Frist von zehn Tagen fest, in der die Wähler Zeit haben, sich am Wahlort einzufinden. Die Papstwahl wird in der Stadt durchgeführt, an der der päpstliche Hof zuletzt residiert hat. Die Kardinäle sollen sich mit ihren Dienern im Papstpalast versammeln und werden dann in einem Raum des Palastes eingeschlossen, der weder durch Vorhänge noch durch Trennwände unterteilt ist. Jeglicher Kontakt zur Außenwelt ist ihnen untersagt; dadurch, dass sie von ihren Amtsgeschäften befreit sind, haben sie keinen Grund, den Wahlort zu verlassen.[716] Um die Wahl des neuen Papstes zu

---

715 „...ex hoc sequeretur absurditas, ut tot essent electiones, quot essent numero eligentes, nec ex singularibus vel particularibus consensibus appareret universalis electio vel communis, licet quilibet singularis veritatem exprimat suae partis, queadmodum ex singularibus propositionibus, licet veris, universalis propositio non apparet, nisi per signum universale forsitan exprimatur ..." X,1,6,55 (Fr. 94 f.).

716 „Sacro concilio approbante, statuimus ut, si eumdem pontificem in civitate, in qua cum sua curia residebat, diem claudere contingat extremum, cardinales qui fuerint in civitate ipsa praesentes, absentes expectare decem diebus tantummodo teneantur. Quibus elapsis, sive absentes venerint sive non, extunc omnes conveniant in palatio, in quo idem pontifex habitabat, contenti singuli singulis tantummodo servientibus, clericis vel laicis, prout duxerint eligendum. Illis tamen quibus patens necessitas id suggerit indulgeri, duos habere permittimus, eiusdem electionis arbitrio reservato. In eodem autem palatio unum conclave, nullo intermedio pariete seu alio velamine, omnes habitent in communi, quod servato libero ad secretam cameram aditu, ita claudatur undique, ut nullus illud intrare valeat vel exire; nulli ad eosdem cardinales aditus pateat vel facultas secrete loquendi cum eis; nec ipsi aliquos ad se venientes admittant, nisi eos, qui de voluntate omnium cardinalium inibi praesentium, pro iis tantum quae ad electionis instantis negotium pertinent, vocarentur. Nulli etiam fas sit ipsis cardinalibus vel eorum alicui nuntium mittere vel scripturam ... Iidem quoque cardinales accelerandae provisioni sic vacent attentius, quod se nequaquam de alio negotio intromittant ..." Concilium Lugdunense II, Can. 2 (COD, S. 314 f.).

beschleunigen, werden die Einkünfte der Kardinäle einbehalten. Während der ersten fünf Tage erhalten sie nur eine Mahlzeit. Können sie sich in dieser Zeit nicht auf einen Kandidaten einigen, so wird ihnen bis zur erfolgreichen Wahl des neuen Papstes nur noch Brot, Wein und Wasser gereicht.[717] Papst Gregor X. geht im Dekret „Ubi periculum" auch auf das Problem ein, wenn ein Kardinal während des Konklaves krank wird. Sodann stellt sich die Frage, wie die Kardinäle zu verfahren haben, wenn der Papst außerhalb seiner Residenz stirbt.[718] Die weltliche Macht erhält vor Ort die Aufgabe zu überwachen, ob die Wahl des Papstes nach dem bestehenden Recht erfolgt.[719] Abschließend weist Papst Gregor X. das Konzil und die Kardinäle an, sich um eine freie und uneigennützige Wahl zu bemühen.[720] Die Patriarchen, Erzbischöfe, Bischöfe

---

717 „Verum si, quod absit, infra tres dies postquam, ut praedicitur, conclave praedictum iidem cardinales intraverint, non fuerit ipsi ecclesiae de pastore provisum, per spatium quinque dierum immediate sequentium, singulis diebus tam in prandio quam in cena uno solo ferculo sint contenti. Quibus provisione non facta decursis, extunc tantummodo panis, vinum et aqua ministrentur eisdem, donec eadem provisio subsequatur. Provisionis quoque huiusmodi pendente negotio, dicti cardinales nihil de camera papae recipiant nec de aliis eidem ecclesiae tempore vacationis obvenientibus undecunque, sed ea omnia, ipsa vacatione durante, sub eius cuius fidei et diligentiae camera eadem est commissa, custodia maneant, per eum dispositioni futuri pontificis reservanda. Qui autem aliquid receperint, teneantur extunc a perceptione quorumlibet redituum ad ipsos spectantium abstinere, donec de receptis taliter plenariam satisfactionem impendant." Ebd. (Ebd., S. 315).

718 Ebd. (Ebd., S. 315 f.).

719 „Porro si quando Romanum pontificem extra civitatem praedictam, in qua erat cum sua cura residens, contigerit ab hac luce migrare, teneantur cardinales in civitate, in cuius territorio seu districtu idem pontifex obiit, convenire, nisi sit forsitan interdicta vel contra ecclesiam Romanam in aperta rebellione persistat. Quo casu in alia viciniori conveniant, quae similiter nec interdicto subiaceat nec sit, ut praedicitur, aperte rebellis. In hac etiam civitate, tam quoad exspectationem absentium quam quoad habitationem communem, clausuram et cetera omnia, in domo episcopali vel alia qualibet eisdem cardinalibus deputanda, eadem observentur quae superius, obeunte dicto pontifice in ea in qua cum sua residebat curia, sunt expressa. Praeterea quia parum est iura condere, nisi sit qui eadem tueatur, adiciendo sancimus ut dominus aliique rectores et officiales civitatis illius, in qua Romani pontificis celebranda fuerit electio auctoritate nostra et eiusdem approbatione concilii potestate sibi tradita, praemissa omnia et singula plene ac inviolabiliter, sine fraude ac dolo aliquo faciant observari, nec cardinales ultra quam praemittitur, artare praesumant. Super iis autem taliter observandis, statim audito summi pontificis obitu, coram clero et populo civitatis ipsius, ad hoc specialiter convocandis, praestent corporaliter iuramentum." Ebd. (Ebd., S. 316).

720 „Ceterum quia cum arbitrium vel inordinatus captivat affectus vel ad certum aliquid obligationis cuiusque necessitas adigit, cessat electio, dum libertas adimitur eligendi, cardinales eosdem obsecrantes *per viscera misericordiae Dei nostri*, per aspersionem sui pretiosi sanguinis obtestamur, ut pensantes attentius quid eis imminet, cum agitur de creatione vicarii Iesu Christi, successoris Petri, rectoris universalis ecclesiae, gregis dominici directoris, omni privatae affectionis inordi-

und Prälaten der Universalkirche sollen während des Konklaves das Volk durch ihre Predigten zum Gebet und zum Fasten anhalten, damit das Konklave einen glücklichen Ausgang findet.[721]

4.1.6 Der Einfluss der allgemeinen Wahlgesetzgebung auf das Wahlrecht der einzelnen Ordensfamilien (11. Jahrhundert bis zur Mitte des 14. Jahrhunderts)

Der Einfluss des allgemeinen Wahlrechts der Kirche auf die einzelnen Ordensfamilien soll zunächst bei den Benediktinern, dann bei den monastischen Reformorden, den Chorherrn- und den Mendikantenorden untersucht werden.[722] Ein besonderes Augenmerk liegt dabei auf den Qualifikationen der Kandidaten, den Wahlformen und -ordnungen. Die Vorschrift der Reformsynode von Reims (1049), dass keiner die Leitung einer Kirche übernehmen darf, wenn er nicht vom Volk und vom Klerus gewählt wurde, ist relativ bald im Ordensrecht rezipiert und weitergeführt worden. Bemerkenswert sind in diesem Zusammenhang die „Decreta Lanfranci monachis cantuariensibus transmissa", die zwischen 1074/5 und 1077 verfasst wurden.[723] Lanfranc schreibt seinen Mönchen für eine Abtswahl vor: „Wenn ein Abt gewählt wird, müssen alle Brüder oder der größere und bessere Teil seiner Wahl zustimmen."[724] Zunächst ist dem Text deutlich zu entnehmen, dass bei der Wahl des Abtes die Mönche des Klosters den eigentlichen Kontext bilden. Entgegen den frühmittelalterlichen Regelkommentaren ist nicht davon auszugehen, dass Personen zugegen sind, die nicht zum Kloster gehören. Auf dem Hintergrund des Begriffs vom

---

natione deposita et cuiuslibet pactionis, conventionis, obligationis necessitate necnon condicti et intendimenti contemplatione cessantibus, non in se reciprocent considerationis intuitum vel in suos, non quae sunt quaerant, non commodis privatis intendant, sed nullo artante ipsorum in eligendo iudicium nisi Deo, puris et liberis mentibus, nuda electionis conscientia utilitatem publicam libere prosequantur, omni conatu et sollicitudine, prout possibilitas patitur, id acturi tantummodo, ut eorum ministerio acceleretur utilis et pernecessaria totius mundi provisio, idoneo celeriter eidem ecclesiae sponso dato." Ebd. (Ebd., S. 317).

721 „Et ne tam salubre praesentis sanctionis edictum ignorantiae negligi praetextu contingat, districte praecipimus, ut patriarchae, archiepiscopi, episcopi et alii ecclesiarum praelati ceterique, quibus concessum est proponere verbum Dei, clerum et populum propter hoc specialiter frequentius congregandos, in suis sermonibus ad supplicum precum suffragia, pro celeri et felici exitu tanti negotii frequentanda, sollerter hortentur, et ipsis eadem auctoritate non solum orationum frequentiam sed et observantiam, prout circumstantiae pensandae suaserint, ieiuniorum indicant." Ebd. (Ebd., S. 318).

722 Diesem Abschnitt liegt der Aufsatz von HOFMEISTER, PH.: „Pars sanioris consilii" (Regula 64), S. 12–24 zugrunde.

723 CCM 3, KNOWLES, D. (Ed.).

724 „Abbas cum eligitur, omnes fratres uel maior et melior pars in eius electionem consentire debent." Decreta Lanfranci monachis cantuariensibus transmissa (CCM 3, KNOWLES, D. (Ed.), S. 61).

größeren und besseren Teil der Mönche erklärt sich nicht nur der Vorgang der Zustimmung, sondern auch das Faktum einer zwiespältigen Wahl und einer Stimmenzählung und -wägung. Ob nun aus der Wendung, dass alle Mönche zustimmen, der Schluss gezogen werden darf, dass den Mönchen von außenstehenden Personen (z. B. Bischof) ein Kandidat vorgeschlagen wurde, ist nicht ohne weiteres zu akzeptieren, denn dieser Text nennt nur Personen, die zum Kloster gehören. Von daher wird unter Zustimmung eher eine Art Bejahung aller Mönche zu einem internen Vorschlag zu verstehen sein.

1119 wurde in der Abtei Farfa die Wahl des Oberen durch einen Kompromiss praktiziert. Stellvertretend für den Konvent wurde der Abt durch einen Wahlausschuss bestimmt.[725]

Die Consuetudines der Benediktinermönche von Le Bec in Nordfrankreich wurden im 12./13. Jahrhundert redigiert.[726] Der neue Abt wird durch eine Kompromisswahl bestimmt. Dazu ernennt der Prior zwölf Mönche aus dem Konvent zu Kompromissaren. Nachdem der Prior die Namen der Mönche aufgerufen hat, stehen diese auf, treten vor das Analogium und stellen sich dem Professalter entsprechend auf.[727] Für die Wahl selbst und das Wahlergebnis scheint folgende Bestimmung entscheidend zu sein: die Mönche des Klosters sind berechtigt, gegen bereits benannte Kompromissare Widerspruch einzulegen; der Konvent will Kompromissare finden, zu denen er volles Vertrauen hat. Erscheint daher den Mönchen eine bestimmte Person als suspekt, ist diese auf Antrag auszuwechseln. Die Wahl der Kompromissare darf als abgeschlossen gelten, wenn alle Mönche mit den Personen des Wahlgremiums übereinstimmen und zufrieden sind.[728] Nachdem dieser Vorgang abgeschlossen ist, erfolgt der Wahlauftrag durch den Prior. Die Kompromissare werden aufgerufen, in die Kirche zu gehen, um dort aus dem Kreis der Konventualen eine geeignete Person zum Abt zu wählen. Bei der Wahl sollen sich die Wähler von folgenden Gesichtspunkten leiten lassen: der Kandidat muss zur Leitung der Seelen geeignet und befähigt sein; darüber hinaus darf er die wirtschaftli-

---

725 Vgl. KELLER, H.: Mehrheitsentscheidung und Majorisierungsproblem, S. 30.

726 „4. Il Consuetudinario di Bec – Tale genere di vita ci è noto grazie al Consuetudinario de Bec, pubblicato recentemente da madre Maria Pascal Dickson, secondo alcuni ms. dei sec. XII. e XIII.“ ZOBEL, P.: Bec, Sp. 1159.

727 „Quo perlecto et ceteris quae ad ordinem pertinent peractis dicat prior *Fratres, ut videtis, acephali sumus et oportet per dei gratiam de rectore provideamus et pastore. Ideoque iuxta approbatam antiquam ecclesiae nostrae consuetudinem in electione procedendum est. Praecipimus itaque tibi frater* – et nominet quem voluerit – *ut vadas ad electionem faciendam.* Surgat frater ille statim, quem prior nominaverit, et vadat stare ante analogium.“ Consuetudines Beccenses (CCM 4, DICKSON, M. P. (Ed.), S. 220 (Nr. 532)).

728 „Si quis de conventu suspectam habuerit aliquam personam a priore nominatam, quod non sit utile ecclesiae personam illam electoribus annumerari et contradixerit, dicat prior *Vade sessum.* Dignum est enim, ut omnes [in eos] consentiant, qui debent universitati, quae ad abbatiam pertinent, providere. Postea provideat prior alium et nominet, qui locum suppleat amoti.“ Ebd. (Ebd.).

chen Belange im externen wie im internen Bereich des Klosters nicht aus den Augen verlieren. Entsprechend der *Benediktsregel* soll er im göttlichen Gesetz bewandert sein, damit er versteht, Altes und Neues hervorzuholen; er soll rein, nüchtern und barmherzig sein.[729] Nach dem Wahlauftrag begeben sich die Wähler mit dem Prior in die Kirche. Die Wahl wird mit dem Hymnus „Veni creator", den der Prior anstimmt und der von allen mit Hingabe gesungen wird, eingeleitet.[730] Im Anschluss daran folgen die Beratungen über den Abtskandidaten. Zum Abt kann sowohl eine Person aus dem Kreis der Kompromissare gewählt werden als auch ein Mönch, der nicht zum Wahlgremium gehört. Wollen die Kompromissare über eine Person beraten, die zu ihrem Gremium gehört, melden sie dies beim Prior an und ziehen sich zur Beratung in die Marienkapelle zurück. Die Wahl muss in jedem Fall einstimmig erfolgen.[731] Nachdem die Kompromissare einen Abt gewählt haben, begeben sie sich in den Kapitelsaal und stellen sich der Ordnung entsprechend vor das Analogium. Der Erste in dieser Ordnung gibt dann das Wahlergebnis bekannt. Nach der Publikation der Wahl begeben sich die Wähler auf ihre Plätze und der gewählte Abt steht allein vor dem Analogium.[732] Anschließend erfolgt die

---

729 „Consentientibus igitur omnibus et concordantibus in illos duodecim dicat prior illis duodecim *Praecipimus vobis ex parte dei omnipotenis et sanctae virginis Mariae et beati Benedicti et omnium sanctorum et in virtute obedientiae, quo tenemini deo et ecclesiae isti secundum sacramentum professionis vestrae, quatinus omni favore humano postposito eatis in ecclesiam et nobis pastorem eligatis de monachis ordinis nostri professis secundum regulam beati Benedicti iuxta testimonium etiam conscientiarum vestrarum, quem magis nostis idoneum et sufficientem ad regimen animarum nostrarum et domum nostram interius et exterius gubernandam, qui ut modo audistis ex regula sit eruditus lege divina, qui scit et sciat unde proferat nova et vetera, castus, sobrius et misericors.*" Ebd. (Ebd., S. 220 f.).

730 „Hiis dictis pergant electores in ecclesiam et stent ante maius altare et incipiat prior in ordine hymnum *Veni creator* moderata voce, quae magis redoleat compunctionem et contritionem cordis quam modulationem, et ab omnibus duodecim devotione summa perdicatur. Postea dicto ab eo qui prior est ordine *Benedicite* tractent de electione cum summa diligentia." Ebd. (Ebd.).

731 „Si electores de aliqua persona tractare voluerint, quae sit de numero ipsorum, dicat prior ipsorum in ordine *Bonum est ut tractemus de hiis, qui nobiscum sunt.* Hoc tamen fieri debet, si in alium non consenserint absentem; et dicat illi de quo tractare volunt et cuilibet alii de numero electorum, ut vadant in capellam beatae Virginis. Si omnes in unam personam de illis missis consenserint, breve, sin autem alias duas emittant et sic de singulis donec in unam consentiatur ab omnibus personam. Omnibus igitur electoribus in unam personam unanimiter consentientibus veniant in capitulum electores ..." Ebd. (Ebd.).

732 „...et dicat maior ordine *Ex praecepto vestro et unanimi assensu processimus in electione patris nostri et pastoris. Fecimus quod potimus et secundum conscientias nostras elegimus virum idoneum et sufficientem, idoneum videlicet honori et sufficientem oneri, sed antequam persona nominetur, petimus et instanter postulamus ut universitas vestra manibus extensis ad deum et in sublime porrectis promittat, quod nullus vestrum nec publice nec privatim electioni contradicat.* Quo ad voluntatem eligentium solemniter peracto nominet personam maior in ordine eli-

Erfragung des Konsenses des Gewählten. Nach seiner Zustimmung beginnt der Kantor das „Te Deum laudamus" zu singen, und der Gewählte wird unter Glockenläuten in die Kirche gebracht, um dort zu beten.[733] Dem Text nach durfte der Erwählte erst nach der Abtsbenediktion den Platz des Abtes einnehmen.[734]

Die Kamaldulenser unter der Leitung des Priors Rudolf erließen ihre ersten Konstitutionen im Jahr 1080. Dem Text ist zu entnehmen, dass der Obere, der hier als „magister ordinis" bezeichnet wird, von den Eremiten, den Mönchen von Fonte Avellano und von den Mönchen, die zum Klosterverband gehören, gewählt wird.[735] Von Bedeutung sind die Qualifikationen, die vom künftigen „magister ordinis" gefordert werden: Zunächst wird verlangt, dass er Mönch des Ordens ist und für das Oberenamt geeignet ist. Wird ein Mönch gewählt, der in einem Kloster der Kongregation lebt, so muss er als Eremit erprobt sein und sich durch Lehre und Erfahrung, Wissen und Lebenswandel ausweisen.[736]

Einen Einblick in die Wahlgeschäfte geben die Satzungen von 1188, die unter Prior Placidus Geltung erlangten. Das Wahlgremium setzt sich aus den Eremiten von Camaldoli und den Äbten und Prioren, die in der Diözese Arezzo und in den anderen Diözesen leben, zusammen. Die Wählerschaft bestimmt zwei Personen, die die Voten der einzelnen Wähler abfragen. Einer dieser Examinatoren erhält dann den Auftrag, als Stellvertreter des Wahlgremiums den

---

gentium et vadant electores sessum in ordine suo et stet electus solus ante analogium." Ebd. (Ebd., S. 221 f.).

733 „Si vero prior fuerit electus, statim nominata person incipiat cantor *Te deum laudamus*, Si vero claustralis fuerit, prior vel hebdomedarius stet ante analogium et dicat ei prior *Praecipimus tibi auctoritate dei et in virtute obedientiae, ut electioni canonicae de te factae consentias.* Et illo dicente *Paratus sum in omnibus hiis, quae de me providistis secundum deum parere* dicat prior *Deus omnipotens augeat tibi gratiam suam, ut ad salutem animarum nostrarum et ad honorem ecclesiae nostrae nobis esse praelatum gaudeamus.* Et omnibus respondentibus *Amen* incipiat praecentor *Te deum laudamus.* Quo incepto ducatur honeste in ecclesiam et absque strepitu a senioribus toto conventu cum omni humilitate et reverentia praecedente et offeratur deo ad maius altare pulsatis campanis." Ebd. (Ebd., S. 222).

734 „Hiis peractis eant ad divinum obsequium et stet electus iuxta stallum abbatis et terminet orationes et teneat refectorium et capitulum sicut abbas." Ebd. (Ebd.).

735 „Non potest esse magister ordinis qui non fuit discipulus orinate conversationis. Hic ergo a fratribus in heremo commorantibus et aliquibus de Fonte Bono et plerisque de congregatione convocatis est eligendus." Consuetudo Camaldulensis. Liber Eremitice Regule, Cap. 48,5 (Edizione nazionale di testi mediolatini 8 (=Serie II,4), LICCIARDELLO, P. (Ed.), S. 74); vgl. B. Rudolphi prioris IV. Camaldulensis Constitutiones, Cap.48 (ACOSB 3, MITTARELLI, J. B. (Ed.), Sp. 539).

736 „Eligatur autem de fratribus ipsius loci, si reperiatur idoneus, aut de personis ejusdem congregationis talis assumatur, qui vitam heremiticam doctrina et experientia docente didicerit, scientia et moribus comprobatus." Consuetudo Camaldulensis. Liber Eremitice Regule, Cap. 48,6 (Edizione nazionale di testi mediolatini 8 (=Serie II,4), LICCIARDELLO, P. (Ed.), S. 74); vgl. B. Rudolphi prioris IV. Camaldulensis Constitutiones, Cap.48 (ACOSB 3, MITTARELLI, J. B. (Ed.), Sp. 539).

künftigen Prior zu wählen.[737] Nach der Wahl wird der neue Prior unter dem Gesang des „Te Deum laudamus" in die Kirche der Einsiedelei geführt und sogleich installiert. Nach dem Gesang und dem Gebet vor dem Altar führen die Brüder den neuen Prior in den Kapitelsaal und versprechen ihm den Gehorsam. Bemerkenswert ist die Geste mit den Schlüsseln, mit der die Offizialen dem neuen Oberen signalisieren, dass die Weiterführung ihrer Amtsgeschäfte von der Erlaubnis des neuen Priors abhängt.[738]

Die Wahl des Priors findet sich auch in den Brauchtexten, die 1249 unter Matthias von Muriano erlassen wurden. Als Voraussetzungen für das Priorenamt wird verlangt, dass der künftige Amtsinhaber entsprechend diesem Ordensstatut ein eremitisches Leben führen kann und will. Im Zeitraum der Vakanz des Priorenamts sollen die wahlberechtigten Brüder herbeigerufen werden. Nach der sorgfältigen Prüfung ihrer Voten, soll derjenige gewählt, bestätigt und in sein Amt eingeführt werden, auf den sich die „major et sanior pars" des Kapitels geeinigt hat.[739]

In den Brauchtexten von Camaldoli, die 1253 Rechtskraft erlangten, wird in zwei Kapiteln die Wahl des Priors thematisiert. Im 7. Kapitel wird die Kandidatenqualifikation dargestellt: Als geeignet erscheint die Person, die es entsprechend RB 64 versteht, Neues und Altes zur Anwendung zu bringen. Bedeutsam ist jedoch die Bemerkung, dass der qualifiziert ist, der über ein kompetenes Wissen der Literatur und einen lobenswerten Lebenswandel verfügt und zudem das vom Gesetz vorgeschriebene Alter hat.[740] Im 9. Kapitel

---

737 „*Mortuo priore Camaldulense convocantur fratres Camaldulensis ordinis tam abbates, quam priores de diocesi Aretina, & aliis episcopatibus, & eis apud eremum congregatis constituunt duos, qui vota singulorum examinanat, & unus ex eis de voluntate alterius electionem pronuntiat hoc modo:* ‚Ad honorem Dei & beatae Mariae, & beati Romualdi, & omnium Sanctorum, & domini papae & totius conventus Camaldulensis eligo talem in priorem.'" MITTARELLI, J.-B.: Annales Camaldulenses ordinis Sancti Benedicti 5,34 (ACOSB 4, Ders., Sp. 129).

738 „*Facta electione praedicti domni Martini, ductus fuit in ecclesiam eremi, cantando* Te Deum laudamus *a fratribus Camaldulensibus, a quibus positus fuit in sede in dicta ecclesia; deinde vero expleto hymno, & facta oratione ante altare, duxerunt eum ipsi fratres in capitulum, & statim promiserunt ei obedientiam abbates & priores & alii, qui erant ibi; & officiales repraesentaverunt ei claves, & ipse concessit, quibus voluit, & statim coepit administrare tam in temporalibus, quam in spiritualibus, ut prior &c.*" Ebd.

739 „Eremo itaque suprascripta, priore vacante, fratres ejusdem loci priori Camaldulensi quamcitius per suum nuntium studeant intimare, qui ad locum prefatum per se vel alium fratrem idoneum procuret accedere, & vota fratrum diligenter inquirat, & illum eligat, & confirmet, atque instituat, in quem major & sanior pars concordaverit fratrum; & si in eodem loco reperitur idoneus, de ipsis fratribus assumatur, qui vitam eremiticam ducere possit & velit secundum statuta superius ordinata." Constitutiones seu Consuetudo eremitarum sancti Mathiae de Muriano (Ebd., S. 380).

740 „In electionibus abbatum faciendis, quoniam juxta regulam beati Benedicti tales debent esse, qui sciant, unde proferant nova & vetera, praecipitur tam abbatibus,

wird der Wahlvorgang genau beschrieben: Zur Wahl sind die Eremiten von Camaldoli und die Äbte des Ordens zugelassen, die durch einen Brief zu der anstehenden Priorenwahl nach Camaldoli gebeten werden.[741] Der liturgische Rahmen bildet sich einleitend aus der Eucharistiefeier zu Ehren des Heiligen Geistes, einer Predigt, dem Gesang des Hymnus „Veni Creator Spiritus", einem Gebet um den Heiligen Geist und dem Versikel „Benedicamus Domino". Nach der Wahl wird der Hymnus „Te Deum laudamus" gesungen, dann erfolgen die Installation, die hier als Inthronisation bezeichnet wird, und das Homagium.[742] Die Wahl selbst kann durch Skrutinium, Kompromiss oder Inspiration erfolgen. Soll die Wahl durch ein Skrutinium erfolgen, dann müssen ein Eremit und zwei Obere bestimmt werden, die die Voten der Stimmberechtigten sorgfältig prüfen, niederschreiben, publizieren und vergleichen. Als gewählt gilt der Kandidat, der die „maior et sanior pars" der Stimmen auf sich vereinen konnte. Entscheidet sich das Wahlgremium, den neuen Oberen durch einen Kompromiss zu bestimmen, dann erfolgt die Wahl wiederum durch drei Ordensmitglieder. Als dritte Möglichkeit steht den Wählern die Möglichkeit offen, den künftigen Prior des Ordens durch eine Inspirationswahl zu bestimmen.[743]

---

quam electoribus, ut tales eligantur in abbates & praelatos, qui sint literaturae competentis, vitae laudabilis & aetatis legitimae." Constitutiones Camaldulensis ordinis (1253), Cap. VIII (ACOSB 6, Mittarelli, J. B. (Ed.), Sp. 31).

741 „Ad electionem prioris Camaldulensis omnes praelati ordinis ejusdem per literas eremitarum citentur; qui die sibi praefixa personaliter ad Camalduli eremum veniant, vel si quis eorum canonica praepeditione detentus fuerit, vices suas alicui de capitulo provido & fideli rite committat. Capitulum autem in hoc loco praelatos ordinis & fratres eremitas Camaldulensis eremi intelligimus; ipsi quidem tantummodo ad electionem priors jamdicti debent assumi." Ebd., Cap. IX (Ebd., Sp. 31 f.).

742 „Apud dictam igitur eremum in nomine Domini congregati ad honorem sancti spiritus Missam devote cum diacono & subdiacono celebrent. Deinde eremitae tam inclusi, quam aperti cum praelatis omnibus, qui commode interesse poterunt, praemisso exhortationis sermone, ad electionem futuri pastoris procedant secundum jus canonicum, & privilegium tam toti ordini, quam praefatis eremiti a sede apostolica indultum; unde ut Spiritus sanctus suam gratiam dignetur infundere, ipsius hymnum, videlicet *Veni Creator*, devote cuncti decantent, cum verso & oratione sancti Spiritus subsequenter. Et dicto: *Benedicamus Domino* ... Electus autem, postquam electionem acceptaverit, juxta privilegii nostri tenorem, mox libere administret, & cum hymno *Te Deum laudamus*, inthronizetur sollemniter. Obedientiam sibi promittant praesentes, & absentes, quamcitius eum viderint, obedientiam sibi similiter studeant exhibere secundum beati Benedicti regulam & Camaldulensis ordinis instituta." Ebd. (Ebd., Sp. 32) .

743 „... a tribus, concorditer & pacifice Deum habentes prae oculis tres eligant fide dignos, unum videlicet fratrem eremitam, & duos praelatos, qui vota cunctorum diligenter examinent, & ea in scriptis redacta mox publicent in communi, ut ipse collatione habita eligatur, in quem major & sanior pars capituli consenserit, tenore privilegii nostri, & juris sollemnitatibus observatis, vel hoc per compromissum fideliter studeant ducere ad effectum, unum vel tres eligendo, in quos pure sua vota committant, ut voce omnium Camaldulum provideant de pastore. Multo

Ein weiteres Dokument zum Mehrheitswahlrecht bilden die ersten Konstitutionen der Kartäuser. Die ältesten Rechtstexte gehen auf Prior Guigo I. zurück, der sie um 1125 für drei unabhängige Kartausen verfasste.[744] 1133 wurden sie durch Papst Innozenz II. approbiert.[745] Hinsichtlich der Wahl des Priors legen die Brauchtexte fest, dass sich die Mönche nach dem Begräbnis des Priors drei Tage lang mit Fasten und speziellen Gebeten auf die Priorenwahl vorbereiten sollen. Am vierten Tag versammeln sich die Mönche nach der Messe zum Heiligen Geist im Kapitelsaal. Der neue Prior wird durch eine Beratung aller Mönche gewählt. Derjenige, der den größeren und besseren Teil der Stimmen auf sich vereinen konnte, darf als neugewählter Prior bezeichnet werden.[746]

Prior Basilius erließ im Jahr 1170 neue Statuten, die sich an die Consuetudines des Priors Guigo I. anlehnten.[747] Im 35. Kapitel geht er auf den Prior und dessen Wahl ein. Hinsichtlich der Wahlordnung heißt es, dass der Prior nur unter Ausschluss fremder Personen gewählt werden darf[748]. Sehr ausführlich geht Prior Basilius auf die Eucharistiefeier ein, die vor der Wahl gefeiert wurde. Der Wahltermin gibt der Messfeier sein eigenes Proprium. Dazu legt er vier Zeiträume fest: die Zeiten zwischen Ostern und Pfingsten, zwischen Trinitatis und Aschermittwoch, die Fastenzeit und die Adventszeit. Ferner ist von Bedeutung, ob der Wahltermin auf einen Sonntag, einen gewöhnlichen Werktag oder einen Festtag fällt.[749] Entsprechend der jeweiligen Zeit werden Gebete und liturgische Gebräuche, wie Incens, Friedensgruß und Bittgebete,

---

magis tamen piis precibus creditur insistendum, ut sibi per inspirationem divinam concedere dignetur omnipotens Deus priorem idoneum & pastorem. ..." Ebd.

744 Vgl. SCHWAIGER, G.: Kartäuser, S. 279.

745 Vgl. HOGG, J.: Kartäuser, S. 667.

746 „1. Cum priorem domus huius obire contigerit, post eius sepulturam convocatis fratribus, triduanum cunctis indicitur ieiunium, maneque et vespere in ecclesia pslamus ad te levavi expleto officio communi devotione cantatur. Procumbentibusque super formas omnibus, Kyrie eleison, pater noster, et preces, salvos fac servos tuos, mitte eis domine auxilium de sancto, nichil proficiat inimicus in eis, et oratio, pretende domine supponuntur. Quarta autem die, mane missa de spiritu paraclito in conventu devotissime celebratur. Inde in capitulum convenientes, maiorum meliorumque consilio, ex seipsis unum eligunt, aut sacerdotem, aut ad sacerdotium promovendum, statimque in predecessoris transferunt locum." GUIGO I.: Consuetudines Cartusiae, Cap. 15 (SC 313, ANDRÉ <FRATRE> (Ed.), S. 196.198).

747 Vgl. BECKER, H.: Kartäuser, Kartäuserinnen, Sp. 1018.

748 „Ad electiones Priorum nostrorum; qui de Ordine nostro sunt, nullatenus aduocantur. Si praesentes sint, de ipsis electionibus nullomodo consulere eos debemus." Consuetudines Basilii, Cap. 35,1 (ACar 1, HOGG, J. (Ed.), S. 192).

749 „Quando Prior eligitur a Pascha vsque ad Pentecosten in missa dicitur officium de die Pentecosten ... Ab octauis Pentecostes vsque ad septuagesimam ... A septuagesima vsque ad Pascha ... in Adventu ... nisi Dominica fuerit ... nisi aliquod festum occurrat." Ebd., Cap. 35,2 (Ebd., S. 192 f.).

festgelegt.[750] Der Wahltag erhält dadurch einen besonderen Charakter, weil die Mönche angehalten werden, auf die ordensüblichen Bußübungen zu verzichten.[751] Wird ein Mönch einer anderen Kartause zum Prior gewählt, so begeht man nicht den Wahltag, sondern den Tag seiner Aufnahme mit einer gemeinsamen Mahlzeit im Refektorium.[752]

Diese Statuten wurden 1222 von Prior Jancelin vervollständigt.[753] Deutlich wird das am Wahlrecht. Die Ausführungen des Priors Basilius, die besonders den liturgischen Rahmen berücksichtigten, werden nun im Hinblick auf die Wahlordnung ergänzt. Die Wahl muss innerhalb von 40 Tagen erfolgen.[754] Das Recht zur Wahl muss von der Grande Chartreuse erbeten werden, die wiederum zwei Prioren bestellt, die die Wahl durchführen. Um den geeigneten Kandidaten zu finden, lassen sie immer wieder den Konvent zusammenkommen.[755] In diesem Zusammenhang ist auf die Wahlen in den slawischen und englischen Kartausen hinzuweisen. Die Konvente in diesen Ländern wählen, nachdem sie die Erlaubnis von der Grande Chartreuse erhalten haben, unter Anwesenheit eines anderen Priors einen Vorsteher für ihre Kartause.[756] An dieser Stelle wird auf die Kandidatenqualität eingegangen: Zunächst sind es die Würde und die Eignung, die als Voraussetzungen für dieses Oberenamt gelten, dann werden Leben, Umgangsformen und klösterlicher Lebenswandel genannt. Sollte ein Mönch aus einer anderen Kartause zum Prior gewählt werden, so hat ein Mönch aus der verwaisten Gemeinschaft in den Konvent des anderen Hauses überzuwechseln.[757]

---

750 „... incensum non adoletur: Pax sumitur. Suffragia quoque illa dicuntur ad missam, nisi Dominica fuerit, quae in festo supra ebdomadam dicimus." Ebd. (Ebd., S. 193).

751 „In gratiis agendis post prandium et caenam veniam non sumimus." Ebd., Cap. 35, 3 (Ebd.).

752 „Si autem qui eligitur praesens non fuerit, non die electionis sed susceptionis, in refectorio manducamus." Ebd., Cap. 35, 4 (Ebd.).

753 Vgl. BECKER, H.: Kartäuser, Kartäuserinnen, Sp. 1018.

754 „Electiones infra xl dies fiant." Statuta Jancelini, Cap. 34, fol. 75v (ACar 65,2; HOGG, J. (Hg.), S. 84).

755 „Porro priusquam electio fiat conuentus electionem facturus petat licentiam a domo cartusie quos uoluerint indeterminate duos conuocandi priores. Que semel data si forte qualibet ex causa electio nequierit effectum sortiri. sufficiat eis ad conuocandas quocicus uoluerint eosdem aliosue priores. donec fine pociantur optato. Priores uero capituli auctoritate precipiant quatinus secundum deum talem eligant qui et dignus et idoneus existimetur ad officium prioratus." Ebd.

756 „De absque est statutum ut si in aliqua domorum sclavonie uel anglie prior sit eligendus petant quamcicius poterint a domo cartusie licentiam eligendi. Que permittet ut uicino sibi priore uocato et presente contenti talem eligant secundum deum personam de se ipsius uel de ordine cuius uita mores et conuersacio et fratribus et hiis qui extra sunt esse debeat in sancte conversationis exemplum." Ebd.

757 „Si itaque domus xiiii monachos habens uel nouicios expectans. priorem elegerit de alia domo. mutant unum de se ipsis communi consilio ad aliam domum. donec

Bernhard von Tours erließ 1248 eine Vorschrift, die „De reformatione" genannt wird.[758] Aus dem Text wird ersichtlich, dass er auch das Wahlrecht änderte. Der verwaiste Konvent erbittet wiederum von der Grande Chartreuse die Erlaubnis zur Wahl und ruft aus den benachbarten Klöstern die Prioren zusammen, die seiner Einschätzung nach fromm und diskret sind.[759] Der Wahl gehen Tage des Fastens und des Gebets voraus; unmittelbar vor der Wahl wird eine hl. Messe zu Ehren des Heiligen Geistes gefeiert. Im Anschluss daran rufen die Prioren die Mönche im Kapitelsaal zusammen und weisen ihre Vollmacht aus, die es ihnen erlaubt, einen würdigen und geeigneten Mönch zum künftigen Prior zu wählen.[760] Nachdem sich die Mönche auf ihre Zellen zurückgezogen haben, werden sie von den Prioren befragt. Als gewählt gilt die Person, die geeignet ist und den größeren und gesünderen Teil der Stimmen auf sich vereint. Mittels der Vollmacht des Generalkapitels bestätigen die Prioren diese Wahl.[761] Kommt es jedoch zu einer zwiespältigen Wahl, so haben sie die Aufgabe, den Konvent zur Einigung zu ermuntern. Können sie jedoch nicht entscheiden, welcher Teil der gesündere und größere ist, dann können sie von den beiden Parteien je einen Schiedsrichter hinzunehmen. Diese beiden können einen dritte Person beiziehen, um durch eine Kompromisswahl eine geeignete Person zu finden.[762]

Die Zisterzienser legten die Form der Abtswahlen in den Kapiteln 22 und 23 ihrer *Charta caritatis* (ca. 1060) fest. Diese unterscheidet bei den Abtswahlen zwischen dem Mutterkloster Cîteaux und den übrigen Zisterzienserklöstern. Verstarb der Abt des Mutterklosters Cîteaux, so stand es den Äbten der Filialklöster La Ferté, Pontigny, Clairvaux und Morimond zu, den neuen

---

locus in sua uacet. Uno uero ex monachis in predictis casibus prioratum relinquente ipse sit in alia domo ordinis." Ebd., fol. 76r (Ebd., S. 85).

758 Vgl. BECKER, H.: Kartäuser, Kartäuserinnen, Sp. 1018.

759 „Conventus electionem facturus de licentia domus cartusie uocabit duos de uicinis prioribus religiosores et discreciores secundum suam estimacionem. Primo autem precedentium dierum ieiunio et oratione consueta." Bernard de la Tours, De Reformatione, Cap.: Qualiter fieri debeant electiones , fol. 37v (ACar 65,2, Hogg, J. (Hg.), S. 8).

760 „... cantabitur missa de spiritu sancto et cantata missa priores uocari et monachi domus illius conueniant in capitulo et priores preponant et auctoritate generalis capituli precipiant ut secundum deum talem personam eligant qui dignus estimetur a idoneus ad officium prioratus." Ebd.

761 „Hoc facto monachi eant ad cellas ubi priores singulorum inquirant uoluntates. et ubi maioris et sanioris partis uota in ydoneam personam conuenerint auctoritate capituli generalis priores ipsum confirment." Ebd. .

762 „Tam priores prius laborent ut si forte aliquis discordauerint eos ad concordiam reuocent. ut a domino probetur electio processisse. Si uero priores non poterint discernere que pars monachorum maior et sanior pars fuerit. assumantur arbitri ab utraque parte unus et illi duo possint uocare tercium et si in ydoneam conueniunt personam. priores auctoritate generalis capituli electionem confirment." Ebd., fol. 37v–38r (Ebd., S. 8 f.).

Abt zu wählen.[763] Musste für ein Zisterzienserkloster ein neuer Abt gewählt werden, wurden innerhalb von 15 Tagen die Äbte der Tochterklöster herbeigerufen, die zusammen mit den Mönchen des Klosters den neuen Abt wählten.[764] Diese Bestimmungen blieben im Laufe der nächsten Jahrhunderte in ihrer Grundaussage gültig, wurden jedoch den Gegebenheiten immer wieder angepasst: 1134 wurde für das Mutterkloster Cîteaux der Wählerkreis erweitert, indem ihren Professmönchen das Wahlrecht zugestanden wurde.[765] Das Generalkapitel von 1181 entschied, dass die Konversen von der Abtswahl auszuschließen sind.[766] In der ersten Hälfte des 13. Jahrhunderts war man bemüht, Exkommunizierte und Weltkleriker vom Wahlgremium fernzuhalten.[767] Eine deutliche Angleichung des zisterziensischen Wahlrechts an das allgemeine Wahlrecht der Kirche ist in der zweiten Hälfte des 13. Jahrhunderts zu erkennen. Der Dekretale *In causis* nach sollen der Prior, der Sakristan und der Cellerar den Archidiakon der Kirche wählen. Bei den Zisterziensern sollen der Prior, Subprior und Cellerar einmütig einen Abtskandidaten nominieren. Kam es nur zu einer Zweidrittelmehrheit, so war es die Aufgabe des Vaterabtes, das abweichende Votum durch seine Stimme zu ergänzen.[768] In

---

763 „Domui autem cisterciensi, quia mater est omnium nostrum, dum proprio abbate caruerit, quatuor primi abbates, scilicet de Firmitate, de Pontiniaco, de Claravalle et de Morimundo provideant et super eos sit cura domus illius donec abbas in ea electus fuerit et statutus." Charta caritatis, Cap. XXII (SCGOC 1(=BRHE 9), CANIVEZ, J. (Ed.), S. XXIX).

764 „Ad electionem autem cisterciensis abbatis prefixa et nominata die ad minus per XV dies convocentur ex abbatibus quorum domus de Cistercio exierunt, et ex aliis quos predicti abbates et fratres cistercienses idoneos noverint, et congregati in nomine Domini abbates et monachi cistercienses eligant abbatem." Ebd., Cap. XXIII (Ebd., S. XXIX).

765 „Defuncto abbate pater abbas vocetur: et si qui sunt abbates quos illa domus genuerit, viciniores quique ad diem quem ipse pater abbas praescripserit pariter convocentur, et ad arbitrium patris abbatis praesentes abbates domus illius simul et monachi abbatem eligant. In domo Cisterciensi, quia mater est omnium nostrum, praesentes abbates qui de Cistercio exierunt, et monachi Cistercienses simul eligant." Statuta ordinis cisterciensis (1134), Cap. 67 (Ebd., S. 29).

766 „Interdicitur generaliter ne conversi intersint electionibus abbatum." Statuta ordinis cisterciensis (1181), Cap. 2 (Ebd., S. 88).

767 „Committitur de Grandisylva et de Scala Dei abbatibus ut diligenter inquirant et examinent electionem Willelmi abbatis Bonaecumbae et si invenerint quod ab excommunicatis vel ipse existens excommunicatus sit electus, deponant eum absque mora auctoritate Capituli generalis et potestatem habeant revocandi et absolvendi ab omnibus excommunicationibus tam ipsum abbatem quam ipsius domus monachos et conversos, tam illos qui adhaeserunt quondam abbati quam alios, prout viderint expedire (salva commissione iacta abbatibus de Scala Dei, de Fontefrigio auctoritate Capituli generalis)." Statuta ordinis cisterciensis (1234), Cap. 50 (SCGOC 2 (=BRHE 10), (Ders.), S. 137 f.).

768 „Item, quaestionem propositam in Capitulo generali quid sit faciendum si prior, supprior et cellerarius dissenserint in nominationibus electorum, sic determinat Capitulum generale quod si unus dissenserit, pater abbas inducat, si potuerit, ut

den Generalkapiteln der Jahre 1317 und 1318 entschied man, dass die Wahl eines Oberen durch eine Zweidrittelmehrheit hinreichend ist. Dem Entschluss nach gilt bei einer Stimmensplitterung der Kandidat als gewählt, der eine Zweidrittelmehrheit auf sich vereinen kann, vorausgesetzt, der Kandidat ist geeignet und gibt seine Zustimmung zu der Wahl.[769] Auf die Kandidatenqualität geht bereits die *Charta caritatis* ein, die allein die Wahl eines Zisterziensermönchs zum Abt des Ordens vorsieht.[770] Erst im 13. Jahrhundert finden sich nähere Ausführungen zu den Qualifikationen der Kandidaten: Das Generalkapitel von 1218 verlangt, Unwürdige vom Abtsamt fernzuhalten.[771] In Anlehnung an die *Regula s. Benedicti* beschließen 1234 die Zisterzienser, dass die Äbte Altes und Neues in ihrer Amtsführung zur Anwendung bringen sollen, wobei darunter ein kompetentes Wissen um Literatur, ein lobenswerter Lebenswandel, das vorgeschriebene Lebensalter und die Zugehörigkeit zur römischen Observanz zu verstehen ist.[772] Nur wenige Jahre (1242) später werden diese Ausführungen konkretisiert: Der Abt muss über ein kompetentes

consensiat; et si forte postea convenire noluerit, pater abbas defectum suppleat discordantis." Statuta ordinis cisterciensis (1271), Cap. 7 (SCGOC 3 (=BRHE 11), (Ders.), S. 94).

769 „Item, cum ubi maius periculum et dubietas imminent, sit cautius et clarius procedendum, generale Capitulum circa electiones in Ordine celebrandas ordinat cautius procedendum videlicet quod quandocumque electionem in nostro Ordine in discordia contigerit celebrari, ille qui a duabus partibus electus fuerit, si electa persona fuerit idonea, et electores ad eligendum habiles, per patrem abbatem vel eum cui in praemissis commiserit vices suas, electus modo praedicto absque contradictione qualibet confirmetur; et quia electio modo debito non procedit absque mutuo consensu eligentium et electi, prohibet Capitulum generale electionem quamcumque confirmari donec electae personae habeatur consensus et ad consentiendum electioni abbas electi ipsum electum inducere teneatur." Statuta ordinis cisterciensis (1317), Cap. 11 (Ebd., S. 335 f.) „Item, quoniam anno praeterito facta fuit diffinito qua dicitur quod electio facta per duas partes electorum vel fere, simpliciter confirmetur, confusionem conscientiarum induxerit aliqualem, generale Capitulum illud elucidare cupiens, praecipit quod illud „fere" appositum amoveatur simpliciter, et electus a duabus partibus perfecte sine contradictione aliqua confirmetur, dum tamen alia quae continentur in diffinitione super actu huiusmodi inviolabiliter observentur." Statuta ordinis cisterciensis (1318), Cap. 15 (Ebd., S. 342).

770 „Personam vero de alio ordine nulla de nostris ecclesiis sibi eligat in abbatem, sicut nec nostrarum aliquem licet in aliis monasteriis que non sunt de ordine nostro dari." Charta caritatis, Cap. 24 (SCGOC 1 (=BRHE 9), (Ders.), S. XXIX).

771 „... Pater vero abbas qui tam indignum promovit et statim post promotionem litteras visitationis domus de Hovedia tam indigno commisit, deponitur similiter in instanti." Statuta ordinis cisterciensis (1218), Cap. 77 (Ebd., S. 501).

772 „Cum iuxta B. Benedicti regulam tales esse debent abbates qui sint et sciant unde proferant nova et vetera, praecipitur tam patribus abbatibus quam electoribus, ut tales de cetero eligantur in abbates, qui sint competentis litteraturae, vitae laudabilis et aetatis legitimae, et maxime circa Romam." Statuta ordinis cisterciensis (1234), Cap. 3 (SCGOC 2 (=BRHE 10), (Ders.), S. 127).

Wissen verfügen, zur Erbauung der Mitbrüder das Wort Gottes auslegen und im Generalkapitel fundiert sprechen können.[773] Diese Qualifikationen werden tradiert und in einigen wenigen Punkten ergänzt: Der Abt muss einer gültigen Ehe entstammen[774] und Erfahrung im Umgang mit den zeitlichen Gütern haben[775]; eine Äbtissin muss ein Mindestalter von 30 Jahren haben.

Die Silvestriner wählten im 13. Jahrhundert einen Generalprior auf Lebenszeit.[776] Nach dem Ableben des Generalpriors sind die einzelnen Konvente angehalten, durch ein Skrutinium zwei Stellvertreter zu wählen, deren Aufgabe es ist, den künftigen Oberen im Kloster des hl. Benedikt auf dem Monte Fano zu bestimmen.[777] Nachdem sich alle Delegierten im Kapitelsaal zusammengefunden haben, die Messe zu Ehren des Heiligen Geistes gesungen, dessen Gnade erbeten und die Predigt gehalten wurde, erfolgt die Bestimmung des Priors durch eine Skrutiniums-, Kompromiss- oder Inspirationswahl. Im Angesicht Gottes soll die Wahl einstimmig erfolgen.[778] Hinsichtlich der Kan-

---

773 „Districte praecipitur patribus abbatibus ut efficaciter laborent ad tales promovendos in abbates qui, sicut scriptum est, sint vitae laudabilis, aetatis legitimae et competentis litteraturae, ita saltem quod in suo capitulo competenter sciant et possint ad aedificationem proponere verbum Dei, et in Capitulo generali litteraliter loqui." Statuta ordinis cisterciensis (1242), Cap. 6 (Ebd., S. 246 f.).

774 „Sententiae anno praeterito latae de abbatibus eligendis, hoc additur quod sint de legitimo matrimonio nati." Statuta ordinis cisterciensis (1243), Cap. 3 (Ebd., S. 260).

775 „Item, quod in eadem ordinatione continetur, quod electus idoneus et sufficiens sit loco, sic declarat idem Capitulum quod idoneitas pertinet ad vitam et conversationem laudabilem, sufficientia vero ad scientiam litteralem et experitentiam temporalem; et horum omnium cognitio et approbatio vel reprobatio ad patrem abbatem pertinere dignoscitur." Statuta ordinis cisterciensis (1276), Cap. 21 (SCGOC 3 (=BRHE 11), (Ders.), S. 156).

776 Vgl. WEISSENBERGER, P.: Die ältesten Statuta Monastica der Silvestriner, S. 47.

777 „Unde, obeunte sive cedente generali priore, per presidentes capitulo sive vicarios fratribus Ordinis nuntietur ut priores uniuscuiusque loci, suo congregato capitulo, per scrutinium et disquisitionem voluntatum singulorum duo fratres eligantur per unumquemque conventum, cum quibus usque ad prefixam sibi diem ad eligendum futurum pastorem in monasterio sancti Benedicti heremi et Ordinis Montisfani conveniant, quod monasterium capud et matrem recongnoscimus Ordinis universi." Costituzioni dell'ordine di s. Benedetto di Montefano 4,1 (BMon 11, Bux, L. u. a. (Ed.), S.132), vgl. Statuta monastica, Cap. III,1 (RQ 47 (1939), WEISSENBERGER, P. (Ed.), S. 91).

778 „Quibus omnibus in capitulo congregatis, premissa missa de Sancto Spiritu, cum collectis de beata virgine Maria et de Congregatione, invocent Sancti Spiritus gratiam cum omni cordis devotione et animi puritate. Et statim post gratie Sancti Spiritus invocationem, sermo predicatoris sequatur. Deinde autem per formam scrutinii aut formam compromissi sive fortasse si per inspirationem divinam voluerint concorditer et unanimiter in unam convenire personam ..." Costituzioni dell'ordine di s. Benedetto di Montefano 4,1 (BMon 11, Bux, L. u. a. (Ed.), S.132.134), vgl. Statuta monastica, Cap. III,1 (RQ 47 (1939), WEISSENBERGER, P. (Ed.), S. 91).

didatenqualifikation heißt es, dass die Wähler ihr Augenmerk nicht auf das Äußere des Kandidaten legen sollen. Als geeignet erscheint ein Kandidat, der sich auf dem Hintergrund der Seelsorge und des Ordensstandes als friedfertig und ruhig erweist, sich durch Lebenserfahrung, Sitten und Wissen auszeichnet und der durch kein kanonisches Hindernis eingeschränkt ist.[779] Die eigentliche Wahl erfolgt durch einen Stellvertreter des Wahlgremiums.[780] Nach der Wahl stimmen die Cantores das „Te Deum laudamus" an und gehen in die Kirche, um Gott zu danken. Anschließend wird die Wahl protokolliert und dem Bischof vorgelegt, von dem die Konfirmation erbeten wird.[781]

Die Konstitutionen des Olivetanerordens entstanden in der Mitte des 14. Jahrhunderts.[782] Im 5. Kapitel wird die Wahl des Abtes beschrieben. Nach der Ansprache des Priors wird der Wahlvorgang liturgisch eröffnet.[783] Im Anschluss daran werden drei reife Brüder zu Skrutatoren gewählt, deren Aufgabe es ist, die Voten der Brüder entgegenzunehmen. Nach der Stimmbekanntgabe werden die Stimmen ausgezählt. Derjenige ist als gewählt zu betrachten, auf den sich die „maior pars" des Kapitels einigt. Einer der Skrutatoren hat nun die Aufgabe, als Stellvertreter des Konvents den Kandidaten zum Abt zu

---

779 „... procedatur ad electionem futuri pastoris. Et ipsi electores, sive sint plures sive unus, solum Deum habentes pre oculis, non carnem et sanguinem nec utilitatem propriam considerantes, sed çelum animarum et statum Ordinis pacificum et tranquillum, illum eligant de gremio Ordinis, quem vita, moribus et scientia et cui aliquid canonicum non obsistat congnoverint commendandum." Costituzioni dell'ordine di s. Benedetto di Montefano 4,1 (BMon 11, Bux, L. u. a. (Ed.), S.134), vgl. Statuta monastica, Cap. III,1 (RQ 47 (1939), WEISSENBERGER, P. (Ed.), S. 91).

780 „Et tunc unus electorum surgat et dicat: „Ego talis vice mea et vice omnium eligentium talem eligo sive postulo in pastorem, prelatum et priorem generalem Sancti Benedicti heremi et Ordinis Montisfani." Costituzioni dell'ordine di s. Benedetto di Montefano 4,1 (BMon 11, Bux, L. u. a. (Ed.), S.134), vgl. Statuta monastica, Cap. III,1 (RQ 47 (1939), WEISSENBERGER, P. (Ed.), S. 91).

781 „Deinde incipiant cantores *Te Deum laudamus* et in ecclesiam intrent, deo gratias referentes, et ordinate sic omnia scribantur. Et dyocesano episcopo electio presententur ac etiam confirmationem recipiant sicut decet." Costituzioni dell'ordine di s. Benedetto di Montefano 4,1 (BMon 11, Bux, L. u. a. (Ed.), S.134), vgl. Statuta monastica, Cap. III,1 (RQ 47 (1939), WEISSENBERGER, P. (Ed.), S. 92 f.).

782 Vgl. CATTANA, V.: La primitiva redazione, S. 75 f.

783 „Videlicet, quod prior claustralis supradictus, quibusdam spiritualibus breviter et exortatoriis verbis praemissis, faciat fratribus, in dicto capitulo existentibus et vocem habentibus, praeceptum declaratum superius in proximo precedenti capitulo. Et dicto a fratribus devote, flexis genibus, psalmo *Ad te domine levavi animam meam* cum *Gloria patri*, dicatur *Kyrie, Kriste, Kyrie, Pater noster* secreto, *Et ne nos*, responsio *Sed;* versus *Salvos fac servos*, responsio *Deus meus;* versus *Mitte eis domine auxilium*, responsio *Et de Syon tuere eum;* versus *Esto nobis domine turris fortitudinis*, responsio *A facie inimici;* versus *Nihil proficiat inimicus*, responsio *Et filius;* versus *Domine exaudi*, responsio *Et clamor;* versus *Dominus vobiscum*, responsio *Et cum spiritu tuo;* oratio *Pretende famulis tuis quaesumus domine.*" Constitutiones Congregationis Montis Oliveti, Cap. 5 (Ben. 18 (1971), (CATTANA, V. (Ed.), S. 82)).

wählen.[784] Nach der Wahl erfolgt wiederum ein liturgischer Abschluss: Vor dem Altar zu Boden gestreckt, singen die Kantores den Hymnus „Veni creator spiritus", an den sich mehrere Verse und Gebete anschließen. Im Anschluss daran wird der gewählte Abt durch die drei Skrutatoren installiert und an seinen Platz gebracht.[785] Nach der Installation und den damit verbundenen Vollmachten in zeitlichen und geistlichen Belangen des Klosterverbandes stellen die anwesenden Prioren ihr Amt zur Verfügung. Nimmt der Abt einen Amtsverzicht an, so verspricht der Mönch ihm den Gehorsam.[786] Dem Klosterverband von Monte Oliveto war es eigen, jedes Jahr einen neuen Abt zu wählen. Die schriftliche Einladung zur Wahl kam nur zum Einsatz, wenn der Abt starb. Dieser Fall eröffnet noch einmal den Blick auf das Wahlgremium, zu dem nicht nur die Prioren des Klosterverbandes gehörten, sondern auch die Professmönche von Monte Oliveto.[787]

Bei den Chorherrenorden sind zunächst die *Constitutiones Portuenses* aus dem Jahren 1114/17 anzuführen, die die Bestimmungen der Synoden von Reims (1059) und Rom (1080) rezipieren und für ihre Ordensgemeinschaft konkretisieren. Der Obere des Klosters ist von allen Brüdern zu wählen. Aus diesem Grund werden alle Konventualen befragt. Die Wahl soll einmütig er-

---

784 „Quibus sic devote dictis, tres maturi et discreti fratres deum timentes, in dicto capitulo et de gremio ipsius capituli eligantur. Qui secreto et sigillatim scrutentur et audiant vota fratrum vocem habentium in electione abbatis, in dicto capitulo existentium; quibus fideliter auditis mox eis ea publicent in communi. Et ille in quem maior pars capituli in dicto scruptinio consenserit, si alias eligibilis et de gremio dictae congregationis, statm (sic!) per unum de scruptatoribus antedictis, vice et nomine totius capituli supradicti, eligatur in abbatem monasterii antedicti." Ebd. (Ebd., S. 82 f.).

785 „Et sic ille electus, illico, more solito, prosternat se coram altari et cantores incipiant *Veni creator,* quo completo dicatur versus *Emitte,* postea oratio *Deus qui corda;* et, dicto *Benedicamus,* dicatur a fratribus *Salve regina* cum oratione *Concede misericors deus,* Postquam, dictus abbas per dictos tres fratres qui tenuerunt scruptinium ponatur in loco suo, et ut versus abbas ad dei et gloriosae virginis Mariae et beatissimi patris nostri Benedicti laudem installatur." Ebd. (Ebd., S. 83).

786 „Et sic ut verus et legittimus abbas reputetur ab omnibus, administrandique in spiritualibus et temporalibus eiusdem monasterii et locorum subiectorum habeat plenam facultatem. Post quae prior claustralis saepedictus et omnes alii priores locorum, cerimoniis debitis observatis, renuntient officiis prioratuum eorum. Quibus renuntiationibus per abbatem admissis, mox quilibet, ordine debito, promittat dicto abbati oboedientiam secundum suam professionem, modo, forma et ordine prout supra in proximo praecedenti capitulo est seriosius enarratum." Ebd.

787 „Videlicet quod prior claustralis dicti monasterii ... statim citare teneatur septem priores prioratum et locorum subiectorum dicto monasterio principali ... Quem seu quos sotios praedictum capitulum cuiuslibet dictorum locorum consignare dicto suo priori teneatur, visis litteris citatoriis a saepedicto priore claustrali emanatis. ... Si vero contigerit quod alii priores a praedictis sue alii fratres professi vocem habentes forent in monasterio tempore praedictae electionis faciendae, intelligantur esse de corpore capituli praelibati ad quod praefata abbatis electio dicitur pertinere." Ebd., Cap. 7 (Ebd., S. 84 f.).

folgen.[788] Kommt es zu einer Splitterung der Stimmen, dann ist der als Vorsteher zu wählen, der als geeignet betrachtet wird und der vom größeren und besseren Teil des Konvents gewählt wurde.[789] Bemerkenswert ist die Charakterisierung des Kandidaten: er soll im Glauben und in der Heiligkeit überragend, in der Unterscheidung weise, in der Liebe glühend und im Wissen vollkommen sein; zu den Aufgaben des Oberen gehört es, den Leib wie die Seelen der Brüder zu schützen und zu leiten.[790] In den Constitutiones Portuenses holt der Klostervorsteher die Meinung seiner Mitbrüder ein, um Personalfragen zu entscheiden; damit deutet sich bereits die Wahl durch ein Skrutinium an.

Die Konstitutionen von Marbach (Elsass) aus dem Jahr 1122 sehen vor, dass, nachdem der Vorsteher des Mutterklosters verstorben ist, alle Prioren aus dem Marbacher Klosterverband[791] zusammenkommen. Ihre Aufgabe ist es, über einen Amtsnachfolger zu beraten.[792] Der Wahl geht ein dreitägiges Fasten voraus. Am Wahltag bestellen die Prioren drei Kompromissare, denen die Wahl des neuen Prälaten zukommt. Nach der liturgischen Einleitung mit Psalmen, Messe zum Heiligen Geist und einer Lesung versprechen die Prioren, der Wahl der Kompromissare zuzustimmen.[793] Unter Ausschluss der versammelten Prioren erfolgt dann die Wahl, die in den Konstitutionen nicht be-

---

788 „... sed intra hunc terminum collectis in unum Fratribus, & diligenter super eligendo pertractatis omnibus, & si sit cunctorum minimus, ille tamen eligatur concorditer ab omnibus ..." Regulae canonicae institutionis sive constitutiones Portuenses, Cap. I,6 (AMORT, E. (Hg.): Vetus disciplina, Tomus primus, S. 346).

789 „Quod si in eligendo ex diversitate personarum orta fuerit inter Fratres discordia, in tantum ut ultra statutum terminum differatur electio, tunc Praelati Ecclesiae statuta in communi oratione cum jejunio eum eligant, quem ad hoc meliorem cognoverint, & cujus electioni plures ac meliores Fratres consenserint." Ebd.

790 „... ille tamen eligatur concorditer ab omnibus, qui fide et sanctitate praestantior, discretione prudentior, charitate ferventior, sciencia quoque si fieri potest sit plenior, quique Fratrum animas et corpora sapienter custodire, regulariter regere sciat et valeat." Ebd.

791 „Der sich im 12. Jh. ausbildende Marbacher Klosterverband (kaum erforscht) wurde 1462 aufgelöst. Folgende Stifte befolgten die Marbacher Gewohnheiten oder gehörten zu seinem Verband: Backnang, Indersdorf, Interlaken, Hördt, Frankenthal, Goldbach, St. Leonhard in Basel, Schwarzenthann, St. Arbogast und St. Trinitas in Straßburg." SEIBERT, H.: Marbach, Sp. 216.

792 „Domno praelato defuncto priores omnium nostrarum cellularum convocamus et eorum communi consilio electioni vacamus." Consuetudines Marbacenses, Cap. 148 (§338) (FriSpic 10, SIEGWART, J. (Ed.), S. 252).

793 „His congregatis placet omnibus triduanum ieiunium peragere, ut sic a domino rectum electionis consilium mereamur suscipere. Hanc tandem super tres sanioris consilii constituentes inter nos confirmamus, ut quemcumque isti elegerint, omnes sine disceptatione laudemus. Noctem igitur diem electionis precedentem hii tres psalmis et orationibus insistentes insomnem ducunt. Mane facto missam sibi celebrari faciunt et expleta prima cum ceteris capitulum intrant. Ibi legatur hec lectio ..." Ebd.

schrieben wird.[794] Mit dem „Te Deum laudamus", dem Friedensgruss, dem Homagium und dem Versprechen des Neugewählten findet die „electio" ihren Abschluss.[795]

1122 gingen die Augustinerchorherren von Klosterrath bei der Wahl ihres Abtes ähnlich vor wie die Augustinerchorherren von Marbach. Der Verfasser der *Consuetudines canonicorum regularium Rodenses,* Abt Richer, arbeitet jedoch noch zwei wichtige Aspekte heraus. Ihm geht es um die persönliche Qualifikation der drei Wähler und um das Wirken des Heiligen Geistes, das den drei Wählern den Kandidaten offenbart. Nach drei Fasttagen wählen die Chorherren drei Mitbrüder aus, die sich durch Weisheit und Frömmigkeit in besonderer Weise hervortun.[796] Ihre Aufgabe ist es, den neuen Abt zu wählen. Der Konvent erklärt sich bereit, die Wahl anzunehmen. Die drei Wahlmänner verlassen dann den Konvent, beraten sich, kehren zurück und verkünden dem Konvent, welcher Kandidat ihnen von Gott mitgeteilt worden ist.[797] Es folgt eine Art Konsens, in dem alle nach ihrer Zustimmung gefragt werden. Nachdem diese gegeben wurde, wird der Gewählte unter Psalmengesang in die Kirche geführt, in der die Wahl bestätigt wird. Dann wird der Tag der Abtsbenediktion festgelegt, die durch den Bischof zu erfolgen hat.[798]

Zeitgleich mit dem Wormser Konkordat und dem I. Laterankonzil sind die Konstitutionen des Domkapitels der dänischen Bischofsstadt Lund entstanden. Die Statuten, die 1123 für dieses Domkapitel, die so genannten Laurentii-Brüder, erlassen wurden, lehnen sich an die Konstitutionen des Marbacher

---

794 „Post hec iterum queritur, utrum aliquis ab electione eorum dissentiat. Quod cum omnes negaverint, aliis in capitulo remanentibus et psalmum *Quis regis Israel* devotissime canentibus, illi tres ad consilium exeunt. Mox revertentes eligunt ..." Ebd., Cap. 150 (§ 347) (Ebd., S. 255 f.).

795 „... et electum gaudentes et *Te deum laudamus* canentes rapiunt et in ecclesiam sine mora velit nolit ducunt. His ita peractis iterum in capitulo conveniunt et eum singillatim osculantes et manus manui eius dantes obedientiam promittunt in hec verba: *Promitto tibi obedientiam in deo secundum regulam beati Augustini patris nostri.* Sic electus prelatus habetur." Ebd., Cap. 150 (§ 347 f.) (Ebd., S. 256).

796 „Postquam omnes responderint „Amen", iterum considentes indicunt sibi triduanum ieiunium, biduo quidem panis et potus et cibi simplicis edulio, tertia vero panis et aquae abstinentia cum orationum et vigiliarum continuationibus summamque electionis imponunt tribus ex omni numero sapientia et religione praecellentioribus." Consuetudines canonicorum regularium Rodenses, Nr. 286 (FC 11,2, WEINFURTER, St. u. a., S. 494).

797 „Ubi postquam cognoverint, quod nullus ab eorum electione dissentiat, exeant et ceteris decantantibus psalmum „Qui regis" ipsi communicato consilio evertentes insinuant personam, quam dominus insinuaverit." Ebd.

798 „Post haec, cum oportunum fuerit, invitatur episcopus ad consecrationem electi, a quo denuo inquisito omnium consensu et maxime spiritalium et audita unanimi continentia cum praefata psalmodia et melodia deducit eum in ecclesiam ad confirmandam electionem et constituit diem, qua promoveat eum secundum statutam abbatibus benedictionem." Ebd., Nr. 288 (Ebd., S. 498).

Chorherrnstiftes an;[799] in ihnen findet sich ein Abschnitt über klösterliche Wahlordnungen. Den Bestimmungen nach war bei der Wahl des Propstes der Bischof beteiligt, der sich mit den Senioren bzw. mit geeigneten Brüdern darüber berät, wer für das Amt des Propstes die geeigneteste Person ist. Mit dem Votum und dem Einverständnis aller Kapitulare wird dieser zum Vorsteher bestimmt.[800] Bemerkenswert ist, dass die Consuetudines den Domherren Hilfestellung geben, um die richtige Person zu finden: Die Verdienste im Leben, das geistliche Leben, der Nutzen für die Gemeinschaft und das Vertrauen spielen dabei eine große Rolle.[801] Die Konstitutionen rechnen aber mit dem Fall, dass das Votum der Brüder auseinandergeht. In diesem Fall soll sich der Bischof immer an den Rat des gesünderen Teils der Gemeinschaft halten. Damit das Wahlgremium freier beraten und jeden einzelnen Fall durchgehen kann, soll das Beratergremium von den anderen Brüdern abgeschirmt sein.[802] Gleich welchen Kandidaten nun der gesündere Teil des Kapitels bestimmt, diesen soll der Bischof bestätigen.[803] Das Ziel der Wahlvorgänge ist, in jedem Fall eine geeignete Person für das Vorsteheramt zu finden. Garant für diesen Kandidaten ist das Votum des gesünderen Teils der Brüder. Eine Wahl würde dann optimal verlaufen, wenn dabei das Votum des Kapitels einmütig wäre. Bei den Konstitutionen von Lund wird deutlich, wie bei einer Wahl des Propstes Bischof und Wahlgremium zusammenwirken; für die Wahl ist das Votum der Brüder entscheidend.

Ferner gehen auf die Wahl des Propstes die Konstitutionen des Augustinerchorherrenstiftes St. Andreas in Benevent ein. Dieses Stift wurde zwischen 1167 und 1170 von Albert von Morra, dem späteren Papst Gregor VIII. (1187), gestiftet.[804] Albert von Morra erhielt seine theologische Ausbildung in Frankreich und wurde Augustinerchorherr in der Kirche St. Martin zu Laon.[805]

---

799 Vgl. NYBERG, T.: Lund. II. Bistum und Erzbistum, Sp. 7.

800 „Quando prepositus est eligendus, primo episcopus cum consilio seniorum .iii. vel plures probabilis uite fratres proponat et de ipsis, quisquis ad officium regendi magis idoneus estimatur communi omnium consensu et uoto, gratuita electione, promoueatur." Consuetudines Lundenses §84 (Consuetudines Lundenses. Statutter for kannikesamfundet i Lund c. 1123, BUUS, E. (Ed.), S. 141).

801 „Ipsi etiam fratres debent nosse, huiusmodi non constituendum esse personaliter aut eo ordine, quo in collegio fratrum admissus est, sed secundum uite meritum et spiritualium donorum prerogatiuam. Qui et cuncte congregationi utilis sit et de ministerio sibi commisso fideliter prosit." Ebd. § 85 (Ebd.).

802 „Finita lectione, illi superius designati exeant foras iussu decani, ut liberius apud fratres singulorum causa uentiletur, cur eorum quisquam uel repudietur uel promotione dignus estimetur. Cum in uno omnium uota consenserint, ille eligatur." Ebd. §96 (Ebd., S. 145).

803 „Sed si forte, quod absit, dissensio inter fratres oborta fuerit et eos in diuersa fauor distraxerit, ne scisma progrediatur ulterius, sollerter episcopus prouideat. Et quemcunque sanior pars canonice congregationis elegerit, ipse sua auctoritate honore prelationis confirmare non differat ..." Ebd. § 86 (Ebd., S. 141).

804 Vgl. KEHR, P.: Papst Gregor VIII. als Ordensgründer, S. 253.

805 Vgl. ebd., S. 249.

Muss im Augustinerchorherrenstift St. Andreas ein neuer Propst gewählt werden, so geschieht das unter Ausschluss der Öffentlichkeit. Es werden lediglich die anderen Äbte der Stadt oder aus den großen Stadtkirchen zwei bedeutende Personen von gutem Ruf oder andere Personen mit gutem Leumund gebeten, bei der Wahl anwesend zu sein, um den Konvent zur Einmütigkeit anzuhalten und jegliche Unruhe fernzuhalten.[806] Jeder Chorherr wird auf sein Votum hin befragt, woran sich eine sorgfältige Besprechung der Voten anschließt. Nach dem Skrutinium soll der Mitbruder zum Propst gewählt werden, den alle oder der größere und gesündere Teil der Chorherren als die geeigneteste Person für die Leitung des Stiftes erkannt haben; sei es, dass die Person aus dem eigenen Konvent oder aus einem anderen Konvent stammt.[807]

Auf welche Weise der Abt von St. Victor in Paris gewählt wird, ist dem *Liber ordinis* (*Antiquae consuetudines canonicorum regularium*) zu entnehmen, der um 1200 verfasst wurde.[808] Nach der Beerdigung des Abtes ruft der Prior des Konvents durch ein Glockenzeichen die Mitbrüder zum Konventkapitel. Dort befragt er die Mitbrüder über den zu wählenden Abt. Die Konstitutionen rechnen mit dem Fall, dass diese Frage nicht einfach zu beantworten ist. Aus diesem Grund sollen sechs oder sieben geeignete Chorherren gewählt werden, deren Aufgabe es ist, sich über einen geeigneten Abtskandidaten zu beraten und zu besprechen.[809] Die Kompromissare sollen den Kandidaten einstimmig wählen. Während der Beratungen der Kompromissare sollen die übrigen Mitbrüder des Konvents schweigen und beten; es ist ihnen nicht erlaubt, während dieser Zeit über die Wahl zu sprechen. Die Publikation der Wahl erfolgt am darauf folgenden Tag.[810] Kommen die Kompromissare jedoch zu keinem Er-

---

806 „Prepositus sane apud Palatiolum eligatur, extranus laicis cunctis absentiam, per quos ulla valeat turbatio suboriri. Rogentur autem abbates civitatis vel duo ex melioribus et maioribus ecclesie maioris | adesse vel alie bone persone, si iste defuerint, ut per earum consilium et favorem et foveatur concordia et turbatio reprimatur." § 33. (KEHR, P. (Ed.), S. 272).

807 „Ipsi vero singulorum in capitulo singillatim voluntatibus requisitis et diligenti discussione habita personarum, illum vobis de vestro collegio vel de alio, si forte idoneus ibi non vobis de vestro collegio vel de alio, si forte idoneus ibi non fuerit, invocata sancti spiritus gratia denuncient eligendum, quem per assertionem omnium sive maioris et sanioris partis ad regimen vestrum viderint aptiorem." Ebd.

808 Vgl. CHÂTTILON, J.: Canonici regolari di San Vittore. 2. Il „Liber ordinis", Sp. 126.

809 „Post sepulturam vero ejus, pulsato signo a priore, statim omnes in capitulo convenire debent. Ibi prior loquetor fratribus, ut provideant de eligendo pastore; & quia res ab omnibus non facile definiri potest, communi consensu totius capituli eligantur sex aut septem fratres vel plures sive pauciores secundum considerationem fratrum consilio & religione probati. Istis ergo electis a toto conventur injungetur, ut seorsum inter se conferant, & considerent qui secundum Deum ad praelationem magis aptus judicandus sit aut eligendus." Antiquae consuetudines canonicorum regularium s. Victoris Parisiensis, Cap. 1 (AERit[2]3, S. 705).

810 „Postea ceteris in silentio et oratione permanentibus, ita ut nulli liceat super hac re ad privata consilia convenire, isti seorsum inter se conferent de eligendo abbate. Cum autem communi consensu personam aptam eligerint; sequenti die in ca-

gebnis, dürfen sie andere geeignete Mitbrüder aus dem Konvent einbeziehen, um mit deren Rat und Hilfe zu einem Ergebnis zu kommen.[811]

Die Chorfrauen von St. Victor, deren Ursprung in einem Doppelkloster der Abtei St. Victor in Paris zu suchen ist, erhielten eigene Statuten, die am 7. Mai 1200 vom Generalkapitel des Ordens beschlossen wurden.[812] Im ersten Kapitel wird sogleich auf die Äbtissinnenwahl eingegangen. Der Ortsbischof und der Abt von St. Victor werden angewiesen, die Wahl nicht zu lange hinauszuzögern.[813] Vor der Wahl werden die Messe zum Heiligen Geist gefeiert und die entsprechenden Gebete gesprochen. Im Kapitelsaal nehmen der Bischof und der Abt das Votum jeder einzelnen Chorfrau entgegen. Die Chorfrauen sollen bei der Wahl frei entscheiden und sich nicht von menschlichen Gesichtspunkten leiten lassen. Hinsichtlich der Qualifikation einer Chorfrau zum Äbtissinnenamt legen die Consuetudines fest, dass die Kandidatin das 30. Lebensjahr erreicht haben muss, dass sie fähig sein muss, spirituelle Leitungsfunktionen zu übernehmen und die Sachkenntnis besitzt, in wirtschaftlichen Fragen den rechtlichen Vorgaben entsprechend zu entscheiden. Nach der Stimmabgabe zählen der Bischof und der Abt die Stimmen aus und prüfen diese auf ihre Qualität. Zur Äbtissin wurde dann diejenige Chorfrau gewählt, die den größeren und gesünderen Teil auf sich vereinen konnte.[814]

Gegen Ende des 12. Jahrhunderts gab sich der Prämonstratenserorden Statuten, in denen die Abtswahl geregelt wurde. Die *Consuetudines* sehen vor, dass der Konvent, dessen Abt verstorben war, seinen eigenen Abt wählt. Dabei soll er von drei anderen Äbten begleitet werden. Bei der Wahl des Abtes von Prémontré sollen sogar sieben Äbte zugegen sein, was auf ein großes Interesse im ganzen Orden schließen lässt.[815] Vergleicht man die Gesetzestexte,

---

pitulo electionem suam fratribus nuntiabunt, et ita omnium consensu electio confirmabitur." Ebd.

811 „Quod si forte ipsi electores in electione concordare non potuerint, advocabunt etiam alios ad se de conventu fratres religiosiores, ut eorum auxilio & consilio res pacifice ad finem perducatur: & sicut dictum est, sequenti die in capitulo electionem suam fratribus nuntiabunt." Ebd.

812 Vgl. COENEGRACHT, P.: De wetgeving, S. 295 (OGE 37 (1963)); vgl. JOCQUE, L.: Regole canonicali, Sp. 1504.

813 „Die electionis per Episcopum loci et Abbatem nostrum infra breve tempus praefixa, et absoluta missa Sancti Spiritus, post sacram religiosarum communionem, resumentur preces supradictae ..." Institutum sancti Victoris, Cap. 1 (OGE 37 (1963), COENEGRACHT, P. (Ed.), S. 318).

814 „... et in loco capitullari (sic!) Episcopus cum Abbate secreta omnium vota libera non emendicata colligent, et a maiori ac saniori parte Capituli electam ad minus annorum triginta maxime idoneam ac pro regimine spirituali et temporali capaciorem omni exceptione iuris carentem declarabunt." Ebd., S. 318.

815 „Sed et hoc de eleccione abbatum diligenti cautela statutum est, ut defuncto abbate Praemonstratensi, septem abbates, Laudunensis, Floreffiensis, Cusiacensis et quattuor alii advocandi erunt, ut per eorum consilium fratres communem eleccionem faciant. Defuncto vero quolibet alio abbate, abbas ad cuius curam defuncti specialiter pertinet locus, cum aliis duobus coabbatibus advocetur, non ad aliqu-

die die Generalkapitel über die Jahre hinweg erließen, so fällt auf, dass bei der Wahl eines neuen Abtes mit Streitigkeiten gerechnet wurde.[816] Der *Liber Consuetudinum* aus der zweiten Hälfte des 12. Jahrhunderts weist den anwesenden Äbten die Aufgabe zu, die Mitbrüder zur Einhelligkeit anzuhalten bzw. eine Abtswahl nach dem Votum des gesünderen Teils der Wähler zu entscheiden.[817] Nach dem Erlass der drei Wahlformen durch das III. Laterankonzil sehen die *Consuetudines* von 1222 vor, eine unentschiedene Abtswahl durch den Kompromiss der drei anwesenden Äbte zu entscheiden.[818] Führt man sich diese Regeln nochmals vor Augen, so legt der Begriff von der „sanior pars" aus dem *Liber consuetudinum* die Vermutung nahe, dass es sich hier um eine Skrutiniumswahl handelt. In den darauf folgenden Jahren tritt die Kompromisswahl ergänzend hinzu.

Den ersten Konstitutionen des Karmelitenordens von 1209 entsprechend soll der Prior einmütig gewählt werden. Ist dies nicht möglich, gilt der als gewählt, für den sich die „maior et sanior pars" entscheidet.[819] Im Verlauf der Regel werden das Wahlgremium, die Wahl und der Prior eigens interpretiert. Im 18. Kapitel wird die Wahl des Priors als eine Amtseinsetzung verstanden, die Christus selbst vollzieht. Der Prior macht in seiner Person Christus sichtbar und hörbar. Der Gehorsam gilt demzufolge Christus selbst.[820] Auch bei den Karmeliten änderte sich mit der Zeit das Wahlrecht: Die „sanioritas" wurde immer mehr zurückgedrängt; an ihre Stelle trat das Majoritätsprinzip. Im 43. Kapitel der Konstitutionen von London (1281) wird dargelegt, dass bei der Wahl der Definitoren die Brüder als gewählt gelten, die die meisten Stimmen

---

am vim aut potestatem, sed ad hoc solummodo, ut si fratres in eleccione sua concordes fuerint, laudabunt eleccionem et confirmabunt." Liber Consuetudinum, Dist. IV, Cap. 8 (APraem.B 12, LEFÈVRE, Pl. F. u. a., S. 48 f.).

816 „Si vero discordes fuerint, eos ad concordiam revocabunt et partis sanioris consilium corroborabunt." Ebd.; „*Verum si inter fratres de eligendo abbate discordia fuerit vel scissura suborta, et ipsi facile ad concordiam et unitatem in persona idonea eligenda nequiverint revocari* ..." Liber Consuetudinum, Dist. IV. Cap. 8. (APraem 69(1993), KRINGS, B., S. 189).

817 „Si vero discordes fuerint, eos ad concordiam revocabunt et partis sanioris consilium corroborabunt." Liber Consuetudinum, Dist. IV, Cap. 8 (APraem.B 12, LEFÈVRE, Pl. F. u.a., S. 49).

818 „*Verum si inter fratres de eligendo abbate discordia fuerit vel scissura suborta, et ipsi facile ad concordiam et unitatem in persona idonea eligenda nequiverint revocari, pater abbas consilio coabbatum suorum idoneam provideat eis personam.*" Liber Consuetudinum, Dist. IV. Cap. 8. (APraem 69 (1993), KRINGS, B., S. 189).

819 „Illud in primis statuimus, ut unum ex vobis habeatis priorem, qui ex unanimi omnium assensu, vel maioris et sanioris partis, ad hoc officium eligatur, cui obedientiam promittat quilibet aliorum." ALBERTUS <HIEROSOLIMITANUS>: Karmelregel, Cap. 1 (Karmelregel. STEGGINK, O. (Einl., Über. und Komm.) u.a., S. 16).

820 „... Christum potius cogitantes quam ipsum, qui posuit illum super capita vestra, et ecclesiarum prepositis ait: qui vos audit, me audit, qui vos spernit, me sprenit, ut non veniatis in iudicium de contemptu, sed de obedientia mereamini eterne vite mercedem." Ebd., Cap. 18 (Ebd., S. 40).

auf sich vereinen konnten.[821] Die Statuten des Karmelitenordens, die 1324 erlassen wurden, gehen im 27. Kapitel auf das Wahlrecht ein. Demzufolge soll die Wahl in einem Konklave stattfinden, denn es sollen alle ausgeschlossen werden, die nicht zum Wahlgremium gehören.[822] Zudem fällt auf, dass der Generalprior durch eine Skrutiniumswahl bestimmt werden soll. Die Befragung der Deputierten ist Aufgabe eines gewählten Skrutators, des Generalvikars des Ordens und der beiden Definitoren der ersten beiden Ordensprovinzen.[823] Nach der Feststellung der einzelnen Voten wird das Ergebnis publiziert und als nominiert gilt der, der den größeren und gesünderen Teil des Wahlgremiums hinter sich hat.[824] Die Wahl wird vom Ersten des größeren und gesünderen Teils durchgeführt; den Votanten der Splittergruppen wird die Möglichkeit gegeben, durch einen Accessus dem größeren Teil beizustimmen.[825] In den Generalkapiteln, die nach 1357 gehalten wurden, wählten die Karmeliten den General-, Provinzial- und der Konventualprior durch eine absolute Mehrheit. Für die Wahl der beratenden Mitglieder, z. B. die „Socii" der Provinzial- und Generalkapitel, war in den ersten beiden Wahlgängen eine absolute Mehrheit notwendig. Führten diese Wahlgänge zu keinem Ergebnis, wurde der folgende Wahlgang durch eine relative Mehrheit entschieden.[826]

Clara von Assisi und ihre Schwestern standen von 1212 bis 1218/19 unter der persönlichen Leitung des Franziskus von Assisi; dieser gab ihnen als Regel die *Formulae vitae*, die nur noch in Bruchstücken erhalten ist. Papst Innozenz III. bestätigte ihre Lebensform 1215/16 mit dem „Privileg der seraphischen

---

821 „... et qui plures voces habuerint, diffinitores in illo capitulo erunt." Constitutiones Capituli Londinensis, Cap. 43 (AOCarm 15 (1950), SAGGI. L. (Ed.), S. 239).

822 „Electio prioris generalis fiat hoc modo: Singuli fratres qui in capitulo generali fuerint congregati, facto scrutinio et exclusis omnibus qui non sunt de gremio capituli generalis ..." Constitutiones antiquae a. 1324, Cap. 27,11 (Antiquas ordinis constitutiones acta capitulorum generalium tractatus de prioribus generalibus de magistris Parisiensibus nec non epistolas diversas, ZIMMERMANN, B. (Hg.), S. 88).

823 „... coram presidente unum fratrem de religione nostra, quem ad tantum officium digniorem existimaverint, [quibus] secrete nominando fideliter eligant, et vicarius qui capitulo praeest cum duobus diffinitoribus primarum provinciarum dicta singulorum conscribat. Ita quod idem vicarius primo electionem suam scribat, aliis nescientibus quem ille elegerit, et secundus audiente solo vicario, et tertius coram illis duobus vocem suam dicat. Deinde singuli aliorum coram illis tribus, et sic in eodem loco antequam recedant ab invicem scriptum publicant in medio coram vicario generali ..." Ebd.

824 „... et in quem major pars et sanior omnium eligentium concordaverit (ita videlicet ut sua pars partes omnium electorum conjunctas superet) prior generalis habeatur." Ebd.

825 „Sic tamen quod publicatione vocum facta, primus de majori et saniori parte electionem communem faciat coram omnibus in hac forma. Primo requirat alios qui in eligendo a majori parte discordant, quod assentiant in electum a majori parte." Ebd., Cap. 27,12 (Ebd., S. 89).

826 Vgl. HOFMEISTER, P.: „Pars sanioris consilii" (Regula c. 64), S. 18 f.

Armut".[827] Der Kardinalprotektor des Franziskanerordens Hugolin verfasste 1218/19 für Clara und ihre Gefährtinnen Konstitutionen. Darin wird ausdrücklich darauf hingewiesen, dass sich die Schwestern in allem an die Regel des hl. Benedikt zu halten haben.[828] Der Passus, der sich auf die *Regula s. Benedicti* bezieht, wird nahezu wörtlich in der Bulle *Solet annuere* bestätigt, die Papst Innozenz IV. am 13. November 1245 ausfertigen ließ.[829] Auf die Wahl der Äbtissin geht erstmals die Regel ein, die Papst Innozenz IV. am 6. August 1247 veröffentlichte. Dort heißt es, dass der Konvent die neue Äbtissin zu wählen hat. Die Bestätigung der Wahl erfolgt durch den Generalminister; ist dieser abwesend, bestätigt der Provinzial die Wahl der Äbtissin.[830] Diese Regelung wurde wenige Jahre später (6. Juli 1250) aufgehoben.[831] Clara von Assisi verfasste nun selbst eine Regel. Am 16. September 1252 wurde sie durch den Ordensprotektor Rainald bestätigt. Die offizielle Anerkennung dieser Regel erfolgte durch Papst Innozenz IV. am 9. August 1253.[832] Im 4. Kapitel ihrer Regel geht Clara von Assisi auf die Wahl und die Amtsführung der Äbtissin ein. Es fällt auf, dass Clara vor allem für die Umschreibung der Amtsführung sehr oft die *Regula s. Benedicti* (RB 64, 7.8.15 und RB 3,3) benutzt hat. Das Wahlrecht der *Benediktsregel* findet sich hier nicht. Die Wahl der neuen Äbtissin erfolgt nach den kirchlich approbierten Normen. Vor der Wahl hält der General- oder Provinzialmagister eine Predigt, die sich auf die Einheit und den Nutzen der Wahl bezieht.[833] Als rechtliche Voraussetzung für das Abtsamt wird angegeben, dass die Kandidatin eine Professschwester ist. Die inhaltliche Bedeutung dieser Voraussetzung lässt sich für den Fall erschließen, wenn für das Frauenkloster eine Äbtissin bestimmt wurde, die keine Professin ist; ihr ist nur zu gehorchen, wenn sie das Armutsgelübde abge-

---

827 Vgl. GRAU, E.: Leben und Schriften der heiligen Klara von Assisi, S. 4.

828 Vgl. ebd.; „*Regulam* Beatissimi Benedicti, in qua virtutum perfectio, & summa discretio noscitur instituta, quae a Sanctis Patribus devotè suscepta est, & ab Ecclesia Romana venerabiliter approbata, vobis concedimus observandam in omnibus, in quibus eidem vivendi *formulae* vobis a Nobis traditae, cum adhuc essemus in minori officio constituti, contraria minime comprobatur." GREGORIUS <Papa, IX.>: Cum omnis (BFRPC 1(1759), SBARAGLIA, G. G. (Ed.), S. 264).

829 Vgl. INNOCENTIUS <Papa, IV.>: Solet annuere (Ebd., S. 395).

830 „Electio tamen Abbatissae libere pertineat ad Conventum. Confirmatio verò ipsius, et infirmatio fiat per Generalem Minister, si aderit in Provinicia, & in ejus absentia per Provincialem illius Proviniciae, in qua Monasterium fuerit constructum." INNOCENTIUS <Papa, IV.>:Cum omnis (Ebd., S. 482).

831 Vgl. GRAU, E.: Leben und Schriften der heiligen Klara von Assisi, S. 5.

832 Vgl. ebd., S. 5 f.

833 „In electione abbatissae teneantur sorores formam canonicam observare. Procurent autem ipsae festinanter habere generalem ministrum vel provincialem Ordinis Fratrum Minorum, qui verbo Dei eas informet ad omnimodam concordiam et COMMUNEM UTILITATEM in electione facienda." CLARA <ASSISIAS>: Regula, Cap. IV, 1–3 (SC 325, BECKER, M.-F. (Ed.), S. 132 f.).

legt hat.[834] Genügt eine Äbtissin ihrer Leitungsaufgabe nicht, ist es dem Konvent erlaubt, sie mittels einer Neuwahl durch eine andere Schwester zu ersetzen.[835]

Bei Franziskus von Assisi und dem Franziskanerorden finden sich in der *Regula bullata*, die 1223 in Kraft gesetzt wurde, die ersten Hinweise auf Oberenwahlen. Im 8. Kapitel geht Franziskus auf die Wahl des Generalministers ein und erwähnt in diesem Zusammenhang auch die Provinzialminister und die Custoden des Ordens. Der Generalminister wird als Diener der ganzen Bruderschaft bezeichnet, dem alle gehorchen sollen. Den Bestimmungen nach ist er auf Lebenszeit gewählt. Nach dem Tod des Generalministers treten die Provinzialminister und die Custoden des Ordens zusammen und wählen einen neuen Generalminister[836]; auf welche Weise diese Wahl durchgeführt wird, ist der Regel nicht zu entnehmen. Franziskus rechnet mit dem Fall, dass ein Generalminister den Anforderungen des Amtes nicht entspricht. Die wahlberechtigten Brüder dürfen in diesem Fall den Generalminister absetzen und einen anderen wählen.[837] Der *Regula bullata* nach soll der Generalminister gewählt werden; wie aber die Provinzialminister des Ordens bestimmt werden sollen, ist nicht zu klären.[838] Mit dem Wahlrecht des Franziskanerordens setzen sich auch die Päpste Gregor IX. und Innozenz IV. auseinander. Zunächst ist ein Zusammenhang zwischen der Bulle *Quo elongati* (28. September 1230) von Papst Gregor IX. und der *Regula bullata* zu erkennen. Das Wahlgremium des Generalministers besteht aus den Provinzialen und den von den Custoden der Provinzen gewählten Vertretern. Folglich müssen nicht alle Custoden des Ordens zum Pfingstkapitel kommen.[839] Die gleiche Anweisung gibt auch Papst

---

834 „Et nulla eligatur nisi professa. Et si non professa eligeretur vel aliter daretur, non ei obediatur, nisi primo profiteatur formam paupertatis nostrae." Ebd., Cap. IV, 4–5 (Ebd., S. 134).

835 „QUA DECEDENTE, ELECTIO alterius abbatissae FIAT. ET SI ALIQUO TEMPORE APPARERET UNIVERSITATI sororum PRAEDICTAM NON ESSE SUFFICIENTEM AD SERVITIUM ET COMMUNEM UTILITATEM ipsarum, TENEANTUR PRAEDICTAE sorores iuxta formam praedictam, quam citius possunt, ALIAM SIBI IN abbatissam et matrem ELIGERE." Ebd., Cap. IV, 6–7 (Ebd.).

836 „[Caput VIII] De electione generalis ministri huius fraternitatis et de capitulo Pentecoste. Universi fratres unum de fratribus istius religionis teneantur semper habere generalem ministrum et servum totius fraternitatis et ei teneantur firmiter obedire. Quo decedente, electio successoris fiat a ministris provincialibus et custodibus in capitulo Pentecostes, in quo provinciales ministri teneantur semper insimul convenire, ubicumque a generali ministro fuerit constitutum." FRANCISCUS <ASSISIAS>: Regula bullata, Cap. 8 (SpicBon 13, ESSER, K. (Ed.), S. 369) .

837 „Et si aliquo tempore appareret universitati ministrorum provincialium et custodum, praedictum ministrum non esse sufficientem ad servitium et communem utilitatem fratrum, teneantur praedicti fratres, quibus electio data est, in nomine Domini alium sibi eligere in custodem." Ebd. (Ebd., S. 369).

838 Vgl. HOFMEISTER, PH.: „Pars sanioris consilii" (Regula c. 64), S.18.

839 „... ut *decente* generali ministro *a provincialibus ministris et custodibus in Capitulo Pentecostes fiat electio successoris*, omnium custodum multitudinem oporteat

Innozenz IV. in seiner Bulle *Ordinem vestrum* (14. November 1245).[840] Die franziskanische Gesetzgebung findet ihre Fortsetzung in den Konstitutionen von Narbonne, die 1260 verabschiedet wurden. Der Generalminister kann sowohl durch ein Skrutinium als auch durch einen Kompromiss gewählt werden; man gewinnt jedoch den Eindruck, dass die Kompromisswahl nur dann vorzuziehen ist, wenn durch eine Skrutiniumswahl keine absolute Mehrheit zustandekommt.[841] Erstmals wird auf den Fall einer zwiespältigen Wahl eingegangen: Kommt es nicht zu einem einmütigen Wahlergebnis, gilt der als gewählt, der die absolute Mehrheit erreicht hat[842]; es ist also die „maior pars", die über den künftigen Generalminister entscheidet. In den Konstitutionen von Narbonne wird auch auf die Wahl des Provinzialministers eingegangen. Es heißt, dass die Provinzialminister auf die gleiche Weise wie der Generalminister gewählt werden sollen, wenngleich unter verändertem liturgischen Rahmen.[843] Wiederum gilt der als gewählt, der die Mehrheit der Wähler auf sich vereinen kann.[844] Vergleicht man im Hinblick auf das Mehrheitswahlrecht die Statuten des Generalkapitels von 1260 mit den Konstitutionen, die im Mai 1279 vom Generalkapitel von Assisi verabschiedet wurden, wird man keine Änderungen feststellen können. Nach wie vor entscheidet die absolute Mehrheit über den künftigen Generalminister. Dies ist ebenso der Bulle *Exivi de paradiso* (6. Mai 1312) des Papstes Clemens V. zu entnehmen, in der es sogar heißt, dass von einem Vergleich der Stimmen nach Eifer und Verdienst

---

ad generale Capitulum convenire an, ut omnia cum maiori tranquillitate tractentur, sufficere possit, ut aliqui de singulis provinciis, qui vocem habeant aliorum, intersint, taliter respondemus, ut singularum Provinciarum custodes unum ex se constituant, quem cum suo provinciali ministro pro ipsis ad Capitulum dirigant, voces suas committentes eidem ..." GREGORIUS <Papa, IX.>: Quo elongati (AFH 54 (1961), GRUNDMANN, H. (Ed.), S. 24); vgl. ELIZONDO, F.: Bullae „Quo elongati", S. 357 (Laur. 3 (1962)).

840 Vgl. Innocentius <Papa, IV.>: Ordinem vestrum. (BFRPC 1 (1759), SBARAGLIA, G. G. (Ed.), S. 401 f.).

841 „6. Si vero iterato huiusmodi scrutinio, quoties videbitur electoribus expedire, contigerit quod nullus esset electus a maiore numero electorum, possint communiter compromittere in tres vel quinque frates ideones et discretos, qui vice omnium de praeficiendo valeant providere." Statuta Generalia Ordinis Narbonenses, De electionibus ministrorum Cap. IX,6 (AFH 34 (1941), BIHL, M. (Ed.), S. 292).

842 „4. Quodsi, divina gratia inspirante, in unum aliquem concordaverint, illius electio firma est absque aliqua quaestione. Si vero in partes inaequales se diviserint, ille in quem plures mediate omnium eligentium consenserint, ex vi talis electionis et praesentis Constitutionis verus electus habeatur." Ebd., Cap. IX,4 (Ebd.).

843 „Circa proviniciales Ministros eligendos similiter procedatur, excepto „Te Deum laudamus." Ebd., Cap. IX,5 (Ebd.).

844 „16. In quo capitulo, facta electione provincialis Ministris, instituatur Vicarius, de consensu maioris partis capituli, quousque Minister in provincia habeatur." Ebd., IX,16 (Ebd., S. 294).

abgesehen werden soll.[845] Bei der Verabschiedung der *Constitutiones generales* 1316 in Assisi taucht erstmals der Begriff „inclusio electorum" auf.[846] In den Konstitutionen, die das Generalkapitel 1325 in Lyon beschloss, wird auf die „inclusio electorum" nicht eingegangen. Der Begriff der Einschließung der Wähler wiederholt sich in den Konstitutionen, die 1331 in Perpignan Rechtskraft erlangten.[847] Im französischen Chorges wurden 1337 die *Constitutiones Caturcensenses* verabschiedet, die den Konstitutionen von 1316 entsprechen.[848] Die Statuten von 1351 (Lyon) entsprechen den *Constitutiones Caturcensenses*; der gleiche Text findet sich in den Konstitutionen von 1354 (Assisi).[849] Hinsichtlich der Einschließung der Wählerschaft war also das Generalkapitel des Franziskanerordens, das 1316 in Assisi tagte, entscheidend. Da keiner der genannten Texte näheren Aufschluss über die angewandte Verfahrensweise des Einschließens gibt, ist das Konklave als eine gängige Rechtspraxis zu betrachten.

Das Generalkapitel der Dominikaner beschloss 1228 in Paris – ein Jahr nachdem Papst Gregor IX. in einem Konklave zum Papst gewählt wurde – den künftigen Generalmagister in einem Konklave wählen zu lassen. Dazu sollten die wahlberechtigten Prioren und Brüder an dem Ort, an dem das Generalkapitel stattfindet, in einem Raum eingesperrt werden.[850] Durch das Verschließen des Raumes und das Einstellen der Nahrungsversorgung waren die Wähler gezwungen, sich möglichst schnell durch eine kanonische Wahl auf eine geeignete Person zu einigen.[851] Die Statuten gehen dann auf die Wahlform ein. Die drei ältesten Provinziale führen bei der Wahl den Vorsitz. Ihre Aufgabe ist es, durch ein Skrutinium oder eine Untersuchung festzustellen, wie die einzelnen Wähler votieren. In Anwesenheit des Wahlkollegiums befragen

---

845 „... electiones plures in discordia celebrari contingat: illa, quae a maiori parte capituli numero, (nulla zeli vel meriti collatione aut consideratione habita,) fuerit celebrata, exceptione seu contradictione quacunque alterius partis non obstante ..." Clem. 5,11,1 (Fr. 1199).

846 „Electoribus congregatis die ad eligendum prefixa, primo, invocata spiritus sancti gratia, „fiat inclusio electorum, sicut habetur in illo paragrafo de capitulo generali: 'Minister generalis in primis coram omnibus se accuset' etc." Constitutiones generales ordinis fratrum minorum. Anno 1316 Assisii conditae, Cap. 9,2 (AFH 4 (1911), CARLINI, A. (Ed.), S. 512).

847 Constitutiones generales ordinis fratrum minorum. A capitulo Perpiniani. 1331, Cap. 14,4 (AFH 2 (1909), MENCHERINI, S. (Ed.), S. 423).

848 Statuta generalia Caturcensia an. 1337, Cap. 11,2 (AFH 30 (1937), BIHL, M. (Ed.), S. 147) .

849 Statuta generalia Lugdunensia an. 1351, Cap. 10 (Ebd., S. 168).

850 „Qui postquam fuerint congregati in secunda feria post Pentecosten, a prioribus conventualibus illius provinicie et fratribus presentibus in loco, in quo electio est facienda in uno conclave firmiter includantur ..." Constitutiones antique Ordinis Fratrum Predicatorum II,10 (BRHE 42, THOMAS, A.-H., S. 347 f.).

851 „... ita quod inde nullatenus valeant egredi nec eis ullo modo aliqua alimenta ministrentur, quousque magister ordinis secundum formam inferius positam sit electus [secundum formam canonicam sit electus.]" Ebd. (Ebd., S. 348).

die drei Provinziale auf diskrete Weise die einzelnen Wähler und halten ihre Voten schriftlich fest.[852] Jener Mitbruder wurde zum Generalmagister gewählt, der von allen Wählern eine Stimme erhielt. Kommt es jedoch zu einer Splitterung der Stimmen, so ist der als gewählt anzusehen, der mehr als die Hälfte der Stimmen auf sich vereinen konnte. Die Väter der Konstitutionen erkennen in einer einmütigen Wahl eine Wirkung der Gnade Gottes, die den Wählern vom Heiligen Geist geschenkt wurde.[853] Hinsichtlich des Wahlvorgangs sind auch die Beschlüsse des Generalkapitels, das die Dominikaner 1257 in Florenz hielten, von Interesse. In Bezug auf die Wahl, die bei einem Generalkapitel oder in einer Provinz bzw. einem Konvent fällig ist, beschließen die Dominikaner, dass die Ergebnisse des Skrutiniums bekanntzugeben sind. Nach der Publikation der einzelnen Voten wird ein Bruder bestimmt, der als Stellvertreter des Wahlgremiums die Wahl durchführen soll.[854]

Die Wahl des Generalpriors der Augustiner-Eremiten wurde bis zur Verabschiedung der ersten Konstitutionen (1290) durch päpstliche Schreiben geregelt. Ausschlaggebend sind zwei Bullen, die Papst Innozenz IV. erlassen hat. Der Papst weist in seinem Schreiben vom 24. September 1243 den Orden an, bei der Wahl des Generalpriors die Prioren der einzelnen Ordenshäuser zusammenzurufen. Die Wahl wird ausdrücklich als kanonische Wahl bezeichnet, und das Wahlergebnis soll einmütig sein.[855] Im Jahr darauf präzisiert Papst Innozenz IV. seine Anweisung. Bei der Wahl des Generalpriors soll dem Wahlergebnis ein Konsens aller Brüder oder des größeren Teils zugrunde liegen, der aufgrund besserer Einsicht gewählt hat. Der Formulierung nach gibt das Mehrheitsprinzip den Ausschlag; das Saniorітätsprinzip steht dabei im Hintergrund.[856] Wesentlich genauere Auskünfte über die Wahl des Gene-

---

852 „Electoribus superadicto modo inclusis, cum per disquisitionem vel scrutinium voluntatum procedet electio, tres de prioribus provincialibus, qui inter alios provinciales priores primitus habitum nostre religionis susceperunt, voluntates singulorum singillatim et seorsum aliquantulum, tamen in eadem domo, coram oculis omnium disquirant et conscribant." Ebd. II,11 (Ebd., S. 348).

853 „Quod si, gratia Dei inspirante, in unum aliquem omnes unanimiter concordaverint, ille verus magister ordinis habeatur. Si vero in partes inequales se diviserint, ille in quem plus plures medietate omnium qui debent eligere, consenserint, ex vi talis electionis et huius constitutionis sit magister." Ebd. (Ebd., S. 348 f.).

854 „Item. Quando eligitur magister. vel prior provincialis. vel conventualis. publicato scrutinio; unus eligat vice omnium nominancium; sive eligencium." MOPH 3 (1220–1303): Digitale Bibliothek Spezial: Constitutiones et Acta Ordinis Fratrum Praedicatorum, S. 347 (vgl. MOPH 3, S. 86–87).

855 „... statuimus, ut obeute te, filii prior, vel tuorum quolibet successorum, visitatores qui a Priore ac diffinitoribus vestri Ordinis annuatim in generali capitulo statuuntur, convocatis universis et singulis prioribus locorum ad heremum vestram spectantium, ab eis per electionem canonicam et concordem de priore faciant providi, ita ut ultra tres menses heremus ipsa priore non vacet." INNOCENTIUS <Papa, IV.>: Vota devotorum (Cass. 18, LUIJK, B. V. (Hg.), S. 27 (Nr. 27 §2)).

856 „Obeunte vero Generali Priore vestro vel suorum quolibet successorum, nullus vobis qualibet subreptionis astutia seu violentia praeponatur, nisi quem fratres

ralpriors geben die ersten Statuten des Ordens aus dem Jahr 1290, die in Regensburg verabschiedet worden sind. Den Konstitutionen entsprechend kann der Generalprior durch eine Skrutiniumswahl oder durch eine Kompromisswahl ermittelt werden. Entscheidet sich das Wahlgremium, den Generalprior durch eine Skrutiniumswahl zu bestimmen, kommt dem Ältesten der Definitoren die Aufgabe zu, von den versammelten Wählern die Namen der drei Brüder zu erfragen, die als Skrutatoren geeignet betrachtet werden. Jene Brüder, auf die sich der größere Teil des Wahlgremiums einigt, gelten als gewählte Skrutatoren.[857] Nachdem die Skrutatoren die Voten der Wähler erfragt haben, wird das Ergebnis dem Generalkapitel vorgetragen. Bemerkenswert ist dabei der Wortgebrauch für die Feststellung der Stimmenmehrheit und das anschließende Wahlverfahren: Das Übereinkommen der Wähler auf einen Kandidaten („concordaverit") wird mit dem Konsens dieser Gruppe („consenserit") gleichgesetzt.[858] Kann die Wahl nicht durch eine Stimmenmehrheit entschieden werden, sondern finden sich gleich große Wählergruppen, muss die Wahl wiederholt werden, bis eine Stimmenmehrheit zustandegekommen ist, oder der Generalprior durch eine Kompromisswahl ermittelt wird.[859]

Hofmeister erwähnt in seinem Aufsatz *„Pars sanioris consilii" (Regula c. 64)* die Serviten. Seine Darlegungen lassen vermuten, dass es zwei verschiedene Wahlprinzipien gab. Die Konvente wählten Socii, die den Konventualprior zum Generalkapitel begleiteten. Bei dieser Wahl entschied die „maior et sanior pars". Mussten auf den Generalkapiteln Entscheidungen gefällt werden, geschah dies durch einen reinen Mehrheitsentscheid. Diese unterschiedlichen Formen einer Entscheidung legen die Vermutung nahe, dass man die Wahlform dem Gewicht einer Entscheidung anpasste.[860]

---

communi consensu vel fratrum maior pars consilii sanioris secundum Deum et Beati Augustini Regulam providerint eligendum." Ders.: Religiosam vitam eligentibus (Ebd. S. 42 (Nr. 46 §14)).

857 „Primo eligant ex se ipsis, non per scrutinium sed publice, in communi, tres Fratres, religiosas et graves personas, qui audiant et conscribant scrutinium de electione Prioris Generalis celebranda. Et modus eligendi tres supradictos Fratres talis erit: unus de Definitoribus, in ordine antiquior vel quasi antiquior, incipiat ab uno capite voluntatem singulorum exquirens, dicendo coram omnibus: Frater N., quos tres Fratres de praesentibus vis pro Scrutatoribus? Et sic procedat usque ad ultimum. Et illi tres Fratres, in quos maior pars concordaverit, erunt Scrutatores." ARAMBURU CENDOYA, I.: Las primitivas constituciones de los Agustinos. Ratisbonenses del año 1290, S. 130 (Nr. 401).

858 „Et eo publicato (scl. scrutinium), si maior pars electorum de aliquo Fratre concordaverit, ille qui vota huiusmodi publicaverit, de voluntate expressa omnium de ipso Capitulo, statim illum, in quem maior pars electorum consenserit, in Priorem Generalem eliget, sic dicendo: ..." Ebd. (Ebd., S. 131 (Nr. 403)).

859 „Si vero electores ipsi in partes aequales se diviserint, repetatur scrutinium, donec pars maior ipsorum electorum in aliquem concordaverit, vel per formam eligant compromissi." Ebd. (Ebd. (Nr. 405)).

860 Vgl. HOFMEISTER, Ph.: „Pars sanioris consilii" (Regula c. 64), S. 19.

4.2 Ergebnisse aus der Untersuchung über die Wahlgeschichte der *Regula s. Benedicti*

Die Texte, die sich mit der Bischofswahl in der alten Kirche auseinandersetzten, zeigen bereits die drei Bereiche auf, mit der sich die kirchliche Rechtsprechung immer wieder beschäftigen musste: Die Wähler, die Kandidaten und das Wahlverfahren. Während die Kandidatenqualitäten in diesem Zeitraum noch weit auseinander gehen, zeichnet sich hinsichtlich der Wähler und des Wahlverfahrens eine gewisse Geschäftsverteilung ab. Der Grundtenor besteht darin, dass ein neuer Bischof sein Amt nur dann sinnvoll ausüben kann, wenn er vom Volk angenommen wird. Aus diesem Grund durften die hierarchischen Instanzen, wie der Metropolit und die Konprovinzialbischöfe, die Gläubigen bei der Bischofswahl nicht übergehen.

Im Gegensatz zur Wahlpraxis in den Diözesen stand die Oberenbestimmung in den Klöstern, die sich auf die ägyptische Mönchstradition beriefen. So war es in den Klöstern des Pachomius, des Johannes Cassian, in Lérins, im Jura, des Magisters üblich, den Abt durch Designation zu bestimmen. Die Leitungsgewalt der Bischöfe über die Klöster zeigt sich u. a. beim Wahlverfahren. Aus diesem Grund führte die Bestimmung des Abtes durch eine Konventwahl zu einer Kollision mit der Jurisdiktionsgewalt der Bischöfe. Während im Konzil von Chalkedon (451) die Klöster noch grundsätzlich der bischöflichen Jurisdiktionsgewalt unterstanden, erlaubte man bereits vier Jahre später in der Synode von Arles den Mönchen von Lérins die Wahl des Abtes. Die Abtswahl war ab dem 2. Viertel des 6. Jahrhunderts durch das Gesetzeswerk Justinians und die Synodenbeschlüsse Karthagos gesetzlich verankert und wurde erstmals von Caesarius von Arles in seiner Nonnenregel rezipiert. Bemerkenswert und wegweisend für die Frage nach einem geeigneten Kandidaten sind bei Caesarius von Arles nicht mehr allein die persönlichen Qualitäten, sondern auch soziale Fähigkeiten.

Benedikt von Nursia steht mit seiner Regelung der Abtswahl ganz in der Tradition der südfranzöischen Klöster bzw. der justinianischen Gesetzgebung. Im Gegensatz zur *Magisterregel* kennt Benedikt eine hierarchische Ordnung der Mönche. Der Abt ist ermächtigt, diese Ordnung umzugestalten und verdiente Mönche voranzustellen, wodurch eine pyramidale Ordnung der Gemeinschaft entsteht. Über diese Gestaltungsmöglichkeit hat der Abt ein Instrument an der Hand, mit der er auf die Wahl seines Nachfolgers auf eine unverbindliche Weise Einfluss nehmen kann. Bei einer Abtswahl steht es dem Konvent frei, sich über diese Ordnung hinwegzusetzen. Die Ordnung der Gemeinschaft erleichtert es einer dritten Instanz (z. B. Bischof), bei einer unentschiedenen Abtswahl durch Wägen der Stimmen ein Ergebnis herbeizuführen. Während das „meritum vitae" als Kandidatenqualität die Sicht des Amtsinhabers zum Ausdruck bringt, tritt mit der „doctrina sapientiae" als Fähigkeit zu Lehren eine soziale Fähigkeit in Erscheinung, über die nur der Konvent befinden kann.

Die Konventwahl findet u. a. in die Urkunden der frühmittelalterlichen Klöster des Merowingerreiches und in die Regelkommentare der Karolingerzeit Eingang. Bei einem Teil der Klöster ist es die „melior pars" des Konvents, die die Wahl entscheidet. In diesem Fall ist von einer Prüfung und Wägung der Stimmen durch eine dritte Instanz auszugehen. Wenngleich Eigenschaften, durch die sich die persönliche Integrität des Abtskandidaten ausdrückt, nach wie vor ein hohes Gewicht haben, gewinnen nun auch soziale Fähigkeiten, wie Kommunikation, an Bedeutung.

Der entscheidende Hinweis für die Entwicklung des Wahlrechts in der Kirche findet sich in der Forderung des Reformkonzils von Reims (1049), nur den Personen eine Leitungsfunktion in der Kirche zuzugestehen, die zuvor vom Volk und vom Klerus gewählt wurden. Diese Bedingung legt nicht nur die Grundzüge der kanonischen Wahl fest, sondern stellt auch eine Kampfansage gegen die Simonie dar. Die erste konkrete Umsetzung dieser Forderung erfolgte durch das Papstwahldekret von 1059. Die Pflichten und Rechte der einzelnen Gruppen, die bei der Papstwahl beteiligt sind, werden mit Hilfe des altkirchlichen Wahlrechts definiert, das jedoch nicht detailgetreu übertragen werden konnte. Für die Mitwirkung der Laien bei einer Wahl war das Wormser Konkordat (1122) von Bedeutung. In diesem Vertragswerk verzichtete der Kaiser auf jegliche Form der Simonie; er gestand den kirchlichen Institutionen das Recht zu, ihre Bischöfe und Äbte selbst zu wählen. Diese Wahlen konnten in Anwesenheit des Kaisers stattfinden und wurden als kanonisch angesehen. Darüber hinaus erlaubte der Papst dem Kaiser, eine aufgrund von Stimmensplitterung unentschiedene Wahl einem Ergebnis zu zuführen. Der Begriff der „sanior pars", der nach wie vor für die Entscheidung der Wahl ausschlaggebend war, lässt auf das Wägen der einzelnen Voten schließen. Da die Wahlentscheide, die durch Stimmenwägung zustande kamen, nicht objektiv überprüfbar waren und deshalb nicht auf Dauer zur Zufriedenheit führen konnten, mussten neue Entscheidungsprinzipien gesucht werden. Dem III. Laterankonzil (1179) und der päpstlichen Gesetzgebung der darauf folgenden Jahre nach sollten künftig die Wahlen durch das Majoritätsprinzip (Zweidrittelmehrheit) entschieden werden. Dieses Prinzip wurde ab 1200 auch in den Orden eingeführt.

Parallel zu diesen Vorgängen entwickelten sich hauptsächlich in den Orden neue Wahlformen. Während die traditionelle Wahl durch Inspiration erhalten blieb, wurde die Designationswahl abgelöst. Noch bevor im IV. Laterankonzil (1215) die drei klassischen Wahlverfahren (Inspirations-, Skrutiniums- und Kompromisswahl) gesetzlich festgelegt wurden, waren diese bereits in den Orden in Übung. Ein frühes Zeugnis für eine Skrutiniumswahl ist in den Statuten der Kamaldulenser (1080) zu finden, und die Kompromisswahl war bereits 1060 bei den Zisterziensern in Übung. Wenngleich die Wahlen durch das Majoritätsprinzip entschieden wurden, wollte man dennoch nicht auf das Votum des Einzelnen verzichten (Skrutiniumswahl). Zudem war es auch möglich, da der Frieden in einer Gemeinschaft ein hohes Gut darstellt, die Wahl durch Stellvertreter (Kompromisswahl) zu entscheiden.

Der Einfluss der Orden ist nicht nur bei den Wahlverfahren festzustellen, sondern auch bei der Konklaveordnung von 1274 (II. Konzil von Lyon). Das Domkapitel von Lund zog sich in einen abgeschirmten Raum zusammen, um gemeinsam mit dem Bischof einem geeigneten Propst zu wählen. Zu einer frühen Vorform des Konklaves gehört die Abtswahl in der Abtei von Le Bec (12./13. Jh.). Im gleichen Zeitraum dachten bolognesische Kirchenrechtslehrer über das Konklave nach. Sollte das Wahlgremium eines italienischen Stadtstaates nicht in Kürze einen Podestà finden, wurden die Wähler in ein Konklave eingesperrt. Die Wahlen des Generalministers bei den Dominikanern (1228) sind sachlich nahezu identisch mit der Konklaveordnung von 1274.

Bereits hundert Jahre bevor das III. Laterankonzil als Kandidatenqualitäten die Geburt aus einer gesetzlichen Ehe, ein ausgezeichnetes Wissen, das vorgeschriebene Alter, eine kirchliche Laufbahn und gute Sitten beschließt, findet sich bei den Eremiten von Camaldoli ein Spektrum von Kandidatenqualitäten, das von Wissen und Erfahrung über Vermittlungsfähigkeiten bis zum vorbildlichen Lebenswandel reicht. Die Kandidatenqualitäten, die im III. Laterankonzil (1179) beschlossen wurden, zeigen, dass diese Merkmale in der benediktinischen Tradition wurzeln und vor allem von den benediktinischen Reformorden (Camaldulenser, Zisterzienser, Silvestriner, Olivetaner) entfaltet wurden. Zieht man nämlich einen Vergleich mit den Kandidatenqualitäten der Augustinerchorherrn, so findet sich in diesen Texten die „sciencia commendata" bedeutend seltener. Ein Blick in die Ordensregeln und Beschlüsse der Mendikantenorden zeigt, dass man sich dort mit der Frage der Kandidatenqualitäten nicht auseinandersetzte.

4.3 *Concipi in mentibus* – die Kandidatenqualität im Regelkommentar des Johannes von Kastl

Die *Regula s. Benedicti* verlangt im 64. Kapitel, dass nur der zum Abt gewählt und eingesetzt werden darf, der sich durch Verdienste im Leben und durch Weisheit in der Lehre auszeichnet, sei er auch in der Rangfolge der Gemeinschaft der Letzte.[861] Damit sind den Wählern zwei Kriterien an die Hand gegeben, mittels derer sie den geeigneten Kandidaten finden können. In seinem Regelkommentar geht Johannes von Kastl in den vier Kapiteln F–J auf den zweiten Vers des Wahlkapitels der *Benediktsregel* ein. Der quellenkritischen Analyse der vier Abschnitte entsprechend legt Johannes von Kastl seine Lehre in den Kapiteln F, H und J dar. Die Quellenlage, bestimmte Stilelemente und die charakteristische Gliederung erlauben diese Zuweisungen. Im Abschnitt G folgt er den Kommentaren des Bernardus Ayglerius und Petrus Boerius. Was nun Johannes von Kastl unter den „merita vitae" versteht, dazu bedarf es einer differenzierten Quellenanalyse des Kapitels 64 G. Die Kandidatenqualitäten, die der Autor unter den „merita vitae" subsummiert, lassen sich pointierter darstellen, wenn dieser Abschnitt der *Exposicio* im Vergleich mit den zitierten Autoren gelesen wird. Um das Spektrum abzurunden, sind bei der Untersuchung auch noch die Texte des Guilelmus Durantis und die *Consuetudines castellenses* hinzuzunehmen. Die

---

861 „Uitae autem merito et sapientiae doctrina elegatur, qui ordinandus est, etiam si ultimus fuerit in ordine congregationis." RB 64,2 (CSEL 75, HANSLIK, R. (Ed.), S. 163).

Analyse ist deswegen so wichtig, weil sich anhand der speziellen Kandidatenqualitäten im abschließenden Gesamtüberblick feststellen lässt, zu welcher Tradition sich Johannes von Kastl zugehörig fühlt. Im Anschluss daran wird dargestellt, wie der Kastler Regelkommentator die vom hl. Benedikt geforderte Weisheitslehre versteht und worin diese seiner Meinung nach gründet. Im Abschnitt 64 J finden sich sechs Eigenschaften, von denen zwei ihren Ursprung in den zitierten Quellentexten haben. Die restlichen vier Qualifikationen finden sich in den Vorlagen nicht, sondern entstammen der Reflexion des Autors. Die Bestimmung der sechs Kandidatenqualitäten erfolgt durch den Bezug auf die angegebenen Quellentexte. Methodisch ist der übrige Text des 64. Kapitels einzubeziehen, da es sich um Eigenschaften handelt, die für das klösterliche Leben der Mönche wie auch für das des Abtes nützlich sind.

4.3.1 Die Kandidatenqualität der Regula s. Benedicti *in der Interpretation des Johannes von Kastl*

4.3.1.1 Die Verdienste des Lebens

Was Johannes von Kastl unter den „merita vitae" versteht, geht aus einer Formulierung im Abschnitt 64 G hervor. Dort liest man die Bemerkung: „Diese beiden, nämlich der Verdienst des Lebens und die Weisheitslehre, sind für den Prälaten notwendig."[862] Folglich sind die Voraussetzungen, wie Profess, Bewährung im Leben und im Ordensstand, Wissen, Sitten, eheliche Geburt und entsprechendes Alter, zusammengefasst als „meritum vitae" zu verstehen.[863] Bei einer Wahl müssen diese Verdienste der Kandidaten berücksichtigt werden. Von welcher Bedeutung sie sind, zeigt der Vergleich der einzelnen Autoritäten. Auf dem Hintergrund der Dekretale *Cum in cunctis*[864] sind die „merita electi" des *Decretum eleccionis*[865] aus dem Regelkommentar des Bernardus Ayglerius, die Anforderungen der *Forma eleccionis*[866], die Guilelmus Durantis formuliert hat, die Ausführungen des Petrus Boerius[867], die verschiedenen Aussagen bei Johannes von Kastl[868] und die Anforderungen in den *Consuetudines castellenses* zu betrachten:

---

862 „Hec duo, scilicet vite meritum et sapiencie doctrina, necessaria sunt prelato." JOHANNES <DE CASTELLO>: Exposicio, Cap. 64 G (clm 18154, fol. 84v(a)).

863 *„dum tamen professus sit et non sit neophitus in* vita *vel religione, 48. di. per totum, et quod sit sciencia et moribus commendandus, legittime natus et in sufficienti etate, scilicet 25 annorum constitutus eodem tytulo, Cum in cunctis.*" Ebd., Cap. 64 G (Ebd., fol. 84r(b)–84v(a)).

864 X 1,6,7 (Fr. 51 f.).

865 BERNARDUS <AYGLERIUS>: In regulam, Cap. 64 (CAPLET, A. (Ed.), S. 395); JOHANNES <DE CASTELLO>: Exposicio, Cap. 64 Z (clm 18154, fol. 90v(a)–91r(b)).

866 DURANTIS, G.: Speculum IV,1,§1,23 (S. 87a); JOHANNES <DE CASTELLO>: Exposicio, Cap. 64 T (clm 18154, fol. 89v(a)–90r(b)).

867 BOERIUS, P.: Regula cum glossa, Cap. 64 (Ms 155, fol. 225v(a)).

868 JOHANNES <DE CASTELLO>: Exposicio, Cap. 64 G (clm 18154, fol. 84r(b)); Ebd., Cap. 64 T (Ebd., fol. 89v(a)–90r(b)); Ebd., Cap. 64 Z (Ebd., fol. 90v(b)–91r(b)).

Cum in cunctis	BERNARDUS AYGLERIUS (entspricht der *Exposicio in regulam s. Benedicti* des Johannes von Kastl Absatz Z)	GUILELMUS DURANTIS	PETRUS BOERIUS (entspricht der *Exposicio in regulam s. Benedicti* des Johannes von Kastl Absatz G)
- *natus* de *legitimo matrimonio* - *sciencia* commendata - maturitas *etatis* (25/30 annum) - *Conversacio* in domo dei - *mores commendati*	- *natus* in *legitimo matrimonio* - *constitutus in sacro* ordine - *sciencia* competens - *conversacio bona* - *vir religiosus* - *vita probata* - *providencia* - *discretio*	- *natus legitimus* - *constitutus in sacris* - *sciencia* sufficiens - *etas*	- *natus legitimus* - *constitutus* - *sciencia* commendata - *etas* sufficiens (25 annum) - *mores commendati* - *professus* - *non neophitus in vita vel religione*
JOHANNES VON KASTL Absatz J	JOHANNES VON KASTL Absatz T	CONSUETUDINES CASTELLENSES De electione abbatis	
- fides - humilitas - paciencia - *sciencia* - iusticia - *providencia*	- *constitutus* - *sciencia* sufficiens - *etas* sufficiens	- providus - discretus - sciencia - mores - virtutes - religiositas - regularitas - natus in legitimo matrimonio	

Mit der Forderung der ehelichen Geburt und des Wissens bildet die Dekretale *Cum in cunctis* die Rechtsgrundlage für alle anderen Regelkommentare. Nach Bernardus Ayglerius, Guilelmus Durantis und Petrus Boerius muss der künftige Abt die Weihen empfangen haben. Diese Anforderung könnte seinen Ursprung im *Decretum Gratiani* haben.[869] Bernardus Ayglerius und Petrus Boerius zufolge hat der Kandidat Professmönch zu sein. Diese Voraussetzung geht auf den *Liber sextus* zurück.[870] Während die Gesetze für die Bischofswahl ein Alter von 30 Jahren vorsehen, liegt das Mindestalter für die Dekane bzw. Archidiakone bei 25 Jahren.[871] Im Regelkommentar des Bernardus Ayglerius bleibt das Alter des Kandidaten offen. Petrus Boerius bezieht sich in seiner *Regula cum glossa* bei der Festlegung des Lebensalters auf die Vorschrift für Dekane und Archidiakone. Ob diese Altersgrenze im Zusammenhang mit der „cura animarum" steht, geht aus dem Text nicht hervor. Die Anforderungen der *Consuetudines castellenses* zeigen Verwandtschaft mit dem Regelkommentar des Abtes von Montecassino.

Im Anschluss an Bernardus Ayglerius und Petrus Boerius übernimmt Johannes von Kastl deren formale Voraussetzungen in seinen Regelkommentar. Von welcher Bedeutung jedoch die Voraussetzungen der Weihe, des Alters, der Geburt und der Profess eigentlich sind, wird durch die Möglichkeit der Postulation deutlich. Sollte ein Abtskandidat diese Voraussetzungen nämlich nicht erfüllen, so kann er dennoch Abt werden, wenn er von den Wählern postuliert wird.[872] Mit der Postulation treten die formalen Voraussetzungen für die Bestellung eines Abtes in den Hintergrund, und die Akzente liegen nun stärker auf der „sciencia", der „conversacio", der „vita probata", den „mores", dem „non neophitus in vita vel religione", der „providencia" und der „discrecio". Johannes von Kastl ergänzt diese Eigenschaften im Kapitel 64 und fügt die „fides", die „humilitas", die „paciencia" und die „iusticia" an. Ausgehend von der Dekretale *Cum in cunctis*, den oben erwähnten Autoritäten, der *Forma eleccionis* (Kap. 64 T) und dem *Decretum eleccionis* (Kap. 64 Z) zählt die „sciencia" auch bei Johannes von Kastl zunächst zu den formalen Bedingungen. Im Verlauf des Textes erfährt diese Eigenschaft eine größere

---

869 Grat. 74,9 (Fr. 264 f.).

870 „Nullus religiosus ad abbatiam seu praelaturam suae vel alterius religionis de cetero eligatur, nisi antea fuerit ordinem regularem expresse professus." Sext. 1,6,28 (Fr. 963).

871 „... ut nullus in episcopum eligatur, nisi qui iam trigesimum annum aetatis exegerit ... Inferiora etiam ministeria, ut puta decanatum, archidiaconatum, et alia, quae curam animarum habent annexam, nullus omnino suscipiat, sed nec parochialis ecclesiae regimen, nisi qui iam vigesimum quintum annum aetatis attigerit ..." X 1,6,7 (Fr. 52).

872 „*Nota insuper, quod prelatus alterius monastery vel electus confirmatus et in minoribus ordinibus constitutus et in minori etate, paciens defectum in natalibus, non professus expresse, eligi non possunt, sed postulari.*" JOHANNES <DE CASTELLO>: Exposicio, Cap. 64 AC (clm 18154, fol. 92r(a)); zur Postulation vgl. PLÖCHL, W.: Geschichte des Kirchenrechts, Band 2, S. 177. 194.

Gewichtung, da sie im Kapitel 64 J nochmals besprochen wird. Die „providencia" zählt nicht zu den formalen Bedingungen für einen Abtskandidaten. Johannes von Kastl greift diese Eigenschaft auf und verfährt ähnlich wie bei der „sciencia", indem er sie im Abschnitt 64 J noch einmal thematisiert und ihr somit ein besonderes Gewicht gibt. Im Kastler Regelkommentar zeigt sich an anderer Stelle, dass die „mores commendati" von den Kandidaten nach ihren persönlichen Eigenschaften graduell unterschiedlich ausgeprägt sein können. Von daher tun die Wähler gut daran, den zu wählen, der sich durch sein Benehmen würdiger und nützlicher erweist als ein anderer Kandidat.[873] Auf diesem Hintergrund wird nun auch die Ergänzung „meriti ad meritum", die von Johannes von Kastl bei der Wahl des Abtes eingefügt wird, verständlich.[874] Als Eigengut des Johannes von Kastl sind die Eigenschaften „fides", „humilitas", „paciencia" und „iusticia" zu betrachten.

4.3.1.2 Die Weisheit der Lehre

Eine quellenkritische Analyse des Kapitels 64 G zeigt sehr gut, wie Johannes von Kastl die Texte bearbeitet. Der Text der *Regula s. Benedicti*, der durch einige kurze Erklärungen, die sich auf die Formulierung des letzten Platzes in der Mönchsgemeinschaft beziehen, unterbrochen wird, ist der Interpretation vorangestellt.[875] Auf diese kurzen Erklärungen folgt eine längere Textpassage aus dem Regelkommentar des Petrus Boerius, in der wiederum der Regelkommentar des Bernardus Ayglerius verarbeitet wurde. Das Zitat aus dem Regelkommentar des Petrus Boerius schließt mit der Quellenangabe des Gesetzes *Licet*.[876] In diesem Abschnitt wird dargelegt, dass die Weisheitslehre der Klugheit, dem Erkenntnisvermögen, der Beredsamkeit, dem Wissen und der Weitsicht des Abtes angepasst ist.[877] Von besonderer Bedeutung für das Amt eines Vorstehers sind die „sanctitas" und die „sciencia", die einem Abt eine besondere Würde verleihen.[878]

---

873 „Secundo si digniorem et utiliorem preferant, *cui pro laboribus multis, pro moribus castis, pro accionibus strennuis celsioris loci premium debetur, 61. di., Miramur.*" JOHANNES <DE CASTELLO>: Exposicio, Cap. 64 Q (clm 18154, fol. 88^{r}(a)).

874 „*Ubi vero unus solus nominatus est concorditer in scrutinio, non habet locum collacio numeri ad numerum, zeli ad zelum,* meriti ad meritum." Ebd., Cap. 64 T (Ebd., fol. 89^{v}(b)).

875 „*Et sapiencie doctrina eligatur qui ordinandus*, idest eligendus est, *eciam si ultimus fuerit in ordine congregacionis*, idest si ultimum locum tenet quantum ad ingressum religionis, non pro vicio vel correccione ..." Ebd., Cap. 64 G (Ebd., fol. 84^{r}(b)).

876 Siehe die Ausführungen im quellenkritischen Apparat des Kapitels 64 G.

877 „*Sapiencie doctrina ad prudenciam* et *sanam intelligenciam, ad facundam eloquenciam, ad eminentem vel ad minus* ad *competentem scienciam et ad temporalium providenciam potest congrue adaptari.*" Ebd. (Ebd., fol. 84^{v}(a)).

878 „*Vilissimus enim reputandum est, nisi precellat in sciencia et sanctitate, qui est honore prestancior, 1 q. 1, Vilissimus.*" Ebd. (Ebd.).

Im Anschluss daran findet sich ein Zitat aus einem Clemens-Brief, der die Thematik der Wissenschaft in besonderer Weise weiterführt. Diesem Text nach fallen die Schüler und Hörer in das dunkle Verderben der Unwissenheit, wenn der Abt ungelehrt ist. Johannes greift den Text auf und fügt dem Wort „indoctus“ den Begriff „inscius“ hinzu.[879] Das eindrückliche Bild „des Hineinstürzens in das dunkle Verderben“ wurde sorgfältig ausgewählt, denn unmittelbar darauf wird die Lehre des Abtes dargestellt, deren Aufgabe es ist, die Liebe zu entflammen.[880] Der Hass nämlich blendet den Geist der Brüder und lässt sie in der Finsternis des Todes gehen.[881]

Diese beiden Textstellen legen die Voraussetzungen dar, auf denen die Unterweisung des Abtes gründet. Während die Textstelle aus dem Clemens-Brief die negativen Voraussetzungen („indoctus“, „inscius“) darstellt, geht der Textabschnitt aus dem Regelkommentar des Petrus Boerius auf die positiven Voraussetzungen („prudencia“, „intelligencia“, „eloquencia“, „sciencia“ und „providencia“) ein. Dem Autor ist es offensichtlich ein Anliegen, die positiven wie auch die negativen Bedingungen zu erfassen.

Die Lehre des Abtes stellt Johannes von Kastl im Cap. 64 H vor und charakterisiert sie durch dreizehn Eigenschaften. Sie soll die Liebe entflammen und nicht streitsüchtig, die Eintracht bewirken und nicht beschimpfend, sie soll einsichtig, unterscheidend und nicht weitschweifig, angemessen und nicht überflüssig, gerechtfertigt und nicht schmeichlerisch, ehrend und nicht verleumderisch sein.[882] Der Gegenüberstellung der Begriffe nach war dem Autor daran gelegen, das Thema umfassend darzustellen. Die Anordnung der Begriffe lässt erkennen, was der Abt durch seine Rede vermeiden und was er erzielen soll. Dem Begriff „rationabiliter“ hat Johannes von Kastl keinen Gegenbegriff gegenüber gestellt, da die Rede des Abtes immer auf Einsicht beruhen soll. Auf dieser Basis kann dann Negatives wie Positives angesprochen

---

879 „*Kathedra* namque, ut ait *Clemens in epistula, eum, qui cupit eam et audacter expetit, non requirit, sed ornatum moribus et in verbo* dei *eruditum. Si* enim *indoctus ut inscius officium doctoris accipiat, sine dubio discipuli et auditores ignorancie tenebris* ob*volutum interitum demerguntur.*“ Ebd. (Ebd.).

880 „Sit igitur prelati doctrina caritatis inflammativa, non litigiosa, ...“ Ebd., Cap. 64 H (Ebd. fol. 84^{v}(a)–84^{v}(b)).

881 „Ubi advertendum, quod odium fraternum summe est cavendum, quia caritati omnino contrarium, et mentem excecat, secundum illud 1. Ioh.<3>: *Qui non diligit manet in morte et in tenebris ambulat, et nescit quo vadat,* quia *tenebre obcecaverunt oculos eius.*“ Ebd., Cap. 64 BT (Ebd., fol. 103^{r}(a)).

882 „Sit igitur prelati doctrina

	caritatis inflammativa,	non litigiosa,
	concordie inductiva,	non contumeliosa,
	rationabiliter,	
	discrectiva,	non verbosa,
	modificativa,	non superflua,
	iustificativa,	non adulatoria,
	honorificativa,	non detractoria. Unde *Prov.*

12: Doctrina sua cog*noscitur vir.*“ Ebd., Cap. 64 H (Ebd., fol. 84^{v}(a)–84^{v}(b)) (Die graphische Gestaltung des Textes stammt von mir.).

werden. Die Rede gleicht einem Mischgetränk, das aus dem Wein der Ermahnung und dem Öl der Liebkosungen und des Lobes besteht. Die Bösen sollen sich ermahnt und die Guten ermuntert fühlen. Ziel ist es, die anvertrauten Menschen vom Guten zum Besseren zu führen. Dies ist aber nur möglich, wenn das Gute im Menschen benannt wird.[883]

Im unmittelbaren Anschluss, also noch im selben Abschnitt, stellt Johannes die Anforderungen an das Handeln des Abtes vor.[884] Der Autor möchte jeder Einseitigkeit aus dem Weg gehen. Deswegen stellt er das „malum peccati" dem „bonum sanctitatis" gegenüber. Johannes schafft hier einen großen Zusammenhang, in dem sichtbar wird, dass die persönlichen Voraussetzungen des Abtes für die Lehre, die Wirkungsweise der „doctrina sapiencie" und deren praktische Konsequenzen nicht voneinander getrennt betrachtet werden können.

4.3.2 Spezielle Voraussetzungen für das Abtsamt in der Sicht des Johannes von Kastl

4.3.2.1 „Der sei zu wählen, der voller Glaube ist."

Auf der Suche nach einem geeigneten Kandidaten haben die wahlberechtigten Mönche besonders auf den Glauben zu achten. Diese Forderung gründet auf drei Zitaten. Im ersten Text spricht er die Wahl des Stephanus zu einem der sieben Diakone an und hebt dessen Glauben hervor.[885] Der Kontext der Wahl des Stephanus weist auf das Verhältnis zwischen Dienst am Wort und der Verwaltung zeitlicher Güter hin, das im Verlauf der Untersuchung zentrale Bedeutung erlangen wird.[886] Im Anschluss daran folgt ein Capitulum aus dem

---

883 „Insuper et modum talem habeat abbas in doctrina sua videlicet, quod interdum cum vino correpcionis misceat oleum blandicie et laudacionis. De malis utique subditi arguendi et de bonis sunt commendandi, et si mali sint acriter increpandi, boni tamen subditi sunt multipliciter collaudandi. Nam virtus in bonis laudata crescit. Unde si semper increparetur subditus et numquam aliquod bonum suum nominaretur, quasi desperatus difficilius ad melius de bono duceretur; sensus est *Gregorij in pastorali.*" Ebd. (Ebd., fol. 84^{v}(b)).

884 „Prelatus quidem virilis esse debet contra peccati malum, tam in se quam in subditis suis, et virtuosus, id est plenus virtute ac pietate circa sanctitatis bonum.Vir denique cognoscitur in doctrina, si bene docet et opere doctrinam implet, *Matth. 5: Qui* sic *fecerit et docuerit, hic magnus vocabitur in regno celorum.*" Ebd. (Ebd.).

885 „*Act. 6: Elegerunt* apostoli *stephanum plenum fide.*" Ebd., Cap. 64 J (Ebd., fol. 85^{r}(a)).

886 „Convocantes autem duodecim multitudinem discipulorum dixerunt: Non est aequum nos derelinquere verbum Dei et ministrare mensis. Considerate ergo, fratres, viros ex vobis boni testimonii septem plenos Spiritu et sapientia, quos constituamus super hoc opus. Nos vero orationi et ministerio verbi instantes erimus." Act. 6,2–4.

Decretum Gratiani.[887] Der Text, der einem Brief des Hieronymus an den Mönch Heliodor entnommen ist, spricht davon, dass nicht jeder, der den Titel eines Bischofs führt, ein wahrer Bischof ist. Mit dem Blick auf Petrus und Stephanus soll man Judas und den in der Offenbarung des Johannes erwähnten Nikolaus nicht vergessen. Es findet sich auch die Mahnung, die Kandidaten einer genauen Untersuchung zu unterziehen. Den Abschluss bildet das Incipit des Zitates Matth. 25, 21.[888] Dort wird der Knecht als gut und treu bezeichnet, der Weniges treu verwaltet hat.

Vorweg soll hier ein Text interpretiert werden, der in einem großen Kontext zeigt, wie im Umgang mit den zeitlichen Gütern der Glaube bewahrt und in der Sorge um die zeitlichen Güter das spirituelle Leben nicht vernachlässigt wird.[889] Glaube wird darin in der Spannung zwischen Aktion und Kontemplation gesehen.[890] Johannes von Kastl führt als Beweis ein Zitat aus der *Regula pastoralis* Gregors des Großen an. Demzufolge hat der Hirte in den Gedanken rein, im Tun hervorragend, im Schweigen umsichtig, im Reden nützlich, im Leiden des Einzelnen mitfühlend zu sein. Die Kontemplation ziehe er allem vor. Denjenigen, die Gutes tun, sei er durch Menschlichkeit nahe, denjenigen aber, die sich durch Laster vergehen, wirke er durch den gerechten Zorn entgegen. Wie er in der Sorge um das Äußere das Innere nicht vernachlässigen darf, so darf er umgekehrt in der Sorge um das Innere den Weitblick für das Äußere nicht vergessen.[891] Die starke Bearbeitung dieses Textes zeigt, dass Johannes von Kastl der Thematik „accio-contemplacio" einen besonders hohen

---

887 „Non omnes episcopi sunt episcopi. Attendis Petrum, Iudam considera. Stephanum suscipis, Nicolaum respice." Grat. 2,7,29 (Fr. 492).

888 *„Euge bone serve et fidelis, quia super pauca fuisti fidelis super multa te constitutam intra in gaudium domini sui"*; „Hinc dicetur: *Euge serve bone.*" JOHANNES <DE CASTELLO>: Exposicio, Cap. 64 J (clm 18154, fol. 85r(a)).

889 „Qui ex officio dispensandi tam fidelis sit, quod in temporalibus spiritualia non negligat, nam *hic queritur inter dispensator*ibus, ut *fidelis quis inveniatur, 1. Cor. 4.*" Ebd., Cap. 64 AP (Ebd., fol. 94v(a)).

890 „Tercio habet quilibet prelatus religiosus implere officium dispensatoris in procurando monasterium sibi traditum, in cuius signum dicitur in scriptura dispensator. Unde *quis putas est fidelis dispensator et prudens, Luc. 12.* Debet namque bonus dispensator sic agere temporalia, ut non obmittat spiritualia. Nam illa *oportet facere et illa non obmittere, Matth. 23* et *Luc. 11.* Neque dispensator bonus est dicendus, qui *erig*it *muros et neglig*it *mores*, sed necesse est, ut sit ambidexter, ut sciat nunc esse totus temporalis, nunc autem totus spiritualis ..." Ebd., Cap. 64 AH (Ebd., fol. 93r(b)).

891 „Sit ergo necesse est cogitatione mundus, *actione praecipuus*, discretus in silentio, utilis in verbo, singulis compassione proximus, *prae cunctis contemplatione suspensus*, bene agentibus per humilitatem socius, contra delinquentium vitia per zelum justitae erectus, *internorum curam in exteriorum occupatione non minuens, exteriorum providenciam* in *internorum* sollicitudine *non relinquens.*" GREGOR <PAPA, I.>: Regula Pastoralis 2, 1, 3 ff. (SC 381, JUDIC, B. u. a., S. 174) (Die kursiven Hervorhebungen, die von mir stammen, weisen die Texte aus, die JOHANNES VON KASTL in seinen Text übernimmt.).

Stellenwert zumisst. Indem Johannes von Kastl nur wenige Teile aus dem Text der Pastoralregel übernimmt, darüber hinaus die Begriffe „internorum" durch „interiorum" und „sollicitudine" durch „contemplacio" ersetzt, spitzt er deutlich den Text auf das Problem der Vereinbarung des beschaulichen Lebens mit dem tätigen Leben zu.

Auf das Verhältnis zwischen „accio" und „contemplacio" überträgt er in einem zweiten Schritt die Spannung zwischen dem Innersten des Menschen und der Verwaltung äußerer Güter. Er ordnet die Begriffe „cura" dem Menschen und „providencia" der Verwaltung der äußeren Güter zu. Das beschauliche Leben mit seiner Sorge um das Heil der Seele stellt er damit vor die „accio" und ihre Bemühungen um die äußeren Güter.

Dass diese Abfolge und Gegenüberstellung zweier Grundhaltungen mit Überlegung gewählt wurde, zeigt der Blick auf die Gliederung des Abschnitts J. Johannes von Kastl. Er beginnt mit dem religiösen Bereich, fide, und schließt mit der Sorge um die materiellen Güter, providencia: „Porro eligendus sit fide plenus. ... Secundo plenus humilitate. ... Tercio plenus sit paciencia. ... Quarto plenus sit sciencia. ... Quinto plenus sit iusticia. ... Sexto plenus sit providencia."[892]

Bei der Suche nach einem geeigneten Kandidaten legt Johannes von Kastl den Wählern nahe, darauf zu achten, ob der Mönch in der „accio" auf die kontemplative Dimension seiner Berufung achtet. Beim Bemühen um die äußeren Güter muss die Sorge um das Innerste erkennbar sein. Darin drückt sich der Glaube aus. Als treu und zuverlässig erweist er sich dann, wenn er im Umgang mit den zeitlichen Gütern an den kontemplativen Elementen seines Lebens, in denen sich der Glaube ausdrückt, festhält. Im Horizont der angeführten Quellentexte wird die Übung der Kontemplation im alltäglichen Leben als Glaubenszeugnis betrachtet. Indem der Mönch sich in der religiösen Dimension übt, zeigt er, dass er ein wahrer Mönch ist. Aus diesem Grund haben die Wähler ihre Aufmerksamkeit darauf zu lenken, ob der Kandidat trotz Belastung durch die Arbeit ein geistliches Leben führt. Denn in der Leitung des Klosters, die in gleicher Weise einen Arbeitsbereich und eine Belastung darstellt, wird der Abt darauf zu achten haben, darin nicht aufzugehen. Es gehört zu seiner Berufung, den Glauben als kontemplative Dimension seiner Berufung in seinem klösterlichen Alltag wirksam zu leben. In einem zweiten Schritt soll nun der „providencia", der Sorge um die zeitlichen Güter, nachgegangen werden.

4.3.2.2. „Der sei zu wählen, der voller Weitsicht ist."

Als letzte Qualifikation wird vom Kandidaten Weitsicht, providencia, gefordert. Untersucht man den Begriff „providencia" in seinem Kontext, so steht dieser im Zusammenhang mit der Verwaltung weltlicher Dinge. Das Augen-

---

892 JOHANNES <DE CASTELLO>: Exposicio, Cap. 64 J (clm 18154, fol. 85^r(a)–85^r(b)).

merk der Wähler wird darauf gelenkt, wie sich der Mönch in der Sorge um die zeitlichen Dinge verhält.

In Anlehnung an Apoc. 4, 6 hat der Abtskandidat hinten wie vorne voller Augen zu sein. Die Symbolik des Auges verbindet die Tugend der Klugheit mit der „providencia“ und der „memoria“.[893] Das Auge erfasst die Vergangenheit und die Zukunft im gleichem Maße.[894] Der Mönch soll ein Auge für den ganzen Menschen haben. Aus diesem Grund hat er die Bedingungen zu berücksichtigen, in denen die Menschen, für die er Verantwortung trägt, leben. Er darf aber das Ziel nicht aus den Augen verlieren, zu dem er die Menschen hinführen soll.[895]

Der umfassende Blick nach hinten und nach vorne eröffnet sich für den Mönch nur auf einem hochgelegenen Platz.[896] Von diesem Standort aus ist es dem Mönch möglich, die Menschen in seiner Umgebung wahrzunehmen und auf ihre Schwächen und Eigenarten einzugehen.[897] Ein weitsichtiger Mönch versteht es Gott, seinen Nächsten und sich selbst zu achten, und jedem das zuzuteilen, was ihm zusteht.[898] Erst vom hohen Standort aus ist es ihm möglich, anderen nützlich zu sein und jeden gebührend zu berücksichtigen. Ein so verstandener Umgang wird zum Ausdruck einer gläubigen Haltung, wenn

---

893 „Consueuerunt autem assignari *octo partes prudencie, scilicet memoria, providencia, intellectus, racio, solercia, docilitas*, experiencia et *caucio*.“ Ebd., Cap. 64 CB (Ebd., fol. 106^{v}(a)).

894 „Racione primi oportet, quod habeat *memoriam preteritorum et providenciam futurorum*. Prelatus debet habere memoriam preteritorum, ut possit ex preteritis cognoscere quid evenire debeat in futurum. Quia dicitur *2. Ethicorum*: In contingentibus agibilibus ut plurimum sunt futura similia preteritis. Secundo providencia futurorum, quia homines providentes futura bona excogitant vias, per quas feliciter ea adipisci valeant.“ Ebd. (Ebd., fol. 106^{v}(b)).

895 „Secundo decet prelatum habere prudenciam, ne de facili in trijrannidem convertatur suum dominium. Est enim prelati prudentis providere bona sibi et alys, et dirigere se et alios in optimum finem. Quod si prudencia careat, de facili efficitur tyrannus, quia divicias et bona exteriora, que sunt quedam bona optima secundum apparenciam, credit esse optima simpliciter. Ymo quia imprudentes non cognoscunt, nisi sensibilia bona eiusmodi sunt divicie et bona exteriora.“ Ebd., Cap. 64 CA (Ebd., fol. 106^{r}(b)).

896 „Unde *Gregorius super Ezech., parte prima, homilia <11>: Quisque populi speculator ponitur, debet in alto stare per vitam, ut possit prodesse per providenciam.*“ Ebd., Cap. 64 AN (Ebd., fol. 94^{r}(a)).

897 „Sit denique fidelis *dispensator, non acceptor personarum, sed infirmitatum considerator, non captator gracie, sed sustentator inbecillitatis aliene, ut equaliter indigentibus equalia tribuat, quos autem fragilitatis diversitas separat, ad*ministra*cionis eciam dispensacio moderata discernat*.“ Ebd., Cap. 64 O (Ebd.).

898 „Dispensatorem, non dominatorem, non tyrannum, sed discretum, providum et fidelem. Fidelis autem providus et discretus erit, si deo, sibi et subiectis queque sua distribuat.“ Ebd. (Ebd., fol. 87^{r}(b)).

Gott der Vorzug gegeben wird[899] und Nachlässigkeit, Betrug und Bereicherung ausgeschlossen werden.[900]

Im zweiten Teilargument bringt Johannes von Kastl die „providencia“ mit dem Amt des Praepositus in Verbindung[901]. Der Begriff Praepositus basiert zunächst auf einem biblischen Hintergrund.[902] In den *Consuetudines castellenses* wird diese Bezeichnung im Zusammenhang mit einem Klosteramt verwendet. Dieser trägt die Verantwortung für die materiellen Dinge des Klosters[903] und die vom Kloster angestellten Arbeiter[904]; es wird von ihm ein sorgfältiger und zuverlässiger Umgang mit den zeitlichen Gütern erwartet.[905] Da der Praepositus bei seiner Amtsführung an die Weisung des Abtes und den

---

899 „Deo, si omnia, que de rebus sibi creditis deo debentur, pre omnibus promoveat, quia secundum *Bernhardum* ante omnia, que deo debentur, fideliter sunt agenda.“ Ebd. (Ebd.).

900 „Secundo, si de eisdem rebus suis accionibus proximis nullam omnino fraudem vel negligenciam faciat. Tercio, si de eisdem supra debitum necessitatis nichil suis usibus usurpet.“ Ebd. (Ebd.).

901 „Per quam providenciam *domui sue bene* debet esse *prepositus 1 Tim. 3* et *Tit. 1.*“ Ebd., Cap. 64 J (Ebd., fol. 85^{r}(b)).

902 Vgl. 1. Tim. 3,4; Tit. 1,6.

903 „De negotiis et sumptibus pene omnibus, videlicet de annona, vino et oleo, lana, caseis, ovibus, pecudibus et pecoribus, bladis et de expediendis rusticis saecularibus officialibus non professis, servitoribus, clientibus, hospitibus, peregrinis, pauperibus, advenis, laboratoribus et ceteris huiusmodi pervigilem curam habet.“ Consuetudines castellenses, Cap. 4 (CCM 14/1, MAIER, P. (Ed.), S. 67) (Redaktion RW); „Provideat etiam praepositus, ne in domibus, tectis, parietibus, muris, cellariis, officinis vel aliis structuris intra vel extra monasterium aliquid depereat vel destruatur aut deterioretur negligentia vel fraude.“ Ebd. (Ebd., S. 68) (Redaktion RWG) „Item praepositus scire debet numerum vasorum, utensilium, animalium et lectisterniorum in domo hospitum vel servitorum et ea certis et fide dignis assignare personis, a quibus diligenter, cum necesse fuerit, possit de singulis reddere rationem.“ Ebd. (Ebd., S. 69).

904 „Mercennariis quoque, qui assunt, secundum quod sibi visum fuerit utile, operationes iniungat, praeponens eis speculatores, si necesse fuerit, conversos, qui diligenter aspiciant et cohortentur negligentius laborantes. Conductum autem mercennarium a praeposito infra terminum praefixum nec cellerarius nec aliquis conversus officialis sine praepositi licentia debet dimittere seu quovis alio modo occupare, nisi inevitabili et rationabili causa cogente, et id, quod factum est, debet quantocius ipsi praeposito intimare.“ Ebd. (Ebd., S. 68 f.); die Verantwortung ist genau aufgeteilt: „Fratribus tantum conversis potest in virtute oboedientiae praecipere, quod praecipiendum videt necessarium. Quod si inoboedientes fuerint, correctio tamen et disciplina non ad ipsum praepositum, sed ad magistrum ipsorum vel ad priorem potissime pertinebit.“ Ebd. (Ebd.).

905 „In cunctis temporalibus providendis et procurandis praeficiatur <ab> abbate de consilio seniorum proborum unus ex monachis, diligens et fidelis, qui dignus sit ad praepositurae officium exsequendum, constituatur secundum utilitatem monasterii et traditionem regulam.“ Ebd. (Ebd., S. 66) (Redaktion W).

Rat der Senioren gebunden ist[906], haben der Abt und sein Beratungsgremium laut *Consuetudines castellenses* bei der Verwaltung zeitlicher Güter eine Mitverantwortung. Der Weisungsgebundenheit des Praepositus nach wird dem Abt und seinem Beratergremium in Verwaltungsfragen Kompetenz zugetraut.

Offensichtlich scheint das Amt des Praepositus nicht sehr begehrenswert gewesen zu sein. Johannes von Kastl mahnt in seinem Regelkommentar jene Mönche, die nicht mit der Verwaltung zeitlicher Güter betraut sind und sich dem kontemplativen Leben hingeben können, nicht auf das Leben des Praepositus herabzuschauen.[907] Die Spannung zwischen „accio" und „contemplacio" sieht auch der Autor der *Consuetudines castellenses*. Für ihn nimmt der Praepositus die Aufgabe der Martha wahr. Damit aber der Praepositus nicht völlig in seiner Aufgabe aufgeht, soll er sich immer wieder in seine Zelle zurückziehen, um dort in der Sorge um sein Seelenheil zu lesen, zu beten und zu meditieren.[908]

---

906 „Qui tamen praepositus illa agat cum reverentia, quae ab abbate suo ei iniuncta fuerint, nichil contra abbatis voluntatem aut ordinationem faciens. De universis curam gerat; et si magnum aliquid aut praeter consuetudinem agendum est, ad abbatis, si praesens fuerit, sin autem ad prioris et seniorum consilium semper recurrat. Nec aliquid notabile dare vel facere sine abbatis licentia praesumat. Determinata sit ipsius licentia et per eum pro memoriali in scriptis redacta, ut, quantum permittitur, faciat; non, quantum prohibetur, audeat attemptare." Ebd. (Ebd., S. 66 f.) (Redaktion RG); „Ad ipsum spectat censum abbatiae et monasterii colligere, data et accepta, impensas et expensas diligenter conscribere, ut possit de singulis coram abbate et senioribus reddere rationem. Nullam debet pecuniam dare mutuo vel accipere aut deposita custodienda suscipere nisi sciente et expresse concedente abbate et seniore parte fratrum." Ebd. (Ebd., S. 67) (Redaktion RWG).

907 „... *aliquando omnipotens deus mira dispensacione pietatis* agit, *ut* et *tenere spiritualium mentes a terrena cura disiuncte sint, onus regiminis duris* et *laboriosis cordibus iniungit, ut tanto illi ab hoc mundo securius lateant, quanto* hy *in terrenis sollicitudinibus libenter elaborant.* Unde *sepe misericors deus quo suos tenere diligit, eo eos sollicite ab externis accionibus abscondit. Nam et plerumque paterfamilias ad eum laborem servos dirigit, a quo subtiles filios suspendit; et inde fily sine vexacione decori sunt, unde servi et in pulvere fedantur. Qui igitur magnis virtutibus in sancte ecclesie sinu proficiunt, prepositorum suorum vitam despicere non debent, dum vacare eos rebus exterioribus vident; quia hoc quod ipsi securi intima penetrant, ex illorum adiumento est, qui contra procellas huius seculi exterius elaborant.*" JOHANNES <DE CASTELLO>: Exposicio, Cap. 64 CL (clm 18154, fol. 109v(a)–109v(b)).

908 „Quamvis autem praepositus exemplo Marthae, cuius suscepit officium, circa multa sollicitari et turbati necesse habeat, silentium tamen et quietum contemplationis non penitus abicere aut abhorrere debet. Sed potius de sua salute sollicitus, quantum domus negotia patiuntur, quasi ad tutissimum et quietissimum portus sinum ad locum cellae seu domus deputatae semper recurrat, ut ibidem legendo, orando, meditando turbulentos animi sui motus ex rerum exteriorum cura vel dispositione surgentes, sedare et mitigare queat." Consuetudines castellenses, Cap. 4 (CCM 14/1, MAIER, P. (Ed.), S. 71) (Redaktion RWG).

Die „providencia“ ist dem Kontext entsprechend zunächst im Zusammenhang mit der Verwaltung der zeitlichen Güter zu verstehen. Soll ein Kloster in weltlichen Angelegenheiten adäquat geführt werden, hat der Abt vorausschauend zu handeln. Nicht umsonst kommt das Augenmotiv zur Sprache: Der Abtskandidat soll voller Augen sein, damit er nach hinten und nach vorne schauen kann.[909] Vorausblickendes Handeln ist auf die Zukunft und auf die Vergangenheit bezogen.[910] Deshalb wird vom künftigen Abt gefordert, dass er nicht nachlässig ist.[911] Aus diesem Grund hat er nicht nur die Zukunft, sondern auch die Vergangenheit in seinem Handeln zu bedenken.[912]

---

909 „Debet enim esse *plenus oculis ante et retro, Apoc. 4; Extra, De eleccione, Scriptum est.*“ JOHANNES <DE CASTELLO>: Exposicio, Cap. 64 J (clm 18154, fol. 85^{r}(b)).

910 „Item sunt aliqui, qui in corrigendo curam apponunt, ut puniantur preterita, sed non ut caveantur futura. Aliqui vero dummodo provideant, ut caveantur futura, non multum curant de preteritis puniendis. Sed utrumque debet esse in vera correccione, scilicet ut futura caveantur et preterita puniantur.“ Ebd., Cap. 64 BZ (Ebd., fol. 105^{v}(a)–105^{v}(b)); „Racione primi oportet, quod habeat *memoriam preteritorum et providenciam futurorum.* Prelatus debet habere memoriam preteritorum, ut possit ex preteritis cognoscere quid evenire debeat in futurum.“ Ebd., Cap. 64 CB (Ebd., fol. 106^{v}(b)); „*Est* autem *providencia presens nocio futurorum tractans eventum.* Unde *Boecius: Non quod sit ante oculos, sufficit intueri, sed exitus rerum metiri providencia* est. *Et Seneca: Si prudens est animus tuus, tribus dispensetur temporibus presencia ordina, provide futura* et *recordare preterita.*“ Ebd., Cap. 64 CY (Ebd., fol. 112^{v}(a)); „*Unde providencia est pars prudencie.* Hec ille. Est ergo *presens* prudencia notitia *futurum pertractans eventum.* Huius officium est ex preteritis et presentibus futura perpendere.“ Ebd., Cap. 64 CZ (Ebd., fol. 113^{r}(a)).

911 „... nam si esset minus providus negligens, diceretur *1 q. 1, Incipit: Ecce, Quid plura.*“ Ebd., Cap. 64 J (Ebd., fol. 85^{r}(b)).

912 An dieser Stelle seien folgende Zusammenhänge erwähnt: Dem *prepositus* des Klosters kommt es zu, die Abgaben, die an das Kloster entrichtet werden, einzusammeln. Die Ausgaben und die Einnahmen des Klosters sollen sorgfältig aufgeschrieben werden: „Ad ipsum spectat censum abbatiae et monasterii colligere, data et accepta, impensas et expensas diligenter conscribere, ut possit de singulis [...] coram abbate et senioribus reddere rationem.“ Consuetudines castellenses, Cap. 4 (CCM 14/1, MAIER, P. (Ed.), S. 67) (Redaktion RWG); wenngleich die *Consuetudines castellenses* den *liber testamentorum*, das älteste Urbar Kastls, nicht ausdrücklich nennen, so werden im *liber testamentorum* der Abt und der Praepositus als die Hauptverantwortlichen für die Güterverwaltung genannt: „... ac iure tenetur recipere abbatem aut prepositum claustri, et cameram, in qua sit cysta ...“ PUCHNER, K.: Quellen zur Oberpfälzer Siedlungsgeschichte, S. 192. Ferner ist das Incipit dieses Urbars bemerkenswert : „Hec sunt bona Castellensis ecclesie, que ab inicio per suos fundatores et postmodum per oblaciones fidelium possedit, que ideo scripto presentis pagine notantur, quatenus aput presentes nota habeantur et in futuro supervenientes experiantur.“ PUCHNER, K.: Quellen zur Oberpfälzer Siedlungsgeschichte, S. 187 f. Diesem Incipit folgend sieht der Autor die aufgezeichneten Besitzungen in Bezug zur Vergangenheit und zur Zukunft. Der *liber testamentorum* weist darüber hinaus weitere historische Bezüge auf: So stellt der Verfasser dem Urbar die Abschrift einer Urkunde aus dem Jahr 1344 und ein Kalen-

Die Aspekte der Zeit und der Wahrnehmung des ganzen Menschen mit seinen Bedürfnissen spielen auch im Umgang der Mönche untereinander eine große Rolle. Zur „Correccio fraterna“ als einer Form der brüderlichen Zurechtweisung gehört es, nicht nur Vorsorge für die Zukunft zu treffen oder Vergehen der Vergangenheit zu bestrafen. Die Zukunft wie die Vergangenheit sollen ins Blickfeld genommen und sinnvoll miteinander verbunden werden[913].

Bei der Suche nach einem geeigneten Abtskandidaten haben die Wähler nicht nur darauf zu achten, ob der Mönch Vergangenheit wie Zukunft in gleicher Weise im Auge hat, sondern auch, ob der Kandidat einen Blick für Gott hat. Darüber hinaus wird von ihm eine genaue Kenntnis seiner Mitbrüder und Selbsterkenntnis verlangt. Ob diese Bedingungen in die Praxis umgesetzt werden, ist bei der Untersuchung des Umgangs mit den zeitlichen Gütern zu erkennen.

4.3.2.3 „Der sei zu wählen, der sich durch Demut auszeichnet.“

Der Glaube, „fides“, und die Weitsicht, „providencia“, gelten als die beiden Grundvoraussetzungen für das Abtsamt. Durch den Bezug des Glaubens auf das Innerste des Menschen und der „providencia“ auf die Verwaltung der materiellen Güter entsteht zwischen diesen beiden Voraussetzungen eine gewisse Spannung. Zwischen den beiden Polen bewegen sich als weitere Voraussetzungen die Demut, die Geduld, die Wissenschaft und die Gerechtigkeit.

Eine Textuntersuchung des Abschnitts über die Demut zeigt einen Dreischritt[914]: Voraus geht ein Zitat aus dem Matthäusevangelium, in dem Jesus

---

dar voran. Auf das Urbar folgt die Reimchronik, ein Kopialbuch, eine lateinische Chronik und deren Fortführung, Anmerkungen zu den Besitzungen, Schenkungen und Äbten. Der *liber testamentorum* wird mit einer Urkunde König Ruprechts aus dem Jahr 1402 abgeschlossen. Im Urbar wird der Umfang der Besitzungen zunächst unter geographischen Gesichtspunkten aufgelistet. Dann werden die Besitzungen, die zu einem besonderen Zweck gestiftet wurden oder zu einem Offizium gehören, gesondert aufgeführt: „Hec decime pertinent in pistrinam: ...“ (Ebd., S. 199); „Redditus ad cantoriam: ...“ (Ebd.); „Hii sunt redditus ad infirmariam pertinente: ...“ (Ebd.) „Hii sunt redditus ad hospitale pertinentes: ...“ (Ebd., S. 201); „Hec decime pertinent ad hospitale ...“ (Ebd., S. 202); „Hii sunt redditus ad custodiam pertinentes: ...“ (Ebd.) Mit dem Urbar ist es dem *prepositus* möglich, die Einkünfte des Klosters den Offizien genau und gerecht zuzuteilen.

913 „Item sunt aliqui, qui in corrigendo curam apponunt, ut puniantur preterita, sed non ut caveantur futura. Aliqui vero dummodo provideant, ut caveantur futura, non multum curant de preteritis puniendis. Sed utrumque debet esse in vera correccione, scilicet ut futura caveantur et preterita puniantur. Propter quod correccio in scriptura signatur per virgam, qua percussum animalis devians et punitur pro errore preterito et dirigitur, ne deviet in futuro.“ JOHANNES <DE CASTELLO>: Exposicio, Cap. 64 BZ (clm 18154, fol. 105^{v}(a)–105^{v}(b)).

914 „Secundo plenus humilitate. *Matth.11: Discite a me, quia mitis sum* etc., *2 q. 6, Qui se scit. Prov. 29: Humilem spiritu suscipiet gloria.* Hic meretur audire illud *Agg. 2*: Suscipiam *te, servum meum, et ponam te* sicut *singnaculum* in conspectu

Christus als Vorbild der Demut und Sanftmut gezeigt wird[915], worauf ein „Incipit" eines *Capitulum* aus dem *Decretum Gratiani* folgt.[916] Dem demütigen Menschen wird im zweiten Schritt die Aufnahme in die Herrlichkeit verheißen.[917] Korrigierend wirkt sich der dritte Schritt aus, in dem der Autor darauf hinweist, dass die Demut, wenn sie nicht mit Maß geübt wird, die Autorität bricht.[918] Aus diesem Dreischritt ergibt sich folgender systematische Zusammenhang: Der erste wie der dritte Schritt gehören zusammen, da sie sich auf die Einübung der rechten Demut beziehen. Der zweite Schritt zeigt die eschatologische Perspektive auf.

Im ersten und dritten Schritt führt der Autor zwei Capitula aus dem *Decretum Gratiani* an, die dem Inhalt nach zusammengehören. Sie bilden den Hintergrund, auf dem das Zitat aus dem Matthäusevangelium gelesen werden muss. So fallen im ersten *Capitulum* sogleich die beiden Stichwörter „Praepositus" und „Praelatus"[919]. Die Amtsbezeichnung „Praepositus" steht für ein Amt, das in den *Consuetudines castellenses* beschrieben wird. Unter dem Begriff „Praelatus" ist der Abt des Klosters zu verstehen. Der Text besagt, dass es einem Praepositus, der in seinem Amt anderen vorsteht, nicht schwer fällt, unter der Leitung eines Praelaten zu stehen. Der oben genannte Sachverhalt – der Praepositus ist an die Weisung der Oberen gebunden – wird im Verlauf des Textes mit einem Sachverhalt aus der Ekklesiologie illustriert, in dem das Verhältnis der Teilkirchen zueinander näher beschrieben wird. Die Teilkirchen, die aus einer anderen Kirche hervorgingen, nehmen an der Sorge ihrer Mutterkirche teil. Diese kann aber die Fülle ihrer Amtsgewalt nicht nach unten weitergeben.[920] Der Teilkirche bleiben daher gewisse Rechte und Pflichten

---

meo, *quia* ego *elegi te*. Non tamen nimis humilietur, quia, *dum nimium servatur humilitas, regendi frangitur auctoritas, 86. di., Quando.*" Ebd., Cap. 64 J (Ebd., fol. 85r(a)).

915 „Tollite iugum meum super vos et discite a me, quia mitis sum et humilis corde et invenietis requiem animabus vestris." Matth. 11,29.

916 Grat. 2,6,14 (Fr. 469–470).

917 „Superbum sequitur humilitas et humilem spiritu suscipiet gloria" Prov. 29,23; „In die illo, dicit Dominus exercituum, adsumam te, Zorobabel, fili Salathiel, serve meus, dicit Dominus, et ponam te quasi signaculum, quia te elegi, dicit Dominus exercituum." Agg. 2,24.

918 „Quando necessitas disciplinae moribus cohercendis dicere uos dura uerba conpellit, si etiam ipsi modum uos excessisse sentitis, non a uobis exigitur, ut uobis a subditis ueniam postuletis, ne apud eos, quos oportet esse subiectos, dum nimium seruatur humilitas, regendi frangatur auctoritas. Et tamen petenda est uenia ab omnium Domino, qui nouit eos, quos plus iusto forte corripitis, quanta beneuolentia diligatis." Grat. 86,4 (Fr. 298).

919 „Qui se scit aliis esse prepositum, non moleste ferat aliquem sibi esse prelatum." Grat. 2,6,14 (Fr. 469).

920 „Ipsa namque ecclesia, que prima est, ita reliquis ecclesiis uices suas credidit largiendas, ut in partem sint uocatae sollicitudinis, non in plenitudinem potestatis. Unde omnium appellantium apostolicam sedem episcoporum iudicia, et cuncta

vorenthalten. Demzufolge teilt der Praepositus die Sorge des Abtes um die Mönchsgemeinschaft, verfügt aber nicht über alle Rechte und Pflichten des Abtes. Die Demut, verstanden als eine Teilhabe an der Vollmacht des Abtes, hat daher auch immer etwas Erleichterndes an sich; der Mönch, der dem Abt untersteht, braucht nicht die ganze Last zu tragen.

Wie nun der Vorsteher richtig mit den Untergebenen umgehen soll, wird in einem Textauszug aus dem *Decretum Gratiani* dargestellt. Dort wird der Vorsteher gemahnt, sich nicht zu sehr in der Demut zu üben, da sonst seine Autorität gebrochen wird.[921] Dieses Zitat bildet den Abschluss des Quellentextes. Das in der Quelle angedeutete Problem der Schuld bleibt in diesem Textabschnitt unerwähnt. Es wird von dem Fall ausgegangen, dass ein Untergebener über das Maß bestraft wurde.[922] Würde sich in einem solchen Fall der Obere bei seinem Untergebenen entschuldigen, würde er seine Autorität brechen und damit seiner Position nicht gerecht werden.

Die Demut als Form der Zuwendung und Milde soll sich folglich innerhalb des vorgebenen Rahmens der Autorität am Vorbild Jesu Christi orientieren. Dem *Decretum Gratiani* nach kann die Demut zu einer Gefahr für die Autorität werden. In einem sehr krassen Bild gelingt es Johannes von Kastl, dieses Problem auszudrücken: Übt der Vorgesetzte seine Autorität nicht richtig aus, degeneriert er zu einer Figur, die nicht einmal mehr die Vögel fürchten[923]. Wird also die Demut auf eine entsprechende Weise mit der Ausübung der Autorität verbunden, werden die Untergebenen ihre Vorgesetzten lieben und schätzen, ohne die Achtung vor ihnen zu verlieren.

Im Zusammenhang mit der „humilitas" lenkt der Autor der *Exposicio* das Augenmerk des Lesers wiederum auf den Praepositus. Wenngleich sein Dienst, der aufgrund der Sorge um die zeitlichen Güter als Qual und Last betrachtet wird, wenig Ansehen hat[924] und zudem demütigend ist[925], findet diese Aufga-

---

maiorum negotia causarum eidem sanctae sedi reseruata esse liquet" Grat. 2,6,14 (Fr. 469–470).

921 „... dum nimium seruatur humilitas, regendi frangatur auctoritas." Grat. 86,4 (Fr. 298).

922 „Quando necessitas disciplinae moribus cohercendis dicere uos dura uerba conpellit, si etiam ipsi modum uos excessisse sentitis, non a uobis exigitur, ut uobis a subditis ueniam postuletis, ..." Ebd.

923 „Secundum est usus auctoritatis. Sunt enim quidam, qui numquam prodeunt ad opus aliquod utile ex auctoritate, quam habent et ideo non timentur. Sicut statue sunt formidines, que numqum aliquod faciunt processu temporis, non timentur ab avibus. Et ideo dicitur *<Tit.> 2: Argue cum omni imperio, nemo te contempnat* quasi diceret. Ideo argue imperiose, ne vertaris in contemptum." JOHANNES <DE CASTELLO>: Exposicio, Cap. 64 CF (clm 18154, fol. 108^{r}(b)); im Abschnitt Cap. 64 BU der *Exposicio* dese Johannes von Kastl heißt es : *„Eccles. 7 et illud Augustini: Dum nimium servatur humilitas* correccionis vel *regendi, frangitur auctoritas; 86. di., Quando."* (Ebd., fol. 103^{v}(b)).

924 *„Nam et plerumque paterfamilias ad eum laborem servos dirigit, a quo subtiles filios suspendit et inde fily sine vexacione decori sunt. Unde servi et in pulvere fedantur."* Ebd., Cap. 64 CL (Ebd., fol. 109^{v}(b)).

be bei Johannes von Kastl doch eine hohe Wertschätzung. Denn der Mönch, der mit dieser Aufgabe betraut ist, erwirbt sich umfassende Kenntnisse und ist dadurch befähigt, richtig zu urteilen.[926] Zudem ermöglicht sein Dienst, dass die übrigen Mönche für das religiöse Leben frei sind.

Wie schon erwähnt, ist der Praepositus an die Weisung des Abtes und der Senioren gebunden. Somit hat er sich an den Befehl des Abtes und an den Rat der Senioren zu halten.[927] Es wird vom Praepositus verlangt, dass er den anderen zuhört. Diese Bereitschaft, den Rat anderer einzuholen und ihn zu befolgen, gründet in der Demut. Der Gehorsam als eine Umsetzung des Rates und der Weisung ist demzufolge ohne die Demut nicht zu denken.[928]

Auf die Barmherzigkeit und die Gnade seines Vorgesetzten darf der Mönch auch dann hoffen, wenn er schuldig geworden ist – vorausgesetzt er unterwirft sich seinem Richter.[929] Im Bild der wilden Tiere, der Bestien, der Hunde und Löwen, versucht Johannes von Kastl die Vorgesetzten und Richter des Mönches zu fassen.[930] Sie sind es, die den schuldigen Mönch angreifen. Nur wenn sich der Mönch demütigt und dem Willen seines Oberen unterwirft, erfährt er Barmherzigkeit und Milde.[931]

Die Wähler haben bei der Kandidatensuche auf die Demut des Mönchs zu achten. Indem sich der Mönch der Leitung eines Abtes unterstellt, sind ihm

---

925 „*Aliquando omnipotens deus mira dispensacione pietatis* agit, *ut* et *tenere spiritualium mentes a terrena cura disiuncte sint, onus regiminis duris* et *laboriosis cordibus iniungit, ut tanto illi ab hoc mundo securius lateant, quanto* hy *in terrenis sollicitudinibus libenter elaborant.* „ Ebd. (Ebd., fol. 109^{v}(a)–109^{v}(b)); im Cap. 64 AP der *exposicio* findet sich folgender Text: „Si, inquit, considerare velimus statum prelatorum, invenimus ipsos in sancta dei ecclesia et in monachatu claustrali **statum administracionis** non dominacionis, **gradum humiliacionis** non elacionis, **onus** pocius quam honorem, **laborem** verius quam quietem" (Ebd., fol. 94^{v}(b)) (Die fett gedruckte Hervorhebung stammt von mir.).

926 „*Cuius profecto dispensacio inde ab humilibus rectior agnoscitur* unde *ab elatis non rectam iudicatur. Quia enim potestas regiminis ministrari non potest sine studio cure temporalis.*" Ebd., Cap. 64 CL (Ebd., fol. 109^{v}(a)).

927 „Non enim decet prelatum caput suum in omnibus sequi nec inniti semper solercie sue, sed sit eciam docilis, ut sit humilis ad capescendam aliorum doctrinam, acquiescendo seniorum sapientum consilys." Ebd., Cap. 64 CB (Ebd., fol. 107^{r}(a)).

928 „Unde *diligite lumen sapiencie, qui preestis populo Sap.* <6> et post: *Audite ergo reges et intelligite, ad* nos *sunt hy sermones mei, ut discatis sapienciam et non excidatis,* scilicet a modestia loquendi, strennuitate agendi, a largitate tribuendi, a iusticia iudicandi, **ab humilitate et promptitudine obediendi**, a constancia veritatem confitendi, a providencia gubernandi." Ebd., Cap. 64 AF (Ebd., fol. 93^{r}(a)) (Die fett gedruckte Hervorhebung stammt von mir.).

929 „Decimum inclinans ad misericordiam est subieccio et humilitas delinquentis." Ebd., Cap. 64 BR (Ebd., fol. 102^{v}(a)).

930 „Omnino enim contra naturam est humilianti, non parcere, cum bestie hoc agant. Canes enim nec leones non offendunt humiliantes se et prosternentes se coram eis." Ebd. (Ebd.).

931 „Nam si delinquens omnino se subicit et omnino se humiliat et ponit se totum in arbitrio iudicantis, est cum illo micius agendum." Ebd. (Ebd.).

Grenzen gesteckt, die er einzuhalten hat. Innerhalb dieses Bereichs steht ihm die Möglichkeit offen, Sachkompetenz zu erwerben. Die Mönche müssen darauf schauen, ob der Kandidat seinen Verantwortungsbereich nach dem Vorbild Christi gestaltet hat. Dies zeigt sich vor allem darin, dass er Sachkompetenz erworben, diese den Menschen zugewandt und in Milde ausgeübt hat.

4.3.2.4 „Der sei zu wählen, der in der Geduld geübt ist."

Ist es den Wählern ein Anliegen, einen geeigneten Kandidaten für das Abtsamt zu finden, rät ihnen Johannes von Kastl, auch die Geduld in den Blick zu nehmen. Diese besteht darin, dem Leidenden durch Barmherzigkeit Mitleid zu erweisen.[932] Die „misericordia" ist am Beispiel des Petrus zu lernen, den der Herr zum Hirten der ganzen Kirche erwählt hat, obwohl er schuldig geworden war. In seiner Schuld sollte er nämlich lernen, mit den anderen barmherzig umzugehen.[933]

In diesem Quellentext, einem Capitulum aus dem *Decretum Gratiani*, wird die Schuld des Petrus als Schwäche verifiziert. Das Mitleid des auferstandenen Herrn erweist sich darin, dass er trotz der Schuld des Petrus diesem zuerst erschien, ihn zum Hirten der ganzen Kirche erwählte und zum Praepositus der anderen Jünger bestellte. Das Mitleid des Herrn nimmt Petrus in die Pflicht, mit den anderen barmherzig umzugehen und deren Schwächen zu tolerieren.[934] An diesem Sachverhalt wird deutlich, wie die „providencia" zur Geltung kommt. Die Voraussicht, die versucht, die Zukunft auf dem Hintergrund der Vergangenheit zu gestalten, wird in der Barmherzigkeit wirksam. Ein Capitulum aus dem *Decretum Gratiani* bildet gleichsam den textlichen Hintergrund dieser Ausführungen. Johannes von Kastl zitiert ihn nur in Ausschnitten: Jesus übersieht nicht die Schuld der dreimaligen Verleugnung des Petrus, sondern er nimmt sie ernst; die dreimalige Frage nach der Liebe macht ihm seine Schuld bewusst und stellt ihn unter den Anspruch, mit den anderen barmherzig umzugehen. Seine Schuld wie auch die neu erfahrene Liebe werden für Petrus zur Quelle der Barmherzigkeit.[935]

---

932 „Tercio plenus sit paciencia. Necessarium est enim, ut misereatur compaciendo." Ebd., Cap. 64 J (Ebd., fol. 85r(a)).

933 „Nam quem dominus *in pastorem tocius ecclesie* elegit, cadere *permisit*, ut *in sua culpa disceret, qualiter alys misereri debuisset, Matth. 26 ...*" Ebd. (Ebd., fol. 85r(a)).

934 „Quod nimirum magnae actum pietatis dispensatione cognoscimus, ut is, qui futurus erat pastor ecclesiae, in sua culpa disceret, qualiter aliis misereri debuisset. Prius itaque eum ostendit sibi, et tunc preposuit ceteris, ut ex sua infirmitate cognosceret, quam misericorditer aliena infirma tolleraret." Grat. 50,53 (Fr. S. 198).

935 „... qui futurus erat pastor ecclesiae, in sua culpa disceret, qualiter aliis misereri debuisset. Prius itaque eum ostendit sibi, et tunc preposuit ceteris, ut ex sua infirmitate cognosceret, quam misericorditer aliena infirma tolleraret." Grat. 50,53 (Fr. 198).

In der Verleugnung Christi sieht Johannes von Kastl die Schuld des Petrus: „... ubi prefecit *Petrum*, qui *Christum negavit*“[936] und verweist dabei auf Matth. 26. Dort wird in den Versen 70 und 72 die Verleugnung Jesu durch Petrus mit dem Begriffspaar der Kenntnis/Unkenntnis in Verbindung gebracht: „At ille negavit coram omnibus dicens: **Nescio** quid dicis ... Et iterum negavit cum iuramento: Quia non **novi** hominem.“[937] Sodann nennt Johannes von Kastl das 21. Kapitel des Johannes-Evangeliums. Auf die Frage Jesu „Simon Iohannis, diligis me plus his?“ antwortet Petrus: „Domine, tu **scis** quia amo te“[938]. Diesem Hinweis auf Ioh. 21 zufolge sieht Johannes von Kastl bei der Frage nach der Schuld einen Zusammenhang zwischen dem Wissen und der Liebe. Er unterscheidet dabei zwischen zwei Arten von Schuld: Jemand kann aus freier Wahl oder aus Unwissenheit bzw. menschlicher Schwäche sündigen.[939] Da in der *Exposicio* die freie Wahl und die „infirmitas“, wie sie in den Quellentexten steht, übergangen werden, wird die „ignorancia“ als Grund angegeben, warum Petrus den Herrn verleugnet hat; gilt sie doch als Mutter aller Fehler.[940] Johannes von Kastl sieht im Wissen die eigentliche Ausgangsgröße[941], und so unterscheidet er zwischen der „sciencia eminens“, der „sciencia competens“ und der „imperfeccio sciencie“.[942] In der „imperfeccio sciencie“ wird ein wirkliches Defizit erkannt, das dadurch behoben werden kann, dass sich der Betroffene in der Liebe übt.

Weiterhin sieht er im Lernen eine weitere Möglichkeit, die „imperfeccio sciencie“ zu beheben. Von welcher Bedeutung das Lernen ist, lässt sich an den Zusammenhängen zwischen Wissen, Tat und Lehre erkennen. Wenngleich das Tun zweifellos besser ist als das Wissen, haben das Wissen und das Lernen den Vorrang vor dem Tun, da es das Handeln begründet.[943] Führt man sich nun die Abfolge der einzelnen Schritte – Lernen, Wissen, Tat – vor Augen, entdeckt man, dass sich mit der Lehre, die auf die Praxis folgt und dem Lernen vorangeht, der Kreis schließt. In der Lehre werden dem Menschen die

---

936 JOHANNES <DE CASTELLO>: Exposicio, Cap. 64 J (clm 18154, fol. 85^{r}(a)).

937 Matth. 26,70.72 (Die Hervorhebungen stammen von mir.).

938 Ioh. 21,15 (Die Hervorhebungen stammen von mir.).

939 „Si aliquomodo potest percipere iudex peccantem non peccasse ex eleccione, sed ex ignorancia vel infirmitate, debet ad clemenciam declinare.“ JOHANNES <DE CASTELLO>: Exposicio, Cap. 64 BR (clm 18154, fol. 101^{v}(b)).

940 „Porro quamquam *ignorancia mater* omnium *errorum* sit *in* prelatis et *sacerdotibus maxime vitanda, 38. di., c. 1* ...“ Ebd., Cap. 64 BB (Ebd., fol. 97^{r}(b)).

941 „... *et* tunc *imperfeccionem sciencie debet supplere perfeccio caritatis, Extra, De renunciacione, <Si>*.“ Ebd., (Ebd.).

942 „... licet *eminens* sciencia ut supra dictum est sit semper in prelatis desideranda, competens tamen est tolleranda, *De eleccione, Cum nobis et* tunc *imperfeccionem sciencie debet supplere perfeccio caritatis, Extra, De renunciacione, <Si>*.“ Ebd. (Ebd.).

943 „Unde *Cesarius, omelia <quarta>*: *Quamvis melius sit facere, quam nosse, prius tamen est nosse, quam facere. Debet enim discere*, que *oportet implere* et alios docere.“ Ebd., Cap. 64 AY (Ebd., fol. 96^{v}(b)–97^{r}(a)).

Normen vermittelt, die als exemplarisch verstanden werden dürfen. Waren die Mönche schon bei der „humilitas“ aufgefordert, von Jesus zu lernen, sollen sie sich nun an das Beispiel des Petrus halten. Die Person Christi wie der Apostel Petrus sind für das Leben der Mönche normativ. Jesus Christus, der ohne Schuld war, wie auch Petrus, der aus seiner Schuld lernte, stellen die beiden Pole eines jeglichen Lebens dar. Es besteht für den Mönch die Möglichkeit, in jeder Lebenslage von diesen Vorbildern zu lernen.

Das Lernen wie die Liebe sind zwei verschiedene Wege, um zum selben Ziel zu kommen. Beide befähigen den Menschen, barmherzig mit dem Nächsten umzugehen. Die Barmherzigkeit wird als eine Fähigkeit verstanden, am Leid seines Nächsten teilzunehmen und es zu beseitigen.[944] Auf diesem Hintergrund versteht der Autor die „paciencia“. So kann mit einem Angeklagten barmherzig und milde umgegangen werden, wenn er sich bei seiner Bestrafung geduldig, also ohne Murren, zeigt.[945] Nicht ohne Grund erwähnt Johannes von Kastl vorher ausdrücklich das Delikt, den Richter und die Strafe.[946] Den Begriffen nach ist der Angeklagte durch ein Verfahren über seine Schuld informiert worden. Erträgt er nun seine Strafe geduldig, dann ist er einsichtig und hat seine Schuld zugegeben und angenommen.

Im Gegensatz dazu steht das Murren. So kann der Abt in seiner Unwissenheit die Ungeduld eines Konvents provozieren.[947] Verlangt er nämlich etwas,

---

944 „... nunc ostendit, qualis esse debeat ad proximum, quia *misericordem* id est aliene miserie ex corde compacientem. Quia secundum *<Thomam>*: *Misericordia est tristicia* in alienis malis. Unde et dominus *Luc. 6: Estote misericordes, sicut et pater vester misericors est. ...* Secundo misericordia importat effectum miseracionis, quia proximi miseriam reputat suam, et ideo movetur ad eam repellendam, tamquam miseriam suam, et illud est in deo, scilicet effectus, quo repellitur miseria nostra. Quia ex bonitate sua miseriam nostram repellit, tribuendo quoddam debitum non erat nobis et hoc procedit non ex aliqua passione, que in deo sit, sicut est in nobis, quando misero conpatimur ex affectu, sed procedit ex simplici actu voluntatis divine producens repulsionis miserie effectum.“ Ebd., Cap. 64 BL (Ebd., fol. 99^{v}(b)–100^{r}(a)).

945 „... si punicionem pacienter sustinet et non murmurat in pena sibi imposita, est cum illo magis misericorditer agendum.“ Ebd., Cap. 64 BR (Ebd., fol. 102^{r}(b)).

946 „Nam si quis incusatur de aliquo delicto, pro quo punitur a iudice, si punicionem pacienter sustinet ...“ Ebd., (Ebd.).

947 „Sicut enim vinum non bene temperatur nisi per gustacionem eius virtus agnoscatur, sic abbates, qui in conventu nunquam iacent vel commedunt etc., onus, quod conventus sustinet, temperare nesciunt. Unde tales non exhibent se patres, sed pocius exactores, quales fuerunt exactores pharaonis, qui a populo dei *consuetum numerum laterum* exigebant, tamen *palea*s, *ut consuetum* erat, eis ministrare nolebant; *Exod. 5.* Sic tales abbates et ultra regulam fratres onerant et tamen eis necessaria non ministrant. Tales sunt imitatores *balaam asin*e non parcentis, sed eam usque ad querimoniam cedentis; *Num. 22.* Congregacionem enim, que ut iumentum apud eos facta est a deo, verberant, ut eam murmurare compellant et murmurantes arcius castigant. Tales eciam non *didicerunt pati disciplinam aut correccionem propriam et quia agendi et paciendi tamquam contrariorum eadem est disciplina, nesciunt eam in alios exercere.*“ Ebd., Cap. 64 DJ (Ebd., fol. 115^{r}(b)).

was er aus eigener Erfahrung nicht kennt, so ist es möglich, dass er zu viel fordert und damit die Gemeinschaft überfordert; er bewegt sich nicht mehr im Bereich des Möglichen. Das Murren seiner Mönche zeigt ihm an, dass er das rechte Maß überschritten hat. Um den Unmut der Mönche zu vermeiden, muss sich folglich der Abt zuerst über seinen Konvent informieren.

Die Geduld ist folglich als eine Haltung zu bezeichnen, die versucht, der Realität, die ihr begegnet, gerecht zu werden. Ganz im Sinne dieses Realismus ist es, wenn der Autor schreibt, dass das Abtsamt nicht Ehren, sondern Trauer mit sich bringt.[948] Der Wirklichkeit eines solchen Amtes wird man daher nicht gerecht, wenn man nur auf die Herrschaft, die Erhabenheit, die Ehre und die Ruhe schaut.[949] Das Abtsamt umfasst die Verwaltung und die Demut, das Tragen von schwerwiegenden Lasten und die Arbeit. Für dieses Amt sind daher nur die Mönche geeignet, die schwere Lasten tragen können. Der Abt steht der Aufgabe gegenüber, dem Schweren nicht einfach auszuweichen, sondern in einer guten Weise damit umzugehen. Einem Capitulum aus dem *Decretum Gratiani* entsprechend ist ein solches Leben zwischen Himmel und Erde eingespannt.[950] Die Kirche, die aus Sündern wie auch aus guten Menschen besteht, wird durch die barmherzige Toleranz der Guten zusammengehalten. Diese versuchen, nicht mit den Defiziten der anderen fertig zu werden, sondern ihnen die Möglichkeit einer Entwicklung offenzuhalten.

In ihrem Bemühen, einen geeigneten Abt zu wählen, haben die Wähler auf die Geduld zu schauen. Als Charisma ist die Geduld im Zusammenhang mit der Schuld zu erkennen, die auch durch eine Unkenntnis begründet sein kann. Die Frage besteht darin, wie der Abtskandidat mit dem falschen Verhalten umgegangen ist? Haben die Fehler ein Wachstum im Lernen und in der Liebe bewirkt, so darf der Kandidat als geeignet betrachtet werden. Ist die Schuld ein Anlass zum Murren geworden, ist der Mönch noch nicht zur Einsicht gekommen.

---

948 „Requiritur merito patencia, *quia omne, quod hic eminet, plus meroribus afficitur, quam honoribus gaudeat, 13. di.,* <Nervi>." Ebd., Cap. 64 J (Ebd., fol. 85ʳ(a)).

949 „*Qui* ergo *suscipit monachos ad regendum, non parvum, sed grave onus recepit ad portandum.* Unde *illi sudor laboris, non delectacio crescit honoris.* Unde *Bernhardus super Cantica, sermone 76:* Si, inquit, considerare velimus statum prelatorum, invenimus ipsos in sancta dei ecclesia et in monachatu claustrali statum administracionis non dominacionis, gradum humiliacionis, non elacionis, onus pocius quam honorem, laborem verius quam quietem," Ebd., Cap. 64 AP (Ebd., fol. 94ᵛ(b)).

950 „Hec autem uita, que inter celum et infernum sita est, sicut in medio subsistit, ita utrarumque partium ciues communiter recipit: quos tamen sancta ecclesia et indiscrete suscipit, et postmodum in egressione discernet. Si igitur boni estis, quamdiu in hac uita subsistitis, equanimiter tollerate malos. Nam quisquis malos non tollerat, ipse sibi per intollerantiam testis est, quia bonus non est." Grat. 23,4,15 (Fr. 903).

4.3.2.5 „Der sei zu wählen, der im Wissen fortgeschritten ist."

Auf der Suche nach einem Mönch, der fähig ist, das Abtsamt auszuüben, rät der Regelkommentator den Wählern, auf das Wissen zu achten. Der Aufbau des Arguments deutet auf eine besondere Art der „sciencia" hin. Die *Exposicio in regulam s. Benedicti* verlangt ein Wissen, mit dem der künftige Abt den Mitbrüdern das klösterliche Leben in einer umfassenden Weise darlegen kann. Von daher ist von einem profunden Erfahrungswissen auszugehen.[951] Das Argument schließt mit der Aussage, dass der Kandidat den einen Gott als Autor des Alten und Neuen Testamentes kennen soll.[952]

Die Unterweisung des Abtes besteht darin zu zeigen, wie die Mönche einen klösterlichen Lebenswandel führen sollen. Dabei ist der Begriff „conversari" von entscheidender Bedeutung; steht er doch im Zusammenhang mit der benediktinischen Professformel[953]. Johannes von Kastl versteht unter „conversio" die Abkehr von allen Lastern, die sich in drei Schritten vollzieht.[954] Am Beginn der Umkehr steht die Hinwendung des Menschen zu seinem Herzen. Er findet es, wenn er sich von der Schuld zur Gnade, von der Sünde zur Gerechtigkeit und vom Laster zur Tugend hinwendet.[955] Im zweiten Schritt kehrt der Mensch in sein Herz ein und sucht in der Liebe die Vollendung. Johannes von Kastl erkennt darin einen Fortschritt in der Tugend, der in der Kontemplation als Schau Gottes sein Ziel hat.[956] Im dritten Schritt wendet sich der menschliche Geist gleich einem Vogel von seinem Herzen ab. So übersteigt der Geist das Herz des Menschen in der Kontemplation, er begegnet Gott und engagiert sich durch ein aktives Dasein in der Welt.[957]

---

951 „Quarto plenus sit sciencia, ut *ostendat, qualiter alios oporteat in domo* domini *conversari, Extra, De eleccione, Cum in cunctis.* Non debet *aliorum indigere doctrina, 1 q. 7, Convenientibus.* „ JOHANNES <DE CASTELLO>: Exposicio, Cap. 64 J (Ebd., fol. 85r(a)).

952 „Debet enim *esse paterfamilias, qui profert de thesauro suo nova et vetera, Matth. 13,* ut sciat *unum deum novi et veteris testamenti et auctorem, 23. di., Qui episcopus, Versiculus: Querendum.*" Ebd. (Ebd., fol. 85r(b)).

953 *„Ego, frater N., promitto stabilitatem et conversionem morum meorum ...*" Consuetudines castellenses, Cap. 47 (CCM 14/1, MAIER, P. (Ed.), S. 372) (Redaktion AW GE).

954 „Converti enim dicitur qui omnino verti. ... Et dicitur conversio quasi simul versio, idest totalis. Nam qui unum vicium deserit et ab altero non recedit se, quidem vertit, sed non convertit." JOHANNES <DE CASTELLO>: Exposicio, Cap. 58 F (clm 18154, fol. 15v(a)–15v(b)).

955 „Prima versio est ad cor. ... Conversio ad cor est redire de culpa ad graciam, de peccato ad iustitiam, de vicio ad virtutem." Ebd. (Ebd.).

956 „Secunda in corde. ... Conversio in corde est perficere in caritate, ire de virtute in virtutem donec videatur deus deorum in syon, idest in contemplacione." Ebd. (Ebd.).

957 „Tertia de corde. ... Conversio de corde est mentis excessus in contemplacione. Hec Ezechiel sunt illa celestia animalia, que ibant et revertebantur. Ibant de corde ad deum per contemplacionem ascendendo, revertebantur ad accionem rursum

Die Umkehr ist eine Herausforderung, die allen Mönchen gilt und die als nicht abgeschlossen betrachtet werden kann. Die „conversacio morum" wird als ein Weg betrachtet, der vom Schlechten zum Guten, vom Guten zum Besseren und vom Besseren zum Besten führt.[958] Johannes von Kastl rechnet mit geistlichen Fortschritten, die zur Schau Gottes als letztem Ziel hinführen. Die Kontemplation gilt demzufolge als das „optimum". Die Lehre von der Umkehr gilt allen Mönchen. Deshalb wird der Abt versuchen, die einen durch Lob und die anderen durch Tadel zum Fortschreiten zu ermuntern.[959]

Die Lehre von der Umkehr soll allein auf dem Fundament der Bibel gegründet sein. Dieser Anspruch findet seine Bestätigung, wenn man das 58. Kapitel des Regelkommentars im Blick auf die „Conversacio morum" untersucht. Johannes von Kastl zitiert dort ausschließlich alt- bzw. neutestamentliche Texte.[960] Entsprechend der *Regula s. Benedicti* soll der Abtskandidat wie ein Hausherr Altes und Neues aus seinem Schatz hervorzuholen.[961] Im Anschluss an das Zitat aus Matth. 13,52 erkennt der Kastler Regelkommentator darin das Alte und das Neue Testament.[962] Einer Homilie Gregors des Großen folgend sieht er in den Schriften des Neuen Bundes die zur Umkehr einladende Botschaft und im Alten Testament ein bewahrendes Element, das den Menschen vor dem Rückfall in das Verderben schützen soll.[963] Dieses Schrift-

---

descendendo. Contemplacio supra cor est unde bene excessus mentis dicitur in scripturis." Ebd. (Ebd.).

958 „Debet itaque cor verti de malo in bonum, vel de bono in melius, vel meliori in optimum." Ebd., Cap. 58 F (Ebd., fol. 15^{v}(a)–15^{v}(b)).

959 „Insuper et modum talem habeat abbas in doctrina sua videlicet, quod interdum cum vino correpcionis misceat oleum blandicie et laudacionis. De malis utique subditi arguendi et de bonis sunt commendandi, et si mali sint acriter increpandi, boni tamen subditi sunt multipliciter collaudandi. Nam virtus in bonis laudata crescit. Unde si semper increparetur subditus et numquam aliquod bonum suum nominaretur, quasi desperatus difficilius ad melius de bono duceretur; sensus est *Gregorij in pastorali.*" Ebd., Cap. 64 H (Ebd., fol. 85^{r}(a)).

960 Dem Cap. 58 F der *exposicio* des Johannes von Kastl (clm 18154, fol. 15^{v}(a)–15^{v}(b)): „Conversio quid sit et quod multipliciter fit" liegen Prov. 12,7, Isai. 46,8, Ps. 83,6, Ezech. 1,14 und Act. 10,10; 11,5 zugrunde. Cap. 58 G (Ebd., fol. 15^{v}(b)–16^{r}(a)), überschrieben mit „Conversionis religiosorum diverse cause", schließt mit 1. Ioh. 4,1. Im Cap. 58 CS (Ebd., fol. 32^{r}(a)): „Conversionem morum quinque inpediunt" sind Threni 3,27, Ier. 13,23, Prov. 22,6, Eccles. 1,15, Matth. 7,13 f. , Cant. 5,6 und Ps. 105,35 zu finden.

961 „Debet enim esse *paterfamilias, qui profert de thesauro suo nova et vetera, Matth. 13.*" Ebd., Cap. 64 J (clm 18154, fol. 85^{r}(a)).

962 „*Unde proferat nova novi testamenti sequendo consilia* et *vetera legis et prophetarum testimonia sancta et sic habet scire et esse …*" Ebd., Cap. 64 AY (Ebd., fol. 97^{r}(a)).

963 „… vel secundum *Gregorium: Nova de suavitate regni,* vetera *de terrore supplicy, ut* scilicet *pene terreant, quos premia non invitant* vel nova per admonicionem virtutum, vetera per detestacionem viciorum. Sed videtur hic preposterus ordo verborum, cum dicit nova et vetera. Cum vetus sit ante *novum,* ergo deberet dici vetera et nova respondetur secundum *interlinearem,* quod *novum testamentum*

verständnis eröffnet ihm die Möglichkeit, sich in seiner biblischen Unterweisung den in der Umkehr unterschiedlich fortgeschrittenen Mönchen adäquat anzupassen.

Johannes von Kastl weiß darum, dass man aus der Interpretation des Neuen bzw. Alten Testamentes einen Gegensatz konstruieren kann. Es ist ihm deshalb ein Anliegen, Gott als den Stifter beider Bünde und als Autor beider Testamente vorzustellen.[964] Der eine Gott ist es, der seine Umkehrbotschaft in unterschiedliche Sprachgewänder kleidet. Es entspricht der Gerechtigkeit Gottes, wenn er seiner Botschaft immer wieder eine neue Gestalt gibt.

Wie sind nun die Textstellen im Regelkommentar zu verstehen, in denen Johannes von Kastl neben der Kenntnis der Heiligen Schrift die Bedeutung der weltlichen Literatur und des kanonischen Rechts betont?[965] Seinen Ausführungen entsprechend vervollkommnet die Kenntnis der Heiligen Schrift jedes Wissen. In der Bibel werden die Tugend und die Weisheit vollständig dargelegt.[966] Auf diesem Hintergrund ist der Satz zu verstehen – Der Abt nicht bedarf der Lehre anderer – den Johannes von Kastl aus zwei Capitula des *Decretum Gratiani* zusammenstellt. Mit einer umfassenden Kenntnis der Heiligen Schrift kann er den Glauben verteidigen und die Untergebenen unterweisen.[967] Das Wissen um die weltliche Literatur wie um das kanonische Recht hilft dem Abt, die Botschaft von der Umkehr zu unterstreichen und ihr in formaler Weise zu dienen.[968]

---

preponitur dignitate vel prius dicit nova et post vetera, quia pusillamines prius refovendi sunt consolacione, ut surgant, postea terrendi terrore, ne cadant. Econtra contumaces prius increpandi sunt, ut timeant, postea consolacione fovendi, ne desperent." Ebd. (Ebd.).

964 „..., ut sciat *unum deum novi et veteris testamenti et auctorem, 23. di., Qui episcopus, Versiculus: Querendum.*" Ebd., Cap. 64 J (Ebd., fol. 85r(a)).

965 „Advertendum ergo, quod prelati et sacerdotes triplicem debent habere scienciam: Primo debent habere scienciam *secularium litterarum*; secundo sacre scripture; tercio iuris canonici." Ebd., Cap. 64 BB (Ebd., fol. 97r(b)).

966 „Secundo debent habere scienciam sacre scripture ut *26. di.*, per totum, et hoc propter tria: Primo propter huius sciencie perfeccionem. Hec *est* enim *perfecta virtus et sapiencia, quidquid alibi queritur. Hic profecto invenitur, <37.> di., Sed econtra.*" Ebd. (Ebd., fol. 97v(a)).

967 „Secundo propter *heresis* vitacionem, quia dubius in fide hereticus est, *Extra, De hereticis, c. 1.* Fides autem in sacra scriptura docetur, *Extra, De fide, Firmiter* et *23. di., Qui episcopus.* Tercio propter subditorum informacionem, ut *37. di.*, c. *2.*" Ebd. (Ebd.).

968 „Primo debent habere scienciam *secularium* litterarum, *37. di., Sed econtra* et c. *Turbat.* Hanc autem debent habere propter tria, ut *verum* a *falso* possint discernere, *37. di., Siquis gramaticam.* Secundo ut viam ad *scienciam pietatis* possint habere idest ad theologiam, *<37. di., Si quis>*. Tercio ut officium suum possint exequi licite, quod sine litteris fieri non potest. Quia *substancia summi sacerdotis sunt eloquia divinitus tradita, 38. di., Omnes; 40. di., Sicut.* ... Tercio debent habere scienciam iuris canonici, ut *<38.> di., c. 1, c. Nullus. Debent* autem prelati *et sacerdotes scire canones* propter tria, *ne* per ignoranciam *contra* eos offendant,

Die Wähler werden bei der Kandidatensuche dazu angehalten, auf das Wissen zu achten. Dabei geht es nicht so sehr um ein Sachwissen. Vielmehr sollen sie einen Mönch suchen, der seine Mitbrüder im klösterlichen Lebenswandel umfassend unterweisen kann. Da der Ruf zur Umkehr von Gott ausgeht und dem Menschen in seiner Situation angepasst ist, bedarf der Kandidat profunder Kenntnisse des Alten und Neuen Testaments, um die Echtheit dieser Berufung prüfen und begleiten zu können.

4.3.2.6 „Der sei zu wählen, der Gerechtigkeit übt."

In der Gerechtigkeit sieht Johannes von Kastl eine weitere Qualifikation, die ein Kandidat mitbringen muss, um den Dienst des Abtes ausüben zu können. Dem Argument nach kann Gerechtigkeit zu jeder Zeit geübt werden. Geschieht dies nicht, entwickelt sich nach Augustinus ein Königreich zu einer Räuberhöhle. Durch die Gerechtigkeit, die sich in einer rechten Barmherzigkeit zeigt, die Trost spendet, und in der frommen Disziplin, die streng sein kann, erfolgt die Umsetzung der „sciencia" in die Praxis.

Ausgangspunkt der Überlegungen über die Gerechtigkeit ist die Heilige Schrift. Auf die Frage, welchem der beiden Testamente er den Vorrang geben würde, gibt Johannes von Kastl zu verstehen, dass er das Neue Testament den Schriften des Alten Bundes vorzieht. Bemerkenswert ist der Grund, den er angibt. So erkennt er in der Botschaft des Neuen Testamentes das Einladende des Reiches Gottes und im Alten Testament den Schrecken der Strafe.[969] Während das Neue Testament den Menschen zu motivieren versucht, flößen die Zeugnisse des Alten Bundes dem Menschen Furcht ein und versuchen so, ihn vor der Sünde zu bewahren. Erkennbar werden hier zwei Prinzipien: Der Mensch soll einerseits zum Guten motiviert, andererseits vom Schlechten abgehalten werden. Johannes von Kastl führt nun diese Linien weiter und überträgt sie auf die Barmherzigkeit und die Gerechtigkeit.[970] Entsprechend dem

---

38. di., Placuit, quia ignorancia in prelatis et sacerdotibus *nec excusacione est digna nec venia, 38. di., Si in <laicis>*. Secundo, ut seipsos honeste regant, *Extra, De vite et honestate clericorum,* per totum. Tercio, ut penitentibus consulere sciant, quia si prelati *per ignoranciam cecis alys ducatum pre*beant, *ambo in foveam cadunt, 37. di., c. <Ut> itaque* et *Extra, De etate et qualitate preficiendorum.* Cum sit ars artium. Et ideo penitens *querat sacerdotem,* qui *sciat ligare et solvere, De penitencia, di. <6>, Qui <vult>.* Nam *propter ignoranciam* sacerdotis potest subditus licite confiteri *alteri* quam proprio *sacerdoti, De penitencia, di. 6, Placuit.*" Ebd. (Ebd., fol. 97v(a)–97v(b)).

969 „*Unde proferat nova novi testamenti sequendo consilia* et *vetera legis et prophetarum testimonia sancta et sic habet scire et esse,* vel secundum *Gregorium: Nova de suavitate regni,* vetera *de terrore supplicy, ut* scilicet *pene terreant, quos premia non invitant,* vel nova per admonicionem virtutum, vetera per detestacionem viciorum." Ebd., Cap. 64 AY (Ebd., fol. 97r(a)).

970 „Porro eciam in deo hec duo sunt coniuga iuxta illud *Ps.: Universe vie domini misericordia et veritas,* quia in omnibus dei operibus semper relucet radicaliter intuenti iusticia et misericordia." Ebd., Cap. 64 BQ (Ebd., 101r(a)).

Grundsatz, dass die passiven Umgangsweisen den handelnden Prinzipien folgen[971], geht die motivierende Barmherzigkeit der strengen Gerechtigkeit als abhaltende Handlungsmaxime voraus.[972]

Der *Exposicio* nach hat der künftige Abt die Barmherzigkeit im gleichem Maße wie die Strenge zu üben. Der zentralen Aussage – „Sit autem recte *consulens misericordia et pia seviens disciplina, 45. di., Disciplina*"[973] – nach geht die Barmherzigkeit der Disziplin voraus. Da sich aber beide Handlungsweisen in ihrer sprachlichen Formulierung gleichen, sind die Barmherzigkeit und die Strenge in einer sich entsprechenden Weise anzuwenden.

Dass ein Königreich zu einer Räuberhöhle verkommen kann, wenn die Gerechtigkeit vernachlässigt wird, beruht auf einem falschen Verständnis der Barmherzigkeit. Die Gerechtigkeit hebt die Barmherzigkeit nicht auf, sondern wird durch sie vervollkommnet.[974] Aus diesem Grund gehören Barmherzigkeit und Strenge zusammen.[975] Weil die Strenge durch die Barmherzigkeit zur Vollkommenheit geführt wird, finden sich in beiden Haltungen motivierende und schützende Elemente.[976] Soll demzufolge die Strenge adäquat angewandt werden, ist nach der Barmherzigkeit zu fragen. Richtet der Mönch sein Augenmerk zu sehr auf die Strenge, bleibt er hinter der Barmherzigkeit zurück und verbittert.[977] Johannes von Kastl mahnt daher in diesem Zusammenhang,

---

971 „Ex quo eciam iusticia fundatur super dei misericordiam, radicaliter sequitur, quod misericordia est principalior in omni opere dei quam iusticia, presertim quia misericordia se tenet ex parte agentis et agens principalius est paciente." Ebd., Cap. 64 BQ (Ebd., fol. 101r(b)–101v(a)).

972 Das Kapitel 64 BR der *exposicio*, das Johannes von Kastl mit den Worten „Clementes sint prelati et iudices propter decem" überschrieben hat, wird mit dem Satz eingeleitet: „Advertendum circa litteram, quod *philosophus primo Rethorice* enunciat decem, propter que prelatus sive iudex pocius debet esse clemens et misericors quam severus." (Ebd., fol. 101v(a)).

973 Ebd., Cap. 64 J (Ebd., fol. 85r(b)).

974 „Ad secundum dicendum, *quod misericordia non tollit iusticiam, sed est quedam plenitudo iusticie, Iac. 2.* Et hec littera: *Misericordia autem superexaltat iudicium.* Deus igitur misericorditer agendo non facit contra iusticiam suam, sed aliquid super illam operatur." Ebd., Cap. 64 BL (Ebd., fol. 100r(a)).

975 „*Sit igitur in abbate iusticia, sed non crudelis,* et *sit misericordia, sed non remissa* mens." Ebd., Cap. 64 BO (Ebd., fol. 100v(a)); „Quod autem rigor et misericordia simul possunt stare cum iusticia ... Et quia hec omnia iuste et racionabiliter fieri possunt, clemencia et severitas cum iusticia possunt existere." Ebd., Cap. 64 BP (Ebd., fol. 100v(b)–101r(a)).

976 Bemerkenswert ist in diesem Zusammenhang, wie JOHANNES VON KASTL den Ps. 105, 3 zitiert. Der Psalmvers lautet: „Beati, qui custodiunt iudicium et faciunt iustitiam in omni tempore". Die beiden Verben werden auf je ein Objekt bezogen. In der *exposicio* , Cap 64 J (clm 18154, f. 85r(b)) findet sich folgende Bearbeitung: „*Ps. <105>: Beati qui custodiunt et faciunt iusticiam in omni tempore.*" Durch die Auslassung des *iudicium* wird das *custodiunt* wie auch das *faciunt* ausschließlich auf die *iusticia* bezogen.

977 „... *nequit consenciendo facit nimis asperos 23 q. 4, Incipit: Precepta.*" Ebd., Cap. 64 J (Ebd., fol. 85r(b)).

in der Strenge Maß zu halten.[978] Bei einer zu starken Einseitigkeit steht man in der Gefahr, der List des Teufels zu unterliegen. Diese Täuschung führt zur Verbitterung, die abstoßend auf Außenstehende wirkt.[979]

Bei der Suche nach der richtigen Person für das Abtsamt werden die Wähler dazu angehalten, auf die Gerechtigkeit zu schauen. Bei der Prüfung wird daher zu fragen sein, ob der Kandidat sich in Disziplin üben kann, ohne zu verbittern. Mit der Frage, ob die Strenge abstoßend oder anziehend wirkt, wird bei der Wahl auch die Praxis der Barmherzigkeit in Augenschein genommen. In diesem Zusammenhang werden die Wähler darauf zu achten haben, ob es der Kandidat versteht, andere zu motivieren bzw. sie durch Ermahnungen zu mäßigen.

Führt man sich vor Augen, dass sich an diese fünfte Qualifikation als sechster Punkt die „providencia" mit ihrer charakteristischen Augensymbolik anschließt, so wird der systematische Zusammenhang deutlich. Der Abt steht vor der Aufgabe, der Realität, die ihm in seinem Konvent begegnet, gerecht zu werden.

4.4 Ergebnisse aus der Untersuchung über die Kandidatenqualitäten

Die *Regula s. Benedicti* unterscheidet bei den Kandidateneigenschaften zwischen „meritum vitae" und „doctrina sapientiae". Bei der Lektüre der *Exposicio in regulam s. Benedicti* des Johannes von Kastl sieht sich jedoch der Leser einem weit größeren Spektrum von Kandidatenqualitäten gegenüber. Erst wenn die Quellentexte dieser Eigenschaften eingehend analysiert werden, ist es möglich, die üblichen formalen Eigenschaften, wie Geburt, Priesterweihe, Alter und Profess, von den persönlichen Eigenschaften zu unterscheiden, die Johannes von Kastl für die Amtsführung des Abtes wichtig hält. Dazu zählt er den Glauben, die Demut, die Geduld, das Wissen, die Gerechtigkeit und die Weitsicht. Indem er bestimmte Eigenschaften, wie Wissen und Weitsicht, nochmals nennt und sie näher behandelt, zeigt er sich von deren Wichtigkeit überzeugt. Mit der vom Kirchenrecht geschaffenen Möglichkeit der Postulation rücken die formalen Eigenschaften (Alter, Profess usw.) in den Hintergrund. Damit ergibt sich für die Konvente die Möglichkeit, noch intensiver die Charaktereigenschaften zu studieren.

In der *Benediktsregel* folgt auf das „meritum vitae" die „doctrina sapientiae". Dem Regelkommentar des Johannes von Kastl folgend ist in dieser Abfolge eine Logik zu entdecken. Der Darstellungsform gehen die Inhalte voraus, die er auch entsprechend gewichtet. Die „doctrina abbatis" möchte er möglichst umfassend darstellen und stellt 13 Eigenschaften in sechs Gegensatzpaaren vor. Davon ausgenommen ist die Eigenschaft der Einsicht, die folglich jeder Weisheitslehre zu eigen sein muss. Nicht unerwähnt soll die Umsetzung

978 „*Eccles. 7: Noli esse nimis iustus* ..." Ebd. (Ebd.).

979 „... *quidquid asperitatis horret in via.*" Ebd., Cap. 64 DP (Ebd., fol. 118r(b)).

der Rede in die Tat bleiben, da dadurch das Gesagte sein persönliches Gewicht erhält.

Für die Führung des Klosters misst Johannes von Kastl dem Glauben, der Demut, der Geduld, dem Wissen, der Gerechtigkeit und der Weitsicht eine entscheidende Bedeutung zu. Aus der Abfolge wird deutlich, dass der Glaube und die Weitsicht die Pole dieser Aufzählung darstellen. An erster Stelle stehen für den Kastler Regelkommentator die kontemplativen Elemente des monastischen Lebens. Da der Mönch derjenige ist, der sich in der Kontemplation übt, steht somit der Mensch im Vordergrund. Indem er diese Eigenschaft mit dem Martyrium des Diakons Stephanus in Verbindung bringt, zeigt er, dass das kontemplative Leben selbst im klösterlichen Alltag Gefahren ausgesetzt ist. Eine solche stellt das wirtschaftliche Gebaren des Klosters dar, das in der *Exposicio* mit der Weitsicht („providencia“) in Zusammenhang steht. Um die Vergangenheit und die Zukunft des Klosters im Blick zu haben, braucht der künftige Abt hinten und vorne Augen. Er handelt gerecht, wenn er Gott, den Mitmenschen und sich selbst im Auge behält. Wenngleich die „providencia“ die Reihe der Eigenschaften abschließt, so greift sie aufgrund ihrer demütigenden Wirkung auf die „humilitas“ zurück. Der demütige Mönch weiß um seine Grenzen, die ihm durch Befehl des Abtes und Rat der Senioren gesteckt sind. Damit ist jedem im Kloster aber auch ein fester Verantwortungsbereich übertragen. Jedem Mönch ist so die Möglichkeit gegeben, Sachwissen und Kompetenzen zu erwerben. Indem er nun nach dem Vorbild Christi in Zuneigung und Milde dieses Sachwissen ins Gemeinschaftsleben einbringt, beugt er dem Stolz vor. Als weitere Eigenschaft führt Johannes von Kastl die Geduld an. Eine Auferstehungsgeschichte zeigt, dass Jesus geduldig mit Petrus umgeht und ihn so zu Barmherzigkeit und Mitleid bewegt. Aus diesem Grund ist sie als eine soziale Charaktereigenschaft zu betrachten. Häufig fällt der Mensch durch Unkenntnis in Schuld und verletzt damit den anderen. Die Geduld entfaltet im ausdauernden Umgang mit Menschen, die schuldig geworden sind, ihre soziale Wirkung als Mitleid und Barmherzigkeit. Im Horizont der Kandidatenqualität ist daher zu fragen, von welcher Qualität der menschliche Umgang mit schuldigen Menschen ist. Im Wissen gipfeln gleichsam alle Charaktereigenschaften des künftigen Abtes. Die „sciencia“ ist ein Erfahrungswissen, das der Abt bei der Unterweisung der Mönche heranzieht. Gegenstand der Belehrung ist die „conversacio“, der klösterliche Lebensstil. Angefangen von der Wahrung der kontemplativen Elemente, der Sorge um das Kloster und dessen Bewohner, dem Erwerb und der Vermittlung von Sachwissen bis zum auf einen Sinneswandel bedachten Umgang mit Schuldigen ist alles im Begriff der „conversacio“ enthalten. Er bildet den Gegenstand der Erfahrungen, die der Abt an die Mönche in Form von Ermunterungen oder Ermahnungen vermitteln soll. Damit wird auch schon die Gerechtigkeit berührt, die die Barmherzigkeit und die Disziplin umschließt. Der Mönch möchte der Realität des Klosters im Sinne seiner Berufung gerecht werden. Aus diesem Grund bedarf er der Situation entsprechend ermunternder wie ermahnender Impulse. Diese sind nur aus einer großen Lebenserfahrung zu gewinnen, die Voraussetzung für das Abtsamt ist.

4.5 *Nasci de congregacione* – Die Wähler und die Wahl des Abtes

Der *Regula s. Benedicti* gemäß soll die Gemeinschaft der Mönche einen Kandidaten einstimmig zum Abt wählen.[980] Zuerst gilt es zu klären, wer zur klösterlichen Gemeinschaft gehört. Ausgangspunkt dieser Untersuchung sind die *Exposicio* und die einzelnen Autoritäten. Diese stimmen darin überein, dass nur die einen Abt wählen dürfen, die zur klösterlichen Gemeinschaft gehören. Zieht man nun die im Regelkommentar erwähnten Rechtstexte heran, so lässt sich diese Antwort präzisieren. Nachdem festgestellt wurde, welche Personen zum Wahlgremium gehören, ist in einem nächsten Schritt auf die Frage einzugehen, ob diese ihr Wahlrecht uneingeschränkt ausüben können. Entsprechende Hinweise gibt hier der Kanonist Johannes Andreae. Sein Verweis auf die Kirchenstrafen bedarf jedoch einer Präzisierung. Wenn nun der Wählerkreis umschrieben und festgestellt wird, wer im Besitz eines Wahlrechts ist, wird in einem letzten Schritt auf die moralische Disposition der Wähler eingegangen. Johannes von Kastl widmet fünf Abschnitte (Cap. 64 L–Q) dieser Fragestellung. Der Quellenanalyse nach sind jedoch hier nur die Kapitel N–Q für die theologische Aussage des Autors einschlägig. Davon ist das Kapitel 64 O auszuschließen, da darin auf den Abt als Verwalter eingegangen wird. Die Kapitelüberschriften zeigen die Dimension an, in der die Wähler stehen. Den Wählern droht Gefahr, in die Sünde zu fallen, wenn sie sich von falschen Motiven leiten lassen. Damit sie den von Gott verheißenen Lohn (Cap. 64 P) empfangen, bedarf es einer inneren Haltung, die der Regelkommentator im Kapitel 64 Q beschreibt.

Nachdem auf das Wahlgremium und die Disposition der Wähler eingegangen wurde, wird die Durchführung der Abtswahl behandelt. Diese beginnt mit dem Tod des Amtsinhabers. Dabei dürfen die Bestattung und die Erwähnung des Todestages nicht übergangen werden, da diese mit der Gültigkeit des Wahlvorgangs verbunden sind. Von nicht geringer Bedeutung ist der Wahlleiter. Die kirchlichen Gesetze bringen ihn in Verbindung mit den anderen Offizialen des Klosters, deren Stimme ebenso ein besonderes Gewicht zukommt. Dies wird durch den Verlauf der Wahl deutlich. Auch den verschiedenen Schreiben, die an anwesende wie abwesende Wähler ergehen und die über den Wahltag informieren, können weitere wichtige Informationen entnommen werden. Um feststellen zu können, welcher Tradition die Regelkommentatoren bzw. die *Consuetudines castellenses* bei der Wahl des Abtes folgen, ist eine genaue Darstellung des liturgischen Rahmens notwendig. Bei der Beschreibung der Wahlformen ist auf den Ablauf zu achten, da jeder einzelne

---

980 „Quem sibi omnis concors congregacio" RB 64, 1 (CSEL 75, HANSLIK (Ed.), 2. Auflage, S. 163).

Vorgang sein eigenes Charakteristikum hat. Zudem sind die beteiligten und befragten Personen im Auge zu behalten, um die Frage lösen zu können, ob das Wägen der Stimmen einen rechtserheblichen Einfluss auf das Wahlergebnis hat. Die Inspirationswahl und ihr theologischer Hintergrund bilden bei der Beschreibung der einzelnen Wahlmöglichkeiten den Abschluss und weisen nochmals auf die Bedeutung des Heiligen Geistes. Auf die Abtswahl folgen verschiedene abschließende Riten. Wiederum sind die liturgischen Rahmenhandlungen genau darzulegen, um Johannes von Kastl und seine Ausführungen in die Tradition einordnen zu können. Die Erfragung des Konsenses, die man nach der Wahl erwarten würde, folgt auf die Installation des Gewählten und die Publikation der Wahl. Mit der Erstellung des Wahldekretes findet die „eleccio abbatis" ihren Abschluss.

4.5.1 Der Wahlkörper im Regelkommentar des Johannes von Kastl

4.5.1.1 Die Mitglieder des Wahlgremiums

Der Quellenanalyse folgend übernimmt der Kastler Regelkommentator die Definition des Wahlkörpers aus der *Regula cum glossa* des Petrus Boerius.[981] Dem Textabschnitt geht das oben erwähnte Zitat aus der *Regula s. Benedicti* voran, in der das Ziel der Abtswahl eindeutig bestimmt ist. Auf dieses Zitat folgt ein Hinweis auf drei capitula des *Decretum Gratiani.* Das Subjekt der Abtswahl ist diesen drei Texten nach die Gemeinschaft der Mönche.[982] Ferner wird es dem Eigenkirchenherrn erlaubt, bei der Wahl des Abtes mitzuwirken.[983] Sollte die Wahl eines Mönchs aus einem anderen Kloster erfolgen, so hat laut *Decretum Gratiani* das Votum einmütig zu sein.[984]

Petrus Boerius stellt nun die Frage, ob die Konversen des Klosters zusammen mit den Klerikern den neuen Abt wählen dürfen.[985] Der Kommentar weist ausdrücklich auf die Dekretale *Ex eo* aus dem Wahlkapitel des *Liber sextus* hin. Dort sind die Konversen eines Mönchsklosters oder Chorherrenstifts von der Abtswahl ausgeschlossen. Personen, die keine Profess abgelegt haben,

---

981 Vgl. BOERIUS, P.: Regula cum glossa, Cap. 64 (Ms 155, fol. 225^{r}(a)).

982 Grat. 18,2,3–5 (Fr. 829–830).

983 „Abbatem in monasterio illum uolumus ordinari, quem sibi de sua congregatione et monachorum electio, et possesionis dominus, et, quod magis obseruandum est, ordo uitae ac meritum poposcerit ordinari." Grat. 18,2,4 (Fr. S. 829).

984 „Abbatem cuilibet monasterio non alium, sed quem dignum moribus atque actibus monasticae disciplinae communi consensu congregatio poposcerit, ordinari uolumus." Grat. 18,2,3 (Fr. 829) „Defuncto uero abbate cuiuscumque congregationis non extraneus eligatur, nisi de eadem congregatione, quem sibi propria uoluntate concors fratrum societas elegerit." Grat. 18,2,5 (Fr. 830).

985 „*Sed numquid conversi layci debent cum clericis eleccionibus interesse?*" JOHANNES <DE CASTELLO>: Exposicio, Cap. 64 A (clm 18154, fol. 82^{r}(b)–82^{v}(a)).

dürfen ebenso wie die Konversen bei der Abtswahl nicht zugegen sein.[986] Die Wählerschaft ist damit auf den Kreis der Professen eingeschränkt.

Der Regelkommentar präzisiert die Aussage, indem er darlegt, dass auch diejenigen von der Wahl des neuen Abtes ausgeschlossen sind, die aufgrund eines Hindernisses nicht in den Klerikerstand aufgenommen worden waren.[987] Der Hintergrund dieser Bestimmung ist der Dekretale *Ut ii* aus den *Constitutiones Clementinae* zu entnehmen. Dieser Dekretale zufolge haben nur die im Kapitel eine Stimme, die die Subdiakonatsweihe empfangen haben.[988] Das Gremium der Wähler ist somit auf einen Kreis von Mönchen beschränkt, die die Subdiakonats-, Diakonats- oder Priesterweihe empfangen haben.

Bernardus Ayglerius geht in seinem Regelkommentar auf RB 64,1 ein, legt aber nicht dar, wer die „congregacio" des Klosters bildet. Dies lässt sich nur aus dem Ablauf der Wahl erschließen. Den Ausführungen des Bernardus Ayglerius entsprechend soll der Präpositus bzw. Dekan die Mönche, die aufgrund der erlassenen Konstitutionen bei einer Wahl berechtigt sind, eine Stimme abzugeben, zusammenrufen.[989] Aus dem Text geht hervor, wer bei der Wahl des Abtes eine Stimme abgibt. Bernardus Ayglerius nennt den „praepositus", den „decanus", den „cellerarius", den „vestararius" und die „fratres", dann aber auch einen „abbas talis loci" und einen „praepositus talis ecclesiae". Innerhalb dieser Gruppen gibt es Priester („presbyteri"), Diakone („dyaconi") und Subdiakone („subdyaconi").[990] Bei der Wahl des neuen Abtes sind demnach auch Äbte und Präpositi beteiligt, die nicht zu dem Kloster gehören. Aus dem Kontext des Regelkommentars lässt sich erschließen, welche Personengruppe unter dem Begriff „fratres" zu subsumieren ist. Die *Statuta casinensia* geben hier den entscheidenden Hinweis: Von der Wahl des Abtes in Montecassino sind sowohl diejenigen Mönche ausgeschlossen, die in diesem Kloster keine Profess abgelegt haben, als auch diejenigen, die Konversen sind.[991] Demzufol-

---

986 „In ecclesiis quoque regularibus vel monasteriis hi, qui non sunt tacite vel expresse professi, non debent cum professis, vel conversi laici cum clericis electionibus interesse." Sext. 1,6,32 (Fr. 964).

987 „... *nec illi eciam, qui mora eorum faciente in sacris non sunt ordinibus constituti, De etate et qualitate, c. 2, liber primus in clementinis.*" JOHANNES <DE CASTELLO>: Exposicio, Cap. 64 A (clm 18154, fol. 82v(a)).

988 „... statuimus, ut nullus de cetero in huiusmodi ecclesiis vocem in capitulo habeat, (etiamsi hoc sibi ab aliis libere concedatur,) nisi saltem in subdiaconatus ordine fuerit constitutus." Clem. 1, 6, 2 (Fr. S. 1140).

989 „Convocare fratres qui vocem in electione de apprrobata (sic!) consuetudine habere noscuntur." BERNARDUS <AYGLERIUS>: In regulam, Cap. 64 (CAPLET, A. (Ed.) S. 392).

990 „In tali parte nominantium talem, sunt prepositus. decanus cellararius. vestararius. et abbas talis loci. et prepositus talis ecclesie. talis et talis et tales fratres. ... illi qui talem nominant habent pro parte sua tot presbyteros. tot dyaconos. tot subdyaconos." Ebd. S. 393.

991 „Ut qui non sunt in Casinensi monasterio expresse professi non debeant cum professis vel conversi laici cum clericis in eleccione abbatis interesse." Statuta Casinensia Saeculi XIII, Cap. I,29 (CCM 6, LECCISOTTI, T. u. a. (Ed.), S. 214).

ge machen teilnehmende Nichtprofessen und Konversen die Wahl der Klerikermönche ungültig.

Ebenso geht Guilelmus Durantis in seinem *Speculum iudiciale* auf die Wählerschaft ein. Zur Wahl des Abtes sind alle zu rufen, welche aufgrund der Canones bzw. des Gewohnheitsrechtes berechtigt sind.[992] Er verweist anschließend auf drei Dekretalen Gregors IX.[993] Diese verweisen in gleicher Weise auf die Canones bzw. das Gewohnheitsrecht.[994] Diesen Gesetzen ist es jedenfalls eigen, dass nur Kleriker die Wahl des Vorstehers vornehmen dürfen. Bemerkenswert ist noch die Frage, ob Knaben bei der „electio" teilnehmen. Dies verneint er und verweist dazu auf verschiedene Dekretalen.[995] Damit spricht Guilelmus Durantis das Alter der Wähler an, das die Regelkommentatoren dadurch lösen, indem sie den Stand der Kleriker mit dem Ordensstand verbinden.

Mit dem Wahlgremium beschäftigen sich ebenso die *Consuetudines castellenses*. Zunächst entsteht der Eindruck, dass in der Abtei Kastl die Konversen zur Abtswahl zugelassen sind, da sie laut *Consuetudines castellenses* nach der gleichen Ordnung aufgenommen werden wie die Klerikermönche und ebenso eine Profess ablegen.[996] Vom Standpunkt der Profess aus betrachtet, gibt es demnach keinen Unterschied zwischen den Konversen und Klerikern.[997] Doch die *Consuetudines castellenses* präzisieren diesen Sachverhalt, da sie das Wahlrecht auf die Kastler Professen einschränken, die die Weihen empfangen haben.[998] Der Autor der Kastler Brauchtexte entnahm diese Aussage dem *Ordo*

---

992 „Deinde super termini assignatione certificandi & uocandi sunt omnes, qui de iure, uel de consuetudine debent, uolunt, & possunt commode interesse, & qui sunt in possessione, uel quasi, eligendi, ex<tra> de causa pos.<sessionis> & prop.<rietatis> cum ecclesie & de elect.<ione> querelam. & c. Cumana. ut statuto ad hoc termino ad electionem conueniant celebrandam ut ex.<tra> eo.<dem> quia propter." DURANTIS, G.: Speculum IV,1,§1,2 (S. 85a).

993 X 2,12,3 (Fr. 277), X 1,6,24 (Fr. 68 f.) und X 1,6,50 (Fr. 91 f.).

994 „... et secundum statuta canonica electiones episcoporum ad cathedralium ecclesiarum clericos regulariter pertinere noscantur, nisi *forte* alibi secus obtineat de consuetudine speciali" X 2,12,3 (Fr. 277); „... quod vox eorum, qui non deberent interesse de iure vel consuetudine, non valerent." X 1,6,50 (Fr. 91).

995 „An pueri uocandi sint ad electionem. No.<n> Secundum papam extra de aetate & qualitate c. 2 item quis debet vocare de maio.<ritate> & obe.<dientia> c. 1." DURANTIS, G.: Speculum IV 1,§1,6 (S. 85b).

996 „Quoad monachos nostri monasterii consuetudinibus descriptis nunc ea, quae fratres laici id est conversos concernunt, domino adiuvante dicamus. Sunt autem conversi hi, qui plenam et omnimodam regulariter professionem fecerunt, ..." Consuetudines Castellenses, Cap. 53 (CCM 14/1, MAIER, P. (Ed.), S. 411) (Redaktion AW GE DF[1]) .

997 Vgl. HALLINGER, K.: Woher kommen die Laienbrüder?, S. 76 f. .

998 „Electio domini abbatis hoc habet legitimum sempiternum, quod ad eam nullus mortalium interesse solet praeter eos solos, qui sunt et in sacris constituti et monasterii nostri professi." Consuetudines castellenses, De electione abbatis (CCM 14/1, MAIER, P. (Ed.), S. 7) (Redaktion ARW).

cluniacensis und erweiterte sie. Waren in den cluniazensischen Klöstern alle Professen wahlberechtigt, so dürfen jetzt nur noch Professen wählen, die das Weihesakrament empfangen haben.

4.5.1.2 Rechtliche Einschränkungen des aktiven Stimmrechts

Bei der Abtswahl gelten die Mönche als wahlberechtigt, die sich durch die Profess an das Kloster gebunden und mindestens die Subdiakonatsweihe empfangen haben. Innerhalb dieses Gremiums sind die Mönche von der Abtswahl ausgeschlossen, die durch eine bestimmte Kirchenstrafe ihr Wahlrecht verloren haben. Gilt ein Mönch als suspendiert, interdiziert oder exkommuniziert, ist er nicht stimmberechtigt.[999]

Im Text der *Regula s. Benedicti* wird die Strafe der Exkommunikation ausführlich behandelt.[1000] Ausgehend von dieser Textgrundlage geht Johannes von Kastl auf die Kirchenstrafe ein.[1001] Der Regelkommentator verfügte über eine gründliche und differenzierte Kenntnis der *Benediktsregel* wie auch der Rechtstexte, da der Begriff der Exkommunikation in der Mönchsregel anders zu verstehen ist als in der kirchlichen Rechtsordnung. Er fügt aber ausdrücklich ein, dass der Begriff Exkommunikation, wie er im 23. Kapitel verwendet wird, nur auf den Ausschluss vom gemeinsamen Essen und Anstimmen der Hymnen bezogen ist.[1002] Mit dieser Unterscheidung schließt sich Johannes von Kastl dem Regelkommentar des Bernardus Ayglerius an.

Von der Wahl des Abtes sind die exkommunizierten Kleriker ausgeschlossen. Da Johannes Andreae nur von „excommunicacio" spricht, ist der Frage nachzugehen, welche Arten von Ausschließung eine Wahl ungültig machen.

---

999 „*Tredecimo. Si fiat eleccio a suspensis* vel interdictis vel *de interdicto vel suspenso.* 14, *si fiat ab excomunicatis vel de excomunicato vel qui interdictum non servavit.*" JOHANNES <DE CASTELLO>: Exposicio, Cap. 64 E (clm 18154, fol. 83ᵛ(a)).

1000 Einschlägig sind die „Cap. 23: De excommunicatione culparum.", „Cap. 24: Qualis debeat esse modus excommunicationis.", „Cap. 25: De grauioribus culpis.", „Cap. 26: De his, qui sine iussione iunguntur excommunicatis.", „Cap. 27: Qualis debeat abba sollicitus esse circa excommunicatos." und „Cap. 28: De his, qui sepius correpti emendare noluerint." Vgl. RB Capitula regulae (CSEL 75, HANSLIK, Rudolf (Ed.), 2. Auflage, S. 12 f.).

1001 Im Regelkommentar wird an 27 Stellen auf die Exkommunikation und an einer Stelle auf die Suspendierung eingegangen, u. a. heißt es: „Excommunicacio quid est et que eius species 23 q; Excommunicacionis regularis et iuris differencia 23 r". JOHANNES <DE CASTELLO>: Exposicio, Tabula alphabetica (clm 18153, fol. 14ᵛ(a).

1002 „Ubi *nota, quod illa excommunicacio,* de qua hic loquitur, *non est anathema, que a solo fertur episcopo cum certa solempnitate. Nec maior excommunicacio. que separat a corpore christi et ecclesia, idest a communione fidelium, quia illa* non *debet ferri pro* levioribus *culpis, de quibus hic. Nec eciam minor excommunicacio, que* tamen *separat a sacramentis ecclesie,* sed *est illa excommunicacio seperacio a mense fratrum communi participacione et divinorum ympnorum solempni inposicione, de qua loquitur capitulum sequens.*" Ebd., Cap. 23 R (Ebd., fol. 29ᵛ(a)).

Im Kastler Regelkommentar ist die gängige Lehre der Kirche von den verschiedenen Arten der Exkommunikation zu lesen.[1003] Es ist zwischen der großen Exkommunikation, die von den Sakramenten und der Gemeinschaft der Gläubigen trennt, und der kleinen Exkommunikation, die den Betroffenen von den Sakramenten ausschließt, zu unterscheiden. Die Ausschließung aus der Gemeinschaft der Gläubigen und der Sakramente muss vom Richter öffentlich bekannt gegeben werden.[1004] Dies sollte an einem Festtag in der Kirche während der Predigt geschehen, damit möglichst viele Personen davon erfahren. Neben der mündlichen Publikation besteht die Möglichkeit, die Exkommunikation schriftlich anzuzeigen.[1005] Die „excommunicacio a sacramentis" tritt von selbst, also „a jure" ein.[1006] Diejenigen, die allein von den Sakramenten ausgeschlossen sind, sind demzufolge dem Konvent nicht bekannt.[1007] Als Sonderfall kommt das Anathema dazu, das nur vom Bischof in feierlicher Weise verkündet werden darf.[1008]

Wohl in Anlehnung an die Dekretale *Quum dilectus* sind gemäß Johannes Andreae suspendierte Kleriker zur Wahl nicht zugelassen.[1009] Während die Kirchenstrafe der Exkommunikation alle Gläubigen betreffen kann, gilt die Suspension als Klerikerstrafe.[1010] Wie bei der „excommunicatio" sind auch bei der „suspensio" verschiedene Arten zu unterscheiden; so unterscheidet das Dekretalenrecht zwischen „suspensio ab beneficio" und „supensio ab offi-

---

1003 „Et sunt due species eius. Una, que separat a sacramentis, ab ingressu ecclesie et a communione fidelium, et hec dicitur maior excommunicacio vel anathema. Alia, que separat a sacramentis tamen et hec dicitur minor, cum infertur a iure. Sed cum ab homine infligitur, separat eciam non solum a sacramentis, sed eciam a fidelium communione, si hoc excommunicator intendat et in sentencia profert." Ebd., Cap. 23 Q (Ebd., fol. 29r(b)–29v(a)).

1004 Die Dekretale *Si quem* legt dar: „Si quem sub hac forma verborum: „Illum excommunico," vel simili, a iudice suo excommunicari contingat, dicendum est, eum non tantum minori, quae a perceptione sacramentorum, sed etiam maiori excommunicatione, quae a communione fidelium separat, esse ligatum." X 5,39,59 (Fr. 912) .

1005 „Et qui etiam auctoritate sui ordinarij vel iudicis delegati excommunicatus publice nunciatur verbo vel scriptis." Ebd.

1006 Vgl. JOHANNES <DE CASTELLO>: Exposicio, Cap. 23 Q (clm 18153, fol. 29r(b).

1007 In diesem Zusammenhang sind auch die *Consuetudines castellenses* zu erwähnen: „Si vero perspexerit confessor eum habere aliquem casum excommunicationis vel suspensionis vel alias reservatum vel probabiliter credat, quod non possit eum absolvere, tunc ipsum pro absolutione transmittat ad abbatem." Consuetudines castellenses, Cap. 38 (CCM 14/1, MAIER, P. (Ed.), S. 228) (Redaktion AW GE DF1) .

1008 Vgl. JOHANNES <DE CASTELLO>: Exposicio, Cap. 23 R (clm 18153, fol. 29v(a)).

1009 „Porro electores summe provideant, ne eorum *eleccio cassetur*, quod *secundum Ioannem* Andreae multis modis fieri potest ... *Tredecimo, si fiat eleccio a suspensis* vel interdictis vel *de interdicto vel suspenso.*" Ebd., Cap. 64 E (Ebd., fol. 83v(a)); „Quia nobis constitit, electionem ipsam a suspensis, et de suspenso etiam celebratam, eam de consilio fratrum nostrorum iustitia cassavimus exigente." X 1,4,8 (Fr. 40).

1010 Vgl. PLÖCHL, W.: Geschichte des Kirchenrechts, Band 2, S. 345.

cio".[1011] Die Frage, welche Art der Suspension von der Wahl ausschließt, hat ihren Ursprung wahrscheinlich in den Dekretalen; dort findet sich die Verbindung zwischen der „suspensio ab beneficio" und dem aktiven bzw. passiven Wahlrecht.[1012]

An dieser Stelle ist anzufügen, dass die Strafe der Suspension auch von selbst eintreten kann. So wird den Prälaten und den Richtern geraten, sich vor dieser Strafe zu hüten, da sonst die Irregularität eintreten kann, von der nur der Papst dispensieren kann.[1013] Diese Form der Suspendierung findet sich bereits im Wahldekret *Cum in cunctis* des IV. Laterankonzils.[1014] Dem Konzil nach verlieren Kleriker, die gegen die Bestimmungen dieses Kanons wählen, ihr Wahlrecht; darüber hinaus werden ihnen auf eine Zeit von drei Jahren die Einkünfte ihrer Pfründe entzogen. Da im Text des Kanons diese „Suspensio ab beneficio" explizit angefügt wird, ist eine Strafverschärfung anzunehmen.[1015]

Johannes von Kastl gibt in Anlehnung an Petrus Boerius die Schritte wieder, aus denen die Suspension besteht: Zunächst muss dem Kleriker das Delikt nachgewiesen werden bzw. muss der Angeklagte die Schuld zugeben.[1016]

1011 Vgl. X 2,21,2 (Fr. 341); vgl. PUZA, R.: Suspension, Sp. 332.

1012 „Quia nobis constitit, electionem ipsam a suspensis, et de suspenso etiam celebratam, eam de consilio fratrum nostrorum iustitia cassavimus exigente." X 1,4,8 (Fr. 40).

1013 „Caveant autem ecclesiarum praelati et iudices universi, ne praedictam poenam suspensionis incurrant; quoniam, si contingeret eos sic suspensos divina officia exsequi sicut prius, irregularitatem non effugient iuxta canonicas sanctiones, super qua non nisi per summum Pontificem poterit dispensari." VI 5,11,1 (Fr. 1094) „Si quis autem iudex ecclesiasticus, ordinarius aut etiam delegatus, famae suaea prodigus et proprii persecutor honoris, contra conscientiam et contra iustitiam in gravamen partis alterius in iudicio quicquam fecerit per gratiam vel per sordes, ab exsecutione officii per annum noverit se supensum, ad aestimationem litis parti, quam laeserit nihilominus condemnandus, sciturus, quod, si supensione durante damnabiliter ingeresserit se divinis, irregularitatis laqueo se involvet secundum canonicas sanctiones, a qua non nisi per summum Ponitficem poterit liberari, salvis aliis constitutionibus, quae iudicibus male iudicantibus poenas ingerunt et infligunt." VI 2,14,1 (Fr. 1007).

1014 „Clerici sane, si contra formam istam quemquam elegerint, et eligendi tunc potestate privatos, et ab ecclesiasticis beneficiis triennio noverint se [*esse*] suspensos." X 1,6,7,§3 (Fr. 52); in der Dekretale *Quum Wintoniensis* findet sich die Anwendung des Konzilsbeschlusses: „Et hi quidem, qui praecentorem elegerant, [firmiter] asserebant, quod illi, qui decanum eligerant„ eligendi erant potestate privati pro illa maxime causa, quod hominem non legitime natum scienter eligere praesumpserunt, unde secundum Lateranse concilium et eligendi hac vice perdiderant potestatem, et per triennium ecclesiasticis beneficiis carere debeant, suppliciter postulantes, ut super hoc interloqui dignaremur." X 1,6,25 (Fr. 69 f.).

1015 Zur *suspensio ab beneficio* als Strafverschärftung vgl. PLÖCHL, W.: Geschichte des Kirchenrechts, Band 2, S. 346.

1016 „*Nam cum talia delicta infament, oportet, quod canonice sit convictus* vel sponte confessus publice" JOHANNES <DE CASTELLO>: Exposicio, Cap. 25 H (clm 18153, fol. 38^r(b)).

Durch einen öffentlichen Richterspruch oder eine Bekundung wird der Kleriker ausgeschlossen.[1017] Damit ist der Betroffene von den Mahlzeiten ausgeschlossen und darf nicht mehr an den Gottesdiensten teilnehmen.[1018] Der Ausschluss von der Liturgie betrifft jegliche Form der Teilnahme: Er darf weder einen liturgischen Dienst übernehmen, noch den Gottesdienst der klösterlichen Gemeinschaft mitfeiern.

In gleicher Weise wie die Exkommunizierten und Suspendierten sind die Interdizierten von der Wahl ausgeschlossen.[1019] Während die Dekretalen beim Wahlrecht auf die Exkommunizierten wie auch die Suspendierten eingehen, wird auf die Interdizierten nicht eigens hingewiesen, da das Interdikt als Strafe mit der Exkommunikation und Suspension zusammenhängt.[1020] Um diesen Zusammenhang wissend schreibt Johannes Andreae, dass die Exkommunizierten wie auch diejenigen, die das Interdikt nicht halten, von der Wahl ausgeschlossen seien.[1021] Johannes von Kastl verändert den Text des Johannes Andreae und fasst die Interdizierten wie auch die Suspendierten in einem Satz zusammen.[1022] Der Satz, in dem es heißt, dass derjenige, der das Interdikt nicht hält, eine ungültige Wahl herbeiführt, bekommt nun eine neue Bedeutung. Da er einerseits nicht auf das interdizierte Wahlgremium und andererseits nicht auf den persönlich interdizierten Abtskandidaten bezogen werden kann, ist dieser Satz nur von den Straffolgen des Interdikts zu verstehen. Das Interdikt hat „die Einstellung aller gottesdienstlichen Handlungen in einer Kirche, an einem Ort oder innerhalb eines Gebiets"[1023] zur Folge. Da bei Johannes Andreae ausdrücklich von einer Einzelperson die Rede ist, scheidet nun der Kleriker als Abtskandidat aus, der während eines Interdikts öffentliche Gottesdienste zelebriert, die Sterbesakramente spendet und Beerdigungen hält.[1024]

1017 „*Suspendatur, idest separetur vel segregetur per sentenciam vel publicam declamacionem presidentis.*" Ebd. (Ebd.).

1018 „Suspenditur ergo *a mensa*, ut non intret refectorium, simul et ab *oratorio*, ne intersit oracionibus fratrum, idest *neque corpore neque mente cum* huiusmodi *excommunicato est participandum.*" Ebd. (Ebd., fol. 38^{r}(b)–38^{v}(a)).

1019 „*Tredecimo, si fiat eleccio a suspensis* vel interdictis vel *de interdicto vel suspenso.* 14, *si fiat ab excomunicat*is *vel de excomunicato vel qui interdictum non servavit.*" Ebd., Cap. 64 E (clm 18154, fol. 83^{v}(a)).

1020 Vgl. May, G.: Interdikt, S. 221; vgl. Plöchl, W.: Geschichte des Kirchenrechts. Band 2, S. 349.351.

1021 „Quintus decimus, si fiat ab excommunicato vel de excommunicato vel qui interdictum non servavit." Consuetudines castellenses, De electione abbatis (CCM 14/1, Maier, P. (Ed.), S. 10) (Redaktion ARW).

1022 „*Tredecimo, si fiat eleccio a suspensis* vel interdictis vel *de interdicto vel suspenso.*" Johannes <de Castello>: Exposicio, Cap. 64 E (clm 18154, fol. 83v(a)).

1023 May, G.: Interdikt, S. 221.

1024 „Licet autem per generale interdictum denegetur omnibus tam unctio quam ecclesiastica sepultura, concedimus tamen ex gratia, ut clerici decedentes, qui tamen servaverint interdictum, in coemeterio ecclesiae sine campanarum pulsatione, cessantibus solennitatibus omnibus, cum silentio tumulentur. Et in conventualibus

Den Ausführungen zufolge, könnten im Wahlgremium auch Mönchskleriker zugegen sein, die aufgrund einer Kirchenstrafe ihr Wahlrecht nicht ausüben dürfen. Um einer Kassation der Wahl zu entgehen, haben die Wahlberechtigen den Rechtsakt der „Protestatio“ zu leisten. Dabei bekunden die Wähler, dass sie sich bei der Wahl von denjenigen, die nicht stimmberechtigt sind, nicht beeinflussen lassen.[1025]

Vergleicht man nun den Text des Johannes Andreae in der Fassung der *Consuetudines castellenses* mit dem Text in der *Exposicio in regulam s. Benedicti* des Johannes von Kastl, kommt man zu folgendem Ergebnis: In den *Consuetudines castellenses* wird von einzelnen Personen wie von Gruppen ausgegangen. Gibt ein Exkommunizierter bei einer Abtswahl seine Stimme ab, wird die Wahl kassiert.[1026] Laut Kastler Brauchtexten kommt es in gleicher Weise zu einer ungültigen Wahl, wenn Suspendierte an der Abtswahl teilnehmen.[1027] Im Gegensatz dazu bezieht sich Johannes von Kastl ausschließlich auf Personengruppen: Ist das Wahlgremium exkommuniziert, suspendiert oder interdiziert, ist die Wahl ungültig. Obwohl die *Consuetudines castellenses* die „Protestatio“ kennen, hat man doch den Eindruck, dass Johannes von Kastl Bedeutung und Rechtswirkung dieser öffentlichen Bekundung besser zu berücksichtigen verstand. Aufgrund der „Protestatio“ verliert eine Wahl ihre Gültigkeit nicht, wenn ein einzelner Exkommunizierter, Suspendierter, Interdizierter und Ehrloser ein Votum abgibt. Eine Wahl ist dann ungültig, wenn alle Wahlberechtigten der Strafe der Exkommunikation, Suspension, des Interdikts oder dem Ehrverlust unterliegen.[1028] Während die *Consuetudines ca-*

---

ecclesiis bini et bini, vel simul tres, horas canonicas valeant legere, non cantare, ianuis clausis, interdictis et excommunicatis exclusis, et voce ita demissa, quod exterius audiri non possint; ...“ X 5,38,11 (Fr. 887); „Adiicimus praeterea, quod singulis diebus in ecclesiis et monasteriis missae celebrentur, et alia dicantur divina officia sicut prius, submissa tamen voce et ianuis clausis, excommunicatis ac interdictis exclusis, et campanis etiam non pulsatis.“ VI 5,11,24 (Fr. 1106 f.).

1025 „... *et factis protestacionibus, quod non intendunt cum excommunicatis, interdictis, suspensis,* infamibus ac alias quocumque modo inabilibus *etc. procedere.*“ JOHANNES <DE CASTELLO>: Exposicio, Cap. 64 S (clm 18154, fol. 89^{v}(a)) „Die Funktion der Protestatio ist, durch eine klärende Stellungnahme des Betroffenen zu verhindern, dass sein Verhalten anderenfalls als stillschweigende Zustimmung aufgefasst werden könnte. ... In der Epoche des gelehrten Rechts haben sich die Juristen sehr intensiv mit dem Recht des Protests befasst. Er wird von vielen Autoren als Hilfsmittel in unübersichtlichen Situationen überall dort empfohlen, wo Schweigen als Präjudiz für eine stillschweigende Willenserklärung aufgefasst werden könnte.“ BECKER, H.-J.: Protest, Sp. 2042 f.

1026 „Quintus decimus, si fiat ab excommunicato vel de excommunicato vel qui interdictum non servavit.“ Consuetudines castellenses, De electione abbatis (CCM 14/1, MAIER, P. (Ed.), S. 10) (Redaktion ARW).

1027 „Tredecimus, si fiat electio a suspensis.“ Ebd. (Ebd.).

1028 „Tredecimo, *si fiat eleccio a suspensis* vel interdictis vel *de interdicto vel suspenso.* 14, *si fiat ab excomunicatis vel de excomunicato vel qui interdictum non servavit.*“ JOHANNES <DE CASTELLO>: Exposicio, Cap. 64 E (clm 18154, fol. 83^{v}(a)).

stellenses diesen Sachverhalt nicht berücksichtigen, formuliert Johannes von Kastl in diesem Sinn.

4.5.1.3 Die moralische Disposition der Wähler vor der Wahl

In den Abschnitten L–Q des 64. Kapitel seiner *Exposicio in regulam s. Benedicti* geht Johannes von Kastl auf den Wahlkörper ein. Ein Vergleich der Abschnitte zeigt, dass ihm an einer Gegenüberstellung der Textabschnitte gelegen ist. Während das Kapitel 64 K die Prüfung des Kandidaten zum Gegenstand hat und somit das Kapitel über die Eigenschaften des Wahlkandidaten abschließt[1029], eröffnen die Kapitel L und O einen jeweils neuen Abschnitt, der mit einem Rückblick auf den Abtskandidaten beginnt. So trägt der Abschnitt L, der ein langes Zitat aus der Epistula 105 des Petrus Damiani enthält, die Überschrift „Welche Prälaten die Untergebenen nicht zu verlangen brauchen".[1030] Der Abschnitt O ist mit den Worten „Die Qualifikation eines guten Verwalters" überschrieben.[1031] In den Kapitel M und N geht es um einen Wahlkörper, der sich aus schlecht motivierten Wählern zusammensetzt, in den Kapiteln O–Q um die guten Wähler. Dabei beinhalten die Abschnitte M und P eine Interpretation der Verse 4–6 der *Regula s. Benedicti* und in den Kapiteln N und Q legt Johannes von Kastl die Qualifikation des Wahlkörpers dar.

Die *Regula s. Benedicti* bezeichnet eine Abtswahl dann als gut, wenn sich die Wähler von der Furcht Gottes leiten lassen.[1032] An mehreren Stellen geht Johannes von Kastl auf diese Aussage ein. So bestimmt er die Furcht Gottes zunächst positiv und sieht darin ein von Gott eingegebenes, instinktives Handeln der Wähler.[1033] Ein solches Wählen ist aber nur möglich, wenn sich die Wähler zuvor – gleich den Aposteln bei der Nachwahl des Matthias – im Gebet eindringlich an Gott gewandt haben. Sodann können sie die Gnade Gottes in sich aufnehmen, wenn sie sich vor Gott als demütig erweisen.[1034] An anderer Stelle bringt Johannes von Kastl die Wahl des Abtes mit dem Gleichnis vom Schafstall in Verbindung. Bemerkenswert ist dabei das Tertium comparatio-

---

1029 „<64 K Eligendus bene est prius examinandus>" Ebd. (Ebd., fol. 85v(a)–86r(a)).

1030 „<64 L Prelatos quales nec cupiant subditi>" Ebd. (Ebd., fol. 85v(b)–86v(a)).

1031 „<64 O Dispensatoris boni qualitas>" Ebd. (Ebd., fol. 87r(b)–87v(b)).

1032 „..., quem sibe omnis concors congregatio secundum timorem dei, sibe etiam pars quamuis parva congregationis saniore consilio elegerit." RB 64,1 (CSEL 75, HANSLIK, R. (Ed.), 2. Auflage, S. 163).

1033 „Advertendum circa predicta, quod notanter dicit littera, quod eleccio fieri debet *secundum timorem dei* et *saniori consilio*, debet namque fieri secundum instinctum dei. Qui deus intima devocione in eleccionibus est invocandus exemplo apostolorum in eleccione Mathie, *Act. 1*, ubi dixerunt apostoli: *Tu, domine, qui nosti corda omnium, ostende quem elegeris, quia non* revelacione *car*nis *et sangui*nis est eligendum, *sed* quemadmodum *revelaverit pater, qui est in celis.*" JOHANNES <DE CASTELLO>: Exposicio, Cap. 64 C (clm 18154, fol. 82v(b)).

1034 „... ideo illi, qui eligunt, debent se humiliare, ut sint capaces gracie dei, quia *perfida* gens fecit, quominus deus possit operari miracula, *Matth. 13, Luc. 4* et *Ioh. 4* et *1 q. 1, <Item> dominus in patria.*" Ebd. (Ebd., fol. 83r(a)).

nis: Wird ein Abt nicht vermittels des Heiligen Geistes gewählt, so gleicht er einem Dieb oder einem Mörder, der den Schafstall nicht durch die Tür betritt, sondern anderswo einsteigt.[1035] Demzufolge darf nur der Abt als guter Hirte bezeichnet werden, der durch den Heiligen Geist den Mönchen eingegeben wird. Diese Interpretation schließt sich an den christologischen Vergleich an, in dem es heißt, dass der Kandidat gleich der Person Jesu Christi durch die Eingebung des Heiligen Geistes empfangen wird.[1036] So ist die Wählerintention mit der Qualifikation und Amtsführung des künftigen Abtes eng verknüpft.

Bei einer guten Wahl wird von den Wählern mehr gefordert. Dies ist aus dem Vergleich des Abschnitts Q mit dem Abschnitt N des 64. Kapitel zu entnehmen. So besteht der Abschnitt Q, der darauf eingeht, wie die Wähler eine gute Wahl durchführen sollen, aus fünf einzelnen Punkten, während sich sein Gegenstück, der Abschnitt N, aus vier einzelnen Abschnitten zusammensetzt. Eine gute Wahl ist dem Konvent dann sicher, wenn die Wähler versuchen, den Willen Gottes zu erfüllen. Das Augenmerk der Wähler sollte daher in erster Linie darauf gerichtet sein, einmütig zu wählen, da die Einmütigkeit in den Augen Gottes wohlgefällig ist.[1037] Ein zweiter Punkt besteht darin, dass die Wähler bemüht sind, den zu wählen, den sie als würdiger und nützlicher erachten. Dieser Formulierung nach stehen bei der Wahl mehrere Kandidaten zur Verfügung. Um die richtige Wahl zu treffen, werden den Wählern drei Kriterien an die Hand gegeben: So gebührt dem die höchste Ehre im Kloster, der unter den Mönchen der Fleißigste ist, der sich am meisten in den Tugenden abgemüht hat und der sich im Handeln als der Tüchtigste erweist. So darf unter den Wählern kein Zweifel aufkommen über den Kandidaten.[1038] Ist die Meinung über den Kandidaten einhellig, bleibt der Friede in der Gemeinschaft erhalten. Wird eine ungeeignete Person zum Abt gewählt, wird der Einzelne wie die Gemeinschaft nicht zur Ruhe kommen. Denn der Amtsinhaber, der zu Unrecht in die Leitungssituation gekommen ist, wird sehr bald mit seiner Aufgabe überfordert sein und deswegen das Wohlwollen gegenüber seinen Wählern verlieren.[1039] Im Zusammenhang mit der Einmütigkeit steht das Be-

---

1035 „Isti non eligunt per spiritum sanctum, nec electus sic *intrat per ostium, sed ascendit aliunde,* ideo *fur est et latro.*" Ebd., Cap. 64 AE (Ebd., fol. 92^{v}(a)).

1036 „Sic qui debet intrare ad statum prelacie, debet concipi in mentibus electorum per Spiritus Sancti inspiracionem" Ebd., Cap. 64 AD (Ebd., fol. 92^{r}(b)).

1037 „Cuius voluntatem haud dubium perficient, primo si concorditer eligant, quia *concordia gaudet altissimus, 9 q. 3, Archiepiscopus.*" Ebd., Cap. 64 Q (Ebd., fol. 88^{r}(a)).

1038 „Secundo si digniorem et utiliorem preferant, *cui pro laboribus multis, pro moribus castis, pro accionibus strennius celsioris loci premium debetur, 61. di., Miramur.,* ut nullus eum *sanctum dubitet, quem apex tante dignitatis attollit, 40. di., Non <nos>.*" Ebd. (Ebd.).

1039 „Nullus nec indigne promotus diliget promotores suos, quia *non opem fert, qui ad peccandum adiuvat, 14 q. 6, Si res.* Nam ut dicit *Ps.: Qui diligit iniquitatem,* scili-

mühen der Wähler, jedem Streit aus dem Weg zu gehen.[1040] Gleichsam wie eine Verbindung zwischen dem dritten und dem fünften Abschnitt steht die Mahnung an die Wähler, bei der Wahl das Band des Friedens zu wahren. Denn nur denen, die den Frieden suchen, ist das Reich Gottes verheißen.[1041] In Anbetracht der eschatologischen Bedeutung der Wahl, werden die Stimmberechtigten vor Gleichgültigkeit bewahrt.[1042] So erlangen sie den Lohn für ihr Handeln nur dadurch, indem sie sich in ihrem Handeln an Gottes Vorschriften halten.

Es steht nun die Frage im Raum, wie eine Wahl inhaltlich bestimmt werden kann, wenn die Gottesfurcht nicht berücksichtigt wird. Nach Johannes von Kastl ist es möglich, dass die Wähler in Anbetracht mächtiger Personen oder aus Furcht vor der Welt nicht frei wählen können. Sodann sind es die affektiven Kräfte der Wähler, sowohl die des Geistes als auch des Leibes, die bei einer Wahl eine gute Entscheidung verhindern.[1043] Entschließen sich die Wähler aufgrund emotionaler Zuneigung oder Abhängigkeit für eine bestimmte Person, so kann diese Wahl nicht als rein bezeichnet werden. In gleicher Weise wird eine Wahl negativ beeinflusst, wenn sich die Wähler vom Aspekt einer materiellen Vergütung oder der Möglichkeit des persönlichen Aufstiegs leiten lassen.[1044]

An anderen Stellen kehren diese drei Charakteristika in einer neuen Formulierung wieder.[1045] Eine schlechte Wahl erfolgt dann, wenn sich die Wähler durch emotionale Bindungen nicht frei entscheiden können. Sodann kann eine Person favorisiert werden, die es versteht, sich durch Wohltaten als nützlich zu erweisen. Weitere Gründe für die Wertschätzung einer Person könnten darin bestehen, dass sie nicht korrigierend in das Leben anderer eingreift oder

---

cet in se vel in proximo, *odit animam suam*, scilicet propriam et proximi." Ebd. (Ebd.).

1040 „Tercio si imminens litis periculum precaveant, quia dubius est eventus belli, *2. Reg. 11*, quia et lis odium generat, et sepe lites ex litibus oriuntur, et de facili electi in discordia possunt cadere a iure suo." Ebd. (Ebd., fol. 88r(a)–88r(b)).

1041 „Quarto si pacis federa retineant. *Ioh. 14: Pacem meam do vobis*, ut pacem, quam religiosi et clerici predicant, *servare studeant* in *invicem et in omnes, 3 q. 6, Hoc quippe* et *Luc. 2* dicitur: *Et in terra pax hominibus* etc. Idipsum Christus prima voce dixit post resurreccionem, *Luc. 24: Pax vobis.* In litibus enim rumpuntur pacis vincula, surgunt *inimicicie, contenciones, emulaciones, rixe, ire, dissensiones*, quia *qui talia agunt, non consecuntur regnum dei, Gal 5.*" Ebd. (Ebd.).

1042 „Quinto si vitam eternam adipiscendam in eligendo recogitent et advertant, quod *apud deum nichil beacius*, quam *si militetur eo modo, quo noster iubet imperator, 40. di., Ante Omnia.*" Ebd. (Ebd.).

1043 „*Secundum timorem dei*, non secundum propriam affeccionem carnis vel mentis vel secundum timorem mundi aut potentis." Ebd., Cap. 64 A (Ebd., fol. 82v(a)).

1044 „... *si illud caste*, id est sine adulterio temporalis retribucionis et carnalis affeccionis vel proprie promocionis ..." Ebd., Cap. 64 P (Ebd., fol. 87v(a)).

1045 „Sed timendum est, quod nonnulli eliguntur propter parciales affecciones, quidam propter mundiales possessiones et quidam propter curiales interposiciones." Ebd., Cap. 64 AE (Ebd., fol. 92v(a)).

die Fehler anderer übersieht.[1046] Mit dem Aspekt der materiellen Vergütung ist der Besitz des Wahlkandidaten verbunden. Aus diesem Grund könnten die Wähler darauf schauen, wer mehr Güter besitzt oder sich in den Ausgaben großzügiger erweist.[1047] Die Chancen des persönlichen Aufstiegs stehen im Zusammenhang mit dem Ansehen, das eine Person hat; die Wähler könnten einen Kandidaten bevorzugen, der bei den Fürsten angesehener oder aus vornehmerem Geschlecht ist.[1048]

Wie kommt es dazu, dass sich die Wähler aus einem der oben genannten Gründe für einen falschen Kandidaten entscheiden? Johannes von Kastl zufolge gibt es im Menschen schlechte Neigungen, die seinen Geist verdunkeln.[1049] Aufgrund der beeinträchtigten Erkenntnisfähigkeit vertauscht der Mensch Werte mit Nichtwerten. An vielen Stellen versteht es Johannes von Kastl, dies zu veranschaulichen: So kommt es vor, dass die Laster durch die Ehre belohnt werden und dass dem Ort des Rächers der zugeführt wird, dem die Rache gilt.[1050] Im Abschnitt N des 64. Kapitels nimmt Johannes von Kastl diese Struktur auf und legt in einem ersten Punkt dar, dass die Wähler den Ungebildeten auf den Platz des Gelehrten setzen und den Schüler zum Lehrer machen.[1051] In einem zweiten Punkt kritisiert er das Handeln der Wähler, wenn sie das Heiligtum aus Verlangen nach Geld, Schätzen oder materiellen Gütern verkaufen und so den Heiligen Geist der Geldgier unterwerfen.[1052] Jo-

---

1046 „Considerant nonnulli electores, non quis melior, vita clarior, sciencia et fama celebrior, sed qui sibi velit utilius in beneficys subvenire, qui velit suam vitam minus emendare, qui velit crimina magis dissimulare." Ebd. (Ebd.).

1047 „Considerant aly, quis sit in rebus locuplecior, genere nobilior, in beneficys pinguior, in expensis profusior, in convivys laucior, in ociosa familia multiplicior." Ebd. (Ebd.).

1048 „Aly quis principibus gracior et accepcior, quis presentum nobilitate clarior, quis mundane vanitatis habilior et usitacior invenitur." Ebd. (Ebd.);"Non privatam *utilitat*em *prefer*ant communi, *7 q. 1, Scias*, ... Item *non* sit *apud* electores private intencionis *accepcio personarum*, ut tangitur, *Act. 10; 1 q. <7>, Incipit: H<ui>c Petrus; Deut. <10>; Extra, De prebendis, Venerabili*. ... Non curent nobilitatem, quia Iesu *fabri filio* et *piscatori Petro*, *Luc. 5, Matth. 4*; *successorem* querimus non augusto, *24 q. 1, Quoniam*. Utrum autem racio nobilitatis habeatur, notatur *Extra, De appellationibus, Constitutus*; ad hoc: *15 q. 1, Illa*." Ebd., Cap. 64 D (Ebd., fol. 83^r(a)–83^r(b)).

1049 „Item quandoque affectus carnalis mentem obfuscat, ..." Ebd. (Ebd., fol. 83^r(a)).

1050 „... *dum vicia honor remunerat*, dum *in locum ultoris, is, qui fuerat ulciscendus, adducitur, 1 q. 1, Fertur; 11 q. 3, Precipue*." Ebd. (Ebd.).

1051 „Primo namque peccant deum et legem eius contempnendo offerentes mala, id est cecum animal. *Ieronimus: Cecum*, inquid, *animal offert, qui ordinat indoctum in locum docti, magistrumque facit, qui vix potest esse discipulus, 49. di., Sacerdotes*." Ebd., Cap. 64 N (Ebd., fol. 86^v(a)–86^v(b)).

1052 „Secundo sanctuarium dei vendendo aut pro munere aut pro obsequio aut alio commodo temporali. Hys dicitur *Act. 8: Pecunia tua tecum sit in perdicionem*, quia *existimasti donum dei pecunia possideri, 1 q. 1, Reperiuntur*. Tales magis heretice errant, quam *Macedonius*, *qui* Spiritum Sanctum dicebat esse *servum pa-*

hannes von Kastl führt in einem dritten Schritt diesen Gedanken weiter. Aufgrund schlechter Neigungen nimmt der Mörder die Stellung des Arztes ein, und der Wolf wird zum Hirten.[1053] Als vierten Punkt des Abschnittes N weist der Autor nach, dass der Kirche dann großer Schaden entsteht, wenn die Kleriker schlechter als die Laien sind, das Volk nicht gefördert, sondern ihm Schaden zugefügt wird und Regierungsaufgaben nicht erfüllt, sondern Verbrechen stattfinden und nachgeahmt werden.[1054] Diese sehr anschaulichen Beispiele zeigen, wie die affektiven Kräfte den Geist so beeinträchtigen können, dass er das Gute in seinem Wesen nicht mehr erkennt und mit dem Schlechten vertauscht. Die Wähler richten letztlich Schaden an, weil ihr Geist durch die affektiven Kräfte verdunkelt ist.[1055] Obgleich der Weg der Ungerechten für sie Erfolg verheißt und es denjenigen, die Böses tun, gut ergeht, fällt ihr sündhaftes Tun im letzten als Schaden auf sie selbst zurück.[1056] Gleich dem Abschnitt Q beschließt Johannes von Kastl den Abschnitt N mit einem eschatologischen Ausblick: Die Menschen, deren Geist durch schlechte Neigungen verdunkelt ist, haben nur die diesseitige Bereicherung im Blick und verkennen so die eschatologische Dimension ihres Handelns. Johannes von Kastl sieht darin eine Parallele zu der Erzählung vom armen Lazarus und vom reichen Prasser in Luc. 16. Dem Zitat entsprechend „Bedenke mein Sohn, dass du in deinem Leben nur Gutes erhalten hast, Lazarus aber nur Schlechtes. Jetzt wird er getröstet, du aber musst Qualen erdulden“[1057] wird die negierte eschatologische Dimension den Sünder einholen.

---

tris et fily, sed isti vendendo *graciam Spiritus Sancti servum suum Spiritum Sanctum* faciunt.“ Ebd. (Ebd., fol. 86v(b)).

1053 „*Vulnerato* proinde *pastore quis curandis ovibus adhibet medicinam? Quomodo populum clippeo tuetur iaculis expositus?* Quis *est fructus*, qui *radice est infectus*? *1 q. 1, Fertur, Versiculus: Vulnerato.* Ymo gravissime est iacture homicidam ponere loco medici, lupum ponere loco pastoris.“ Ebd. (Ebd., fol. 86v(b)–87r(a)).

1054 „Quarto ecclesiam dei destruendo. Quando enim layci clericis sunt meliores, hoc ecclesiam dei destruit vehementer, *8 q. 1, Audacter.* Quando vicia honor remunerat, *non est consulere populo, sed nocere*, non *prestare regimen, sed discrimen* adhibere seu *augere, 61. di., Miramur.*“ Ebd. (Ebd., fol. 87r(a)).

1055 „Tales autem electores sicut multipliciter peccant, sic multipliciter puniuntur.“ Ebd. (Ebd., fol. 86v(a)).

1056 „Quamvis enim *via impiorum prosperetur*, et *bene* sit operantibus *iniqu*itatem, verumtamen *sanctificans eos in die occisionis, Ier. 12. Remunerati* temporaliter eternaliter puniuntur, quia *receperunt bona in vita sua, Luc. 16; De penitencia, di. 2, Cavendum; 22 q. 2, Si quelibet. Ducunt* enim *in bonis dies suos et in puncto ad inferna descendunt, Iob 21, ibi vermis eorum non morietur et ignis non extinguetur, Ysai. 66; Marc. 9; 19 q. 3, Quoniam.* De hys dicitur *Osea 7: Ve eis*, qui *recesserunt a me; De penitencia, di. 4, Incipit: Verum.*“ Ebd. (Ebd.).

1057 „Fili recordare, quia recepisti bona in vita tua. ... nunc autem hic consolatur tu vero cruciaris.“ Luc. 16,25.

4.5.2 Die Durchführung der Wahl im Regelkommentar des Johannes von Kastl

In den Abschnitten R-Ac geht Johannes von Kastl auf die Vorgänge der Abtswahl ein.[1058] Diese zehn Abschnitte übernimmt der Kastler Regelkommentator vollständig aus der *Regula cum glossa* des Petrus Boerius; nur an wenigen Stellen ergänzt er den Text. Bei näherer Analyse ist festzustellen, dass Petrus Boerius seiner Darstellung der Wahlformen Auszüge aus dem Regelkommentar des Bernardus Ayglerius zugrunde gelegt hat. Von Petrus Boerius stammen auch die Verweise auf die einzelnen Gesetze des *Decretum Gratiani* und des Dekretalenrechts sowie einige Textabschnitte aus dem *Speculum iudiciale* des Guilelmus Durantis. Johannes von Kastl konzipiert demzufolge keine neuen Wahlformen, sondern übernimmt die traditionelle Lehre.

4.5.2.1 Die Vorbereitung der Abtswahl

4.5.2.1.1 Der Tod und das Begräbnis des Abtes

Während die *Regula magistri* davon ausgeht, dass der regierende Abt bis zu seinem Tod die Leitung über die Abtei ausübt[1059], gibt die *Regula s. Benedicti* über die Frage, wie der Abt aus dem Amt scheidet, keine Auskunft. Das Dekretalenrecht kennt auch das Ausscheiden aus dem Amt aufgrund von Krankheit, Verfolgung oder Überforderung.[1060] Allen benediktinischen Quellentexten der *Exposicio in regulam s. Benedicti* des Johannes von Kastl nach übt der Abt für seine ganze Lebenszeit die Regierung des Konvents aus.[1061]

1058 „Forma litterarum convocandi electores 64 R; Eleccionis preambula debita 64 S; Eleccionis scrutinij forma 64 T; Forma eleccionis compromissi 64 U; Electus an et qualiter installetur 64 X; Electus publicatur et de consensu queritur 64 Y; Decretum eleccionis per scrutinium qualiter formatur 64 Z; Eleccionis decretum per compromissum qualiter formatur 64 AA; Eleccionis forma per inspiracionem qualiter fiat 64 AB; Decretum eleccionis per inspiracionem qualiter fiat 64 AC." JOHANNES <DE CASTELLO>: Exposicio, Tabula alphabetica (clm 18154, fol. 88^{v}(b)-92^{r}(b)).

1059 „Et cum ei certus aduenerit dies mortis, qui iam sub praesentia sacerdotis pridem extitit ordinatus, sine dubio ipse succedat." RM 93,46 (SC 106, VOGÜÉ, A. de (Ed.), S. 432).

1060 Die Dekretale X 1,9,11(Fr. 112) nennt „aegritudo", „persecutio" und „defectus literaturae". X 1,9,15 (Fr. 115) spricht von „insufficientia".

1061 „Corpore igitur obeuntis pastoris tradito ecclesiastice sepulture." BERNARDUS <AYGLERIUS>: In regulam, Cap. 64 (CAPLET, A. (Ed.) S. 392); „... *quod obeuntis pastoris corpore tradito ecclesiastice sepulture; 79. di., Nullus; eodem tytulo, Bone 2.*" BOERIUS, P.: Regula cum glossa, Cap. 64 (Ms 155, fol. 226^{r}(a)); „Super haec omnia domino abbati ex hac vita decedenti ista sunt agenda: Qui, quantocius potest fieri, cum praemissis orationibus traditur sepulturae, ne sequens electio de futuro abbate per aliquod incidens valeat impediri." Consuetudines castellenses, Cap. 51 (CCM 14/1, MAIER, P. (Ed.), S. 401 f.) (Redaktion AGE DFF^{1}) „... ideo advertendum, *quod obeuntis pastoris corpore tradito ecclesiastice sepulture; 79. di.,*

Im Hinblick auf die Abtswahl sieht Guilelmus Durantis in seinem *Speculum iudiciale* vor, dass den Wählern der Tod und das Begräbnis des Abtes mitgeteilt werden.[1062] Dem *Decretum Gratiani* entsprechend müssen zwischen dem Begräbnis des verstorbenen Abtes und den vorbereitenden Arbeiten für die Abtswahl drei Tage vergehen.[1063] Da die Regelkommentatoren das besagte Capitulum zitieren, ist ihnen diese kanonische Frist bekannt gewesen. Entsprechend den Ausführungen des Johannes Andreae wie auch des Petrus Boerius ist zuerst der verstorbene Abt zu bestatten, bevor die Mönchskleriker zur Neuwahl schreiten. Die Wahl des neuen Abtes muss jedoch innerhalb von drei Monaten stattfinden[1064]; aus diesem Grund ist der Todestag des Abtes von Bedeutung, da vom Tod des Abtes oder der Vakanz des äbtlichen Stuhles die Monate bzw. Tage gezählt werden.[1065]

4.5.2.1.2 Der Wahlleiter

Aus der *Regula cum glossa* des Petrus Boerius übernimmt Johannes von Kastl die Wendung, dass derjenige, der nach dem Abt den Vorsitz im Kloster führt, durch das Läuten der Glocke den Konvent zur Versammlung zusammenruft.[1066] Diese etwas ungenaue Formulierung lässt die Vermutung aufkommen, dass die Stellvertretung des Vorstehers in den Klöstern unterschiedlich geregelt war. Dem Regelkommentar des Bernardus Ayglerius nach ist diese Aufgabe dem Praepositus oder dem Dekan des Klosters übertragen.[1067] Diese Formulierung übernehmen weder Petrus Boerius noch Johannes von Kastl. Bei ihnen ist eine Aufzählung von Quellentexten zu lesen, die jedoch nicht kon-

---

Nullus; eodem tytulo, Bone 2" JOHANNES <DE CASTELLO>: Exposicio, Cap. 64 R (clm 18154, fol. 88v(b)).

1062 „Ad electionem celebrandam hac uia proceditur. Ecclesia enim pastoris regimine destituta, capitulum, siue canonici praesentes statuent certum terminum ad electionem celebrandam. † de quo fiet publicum instrumentum: in quo narrabitur, qualiter tali die cedente, uel translato, uel defuncto tali praelato talis ecclesiae, eiusque corpore ecclesiasticae tradito sepulturae ..." DURANTIS, G.: Speculum IV,1,§1,1 (S. 84b).

1063 „Nullus Pontifice Romano uiuente aut episcopo ciuitatis suae praesumat loqui, aut partes sibi facere, nisi tercio die dispositionis eius, adunato clero et filiis ecclesiae, et tunc electio fiat." Grat. 79,7 (Fr. 278).

1064 „*Decimo, si fuerit ultra spacium trium mensium.*" JOHANNES <DE CASTELLO>: Exposicio, Cap. 64 E (clm 18154, fol. 83v(b)).

1065 „*Fraternitati tue tenore presencium innotescat, quod die tali talis mensis dominus* N., *quondam abbas* Castellensis, *sicut domino placuit, viam fuit universe carnis ingressus et corpus eius cum debita reverencia ecclesiastice traditum sepulture.*" Ebd., Cap. 64 R (Ebd., fol. 89r(a));"*Die igitur ad eligendum prefixa ...*" Ebd., Cap. 64 S (Ebd., fol. 89r(b)).

1066 „... *presidens in monasterio post abbatem debet pulsata campana capitulum convocare, di. 1, c. Ius militare; eodem tytulo, In causis ...*" Ebd., Cap. 64 R (Ebd., fol. 88v(b)); vgl. BOERIUS, P.: Regula cum glossa, Cap. 64 (Ms 155, fol. 226r(a)).

1067 „... debet prepositus vel decanus, pulsata campana, capitulum congregare" BERNARDUS <AYGLERIUS>: In regulam, Cap. 64 (CAPLET, A. (Ed.) S. 392).

kret auf dieses Problem eingehen. Die Frage, wer nun im Todesfall des Abtes die Leitung des Klosters inne hat, beruht auf einem sehr komplexen Hintergrund, der im Zusammenhang mit der Ämterentwicklung steht.[1068]

Von entscheidender und weitreichender Bedeutung für die spätere Wahlentscheidung ist der Verweis in der *Regula cum glossa Petri Boerii* auf die Dekretale *In causis* Papst Gregors IX. Dieser Gesetzestext wird jeweils in den Abschnitten 64 R und Y genannt. Er besagt, dass der Prior, der Sakristan und der Cellerar der Kirche des hl. Stephan vom abwesenden Praepositus die Vollmacht erhalten, unter Anwesenheit der Äbte, Prioren, Mönche und anderer Geistlicher mit dem größeren und gesünderen Teil des Kapitels den vorher genannten Archidiakon zum Bischof zu wählen.[1069] Dieser Dekretale nach kommt dem Praepositus der Kirche bei der Bischofswahl eine besondere Rolle zu; ihm ist das Wahlrecht vorbehalten. Neben dem Praepositus wirken der Prior, der Sakristan und der Cellerar der Stephanskirche bei der Wahl des neuen Bischofs mit.

Versucht man die Frage nach dem Stellvertreter des Abtes zu klären, indem man das oben genannte Ämterspektrum mit den Ausführungen des Bernardus Ayglerius vergleicht, so erweitert sich der Personenkreis um einen weiteren Amtsträger. Bernardus Ayglerius entsprechend nehmen der Praepositus oder der Dekan die Vorbereitung für die Abtswahl in die Hand; als weiterer Offiziale ist der Prior des Klosters zu berücksichtigen.[1070]

Betrachtet man auf dem Hintergrund der *Consuetudines castellenses* dieses Ämterspektrum, ergeben sich für den kritischen Leser Schwierigkeiten, da alle besagten Ämter auch im Kastler Konvent ausgeübt wurden. Im Hinblick auf die klösterliche Gemeinschaft sind diese jedoch anders bestimmt. Es ist nun der Frage nachzugehen, welche Bedeutung die besagten Ämter für den klösterlichen Alltag hatten, welches Gewicht den Offizialen bei der Abtswahl zukam und wer der „presidens post abbatem" war.

Bernardus Ayglerius schreibt in der Einführung zum 65. Kapitel seines Regelkommentars, dass es ihm passend erscheint, auf die Einsetzung des Priors einzugehen, nachdem er die Wahl des Abtes dargelegt hat. Der Prior steht der

---

1068 JOHANNES VON KASTL übernimmt den Text von PETRUS BOERIUS. Dieser bezieht sich in seiner *Regula cum glossa* auf BERNARDUS AYGLERIUS, gibt darüber hinaus aber noch zwei Gesetzestexte an: Grat. 1,10 (Fr. S. 3); X 1,6,30 (Fr. S. 74 – 76) .

1069 „... Capitulum vero, *illorum absentiam admirantes*, quum tota die illa ipsorum praesentiam exspectassent, subsequenti die campanam pulsari fecerunt, sicut moris est, ad capitulum congregandum, et praedictis tribus cum paucis complicibus suis sese comtumaciter absentantibus, prior, *sacristia et maior cellarius ecclesiae sancti Stephani, quia speciale super hoc praepositi absentis mandatum habeant,* cum maiori et saniori parte capituli, *convocatis abbatibus, prioribus ac monachis et aliis viris religiosis,* elegit in episcopum archidiaconum supradictum." Ebd. (Fr. 75).

1070 „Corpore igitur obeuntis pastoris tradito ecclesiastice sepulture, debet prepositus vel decanus ... diemque ad eligendum preficere ..." BERNARDUS <AYGLERIUS>: In regulam, Cap. 64 (CAPLET, A. (Ed.) S. 392).

Gemeinschaft vor und führt den Vorsitz nach dem Abt.[1071] Ganz der Terminologie dieses Regelkommentars entsprechend gehen die *Statuta Casinensia* davon aus, dass, abgesehen von allen anderen Äbten, die dem Abt von Montecassino unterstellt sind, der Praepositus innerhalb und außerhalb des Klosters Vollmacht besitzt. Im Konventkapitel zählt er zu den Vorsitzenden und ist gehalten, sich um das Kloster zu sorgen und dessen Führung zu übernehmen.[1072]

Analysiert man das Kapitel über den Prior in der Bulle *Summi magistri* und versucht es quellenkritisch zu klären, so zeigt sich, dass Papst Benedikt XII. auf Inhalte der *Statuta Casinensia* zurückgriff.[1073] Im Gegensatz zu den *Statuta Casinensia* aber verwendete er eine andere Terminologie; statt der Amtsbezeichnung Praepositus benutzte er den Titel Prior.

Die Kastler Brauchtexte verweisen auf die Bulle *Summi magistri dignatio.* Ihnen zufolge vertritt der Klaustralprior den Abt und nimmt somit die erste Stelle nach ihm ein.[1074] Die Formulierung, dass der Prior mit Vollmacht in Werk und Wort wirken soll, die sich in der Bulle *Summi magistri* und später in den Kastler Brauchtexten findet, geht auf einen Brief des Papstes Innozenz III. an den Konvent von Subiaco zurück; er wurde später mit dem Titel *Quum* in die Dekretalensammlung Gregors IX. aufgenommen.[1075] Ausgehend von der

---

1071 „Dicto de ordinatione abbatis, de ordinatione prepositi, convenienter subiungit qui congregationi preest et presidet post abbatem." Ebd., Cap. 65 (CAPLET, A. (Ed.) S.407) .

1072 „Ut prepositus monasterii *sit potens in opere et sermone*, prout in congregacione apcior poterit inveniri sitque talis qui continue in capitulo seu conventu resideat claustrique curam et regimen exercere assidue teneatur. Ut prepositus monasterii infra et extra monasterium post abbatem maiorem reliquis abbatibus subditis habeat potestatem." Statuta Casinensia Saeculi XIII Cap. I,59 f. (CCM 6, LECCISOTTI, T., u. a. (Ed.), S. 218) Die Hervorhebung im kursiven Schriftsatz wurden von mir vorgenommen.

1073 „Sane cum Prior claustralis esse debeat *potens in opere* ac *sermone*, Volumus, & in virtute sanctae obedientiae districte praecipiendo mandamus, ut instituatur ipse Prior providus & disretus, *prout in Congregatione* Cathedralis Ecclesiae vel Monasterii, seu alterius loci ejusdem Ordinis seu Religionis *aptior poterit inveniri, sitque talis qui continue in Capitulo seu conventu resideat, claustrique curam & regimen exercere assidue teneatur.*" Summi magistri dignatio, Cap. 30 (Bullarium Romanum. Tomus I. p. 235); die Hervorhebungen im kursiven Schriftsatz, die von mir vorgenommen wurden, zeigen die Übereinstimmung zwischen den Statuta Casinensia Saeculi XIII, Cap. I,59 f. und der Bulle Summi magistri dignatio, Cap. 30 (Bullarium Romanum, Tomus I, p. 235).

1074 „Primus post abbatem iuxta traditionem patrum et constitutionem Benedicti papae." Consuetudines castellenses, Cap. 2 (CCM 14/1, MAIER, P. (Ed.), S. 45) (Redaktion ARW GE).

1075 „Prior autem prae ceteris post abbatem *potens* sit *in opere et sermone, ut exemplo vitae verboque doctrinae fratres suos* et *instruere possit in bono, et a malo* etiam *revocare; zelum religionis habens secundum* conscientiam, *ut delinquentes corripiat et castiget, obedientes* vero *foveat et confortet.*" X 3, 35, 6 (Fr. 599 f.) „Cum *prior* claustralis seu vicarius abbatis debeat esse tantae aetatis, videlicet minime

Terminologie dieses Briefes darf der Prior als Vertreter des Abtes angesehen werden. Der Begriff Praepositus, den die *Statuta Casinensia* wie auch Bernardus Ayglerius für das Amt des Priors verwenden, ist dem Brief von Papst Innozenz III. nachgeordnet. Papst Benedikt XII., der in seiner Bulle den Titel Praepositus durch Prior ersetzte, orientierte sich demzufolge an der ursprünglichen Begrifflichkeit.

In der Bulle *Summi magistri* wird die Aufgabe des Priors nur in einem programmatischen Sinn umrissen: Zum Prior des Klosters soll ein Mönch bestimmt werden, der geeignet ist, im Kapitel wie im Konvent dauernd zugegen zu sein. Er ist gehalten, fortwährend die Sorge für das Kloster sowie dessen Leitung auszuüben.[1076]

Im Sinne dieser Programmatik gehen die *Consuetudines castellenses* differenzierter auf die Aufgaben des Priors ein, wobei zunächst die Dekretale *Quum* zur Sprache kommt: Vorbildlich im Verhalten und Reden ist der Prior in der Lage, seine Mitbrüder im Tugendstreben zu unterstützen und ihnen zu helfen, sich vom Bösen loszusagen. Aus seinem gewissenhaften Bestreben versucht er, die Sünder zu korrigieren und die Gehorsamen zu größerem Eifer zu ermuntern.[1077]

Bei näherer Untersuchung der Kastler Brauchtexte zeigt sich, dass der Prior nach der Einsetzung in sein Amt befugt ist, sich in die geistlichen Angelegenheiten des Klosters, die seiner Sorge vorbehalten sind, durch heilsame Korrektur und Verbesserung einzuschalten.[1078] Allen Nachlässigkeiten der Offi-

---

viginti quatuor annorum ad minus completae, ut valeat infra annum ad sacerdotium promoveri. Qui etiam esse debet *potens in opere et sermone, ut exemplo vitae verboque doctrinae fratres suos instruere possit in bono et a malo revocare. Zelum religionis habens secundum scientiam, ut delinquentes corrigat et castiget, oboedientes foveat et confortet.*“ Consuetudines castellenses, Cap. 2 (CCM 14/1, Maier, P. (Ed.), S. 45) (Redaktion DFF[1]) (Die Hervorhebung in kursiver Schrift, die von mir vorgenommen wurde, zeigt die Übereinstimmung beider Texte an.).

1076 „Sane cum Prior claustralis esse debeat potens in opere ac sermone, Volumus & in virtute sanctae obedientiae districte praecipiendo mandamus, ut instituatur ipse Prior providus & discretus, prout in Congregatione Cathedralis Ecclesiae vel Monasterii, seu alterius loci eiusdem Ordinis seu Religionis aptior poterit inveniri, sitque talis qui continue in Capitulo seu conventu resideat, claustrique curam & regimen exercere assidue teneatur.“ Summi magistri dignatio, Cap. 30 (Bullarium Romanum. Tomus I. p. 235).

1077 „... Prior autem prae ceteris post abbatem *potens sit in opere et sermone*, ut exemplo vitae verboque doctrinae fratres suos et instruere possit in bono, et a malo etiam revocare; zelum religionis habens secundum conscientiam, ut delinquentes corripiat et castiget, oboedientes *vero* foveat et confortet.“ X 3, 35, 6 (Fr. 599 f.).

1078 „Ab hora autem ordinationis suae prior per dominum abbatem de omnibus causis et negotiis spiritualibus ad monasterium pertinentibus se intromittit, exceptis specialiter aliis commissis, salva correctione et emendatione regulari in omnes monachos post abbatem, in quocumque officio fuerint constituti, nisi de thesauro ecclesiae et de armaria, quae in abbatis potestate consistunt.“ Consuetudines castellenses, Cap. 2 (CCM 14/1, Maier, P. (Ed.), S. 48) (Redaktion ARW GE DFF[1]).

zialen hat er nachzugehen und sie zu korrigieren.[1079] Da im Kloster das Konventkapitel von zentraler Bedeutung ist – es wird als Nerv der klösterlichen Disziplin bezeichnet – und der Prior damit beauftragt ist, für einen regelmäßigen und geordneten Ablauf des Kapitels zu sorgen, hat das Priorenamt eine hohe Bedeutung.[1080] Im Kapitel sollen ihm alle Mitbrüder mit der nötigen Ehrfurcht begegnen. Dort kommt ihm die Aufgabe zu, den Textabschnitt der *Regula s. Benedicti*, den der Lektor vorgetragen hat, für die Konversen in der Volkssprache und für die Mönche in lateinischer Sprache zu erklären.[1081]

In Abgrenzung zum Abtsamt verfügt der Prior nur über bestimmte Rechte. Er soll sich deshalb hüten, sich in Dinge einzumischen, die der Beurteilung des Abtes vorbehalten sind. Es wird ihm geraten, alles, was in seinem Zuständigkeitsbereich fällt, vorsichtig und diskret zu behandeln.[1082] An anderer Stelle wird ihm nahegelegt, die Vergehen der Mitbrüder maßvoll zu behandeln. Im Umgang mit den Fehlern soll der Prior Missgunst und Hass vermeiden; den Betroffenen soll keine Gelegenheit gegeben werden, sich wegen des Priors an den Abt zu wenden.[1083] Ganz im Sinne dieses maßvollen Umgangs mit der Strafe ist die Bestimmung zu verstehen, dass der Prior den Mönchen nur bei geringeren Vergehen eine Strafe auferlegen darf.[1084] Ohne die Erlaubnis des Abtes darf er keinen seiner Mitbrüder durch eine schwere Strafe maßregeln. Dem Abt obliegt es, den Prior mit der Beichtvollmacht auszustatten; es ist ihm erlaubt, die Beichte der Laienbrüder und der Mönche entgegen zu nehmen, ausgenommen die Fälle, die dem Abt vorbehalten sind.[1085]

1079 „Item omnes negligentias officialium habet corrigere et emendare." Ebd. (Ebd., S. 55) (Redaktion RW GE DFF¹).

1080 „Rursus quia per cottidianam et ordinatam factionem capituli regularis fortificatur et durat nervus monasticae disciplinae, quam ob rem prior veluti zelator et defensor ipsius ordinis constitutionem Benedicti papae duodecimi ignorare non debet de capitulis cottidianis faciendis." Ebd., (S. 60) (Redaktion RW).

1081 „Ceterum quotiens regula pronuntiata fuerit in capitulo a lectore, secundum constitutionem Benedicti papae per priorem seu praesidentem ibidem vel alium, cui hoc ipse iusserit, eiusdem regulae sententia vulgariter praesentibus conversis, alias vero monachis in latino exponatur." Ebd. (S. 58) (Redaktion RW).

1082 „Et tamen cavet, de his se intromittere, quae ad abbatis iudicium noverit pertinere; sollicitus ibi et ubique ad se pertinentia pie discreteque tractare; sollicitus ibi et ubique ad se pertinentia pie discreteque tractare." Ebd. (S. 50) (Redaktion ARW GE DFF¹).

1083 „Praeterea caveat prior, ne culpas fratrum, quas per se valeat emendare et corrigere, zelo malitiae vel odii deferat ad abbatem." Ebd. (S. 58) (Redaktion RW GE DFF¹).

1084 „Leviorem culpam iniungere potest, sed in gravioris culpae sententiam neminem mittit, nisi ex speciali auctoritate abbatis." Ebd. (S. 51) (Redaktion R GE DFF¹).

1085 „Confessiones tam monachorum quam conversorum, si abbati visum fuerit, in loco capituli poterit audire nullatenus se intromittens ad absolvendum de casibus abbati reservatis, nisi abbatis licentia ad hoc specialiter accedente." Ebd. (S. 57) (Redaktion RW GE DFF¹) „Si vero perspexerit confessor eum habere aliquem casum excommunicationis vel suspensionis vel alias reservatum vel probabiliter

Was die Schlüsselgewalt betrifft, ist Folgendes festzustellen: Der Prior verfügt über die Schlüssel des Chores, der Marienkapelle, des Kreuzganges, des Refektoriums, der Krankenabteilung, des Schlafsaales, der Novizenzellen und des Gartens. Ihm steht es zu, die Türen dieser Räume zu betreffender Zeit zu öffnen und zu schließen.[1086]

Analysiert man in den *Consuetudines castellenses* den Schluss des Kapitels über den Prior, so findet man dort zwei Zitate, die ursprünglich auf das Abtsamt bezogen sind: Der Prior „soll sich darum bemühen, von den Brüdern mehr geliebt als gefürchtet zu werden und er soll immer bedenken, dass er über alle Urteile wie auch über alle seine Handlungen Gott einmal Rechenschaft zu geben hat".[1087] Dem Priorenamt wurde in Kastl eine hohe Bedeutung zugemessen, weil zwei Zitate, die ursprünglich dem höchsten Amt im Kloster galten, nun auf das Stellvertreteramt bezogen wurden.

Im nächsten Abschnitt soll das Amt des Praepositus dargestellt werden, um es vom Priorenamt unterscheiden zu können. In seinem quellenkritischen Apparat zum vierten Kapitel der *Consuetudines castellenses* deutet Maier auf die Brauchtexte des Kloster Fleury hin, unter denen sich eine Beschreibung des Praepositus findet.[1088] In den *Consuetudines floriacenses antiquiores* gehen die Ausführungen über den Abt, den Dekan und den Subdekan dem Kapitel über den Praepositus voran.[1089] Die gleiche Position in der Abfolge der klösterlichen Ämter nimmt der Praepositus in den *Consuetudines castellenses* ein.[1090] In Fleury ist dem Praepositus die Sorge um alles anvertraut, was dem Kloster gehört, sich aber außerhalb des Klosters befindet. Er hat Weisungsbefugnis gegenüber den Angestellten des Klosters, ist aber verpflichtet, dem Abt wie

---

credat, quod non possit eum absolvere, tunc ipsum pro absolutione transmittat ad abbatem." Ebd., Cap. 28 (S. 228) (Redaktion AW GE DFF[1]).

1086 „Claves ostiorum chori et capellae beatae Mariae virginis, ambitus, refectorii, infirmitorii, dormitorii, cellae noviciorum et horti habeat et conservet ad aperiendum et claudendum temporibus opportunis." Ebd., Cap. 2 (S. 58 f.) (Redaktion RW) „Ad refectorium sunt tres claves, quarum unam habet prior, alteram refectorarius, tertiam cellerarius ... Nam hoc alibi fieri minime licebit sine speciali licentia prioris." Ebd., Cap. 12 (Ebd., S. 128) (Redaktion RWG).

1087 „... magis appetens a fratribus diligi quam timeri, semper cogitans debere de omnibus operibus suis se deo reddere rationem." Ebd., Cap. 2 (Ebd., S. 60) (Redaktion RW GE DFF[1]) Der Text in der Regula Benedicti lautet: „... sed cogitet semper, quia de omnibus iudiciis et operibus suis redditurus est deo rationem." RB 63,3 (CSEL 75, Hanslik, R. (Ed.), 2. Auflage, S. 160); „Et studeat plus amari quam timeri." RB 64,15 (Ebd., S. 165).

1088 Vgl. Quellenkritischer Apparat zu Cap. 2 der Consuetudines castellenses (CCM 14/1, Maier, P. (Ed.), S. 66).

1089 Consuetudines Floriacenses Antiquiores, Cap. 3 (Abbas), 4 (Decanus), 5 (Subdecanus) und 6 (Praepositus) (CCM 7/3, Davril, A. u.a. (Ed.), S. 10–14).

1090 Consuetudines castellenses, Cap. 1 (De officio abbatis), Cap. 2 (De priore claustri), Cap. 3 (De officio subprioris), Cap. 4 (De officio praepositi) (CCM 14/1, Maier, P. (Ed.), S. VII).

dem Dekan Rede und Antwort zu stehen.[1091] Die Brauchtexte von Fleury bringen zum Ausdruck, dass der Praepositus des Klosters wie alle anderen Brüder des Klosters dem Dekan und seinem Stellvertreter untergeordnet ist.[1092] Aus diesem Grund behält er im Chorgestühl den Platz, den er vor seinem Dienstantritt einnahm. Ihm steht es nicht zu, in disziplinarische Fragen einzugreifen.

Wie in Fleury, so ist auch in Kastl dem Praepositus die Sorge für alle zeitlichen Güter des Klosters anvertraut.[1093] Da er für die Verwaltung der Klostergüter zuständig ist, gewinnt man den Eindruck, dass das Amt des Praepositus des Klosters mit dem des Dompropsts verwandt ist; er ist wie der Praepositus des Klosters für das Vermögen des Domkapitels verantwortlich.[1094] Der Praepositus ist an die Weisung des Abtes gebunden; nichts soll er gegen den Willen und die Anordnung des Abtes unternehmen.[1095] Ist der Abt abwesend, hat er sich an den Rat des Priors und der Senioren des Klosters zu halten.[1096] Mit der Weisungsbefugnis des Priors gegenüber dem Praepositus des Klosters ist demzufolge auch die hierarchische Folge der Ämter festgelegt. Wiederum ist der Schluss des Kapitels bemerkenswert: Wenngleich der Praepositus, wie er in den Brauchtexten beschrieben wird, mit dem Praepositus der *Regula s. Benedicti* wenig zu tun hat, verweist der Autor der Kastler Gewohnheiten dennoch auf das 65. Kapitel der *Benediktsregel*, in dem es heißt, dass sich der Praepositus gewissenhaft an die Vorschriften der Regel halten soll.[1097]

[1091] „Previdet autem ea que foris sunt necessaria, ministerialibus imperat, hospitibus ac missaticis responsum dat abbati vel decano comperta referens." Consuetudines Floriacenses Antiquiores, Cap. 6 (CCM 7/3, DAVRIL, A. u.a. (Ed.), S. 13).

[1092] „Locum suum quem ante prepositur am habuit in choro ac refectorio tenet. Nichilque ut diximus in conventu fratrum potestatis habet ad exercendam disciplinam, sed potius cum ceteris fratribus in omni vigore monastico subicitur decano eiusque vicario." Ebd. (Ebd., S. 14).

[1093] „In cunctis temporalibus providendis et procurandis praeficiatur <ab> abbate de consilio seniorum proborum unus ex monachis, diligens et fidelis, qui dignus sit ad praepositurae officium exsequendum, constituatur secundum utilitatem monasterii et traditionem regularem." Consuetudines castellenses, Cap. 4 (CCM 14/1, MAIER, P. (Ed.), S. 66) (Redaktion W).

[1094] Vgl. MERZBACHER, F.: Domkapitel, Sp. 758.

[1095] „Qui tamen praepositus illa agat cum reverentia, quae ab abbate suo ei iniuncta fuerint, nichil contra abbatis voluntatem aut ordinationem faciens. ... Nec aliquid notabile dare vel facere sine abbatis licentia praesumat." Ebd. Consuetudines castellenses, Cap. 4 (CCM 14/1, MAIER, P. (Ed.), S. 66 f.) (Redaktion RG).

[1096] „De universis curam gerat; et si magnum aliquid aut praeter consuetudinem agendum est, ad abbatis, si praesens fuerit, sin autem ad prioris et seniorum consilium semper recurrat." Ebd. (Ebd., S. 67) (Redaktion RWG).

[1097] „Memineritque scriptum in regula sancti patris nostri Benedicti, *quia, quantum praelatus est ceteris, tantum eum oportet sollicitius praecepta regulae observare.* Totumque illud sexagesimum quintum capitulum de praeposito monasterii debet frequenter relegere, sed et istud praesentis nostrae consuetudinis aliquotiens

Es stellt sich nun die Frage, worin sich das Cellerarenamt von der Aufgabe des Praepositus unterscheidet, sind doch beide mit der Verwaltung der zeitlichen Güter betraut. In den *Consuetudines castellenses* werden die Aufgaben des Cellerars im 11. Kapitel beschrieben.[1098] Der Mönch, der zur Ausführung dieses Amtes bestimmt wird, erhält vor dem Dienstantritt den Segen.[1099] Der eingesetzte Cellerar hat sich um alle Bedürfnisse der gesunden wie auch der kranken Brüder zu kümmern und ist für das Refektorium und die Infirmerie zuständig. Die Inhalte seines Dienstes richten sich sowohl nach dem liturgischen Kalender, besonders nach den Festen, den Vigil- und Gedächtnistagen, als auch nach der Arbeit, die die Brüder zu verrichten haben.[1100] Er nimmt an den Mahlzeiten des Konvents im Regelfall nicht teil, sondern hält sich in der Küche auf, um Schaden und Ärger, der durch die Tischdiener entstehen kann, abzuwenden. Nur in Ausnahmefällen, also dann, wenn er keine Gefahr in Verzug sieht, darf er als einer der ersten das Essen einnehmen.[1101] Zusätzlich ist er mit der Aufgabe betraut, die Konversennovizen zur Einkleidung und zur Profess hinzuführen. Aus diesem Grund sehen die Brauchtexte vor, dass der Cellerar mit den Novizen im Gespräch ist.[1102]

Eine wichtige Voraussetzung für das Amt des Cellerars ist eine gute Menschenkenntnis. Ihm ist nicht allein die Sorge für die gesunden Mitbrüder anvertraut, sondern auch für die Kranken. Aufgrund dieses breiten Spektrums

---

ruminare, ut sciat, quid facere debeat et quid cavere.“ Ebd. (Ebd., S. 71) (Redaktion RWG).

1098 Die enge Verwandtschaft zwischen Cellerar und Praepositus zeigt sich darin, dass in der dritten Redaktionsstufe bei den Textzeugen DFF[1] der Text aus dem Kapitel über den Praepositus auf den Cellerar übertragen wurde. Vgl. ebd. Cap. 11 (S. 120 (quellenkritischer Apparat)). Sodann wird die enge Verwandtschaft zwischen Praepositus und Cellerar im Kapitel über die Kranken deutlich: So hat sich der Infrimar entweder vom Cellerar oder vom Praepositus die tägliche Arbeit zuzuweisen: „Et ipse cottidie a cellerario vel praeposito quaerit, quod opus habuerit. Et quod infirmis ad refectionem est parandum, tempestive praeparatur.“ Ebd., Cap. 48 (S. 382) (Redaktion AWG DFF[1]).

1099 „Cellerarius eadem benedictione qua prior et ordinatur et absolvitur.“ Ebd., Cap. 19 (S. 119) (Redaktion RW DE DFF[1]).

1100 „Ordinatus scire debet, qua diversitate in refectorio et etiam in infirmitorio tam sanis quam infirmis fatribus sit serviendum, quibus etiam diebus festis et vigiliis solempnitatum et anniversariorum propter speciales labores fratribus pietantiam ministrare tenetur.“ Ebd. (S. 123) (Redaktion RWG E).

1101 „Debet etiam idem cellerarius cavere, ne in communi fratrum prandio aut cena ipse cum fratribus ad reficiendum sedeat, sed potius diligenter aspiciat in coquina, ne aliqua fraus vel dampnum per servitores committatur et praecipue, si hospites sint praesentes. Si vero securus est et non habet notabilem occupationem, debet cum primis, alias semper debet cum servitoribus residere ideoque mixtum cum servitoribus coquinae sumere potest.“ Ebd. (S. 125) (Redaktion RWG DFF[1]).

1102 „Sui etiam officii est in capitulum novicios conversos ad petitionem et post annum ad professionem faciendam adducere et quomodo petere debeant et quid interroganti respondere debeant, informare.“ Ebd. (S. 127) (Redaktion RW).

kennt er seine Mitbrüder sehr genau. Vom Cellerar wird gefordert, den vielen Menschen, mit denen er zu tun hat, gerecht zu werden. Mit diesem Anspruch setzt sich Johannes von Kastl in seinem Regelkommentar auseinander; es soll daher kurz auf den spirituellen Hintergrund des Cellerarenamtes eingegangen werden. Johannes von Kastl führt in seinem Regelkommentar zwei Textstellen aus dem Alten und Neuen Testament an, in denen das gleiche Grundproblem dargelegt wird: Sowohl in der Mose-Erzählung wie auch in der Apostelgeschichte zeigt sich, dass den Führern die Leitungsaufgabe des Volkes Gottes über den Kopf wächst und sie nicht mehr zur Zufriedenheit der ihnen Anbefohlenen wirken. Damit die Mönche zufrieden sind, müssen nach Johannes von Kastl die Aufgaben im Kloster auf mehrere Personen verteilt werden.

Zunächst geht Johannes von Kastl auf die Apostelgeschichte ein: Die Apostel setzten sieben Diakone ein, damit diese den Dienst an den Tischen versahen. Sie selbst wollten frei sein für das Wort Gottes und das Gebet. Damit der Abt des Klosters für die spirituellen Belange frei ist, soll er die Verwaltung der weltlichen Dinge und die Sorge um die Bedürfnisse der Mitbrüder in die Hände anderer legen.[1103] Bei der Wahl der entsprechenden Person werden dem Abt Kriterien an die Hand gegeben, die auf die Apostelgeschichte zurückgehen: „Brüder! Seid auf Männer von euch bedacht, die einen guten Ruf haben, erfüllt sind von Heiligem Geist und von Weisheit."[1104] Johannes von Kastl verlangt von dem, dem die Bedürfnisse der Mitbrüder anvertraut sind und der sich um vieles zu sorgen hat, in erster Linie Weisheit, sodann Heiligkeit.[1105] Denn bedingt durch die Vielfältigkeit seines Dienstes, steht der Cellerar in der Gefahr, in die Sünde zu fallen. Ist er jedoch voller Heiligkeit, so kann es ihm gelingen, der Sünde zu entgehen, denn die Kraft der Heiligkeit hält ihn von verwerflichen Taten ab.

An dieser Stelle entwickelt Johannes von Kastl die oben angeführten Überlegungen weiter, die sich auf den Sinn der Einsetzung der klösterlichen

---

1103 „Sed esto, ut nunc prelati qualescumque instituant officiales. Tollerabilius tamen est quam quod ipsi spiritualibus neglectis solis vacent temporalibus magis namque ad eos pertinet spiritualibus vacare et necessitati subditorum curam et temporalium regimen alijs committere et circa exteriora occupare. Exemplum apostolorum, qui septem dyaconos constituerunt servire menses, ut ipsi liberius vacarent verbo dei et oracionibus." JOHANNES <DE CASTELLO>: Exposicio, Cap. 31 E (clm 18153, fol. 78^{v}(b)–79^{r}(a)).

1104 „Act. 6 ubi dicitur: Considerate, fratres, viros ex vobis boni testimonij, plenos spiritu sancto et sapiencia, quos constituamus super hoc opus, nos vero oracioni et ministerio verbi instantes erimus." Ebd. (Ebd., fol. 79^{r}(a)); vgl. Act. 6, 3 f.

1105 „Boni, inquiunt, testimonij, item non ypocritas, sed sanctos in veritate. Unde addunt plenos spiritu sancto. Item non fatuos ignaros, sed sapientes; ideo addiciunt et sapiencia. Unde officiales specialiter cellerarius, quia habent cum multis facere, debent propter alios esse famosi, quia habent occasiones multas peccandi, nisi sanctitas eos retrahat. Debent esse sancti, quia vere habent dispensare multa, que sine sapiencia fieri non possunt, requiritur in eis sapiencia." JOHANNES <DE CASTELLO>: Exposicio, Cap. 31 E (clm 18153, fol. 79^{r}(a)).

Offizialen beziehen. Wer im Kloster einen Dienst versieht, tut dies in erster Linie für die Mitbrüder. Die Aufgabe der Offizialen besteht darin, dass die Mönche zufrieden sind.[1106] Johannes von Kastl verweist hier wieder auf die Mose-Erzählung. Dem 18. Kapitel des Buches Exodus nach teilte Mose auf Rat seines Schwiegervaters Jitro seine Aufgaben, damit das Volk zufrieden werde.[1107] So kann es vorkommen, dass die Mönche deshalb unzufrieden sind, weil sie für ihre Bedürfnisse keinen Ansprechpartner finden. Mit einem klar umrissenen Aufgabengebiet helfen die Offizialen, dass die Mitbrüder vor Verwirrung und Orientierungslosigkeit bewahrt werden.

Die Aufgaben des Cellerars bestehen darin, auf die Bedürfnisse der Mitbrüder einzugehen. Er steht unter dem Anspruch, den gesunden wie auch den kranken Mönchen zu ihrer Zufriedenheit zu dienen. Dies gelingt aber nur, wenn sich in der Person des Cellerars eine gute Menschenkenntnis mit einer ausgeprägten Frömmigkeit fruchtbar ergänzten.

In enger Zusammenarbeit mit dem Cellerar arbeitet der Sakristan des Klosters. Da die oben genannte Dekretale *In causis* dem Sakristan bei der Bischofswahl eine besondere Funktion zuschreibt, stellt sich die Frage, ob diesem Amt auch in den *Consuetudines castellenses* die gleiche Bedeutung zukommt. Nach alter Tradition war den Priestern das Amt des Sakristans vorbehalten.[1108] Eingangs des 6. Kapitels der Kastler Brauchtexte wird deutlich, dass der Sakristan eng mit dem Cellerar des Klosters zusammenarbeitet. Alle Einkünfte, die für die Kirche oder den Gottesdienst gegeben werden, nimmt er selbst entgegen; er zählt an jedem Samstag das Geld der Kollekte, schreibt es auf und übergibt es dem Cellerar.[1109]

Entsprechend der *Regula s. Benedicti* ist eine größere Klostergemeinschaft in Dekanien gegliedert, deren Vorsteher die Dekane sind. Gemäß dem 21. Kapitel der *Benediktsregel* sollen nicht die Ältesten des Klosters als Dekane bestimmt werden, sondern diejenigen, die ein verdienstvolles Leben führen.[1110] In ihrer Sorge um ihre Dekanien richten sie sich nach den Anweisungen des Abtes und den Geboten Gottes.

1106 „Item constitucio officialium utilis est subditis, quia sic eis servitur sufficiencius." Ebd. (Ebd.).

1107 „Ex. 18. de Moyses, qui ad consilium Ietro divisit onus simul in plures, ut melius sufficeret populo. Item constitui debent propter religionis ipsius indigenciam, in qua omnia debent fieri ordintate. Multum valet ad confusiones evitandas, quando divisi in diverses serviunt." Ebd. (Ebd., fol. 79r(b)).

1108 „Item secundum antiquam consuetudinem partrum debet esse sacerdos." Consuetudines castellenses, Cap. 6 (CCM 14/1, MAIER, P. (Ed.), S. 77) (Redaktion RW GE DFF1).

1109 „Et omni sabbato cum cellerario eandem pecuniam dinumeret et inscribat et cellerario tradat." Ebd. (Ebd., S. 76) (Redaktion RW GE).

1110 „Qui decani tales eligantur, in quibus securus abbas partiat onera sua. Et non eligantur per ordinem, sed secundum uitae meritum et sapientiae doctrinam." RB 21, 3 f. (CSEL 75, HANSLIK, R. (Ed.), 2. Auflage, S. 83).

In seinem Kommentar zur Regel Benedikts geht Bernardus Ayglerius zunächst darauf ein, was man unter einer größen Klostergemeinschaft zu verstehen hat. Beträgt eine Gemeinschaft mehr als zwölf Mönche, ist sie zu den größeren Konventen zu zählen.[1111] Bernardus Ayglerius, der sich in seinen Ausführungen an Paulus Diaconus hält, geht auf sechs Qualifikationen ein, die für das Amt des Dekans notwendig sind: Zunächst wird von ihm verlangt, dass er einen guten Ruf hat. Folglich sollte er auf Menschen zugehen können und eine liebenswürdige Art haben.[1112] Sodann soll sein Lebenswandel lauter und heilig sein.[1113] Als Drittes und Viertes wird von ihm Eifer in der Seelsorge und eine gute Menschenführung verlangt.[1114] Der Gehorsam gegenüber den Geboten Gottes und die Ehrfurcht gegenüber den Anweisungen des Abtes bilden die fünfte Eigenschaft.[1115] Und im Anschluss daran wird unter der sechsten Qualifikation die Achtung der Gebote Gottes verstanden, denn wegen des Gehorsams, der dem Abt zu leisten ist, dürfen diese nicht gering geschätzt werden.[1116]

Folgt man den Ausführungen des Petrus Boerius, so gewinnt man den Eindruck, dass er nicht ein Kloster vor Augen hat, sondern mehrere Abteien. Anstatt vom Prior zu sprechen, folgt Petrus Boerius der Terminologie des Bernardus Ayglerius, der vom Praepositus spricht. Bei der Abfassung seiner Glosse zur *Regula s. Benedicti* hatte er einen größeren Konvent vor Augen, da er von einer Gruppe von Dekanen schreibt, die den Mönchen vorsteht. Da die Dekane nicht einem einzigen Praepositus, sondern mehreren unterstehen, kann nicht mit Sicherheit davon ausgegangen werden, ob es in den Klöstern nicht mehrere Praepositi gab. Petrus Boerius spricht von mehreren, da mehrere Äbte den Praepositi vorstehen.[1117]

Die Dekane nehmen mit Rat und Zustimmung der Brüder ihre Aufgaben wahr.[1118] Die Qualifikationen, die sich bei Bernardus Ayglerius finden, werden

---

1111 „... et que maior congregatio appellatur. et quia maior congregationis est a duodecim et supra, de illa congregatione hic intelligitur." BERNARDUS <AYGLERIUS>: In regulam, Cap. 21 (CAPLET, A. (Ed.) S.208).

1112 „Sequendo paulum dyaconum dico quod secundum istud capitulum sex cause sunt in decano requirende, videlicet bonum testimonium et hoc quantum ad affabilitatem et amabilitatem." Ebd. (S. 209).

1113 „... secundo bona conversatio. Et hoc quantum ad munditiam vite puritatem et sanctitatem." Ebd.

1114 „... tertio ardor in profectu animarum. quarto dicretio in regimine fratrum." Ebd.

1115 „... quinto obtemperantia in mandatis dei et obedientia et reverentia in preceptis abbatis sui." Ebd.

1116 „... sexto ut propter obedientiam abbatis praecepta domini nullatenus pravipendat." Ebd.

1117 „Nam subditi decanis, decani prepositis et omnis simul congregacio abbatibus obire debent." BOERIUS, P.: Regula cum glossa, Cap. 21 (Ms 155, fol. 102^{r}(b)).

1118 „Ergo iste decanus enim aliter habeat consuetudo simpliciter per abbatem cum consilio et assensu fratum et ut prepositus qui est maior decano." Ebd., fol. 101^{v}(b).

von Petrus Boerius tradiert, wobei er noch einige kirchenrechtliche Voraussetzungen hinzufügt. In Anschluss an die Dekretale *Ne in agro* von Papst Clemens V. müssen die Dekane mindestens 25 Jahre alt sein und können dieses Amt nur ausführen, wenn sie ein Jahr Profess haben.[1119] Bei der Wahl der Dekane wie auch bei deren Entlassung verweist Petrus Boerius auf die Dekretale *Ad haec*. In diesem Gesetzestext legte Papst Innozenz III. fest, dass die Landdekane von allen Wahlberechtigten gewählt werden müssen und nur durch einen gemeinsamen Entschluss aus dem Dienst entlassen werden können.[1120]

Von entscheidender Bedeutung für das Verständnis der Dekane ist der Schluss des 20. Kapitels der *Regula cum Glossa Petri Boerii*, den Johannes von Kastl als Einleitung zum 21. Kapitel seiner *Exposicio in regulam s. Benedicti* übernimmt. Petrus Boerius unterscheidet zwischen den Domdekanen und den Dekanen des Klosters.[1121] Während die Domdekane zu den Dignitäten des Domkapitels gehören und über jurisdiktionelle Vollmachten verfügen[1122],

---

1119 „Ceterum prioratus conventuales alicui, nisi XXV. annum attigerit, alii vero curam animarum habentes, etsi cura ipsa per saeculares habeat presbyteros exerceri, cuiquam, nisi XX. annum peregerit, conferri nequeant aut committi." Clem. 3,10,1,§7 (Fr. 1168); „Et nota quod huius decani prepositi et ceteri administraciones claustralia assumuntur debent attingere xxv annum etatis sue. Et i. annum a die professionis adepte illius decanie seu alterius administracionis et claustralis computandum debent in sacerdotium esse promoti, aliter quidem sunt privati illis officiis ipso iure ut in constitutione Benedicti pape C. xxix. Quod solum quo ad etatem olim in prioratibus conventualibus locum habebat; De sta.<tu> mo.<nachorum> c. 1, Ceterum, In cle<mentinis>." BOERIUS, P.: Regula cum glossa, Cap. 21 (Ms 155, fol. 102^{r}(a)).

1120 „Subsequenter postea quaesivisti, utrum decani rurales, qui pro tempore statuuntur, ad mandatum tuum solum, vel archidiaconi, vel etiam utriusque institui debeant vel destitui, si fuerint amovendi. Ad hoc breviter respondemus, quod, quum *iuxta imperialis sanctionis auctoritatem* ab omnibus quod omnes tangit approbari debeat, et quum commune eorum decanus officium exerceat, communiter est eligendus, vel etiam amovendus." X 1,23,7,§6 (Fr. 151 f.).

1121 „Et nota quod ideo dicitur monasterium, ut non intelligas hic tractari de decanis ecclesiae kathedralis, qui rurales archipresbyteri appellantur de quibus Ex<tra> de offi<cio> archidi<aconi> c. Ad haec § finitum." BOERIUS, P.: Regula cum glossa, Cap. 21 (Ms 155, fol. 101^{r}(a)).

1122 „Decani autem monasteriorum non habent aliquam iurisdiccionem ex regula, sed administraccionem quarundam rerum temporalium prout eis abbas committit ut hic. Sed contra l.<ex> de sacer.<docio> mo.<nasterii>, § locum." Ebd. „Permittit tytulum de decanis monasterij ad differenciam decanorum kathedralium ecclesiarum, quia decani monasterij non habent aliquam iurisdiccionem neque personatum sicut praedicti, sed solum administracionem quandam, prout eis abbas commisit." JOHANNES <DE CASTELLO>: Exposicio, Cap. 21 (clm 18152, fol. 225^{v}(b)–226^{r}(a)); „Archipresbyteri autem, qui a pluribus decani nuncupantur, eius iuridictioni se noverint subiacere." X 1,23,7,§2 (Fr. 151); „An der Spitze des Domkapitels stand als erster Dignitär der Dompropst (*praepositus*), dem die Güteradministration oblag. Der Domdekan (*decanus*, Dechant) beaufsichtigte Gottesdienst und Zucht ... Während den Dignitäten Jurisdiktionsgewalt im Rechtsbereich (*fo-*

steht den Klosterdekanen von Amts wegen keine Jurisdiktion zu; eine Ausnahme ist darin zu sehen, wenn ihnen der Abt eine bestimmte Vollmacht zugesteht.

Im Regelkommentar des Johannes von Kastl werden die Dekane auch „circatores" oder „circumlustrantes" genannt werden.[1123] Sie zählen zu den Senioren des Klosters, denen aufgrund ihrer Erfahrung und Weisheit der Respekt der jüngeren Mitbrüder gilt.[1124] Ihre Aufgabe ist es, durch die einzelnen Werkstätten des Klosters zu gehen und zu schauen, ob jemand der Lesung fernbleibt.[1125] Dieser Kontrollgang ist nicht notwendig, wenn alle Mönche zugegen sind. Der klösterliche Alltag kennt demzufolge eine Lesung, zu der sich die Mönche versammelten, aber auch die Form der persönlichen „lectio". Dies wird auch durch die *Consuetudines castellenses* bestätigt.[1126]

---

rum externum) zukam, verfügten die den Dignitäten nachgeordneten Personate als höhere Ämter des Domkapitels nur über einen gewissen Ehrenvorrang." MERZBACHER, F.: Domkapitel, Sp. 758.

1123 „Sed nunc apud nos communiter dicuntur circatores, de quibus infra c. 48." JOHANNES <DE CASTELLO>: Exposicio, Cap. 21 (clm 18152, fol. 226r(a)); „Vocantur autem tales seniores circatores vel circumlustrantres, qui non solum habent denuncciare peccatum commissum immo et committendus." Ebd., Cap. 48 BV (clm 18153, fol. 257v(a)).

1124 „Senum tamen moros experienciam et prudenciam habentes, quibus merita iuniores exhibeant reverenciam, qui etiam rerum agendarum et discernendarum circa regularia maiorem habent experienciam ac etiam ad conservandam religionem et patrum instituta ferventiorem habent zelum et constanciam. Quorum denique vita honestas et conversacio exemplum sint iunioribus ac solus intuitus peccantes exterreat et delinquere volentes rugate facici perhibeat indignatius aspectus." Ebd. (Ebd., fol. 257r(b)).

1125 „Tales ergo ab abbate deputentur, qui circumeant per officinas scilicet ubi presumuntur absentes leccioni convolasse. Si vero omnes presentes essent et legerent, et qui presentes esse et legere deberent, non oportet quia circuirent monasterium non tamen ab extra, sed potius ab intra, sed sine speciali licencia nulli exire liceat et sine causa." Ebd. (Ebd., fol. 257v(a)).

1126 „Qui vero in ambitu sederint, se religiose habeant singuli in singulis libris legentes sparsi, a se ipsis anteriores floccos suos semper ita in gremium attrahant, ut pedes possint videri." Consuetudines castellenses, Cap. 36 (CCM 14/1, MAIER, P. (Ed.), S. 313 f.) (Redaktion W); von der Lesung in der Zelle wird im Kapitel über den Praepositus des Klosters berichtet: „Sed potius de sua salute sollicitus, quantum domus negotia patiuntur, quasi ad tutissimum et quietissimum portus sinum ad locum cellae seu domus deputatae semper recurrat, ut ibidem legendo, orando, meditando turbulentos animi sui motus ex rerum exteriorum cura vel dispositione surgentes, sedare et mitigare queat." Ebd., Cap. 4 (Ebd., S. 71) (Redaktion RWG) Für alle Mönche heißt es in der dritten Redaktionsstufe der *Consuetudines castellenses*: „Et quia a kalendis octobribus usque ad Pascha dominicis diebus habetur aliquod intervallum a prandio usque ad Nonam, proinde fratres in cellis suis silentio se contineant orationibus, lectionibus vel meditationibus vel aliis piis studiis vacantes" Ebd., Cap. 36 (Ebd., S. 315 f). (Redaktion DFF1).

Hinsichtlich der Sorge der Dekane um die Disziplin des Klosters ist zu bemerken, dass sich der Kastler Regelkommentar genau an dieser Stelle mit den *Consuetudines castellenses*[1127] und mit den kirchenrechtlichen Vorgaben berührt. Denn die Aufgabe, über die Disziplin im Kloster zu wachen, verbindet die Dekane bzw. „circatores" mit dem Archidiakon einer Diözese, der als Auge des Bischofs bezeichnet wird.[1128] Alles, was dem Archidiakon bei der Visitation in den Pfarreien der Diözese als korrekturbedürftig erscheint, darf er verbessern oder gegebenenfalls sogar abschaffen.

Im Konventkapitel bittet der Vorsitzende die Dekane, über die klösterliche Ordnung zu berichten.[1129] Ohne Ansehen der Personen legen dann die Dekane die Verfehlungen des vergangenen Tages dar. Der Prior hat anschließend über die Absichten und das Befinden der Person und über das Strafmaß des begangenen Vergehens zu befinden.

Der *Regula s. Benedicti* gemäß sollen nur die zu Dekanen des Klosters bestimmt werden, die sich durch Verdienste im Leben und Weisheit in der Lehre auszeichnen.[1130] Im Horizont des 62. wie des 63. Kapitels der *Benediktsregel*

1127 „Ideoque totum claustrum non semel sed multotiens in die circumeunt, ut nec locus sit nec hora, in qua frater ullus securus sit, si tale quid commiserit, non deprehendi et non publicari; sed hoc maxime, quando fratres vacant leccioni, si forte aliquis ad eam intentus non sit, studiose explorant. ... Quando autem omnes fratres praesentes sunt in oratorio, tunc nullus ex decanis nec etiam prior aut subprior foris exeunt, sed omnes unanimiter in opere dei perseverant, nisi alia necessitas ipsos exire compellat." Ebd., Cap. 5 (Ebd., S.72) (Redaktion RW GE DFF^{1}).

1128 Auf der Ebene der Pfarreien nimmt der Archidiakon bei Verhinderung des Diözesanbischofs die Visitationsaufgaben wahr und nimmt gegebenenfalls die nötigen Korrekturen vor: „Et ut de tertio in tertium anum, si episcopus non potest, parochiam universam circumeat, et cuncta, quae emendatione indigent, ad vicem sui episcopi corrigat et emendet." X 1,23,1 (Fr. S. 150); „Item in epistola B. Clementis Papae praedecessoris nostri oculus episcopi archidiaconus appellatur, ut loco episcopi per episcopatum prospiciens, quae corrigenda viderit corrigat et emendet, nisi adeo fuerint ardua negotia, quod absque maioris sui praesentia nequeant terminari." X 1,23,7,§5 (Fr. 151).

1129 „Sequenti vero die in capitulo dicto a praesidente *Loquamur de ordine nostro* hoc, quod factum est, sine mora reclamatur, expectata tamen requisitione prioris. In his autem reclamationibus sicut et in omnibus omnino evitanda est acceptio personarum. Prioris vero erit iudicare de quantitate culpae et hominis qualitate et intentione actionis." Consuetudines castellenses, Cap. 5 (CCM 14/1, Maier, P. (Ed.), S.74) (Redaktion RW GE DFF^{1}) „In suo capitulo per decanum ipsorum vitia et excessus reclamentur." Ebd., Cap. 54 (Ebd., S. 420) (Redaktion AW GE DF^{1}); „Nota tamen habent circatores tunc fratres respicere, sed eorum officium est die ac nocte et etiam dum divina celebrantur misteria claustrum et ipsius circuire officinas quandoque clam quandoque palam ut inordinate facte in capitulo proclament." Johannes <de Castello>: Exposicio, Cap. 48 BV (clm 18153, fol. 257^{v}(a)–257^{v}(b)).

1130 „Et non eligantur per ordinem, sed secundum uitae meritum et sapientiae doctrinam." RB 21,4 (CSEL 75, Hanslik, R. (Ed.), 2. Auflage, S. 83).

stünde ihnen deswegen ein höherer Platz zu.[1131] Johannes von Kastl versucht, diesem Zusammenhang gerecht zu werden. Dem Text zufolge nehmen die Dekane die Plätze nach dem Prior und dem Subprior ein. Sollten beide abwesend sein, dürfen sie sogar aufrücken.[1132]

Unter der Bezeichnung „presidens post abbatem" ist folglich nicht allein der Prior zu verstehen. Bei Johannes von Kastl sind dies auch die Dekane, die in der Hierarchie ihren Platz nach Abt und Prior einnehmen. Gemäß dem Regelkommentar haben sie ein besonderes Augenmerk auf das geistliche Bemühen der Mönche zu werfen. Diese Abfolge der Ämter kennen auch die *Consuetudines castellenses.* Hier steht jedoch zwischen dem Prior und den Dekanen der Subprior des Klosters. Auch die „seniores", die die *Consuetudines castellenses* als sehr ehrwürdige Mönche bezeichnen, haben einen eigenen Platz in der Hierarchie und sind nach den Dekanen zu finden. Die Einberufung der Mönche zum Wahlkapitel kann nach Johannes von Kastl durch die Dekane des Klosters geschehen.

4.5.2.1.3 Die Benachrichtigung der abwesenden Wähler

Es wurde schon dargelegt, dass sich der Termin für die Abtswahl automatisch aus dem Sterbedatum des Abtes ergibt. Damit es nicht zu einer ungültigen Wahl kommt, müssen alle Wahlberechtigten benachrichtigt werden. Nachdem der Vorsteher den Konvent zusammengeholt hat, teilt er den anwesenden Wahlberechtigten den Wahltag schriftlich mit.[1133] Abwesende Mitbrüder werden über den Termin durch ein Schreiben oder einen Boten informiert.[1134] Die

---

1131 „Locum uero illum semper adtendat, quod ingressus est in monasterio, praeter officium altaris et si forte electio congregationis et uoluntas abbatis pro uitae merito eum promouere uoluerint." RB 62,5 f. (Ebd., S. 158); „Ordines suos in monasterio ita conseruent, ut conuersationis tempus, ut uitae meritum discernit utque abbas constituerit." RB 63,1 (Ebd., S. 159).

1132 „Sunt tamen honorabiliores persone in monasterio post abbatem et priorem." JOHANNES <DE CASTELLO>: Exposicio, Cap. 21 (clm 18152, fol. 226r(a)); „Nemo praesumat loqui in capitulo, nisi clamendo alium aut clamatus ab alio vel quando quis aliquid perdiderit, praeter abbatem, priorem, subpriorem, decanos et quosdam de senioribus, qui in congregatione honestiores sunt, vel quibus abbas hoc commiserit." Consuetudines castellenses, Cap. 35 (CCM 14/1, MAIER, P. (Ed.), S. 300) (Redaktion AGE DFF1).

1133 „... *presidens in monasterio post abbatem debet pulsata campana capitulum con*vocare, *di. 1, c. Ius militare; eodem tytulo, In causis; et cum instrumento publico, quod summe utile est adactus huiusmodi eleccionum, certum diem cum continuacione dierum sequencium communiter ad eligendum prefigere; eodem tytulo, Cumana, c. Ecclesiam.*" JOHANNES <DE CASTELLO>: Exposicio, Cap. 64 R (clm 18154, fol. 89r(a)).

1134 GUILELMUS DURANTIS verweist in seinem Speculum iudiciale IV,1,§1,1 (S. 84b-Bemerkung a Instrumentum]) auf den Libellus de eleccione des GUILELMUS <DE MANDAGOTO>. Dieser Brief ist im Werk „De iure electionis novorum praelatorum reverendissimorum" des gleichen Autors enthalten. Im Kapitel 4 (fol. 15r) schreibt er: „... g. *qua debuerit celebrari: deinde suas literas,* h. *vel nuncium.* i. *ad hoc spe-*

Wahlberechtigten, die zur Zeit der Bekanntgabe des Wahltermins im Kloster anwesend sind, sich dann aber auf eine Reise begeben, müssen nicht nochmals benachrichtigt werden.[1135] Ein abwesender Mitbruder, der an dem Ort, zu dem er geschickt wurde, nicht erreicht wird, muss aufgesucht werden. Weiß man jedoch nicht, wo er sich befindet, so ist an dem Ort, an dem man ihn vermutet, das Schreiben zu hinterlassen.[1136] Mitbrüder, deren Aufenthaltsort ständig wechselt – die Autoren sprechen von vagabundierenden Mönchen – müssen nicht gerufen werden.[1137]

In der *Exposicio in regulam s. Benedicti* findet sich für die Wahlbenachrichtigung der abwesenden Mitbrüder ein Formular, das Johannes von Kastl aus der *Regula cum glossa* des Petrus Boerius übernahm. Die literarische Quelle dieses Briefformulars ist das *Speculum iudiciale* des Guilelmus Durantis.[1138] Den Formulierungen dieses Briefes nach wurde das Formular ursprünglich für ein Domkapitel geschrieben.[1139] Die Vorlage wurde bei der Übernahme in die Regelkommentare den Verhältnissen eines Benediktinerklosters angepasst. In der Grußformel wird dies sogleich erkennbar: Nicht der Praepositus wendet sich an den abwesenden Mitbruder, sondern der Prior oder der Dekan des Klosters oder derjenige, der nach dem Abt den Vorsitz führt.[1140] Im Anschluss daran informiert der Vorsteher den Mitbruder über den Tag und den Monat, an dem der Abt verstarb, und dass der Verstorbene bereits bestattet

---

cialiter deputatum dirigant ad absentes, & praefigant eis diem huiusmodi cum continuacione. k. omnium sequentium: quousque fuerit electio celebrata: mandando eis, ut tunc ad vacantem ecclesiam, siue ad capitulum manè debeant convenire ...".

1135 „*Qui vero presentes erant* et *se absentaverint, vocandi non sunt, quia, qui certus est, non debet amplius* cerciorari; *Digesta, De accionibus empti et venditi, lege prima*" JOHANNES <DE CASTELLO>: Exposicio, Cap. 64 R (clm 18154, fol. 89r(b)).

1136 „*Et nota, quod, si absens est in loco,* in *quo debeat vocari, citandus est personaliter. Sed si nescitur, tunc vocari debet in loco, in quo communiter morari consuevit cum instrumento; Extra, De eo qui mittitur, c. fine; De clericis non residentibus, Ex tue, ubi de hoc per Innocencium.*" Ebd. (Ebd.).

1137 „*Vagabundus autem, qui quandoque est in loco, de quo deberet vocari, quandoque extra, non obest, si non vocetur; Digesta, De institoria, lege Sed et secundi, Incipit: Condicio. Tucius est tamen hunc citari ad domum.*" Ebd. (Ebd.).

1138 DURANTIS, G.: Speculum IV,1,§1,7 (S. 85b).

1139 „B. praepositus et capitulum Massilien. ecclesie tali canonico Massilien. Auinione commoranti ..." Ebd.

1140 „*Dilecto in Christo fratri tali, monacho* castellensis, *talis prior vel decanus aut alius presidens post abbatem et conventus eiusdem monasterij salutem in domino.*" JOHANNES <DE CASTELLO>: Exposicio, Cap. 64 R (clm 18154, fol. 88v(b)–89r(a)). Eine ähnliche Formulierung findet sich auch in *Consuetudines castellenses*; dort heißt es: „*Prior, praepositus et capitulum seu conventus monasterii sanctae Mariae virginis in Reichenbachcensi ordinis sancti Benedicti, religioso viro A.B. in coenobio sancti S. commoranti fraternam caritatem.*" Consuetudines castellenses, De electione abbatis(CCM 14/1, MAIER, P. (Ed.), S. 12 f.) (Redaktion R).

wurde.[1141] Dann wird ihm der Tag genannt, an dem der neue Abt gewählt werden soll. Ausdrücklich wird der Mitbruder gebeten, an diesem Tag zum Wahlkapitel zu kommen. Sollte sich der abwesende Mitbruder nicht einfinden, werden die Wahlberechtigen die Wahl trotz seiner Abwesenheit durchführen.[1142]

An dieser Stelle ist der Text der *Exposicio in regula s. Benedicti* des Johannes von Kastl mit dem *Speculum iudiciale* zu vergleichen. Nach Guilelmus Durantis ist ein Fernbleiben vom Wahlkapitel nur aus gerechtem Grund möglich. Der Verhinderungsgrund ist dem Praepositus und dem Kapitel durch einen Boten mitzuteilen. Leider folgen keine Beispiele, die einen Abwesenheitsgrund verdeutlichen könnten. Gleichzeitig kann der abwesende Kanoniker einen Mitbruder als seinen Stellvertreter bestimmen.[1143] Guilelmus Durantis be-

---

1141 „*Fraternitati tue tenore presencium innotescat, quod die tali talis mensis dominus* N., *quondam abbas* Castellensis, *sicut domino placuit, viam fuit universe carnis ingressus et corpus eius cum debita reverencia ecclesiastice traditum sepulture.*" JOHANNES <DE CASTELLO>: Exposicio, Cap. 64 R (clm 18154, fol. 89r(a)); „Discretioni uestrae significamus, quod bonae memoriae R. quondam episcopus noster die tali uiam fuit uniuersae carnis ingressus: & corpus eius reuerentia debita ecclesiastice traditum sepulturae." DURANTIS, G.: Speculum IV,1,§1,7 (S. 85b); „Religiositati vestrae tenore praesentium facimus manifestum, quod bonae memoriae O., abbas nostri monasterii, quarta die intrante Martio viam universae carnis ingressus est." Consuetudines castellenses, De electione abbatis (CCM 14/1, MAIER, P. (Ed.), S. 13) (Redaktion ARW).

1142 „*Ne igitur nostrum* Castellensis *monasterium per diuturnam vacacionem gravem paciatur in spiritualibus et temporalibus lesionem, diem tal*em *cum continuacione dierum sequencium ad tractandum de futuri eleccione pastoris et ad eleccionem celebrand⟨a⟩m in nostro capitulo communiter duximus statuendum. Quapropter fraternitatem tuam attente requirimus et sollicitamus expresse, quatenus die ipsa nobiscum ad tractandum et coeligendum in capitulo prelibato convenire procures. Alioquin tua absencia non obstante procedere ad celebrandum huiusmodi curabimus et eidem monasterio de persona ydonea providere. Nos enim fidei et relacioni veridice talis nuncy nostri iurati latoris presencium super vocacione huiusmodi stare proponimus, ut est iuris. Datis etc.*" JOHANNES <DE CASTELLO>: Exposicio, Cap. 64 R (clm 18154, fol. 89r(a)); „Ne ergo ecclesia nostra propter diuturnam uacationem grauem patiatur in temporalibus, & spiritualibus, laesionem, diem talem cum continuatione sequentium dierum ad tractandum de futuri electione pontificis, & ad electionem celebrandam duximus statuendum. Quo circa uos requirimus & citamus, quatenus die ipso nobiscum ad tractandum & coeligendum una nobiscum conuenire curetis: alioquin nos ex tunc ad ea procedere curabimus, uestri absentia non obstante." DURANTIS, G.: Speculum IV,1,§1,7 (S. 85b); „Ne igitur nostrum monasterium propter longam moram pateretur in temporalibus et spiritualibus laesionem, nos monemus attente et requirimus, quod vicesima die vel hora post harum praesentationem ad electionem nobiscum hora praedicta vel horis et diebus tribus sequentibus venire curetis. Alioquin ex tunc ad electionem procedemus, vestra absentia non obstante." Consuetudines castellenses, De electione abbatis (CCM 14/1, MAIER, P. (Ed.), S. 13) (Redaktion ARW).

1143 „Quod si forte iusto impedimento detenti uenire nequiueritis, & uelitis alicui de canonicis committere uices uestras, ad nos sufficienter uestrum specialem nunci-

zieht sich dabei auf drei Dekretalen Papst Gregors IX.[1144] Von diesen drei Gesetzestexten ist das Wahldekret des IV. Laterankonzils von entscheidender Bedeutung. Demnach darf ein Wähler nur dann einen Stellvertreter für das Wahlgeschäft bestimmen, wenn es ihm gänzlich unmöglich ist, an der Wahl teilzunehmen.[1145]

Johannes von Kastl übernimmt für seine *Exposicio in regulam s. Benedicti* das Formular für ein Antwortschreiben des verhinderten Mitbruders aus der *Regula cum glossa Petri Boerii.* Petrus Boerius wie Johannes von Kastl nennen in diesem Brief keine konkreten Verhinderungsgründe; es wird nur von mehreren wichtigen Gründen gesprochen.[1146] In der Wahleinladung wird nicht darauf eingegangen, dass der verhinderte Mitbruder einen Stellvertreter bestimmen darf. Doch ist ihm diese Möglichkeit laut Antwortschreiben gegeben.[1147] Folgt man den Erläuterungen von Guilelmus Durantis, so wurde dem abwesenden Mitbruder das Schreiben in Gegenwart von Zeugen überbracht. Zur Sicherheit wurde dieser Vorgang protokolliert.[1148]

Petrus Boerius und im Anschluss daran Johannes von Kastl betonen, dass die Benachrichtigung nicht als eine Zitation des Mitbruders verstanden werden darf. Da die Notwendigkeit besteht, alle Wahlberechtigten einzuladen, ist die Benachrichtigung als eine verbindliche Einladung oder Wahlanzeige zu

---

um & idoneum transmittatis, qui iuxta statutum generalis concilij super ipso impedimento faciat plenam fidem.“ DURANTIS, G.: Speculum IV,1,§1,7 (S. 85b); „*Si vero impeditus aliquo vero iustoque impedimento non poteritis interesse et velitis alicui de capitulo seu de conventu vices vestras committere, ad nostram praesentiam nuntium transmittatis, qui super ipso impedimento secundum concilii generalis statuta nobis faciat plenam fidem.*“ Consuetudines castellenses, De electione abbatis (CCM 14/1, MAIER, P. (Ed.), S. 13) (Redaktion ARW).

1144 „Haec forma probatur extra eo.<dem> cum inter universas. & c. quia propter. & c. bone 2.“ DURANTIS, G.: Speculum IV,1,§1,7 (S. 85b). Die Angaben entsprechen X 1,6,18 (Fr. 58), X 1,6,42 (Fr. 88 f.) und X 1,6,36 (Fr. 82 f.).

1145 „Illud procuratorem constituat, nisi sit absens in eo loco, de quo debeat advocari, iustoque impedimento detentus venire non possit, super quo, si opus fuerit, fidem faciat iuramento, et tunc, si voluerit, uni committat de ipso collegio vicem suam.“ X 1,6,42,§1 (Fr. 89).

1146 „*Arduis et varys negocys prepeditus eleccioni futuri abbatis nostri die* tali *faciende in nostro capitulo vobiscum non possum personaliter interesse.*“ JOHANNES <DE CASTELLO>: Exposicio, Cap. 64 R (clm 18154, fol. 89^{r}(b)).

1147 „*Ideoque vices meas in toto dicto negocio discreto, religoso fratri N., monacho nostro committo concedens eidem specialem potestatem super hoc iurandi in animam meam, si neccesse fuerit et viderit* expedire. *In quorum testimonium sigill*um *etc.*“ Ebd. (Ebd.).

1148 „De praesentatione autem illarum literarum, quae aperte debet esse, fiat publicum instrumentum ne possit malitiose negari, ut quandoque fieri vidimus.“ DURANTIS, G.: Speculum IV,1,§1,8 (S. 85b–86a);“*De qua vocacione et testium, in quorum presencia absens vocatus fuit, et relacione prefati nuncy fiant publica instrumenta.*“ JOHANNES <DE CASTELLO>: Exposicio, Cap. 64 R (clm 18154, fol. 89^{r}(a)–89^{r}(b)).

verstehen.[1149] Dieser Zusammenhang zeigt, welche Amtsauffassung der Kapitelvorsitzende hat: Der Prior, Dekan oder Vorsteher, der die abwesenden Mitbrüder zur Wahl einlädt, gilt als Gleichberechtigter unter Gleichberechtigten. Die Einladung zur Wahl darf daher nicht als Ausdruck seines Herrschaftswillen, sondern vielmehr als mitbrüderlicher Akt aufgefasst werden; er kann ihr Erscheinen nicht einfordern, muss aber die Mitbrüder auf ihre Wahlpflicht hinweisen. Dies geschieht im Rahmen einer „vocacio" bzw. „denuncciacio". Diese Begriffe sind von der „citacio" zu unterscheiden, die auf einer Autorität beruht, die durch den Abt verkörpert wird. Betrachtet man auf diesem Hintergrund die Formulierung der *Consuetudines castellenses* „die Einladung oder Zitation der Abwesenden ist auf diese Weise durchzuführen"[1150], gewinnt man den Eindruck, dass der Autor die Begriffe „vocatio" und „citatio" im selben Sinn verwendet. Ob dies im Zusammenhang mit der höheren Bewertung des Priorenamtes in den *Consuetudines castellenses* steht, kann an dieser Stelle nicht beantwortet werden.

4.5.2.1.4 Der liturgische Rahmen der Abtswahl

Johannes von Kastl, der Petrus Boerius und Bernardus Ayglerius folgt, schreibt in seinem Regelkommentar, dass sich die Wahlberechtigten nach der Festlegung des Wahltermins durch Fasten, Nachtwachen und Gebete auf die Wahl vorbereiten.[1151] Den *Consuetudines castellenses* zufolge öffnet sich der Mönch durch Fasten dem Wirken des Heiligen Geistes.[1152]

Am Wahltag selbst feierte man am Tagesbeginn eine Votivmesse zum Heiligen Geist.[1153] Den Dekretalen nach ist der Heilige Geist anzurufen, wobei die Form der Anrufung vom Gesetzgeber nicht fest geschrieben wurde.[1154] Dem

---

1149 „*Et est illud fraterna vocacio sive denuncciacio magis quam citacio, cum imperium non habeat par in parem; eodem tytulo, Innotuit. Notat Innocencius eodem tytulo, Cum nobis, et est* simile supra *65. di., c. ultimo.*" Ebd. (Ebd., fol. 89^{r}(a)).

1150 „Vocatio sive citatio absentium erit talis ..." Consuetudines castellenses, De electione abbatis (CCM 14/1, Maier, P. (Ed.), S. 12) (Redaktion ARW).

1151 „*Die igitur ad eligendum prefixa premissis ieiunys, vigilys et oracionibus devotis debet celebrari solempniter missa de Spiritu Sancto quasi in ipso diei assignati principio.*" Johannes <de Castello>: Exposicio, Cap. 64 S (clm 18154, fol. 89^{r}(b)–89^{v}(a)); Bernardus <Ayglerius>: In regulam, Cap. 64 (Caplet, A. (Ed.) S. 392); Boerius, P.: Regula cum glossa, Cap. 64 (Ms 155, fol. 226^{v}(a)).

1152 „Et convocatis fratribus ieiunium indicitur pro sancti spiritus impetranda, nisi festum intersit et quousque abbatem habeant." Consuetudines castellenses, De electione abbatis (CCM 14/1, Maier, P. (Ed.), S. 7 f.) (Redaktion ARW).

1153 „*Die igitur ad eligendum prefixa premissis ieiunijs, vigilijs et oracionibus devotis debet celebrari solempniter missa de Spiritu Sancto quasi in ipso diei assignati principio.*" Johannes <de Castello>: Exposicio, Cap. 64 S (clm 18154, fol. 89^{r}(b)–89^{v}(a)); Bernardus <Ayglerius>: In regulam, Cap. 64 (Caplet, A. (Ed.) S. 392); Boerius, P.: Regula cum glossa, Cap. 64 (Ms 155, fol. 226^{v}(a)).

1154 „... electores in unum locum, in quo fuerit electio celebranda, conveniant, et invocata Spiritus sancti gratia personam *solemniter* nominent, *in qua omnes, vel [maior] pars sanioris consilii potuerint convenire.*" X 1,6,14 (Fr. S. 54); „*Sed quum*

Text der Dekretale *Quum terra* nach war dieser Brauch bereits gegen Ende des 12. Jahrhunderts in Übung.[1155]

Auf die Messe zum Heiligen Geist folgen die einleitenden Handlungen des Wahlgeschehens. Die Ausführungen des Johannes von Kastl gehen auf die *Regula cum glossa Petri Boerii* zurück. Mit der *Expositio* des Bernardus Ayglerius bilden diese Kommentare bis auf wenige Abweichungen eine Einheit. Bernardus Ayglerius leitet die Wahl des Abtes durch verschiedene liturgische und rechtliche Handlungen ein: Mit der Glocke wird den wahlberechtigten Mönchen das Zeichen gegeben, sich im Kapitelsaal zu versammeln. Nach den Viten der Tagesheiligen wird das 64. Kapitel der *Regula s. Benedicti* vorgetragen. Nachdem der Vorsteher durch ein Zeichen das Schweigen aufgehoben hat, wendet er sich mit einer Homilie an das Wahlgremium. Nach Abschluss der Predigt erheben sich die Versammelten und beugen das Knie. Der den Vorsitz im Kapitel führt, stimmt dann den Hymnus „Veni creator spiritus" an.[1156] Während bei Bernardus Ayglerius sofort das stille Gebet folgt, wird bei Petrus Boerius und Johannes von Kastl zuerst das Gebet „Deus qui corda" gesprochen. Nach dem stillen Gebet werden bei Bernardus Ayglerius mehrere Personen nominiert und die Vorgehensweise bestimmt, nach der man den Abt wählen möchte.[1157] Bei Johannes von Kastl wie auch bei Petrus Boerius werden zuvor die abwesenden Wahlberechtigen und die Dekretale *Quia propter* verlesen. Anschließend erfolgt die „Protestatio" des Konvents, und erst jetzt

---

post invocatam Spiritus sancti gratiam foret de electione tractandum, unum presbyterum, et unum diaconum, et alium acolythum vicem gerentem subdiaconi, qui etiam est cancellarius ecclesiae Capuanae, ut vota singulorum seriatim perquirerent, elegistis." X 1,6,19 (Fr. 59).

1155 Vgl. X 1,6,14 (Fr. 54).

1156 „*Qua expleta et campana, ut moris est ad capitulum congregandum, pulsata debent universi fratres in capitulum convenire lectaque ibi de sanctorum natalicijs consueta leccione legi debet hoc presens capitulum de ordinando abbate. Quo lecto et rite actis, que in capitulo ad solvendum silencium fieri habent, proponi debet exhortacio verbi dei. Qua finita cum reverencia surgunt omnes et flexis genibus attentisque ad deum mentibus, presidens ympnum devote incipiat: Veni creator spiritus cum* collecta: *Deus qui corda.*" JOHANNES <DE CASTELLO>: Exposicio, Cap. 64 S (clm 18154, fol. 89v(a)); vgl. BOERIUS, P.: Regula cum glossa, Cap. 64 (Ms 155, fol. 226v(a)–226v(b)).

1157 „... qua expleta, et campana ut moris est ad capitulum congregandum pulsata. debent universi fratres in capitulum convenire. lecta igitur in capitulo lectione consueta de nataliciis sanctorum, debet legi hoc presens capitulum regule de ordinando abbate. quo lecto. et rite actis que in capitulo ad solvendum silentium fieri habent, proponi debet ad exortationem debitam verbum die. quo expleto, cum reverentia surgant omnes, et flexis genibus. actentis ad deum mentibus, incipiat ille qui presidet hymnum. Veni creator spiritus. quo expleto silenter apud se devote deum orent et implorent in suum suffragium et auxilium, merita beate virginis. et patrocinia beatissimi benedicti. et sic resideant ordinate; poterunt autem tunc si expedire videbunt, aliquas nominare personas" BERNARDUS <AYGLERIUS>: In regulam, Cap. 64 (CAPLET, A. (Ed.) S. 392).

nominieren die Wahlberechtigten mehrere Personen und bestimmen die Vorgehensweise bei der Wahl.[1158] Aus den Texten geht nicht hervor, welche Funktionen die nominierten Personen ausüben. In jedem Fall scheiden die Skrutatoren aus, da diese erst nach der Wahl der Abstimmungsart bestimmt werden.[1159]

Auch in den *Consuetudines castellenses* findet sich eine liturgische Rahmenhandlung, in die die Abtswahl eingebettet ist. Nachdem die Wahlberechtigten zusammengerufen wurden, singen alle knieend mit gedämpfter Stimme den Hymnus „Veni sancte spiritus“. Darauf folgt der Psalm 122, dem Orationen und Versikel vorausgehen. In Anlehnung an die Texte der cluniazensischen Tradition betet der Prior u. a. das Gebet „Assumus Domine sancte spiritus“. Nachdem vom Prior der Segensgruß gesprochen wurde, hält er eine Predigt, in der er auf die Qualifikationen des Abtes eingeht. Den *Consuetudines castellenses* nach soll der zum Abt gewählt werden, der durch seine Vorbildfunktion, sein Wissen und durch sein Lebensalter würdig und geeignet erscheint, nehme er in der Rangordnung der Mönche auch den letzten Platz ein.[1160] Nach der Homilie entscheidet das Wahlgremium über den Wahlmodus. Diese Entscheidung lässt der Prior durch den Notar festhalten. Nachdem sich nun die Wahlberechtigen für eine Wahlform entschieden haben, erfolgt die Protestatio, die vom Prior durchgeführt wird und für alle Wahlberechtigten

---

1158 „*Et tunc lectis in capitulo citacionibus fratrum absencium et generale concilium, c. Quia propter et fratris protestacionibus, quod non intendunt cum excommunicatis, interdictis, suspensis,* infamibus ac alias quocumque modo inabilibus *etc. procedere. Si expedire videant, poterunt aliquas nominare personas et viam eligere, per quam voluerint ad eleccionem procedi.*“ JOHANNES <DE CASTELLO>: Exposicio, Cap. 64 S (clm 18154, fol. 89v(a)).

1159 „*Si autem scrutinij viam acceptent, debent eligere ex conventu tres fide dignas personas, que primo ad partem secrete suas scrutentur invicem voluntates et postmodum secrete et singulariter vota eciam singulorum et singillatim per unum saltem scrutatorum redigendo in scriptis vel per personam publicam, dum tamen laycus non existat.*“ Ebd., Cap. 64 T (Ebd., fol. 89v(a)–89v(b)).

1160 „Deinde celebrato officio ad capitulum tractius solito pulsetur, quo, cum omnes professi et vocem habentes convenerint, antiphonam *Veni sancte spiritus* voce depressa cum genuflexione decantent, quam sequitur psalmus *Ad te levavi oculos* cum versiculis et orationibus praemissis. Quibus adiungitur oratio per priorem *Assumus domine sancte spiritus* et cetera. Dictoque a priore *Benedicite* ipse prior vel alius loco eius facit exhortationem brevem, in qua monet et doceat per scripturas, quatenus secundum deum, sicut melius potuerint, talem eligant, qui – quantum fragilitas humana permittit – vita, sciencia et aetate dignus et idoneus existimetur ad officium abbatiae, licet secundum regulam etiam ultimus existat, dummodo sit in religione professus, nullos electioni contrarios legitimae patiatur defectus.“ Consuetudines castellenses, De electione abbatis (CCM 14/1, MAIER, P. (Ed.), S. 8 f.) (Redaktion ARW).

gilt. Darin werden die Exkommunizierten gebeten, an der Wahl nicht teilzunehmen und sich vom Wahlgremium zu entfernen.[1161]

4.5.2.2 Die Wahlformen

4.5.2.2.1 Die Wahl des Abtes durch das Skrutinium

Die erste Möglichkeit, einen neuen Abt zu bestimmen, besteht darin, die stimmberechtigten Mitbrüder nach ihren Kandidaten zu befragen. Diese Form der Wahl wird als Skrutiniumswahl bezeichnet. Dem vom IV. Laterankonzil verabschiedeten Dekret *Quia propter* sind sechs Schritte zu entnehmen, die für diese Wahlform rechtserheblich sind.[1162] Diese sechs Punkte lassen sich in modifizierter Weise in den *Consuetudines castellenses* und in Abschnitten der Regelkommentare des Johannes von Kastl, Petrus Boerius und Bernardus Ayglerius wiederfinden. Der Übersicht wegen sollen zunächst die einzelnen Vorgänge der Skrutiniumswahl vorgestellt werden; anschließend wird auf jeden Schritt eingegangen, indem die verschiedenen Texte verglichen und ihre Besonderheiten herausgestellt werden.

Dem Dekret *Quia propter* nach werden drei glaubwürdige Personen des Wahlgremiums zu Skrutatoren bestellt. Ihnen kommt die Aufgabe zu, die Befragung der Wahlberechtigten durchzuführen.[1163] Im IV. Laterankonzil wurde beschlossen, dass diese drei Skrutatoren aus dem Wahlgremium kommen. Guilelmus Durantis schließt sich diesen Vorgaben an. Das Wahlgremium darf Personen, die nicht dazu gehören, aber dennoch stimmberechtigt sind, für die Aufgabe des Skrutators bestellen.[1164] Bei Bernardus Ayglerius stammen die drei Skrutatoren aus einem Wahlgremium, dem auch Äbte und Vorsteher an-

---

1161 „Et tunc tenetur et debet eis nominare formas superius expressas. *Deliberetis, secundum quam velitis procedere ad electionem faciendam.* Si dixerint, secundum formam scrutinii se velle procedere, tunc prior vel maior deputatus de responsione vel deliberatione tali faciat fieri publicum instrumentum et notarius ita scribat ... Tunc dicat prior *Ego nomine meo et omnium de capitulo protestor hoc, quod, si aliquis est excommunicatus vel irregularis, exeat capitulum et permittat nos libere eligere, protestans, quod cum eo non intendimus eligere.*“ Ebd., S. 13 f. .

1162 „Quia propter electionum formas diversas, quas quidam invenire conantur, et multa impedimenta proveniunt et magna pericula imminent ecclesiis viduatis, statuimus ut cum electio fuerit celebranda, praesentibus omnibus qui debent et volunt et possunt commode interesse, assumantur tres de collegio fide digni, qui secreto et singulatim voces cunctorum diligenter exquirant, et in scriptis redacta, mox publicent in communi, nullo prorsus appellationis obstaculo interiecto, ut is collatione adhibita eligatur, in quem omnes vel maior vel sanior pars capituli consentit.“ Concilium Lateranense IV, Cap. 24 (COD, S. 246).

1163 „... assumantur tres de collegio fide digni, qui secreto et singulatim voces cunctorum diligenter exquirant ...“ Concilium Lateranense IV, Cap. 24 (COD, S. 246).

1164 „Eligant enim ex ipso collegio, & non aliunde, nisi forte aliqui extra collegium uocem habeant in electione de consuetudine, ut praedixi, tres fide dignos, uel etiam plures, uel pauciores ...“ DURANTIS, G.: Speculum IV,1,§1,12 (S. 86a).

derer Konvente angehören.[1165] Den Ausführungen des Johannes von Kastl wie des Petrus Boerius zufolge, sind die drei Skrutatoren Konventmitglieder.[1166] Den Formulierungen gemäß, die in den Texten des Bernardus Ayglerius, des Petrus Boerius, des Johannes von Kastl und des Guilelmus Durantis zu lesen sind, werden die Skrutatoren von den Mönchen gewählt, wobei die Wahlform offen bleibt.[1167] In den *Consuetudines castellenses* wählt der Prior unter der Assistenz der Mönche die Skrutatoren.[1168] Dieser Vorgang ist durch ein Schriftstück zu dokumentieren. Dort kommt den Mönchen aber mehr zu als nur eine helfende Rolle, da sie zusammen mit dem Prior die Skrutatoren wählen.[1169]

Das eigentliche Skrutinium, das für die Nomination des Abtskandidaten notwendig ist, setzt sich aus zwei Vorgängen zusammen. Folgt man den Kommentaren von Bernardus Ayglerius, Petrus Boerius und Johannes von Kastl, erfragen zunächst die drei Skrutatoren ihre Voten gegenseitig.[1170] Nach Guilelmus Durantis ist dies nicht notwendig.[1171] Die *Consuetudines castellenses* schreiben genau vor, wie dieses wechselseitige Skrutinium erfolgen soll: Jeweils zwei Skrutatoren erfragen die Stimme des Dritten. Nachdem dies erfolgt ist, begeben sich die Skrutatoren an einen Ort, an dem sie von den an-

---

1165 „... debent eligere tres fide dignas personas de ipsis fratribus, que primo suas scrutentur invicem secreto voluntates et scribant.“ BERNARDUS <AYGLERIUS>: In regulam, Cap. 64 (CAPLET, A. (Ed.), S. 392); „... in tali parte nominantium talem, sunt prepositus. decanus cellararius. vestiarius. et abbas tali loci. et prepositus talis ecclesie.“ Ebd. (S. 393); vgl. die Zusammenfassung bei MULLER, J.-P.: Les élections abbatiales, S. 343 f.

1166 *„Si autem scrutiny viam acceptent, debent eligere ex conventu tres fide dignas personas, que primo ad partem secrete suas scrutentur invicem voluntates ...“* JOHANNES <DE CASTELLO>: Exposicio, Cap. 64 T (clm 18154, fol. 89^{v}(a)).

1167 „... si scrutinii viam acceptent, debent eligere tres fide dignas personas de ipsis fratribus ...“ BERNARDUS <AYGLERIUS>: In regulam, Cap. 64 (CAPLET, A. (Ed.), S. 392); *„Si autem scrutiny viam acceptent, debent eligere ex conventu tres fide dignas personas“* JOHANNES <DE CASTELLO>: Exposicio, Cap. 64 T (clm 18154, fol. 89^{v}(a)–89^{v}(b)); vgl. BOERIUS, P.: Regula cum glossa, Cap. 64 (Ms 155, fol. 227^{r}(a)).

1168 „His peractis praedictus prior assentientibus cunctis monachis, **eligat** tres de collegio fide dignos.“ Consuetudines castellenses, De electione abbatis (CCM 14/1, MAIER, P. (Ed.), S. 14) (Redaktion ARW) (Die Hervorhebung in fetter Schrift stammt von mir.).

1169 *„... dominus A., prior et capitulum* ***elegerunt*** *tres tales eiusdem monasterii monachos scrutatores, committentes eisdem, ut reductis coram testibus debeant publicare.“* Ebd. (Ebd.) (Die Hervorhebung in fetter Schrift stammt von mir.).

1170 *„... primo ad partem secrete suas scrutentur invicem voluntates ...“* JOHANNES <DE CASTELLO>: Exposicio, Cap. 64 T (clm 18154, fol. 89^{v}(b)); vgl. BOERIUS, P.: Regula cum glossa, Cap. 64 (Ms 155, fol. 227^{r}(a)); „... que primo suas scrutentur invicem secreto voluntates et scribant.“ BERNARDUS <AYGLERIUS>: In regulam, Cap. 64 (CAPLET, A. (Ed.) S. 392).

1171 „... secreto ac sigillatim vota cunctorum, nullo omisso, & sua examinandi: vel sua primo scrutentur alij a capitulo electionum ...“ DURANTIS, G.: Speculum IV,1,§1,13 (S. 86a).

deren Wahlberechtigten gesehen werden können, z. B. vor einen Altar in der Klosterkirche. Bevor das Votum angehört wird, leistet der Befragte einen Eid. Darin bekräftig er, nur den zu nominieren, der für die Führung des Klosters der geeignetste und beste Kandidat ist.[1172] Im *Speculum iudiciale* des Guilelmus Durantis findet sich ebenfalls ein Schwur. Demnach kann die innere Disposition, wie Hass, Liebe, Sympathie, Furcht und Gewinnsucht, die Nomination des Kandidaten beeinflussen. Die Nomination eines weniger geeigneten Kandidaten wäre die Folge. Die Kapitulare schwören deshalb beim lebendigen Gott und in der Kraft des Heiligen Geistes, nur den zu wählen, der sich in der Verwaltung der zeitlichen Güter wie auch im spirituellen Leben als der beste, nützlichste und vorbildlichste Kandidat erwiesen hat.[1173] Dem *Speculum iudiciale* des Guilelmus Durantis nach stimmt der Wähler bei der Nomination des Kandidaten diesem nicht nur zu und nominiert ihn dadurch, sondern er wählt damit den Kandidaten zum Bischof und Hirten.[1174] Der Wortlaut des Eides, wie er in den *Consuetudines castellenses* festgehalten ist, geht auf das *Speculum iudiciale* des Guilelmus Durantis zurück. Der entscheidende Unterschied besteht darin, dass die Wahlberechtigten ihren Kandidaten nicht wählen, sondern nur nominieren.[1175] Wenngleich die Verwendung des Wortes „eligo"

1172 „Isti autem scrutatores sic se habeant, quod primo duo illorum debent scrutari tertium et sic quousque scrutati omnes fuerint. Debent postmodum ire in uno loco secreto, ita tamen, ut a remotis videri possint, iuxta altare Nicolai vel alio loco simili. Et tunc debent vocare illum, qui de consuetudine habet primam vocem, et audire. Debent uti talibus verbis *Adiuramus vos in virtute sancti spiritus per deum vivum et verum et in periculum animae, quod nominetis illum, quem creditis utiliorem et meliorem pro bono statu nostri monasteri.* Et tunc ille adiuratus debet sic respondere et dicere *Ego credo C. monachum meliorem et utiliorem nostro monasterio in spiritualibus et temporalibus et in ipsum consentio.*" Consuetudines castellenses, De electione abbatis (CCM 14/1, MAIER, P. (Ed.), S. 14) (Redaktion A).

1173 „Frater, sicut boni operis sibi comparat fructum, qui rectum tenet in eligendo pontifice iudicem, ita graui semetipsum afficit damno, qui ad suae dignitatis collegium sublimat indignum ... & ideo Deum prae oculis habens, cuius nunc causa tractatur, non facias tibi Deum & Apostolos eius, aduersarios, cuius uicarium eligere debes ... Non te abducant odium, amor, vel fauor, quae humanos peruertere solent sensus, ... non timor, non pecunia ... non lucro tuo prospicias, sed utilitati communi. non enim libero iudicio praeferendam sibi examinat personam mens, quam cupiditas ligat ... praeferes tuae matris ecclesiae salutem tuae terrenae uoluntati. Ideo adiuramus te per Deum uiuum, & in uirtute Spiritus sancti, & sub periculo animae tuae, quod consentias in eum, & eum nomines, in quem ex uoto consentis, & qui in temporalibus & spiritualibus tibi uideri debeat melior & utilior ecclesiae, & sanctior, & per quem melius iura possint ecclesiae defensari." DURANTIS, G.: Speculum IV,1,§1,17 (S. 86b).

1174 „Ego credo P. meliorem & utiliorem, & in eum consentio, & eum nomino & eligo in episcopum & pastorem." Ebd. (Ebd.).

1175 „Debent uti talibus verbis *Adiuramus vos in virtute sancti spiritus per deum vivum et verum et in periculum anime, quod nominetis illum, quem creditis utiliorem et meliorem pro bono statu nostri monasterii.*" Consuetudines castellenses, De

nicht zu einer ungültigen Wahl führt, schließt man dennoch den bewussten Gebrauch des Wortes „eligere" aus.[1176] Um dem Charakter einer Nomination besser nachzukommen, wählt man als Formulierung ein Gerundivum „in pastorem eligendum", wodurch man die Verbindung von „nominatio" und „electio" zum Ausdruck bringt. Der Kastler Eidesformel folgend soll der bessere und nützlichere Kandidat nominiert werden und die Spiritualität der Verwaltung der zeitlichen Güter vorgezogen werden.

Die abgegebenen Voten sind in einem Schriftstück aufzuführen.[1177] Bei Petrus Boerius wie bei Johannes von Kastl soll diese Arbeit einer der Skrutatoren oder ein öffentlicher Schreiber, der Kleriker sein muss, ausführen;[1178] Bernardus Ayglerius und Guilelmus Durantis äußern sich dazu nicht. Die Kastler Brauchtexte verlangen, dass die Fragen der Skrutatoren wie auch die Antworten der Wahlberechtigten genau schriftlich festgehalten werden. Das Schriftstück kann entweder einer der Skrutatoren oder ein Notar oder eine eigens dafür bestellte Person ausfertigen.[1179]

Nachdem die Skrutatoren die Stimmen aller Wahlberechtigten erfragt haben, sind sogleich die einzelnen Voten im Kapitel zu publizieren[1180]; nach Johannes von Kastl kann das durch das Verlesen der Voten erfolgen.[1181] Guilelmus Durantis sieht dafür einen kleinen Dialog vor, bei dem zunächst einer der

---

electione abbatis (CCM 14/1, MAIER, P. (Ed.), S. 14) (Redaktion ARW); auf die Unterscheidung zwischen Nominatio und Electio geht ausführlich WRETSCHKO, A.: Die electio communis, S. 343–351 ein.

1176 „Et tunc ille adiuratus debet sic respondere et dicere *Ego credo C. monachum meliorem et utiliorem nostro monasterio in spiritualibus et temporalibus et in ipsum consentio.*Et non dicat *Eligo.* Fatemur tamen, si dixerit, non vitiaretur electio, *in pastorem eligendum.*" Consuetudines castellenses, De electione abbatis (CCM 14/1, MAIER, P. (Ed.), S. 14) (Redaktion ARW).

1177 „... postmodum vota singulorum scrutari debent. et redigere in scriptis ..." BERNARDUS <AYGLERIUS>: In regulam, Cap. 64 (CAPLET, A. (Ed.), S. 392 f.).

1178 *„per unum saltem scrutatorum redigendo in scriptis vel per personam publicam, dum tamen laycus non existat.*" JOHANNES <DE CASTELLO>: Exposicio, Cap. 64 T (clm 18154, fol. 89v(b)); vgl. BOERIUS, P.: Regula cum glossa, Cap. 64 (Ms 155, fol. 227r(a)).

1179 „De interrogatione, quam faciunt scrutatores et super responsione, quam facit interrogatus, conficiatur publicum instrumentum per notarium, per ipsos scrutatores. Et unus solus aliis mandantibus et scientibus scripturam facere, si unus eorum scit scribere vel alium si velint, qui scribat, habere possunt." Consuetudines castellenses, De electione abbatis (CCM 14/1, MAIER, P. (Ed.), S. 14 f.) (Redaktion ARW).

1180 „Que vota mox ad capitulum redeuntes, antequam ad alios actus divertant, publicare debent in communi." BERNARDUS <AYGLERIUS>: In regulam, Cap. 64 (CAPLET, A. (Ed.), S. 393); vgl. BOERIUS, P.: Regula cum glossa, Cap. 64 (Ms 155, fol. 226v(b)).

1181 *„Que vota mox ad capitulum redeuntes publice debent in communi* legi seu *publicari, antequam ad actus alios se divertant.*" JOHANNES <DE CASTELLO>: Exposicio, Cap. 64 T (clm 18154, fol. 89v(b)); BOERIUS, P.: Regula cum glossa, Cap. 64 (Ms 155, fol. 227r(a)).

Skrutatoren den Konvent um Erlaubnis fragt, ob er die Stimmen vorlesen darf. Nach dem Placet der Wahlberechtigten liest er die Stimmen vor, damit alle wissen, „was im Geheimen geschehen ist".[1182]

Nach der Veröffentlichung der Stimmen erfolgt sogleich deren Vergleich. Während Johannes von Kastl einen öffentlichen Vergleich vorsieht, schweigen sich Bernardus Ayglerius und Petrus Boerius über den Ort der Publikation aus.[1183] Der Vergleich wird dann notwendig, wenn mehrere Kandidaten nominiert wurden.[1184] Gleich einem Protokoll liest sich das Vergleichsverfahren im Regelkommentar des Bernardus Ayglerius. Dort werden zunächst die Stimmen ausgezählt.[1185] Es wird dann festgestellt, welchen Kandidaten die einzelnen Wähler gewählt haben. Im darauf folgenden zweiten Schritt wird festgestellt, wen die einzelnen Amtsträger des Konvents nominiert haben. Bernardus Ayglerius führt in diesem Zusammenhang als Offiziale den Präpositus, den Dekan, den Cellerar, den Vestiar, den Abt aus diesem Kloster und den Präpositus jener Kirche an. Darüber hinaus wird gefragt, wie sich die Stimmen der Priester, Diakone und Subdiakone verteilen.[1186] Zuletzt wird auf die Verdienste der Kandidaten eingegangen. So wird nach der Vorbildhaftigkeit des Lebens gefragt, nach dem Umfang des Wissens und nach dem Umgang mit den zeitli-

---

1182 „Completo autem scrutinio, ipsi scrutatores, seu unus de mandato aliorum, mox, id est nullo contrario actu intermedio, hoc modo uota singulorum in communi publicabunt. hoc enim facere possunt, ut dixi. dicent enim praesente capitulo: Nos examinauimus uota singulorum, & nostra sigillatim: placet uobis, quod ea publicemus? Et illi dicent, placet: & sic publicant, id est publice legunt, ut quod secrete actum est, ab omnibus sciatur, ex.<tra> de haeret.<icis> cum ex iniuncto." Durantis, G.: Speculum IV,1,§1,18 (S. 86b).

1183 *„Quibus enim publicatis confestim subsequi debet ibidem in communi collacio scilicet numeri ad numerum, zeli ad zelum, meriti ad meritum."* Johannes <de Castello>: Exposicio, Cap. 64 T (clm 18154, fol. 89v(b)); Boerius, P.: Regula cum glossa, Cap. 64 (Ms 155, fol. 227r(a)); „Publicatione facta in continenti est facienda collatio" Consuetudines castellenses, De electione abbatis (CCM 14/1, Maier, P. (Ed.), S. 15) (Redaktion ARW) .

1184 *„Ubi vero unus solus nominatus est concorditer in scrutinio, non habet locum collacio numeri ad numerum, zeli ad zelum,* meriti ad meritum." Johannes <de Castello>: Exposicio, Cap. 64 T (clm 18154, fol. 89v(b)); „Aut vota sunt divisa in plures aut non divisa. Si vota sunt divisa, fiat tunc collatio numeri ad numerum, zeli ad zelum, meriti ad meritum." Consuetudines castellenses, De electione abbatis (CCM 14/1, Maier, P. (Ed.), S. 15) (Redaktion ARW) .

1185 „... quam publicationem subsequi debet collatio per hunc modum. talis et talis nominant talem in abbatem talis. et talis. et talis, talem." Bernardus <Ayglerius>: In regulam, Cap. 64 (Caplet, A. (Ed.), S. 393).

1186 „... in tali parte nominantium talem, sunt prepositus. decanus cellerarius. vestiarius. et abbas talis loci. et prepositus talis ecclesie. talis et talis et tales fratres. Item ex parte nominantium talem. sunt talis et talis. illi qui talem nominant habent pro parte sua tot presbyteros, tot dyaconos. tot subdyaconos. et illi qui talem nominant habent tot pro parte sua." Ebd.

chen Gütern.[1187] In den Regelkommentaren des Petrus Boerius und des Johannes von Kastl unterscheidet man beim Stimmenvergleich zwischen der Anzahl, dem Eifer und den Verdiensten. Wenngleich die Anzahl der Stimmen eindeutig auf den Kandidaten zu beziehen ist, bleibt in den Regelkommentaren offen, ob der Eifer und die Verdienste auf den Kandidaten oder die Wähler zu beziehen sind.

Mehr Aufschluss über den Vergleich der Stimmen unter Berücksichtigung des Eifers und der Verdienste erhält man bei Guilemus Durantis und in den *Consuetudines castellenses.* Im *Speculum iudiciale* erfolgt nach der Publikation der Voten die Auszählung der Stimmen, wobei zunächst die abgegebenen Voten gezählt werden. Die Auszählung erfolgt nicht rein numerisch, sondern es wird zugleich festgestellt, wer von den Wahlberechtigten welchen Kandidaten nominiert hat.[1188] Dies hängt mit dem zweiten Vorgang zusammen, bei dem der Eifer der Wähler untersucht wird. Dabei wird nach Guilelmus Durantis auf die Ämter und Würden der Wähler geachtet.[1189] In einem dritten Schritt gehen die Skrutatoren daran, die Verdienste der Kandidaten zu vergleichen. Dabei wird analysiert, welcher Kandidat belesener, vorausschauender, würdiger, heiliger, besser und pflichtbewusster ist.[1190] Der Vergleich der Stimmen wird in den *Consuetudines castellenses* durch eine Ankündigung des Priors eingeleitet. Er sagt, dass bei der Publikation der Stimmen kein einmütiges Wahlergebnis zustande gekommen ist. Aus diesem Grund müssen die Voten zunächst gezählt werden.[1191] Im Anschluss daran erfolgt der Vergleich der Verdienste, die eindeutig auf die Kandidaten bezogen sind. Dazu zählt, ob der Kandidat einer gesetzlichen Ehe entstammt, die Priesterweihe empfangen

---

1187 „... talis qui nominatur a talibus est persona sanctitate vite approbata. scientie eminentis vel competentis. in administratione temporalium bene experta; talis qui nominatur a talibus habet tales et tales condiciones." Ebd.

1188 „... & legent sic: & A. & B. & C. consenserunt in P. Item ex altera parte legent, C. D. E. & c. consenserunt in M. & sic computabunt dicentes: Domini, nos inuenimus maiorem numerum consensisse in P. nam cum sint in uniuerso xl. canonici, xxv. consenserunt in episcopum P. & xv. in M." DURANTIS, G.: Speculum IV,1,§1,21 (S. 87a).

1189 „Item inuenimus, quod tot personae, seu personatus, seu dignitates habentes consenserunt in P. & plures, quam in M. Item inuenimus meliorem zelum ex parte eligentium P. quam ex parte eligentium M." Ebd.

1190 „Item inuenimus P. maioris esse meriti, quia literatior, prouidentior, honestior, sanctior, melior, quam M. & potentior ad iura ecclesiae conseruanda." Ebd., IV,1,§1,22 (Ebd.).

1191 „Collatio numeri ad numerum fit hoc modo: Prior, qui est maior, ita dicat vel ipsi scrutatores *Vota nostra divisa sunt, ut apparuit per publicationem votorum, quoniam quidam nostrorum consenserunt in A. et quidam in B. Videamus igitur, quis eorum habeat maiorem numerum.* Et tunc iterum legantur vota et ponant simul omnes, qui consenserunt in A., omnes ex alia parte, qui consenserunt in B. Et ita per istam collationem apparebit, quis eorum habebit maiorem numerum." Consuetudines castellenses, De electione abbatis (CCM 14/1, MAIER, P. (Ed.), S. 15) (Redaktion ARW).

hat, im kanonischen Alter steht, einen tugendhaften Wandel nachweisen kann und ein vorbildlicher Mönch ist.[1192] Zuletzt ist der Eifer der Kapitulare Gegenstand des Vergleichs. Das Augenmerk wird dabei besonders auf das Wissen, das Alter und den Weihegrad der wahlberechtigten Mönche gerichtet. Darüber hinaus spielen die Ämter und die Würden der wahlberechtigten Mitbrüder eine besondere Rolle; zudem wird beobachtet, wer von den Wählern ein tugendhaftes Leben führt und sich im Ordensleben vorbildlich verhält.[1193]

Führt man sich das Vergleichsverfahren nochmals vor Augen, so ist festzustellen, dass sich in allen besprochenen Texten die gleichen Kriterien finden. Hinsichtlich des Eifers und der Verdienste können in den Kommentaren des Petrus Boerius und des Johannes von Kastl letzte Unklarheiten nicht beseitigt werden. Bei der Abfolge der einzelnen Kriterien schließen sich Guilelmus Durantis und die *Consuetudines castellenses* dem Vergleichsverfahren des Bernardus Ayglerius an, in dem die Anzahl der Stimmen den Ausschlag gibt. Unterschiede zeigen sich erst beim Eifer der Wahlberechtigten und bei den Verdiensten der Kandidaten. Während Bernardus Ayglerius und Guilelmus Durantis in einem zweiten Schritt den „zelus" der Wahlberechtigten untersuchen, wird in den *Consuetudines castellenses* stattdessen auf die Qualifikationen der Kandidaten geschaut und erst im dritten Schritt der Eifer der Wahlberechtigten untersucht.[1194] Die Erklärung für die geänderte Reihenfolge im Vergleichsverfahren liegt im Entscheidungsprinzip der *Consuetudines castellenses*. Nachdem die Anzahl der Stimmen, die Verdienste der Kandidaten und der Eifer der Wähler untersucht wurden, wird eine Entscheidung gefällt, bei der die Anzahl der Stimmen und die bessere Qualifikation des Kandidaten den Ausschlag geben. In den Hintergrund tritt der Eifer der Wahlberechtigten.[1195] Begründet wird dies durch die Annahme, dass der bessere Kandidat nicht nur von der Mehrheit der Wahlberechtigten, sondern zugleich von den Personen gewählt wird, die sich durch größere Würde und gewichtigere Ämter auszeichnen. Dies kann durch zwei Textbeispiele belegt werden, die in den *Consuetudines castellenses* zu finden sind: Zunächst wird festgestellt, dass der

---

1192 „Deinde fiat collatio meriti ad meritum. Sic dominus A., in quem maior pars consensit, est natus de legitimo toro et est sacerdos et habet scientiam sufficientem et est honestate conversationis ac etiam amator religionis, et sic dominus A. est maioris meriti quam B." Ebd. (Ebd.).

1193 „Sic zeli ad zelum fiat collatio. Zelus in hoc consistit, nam hi qui consenserunt in A. et ex eo, quod sunt sufficientis scientiae et aetatis legitimae et in sacris, et aliqui eorum sunt in officiis et dignitate constitui et sunt promotores et defensores religionis et vitae honestae." Ebd. (Ebd.).

1194 Vgl. die Anmerkung im quellenkritischen Apparat der Consuetudines castellenses, De electione abbatis (vgl. ebd.).

1195 „Et ubi maior numerus et maioris meriti, etiam zelus melior iudicatur." Ebd. (Ebd., S. 15).

Kandidat A. mehr Stimmen auf sich vereinigt als der Kandidat B.[1196] Zudem hat der Kandidat A. noch größere Verdienste als B., da er einer gesetzlichen Ehe entstammt, Priester ist, über ein ausreichendes Wissen verfügt, sich durch einen tugendhaften Wandel auszeichnet und ein vorbildlicher Mönch ist.[1197] Ferner wurde der Kandidat A. von den Mönchen gewählt, die wie er ein ausreichendes Wissen haben, im reifen Alter sind, Weihen empfangen haben, in Ämtern und Würden stehen und sich als Verteidiger und Förderer des Ordenslebens ausgezeichnet haben.[1198] A. als der beste Kandidat wurde nicht nur von der „maior pars" gewählt, sondern zugleich von der „sanior pars". Ein zweiter Beleg findet sich bei der Einholung der Zustimmung der Stimmenminderheit: Nachdem das Ergebnis festgestellt wurde, holt der Prior für die eigentliche Wahl des Kandidaten das Einverständnis der „minor pars" ein; hierbei fragt er, ob sie der Wahl der „maior et sanior pars" zustimmen würde.[1199]

Auf den Vergleich erfolgt die abschließende Wahl. Bei Bernardus Ayglerius stellen die Skrutatoren fest, wer einstimmig bzw. vom größeren und gesünderen Teil des Konvents nominiert wurde. Von diesen Wählern wird angenommen, dass sie auch über dem entsprechenden Eifer verfügen. Die nominierte Person wird von den Skrutatoren zum Abt gewählt.[1200] Wie differenziert dieses Abstimmungsverfahren ist, lässt der Fall erkennen, bei dem eine Wahl nicht erfolgen kann. Die Skrutatoren können in Anbetracht der verschiedenen Wählergruppen keine Entscheidung fällen. Es lässt sich kein Kandidat finden, hinter dem der größere Teil des Konvents steht.[1201] Folglich ge-

---

1196 „Et tunc iterum legantur vota et ponant simul omnes, qui consenserunt in A., omnes ex alia parte, qui consenserunt in B. et ita per istam collationem apparebit, qui eorum habebit maiorem numerum." Ebd. (Ebd.).

1197 „Deinde fiat collatio meriti ad meritum. Sic **dominus A., in quem maior pars consensit, est natus de legitimo toro et est sacerdos et habet scientiam sufficientem et est honestae conversationis ac etiam amator religionis**, et sic dominus A. est maioris meriti quam B." Ebd. (Ebd.) (Die Hervorhebung in fetter Schrift stammt von mir.).

1198 „Zelus in hoc consistit, nam **hi qui consenserunt in A. ex eo, quod sunt sufficientis scientiae et aetatis legitimae et in sacris, et aliqui eorum sunt in officiis et dignitate constituti et sunt promotores et defensores religionis et vitae honestae** ..." Ebd. (Ebd.) (Die Hervorhebung in fetter Schrift stammt von mir.).

1199 „Deinde per priorem requiratur minor pars, **utrum velint accedere ad maiorem et saniorem partem**, et si eis placet, ut ille eligatur, in quem maior pars consensit." Ebd., (Ebd., S. 16) (Die Hervorhebung in fetter Schrift stammt von mir.).

1200 „... invenitur quod in talem convenit maior et sanior pars. isti qui eum nominant presumuntur talem zelum habere. eligamus talem. quia maior et sanior pars consentit in eum. vel invenitur quod omnes consentiunt in talem. eligamus ergo ipsum." BERNARDUS <AYGLERIUS>: In regulam, Cap. 64 (CAPLET, A. (Ed.), S. 393).

1201 „Si vero nulla veniat ad maiorem partem debent, dicere, fratres. licet talis sit nominatus a maiori parte respectu partium. tamen nullus reperitur nominatus a maiori parte respectu congregationis totius. et ideo electio subsequi non potest.

hen die Skrutatoren bei ihrer Entscheidung nicht von den Qualifikationen der Kandidaten aus, sondern von den Wählern. Fällt eine Entscheidung angesichts der Sanioritas und Maioritas einer Wählergruppe, muss diese gegenüber der Stimmenminderheit vermittelbar sein.

Das bei Bernardus Ayglerius dargelegte Wahlverfahren entspricht in Grundzügen der „eleccio", wie sie bei Petrus Boerius und Johannes von Kastl dargelegt werden. Hier erfolgt die Wahl durch die Skrutatoren, wobei die verwendete Formulierung von der „maior et sanior pars" noch auf eine Zählung und Wägung der Stimmen schließen lässt.[1202] Welches Kriterium aber im letzten die Entscheidung herbeiführt, ist dann zu erkennen, wenn keine Wahl erfolgen kann. Die Skrutatoren sehen sich ohne numerische Mehrheit außer Stande, eine Person zu wählen.[1203] Die Nomination und die Wahl eines Kandidaten durch den gesünderen und größeren Teil der Wählerschaft erfolgt also allein durch das numerische Element.

Auch Guilelmus Durantis geht in seinem *Speculum iudiciale* auf die Wahl des Vorstehers ein. Hier wird die Wahl von einem Skrutator durchgeführt, wozu zwei Skrutatoren ihr Stimmrecht auf den dritten übertragen.[1204] Eine weitere Möglichkeit ist durch die Übertragung des Wahlrechts auf eine andere Person gegeben.[1205] In den Abhandlungen des *Speculum iudiciale* finden sich zwei Formulierungen, die darauf schließen lassen, dass bei der abschließenden Wahl die Stimmenmehrheit von entscheidender Bedeutung ist.[1206] Bei der Verkündigung der Entscheidung ist auf die abweichende Formulierung zu achten: „Nachdem der Vergleich erfolgt ist, stellen wir fest, dass alle oder der größere oder der gesündere Teil unseres Kapitels oder Kollegiums im Skrutinium zu einem Konsens gelangten. Zum Bischof unserer Kirche wähle ich als Hirten ..."[1207] Da in der ersten Formulierung der größere Teil des Konvents den

---

Iterum ergo videamus si deus daret nobis gratiam quod concordare possumus." Ebd.

1202 „*Qua, inquam, collacione diligenter peracta dicent sibi invicem scrutatores: Quia invenimus, quod maior et sanior pars consentit in talem, vel si ita sit, omnes consenciunt in talem, eligamus ergo ipsum.*" JOHANNES <DE CASTELLO>: Exposicio, Cap. 64 T (clm 18154, fol. 90^r(a)).

1203 „*Si vero nulla eleccio veniat ad maiorem partem congregacionis, debent dicere ipsi scrutatores: Fratres, licet talis sit nominatus a maiori parte respectu aliarum parcium, nullus tamen reperitur nominatus a maiori parte congregacionis, et ideo eleccio subsequi non potest.*" Ebd. (Ebd., fol. 90^r(b)).

1204 „His igitur peractis duo tribuant potestatem tertio electionem pronunciandi, & publicandi nomine suo, & omnium consentientium." DURANTIS, G.: Speculum IV,1,§1,25 (S. 87a).

1205 „Si autem non fit tanta potestas scrutatoribus a capitulo data, capitulum det alicui potestatem pronunciandi & publicandi ..." Ebd., IV,1,§1,27 (S. 87b).

1206 „... quia unus debet eligere nomine omnium, uel maioris partis ..." Ebd. IV,1,§1,25 (S. 87a); „Quid si ille eligit eum, in quem omnes, uel maior pars consenserunt: canonici uero dicunt, non sic mandavimus?" Ebd. IV,1,§1,30 (S. 88a).

1207 „Forma Pronunciationis. ... in quem collatione facta reperimus omnes, uel maiorem, uel saniorem partem capituli nostri, seu collegii, in scrutinio consentisse, in

Ausschlag gibt, darf aufgrund der zweiten Wendung dieser Teil als der gesündere bezeichnet werden. Wie nun bei einer Stimmensplitterung die Entscheidung gegenüber der Minderheit zu vermitteln ist, lässt sich aus dem *Speculum iudiciale* nicht entnehmen. Offenbar wird von einer Abwägung verschiedener Qualifikationen bei mehreren Abtskandidaten abgesehen.

In den *Consuetudines castellenses* wird an zwei Stellen auf die Abtswahl eingegangen. Der erste Text geht davon aus, dass die „pars minor" dem Kandidaten des größeren und gesünderen Teils der Wählerschaft zustimmen kann.[1208] Der Prior, der in Kastl die Wahl des Nominierten zum Abt vollzieht, wählt in diesem Fall in seinem Namen, als Stellvertreter des ganzen Konvents und derer, die bei der Abtswahl über ein Wahlrecht verfügen, die nominierte Person zum Abt.[1209] Im Hintergrund des zweiten Textes steht das Problem, dass der Kandidat des größeren und gesünderen Teils der Wählerschaft beim kleineren Teil keine Zustimmung findet. Nun ist es nicht mehr der Prior allein, der diese Wahl durchzuführen hat, sondern sie kann ebenso von einer anderen Person vollzogen werden, vorausgesetzt, sie gehört zum größeren und gesünderen Teil des Konvents.[1210] Diese Möglichkeit ist offensichtlich dann zu berücksichtigen, wenn der Prior zur „pars minor" gehört. Im Wortlaut der Formel, die der Wahlmann in diesem Fall zu sprechen hat, wird dieses Problem berücksichtigt. Aus diesem Grund wird neben dem Prior der Dekan bzw. der Praepositus des Klosters erwähnt.[1211] Der Wahlmann wählt dann den Kandidaten im Namen derer, die ihn nominierten.[1212]

4.5.2.2.2 Die Wahl des Abtes durch Kompromiss

Neben der Möglichkeit, dass der Abt durch eine Skrutiniumswahl bestimmt wird, können sich die Kapitulare auch für eine Kompromisswahl entscheiden.

---

nostrum & nostrae ecclesiae episcopum eligo & pastorem ... „ Ebd. IV,1,§1,26 (S. 87b).

1208 „Deinde per priorem requiratur minor pars, utrum velint accedere ad maiorem et saniorem partem, et si eis placeat, ut ille eligatur, in quem maior pars consensit." Consuetudines castellenses, De electione abbatis (CCM 14/1, MAIER, P. (Ed.), S. 16) (Redaktion ARW).

1209 „*Idcirco ego vice mea et totius capituli ac omnium ius in ipsa electione habentium ex potestate mea, a toto capitulo tradita et concessa, praefatum religiosum virum A. invocata gratia spiritus sancti eligo Reichenbachcensi monasterio in abbatem et pastorem.*" Ebd. (Ebd.) (Redaktion R).

1210 „Si vero minor pars noluerit et renuerit maiori et saniori parti consentire, tunc facta collatione praedicta prior vel aliquis maior sanioris partis capituli utatur hic verbis." Ebd. (Ebd.) (Redaktion ARW).

1211 „*Ego prior* seu *decanus* vel *prepositus monasterii Reichenbachcensis* ..." Ebd. (Redaktion R).

1212 „*... et cum in dominum A. maior pars et sanior capituli consenserit, ipsum A; nomine meo et vice eorum, qui consenserunt in eum, hac vice et nomine monachorum omnium monasterii Reichenbachcensi ad honorem omnipotentis dei et virginis gloriosae Mariae patronae nostrae eligo in abbatem et pastorem.*" Ebd. (Ebd., S. 17) (Redaktion R).

Johannes von Kastl folgt in seinen Ausführungen Petrus Boerius. Demzufolge müssen die wahlberechtigten Mönchskleriker darin übereinkommen, welchen Personen sie ihre Vollmachten übergeben wollen. Hinsichtlich des Personenkreises der Kompromissare ist eine interessante Entwicklung festzustellen: Dem Regelkommentar des Bernardus Ayglerius entsprechend sollen die Kompromissare zuverlässige Personen sein.[1213] Petrus Boerius und der Kastler Regelkommentator schließen sich dieser Auffassung an, erweitern aber die Voraussetzungen. Zum einen dürfen im Kreis der Wähler keine Mönche aus dem eigenen Konvent zugegen sein, zum anderen sind Laien von diesem Gremium fernzuhalten.[1214] Guilelmus Durantis nach können ein oder zwei oder gar mehrere Personen das Amt eines Kompromissars übernehmen. Diese Personen können aus dem Konvent des verwaisten Klosters gewählt werden; es ist aber auch möglich, Personen, die nicht zum Konvent zählen, zu Wahlmännern zu machen.[1215] Eine andere Position findet sich in den *Consuetudines castellenses*; diesem Text nach stammen die Kompromissare aus dem Konvent.[1216] In den Wahldokumenten werden die Kompromissare mit Namen genannt. Während die *Consuetudines castellenses* die Namen mit Hilfe einzelner Buchstaben aus dem Alphabet abkürzen[1217], benutzt Petrus Boerius und in der Folge Johannes von Kastl den Begriff „talis“.[1218]

1213 „Si vero viam eligant compromissi compromittant in certas personas ...“ BERNARDUS >AYGLERIUS>: In regulam, Cap. 64 (CAPLET, A. (Ed.), S. 393); vgl. MULLER, J.-P.: Les élections abbatiales, S. 344.

1214 „*Si autem viam eligunt compromissi, compromittant in certas personas eciam extraneas* ...“ JOHANNES <DE CASTELLO>: Exposicio, Cap. 64 U (clm 18154, fol. 90r(b)).

1215 „Uocato enim capitulo, prout s.<upra> in princ.<ipio> praemissum est, committant uices suas, & transferant, & dent ius & potestatem liberam eligendi aliquibus uiris idoneis: puta uni, duobus, tribus, uel pluribus. Non enim est in hoc uis, ut probatur ex.<tra> eo.<dem> in causis. & c.<apitulum> cum dilecti. & c.<apitulum> cum in iure & c.<apitulum> causam, quae. & c.<apitulum>quia propter, de renun.<iacione> post translationem. Possunt etiam esse extra collegium, ut in praedictum capitulum causam, quae. & potest esse solus unus, ut ibidem, ita ut ipsi, uel major pars eorum nomine, & uice sua, & totius capituli per electionem canonicam, uel per nominationem solennem, uel postulationem concordem, quibus modis prouidetur ecclesiis uiduatis.“ DURANTIS, G.: Speculum IV, 1,§2,1 (S. 92a).

1216 „In nomine domini. Amen. Placuit nobis omnibus et singulis, A. priori, B. praeposito, C. subpriori totique conventui monasterii Reichenbachensis specialiter super eo requisitis, per formam compromissi praefato monasterio de abbate providere.“ Consuetudines castellenses, De electione abbatis (CCM 14/1, MAIER, P. (Ed.), S. 18) (Redaktion R).

1217 „... Deinde unanimiter nullo contradicente dederunt A. et B. et C. suis confratribus et monachis generalem, plenam, liberam et omnimodam potestatem per tot dies duraturam eligendi abbatem de se vel de ipsa congregatione, prout eis expediens videbitur ac ipsi religioni ac monasterio utile et opportunum.“ Ebd. (Ebd.) (Die Hervorhebungen in fetter Schrift stammen von mir.).

1218 „*Quorum frater* ***talis*** *de mandato et voluntate* ***predictorum talium*** *verba provisionis protulit in hunc modum. In nomine patris et filij et spiritus sancti. Amen. Ego*

Den Regelkommentaren, dem *Speculum iudiciale* und den *Consuetudines castellenses* nach erhalten die Kompromissare von den Wahlberechtigen die Vollmacht, einen Kandidaten zu wählen. Dieser Vorgang wird nur von Guilelmus Durantis näher beschrieben. Die Übertragung dieser Vollmacht muss auf eine sichere Weise geschehen. Eine geeignete Person muss sich vergewissern, ob die einzelnen Wahlberechtigten einer Kompromisswahl zustimmen. Nachdem dies erfolgte, wird über die Person beraten, die das Wahlrecht der Gemeinschaft ausüben soll. Ein geeigneter Stellvertreter des Konvents übergibt im Namen aller das Wahlrecht an den Kompromissar.[1219]

Die Aufgabe der Kompromissare besteht darin, einen Abtskandidaten zu bestimmen.[1220] Laut *Consuetudines castellenses* beraten die Kompromissare über mehrere Kandidaten. Dem Text nach zu urteilen, scheinen nicht nur die Qualifikationen der Personen ausschlaggebend zu sein, sondern auch, ob die Kompromissare einmütig hinter einem Kandidaten stehen.[1221] Eine Kompromisswahl ist folglich dann ungültig, wenn die Kompromissare den Abtskandidaten nicht frei wählen dürfen. Das heißt, dass die Kapitulare nicht vorweg einen Kandidaten bestimmen dürfen, dem die Kompromissare nur zuzustimmen brauchen. Den Kompromissaren muss also die Gelegenheit gegeben werden, mindestens unter zwei Personen einen Kandidaten wählen zu dürfen.

Aus dem *Speculum iudiciale* des Guilelmus Durantis geht nicht mit Sicherheit hervor, ob die Nominierung des Kandidaten einmütig erfolgen muss. Bei der Beschreibung der Wahl verlangt Guilelmus Durantis an einer Stelle die

---

talis *vice mea et* ***talium*** *collegarum meorum eligo talem in abbatem et pastorem nostrum et de ipso provideo huic monasterio secundum potestatem michi et prefatis collegis meis a presenti conventu datam.*" Johannes <de Castello>: Exposicio, Cap. 64 AA (clm 18154, fol. 91v(a)) (Die Hervorhebungen in fetter Schrift stammen von mir.).

1219 „Et nota, quod translatio huius potestatis in compromissarios caute fieri potest hoc modo: puta aliquis, cui hoc forte competit ex officio, uel ex mandato capituli, uel etiam, qui hoc sibi assumit, non contradicente capitulo, quaerat a singulis, si placet eis per uiam procedere compromissi: singulorum autem consensu requisito & habito, tractabitur de persona, cui committatur, deinde singulorum autem consensibus super hoc etiam requisitis, & in unam personam, cui committatur, conuenientibus, unus, cui hoc ex officio, uel mandato capituli competat, dicet: ego uice capituli & mandato, si ad hoc habet mandatum, committo, seu do potestatem tali providendi nostrae ecclesiae de pastore. Nec etiam forte malum est, si dicat: Nos capitulum damus potestatem tali." Durantis, G.: Speculum IV,1,§2,4 (S. 93a).

1220 „Promittentes singuli et universi, quod ipsi recipiant in suum abbatem, quem praedicti tres aut maior pars duxerit eligendum." Consuetudines castellenses, De electione abbatis (CCM 14/1, Maier, P. (Ed.), S. 18) (Redaktion ARW).

1221 „Accepta igitur potestate huiusmodi recipiant se ad partem et tractatu praehabito de pluribus personis, tandem concedant in A., in abbatem praedicti monasterii eligendum. ... nos post diversos tractatus multiplicium personarum, divina nobis demonstrante gratia, in A. dreximus concorditer vota nostra, virum utique providum ..." Ebd., S. 18 f.

Einmütigkeit der Wahlmänner[1222]; an anderen Stellen geht er auf ein Schriftstück ein, in dem die Kompromisswahl protokolliert wurde. Dort spricht er wiederholt von allen bzw. vom größeren Teil der Kompromissare, die den Kandidaten nominiert und zum Vorsteher gewählt haben.[1223]

Diesen Ausführungen nach unterscheidet man zwischen Bestimmung des Abtskandidaten und dessen Wahl. So findet sich dieser Unterschied nicht nur bei Guilelmus Durantis, sondern auch in den *Consuetudines castellenses.* Die Kompromissare wählen nicht, sondern bestimmen nur einen Kandidaten, der zu wählen ist. Die Wahl des Abtskandidaten zum Abt erfolgt dann durch einen Kompromissar, der als Stellvertreter der Wahlmänner und des ganzen Konvents handelt.[1224]

1222 „Compromissarij ergo recepta hujusmodi potestate trahant se in partem, ut in prae.<allegato> c.<apitulo> in causis. & adinuicem deliberent, & conferant de bona persona: & si **concordauerint**, redeant ad capitulum: praemissis per ordinem obseruatis, unus eorum electionem pronunciet & publicet. ... ac ipsi ibidem non possunt omnes eligere simul: sed nec unus ex pluribus compromissarijs, qui uice sua & sociorum prouidet, formet verba in plurali dicens: Nos uice nostra & capituli prouidemus de tali: uel, eligimus talem. quia propter hoc fuit quaedam electio cassata. ... Forma pronunciationis. In nomine patris & filij & spiritus sancti, amen. Anno, mense, & die talibus, ego talis de uoluntate & consensu talium collegarum meorum, in quos **unanimiter** compromissum fuit a capitulo nostro, & in quos potestatem prouidendi ecclesiae de pastore transtulerunt, (sicut est superius prolatum) uice mea & ipsorum & omnium aliorum in electione ius habentium, & hic praesentium, & ex potestate & auctoritate supra dicta mihi & collegis meis concessa, inuocata Spiritus sancti gratia, talem, in quem simul nos tales conuenimus, in nostrum & nostrae ecclesiae episcopum eligo & pastorem, & de ipso prouideo dictae ecclesiae in pastorem, ipsam electionem in scriptis & solenniter publico in communi. ... „ DURANTIS, G.: Speculum IV,1,§2,7.8 (S. 93a–93b) (Die Hervorhebungen in fetter Schrift stammen von mir.).

1223 „Forma decreti. ... dedimus plenam & liberam unanimiter potestatem tali, uel talibus uiris fidelissimis, ut idem, uel **maior pars** ipsorum uice sua & nostra per electionem canonicam, uel nominationem solennem, seu postulationem concordem ecclesiae nostrae supra dictae uacanti, prout conueniret, inter se Deum bonumque statum ipsius ecclesiae habentes prae oculis, de person idonea prouiderent, omnem potestatem nostram, & uicem eis super hoc committentes, ita quod unus ipsorum de consensu aliorum compromissariorum, uel **maioris partis** eorum, uice sua, & collegarum, & nostra, illum, in quem omnes ipsi, uel maior pars eorum conuenierent, eligerent, & electionem solenniter in nostra praesentia publicarent. ... Item, si **maior pars** ipsorum unanimiter conuenerunt, uirum utique plene ... „ Ebd., IV,1,§2,9.10 (Ebd.) (Die Hervorhebungen in fetter Schrift stammen von mir.).

1224 „*Et, si per viam fuerit compromissi processum, unus de compromissarijs vice omnium dicat: In nomine patris etc. Ego talis vice talium sociorum meorum et mea, quibus est a toto conventu huius monasterij providendi commissa potestas, de tali fratre provideo huic monasterio. Et ipsum vice mea et sociorum meorum et aliorum presencium ius in eleccione habencium cum hys scriptis in abbatem eligo et pastorem.*“ JOHANNES <DE CASTELLO>: Exposicio, Cap. 64 U (clm 18154, fol. 90r(a)–90r(b)); „In nomine patris & filij & spiritus sancti, amen. ... inuocata Spiritus sancti gratia, talem, in quem simul nos tales conuenimus, in nostrum & no-

4.5.2.2.3 Die Wahl des Abtes durch Inspiration

Neben der Wahl des Abtes durch Skrutinium und Kompromiss sieht das Dekret *Quia propter* des IV. Laterankonzils eine Wahl durch göttliche Eingebung vor. Es heißt dort wörtlich: „Eine Wahl kann auf keine andere Weise durchgeführt werden, ausgenommen sie wird von allen gemeinsam aufgrund göttlicher Eingebung unter Absehung der Sünde vorgenommen."[1225] Der Wahlvorgang und die theologische Interpretation gehen von den Begriffen „communiter", „ab omnibus", „per inspirationem divinam" und „absque vitio" aus.

In der Einleitung zur Inspirationswahl werden bei Johannes von Kastl und Petrus Boerius die Mönche aufgefordert, zunächst einen Abt durch Inspirationswahl zu bestimmen. Ohne eine Vorbesprechung kommen die Mönchskleriker zur Wahl zusammen. Indem sie nun mit einer Stimme rufen „Ich wähle jenen. Ich wähle dich", kommen sie aufgrund der göttlichen Offenbarung überein, nominieren und wählen die betreffende Person. Entscheidend ist an dieser Stelle die Form des Rufes.[1226] Bei dieser Konzeption folgen die beiden Regelkommentatoren den Ausführungen des Bernardus Ayglerius.[1227] In seiner *Expositio* legt er zunächst die Reihenfolge der Wahlformen dar, wie sie sich im Dekret *Quia propter* findet. Dort wird die Wahl durch Inspiration an dritter Stelle genannt. Bernardus Ayglerius sieht in dieser Reihenfolge eine

---

strae ecclesiae episcopum eligo & pastorem, & de ipso prouideo dictae ecclesiae in pastorem, ipsam electionem in scriptis & solenniter publico in communi." DURANTIS, G.: Speculum IV,1,§2,8 (S. 93b); zur Aussage: „... inuocata Spiritus sancti gratia ..." vgl. WRETSCHKO, A.: Die electio communis, S. 357; „Ita tamen, quod, postquam de persona in abbatem eligenda concordes fuerint, unus ex eis de mandato aliorum vice sua ac ipsorum et totius capituli personam eandem eligat in communi et provideat de eadem." Consuetudines castellenses, De electione abbatis (CCM 14/1, MAIER, P. (Ed.), S. 18) (Redaktion ARW); „... Unde ego A., vice mea et dictorum monachorum confratrum meorum, de mandato ipsius ac vice totius capituli, praedictum N. eligo in abbatem et pastorem monasterii, et eidem monasterio provideo de eodem. Reliqua fiant ut supra." Ebd. (Ebd., S. 19); vgl. WRETSCHKO, A.: Die electio communis, S. 383.

1225 „... aliter electio facta non valeat, nisi forte communiter esset ab omnibus quasi per inspirationem divinam absque vitio celebrata ..." Concilium Lateranense IV, Cap. 24 (COD, S. 246) (Unter anderen Wahlformen sind hier die Wahlen durch Skrutinium und Kompromiss gemeint. Anm. d. Verf.) .

1226 „*Nota tamen, quod primo et ante omnia debent temptare fratres et videre, si per inspiracionem placeret deo monasterio provideri, ut, si nullo tractatu speciali preeunte, dum ad eligendum fratres conveniunt, quasi divina revelacione omnes in aliquem repente consentirent et simul eum nominarent et eligerent una voce dicentes: Eligo talem. Eligo te. ... Ex quo simul omnes fratres uno spiritu et una voce eligunt, non est vis, sive dicant: Eligo sive Eligimus. Nec plures voces* erunt singulorum, *ymo debet una et communis censeri propter unanimes voluntates et voces, nec est necesse, ut detur alicui potestas ipsius eligendi.*" JOHANNES <DE CASTELLO>: Exposicio, Cap. 64 AB (clm 18154, fol. 91v(a)-91v(b)).

1227 Eine Zusammenfassung dieser Wahlform findet sich auch bei MULLER, J.-P.: Les élections abbatiales, S. 344 f.

Wertung. Der Primat des Heiligen Geistes legitimiert ihn, der Wahl durch göttliche Eingebung den Vorrang zu geben. Daran schließt sich die Kompromisswahl an, da sie vom größeren Teil gewünscht wird. An letzter Stelle ist die Skrutiniumswahl zu setzen. Sie ist dann zur Anwendung zu bringen, wenn die ersten beiden Wahlformen fehlschlagen.[1228] Von diesem theologischen Hintergrund aus betrachtet wird seiner Meinung nach im Dekret *Quia propter* das Pferd von hinten aufgezäumt.[1229] Da nur wenige Prälaten durch eine Inspirationswahl ermittelt werden können, stellt sich für Bernardus Ayglerius das Problem, geeignete Formulierungen für die Wahldokumente zu finden.[1230] Diese Frage lösen Johannes von Kastl und Petrus Boerius dadurch, indem sie auf das *Speculum iudiciale* des Guilelmus Durantis zurückgreifen.[1231]

Die Wahl des Abtes durch göttliche Inspiration erfolgt dadurch, dass die Wähler, nachdem sie den Versammlungsraum betreten haben, einmütig rufen: „Ich wähle N."[1232] Guilelmus Durantis fordert dabei eine gleichlautende Formel ein. Entweder sagen die Wähler „Ich wähle N." oder „Wir wählen N."[1233] Die gleichlautende Formel ist deswegen von Bedeutung, weil die Wähler aus einem Munde d. h. mit einer Stimme und aus einem Geist wählen sollen.[1234] Die Einmütigkeit bei der Wahl erweist sich im Gleichlaut der Willensäußerungen bzw. der Stimmen.[1235]

1228 „Et notandum quod primo et ante omnia debent temptare fratres et videre si per inspirationem placeret deo monasterio provideri ... cum in illa constitutione. quia propter. prima via scrutinii. secunda compromissi. tertia quasi per inspirationem nominetur. et ego primam hic per inspirationem. secundam per compromissum. tertiam vero et ultimam per scrutinium duabus aliis deficientibus dico sequendam. quia si deus inspiraret. illam que ultima ponitur, procul dubio prima esset, que nullo facienda est precedente tractatu." BERNARDUS <AYGLERIUS>: In regulam, Cap. 64, (CAPLET, A. (Ed.), S. 397).

1229 „Verumtamen non mireris si videor hic frenum a cauda posuisse." Ebd.

1230 „... et tunc secundum modum et formam assumptionis esset formandum decretum. in quo conficiendo certam formam dare non possum. quia non invenio in iure certam formam procedendi expressam." Ebd.

1231 „*Et nota, quod in huius*modi *eleccionibus quidam, ut speculator, cum decreto ponunt superiori litteram dirigendam.*" JOHANNES <DE CASTELLO>: Exposicio, Cap. 64 AB (clm 18154, fol. 91v(b)).

1232 „In electione ergo per quasi inspirationem facta, sic notat quod si dum canonici primo intrant capitulum, ... dicentes una voce, Eligo T., eligo T. talis electio dicitur per inspirationem facta: & valet, & tenet, licet ex vocibus singularibus facta ..." DURANTIS, G.: Speculum IV,1,§3,1 (S. 94b).

1233 „... non est vis, sive dicant Eligo sive Eligimus. nec erunt plures electiones & singulares: imo debet una & communis censeri propter unanimes voluntates & voces." Ebd., IV,1,§3,3 (S. 95a); vgl. WRETSCHKO, A.: Die electio communis, S. 381.

1234 „Et ex quo simul omnes canonici uno spiritu & una voce eligunt ..." DURANTIS, G.: Speculum IV,1,§3,2 (Ebd.).

1235 „... nec erunt plures electiones & singulares: imo debet una & communis censeri propter unanimes voluntates & voces." Ebd., IV,1,§3,3 (Ebd.).

Einer Inspirationswahl darf keine Besprechung vorangehen.[1236] Die Wahl darf durch keine menschlichen Eingriffe bedingt sein. Die Wahlurkunden vermitteln den Eindruck, dass zwischen dem Konsens der Wähler und der Wahl unterschieden wird. Nach dem *Speculum iudiciale* des Guilelmus Durantis enthält eine Inspirationswahl die Nomination, den Konsens und die Wahl.[1237]

Da die Willensäußerung überraschend und unerwartet geschieht, ist die Inspirationswahl mit keiner Vorbereitung verbunden.[1238] Im Hintergrund stehen wohl die göttlichen Offenbarungen im Neuen Testament: So erscheinen bei der Geburt Jesu die Engel den Hirten plötzlich, „subito".[1239] Beim Pfingstereignis entstand vom Himmel her unerwartet, „repente", ein Sturm.[1240] Bei der Bekehrung des Paulus erscheint plötzlich („subito") das göttliche Licht.[1241] Während eines starken Erdbebens, das unerwartet („subito") auftritt, werden Paulus und Silas befreit.[1242] Gott greift demzufolge überraschend und unerwartet ein. In diesem Geschehen äußert er sich verbal: Die Engel auf dem Hirtenfeld loben Gott mit den Worten: „Verherrlicht ist Gott in der Höhe ..."[1243] Motiviert durch den Heiligen Geist beginnen die Jünger, die in einem Haus zusammengekommen waren, in verschiedenen Sprachen zu sprechen.[1244] Je-

---

1236 „... nullo speciali tractatu praecedente ..." Ebd., IV,1,§3,1 (S. 94b); „... quia si deus inspiraret. illam que ultima ponitur, procul dubio prima esset, que nullo facienda est precedente tractatu." BERNARDUS <AYGLERIUS>: In regulam, Cap. 64 (CAPLET, A. (Ed.), S. 397);"... *Nota tamen, quod primo et ante omnia debent temptare fratres et videre, si per inspiracionem placeret deo monasterio provideri, ut, si nullo tractatu speciali preeunte, dum ad eligendum fratres conveniunt* ..." JOHANNES <DE CASTELLO>: Exposicio, Cap. 64 AB (clm 18154, fol. 91v(a)).

1237 „...quasi divina revelatione omnes in aliquem repente consentiunt, & simul eum nominant, & eligunt, dicentes una voce, Eligo T., eligo T. talis electio dicitur per inspirationem facta." DURANTIS, G.: Speculum IV,1,§3,1 (S. 94b).

1238 „*ut, si nullo tractatu speciali preeunte, dum ad eligendum fratres conveniunt, quasi divina revelacione omnes in aliquem repente consentirent*" JOHANNES <DE CASTELLO>: Exposicio, Cap. 64 AB (clm 18154, fol. 91v(a)); „*Sic forma decretum: In nomine, ut supra usque in ordinando abbatem iunge: Unusquisque nostrum, quorum subscripciones inferius continentur, divina inspiracione repente nulla nominacione nulloque tractatu alio precedente in talem utique virum providum etc. consensit*" Ebd. (Ebd., fol. 91v(b)).

1239 „Et subito facta est cum angelo multitudo militiae caelestis laudantium Deum et dicentium ..." Lc 2,13.

1240 „erant omnes pariter in eodem loco, et factus est repente de caelo sonus tamquam advenientis spiritus vehementis ... et repleti sunt omnes Spiritu Sancto et coeperunt loqui aliis linguis prout Spiritus Sanctus dabat eloqui illis." Act. 2,1.2.4.

1241 „Et cum iter faceret contingit ut adpropinquaret Damasco et subito circumfulsit eum lux de caelo ..." Act. 9,3; vgl. Act. 22,6.

1242 „Media autem nocte Paulus et Silas adorantes laudabant Deum et audiebant eos qui in custodia erant subito vero terraemotus factus est magnus, ita ut moverentur fundamenta caceris et aperta sunt statim ostia omnia ..." Act. 16,26 f. .

1243 Vgl. Lc 2,14.

1244 Act. 2,4.

sus spricht Paulus mit den Worten an: „Saul, Saul, warum verfolgst du mich?“[1245] Nachdem Paulus und Silas die Fesseln abgefallen waren, kann der Völkerapostel den Gefängniswächter mit den Worten „Tu dir nichts an! Wir sind alle noch da“[1246] vom Selbstmord abhalten. Der göttliche Wille ergeht in einer konkreten Botschaft unerwartet an die Menschen. Der göttliche Wille äußert sich bei einer Inspirationswahl unerwartet und führt die Wählerschaft zu einem gemeinsamen Votum.

Gemäß dem Wahldekret hat die Versammlung der Wählerschaft vollständig zu sein.[1247] Auch hier scheint das biblische Fundament durch, von dem die Apostelgeschichte spricht. Bis zur Steinigung des Stephanus waren alle Jünger zusammen; mit der einsetzenden Verfolgung beginnt dann deren Zerstreuung.[1248] Die Nachwahl des Matthias geschieht also in Gegenwart aller Jünger.

Die einmütige Willensäußerung des vollständig versammelten Wahlgremiums gilt als ein weiteres Zeichen der Anwesenheit Gottes. Vorbild der „unanimitas“ wie auch der „concordia“ ist wiederum die Urgemeinde. Die ersten Jünger vollziehen die religiösen Akte in Einmütigkeit: Einmütig beten sie zu Gott.[1249] Im Tempel und in der Halle Salomos versammeln sie sich einmütig.[1250] Gott ist es, der den Christen zu diesen religiösen Akten die Einmütigkeit schenkt.[1251]

In der theologischen Interpretation der Inspirationswahl betrachten die Kanonisten die einmütige Willensäußerung als eine göttliche Offenbarung. Aus diesem Grund darf es bei einer Inspirationswahl keine Gegenstimme geben.[1252]

1245 Act. 9,4.

1246 Act. 16,28.

1247 „... aliter electio facta non valeat, nisi forte communiter esset ab omnibus quasi per inspirationem divinam absque vitio celebrata ...“ Concilium Lateranense IV, Cap. 24 (COD, S. 246); „... *quasi divina revelacione omnes in aliquem repente consentirent* ...“ JOHANNES <DE CASTELLO>: Exposicio, Cap. 64 AB (clm 18154, fol. 91ᵛ(a)); „*Ex quo simul omnes fratres uno spiritu et una voce eligunt*“ Ebd., (Ebd., fol. 91ᵛ(b)); „... *et eum una voce simul ac unamiter omnes et singuli in abbatem et pastorem ipsius monasterij elegerunt*“ Ebd. (Ebd.); „... quasi divina revelatione omnes in aliquem repente consentiunt, & simul eum nominant, & eligunt ...“ DURANTIS, G.: Speculum IV,1,§3,1 (S. 94b); „Et ex quo simul omnes canonici uno spiritu & una voce eligunt ...“ Ebd., IV,1,§3,2 (S. 95a).

1248 Vgl. Act. 8,1.

1249 „Hii omnes erant perseverantes **unianimiter** in oratione cum mulieribus et Maria matre Iesu et fratribus eius.“ Act. 1,14; „Qui cum audissent **unianimiter** levaverunt vocem ad Deum et dixerunt ...“ Act. 4,24 (Die Hervorhebungen in fetter Schrift stammen von mir.).

1250 „Cotidie quoque perdurantes **unianimiter** in templo ...“ Act. 2,46; „Et erant **unianimiter** omnes in porticu Salomonis.“ Act. 5, 12 (Die Hervorhebungen in fetter Schrift stammen von mir.).

1251 „Deus autem patientiae et solacii det vobis id ipsum sapere in alterutrum secundum Iesum Christum ut unianimes uno ore honorificetis Deum et Patrem Domini nostri Iesu Christi.“ Rm 15,5 f. .

1252 „*Uno tamen contradicente talis eleccio non procedit; eodem tytulo, Quia propter.*“ JOHANNES <DE CASTELLO>: Exposicio, Cap. 64 AB (clm 18154, fol. 91ᵛ(b)).

Johannes von Kastl berücksichtigt diesen Aspekt, indem er sich auf dessen ekklesiologischen Hintergrund bezieht. Das Argument, dass der Allerhöchste seine Freude an der Eintracht hat[1253], entnimmt er einem Gesetz des *Decretum Gratiani.* Die „concordia" besteht hier im einvernehmlichen Handeln des Metropoliten mit seinen Suffraganbischöfen.[1254] In den Sachfragen bewirkt „concordia" die Überwindung von starken Gegensätzen und ermöglicht so eine einheitliche Verherrlichung Gottes in den verschiedenen Teilkirchen.[1255]

Die „concordia" wird nur dadurch erreicht, wenn der Obere immer wieder das verbindende Ziel des Konvents deutlich macht. Entscheidend ist die Liebe des Oberen zur einzelnen Person. Die Erfahrung dieser Liebe bewegt den Einzelnen, das Gemeinwohl vor sein eigenes Wohlergehen zu stellen. Johannes von Kastl bezeichnet eine solche Umgangsform als Band des Friedens und der Einmütigkeit.[1256] Aus der Vielheit, die durch die Personen gegeben ist, entsteht durch ein solches Wirken die Einheit des Leibes.[1257] Dieses Bemühen um die Mönche kommt besonders deutlich in der Lehrtätigkeit des Abtes zum Ausdruck. In seinem Reden soll der Abt die Mitbrüder zur Liebe motivieren und nicht zum Streit. Er soll die Mitbrüder zur Eintracht führen, was ihm dadurch gelingt, dass er sie nicht misshandelt, sondern ihnen gerecht zu werden versucht.[1258] Nach Johannes von Kastl kann der Heilige Geist die Theologen verschiedener Lehrmeinungen zur Einstimmigkeit bewegen. Deren „concordia" und darüber hinaus die Nächstenliebe und das Verstehen der Eheleute wertet er als ein Zeichen des Heiligen Geistes.[1259]

Hinsichtlich der Bestätigung dieser Wahl zeigt sich eine interessante Entwicklung. Guilelmus Durantis sieht keine Notwendigkeit, die Wahl durch den

---

1253 „Cuius voluntatem haud dubium perficient, primo si concorditer eligant, quia *concordia gaudet altissimus, 9 q. 3, Archiepsicopus* ..." Ebd., Cap. 64 Q (Ebd., fol. 88r(a)).

1254 „Archiepiscopus nichil de episcoporum causis aut aliis communibus causis iuxta statuta apostolorum absque cunctorum illorum agat consilio, nec illi assumant, nisi quantum ad suas pertinet parrochias, sine suo consensu ..." Grat. 9,3,5 (Fr. S. 607).

1255 „..., quoniam tali gaudet concordia Altissimus, et gloriatur in membris suis." Ebd.

1256 „Laudatur enim quis, si personam diligit singularem; cum ergo bonum subditorum sit divinius, quam bonum aliquod singulare." JOHANNES <DE CASTELLO>: Exposicio, Cap. 64 DL (clm 18154, fol. 116v(b)).

1257 „Ipsa materia circa quam prelatus operatur, que est multitudo subditorum et illa inducit eius premium esse magnum, si tamen eandem multitudinem in vinculo pacis et concordie unum facit corpus." Ebd. (Ebd.).

1258 „Sit igitur prelati doctrina caritatis inflammativa, non litigiosa, concordie inductiva, non contumeliosa." Ebd., Cap. 64 H (Ebd., fol. 84v(a)–84v(b)).

1259 „Quis ergo dubitet, quin hoc a spiritu sancto sit, in quo tres tanti doctores uno ore concordant etc." Ebd., Cap. 64 CC (Ebd., fol. 107v(a));"... quia *in tribus* bene*placitum est spiritui* dei: In *concordia fratrum, amor*e *proximorum et viro et mulier*e *sibi consencient*ibus, *Ecclus. 25.*" Ebd., Cap. 64 Q (Ebd., fol. 88r(a)).

Oberen zu bestätigen.[1260] Er versteht dabei das Wirken des Heiligen Geistes als eine „benedictio“, die aufgrund ihrer Wirkung gewichtiger einzuschätzen ist als die „confirmatio“. Eine Wahl, die durch Inspiration zu einer Einstimmigkeit geführt hat, steht demzufolge nicht unter den Ansprüchen der Gesetze, sondern unter dem Geist.[1261]

Wenngleich das Wirken des Heiligen Geistes durch die Wählerschaft so eindeutig ist und eine Bestätigung nicht notwendig erscheint, möchte Guilelmus Durantis die rechtliche Absicherung durch eine Konfirmationsurkunde nicht missen. Ausschlaggebend ist für ihn ein moraltheologisches Argument: Da die Laster oft mit den Tugenden vertauscht werden, ist es sinnvoll, die Motivation der Wähler prüfen zu lassen.[1262] In dem Formular, das der Speculator in seinem *Speculum iudiciale* anführt, wird von der Wahlprüfung abgesehen und nur um die „confirmatio“ des Gewählten gebeten.[1263]

Bei einer abschließenden längsgeschichtlichen Betrachtung dieser Wahlform lässt sich eine gewisse Reserviertheit gegenüber der Inspirationswahl erkennen. Diese Zurückhaltung wird in zwei Phänomenen greifbar. Da es offensichtlich nicht immer reine Motive waren, die die Mönche veranlassten, einen Abt durch eine Inspirationswahl zu bestimmen, schied diese Wahlform für manche Konvente aus. So wird die Inspirationswahl in den *Consuetudines castellenses* gar nicht erwähnt. Aber selbst dort, wo sie noch als eine mögliche Wahlform betrachtet wurde, kommt das theologische Argument, das von einer Notwendigkeit der Bestätigung der Wahl absieht, nicht zur Sprache. Am Ende der Entwicklung steht die Bitte um die „confirmatio“ des Kandidaten durch den Bischof.

4.5.2.3 Die abschließenden Handlungen der Abtswahl

4.5.2.3.1 Die Prozession in die Kirche

Nach Johannes von Kastl wird der gewählte Abt feierlich in die Kirche geleitet. Während der Prozession in die Kirche wird der Hymnus „Te Deum Lau-

1260 „Quinimo si de hac divina inspiratione constaret, non esset necessaria confirmatio: quia non est sub lege talis electio, ut praedixi, quia maior est uis benedictionis, quam naturae, de consec.<ratione> distinct.<io> 2. reuera. prope finem.“ DURANTIS, G.: Speculum IV,1,§3,1 (S. 94b).

1261 „... talis electio dicitur per inspirationem facta: & valet, & tenet, licet ex vocibus singularibus facta: quia spiritu Dei aguntur, non sunt sub lege, extra de renun.<accione> nisi cum pridem, § verum, & 19. q. 2. duae.“ Ebd. (Ebd.).

1262 „Nam virtus apparens, quandoque apud Deum virtus non est, de poe.<nitencia> dist.<inccio> 2. citius. & vitia se saepe virtutes esse mentiuntur, ut 41. dist.<inccio> saepe & ex.<tra> de haeretic.<is> excommunicamus. 1. § quia vero non. Ideo dico, quod debet confirmari, & examinari, an haec missio sit spiritualis.“ Ebd., IV,1,§3,2 (S. 95a).

1263 „... beatitudini igitur vestrae duximus unanimiter supplicandum, ut electionem ipsam tam miraculose & tam mirabiliter celebratam dignemini confirmare ...“ Ebd., IV,1,§3,4 (Ebd.).

damus“ gesungen, zuvor wurden die Türen geöffnet und die Glocken geläutet.[1264] In der Kirche angelangt wirft sich der Gewählte vor dem Altar zu Boden und verharrt dort im Gebet.[1265] Aus den Texten geht dabei nicht hervor, um welchen Altar es sich handelt. Es ist davon auszugehen, dass unter dem Altar der Hochaltar zu verstehen ist; denn die Installation, die sich anschließt, findet im Chor statt.

Nach dem Abschluss des Hymnus betet der Prior oder eine andere Person das „Kyrie eleison“ und das Vater unser. Darauf folgen die Versikel „Confirma hoc deus“ und „A Domino factum est illud“, worauf das Gebet „Acciones nostras“ gebetet wird.[1266] Vergleicht man die Ausführungen des Petrus Boerius bzw. des Johannes von Kastl mit dem Text aus dem Regelkommentar des Bernardus Ayglerius, so sind mehrere Veränderungen zu erkennen. Bei Bernardus Ayglerius erfolgen die Prozession und die Installation des neu Gewählten unter Ausschluss der Öffentlichkeit, da keine Glocken geläutet werden und die Türen geschlossen bleiben.[1267] Zu den im Kastler Regelkommentar genannten Versikeln und Gebeten wird in Montecassino noch die Oration: „Omnipotens sempiterne Deus miserere famulo tuo“ gebetet.[1268]

4.5.2.3.2 Die Installation des Gewählten

Nach den Gebeten, die vor dem Hochaltar über den prosternierenden Gewählten gesprochen werden, steht dieser auf. Nach Bernardus Ayglerius wird der gewählte Abt zunächst zu einem Sitz, später zu einem Platz im Kapitel ge-

---

1264 „*Electus autem suscipiatur a maioribus monastery personis et in ecclesiam solempniter decantando Te Deum laudamus, campanis pulsatis ianuisque apertis deportetur.*“ JOHANNES <DE CASTELLO>: Exposicio, Cap. 64 X (clm 18154, fol. 90r(b)); vgl. BOERIUS, P.: Regula cum glossa, Cap. 64 (Ms 155, fol. 227r(b)).

1265 „... et ante altare ducatur. qui electus usque ad finem hympni devote in oratione debet esse ante altare prostratus.“ BERNARDUS <AYGLERIUS>: In regulam, Cap. 64 (CAPLET, A. (Ed.) S. 394); „*Qui quidem electus usque ad finem ympni devote in oracione debet esse coram altari prostratus.*“ JOHANNES <DE CASTELLO>: Exposicio, Cap. 64 X (clm 18154, fol. 90v(a)–90v(b)).

1266 „... post cuius hympni expletionem dicto Kyrie leyson et oratione dominica, subiungit prepositus vel decanus aut sacerdos capitula. confirma hoc deus quod operatus es in nobis. Item a domino factum est istud. et orationem. actiones nostras quesumus domine aspirando preveni. et item. omnipotens sempiterne deus miserere famulo tuo.“ BERNARDUS <AYGLERIUS>: In regulam, Cap. 64 (CAPLET, A. (Ed.) S. 394); „*Post cuius ympni complecionem, dicto kyrieleyson et oracione dominica subiungit prior vel alius* sui loco *ver*siculus: *Confirma hoc deus; Item: A domino factum est illud; et oracionem: Acciones nostras.*“ JOHANNES <DE CASTELLO>: Exposicio, Cap. 64 X (clm 18154, fol. 90v(a)–90v(b)).

1267 „Electus autem suscipiatur a maioribus monasterii personis et in ecclesia deportetur. et hympnus te deum laudamus sollempniter decantetur.“ BERNARDUS <AYGLERIUS>: In regulam, Cap. 64 (CAPLET, A. (Ed.) S. 394).

1268 Vgl. ebd.

führt.[1269] Es bleibt leider unklar, ob es sich hier um einen speziellen Platz im Kapitelsaal oder bereits um den Abtssitz, „sedes abbatialis“, handelt. Im Gegensatz dazu wird bei Petrus Boerius wie bei Johannes von Kastl der neue Abt nicht zu seinen künftigen Platz, sondern zu einem eigenen Sitz im Chor gebracht.[1270] Begründet wird dies durch einen Hinweis auf eine Dekretale von Innozenz III. Derzufolge kommt es nicht dem Kanzler, sondern dem Archidiakon zu, die zu Weihenden dem Bischof vorzustellen, die Kandidaten zu prüfen und sie auf den Abts- bzw. Äbtissinnensitz einzuweisen.[1271] Offensichtlich war im Konvent keine Person befugt, den Gewählten auf den Abtsplatz im Chorgestühl einzuweisen. Für die Ausführung der Amtsgeschäfte ist die Installation auf den Abtsplatz jedoch nicht zwingend notwendig, wie einem Capitulum aus dem *Decretum Gratiani* zu entnehmen ist. Dort wird auf die Inthronisation des Papstes verwiesen. Damit es bei ungünstigen Umständen – Kriegszeiten oder Verfolgung – zu keinem Verzug in der Regierung der Kirche kommt, kann auf diesen Rechtsakt auch verzichtet werden.[1272]

In den Kastler Brauchtexten gestaltet sich der Vorgang der Installation etwas anders: Der Neugewählte wird von den Senioren unter Psalmengesang in die Kirche geführt. Dort wirft er sich vor den Altarstufen zu Boden und bleibt dort liegen, bis der Psalm 67 und seine Antiphon beendet werden. Nach dem Vers „Et veniat super nos misericordia tua“ und dem Gebet „Actiones nostras“ wird er auf den Abtsthron installiert, wobei nicht klar ist, wer diese Amtshandlung durchführt. Darauf folgt der Hymnus „Te Deum laudamus“, das

---

1269 „... qua finita surgat electus et collocetur in sede. deinde ducatur ad sedem capituli.“ BERNARDUS <AYGLERIUS>: In regulam, Cap. 64 (CAPLET, A. (Ed.) S.394).

1270 „*Qua finita surgat electus et collocetur in sede chori propria, non autem in sede abbaciali* ...“ JOHANNES <DE CASTELLO>: Exposicio, Cap. 64 X (clm 18154, fol. 90v(a)–90v(b)); BOERIUS, P.: Regula cum glossa, Cap. 64 (Ms 155, fol. 227r(b)).

1271 „Nec [etiam] fuit sufficienter probatum, quod cancellarius ex officio suo exerceat spiritualia memorata, quum ea potius de iure communi ad archidiaconi spectent officium, repraesentare videlicet ordinandos episcopo, et illos examinare, ponere abbates et abbatissa in sede.“ X 1,23,9 (Fr. 152); „In quadam vero nostra constitutione iam alia vice nos meminimus expressisse, quod institutio corporalis tam super beneficiis quam etiam dignitatibus ad ipsum debeat pertinere, examinatio etiam clericorum, si fuerint ad sacros ordines promovendi; et hoc idem in collationibus beneficiorum credimus observandum, ut qui beneficiis ecclesiasticis praeficiendi fuerint a suo prius examinentur archidiacono, et per ipsum postmodum episcopo praesententur.“ X 1,23,7,§5 (Fr. 151); Vgl. SCHULTE, F.: Lehrbuch des katholischen Kirchenrechts, S. 258.

1272 „Plane, postquam electio fuerit facta, si bellica tempestas vel qualiscumque hominum conatus malignitatis studio restiterit, ut is, qui electus est in apostolica sede iuxta consuetudinem inthronizari non valeat, electus tamen sicut papa auctoritatem obtineat regendi sanctam Romanam ecclesiam et disponendi omnes facultates illius, quod beatum Gregorium ante suam consecreationem fecisse cognoscimus.“ JASPER, D.: Das Papstwahldekret, S. 105a f.

Läuten der Glocken und der Oboedienzerweis der Mönche, der im Friedenskuss besteht.[1273]

4.5.2.3.3 Die Publikation der Wahl

Das Wahldekret *Quia propter* des IV. Laterankonzils verbietet, dass heimlich gewählt wird; nach einer raschen Durchführung der Wahl ist diese in einer feierlichen Form zu veröffentlichen.[1274]

Laut Regelkommentar des Petrus Boerius und des Johannes von Kastl hat nach der Installation die Publikation der Wahl vor dem Klerus und dem Volk zu erfolgen. Dabei wird der ganze Vorgang der Abtswahl vorgelesen.[1275] Bernardus Ayglerius sieht nach der Installation keine Publikation der Wahl vor. Im Gegensatz dazu stehen die *Consuetudines castellenses*, die eine öffentliche Bekanntgabe vorschreiben.[1276]

Das *Speculum iudiciale* des Guilelmus Durantis schafft gleichsam einen Verständnishintergrund, der es ermöglicht, die anscheinend widersprüchlichen Rechtspraktiken der verschiedenen Regelkommentare in einem Zusammenhang zu sehen. Laut Guilelmus Durantis wird in der Publikation der Wahlvorgang dargelegt.[1277] Das Läuten der Glocken steht in engem Zusammenhang mit der Veröffentlichung des Wahlergebnisses.[1278] Die Zitatangaben, die er zu

---

1273 „Et sic psallendo deducitur electus per seniores in ecclesiam. Ibique iacet prostratus ad gradus, donec psalmus finiatur et antiphona cum oratione dominica. Dictoque versu *Et veniat super nos misericordia tua* sequatur oratio *Actiones nostras.* Post haec statuitur in loco domini abbatis et cantor imponit ympnum *Te deum laudamus* et consequenter incipit custos pulsare ad maiores campanas. Eadem etiam hora ad secundum praedicti ympni versum singuli fratres incipientes a priore praemissa reverenti supplicatione in signum pacis et caritatis osculantur electum.“ Consuetudines castellenses, De electione abbatis (CCM 14/1, MAIER, P. (Ed.) S. 20) (Redaktion ARW).

1274 „Electiones quoque clandestinas reprobamus, statuentes ut, quam cito electio fuerit celebrata, solemniter publicetur.“ Concilium Lateranense IV, Cap. 24 (COD, S. 247).

1275 „*Installacione facta huius*modi *debet per unum ex electoribus coram clero et populo solempniter ipsa eleccio publicari. In qua publicacione totus processus recitabitur, ut in forma pronunciacionis dictum est supra. In fine tamen addiciet: Quam eleccionem vobis denunccio et in presencia omnium eam solempniter publico, ut est iuris. Probatur hoc eodem tytulo, Quia propter, c. Cum inter, c. In causis; 8 q. 1, Licet.*“ JOHANNES <DE CASTELLO>: Exposicio, Cap. 64 Y (clm 18154, fol. 90^{v}(a)).

1276 „Deinde dicta electio publicetur in communi.“ Consuetudines castellenses, De electione abbatis (CCM 14/1, MAIER, P. (Ed.) S. 20) (Redaktion ARW).

1277 „Recitabitur enim processus totus, prout iam in forma pronunciationis dictum est ...“ DURANTIS, G.: Speculum IV,1,§1,35 (S. 88b); „*In qua publicacione totus processus recitabitur, ut in forma pronunciacionis dictum est supra.*“ JOHANNES <DE CASTELLO>: Exposicio, Cap. 64 Y (clm 18154, fol. 90^{v}(a)); vgl. BOERIUS, P.: Regula cum glossa, Cap. 64 (Ms 155, fol. 227^{v}(a)).

1278 „Consequenter autem conueniente populo ad pulsationem campanarum ...“ DURANTIS, G.: Speculum IV,1,§1,34 (S. 88b).

Beginn dieses Abschnitts anführt, bringen diesen Zusammenhang zum Ausdruck.[1279] Die Wahlvorgänge wie das Wahlergebnis werden dann dem anwesenden Klerus und dem Volk bekanntgegeben.[1280] Wenn die Publikation nicht stattfindet, verliert die Wahl ihre Gültigkeit nicht. Letztlich ist sie nur dann ungültig, wenn der Wahltermin und die Wahl nicht bekanntgegeben wurden – also geheim gewählt wurde.[1281]

4.5.2.3.4 Die Erfragung der Zustimmung des Gewählten

Dem Regelkommentar des Petrus Boerius bzw. des Johannes von Kastl zufolge wird nach der Bekanntgabe des Wahlvorgangs und des Wahlergebnisses der gewählte Abt an seinen Platz im Chor zurückgeführt.[1282] Dort wird er nun in gebührender Ehrfurcht gefragt, ob er seiner Wahl zustimmt. Der Wahlleiter sucht nicht nur das Ja oder das Nein zu erfragen, sondern darüber hinaus auch das Verhalten des Kandidaten wahrzunehmen. Dem Text nach zu urteilen, verlangt die Zustimmung oder Ablehnung des Gewählten eine Ratifizierung durch den Konvent. Dies wird an folgenden Phänomenen deutlich: Gibt der Kandidat bei seinem Ja zu erkennen, dass er dieses Amt anstrebt, hat die Gemeinschaft seine Zustimmung abzulehnen.[1283] Von entscheidender Bedeutung ist hier der zu Tage kommende Ehrgeiz des Gewählten. Dem *Decretum Gratiani* nach können die Ambitionen auf das Abtsamt daran erkannt werden, dass der Gewählte eine gewisse Bereitwilligkeit zeigt oder sich gar als geeignete Person aufdrängt.[1284] An anderer Stelle heißt es, wenn der Gewählte in einer ungeziemenden Art nach dem Abtsamt verlangt.[1285]

1279 „Consequenter autem conueniente populo ad pulsationem campanarum, 1. dist. ius militare, ex.<tra> de homi.<icido voluntario vel casuali> Ioan.<nes>, per alterum ex electoribus ad hoc deputatum publicetur electio in communi, id est clero & populo, ut in pre.<dicto> c.<apitulo> cum inter canonicos. & c.<apitulo> in causis. 8. q. 1. licet." Ebd. (Ebd.) „Ius militare est belli inferendi solempnitates, federis faciendi nexus, signo dato egressio in hostem vel commissio; item signo dato receptio." Grat. 1,10 (Fr. 3); „Ioannes sacerdos humili nobis insinuatione monstravit, quod, quum *die quadam* pulsaret campanas, ut signo dato conveniret populus fidelium ad divina ..." X 5,12,23 (Fr. 803); „Capitulum vero, *illorum absentiam admirantes*, quum tota die illa ipsorum praesentiam exspectassent, subsequenti die campanam pulsari fecerunt, sicut moris est, ad capitulum congregandum ..." X 1,6,30 (Fr. 75).

1280 „... per alterum ex electoribus ad hoc deputatum publicetur electio in communi, id est coram clero & populo ..." DURANTIS, G.: Speculum IV,1,§1,34 (S. 88b).

1281 „... nec etiam cassatur electio, si solennis publicatio omittatur, dummodo electio non sit clandestina." Ebd., IV,1,§1,36 (Ebd.).

1282 „*Deinde reducatur ad sedem propriam non abbacialem capituli, ibique cum debita gravitate requiratur eleccionis assensus.*" JOHANNES <DE CASTELLO>: Exposicio, Cap. 64 Y (clm 18154, fol. 90^{v}(a)).

1283 „*Sed quid respondit, si dicat:* Volo, *tamquam ambiciosus est repellendus, argumentum preallegato c. fine 8 q. 1, Qui episcopatum.*" Ebd. (Ebd.).

1284 „Sicut is, qui inuitatus rennuit, quesitus refugit, sacris altaribus est admouendus, sic qui ultro ambit uel importunum se ingerit est proculdubio repellendus." Grat.

Das gilt auch im zweiten Fall, der darin besteht, dass der Gewählte seiner Wahl nicht zustimmt. Dies kann zweierlei Beweggründe haben: So ist es denkbar, dass der Gewählte aus Gründen der Bescheidenheit das Abtsamt ablehnt.[1286] Einem Capitulum aus dem *Decretum Gratiani* nach muss der Wahlleiter diesem Verhalten nachgehen. Er hat zu prüfen, ob der Gewählte bereits vor seiner Wahl demütig war. Gegenstand der Untersuchung ist, ob das Verhalten des Gewählten der Wahrheit entspricht oder ob er etwas Falsches vorgibt.[1287] Das Nein des Gewählten kann aber auch begründet sein: So kann er aufgrund einer Krankheit dem Tode nahe sein oder es steht eine Irregularität im Raum, von der die Wähler nichts wussten.[1288] Die angegebene Dekretale aus dem *Liber sextus* geht auf dieses Problem ein.[1289] Treffen diese Fälle zu, müssen die Wähler erneut zu einer Wahl schreiten.

Gibt der Gewählte seine Zustimmung zur Wahl, bei der er durchblicken lässt, dass er dem Konvent mehr nützen als vorstehen möchte, wird seine Entscheidung durch den Konvent ratifiziert. Im Hintergrund seiner Entscheidung steht der Gedanke: „Nolens volo. Volens nolo."[1290] Hierbei stimmt er einerseits der Entscheidung des Konvents zu, weil er der Gemeinschaft nutzen möchte, lehnt aber andererseits das Votum der Wählerschaft ab, da er dem Konvent nicht vorstehen möchte. Der Gewählte sieht sowohl die Ehren, die ihm durch sein Vorsteheramt zuteil werden, als auch die Lasten, die durch das Amt entstehen.

1,6,3 (Fr. 425); „*Et contra installatum instatur verbo Gregorij: Qui ultro, inquit, ambit vel inportune se ingerit dignitati, est procul dubio repellendus, sicut qui invitatus rennuit et quesitus refugit, admovendus; 1 q. 6, c. fine; 8 q. 1, In scripturis.*" JOHANNES <DE CASTELLO>: Exposicio, Cap. 64 X (clm 18154, fol. 90r(b)–90v(a)).

1285 „... Locus uero superior, sine quo regi populus non potest, etsi ita teneatur atque administretur, ut decet, tamen indecenter appetitur. ..." Grat. 1,8,11 (Fr. 594).

1286 „*Si dicat: Nolo, mentitur contra c. Cum humilitatis, 22 q. 2.* „JOHANNES <DE CASTELLO>: Exposicio, Cap. 64 Y (clm 18154, fol. 90v(a)).

1287 „Cum humilitatis causa mentiris, si non eras peccator ante, quam mentireris, mentiendo efficeris quod euitaueras. Veritas in te non est, nisi te ita dixeris peccatorem, ut etiam esse cognoscas. Veritas autem ipsa est, ut quod est dicas. Nam quomodo est humilitas, ubi regnat falsitas?" Grat. 22,2,9 (Fr. 870).

1288 „Si electio ex eo non sortiatur effectum, quia electus consentire recusat, vel post consensum renunciat iuri suo, aut forte diem claudit extremum, seu propter occultum eius vitium irritatur: electores, qui iam fecerant quod spectabat ad ipsos, infra iuris terminum eligendo, habebunt a dissensu, renunciatione, morte vel irritatione praedictis, ac si vacatio nova esset, tempus integrum ad electionem aliam celebrandam, dummodo nil fraudulenter egerint in premissis." VI 1,6,26 (Fr. 962).

1289 „... *si verum non* autem *est cogendus 74. di.,, Ubi* ill*a; et fratres debent procedere ad alium eligendum eodem tytulo, Si eleccio, Libro sexto.*" JOHANNES <DE CASTELLO>: Exposicio, Cap. 64 Y (clm 18154, fol. 90v(a)).

1290 „*Non plene igitur resistat nec plene assenciat* preallegato *c. In scripturis in fine, dicens: Nolens volo. Volens nolo. Volo, ut prosim. Nolo, ut presim, ut ibi notatur. Neque fiat de nolente volens 23 q. 4, Displicet; 40. di., Ante omnia; vel dicat, ut habetur 16 q. 1, Vos autem ...*" Ebd. (Ebd., fol. 90v(a)).

Will der gewählte Abt die Wahl annehmen, so muss er dies laut Regelkommentaren des Petrus Boerius und des Johannes von Kastl mit Hilfe einer Formel kundtun. Dies ist durch zwei verschiedene Formulare möglich: In der ersten Formel wendet sich der Gewählte sowohl an Gott als auch an die Wähler. Im Tun des Menschen erkennt er Gottes Handeln, das auf den Nutzen des Klosters und der Mönche hin geordnet ist. Aus diesem Grund will er sich nicht dem Geist des Herrn widersetzen, denn wer nicht das Wirken des Geistes akzeptiert, wird nicht als Kind Gottes erfunden.[1291] Der zweiten Formel ist ein liturgischer Gruß vorangestellt. Entsprechend der ersten Formel wird die göttliche Inspiration der Wahl zum Ausdruck gebracht. Aus diesem Grund stimmt er der Wahl zu. Bemerkenswert ist das Selbstverständnis des gewählten Abtes. Der Wortlaut dieser Formel lehnt sich an ein Capitulum aus dem *Decretum Gratiani* an. Dort wird der „electus“ als der mit Nachdruck Angefragte bezeichnet.[1292] In diesem Sinn stimmt er der Wahl zu, weil er mit Gottes Hilfe den Mönchen mehr nützen als vorstehen möchte.[1293]

4.5.2.3.5 Die Erstellung des Wahldekretes

Nach der Erfragung erfolgt die Erstellung des Wahldekretes. Die zwei Urkunden, die in den Regelkommentaren des Petrus Boerius und des Johannes von Kastl aufgeführt werden[1294], sind auf die *In regulam s. Benedicti expositio* des Bernardus Ayglerius zurückzuführen.[1295] Die Überschrift des Kapitels 64 Ac „Auf welche Weise das Wahldekret auszuführen ist, wenn die Wahl durch Inspiration durchgeführt wurde“[1296] ist falsch, da der Text seinem Inhalt und seiner Quelle nach einer Konfirmationsurkunde entspricht.[1297]

1291 *„Dicat igitur: Deum et fratres mei vos scitis, quid habetis facere, quid nobis et monasterio nostro magis expediat. Ego enim nolo resistere spiritui domino, quia qui spiritui resistit, filius eius probatur non esse; preallegato c. In scripturis.“* Ebd. (Ebd., fol. 90^{v}(a)–90^{v}(b)).

1292 „Sicut is, qui inuitatus rennuit, quesitus refugit, sacris altaribus et admouendus, sic qui ultro ambit vel inportunum se ingerit est proculdubio repellendus.“ Grat. 1,6,2 (Fr. 425).

1293 *„Et ideo: In nomine patri et filij et spiritus sancti*[a]*. Eleccioni per vos divinitus facte ad curam et regimen huius monasterij reverenter consencio ipsamque instanter requisitus accepto, ut annuente deo prodesse valeam forcius, quam preesse.“* JOHANNES <DE CASTELLO>: Exposicio, Cap. 64 Y (clm 18154, fol. 90^{v}(b)).

1294 „Decretum eleccionis per scrutinium qualiter formatur 64 Z“ und „Eleccionis decretum per compromissum qualiter formatur 64 AA“ Ebd., Exposicio, Tabula alphabetica (Ebd., fol. 3^{v}(a)).

1295 BERNARDUS <AYGLERIUS>: In regulam, Cap. 64 (CAPLET, A. (Ed.), S. 394–397).

1296 „Cap. 64 AC Decretum eleccionis per inspiracionem qualiter fiat“ JOHANNES <DE CASTELLO>: Exposicio, Tabula alphabetica (clm 18154, fol. 3^{v}(a)).

1297 *„Quo circa sanctitatem vestram suppliciter exoramus, quatenus dictam eleccionem dignemini confirmare et ipsum in abbatem nobis preficere et pastorem.“* JOHANNES <DE CASTELLO>: Exposicio, Cap. 64 AC (Ebd., fol. 92^{r}(a)); „... et alia debeat fieri littera in qua constituantur procuratores unus vel plures ad petendam confirma-

Vergleicht man die Urkunden, die nach einer Skrutiniums- bzw. Kompromisswahl ausgefertigt wurden, so ist festzustellen, dass es neben festen Formeln Textteile gibt, die dem Wahlmodus angeglichen worden sind.[1298]

Der erste gemeinsame Teil der Urkunden bezieht sich auf die liturgische Einleitung der Wahl. Wenn sich der Konvent statt einer Skrutiniumswahl für eine Kompromisswahl entschieden hat, ist in diesem Teil dieser Begriff auszutauschen. Namen, Datums- und Ortsangaben werden durch den Begriff „talis“ ersetzt oder es wurde ein Buchstabe als Statthalter eingesetzt.[1299] Sodann wird der Ablauf der einleitenden Riten dargelegt: Bestattung des verstorbenen Abtes, Festlegung des Wahltages, Benachrichtigung aller Wahlberechtigten, Auslegung des Wortes Gottes, Anrufung des Heiligen Geistes, Verlesung des 64. Kapitels der *Regula s. Benedicti* und Festlegung des Wahlmodus.

Erfolgte die Wahl des neuen Abtes durch ein Skrutinium, so werden im Wahldekret die einzelnen Schritte dargelegt: Skrutinium der Skrutatoren und der Wahlberechtigten, Niederschrift und Publikation der einzelnen Voten, Vergleich der Stimmen nach Anzahl, Eifer und Verdienst. Sodann folgt die Nomination des Kandidaten; die Qualifikationen, die genannt werden, gelten als Topoi, hinter denen ein Rechtsanspruch steht. Dann wird einem Wähler das Wahlrecht übertragen, der als Vertreter aller oder der Mehrheit die Person, die als Abt nominiert wurde, zum Abt wählt. Darauf folgt die Formel, nach der die Wahl vollzogen wurde. Im Anschluss daran wird der liturgische Abschluss der Wahl beschrieben.[1300]

Wurde der neue Abt durch eine Kompromisswahl bestimmt, erfolgt eine kurze Dokumentation des Wahlverlaufs: Nachdem drei Mönchen die Vollmacht übertragen wurde, durch einen Kompromiss einmütig und einstimmig einen neuen Abt zu bestimmen, ziehen sich die Wahlmänner zurück. Nach den Beratungen kehren die Kompromissare in das Konventkapitel zurück. Derjenige, dem das Wahlrecht übertragen wurde, führt vor dem Plenum die

---

tionem destinandi.“ BERNARDUS <AYGLERIUS>: In regulam, Cap. 64 (CAPLET, A. (Ed.), S. 397).

1298 „*Si vero per viam compromissi in eleccione huius*modi *procedatur, ut dictum est in decreto scrutiny, dicendum erit et ponendum per viam eciam compromissi. Fiat igitur tali modo: In nomine patris etc., ut supra usque ibi commode interesse elegimus tres* ...“ JOHANNES <DE CASTELLO>: Exposicio, Cap. 64 AA (clm 18154 fol. 91^{r}(b)).

1299 „*In nomine domini Amen. Vacante monasterio* Castellensis *per obitum bone memorie N. eiusdem monastery abbatis et eius corpore tradito ecclesiastice sepulture; tali die ad eligendum prefixa vocatis omnibus, qui de iure vel consuetudine nostri monastery ius habere in eleccione noscuntur, proposito verbo dei, Sancti Spiritus gracia invocata lectaque regula beati Benedicti patris nostri de ordinando abbate, de provisione nostri monastery prehabito diligenti tractatu per viam scrutiny eligimus viduato nostro monasterio providere. Presentibus igitur omnibus qui voluerunt, debuerunt et potuerunt commode interesse* ...“ Ebd., Cap.64 Z (Ebd., fol. 90^{v}(b)).

1300 Vgl. ebd., Cap. 64 Z (Ebd, fol. 90^{v}(b)–91^{r}(b)).

Wahl durch, indem er nach einer einführenden liturgischen Formel folgende Worte spricht: „Ich N., als Stellvertreter des Kollegiums (es werden die zwei anderen Kompromissare genannt), wähle X. zu unserem Abt und Hirten und treffe für unser Kloster Vorsorge durch das Recht, das mir vom Konvent durch das vorgenannte Kollegium übertragen wurde."[1301]

Eine Unterschriftenliste folgt als zweiter gemeinsamer Teil. Bei der Wahl durch das Skrutinium unterschreibt allen voran der Wähler die Urkunde und verwendet dazu folgende Formel: „Ich, Bruder N., wähle Herrn X. zum Hirten und Abt des Klosters Kastl und unterschreibe."[1302] Darauf folgt die Unterschrift des Priors. Der Wortlaut der Formel, in dem die Notwendigkeit der Ratifizierung des Konsenses deutlich wird, lautet: „Ich, Bruder M. Dekan oder Prior, stimme der Wahl von Herrn X. zum Abt unseres Klosters Kastl zu und unterschreibe."[1303] Sodann folgen die Unterschriften aller, die dieser Wahl zustimmen. Hierbei sind die Ämter, die die einzelnen versehen, und ihr Weihegrad zu nennen.[1304]

Ist die Wahl durch einen Kompromiss zu Stande gekommen, erfolgt zuerst die Unterschrift der Kompromissare, die das Wahldekret mit folgenden Worten unterzeichnen: „Ich, Bruder N., wähle S. zu unserem Abt und Hirten und treffe entsprechend der mir übertragenen Vollmacht für unser Kloster X. Vorsorge und unterschreibe."[1305] Es folgen die Zustimmung und Unterschrift dessen, der zum neuen Abt gewählt wurde.[1306] Als Ratifizierung dürfen die Zustimmung und Unterschrift des Priors und der anderen Wähler des Klosters gesehen werden.[1307] Zu diesem gemeinsamen Teil gehört auch das Konventsiegel, das unter die Urkunde zu hängen ist.[1308]

1301 „*In nomine patris et fily et Spiritus Sancti. Amen. Ego talis vice mea et talium collegarum meorum eligo talem in abbatem et pastorem nostrum et de ipso provideo huic monasterio secundum potestatem michi et prefatis collegis meis a presenti conventu datam.*" Ebd., Cap. 64 AA (Ebd., fol. 91v(a)).

1302 „*Ego frater talis dominum talem in pastorem et abbatem* Castellensis *monastery eligo et subscribo.*" Ebd., Cap. 64 Z (Ebd., fol. 91r(b)).

1303 „*Ego frater talis decanus vel prior eleccioni facte de domino tali in abbatem nostri monastery* Castellensis, *consencio et subscribo. Et ego talis frater presbyter vel dyaconus, ut* iam *supra inproximo.*" Ebd. (Ebd.).

1304 „*Et sic singuli nomina officia paratus et ordines, que habent exprimentes, subscribere debent.*" Ebd. (Ebd.).

1305 „*Compromissary vero in decreto primi post pronuncciacionem eleccionem se subscribent. Ego frater talis eligo talem in abbatem et pastorem nostrum et de persona eius huic tali monasterio provideo secundum potestatem michi datam et subscribo.*" Ebd., Cap. 64 AA (Ebd., fol. 91v(a)).

1306 „*Ego talis, in quem extitit compromissus, eleccioni et provisioni facte de domino tali consencio et subscribo.*" Ebd. (Ebd.).

1307 „*Ego frater talis decanus eleccioni et provisioni facte de domino tali in abbatem nostri monastery talis consencio et subscribo . Et sic de alys, ut notatur supra in forma scrutiny.*" Ebd. (Ebd.).

1308 „*Post hoc vero, si eleccio sit concors, sigillo conventus erit decretum huius*modi *sigillandum.*" Ebd., Cap. 64 Z (Ebd. fol. 91r(b)).

4.5.2.3.6 Die Bitte um Konfirmation des installierten Abtes

Dem Kapitel, in dem sich das Dokument findet, das die Bitte um die Konfirmation des Abtes enthält, gab man fälschlicherweise die Überschrift: Auf welche Art das Wahldekret zu erstellen sei, wenn die Wahl durch Inspiration vollzogen wird.[1309] Die Bitte um Konfirmation des Abtes ist je nach Rechtsstellung des Klosters entweder an den Papst, vorausgesetzt das Kloster ist exempt, oder, wenn das Kloster ein bischöfliches Eigenkloster ist, an den Bischof der Diözese zu richten.[1310]

Wohl um den kirchlichen Oberen über die Vorgänge der Wahl in Kenntnis zu setzen, findet sich in diesem Breve das jeweilige Wahldekret wieder.[1311] Im Anschluss daran wird der gewählte und installierte Abt dem kirchlichen Oberen vorgestellt.[1312] Diese Vorstellung erfolgt nach einem literarischen Topos. Sodann wird der Obere gebeten, die Wahl zu bestätigen und die gewählte Person als Abt und Hirten einzusetzen.[1313]

4.6 Ergebnisse aus der Untersuchung über das Wahlgremium und die Wahl

Aus dem Vergleich der Ausführungen des Johannes von Kastl und des Petrus Boerius mit den Aussagen des Bernardus Ayglerius geht hervor, dass das Wahlgremium in Montecassino nicht nur auf die Mönchskleriker dieses Klosters eingeschränkt ist. Offensichtlich sind auch Äbte weiterer Klöster und Vorsteher anderer Kirchen an der Wahl beteiligt. Diese Möglichkeiten kennen Johannes von Kastl, Petrus Boerius und die Kastler Brauchtexte nicht. Für sie ist die Profess, die die Mönche auf ihre Abtei ablegen, von großer Wichtigkeit. Eine weitere wichtige Präzisierung erfährt diese Aussage im Zusammenhang mit dem geltenden Kirchenrecht. Dieses gesteht nur Klerikern, die mindestens die Subdiakonatsweihe empfangen haben, ein Votum im Kapitel zu. Damit

---

1309 „Decretum eleccionis per inspiracionem qualiter fiat 64 AC „ Ebd., Tabula alphabetica (Ebd., fol. 3v(a)).

1310 „*Forma litterarum, si exemptum sit monasterium, talis esse potest: ...*" Ebd., Cap. 64 AC (Ebd., fol. 92r(a)); „*Eodem modo scribatur dyocesano, cum monasterium non est exemptum, verbis tamen convenienter inmutatis.*" Ebd. (Ebd., fol. 92r(a)–92r(b)).

1311 „*... die ad eligendum prefixa etc., ut in decreto usque ad subscripciones. Et tunc adde: ...*" Ebd., Cap. 64 AC (Ebd., fol. 92r(a)).

1312 „*... ad petendam confirmacionem eleccionis facte de tali, qui quidem est persona religiosa et bone conversacionis ac vite et vir providus et discretus, in spiritualibus et temporalibus circumspectus et sciencie competentis, per quem speramus cum adiutorio dei nostrum monasterium in spiritualibus et temporalibus salubriter gubernandum.* „ Ebd., Cap. 64 AC (Ebd.).

1313 „*Nota insuper, quod prelatus alterius monastery vel electus confirmatus et in minoribus ordinibus constitutus et in minori etate, paciens defectum in natalibus, non professus expresse, eligi non possunt, sed postulari. In quibus enim postulandis secundum premissa formare poteris litteras et decretum* etc." Ebd., Cap. 64 AA (Ebd., fol. 92r(b)).

dürfen Aussagen, die sich z. B. im *Decretum Gratiani* finden, als erledigt betrachtet werden. Nach Gratian durfte der Eigenkirchenherr bei der Wahl mitstimmen. Mit dem Verweis auf den Empfang der Weihen werden dann Fragen beantwortet, ob Knaben wählen dürfen oder welches Alter die Wähler haben müssen, weil die Kirche für den Empfang der Weihen ein Mindestalter von 25 Jahren vorsieht.

Der Kreis der Wähler ist durch Profess und Weihe festgelegt. Damit ist ein objektives Kriterium für die Zugehörigkeit zu diesem Wahlgremium gegeben. Dennoch kann das Stimmrecht einzelner Personen in dieser Gruppe durch Kirchenstrafen eingeschränkt sein. Nach Johannes Andreae macht ein Votum, das von einem exkommunizierten, suspendierten oder interdizierten Wähler abgegeben wird, die Abtswahl ungültig. Aufgrund der verschiedenen Arten von Kirchenstrafen ist es dem Wahlleiter nicht möglich festzustellen, wer durch Kirchenstrafen an der gültigen Abgabe eines Votums gehindert ist. Während die Kirchenstrafen wie das „anathema", die „excommunicatio maior", beide Formen der „suspensio" und das Interdikt öffentlich bekannt waren – sei es durch Verkündigung, Publikation oder Ausschließung vom Dienst – blieb die „excommunicatio a sacramentis" dem Umfeld verborgen. Um zu verhindern, dass ein Votum von einem derart Exkommunizierten zu einer ungültigen Wahl führt, wurde er durch die „protestatio" gebeten, das Wahlgremium zu verlassen. Die Wähler bzw. ein Stellvertreter gaben kund, sich von dem Votum eines Exkommunizierten zu distanzieren. Durch die „protestatio" erlangt jede Wahl Rechtskraft. Demzufolge konnte nur das Votum eines Wahlgremiums, auf dem in seiner Gesamtheit eine Kirchenstrafe lag, zu einer ungültigen Wahl führen.

Von entscheidender Bedeutung für den Wahlvorgang ist die Offenheit der Wählerschaft gegenüber dem Wirken des Heiligen Geistes. Dieser schenkt sich nur den Wählern, die sich in einer demütigen Weise im Gebet an Gott wenden. Öffnen sich die Wähler nicht gegenüber dem Heiligen Geist, sondern lassen sich von anderen Gesichtspunkten motivieren, wird im Sinne des Johannes-Evangeliums ein Dieb oder Mörder in den Schafstall einsteigen und großen Schaden in der Gemeinschaft anrichten. Die Wähler sollen deshalb die Einmütigkeit der Gemeinschaft im Blick haben. Deshalb haben sie den Streit zu meiden und den Frieden zu suchen. Aus diesem Bemühen heraus kommt den Wählern der Auftrag zu, einen Kandidaten zu wählen, mit dem die ganze Gemeinschaft leben kann. Man wird hier durchaus von einem Kompromisskandidaten zu sprechen haben. Es kann aber auch ein Kandidat gefunden werden, der in seinem Tätigkeitsbereich, in seinem Verhalten und in seinem Handeln hinsichtlich der Würde und des Nutzens in der Gemeinschaft keinen Zweifel über seine Eignung aufkommen lässt. Seine Ausstrahlung auf die Menschen ist von einer bündelnden Kraft geprägt. Aus diesem Grund rät Johannes von Kastl, das Augenmerk mehr auf die Zusammengehörigkeit und den Frieden in einer Gemeinschaft zu lenken als einem zweifelhaften Kandidaten den Vorrang zu geben, der auf den Konvent polarisierend wirkt. Wenden nun die Wähler ihren Blick vom Heiligen Geist ab und lenken ihre Aufmerksamkeit mehr auf die persönlichen Gefühle oder auf Aufstiegschancen oder auf den Besitz des Kandidaten, verdunkelt sich ihr Geist und sie vertauschen die Werte mit den Nichtwerten. Wenn der Wolf die Stellung des Hirten einnimmt, der Mörder die des Arztes, der Ungelehrte die des Lehrers, wird das negative Konsequenzen für den Einzelnen wie für die Gemeinschaft haben. Das Unheil wird nicht nur in nächster Zeit auf sie selbst zurückfallen, sondern sie werden darüber hinaus auch von der Herrlichkeit des Himmels ausgeschlossen sein.

Mit Sicherheit darf aber gesagt werden, dass die Wahlberechtigten über die Wahlformen – Skrutiniums-, Kompromiss- oder Inspirationswahl – wie auch über die Person des Abtskandidaten verbindlich zu entscheiden hatten. Von daher war die Vorbereitungsphase der Abtswahl von Bedeutung. Um ihre Verantwortung wissend, waren die Wähler bemüht, sich durch Gebet, Fasten und Nachtwachen dem Wirken des Heiligen Geistes zu öffnen. Die Texte machen deutlich, dass man bemüht war, den Geist der Wähler zu heben, um eine richtige Kandidatenentscheidung herbeizuführen.

Dem Konvent stand es frei, unter den drei Wahlformen zu wählen. Bevor zur Wahl geschritten werden konnte, waren bei einer Skrutiniumswahl die Skrutatoren und bei einer Kompromisswahl die Kompromissare zu bestimmen. Damit wurde die Wahl nicht unmittelbar vom Konvent durchgeführt, sondern von einer Person allein entschieden, die jedoch an das Votum des Konvents bzw. der Kompromissare gebunden war. Der Vorgang, einen Kandidaten zu ermitteln, wird als „nominatio" bezeichnet. So wurden selbst bei einer Skrutiniumswahl die Stimmen wie in der *Regula s. Benedicti* gezählt und durch Abwägung beurteilt. War es zur Zeit der *Benediktsregel* üblich, dass die Entscheidung einer Wahl durch das Wägen der Stimmen herbeigeführt wurde, ging man in späterer Zeit zum numerischen Prinzip über. Johannes von Kastl ist auf dem Hintergrund des Regelkommentars von Bernardus Aygerlius die Wägung der Stimmen bekannt. Letztlich entscheidet die Stimmenanzahl über den Kandidaten. Bemerkenswert ist dabei folgender Werdegang: Durch die Postulation war es den Wählern möglich, sich stärker mit dem inhaltlichen Aspekt zu beschäftigen, der durch das Wägen ausgesagt wird. Mit dem Zählen der Stimmen und der Entscheidung anhand einer Mehrheit trat der Kandidat in den Hintergrund und betont wurde die Gemeinschaft der Wähler. Ob die Ermittlung eines Kandidaten als Wahl bezeichnet werden darf, lässt sich aus den Texten nicht eindeutig erheben. So werden diese Vorgänge von einigen Kanonisten als „nominacio" bezeichnet, von anderen als „eleccio".

Nach erfolgreicher Wahl dankt man Gott im „Te Deum laudamus" und installiert den Gewählten auf einen gesonderten Platz. Es schließt sich die Publikation der Wahl in der Kirche an. Offensichtlich ist es Absicht, nach erfolgter Installation und vor dem versammelten Volk die Zustimmung des Kandidaten zu erfragen. Mit dem zu erfragenden Konsens wird die Wahl nicht abgeschlossen, sondern der Konvent entscheidet, ob er die Annahme an- oder ablehnt. Ein Kandidat ist abzulehnen, der bei der Konsenserfragung Ambitionen zu erkennen gibt. Diese Maßnahmen dienen dazu, zu ermitteln, ob der „electus" von der richtigen Geisteshaltung geprägt ist oder ob er den neuen Dienst als eine Karriere versteht. In Anbetracht des geduldigen Tragens von Lasten ist nicht mit einer begeisterten Reaktion des Kandidaten zu rechnen. Man ist überzeugt, dass man seine Motivation an der Reaktion des Kandidaten erkennen kann.

Während Johannes von Kastl die verschiedenen Wahlformen der Kandidatenbestimmung aus der Tradition übernimmt, sucht er bei der Disposition der Wählerschaft wie auch bei den Qualifikationen des Kandidaten der Realität gerecht zu werden. Darüber hinaus ist er bestrebt, positiven Einfluss auf die Wählerschaft zu nehmen und ihren Blick auf einen guten Kandidaten zu lenken. Denn dessen Aufgabe als Abt ist es wiederum, der ganzen Wirklichkeit gerecht zu werden.

4.7 Prodesse ad subditos – Die Amtsführung des neu gewählten und eingesetzten Abtes

In den Abschnitten AD-DP beschäftigt sich Johannes von Kastl mit der Amtsführung des Abtes. In der *Regula s. Benedicti* wird dieser Abschnitt mit dem Wort „Ordinatus" eingeleitet. Wiederum ist es die Quellenanalyse, der die Abschnitte zu entnehmen sind, die der Kastler Regelkommentator verfasst hat, ohne die *Regula cum glossa* des Petrus Boerius oder die *In regulam s. Benedicti expositio* des Bernardus Ayglerius benutzt zu haben. Dazu zählen die acht Abschnitte (AF–AN), in denen der Autor seine Konzeption der Amtsführung darlegt. Johannes von Kastl verwendet dazu eine Galerie von acht Bildern. Der Abt ist hier als König, Führender, Wirtschafter, Vater, Hirte, Arzt, Wächter und Späher zu sehen. Einleitend ist zu dieser „Abtsgalerie" zu sagen, dass bei deren Beschreibung keinerlei Rechtstexte, sondern nur biblische Zitate und Auszüge aus Kirchenvätern verwendet wurden. Von daher haben diese Ausführungen einen anderen Charakter als die Beschreibung der Kandidatenqualitäten und der moralischen Disposition des Wahlgremiums. Da sich die Bilder teilweise auf die biblische Grundlage beziehen, ist mit ihnen ein absoluter Anspruch an den Abt verbunden. Ob bei dieser Konzeption die theologisch-philosophische Grundlegung, die den Bildern des Sohnes und des Knechtes zu entnehmen ist, den Ausschlag gegeben hat, wird offen bleiben müssen. In jedem Fall steht der Abt als Sohn und Knecht mit wesentlichen Aussagen der Bibel in einem Zusammenhang. Hier zeigt sich, dass sowohl die Verbindung des Abtes mit Gott aufgrund der Eingebung durch den Heiligen Geist wie auch sein Dienst auf einem biblischen Fundament gründen. Der Dienst des Abtes fordert deshalb zuerst den Glauben und den Gehorsam der Mönche heraus. Indem er im biblischen Sinn vollzogen wird, fördert und vervollkommnet er zugleich die gläubige Grundhaltung der Untergebenen. Von daher hat der Dienst des Abtes einen Charakter, der den Glauben seiner Mönche berührt. Da in der abschließenden Zusammenfassung gefragt werden soll, wie sich die geforderten Kandidatenqualitäten in der Ausübung des Abtsamtes ausdifferenzieren und zur Geltung kommen, werden die einzelnen Bilder ausführlich dargestellt. Für die Interpretation dieser acht Kapitel ist es notwendig, auch die anderen Texte zu konsultieren, um die Aussagen beurteilen zu können.

4.7.1 Die philosophisch-theologischen Grundlagen – Der Abt als Knecht Gottes

Die philosophisch-theologische Perspektive untersucht zunächst die Bedingungen für die Amtsführung des Abtes und geht dann auf die Beziehung des Abtes zu Gott ein. Johannes von Kastl verwendet ein Vokabular, das den Leser an das Weihnachtsmysterium erinnert: Der Abt wird den Wählern durch die Inspiration des Hl. Geistes eingegeben. Die Wahl gleicht einer Geburt, wobei unter der Mutter die Klostergemeinschaft bzw. das Konventkapitel zu verstehen ist. Diese von Gott gewirkte Wahl verbietet dem gewählten Abt zum einen, sich durch Geld, Macht oder Hass korrupt gegenüber der Gemeinschaft zu verhalten, und zum anderen, sich durch Ehrgeiz hervorzutun. Johannes von Kastl sieht es lieber, wenn der gewählte Abt zu seinem Amt zunächst ein distanziertes Verhältnis hat und aufgrund der Last unfreiwillig gehorchen oder sogar innerlich die Flucht ergreifen würde. In Anbetracht dieser gewünschten inneren Disposition, zitiert Johannes von Kastl die Worte aus Jesaja 44: „Fürchte dich nicht Jakob, mein Knecht, den ich erwählte." (Jes 44,2) Mit diesem Satz wird der Abt als Knecht Gottes angeredet.[1314] Das Unfreiwillige, das zum Wesen des Knechtsbegriff gehört, ergibt sich nicht allein aus der realistischen Sicht der Amtsgeschäfte, sondern auch aus dem beschriebenen Wahlprozess, aus dem ein Abt hervorgeht, der keine Ambitionen auf das Abtsamt hat.[1315] Dem verwendeten Vokabular nach gleicht die Abtswahl der

---

1314 „*Ordinatus autem abbas id est confirmatus et benedictus 92 di., Si quis*, non per potentiam intrusus, non per symoniam inmissus, sed sicut Christus fuit conceptus Spiritus Sancti operacione, natus sine matris corrupcione, conversatus in mundo sine ambicione. Unde quando populus elegit *eum* in *regem, fugit Ioh. 6.* Sic qui debet intrare ad statum prelacie, debet concipi in mentibus electorum per Spiritus Sancti inspiracionem, non per dissolutorum conspiracionem, debet nasci de matre, que est congregacio sive capitulum, cui debet preesse sine corrupcione, ita quod nec sit corrupta vel precio, vel potencia vel odio, debet sic electus admittere statum suum sine ambicione, ut nolit, si possit et ex corde fugere et invitus obedire, ut deus possit sibi dicere illud *Isai. 44: Noli timere serv*us *meus Iacob rectissime quem elegi.*" Ebd., Cap. 64 AD (clm 18154, fol. 92r(b)–92v(a)).

1315 „*Deinde reducatur ad sedem propriam non abbacialem capituli, ibique cum debita gravitate requiratur eleccionis assensus. Sed quid respondit, si dicat:* Volo, *tamquam ambiciosus est repellendus, argumentum preallegato c. fine 8 q. 1, Qui episcopatum. Si dicat: Nolo, mentitur contra c. Cum humilitatis, 22 q. 2. Si verum non* autem *est cogendus 74. di., Ubi* illa; *et fratres debent procedere ad alium eligendum eodem tytulo, Si eleccio, Libro sexto. Non plene igitur resistat nec plene*

Geburt eines Sohnes. Der Abt, gleichsam Sohn Gottes, ist der Diktion des Johannes von Kastl nach zugleich auch Knecht, weil damit die Aspekte des Gebundenseins des Knechts an den Herrn, des Gehorsams und des Versagens zur Sprache gebracht werden. In jedem Fall möchte der Kastler Regelkommentator davon absehen, dass der Abt gegenüber Gott frei ist.

Johannes von Kastl betrachtet den von Gott erwählten Abt als Knecht Gottes. Der positiven Begriffsbestimmung des Wortes „Knecht" steht ein negatives Verständnis gegenüber für den Fall, dass der Abt von Lastern beherrscht wird. Auf dem Hintergrund von 2 Petr. 2,19 „denn von wem jemand überwältigt worden ist, dessen Sklave ist er" wird der Abt, der sich von Lastern leiten lässt, zum Sklaven. Aufgrund von Schwäche, Unvernunft, intellektuellem Defizit oder Lebensuntüchtigkeit kann er zu einem im negativen Sinn verstandenen Knecht degenerieren.[1316]

Johannes von Kastl bringt das Begriffspaar Knecht-Sohn mit mehreren Tugenden in Verbindung. Unter einer Vielzahl von Tugenden bilden die Klugheit, die Einsicht und die Voraussicht eine Schnittmenge, die für den Knecht wie für den Sohn gleichermaßen notwendig sind. Damit der Abt stark genug ist, seine Aufgaben adäquat zu erledigen und nicht vom Negativen dominiert wird, bedarf er zunächst der Tugenden der Klugheit und der Einsicht[1317], dann aber auch der Voraussicht[1318]. Im Gesamthorizont der Tugenden nimmt die Klugheit eine leitende Funktion ein, an der neben der Erinnerung, der Vernunft, der Geschicklichkeit, der Gelehrigkeit, der Erfahrung und der Vorsicht eben auch die Voraussicht und die Einsicht Anteil haben.[1319]

Die Tugenden der Klugheit, Einsicht und Voraussicht, in denen sich der Abt üben soll, stellen gleichsam die natürlichen Bedingungen für seinen Dienst dar. An mehreren Stellen im Regelkommentar tritt dies klar zu Tage. So schreibt Johannes von Kastl: Damit der Prälat auf natürliche Weise Herr sein kann und nicht zum schlechten Knecht wird, bedarf er eines Reichtums

---

assenciat preallegato *c. In scripturis in fine, dicens: Nolens volo. Volens nolo. Volo, ut prosim. Nolo, ut presim, ut ibi notatur. Neque fiat de nolente volens 23 q. 4, Displicet; 40. di., Ante omnia; vel dicat, ut habetur 16 q. 1, Vos autem.*" Ebd., Cap. 64 Y (Ebd., fol. 90v(a)).

1316 „Quapropter intuendum est, cuius sit infirmitatis et demencie, quando reges pro enormitate servi fiunt dum a vicys *superantur, a quo enim quis* victus *est, huius et servus est, 2. Petr. 2.*" Ebd., Cap. 64 AO (Ebd., fol. 94r(b)).

1317 „Ut ergo prelatus naturalis sit dominus et non servus et naturaliter dominetur prudencia polleat et intellectu." Ebd., Cap. 64 CA (Ebd., fol. 106v(a)).

1318 „Item providencia multum utilis est, *Tob. 9; dixit Tobias Azarie*: *Si metipsum tradam tibi servum, non ero condignus providencie tue.*" Ebd., Cap. 64 CZ (Ebd., fol. 113r(a)–113r(b)).

1319 „Porro quia totum aliquot perfecte haberi nequit sine eius partibus totalitatem constituentibus. Si debeat aliquis esse prudens perfecte, oportet ipsum habere omnes partes prudencie. Consueuerunt autem assignari *octo partes prudencie, scilicet memoria, providencia, intellectus, racio, solercia, docilitas*, experiencia et *caucio.*" Ebd., Cap. 64 CB (Ebd., fol. 106v(a)).

an Klugheit und Einsicht.[1320] Diese Fülle an Tugenden hebt den Abt aus der Menge der Mönche hervor, lässt ihn im wörtlichen Sinn zu einem Oberen werden und verpflichtet ihn zugleich zur Sorge um die Untergebenen.[1321]

Ist beim Abt jedoch ein Defizit an Klugheit und Einsicht zu beklagen, dann steht er in der Gefahr, zu einem schlechten Knecht zu degenerieren. Er kann mit einem Tier verglichen werden, das aufgrund mangelnder Einsicht von Natur aus zum Dienst bestimmt ist.[1322] Gemäß der Nikomachischen Ethik wird jemand aufgrund des Mangels an Klugheit auf natürliche Weise zum Knecht, da er ein Defizit an Einsicht hat und es nicht versteht, sich selbst zu leiten.[1323]

Auf die Klugheit als leitende Herrschertugend geht Johannes von Kastl im Absatz 64 CA ein und legt sie dem Abtsamt zu Grunde: Der äbtliche Dienst besteht darin, die ihm Anvertrauten väterlich zu regieren und sie zum gebotenen Ziel zu führen. Dazu ist die Klugheit von Nöten, da sie dem Abt die Einsicht in die sich ihm darbietenden Güter und Ziele vermittelt. Der sich nun anschließende Vergleich mit dem Auge, mit dem jedes Gut und jedes Ziel in Augenschein genommen wird, ist grundlegend, da es die Tugenden der Einsicht und der Voraussicht einschließt. Fehlt dem Abt im übertragenen Sinn das Auge, so steht er in der Gefahr, die Güter und die Ziele nicht richtig zu erkennen. Daraus resultierend kann er seine Untergebenen nicht zum richtigen Ziel führen. Geht der Abt in der Einschätzung des Reichtums und der äußeren Güter fehl, steht er in der Gefahr, sich mehr von deren Schein als von ihrem Wesen leiten zu lassen.[1324] Er entwickelt sich zum Tyrannen, der die

---

1320 Ebd., Cap. 64 CA: „Ex hoc vero est quis naturaliter dominus, quia viget intellectum et prudencia et novit dirigere se et alios in debitum finem." Ebd., fol. 106^{v}(b).

1321 „Secundo hoc arguitur ex prelatorum intelligencia. Nam secundum *philosophum, primo De animalibus*: Quod ex animalibus intelligencius est, magis habet sollicitudinem circa filios. Quanto ergo aliquis prelatus est intelligencior, tanto maiori sollicitudine et dileccione movetur circa subiectos, quibus preesse debet prudencia et precellere maiori intelligencia. Tercio sollicitudo debita arguitur prelatorum ad subiectos ex bonitate subiectorum. Quia secundum quod aliqui sunt in maiori statu, sic debent esse meliores et magis perfecti." Ebd., Cap. 64 AT (Ebd., fol. 96^{r}(a)–96^{r}(b)).

1322 „Bestia enim quia deficit intellectum, naturaliter est quid servile." Ebd., Cap. 64 BH (Ebd., fol. 99^{r}(a)); „Unde homines naturaliter dominantur bestys, quia hominum genus viget prudencia, bestie vero prudencia et arte parum participant." Ebd., Cap. 64 CA (Ebd., fol. 106^{r}(b)–106^{v}(a)).

1323 „Nam ut patet *Primo Politicorum*: Ex hoc est aliquis *naturaliter servus*, quia deficit intellectum et nescit seipsum regere." Ebd. (Ebd., fol. 106^{r}(b)).

1324 „Nam abbas est nomen officy et dignitatis, cuius officium est subiectos paterne regere *in debitum finem, quod* non potest fieri sine prudencia. Unde dicitur 6. *Ethicorum*: Illos *existimamus esse prudentes*, qui sibi *et alys possunt bona speculari* et providere. Prudencia ergo est quidam oculus, quo bonum et finis debitus conspicitur. Qui ergo hoc oculo caret, non sufficienter potest videre ipsum bonum nec ipsum debitum finem, in quem subditi sunt dirigendi, et per consequens sine

klösterliche Gemeinschaft materiell ausbeutet und ihr somit schadet.[1325] Um auf eine natürliche Weise Herrschaft auszuüben, ist es für den Abt dringend notwendig, im Vollbesitz der Klugheit und der Einsicht zu stehen. Will er seinem Leitungsamt gerecht werden, hat er über diese Tugend in hohem Maß zu verfügen.

Wie schon erwähnt, kann die Voraussicht unter der Klugheit subsummiert werden. Ähnlich wie bei der Klugheit kommt bei der Voraussicht das Symbol des Auges zum Tragen. Eine Aufgabe der Klugheit ist es nämlich, aus der Vergangenheit und Gegenwart Schlüsse für die Zukunft zu ziehen.[1326] Der Abt, der durch die Klugheit voraussehend wurde, versucht, eine unheilvolle Zukunft abzuwenden oder zu minimieren. Ist dies nicht möglich, so hat er zumindest die Aufgabe, die ihm anvertrauten Seelen darauf vorzubereiten, damit sie dann an der schweren Last nicht zerbrechen.[1327] An dieser Stelle zeigt sich, wie die Voraussicht das Belastende fernzuhalten versucht, damit für den Abt bzw. die Mönche der Freiraum erhalten bleibt, der es ihnen ermöglicht, ihrer Aufgabe als Knechte Gottes gerecht zu werden. Wenngleich die Beispiele für die Voraussicht, die der Autor des Regelkommentars an mehreren Stellen anführt, eher einen materiellen Hintergrund haben, so wird doch die spirituelle Dimension der Voraussicht nicht außer Acht gelassen; der Abt hat sich pflichtgemäß um beides, nämlich um das geistliche wie um das körperliche Wohl zu mühen. Die Voraussicht in den geistlichen Belangen wird in geistlichen Übungen, wie Nachtwachen, Fasten, Abstinenz, Studium, konkret. Beim leiblichen Wohl zeigt sich die Voraussicht in der körperlichen Arbeit.[1328]

In gleicher Weise wie die Voraussicht ist auch die Einsicht ein Teil der Klugheit. Wie Johannes von Kastl die Einsicht versteht, wird am Umgang mit dem Gesetz ersichtlich. Zunächst unterscheidet er zwischen dem Wortlaut der Gesetze und deren Sinn. Die Rechtsvorschriften haben u.a. den Sinn, den Schuldigen von weiteren Straftaten abzuhalten. Aus diesem Grund enthalten

---

prudencia nullus erit prelatus secundum rei veritatem et ut decet, sed forte solum nomine et appelacione." Ebd. (Ebd., fol. 106^{r}(a)).

1325 „Quod si prudencia careat, de facili efficitur tyrannus, quia divicias et bona exteriora, que sunt quedam bona optima secundum apparenciam credit esse optima simpliciter. Ymo quia imprudentes non cognoscunt, nisi sensibilia bona cuiusmodi sunt divicie et bona exteriora. Prelatus prudencia carens dimissis virtutibus totum studium suum ponet, ut affluat divicys et sensibilibus bonis. Efficietur ergo exactor subiectorum, dominabitur tyrannice et non curabit a quibuscumque, possit peccuniam extorquere." Ebd. (Ebd., fol. 106^{r}(b)).

1326 „*Est* ergo *presens* prudencia notitia *futurum per tractans eventum.* Huius officium est ex preteritis et presentibus futura perpendere." Ebd., Cap. 64 CZ (Ebd., fol. 113^{r}(a)).

1327 „ Providencia vel mala futura vitat vel temperat vel animum preperat, ut ea levius ferat." Ebd. (Ebd., fol. 113^{r}(b)).

1328 „*Smaragdus vero dicit, quod imperia, que fiunt secundum deum, sunt vigilie, ieiunia, abstinencia et huius*modi." Ebd., Cap. 64 CY (Ebd., fol. 112^{v}(b)).

sie eine gewisse Strenge. Der Richtende beschäftigt sich mit der inhaltlichen Bedeutung der Gesetze bzw. der Strafen und dem zu Bestrafenden, um dem Delinquenten und seiner Schuld gerecht zu werden.[1329] Diese Auseinandersetzung mit dem Einzelfall versteht Johannes von Kastl als Erfahrung. Sie geht vom Wissen aus, dass die dem Abt untergeordneten Personen in Verhalten und Einsicht verschieden sind.[1330] Um also eine angemessene Strafe festsetzen zu können, hat sich der Abt der Mühe zu unterziehen, sich mit den einzelnen Personen, ihrem Vergehen und dem Gesetz zu beschäftigen.

Durch die Übung in der Klugheit, der Voraussicht und der Einsicht erlangt der Abt eine innere Stärke, die ihn von den Lastern befreit. Klugheit, Voraussicht, Einsicht, die aus der inneren Stärke und Freiheit resultieren, kennzeichnen die Natur des Abtsamtes. Der Abt ist nun fähig, den entstandenen Freiraum zu nutzen, indem er sich mit dem Wort Gottes beschäftigt, mit den ihm unterstellten Personen in Kontakt bleibt und das Gemeinschaftsleben ordnet, damit der Konvent und jeder Konventuale für Gott verfügbar sind.

Nachdem die philosophischen Bedingungen für das Abtsamt umschrieben sind, stellt sich die Frage nach der theologischen Akzentuierung dieses Amtes. Die Grundlage dafür bilden die letzten beiden Verse des 64. Kapitel der *Regula s. Benedicti*, in denen es heißt: „Et praecipue ut praesentem regulam in omnibus conserbet, ut, dum bene ministrauerit, audiat a domino, quod seruus bonus, qui erogauit triticum conseruis suis in tempore suo: Amen dico uobis, ait, super omnia bona sua constituit eum.“[1331] Allem voran handelt es sich hier um einen Vergleich. Das Halten der Regel in allem durch den Abt wird mit dem Dienst des Knechtes verglichen, der im Gleichnis vom treuen Knecht (Matth. 24,47) beschrieben wird. Dessen Aufgabe besteht darin, zur rechten Zeit für das leibliche Wohl seiner Mitknechte zu sorgen. Geschieht dies, wird er vom Herrn belohnt, indem er zum Verwalter seines ganzen Besitzes befördert wird. Die *Regula s. Benedicti* greift diesen Vers aus dem Matthäus-Evangelium auf und bringt ihn mit dem Abtsamt in Verbindung. Dem Abt wie dem Knecht wird der gleiche Lohn in Aussicht gestellt. Folglich müssen sich auch ihre spezifischen Arbeiten entsprechen. Dem Evangelium und der Klosterregel nach bestehen diese in der Versorgung der anvertrauten Menschen. Die Benediktsregel geht jedoch über diese Gemeinsamkeit hinaus, denn der äbtliche

---

[1329] „Tercium inclinans ad misericordiam est pius intellectus legum. Leges enim ad terrendum delinquentes, quamdam ampliorem servitatem continent, quare decet, ut per pium intellectum moderetur supplicy magnitudo. Hoc est ergo, quod dicitur *primo Rethorice*, quod iudicans non debet a*spicere ad verba legi*s, *sed ad intellectum legis*.“ Ebd., Cap. 64 BR (Ebd., fol. 101^{v}(b)).

[1330] „Experiencia autem est rerum particularium cognicio, prout igitur sunt alia et alia particularia, et persone subditorum non sunt conformes nec intellectum nec moribus, igitur circa ipsos sunt alia et alia exquirenda. Nec enim omnibus omnia conveniunt. Oportet ergo prelatum esse expertum in cognoscendo particulares subditorum condiciones, ut valeat eos melius in finem debitum dirigere.“ Ebd. (Ebd., fol. 107^{r}(a)).

[1331] RB 64,21 f. (CSEL 75, HANSLIK, R. (Ed.), 2. Auflage, S. 166).

Dienst verlangt mit der treuen Bewahrung der Regel mehr als nur die Versorgung der ihm anvertrauten Menschen. Der Dienst des Abtes umfasst sowohl den materiellen als auch den moralischen Aspekt. Im entworfenen Abtsbild findet sich das Bild vom treuen Knecht, der sich um das leibliche Wohl des ihm anvertrauten Gesindes kümmert, wieder. Dieses wird aber gleichzeitig weiter gefasst und verallgemeinert. In diesem neuen Zusammenhang ist die Formulierung vom Austeilen des Weizens und die treue Bewahrung der Klosterregel neu zu bedenken und inhaltlich zu ergründen.

Wie interpretiert nun Johannes von Kastl das Gleichnis vom treuen Knecht? Er versteht das Verteilen des Weizens nicht nur im wörtlichen, sondern auch im übertragenen Sinn als Predigen. Der Abt soll im Bereich der zeitlichen Güter die ihm Anvertrauten liebend unterstützen, darüber hinaus aber über das Göttliche informieren und durch sein Beispiel aufbauen. Das Erstere soll nicht aus Profitgier geschehen, sondern aus Liebe zu Christus, die in einer gläubigen Absicht und aus einer menschlichen Zuneigung heraus verwirklicht wird. Dieses Handeln des Abtes ist nicht allein auf die Mönche beschränkt, sondern wird auf alle bezogen, die seiner Herrschaft unterstehen. Das Austeilen des Weizens soll nach dem Gleichnis zu einer bestimmten Zeit geschehen. Johannes von Kastl geht nun auf den übertragenen Sinn der Bildrede ein. Das Predigen und das Zeugnis durch das gute Beispiel sollen zu einem Zeitpunkt geschehen, an dem diese notwendig und die Adressaten dafür aufnahmefähig sind.[1332] Der Abt muss daher mehreres – das Göttliche, das Menschliche und die Zeit – im Auge haben. In diesem Zusammenhang wird von ihm sehr viel Erfahrung im Umgang mit den Menschen verlangt. Das, was er von den Untergebenen fordert, sei es schwer oder leicht, muss dem Einzelnen angemessen sein. In Anlehnung an Smaragdus verlangt Johannes von Kastl vom Abt, dass er das, was er predigt, bereits durch die Tat erfüllt hat. Die eigene Erfahrung zeigt ihm, was im Umgang mit den anvertrauten Menschen möglich ist. In der Erfahrung seiner selbst werden ihm seine Schwächen und seine Gebrechlichkeit bewusst. Versteht er es dann nicht, die Lasten richtig auf- und einzuteilen, damit es den Untergebenen zum Heil gereicht, dann erregt er in den Mönchen und Untergebenen Jähzorn und Unmut; er erweist sich nicht mehr als Vater, sondern als Antreiber.[1333]

1332 „*Qui erogavit* fideli intencione, humili affeccione non propter lucrum temporale, sed pro Christi amore, *triticum*, scilicet sermones divini informativi, exempli sui edificativi et temporalis subsidy caritativi, *conservis suis*, id est fratribus et subiectis, *in tempore suo*, id est necessitatis tempore, pro singulorum capacitate ..." JOHANNES <DE CASTELLO>: Exposicio, Cap. 64 DK (clm 18154, fol. 116r(a)).

1333 „Unde *Smaragdus*: *Super omnia*, inquid, *beatus Benedictus iubet abbatem regulam* istam *observare, ut, qui est primus nomine, sit* eciam *primus in operacione, et quod ore predicat, opere compleat. Et prior in humeris vel cervicibus suis portet, que portare fratres iubet, et utrum sint levia an gravia, que fratribus inponit onera, experimento cognoscat.* Temperancia enim hec, qua opera subditis sunt iniungenda, et que et qualia experienciam requirit. Sicut enim vinum non bene temperatur nisi per gustacionem eius virtus agnoscatur, sic abbates, qui in conventu

Diese Art des Austeilens des Weizens, bei der der Abt die Menschen, die *Regula s. Benedicti* und die rechte Zeit im Auge hat, wird als das treue Halten der Regel verstanden. Ein einschlägiger Text aus dem Regelkommentar des Johannes von Kastl, der sein Verständnis des Begriffes „regula" dokumentiert, trägt entscheidend zur Verlebendigung des oben genannten Bildes bei. Ausschlaggebend für das Verständnis der Regel ist der Begriff des Umstands, der im Zusammenhang mit dem Handeln steht. In Anlehnung an die Nikomachische Ethik des Aristoteles liegen die „circumstantias particulares" wie deren Veränderungen den menschlichen Handlungen zugrunde. Da sich diese Umstände im Verlauf der Zeit ändern, kann die Regel nicht in einer starren Weise angewandt werden. Bevor also das menschliche Handeln durch die Regel geformt werden soll, sind die besagten Bedingungen zu untersuchen. Am Beispiel der Strafe wird das deutlich: Wiegt das Vergehen aufgrund der Umstände nicht so schwer, ist mit der betroffenen Person milder umzugehen. Im Gegensatz dazu ist mit einer Person strenger zu verfahren, wenn ihr Handeln aus einer negativen Grundhaltung resultiert. Demzufolge bezieht sich die Regel wesentlich auf die sich ändernden Umstände. Die Regel wird nicht als schwer zu formendes Eisen verstanden, sondern als das wesentlich leichter zu verformende Blei, das sich einmal nach dieser Seite und dann in die entgegengesetzte Richtung biegen lässt. Für die Auslegung der Regel hat der Abt die Umstände zu untersuchen und muss um den Sinn der Regel wissen.[1334] An dieser Stelle berühren sich auf eine bemerkenswerte Weise der anthropologisch-philosophische und der theologische Bereich: Das treue Halten der Regel durch den Abt – verstanden als das Austeilen des Weizens zur rechten Zeit – ist nur möglich, wenn dieser über die menschliche Qualifikation der Einsicht verfügt; diese benötigt er, um die Umstände des Handelns der ihm Untergebenen zu ergründen, damit er darauf entsprechend durch Predigt und Beispiele eingehen kann.

---

numquam iacent vel commedunt etc., onus, quod conventus sustinet, temperare nesciunt. Unde tales non exhibent se patres, sed pocius exactores ..." Ebd., Cap. 64 DJ (Ebd., fol. 115^{r}(b)).

1334 „... patet, nam humani actus propter particulares circumstancias et propter eorum mutabilitates, ut vult *philosophus 5. Ethicorum*, non possunt regula inflexibili mensurari, ut puta ferrea. Sed oportet, ut mensuretur *regula plumbea*, que sit applicabilis humanis actibus. Oportet enim aliquando legem plicare ad partem unam et agere micius cum delinquente, quam lex dictat. Aliquando eciam oportet eam plicare ad partem oppositam et rigidius punire peccantem, quam lex determinet. Nam particulares circumstancie, que lege determinari possunt, aliquando alleviant delictum et tunc iuste et secundum racionem clementer agitur cum delinquente. Aliquando vero tales circumstancie aggravant et tunc est rigidius intendendum." Ebd., Cap. 64 BP (Ebd., fol. 100^{v}(b)).

4.7.2 Der Abt als König

Die werden wahrhaft als Könige bezeichnet, die es verstehen, sowohl sich als auch den Untergebenen durch eine gute Regierung das rechte Maß zu geben.[1335] Diese Definition entnimmt Johannes von Kastl dem Werk *Sententiarum libri tres* des Isidor von Sevilla. Wegen des rechten Maßes hat sich laut Regelkommentator der König um die Weisheit zu bemühen.[1336] Auch der hl. Benedikt bemühte sich in Anbetracht der göttlichen Weitsicht, die Regierung des Klosters mit der göttlichen Weisheit abzustimmen.[1337] Weitere Zusammenhänge ergeben sich aus der Betrachtung des Gegenbildes zum König, nämlich des Tyrannen.

Johannes von Kastl geht in seinem Regelkommentar wiederholt auf den Tyrannen ein. Ein Abt, der das Eigengut dem Gemeingut vorzieht, erweist sich nicht als Abt, sondern als Tyrann, der mit Recht gehasst werden kann.[1338] Bei dieser Betrachtung ist die Zuordnung der Begriffe wichtig: Johannes von Kastl unterscheidet zwischen dem „bonum proprium“ bzw. „privatum“, dem „bonum subditorum“ und dem „bonum commune“. Während das „bonum proprium“ bzw. „privatum“ als Eigengut des Abtes zu verstehen ist, gilt das „bonum commune“ als Gut der Gemeinschaft. Johannes von Kastl vergleicht das Gemeingut mit dem Eigengut und kommt zu folgendem Ergebnis: In seiner Hinordnung auf die Gemeinschaft hat das Gute mehr Sein im Gemeingut als im Eigengut.[1339] Da das Gemeingut seinen Ursprung in Gott hat, ist es deshalb in einem umfassenderen Sinn als Eigengut Gott vorbehalten. Von daher ist das „bonum commune“ höher zu schätzen als das „bonum proprium“.[1340] Da das „bonum privatum“ Implikat des „bonum commune“ ist[1341], ist von einem Wachstum des „bonum privatum“ auszugehen, wenn sich der Abt um das „bonum commune“ müht. Die Verachtung der Untergebenen, die Unter-

---

1335 „Ideo in scriptura rex vocatur unde *1. Petr. 2* dicitur *regale sacerdocium* et *Ysidorus, libro terico De summo bono:* Hy *recte reges vocantur, qui tam seipsos quam subiectos bene regendo modificare noverunt.*“ Ebd., Cap. 64 AF (Ebd., fol. 93^{v}(b)–93^{r}(a)).

1336 „... quapropter quilibet talis necesse habet studere sapiencie.“ Ebd. (Ebd., fol. 93^{r}(a)).

1337 „Sapienter ergo beatus Benedictus considerando divinam providenciam in regimine studuit se divine sapiencie conformando hoc capitulum conscribere ...“ Ebd., Cap. 64 Praefatio (Ebd., fol. 82^{r}(a)).

1338 „Unde si preponeret bonum privatum communi et divino, iam non esset prelatus, sed tyrannus et ergo merito odiendus.“ Ebd., Cap. 64 CH (Ebd., fol. 108^{v}(b)).

1339 „Nam in bono divino et communi magis habet esse bonitas uniuscuiusque quam eciam in seipso.“ Ebd. (Ebd.).

1340 „Dictat naturalis racio, ut homo magis deum diligat quam seipsum, et bonum uniuscuiusque, quod est principaliter a deo et excellencius reservatur in deo, quam in seipso, et quia *commune bonum est divinius quam* singulare, ut dicitur *1. Ethicorum* ...“ ebd. (Ebd.).

1341 „Quia in communi bono includitur privatum bonum, *semper bono* privato *preponendum est bonum* commune.“ Ebd. (Ebd.).

drückung der Schwachen und die Reduktion des Lebensnotwendigen für seine Untergebenen resultiert aus dem Interesse des Abtes für sein „bonum privatum," das in der Mehrung seines Reichtums besteht.[1342]

Eine wichtige Eigenschaft, die den Abt in seinem Amt schützt und die verhindert, dass er zum Tyrannen degeneriert, ist die Klugheit. Im Hören der Weisheitslehre wird der Abt zur notwendigen Klugheit hingeführt.[1343] Die Weisheit fordert diejenigen, die dem Volk vorstehen, zunächst auf, das Licht der Weisheit zu lieben, dann der Rede der Weisheit zuzuhören und das Gesagte aufzunehmen, damit sie von ihr lernen und nicht von ihr abweichen.[1344] Darauf erfolgt die entscheidende Bestimmung der Weisheit, die darin besteht, im Reden besonnen, im Handeln munter, im Zuteilen großzügig, im Urteilen gerecht, im Gehorchen demütig und unverzüglich, im Bekenntnis der Wahrheit beharrlich und in der Leitung weitsichtig zu sein.[1345] Das Maßgeben hat nach der Art des Königs zu erfolgen. In Ausrichtung auf das „bonum commune" erfolgt das Reden, Handeln, Zuteilen, Urteilen, Gehorchen, Bekennen und Leiten. Diese Tätigkeiten werden in der Haltung der Besonnenheit, Munterkeit, Freigebigkeit, Gerechtigkeit, Demut, Schnelligkeit, Beharrlichkeit und Weitsicht maßvoll ausgeübt.

Der Hintergrund dieser Anweisung besteht darin, dass der Abt als Vorsteher der Gemeinschaft unterschiedliche Personen vor sich hat. Was dem einen ein Grund zum Heil ist, bewirkt bei einem anderen die Vollendung des Verderbens. Der Sündenfall bedingt eine Gegensätzlichkeit der Menschen. Der Abt, der unter dem Anspruch steht, alle in gleicher Weise heilsam zu regieren, wird sich auf jeden einzelnen einzustellen haben.[1346] Die oben genannten Haltungen sollen deshalb von einer Polarität geprägt sein, die dem Abt hilft,

---

[1342] „Non ergo sibi cure erit, si viduas opprimat et pupillas, si subiectorum necessaria diminuat, si minus eis debite provideat, dummodo pecuniam congregat et coarcuat. Est ergo quilibet malus prelatus tyrannus, si sic vult esse dominus, ut bonum commune subditorum non procuret, sed tunc est demptator, quando non solum non procurat bonum, sed eciam infert malum, cum subiectis abstrahit vite necessarium." Ebd., Cap. 64 CP (Ebd., fol. 110[v](b)).

[1343] „Hec duo, scilicet vite meritum et sapiencie doctrina, necessaria sunt prelato ... *Sapiencie doctrina ad prudenciam* et *sanam intelligenciam, ad facundam eloquenciam, ad eminentem vel ad minus* ad *competentem scienciam et ad temporalium providenciam potest congrue adaptari.*" Ebd., Cap. 64 G (Ebd., fol. 84[v](a)).

[1344] „Unde *diligite lumen sapiencie, qui preestis populo Sap.* <6> et post: *Audite ergo reges et intelligite, ad* nos *sunt hy sermones mei, ut discatis sapienciam et non excidatis* ..." Ebd., Cap. 64 AF (Ebd., fol. 93[r](a)).

[1345] „... scilicet a modestia loquendi, strennuitate agendi, a largitate tribuendi, a iusticia iudicandi, ab humilitate et promptitudine obediendi, a constancia veritatem confitendi, a providencia gubernandi." Ebd. (Ebd.).

[1346] „Hoc sane regimen, quando imperiti suscipiunt, animabus multum obsunt, quia uniformiter nec omnes nec semper regi possunt. Dicente *Rychardus, in liber De statu interioris hominis:* Post lapsum sepe quod uni est causa *salutis, alteri fit cumulus dampnacionis.* Pensate ergo quanta sapiencia et discrecione. Opus sit, quod omnes simul salubriter regi possunt." Ebd. (Ebd.).

den durchaus gegensätzlichen Personen in seiner Abtei zu begegnen und sie zum gemeinsamen Ziel zu führen. Am Umgang mit dem Geld soll dies verdeutlicht werden. Der *Regula s. Benedicti* nach soll der neue Abt im Sinne eines würdigen Verwalters dem Kloster vorstehen.[1347] Das Verhalten des Abtes soll wie bei einem Verwalter von einer bestimmten Spannung geprägt sein, die einerseits in der Freigebigkeit, andererseits in der Sparsamkeit besteht. Im Geben soll er die Hand zusammenziehen und in der Sparsamkeit soll er zugleich eine gebende Haltung signalisieren. Freigebigkeit und Sparsamkeit stellen eine Linie dar, an die Verschwendung und Geiz als Sünde grenzen, vor denen sich der Abt als Verwalter hüten soll.[1348] Im Umgang mit dem Geld konkretisiert Johannes von Kastl diese Haltung. Gemäß der *Benediktsregel* soll der Abt weder maßlos noch eigensinnig sein.[1349] Die Extreme der Güte, die als Tugend der Mitte zwischen Habgier und Verschwendungssucht steht, erkennt er durch das Übermaß und die Festigkeit.[1350] In der Haltung der Güte wird der rechte Umgang mit dem Geld greifbar. Drei Handlungsmaximen führt der Regelkommentator an: Zunächst soll der Abt kein Geld annehmen, wenn er es nicht braucht. Benötigt er aber Geld, dann soll er es annehmen. Steht aber eine Ausgabe an, dann ist es nötig, das Geld entsprechend der Anforderung auszugeben. Dem Abt ist es untersagt, für diese Ausgaben fremde Ressourcen anzugreifen, um seine eigenen zu schonen.[1351] Hinter der Güte steht ein Umgang mit dem eigenen Geld, der an der Sache Maß nimmt. Der Gütige liebt nämlich nicht das Geld an sich, sondern er orientiert sich in den Ausgaben am geforderten Sachaufwand, ohne dabei die eigenen Ressourcen zu schonen oder zu verschwenden.[1352] An dieser Stelle schließt sich nun die Argumentati-

---

1347 „..., sed domui die dignum constituant dispensatorem." RB 64,5 (CSEL 75, HANSLIK, R. (Ed.), 2. Auflage, S. 164).

1348 „Sic *manum et aperiendo stringat et stringendo discretus aperiat, quatenus in eo et parca sit largitas et parcitas larga.* Et caveat, *ne parcitatem tenacitas, largitatem effusio menciatur,* sed pocius *et parcendo sobrietatem nutriat et largiendo murmuracionis vicium, ne oriatur, obsistat.*" JOHANNES <DE CASTELLO>: Exposicio, Cap. 64 O (clm 18154, fol. 86r(b)–87v(a)).

1349 „... non sit nimius et obstinatus ..." RB 64,16 (CSEL 75, HANSLIK, R. (Ed.), 2. Auflage, S. 165).

1350 „Aut forte melius per nimietatem et obstinacionem possunt intelligi duo extrema liberalitatis, scilicet prodigalitas et tenacitas sive avaricia, que facit hominem obstinatum." JOHANNES <DE CASTELLO>: Exposicio, Cap. 64 CN (clm 18154, fol. 110r(a)).

1351 „Unde liberalitas est virtus media inter avariciam et prodigalitatem, avariciam reprimens et prodigalitatem moderans. Et consistit in recto usu pecunie, ad quem rectum usum tria requiruntur: Primo, quod non accipiat eam, unde non debet. Secundo, ut accipiat eam, unde debet. Tercio, ut expendat eam, pro ut debet. Pertinet enim ad liberalem non usurpare alienos redditus et custodire proprios." Ebd. (Ebd.).

1352 „Nam liberalis, licet non diligat pecuniam secundum se, sed ut eam ordinet ad debitos sumptus, tamen, ut possit debitos sumptus facere, non debet proprios redditus inaniter expendere seu disperdere." Ebd. (Ebd.).

onskette: Nur der weise Abt ist es, der ein Auge für die sachorientierten Anforderungen hat. Durch die Weisheit nimmt er das von ihm Geforderte wahr und bemisst danach sein ganzes Handeln.

4.7.3 Der Abt als Führender

Im zweiten Bild, mit dem Johannes von Kastl die Amtsführung des Abtes beschreibt, wird ein Heerführer gezeigt. Die Aufgabe des „dux" besteht darin, dem Heer voranzugehen. Als Schriftbeweis dient ein Versteil aus Psalm 77,72. Diese Schriftstelle besagt, dass der Abt den Konvent verständnisvoll führen soll. Die *Glossa ordinaria* führt das Zitat aus dem Psalm fort und bringt die verständnisvolle Führung mit der Lehre von den Werken in Verbindung.[1353] Mit dem Begriff „doctrina operum" greift Johannes von Kastl einen Aspekt der „doctrina sapientiae" auf, in der die *Regula s. Benedicti* eine Eigenschaft des Abtskandidaten erkennt. Für einen Heerführer genügt es nicht, ein Teil der Mannschaft und in jeder Tugend mit den anderen verbunden zu sein. Das Entscheidende in seiner Funktion besteht darin, im Vorangehen an der Spitze des Heeres das Wichtigste und Musterhafte für andere erkennbar zu machen.[1354] An dieser Stelle ist der Begriff der „exempla" von entscheidender Bedeutung, der im Zusammenhang mit den oben erwähnten „opera" eine praktische Kenntnis besagt; unter der „doctrina operum" ist die Vermittlung von Kenntnissen zu begreifen, die in der monastischen Lebenspraxis beheimatet sind. Lehrhafte Beispiele sind schon in der *Regula s. Benedicti* zu finden: Auf der achten Stufe der Demut wird der Mönch ermahnt, in seinem Handeln sich theoretisch an die gemeinsame Klosterregel und praktisch an das Vorbild der Oberen zu halten.[1355] Der Obere soll in der praktischen Sorge um die Ausgeschlossenen das Beispiel des guten Hirten aus dem Evangelium nachahmen[1356]; ferner kann das Vorbild fremder Mönche und der Priestermönche den Brüdern Orientierung geben.[1357] Die *Consuetudines castellenses* greifen die Aspekte aus der *Regula s. Benedicti* auf und spitzen sie noch zu,

---

1353 „Secundo quilibet prelatus religiosus habet implere officium ducis in preeundo exemplariter exercitum. Ideo vocatur dux in scriptura. Unde *Ps. 77* dicitur: *In intellectibus manuum suarum. Glossa* in doctrina operum *deduxit*, id est quasi dux precessit *eos*." Ebd., Cap. 64 AG (Ebd., fol. 93r(a)).

1354 „Non enim sufficit ducem in exercitu fore, sed in acie stare et in omni virtute non solum communicari, sed eciam precipuum et exemplarem inveniri." Ebd., Cap. 64 AG (Ebd., fol. 93r(b)).

1355 „Octabus humilitatis gradus est, si nihil agat monachus, nisi quod communis monasterii regula uel maiorum cohortantur exempla." RB 7,55 (CSEL 75, HANSLIK, R. (Ed.), 2. Auflage, S. 54).

1356 „Et pastoris boni pium imitetur exemplum, qui relictis nonaginta nobem obibus in montibus habiit unam obem, quae erraberat, quaerere." RB 27,8 (CSEL 75, HANSLIK, R. (Ed.), 2. Auflage, S. 91).

1357 „... sin alias, ullatenus aliqua praesumat sciens se disciplinae regulari subditum et magis humilitatis exempla omnibus det." RB 60,5 (CSEL 75, HANSLIK, R. (Ed.), 2. Auflage, S. 154).

wenn sie den Abt mahnen, dass er seinem Namen als Oberer mehr durch Taten als durch Worte gerecht werden soll.[1358] Dem lobenswerten Verhalten wohnt eine Kraft inne, die seine Brüder zu guten Taten ermutigt und vom Schlechten zurückhält.[1359] Damit derjenige, der gegen ihn ist, nichts Schlechtes an ihm finden kann, wird vom Prior und damit auch vom Abt ein vollkommenes Beispiel guter Werke verlangt, das er in der Lehre, der Integrität und der Ernsthaftigkeit zeigen soll.[1360] Diesen Anspruch in die Tat umsetzend wird der Abt in Anlehnung an 1 Petr. 5,3 schlechthin zum formenden Vorbild seines Konvents, der sagen kann: Was ihr mich tun seht, das tut.[1361]

Aus dem ersten Teil dieses Kapitels wird ersichtlich, dass sich aus dem Vorangehen des Abtes eine personale Nähe zwischen ihm und dem Konvent ergibt. Im zweiten Teil geht nun Johannes von Kastl auf den Konvent ein. Der *Regula s. Benedicti* nach machen die Mönche des Konvents in ihrem religiösen und moralischen Streben unterschiedliche Fortschritte.[1362] Dieser heterogenen Gemeinschaft steht der Abt als formendes Beispiel vor. In seiner Vermittlung praxisrelevanter Kenntnisse ist der Abt gefordert, sich auf den Stand eines jeden Mönches einzustellen. Mit den sechs Begriffen – Sünder – Unschuldige – Zurückgefallene – Kleinmütige – Ausdauernde – Vollkommene – weist Johannes von Kastl nicht nur das moralische Spektrum der Mönche auf, sondern gibt auch das Ziel der Entwicklung als Mönch an.[1363] Das Begriffspaar Sünder – Vollkommene lässt zunächst nur Anfang und Ziel einer Entwicklung erkennen. Der Anfang und das Ende stehen in einer Spannung zueinander, die es zu überwinden gilt. So ist die menschliche Entwicklung einerseits von Fortschritten geprägt, was sich an den Begriffspaaren Sünder –

1358 „Abbas itaque, quamvis omnibus verbo et vita prodesse debeat et cunctorum sollicite curam gerere, monachis tamen, a quibus electus et sumptus est, quietis et devotionis et ceterorum, quae secundum regulam ad eorum vitam pertinent, exercitiorum laudabilium exemplum maxime praebere debet et nomen maioritatis suae non tam verbis ostendere quam factis implere.“ Consuetudines castellenses, Cap. 1 (CCM 14/1, MAIER, P. (Ed.) S. 22) (Leseart ARW GE DFF^{1}).

1359 „Qui etiam esse debet *potens in opere et sermone*, ut exemplo vitae verboque doctrinae fratres suos instruere possit in bono et a malo revocare.“ Ebd., Cap. 2 (Ebd., S. 45) (Leseart DFF^{1}).

1360 „Ut itaque prior sui prioratus officium rite et irreprehensibiliter exsequatur, necesse est, quatenus secundum dictum apostoli *in omnibus* semet*ipsum praeb*e*at exemplum bonorum operum; in doctrina, in integritate, in gravitate; verbum sanum irreprehensibile, ut is, qui ex adverso est, vereatur nichil habens malum dicere de* ipso.“ Ebd. (Ebd., S. 60) (Leseart RW DE DFF^{1}).

1361 „Ita quod *forma gregis fa*ctus et *ex animo, 1. Petr. 5* dicere possit. *Iudic. 9: Quod me vid*e*tis facere, facite*.“ JOHANNES <DE CASTELLO>: Exposicio, Cap. 64 AG (clm 18154, fol. 93^{r}(b)).

1362 Vgl. RB 63 (CSEL 75, HANSLIK, R. (Ed.), 2. Auflage, S. 159–162).

1363 „Debet autem dux bonus educere de egipto peccatores, ducere innocentes, reducere relabentes, conducere pusillanimes, perducere perseverantes, inducere feliciter pervenientes“ JOHANNES <DE CASTELLO>: Exposicio, Cap. 64 AG (clm 18154, fol. 93^{r}(b)).

Unschuldige und Kleinmütige – Ausdauernde zeigt, andererseits ist aber auch immer mit Rückschritten zu rechnen, was die Begriffsreihe Unschuldige – Zurückgefallene – Kleinmütige verdeutlicht. Aus der Vollkommenheit des Abtes ergibt sich nun für jeden Mönch eine individuelle Spannung zwischen Anspruch und Wirklichkeit. Diese kann nicht dadurch gelöst werden, dass der Abt seinen Stand der Vollkommenheit aufgibt, sondern indem er den Mönch ermutigt, einen angemessenen Schritt zum nächsten Etappenziel zu machen. Wiederum sind es sechs Formen der Begleitung, die dem Abt als Führendem offenstehen: Herausführen – Führen – Erneuern – Zusammenführen – Hinführen – Einführen. Wie zu erwarten ist, bilden der erste und der letzte Begriff ein Gegenpaar und stehen damit in einer Spannung zueinander. Der Abt hat die Sünder aus Ägypten herauszuführen und sie glücklich in das Ziel hineinzuführen. Die Unschuldigen zu führen, die in den Stand der Sünde Zurückgefallenen zu erneuern, die Kleinmütigen zu sammeln, die Ausdauernden zum Ziel hinzuführen ergeben sich als Wegetappen. Soll diese Art von Führung vom Abt wirksam ausgeübt werden, sollte er über die Entwicklung eines jeden Mitbruders informiert sein. Die praxisnahe Anleitung zum nächsten adäquaten Entwicklungsprozess kann aber nur erfolgen, wenn der Abt alle diese Schritte auch selbst vollzogen hat. Aus diesem Grund hat der Begriff „ducere" als Grundwort dieses Abschnitts einen Prozess im Auge, der sich grundsätzlich vom Guten zum Besseren erstreckt.[1364] An zwei Stellen verbindet der Regelkommentator das Symbol der Hand mit der Führung des Abtes.[1365] Haben einige Mitbrüder einen Fortschritt erzielt, irren sie wieder vom Weg ab. Der Abt ist nun gefordert, sie wieder zurückzuführen.[1366] Neben den unterschiedlichen Entwicklungsprozessen, in denen die Mönche stehen, gibt es die Phänomene der Absonderung und Flucht, die durch die Kleinmütigkeit verursacht werden. Dem Abt erwächst die Aufgabe, die verängstigten Mitbrüder wieder zusammenzuführen.[1367] Mit der Einführung des Mönches in das gute Handeln, mit dem barmherzigen und liebevollen Umgang, dem tugendhaften und verdienstvollen Handeln, einem friedlichen und einmütigen Zustand und einer gesunden Lebenseinstellung endet der Entwicklungsprozess.[1368]

1364 „Unde si semper increparetur subditus et numquam aliquod bonum suum nominaretur, quasi desperatus difficilius ad melius de bono duceretur; sensus est *Gregorij in pastorali*." Ebd., Cap. 64 H (Ebd., fol. 84v(b)).

1365 „Qui ex officio ducis in omni via virtutis exemplariter preeat, nam *manus* eorum est *in transgressione prima, 1 Esdr. 9*." Ebd., Cap. 64 AP (Ebd., fol. 94v(a)); „*Et Ps: Misit verbum suum et sanavit eos. Peccatores enim, ut* ait *Dyonisius, manu ducendi sunt*." Ebd., Cap. 64 BY (Ebd., fol. 104v(b)).

1366 „Discrecio est tenebrarum lucerna, errancium a via reduccio, cecitatis palpancium illuminacio." Ebd., Cap. 64 DD (Ebd., fol. 114r(a)).

1367 „Quando duces pro pusillamitate ab exercitu fugiunt, dum a conventu separantur. *Hy sunt* enim, *qui segregant* semetipsos *animales spiritum non habentes* in canonica *Iude*." Ebd., Cap. 64 AO (Ebd., fol. 94r(b)).

1368 „... debent prelati eos omnibus modis inducere et instruere ad bonitatem et perfeccionem eorum statui competentem ..." Ebd., Cap. 64 AT (Ebd., fol. 96r(b));

Als Führendem kommt dem Abt die Aufgabe zu, auf jeden einzelnen Bruder einzugehen. Im Kontakt mit dem Mitbruder gilt es für den Abt zu erfahren, an welcher Wegetappe der Mönch gerade steht. Als Vorbild und als Führender steht er nun in der Pflicht, den Mitbruder zum nächsten Schritt zu motivieren. Dies kann durch sein Vorbild oder durch eine Unterweisung geschehen. Der Abt, der als Führender nach vorne orientiert ist, muss zugleich nach hinten ausgerichtet sein, damit keiner der ihm Anvertrauten zurückbleibt.

4.7.4 Der Abt als Wirtschafter

Mit dem Amt eines Wirtschafters beschreibt Johannes von Kastl eine weitere Aufgabe des Abtes. Entscheidend ist hier die Einleitung: Jeder Abt hat die Aufgabe eines Wirtschafters zu erfüllen, indem er sich als eingesetzter Verwalter um das ihm übertragene Kloster kümmert. Der weitere Text erschließt sich aus dem Begriff des eingesetzten Verwalters, der sein Amt im Namen und in der Vollmacht eines anderen ausübt.[1369] Das sich anschließende Schriftzitat Luc. 12,42 ergänzt den Begriff „dispensator" mit den richtungsweisenden Adjektiven „fidelis" und „prudens".[1370]

Als treuer Wirtschafter darf der Abt keine bestimmten Personen vorziehen, sondern hat auf deren Krankheiten zu schauen. Er soll sich nicht um das Ansehen kümmern, sondern die Schwächen anderer aushalten. Denjenigen, die aufgrund unterschiedlicher Gebrechen verschiedene Bedürfnisse haben, soll er in gleichem Maß Gleiches zuteilen, wie es ihm aufgrund einer angemessenen Verwaltung möglich erscheint.[1371]

Die Klugheit bildet neben dem Glauben, der in der Heiligen Schrift gründet, das Fundament, auf dem der Abt sein Amt als Wirtschafter ausübt. Das geoffenbarte Glaubensspektrum, auf das das Handeln des Abtes bezogen ist, eröffnet sich mit dem Hinweis des Regelkommentators auf das Capitulum *Fideliter* und bildet gleichsam den Verständnishorizont aller weiterer Formu-

---

„Quintum inducens ad misericordiam est multitudo bonorum operum ... Duo ergo debent inducere prelatum ad dileccionem alicuius subditi." Ebd., Cap. 64 BR (Ebd., fol. 101v(b)–102r(a));"... quia principalis intencio prelati debet esse inducere subditos ad virtutem." Ebd., Cap. 64 CH (Ebd., fol. 108v(a)); „... que est multitudo subditorum et illa inducit eius premium esse magnum, si tamen eandem multitudinem in vinculo pacis et concordie unum facit corpus." Ebd., Cap. 64 DL (Ebd., fol. 116v(b)); „... si *finis medici* est *sanitatem* inducere ..." Ebd., Cap. 64 CQ (Ebd., fol. 110v(b)).

1369 „1.2 PROCURARE, Nomine alterius ex ejus potestate agere." DU CANGE, C.: Glossarium, Tomus 6, S. 519.

1370 „Unde *quis putas est fidelis dispensator et prudens, Luc. 12.*" JOHANNES <DE CASTELLO>: Exposicio, Cap. 64 AH (clm 18154, fol. 93r(b)).

1371 „*Sit* denique fidelis *dispensator, non acceptor personarum, sed infirmitatum considerator, non captator gracie, sed sustentator inbecillitatis aliene, ut equaliter indigentibus equalia tribuat, quos autem fragilitatis diversitas separat, administracionis eciam dispensacio moderata discernat.*" Ebd., Cap. 64 O (Ebd., fol. 87v(a)).

lierungen dieses Kapitels.[1372] Im Capitulum *Fideliter* handelt es sich um das erste Dekret des IV. Laterankonzils (1215). Die Konzilsväter bezeugen darin ihren katholischen Glauben. Sie bekennen sich zu Gott, „der Eine Ursprung aller Dinge, der Schöpfer der sichtbaren und unsichtbaren, der geistigen und der körperlichen. Er hat in seiner allmächtigen Kraft zu Anfang der Zeit in gleicher Weise beide Ordnungen der Schöpfung aus dem Nichts geschaffen, die geistige und die körperliche, d. h. die Engelwelt und die irdische Welt, und dann die Menschenwelt, die gewissermaßen beide umfasst, da sie aus Geist und Körper besteht. ... Diese heilige Dreifaltigkeit, ungeteilt in der gemeinsamen Wesenheit und unterscheidbar durch die Eigentümlichkeiten der Personen, hat zuerst durch Moses, die heiligen Propheten und seine anderen Knechte nach einem vollkommen geordneten Plan für die (einzelnen) Zeiten die Heilslehre dem Menschengeschlecht mitgeteilt. Endlich aber der einziggeborene Sohn Gottes, Jesus Christus, den Weg des Lebens noch deutlicher geoffenbart ...“[1373] In Gott liegen demzufolge die geistige und die stoffliche Welt begründet. Der Glaube an Gott impliziert eine gleichwertige Sorge um diese beiden Ordnungen. Als treuer Wirtschafter steht der Abt Gott gegenüber, der die geistige und die körperliche Ordnung erschaffen hat. Deshalb darf durch sein Wirtschaften das Spirituelle nicht verloren gehen. In seiner Sorge um die Anliegen des Leibes darf er nicht das Heil der Seelen aus den Augen verlieren.[1374] Auf dem Hintergrund des Dekretes über den wahren Glauben muss der Abt in seinem Wirtschaften auf Gott, sich und die Untergebenen bedacht sein.[1375] Er wird seiner Aufgabe als guter Wirtschafter nicht gerecht, wenn er Klostermauern errichtet, dabei aber die tugendhaften Grundhaltungen schleifen lässt.[1376]

Als Wirtschafter verlangt Johannes von Kastl vom Abt, dass er klug ist. Die Klugheit wird im Regelkommentar in den Kapitel 64 CA und CB behandelt, wobei hier dem klugen Handeln das religiöse Vorzeichen fehlt; Gott kommt in diesen Abschnitten mit keinem Wort zur Sprache. In Übereinstimmung mit den oben genannten Ordnungen ergänzt das Wort „prudens“ als Inbegriff der stofflichen Welt den Ausdruck „fides“. Der Klugheit nach hat der

---

1372 „Fides autem in sacra scriptura docetur, *Extra, De fide, Firmiter* et *23. di., Qui episcopus.*“ Ebd., Cap. 64 BB (Ebd., fol. 97^{v}(a)).

1373 FOREVILLE, R.: Lateran I–IV, S. 400 entspricht dem lateinischen Text in COD, S. 230 f.

1374 „*Bonus* ergo dispensator sic administrat *necessaria corporum, ut saluti eciam consulat animarum.*“ JOHANNES <DE CASTELLO>: Exposicio, Cap. 64 O (clm 18154, fol. 87^{r}(b)).

1375 „*Dispensatorem*, non dominatorem, non tyrannum, sed discretum, providum et fidelem. Fidelis autem, providus et discretus erit, si deo, sibi et subiectis queque sua distribuat.“ Ebd., Cap. 64 O (Ebd.).

1376 „Debet namque bonus dispensator sic agere temporalia, ut non obmittat spiritualia. Nam illa *oportet facere et illa non obmittere, Matth. 23* et *Luc. 11.* Neque dispensator bonus est dicendus, qui *erigit muros et negligit mores ...*“ Ebd., Cap. 64 AH (Ebd., fol. 93^{r}(b)).

Abt auch unter rein weltlichen Aspekten zu wirtschaften. Inhaltlich bestimmt wird die Klugheit durch acht Teile: Erinnerung, Weitsicht, Verständnis, Einsicht, Geschick, Lernfähigkeit, Erfahrung und Vorsicht.[1377] Diese acht Teile versteht der Regelkommentator auf vierfache Weise zu betrachten: Die Güter, zu denen hingeführt werden soll, greifen die Aspekte der Erinnerung und der Weitsicht auf. Die Weise, durch die zu den Gütern geführt werden soll, bezieht sich auf das Verständnis und die Einsicht. Die Person, die die anderen Menschen zu den Gütern führt, muss geschickt und pädagogisch befähigt sein. In Bezug auf die zu führende Personengruppe muss die leitende Person erfahren und vorsichtig sein,[1378] da es sich um keine homogene Gruppe handelt.[1379] Ein Vergleich der Texte zeigt, dass sich alle Aspekte des Wirtschaftens, ausgenommen die göttliche Dimension, in der Beschreibung der Klugheit wiederfinden. So ist von den Güter die Rede, auf die alle Bedürftigen den gleichen Anspruch haben. Es wird die Weise des Verteilens der Güter erwähnt, die gleichmäßig geschehen soll. Genannt werden auch der Abt, der die Güter verteilt, und die ihm unterstehenden Bedürftigen als Empfänger der Güter.

In Bezug auf Gott, der die körperliche wie die geistige Welt erschuf, hat der Abt als kluger und gläubiger Wirtschafter zu agieren. Dem Glauben an den Schöpfer gemäß sollen in der klösterlichen Wirtschaftsführung des Abtes geistliche und weltliche Aspekte berücksichtigt werden. Die Spiritualität greift konzeptionell alle Aspekte der Sorge um das Weltliche (Handlungsträger, Handeln, Wirtschaftsweise und Personenkreis) auf. Indem sie diese auf die göttliche Dimension zurückführt, gewinnen Glaube und Klugheit als Basis der Spiritualität an Gewicht. Im parallelen Aufbau der Schlussformulierung des Kapitels zeigt sich, welche Bedeutung Spiritualität und Ökonomie in der Amtsführung des Abtes haben: Mit zwei rechten Händen soll der Abt für das Zeitliche wie für das Spirituelle sorgen. Wie er in der Besorgung äußerer Angelegenheiten die Sorge um das Innerste nicht zurückdrängen darf, so darf er

---

1377 „Si debeat aliquis esse prudens perfecte, oportet ipsum habere omnes partes prudencie. Consueuerunt autem assignari *octo partes prudencie, scilicet memoria, providencia, intellectus, racio, solercia, docilitas*, experiencia et *caucio*. Unde si prelatus debeat esse prudens, oportet ipsum esse memorem, providentem, intelligentem, racionabilem, solertem, docilem expertem et cautem. Hee octo partes sic accipi possunt.“ Ebd., Cap. 64 CB (Ebd., fol. 106^{v}(a)).

1378 „Quatuor ergo ibi considerare debet, scilicet bona, ad que dirigit, modum, per quem dirigit, personam dirigentem et gentem, quam dirigit. Racione bonorum, ad que dirigit, oportet prelatum esse memorem et providum. Secundum modum, per quem dirigit, oportet eum esse intelligentem et racionabilem. Racione proprie persone, qui est alios dirigens, oportet, quod sit sollers et docilis. Racione vero gentis vel subiectorum, quos dirigit, congruit, quod sit expertus et cautus.“ Ebd. (Ebd., fol. 106^{v}(a)- 106^{v}(b)).

1379 „Racione vero subditorum, quos dirigit, sit expertus et cautus. Experiencia autem est rerum particularium cognicio, prout igitur sunt alia et alia particularia, et persone subditorum non sunt conformes nec intellectum nec moribus, igitur circa ipsos sunt alia et alia exquirenda.“ Ebd. (Ebd., fol. 107^{r}(a)).

sich in der innersten Kontemplation nicht von den Bemühungen um das Äußere verabschieden.[1380] Da Gott den Abt über alle seine Güter einsetzen wird[1381], hat Johannes von Kastl in den Schlusskapiteln seines Regelkommentars auf die Lohnfrage einzugehen.[1382]

4.7.5 Der Abt als Vater

Ähnlich wie im vorhergehenden Abschnitt benutzt Johannes von Kastl in der Einleitung dieses Kapitels einen Schlüsselbegriff, der sofort einen weiteren Horizont eröffnet: Viertens hat der Abt die Aufgabe eines Vaters, der den eingesäten „amor" zu den Söhnen auf natürliche Weise pflegt.[1383] Aus dem weiteren Kontext des Regelkommentars ergibt sich eine Antwort auf die Frage, wer diesen „amor" eingesät hat . Im Abschnitt BT zitiert Johannes von Kastl einen Text aus dem Werk *De moribus* des Wilhelm von Auvergne. Demzufolge errichtet Gott diesen „amor" im Herzen eines jeden der Brüder und weist ihm die Funktion einer Abgabe oder eines Zinses zu. Der Regelkommentator spitzt diese Aussage zu und fügt an, dass es sich hier um einen geschuldeten „amor" handelt.[1384] Die Liebe, die Gott in das Herz gesät hat, gehört folglich nicht dem Menschen, sondern ist Eigentum seines Nächsten. Aus dieser Liebe heraus ergibt sich eine objektive, von Gott gegebene Verbindung der Menschen untereinander. Der Mitbruder hat einen Anspruch und ein Recht auf die von Gott geschenkte Liebe. Jeder Mensch hat diesen „amor" seinem Mitmenschen als Abgabe oder Zins zu geben. Durch die Entwendung dieses Gemeinschaftsguts wird diese Liebe als Zins und Einkunft zum Raub und Diebesgut, zur brüderlichen Ungerechtigkeit, die jede menschliche Gemeinschaft stört.[1385] Im Hinblick auf den Abt als Vater haben die Mönche einen Anspruch auf die Liebe, die in das Herz des Abtes eingesät ist.

1380 „..., sed necesse est, ut sit ambidexter, ut sciat nunc esse totus temporalis, nunc autem totus spiritualis iuxta hortamentum *beati Gregory in Pastorali, c. 12* dicentis: *Sit* rector in *accione precipuus, pre cunctis contemplacione suspensus, interiorum curam in exteriorum occupacione non minuens, exteriorum providenciam interiorum* contemplacione *non relinquens.*" Ebd., Cap. 64 AH (Ebd., fol. 93r(b)).

1381 „Talem dispensatorem *constituet* dominus *super omnia bona sua, Matth. 24. c.*" Ebd. (Ebd.).

1382 Das Zitat Matth. 24, 47 findet sich auch in den Kapiteln 64 DK und 64 DP.

1383 „Quarto quilibet prelatus religiosus habere debet officium patris fovendo amorem naturaliter filys insitum." JOHANNES <DE CASTELLO>: Exposicio, Cap. 64 AJ (clm 18154, fol. 93v(a)).

1384 „Et dico debitum, *quia amor census est sive redditus, quem deus in corde uniuscuiusque nostrum fratribus reddendum constituit et assignavit.*" Ebd., Cap. 64 BT (Ebd., fol. 103r(a)–103r(b)).

1385 *„Qui ergo huiusmodi redditum vel censum furatur vel rapit fratribus per tantorum bonorum ablacionem, et suiipsius excecacionem fraternam iniuriam ulciscitur in seipso.*" Ebd. (Ebd., fol. 103r(b)).

Neben den „amor“ als göttliche Liebe tritt die „dileccio“. Der Ursprung der „dileccio“ ist die Ähnlichkeit.[1386] Entsprechend ihrer Natur sind die Brüder gehalten, einander zu lieben. Da die menschliche Natur immer gegeben ist, besteht für den Menschen immer die Möglichkeit, seinen Nächsten zu lieben. Mit seiner Liebe verdeutlicht der Mensch die „dileccio“, die Gott zu allem hat, was er geschaffen hat.[1387] Die Liebe, die Menschen zueinander empfinden, entspricht der Liebe, die Gott zu seinen Geschöpfen hat. Entscheidend ist hier das Schriftzitat aus dem Buch der Weisheit: „Du liebst alles, was ist, und verabscheust nichts von allem, was du gemacht hast; denn hättest du etwas gehaßt, so hättest du es nicht geschaffen.“ (Sap. 11,25)

An dieser Stelle werden nochmals die beiden Ordnungen aus dem vorhergehenden Kapitel deutlich. Der „amor“ ist als eine von Gott dem Menschen eingegebene Liebe zu verstehen. Aus ihrem göttlichen Ursprung heraus kann diese Liebe nur geglaubt werden. Die „dileccio“ wiederum hat ihre Ursache in der Ähnlichkeit der menschlichen Natur. Wenngleich Gott als Schöpfer der Natur gilt, so bedingt dieser Glaube nicht das Wesen der menschlichen Natur. Das hat zur Folge, dass die „dileccio“ ohne den Glauben der Menschen möglich ist und daher auf dem Hintergrund des Capitels *Firmiter* des IV. Laterankonzils (1215) der Ebene der Natur zuzuordnen ist.

Zusammen mit dem Schriftbeweis – daher Väter, fordert nicht eure Söhne zum Zorn heraus (Eph 6,4) – legt Johannes von Kastl dar, wie der Abt als Vater den „amor“ und die „dileccio“ gegenüber seinen Söhnen entfalten soll: „..., sondern zeigt euch den Söhnen so, damit sie immer an euch das Innerste der ‚caritas‘ erfahren.“[1388] Als dritte Form der Liebe wird nun die „caritas“ genannt. Deren Bedeutung tritt klarer hervor, wenn man ihr Gegenstück, die „invidia“ betrachtet. Der Neid scheint mit anderen lasterhaften Haltungen, wie körperlichen Begierden, Lüsternheit, Geiz, Zügellosigkeit, Ruhmsucht und der Sorge um weltliche Geschäfte einherzugehen.[1389] An einer anderen Stelle zeigt sich ein Zusammenhang mit der Verschwendungssucht, dem Verbrechen und dem Ruf.[1390] Der Neid gönnt anderen nicht ihr Eigentum. Als Gegenstück zur

---

1386 „*Duo* ut communiter *sunt in* homine: *Natura et culpa.* Secundum naturam tenemur fratres diligere, quia in natura similes sumus ymo et idem. Unde *Matth. 23: Omnes vos fratres estis. Similitudo* autem *est causa dileccionis.*“ Ebd., Cap. 64 BS (Ebd., fol. 102^{v}(a)–102^{v}(b)).

1387 „Non autem deus odit naturam seu substanciam, cum scriptum sit *Sap. 11: Diligis omnia et nichil odisti eorum, que fecisti.* Omnia autem, *que fecit deus, erant valde bona, Gen. 1.*“ Ebd. (Ebd., fol. 102^{v}(b)).

1388 „... sed sic vos filys ostendatis, ut semper in vobis experiantur viscera caritatis eos ...“ Ebd., Cap. 64 AJ (Ebd., fol. 93^{v}(a)).

1389 „[Talis prelatus] *non sit corporalium possesso*r *cupiditatum, non inflammet libido, non* urat *avaricia, lascivia non eff*<i>*minet, non* astringat *ambicio, non marcet invidia, non aliqua secularium negociorum cura sollicitet.*“ Ebd., Cap. 64 F (Ebd., fol. 84^{r}(b)).

1390 „*Qui marsupia non exhauriant, sed corda reficiant, criminam corrigant, fame sue provideant nec invideant aliene.*“ Ebd., Cap. 64 DJ (Ebd., fol. 115^{v}(b)).

„invidia“ ist es der „caritas“ eigen, jede Form von Unvollkommenheiten anderer Personen aufzufangen und zur Vollkommenheit zu ergänzen; zudem hat sie einen bindenden Charakter, wodurch die Vollkommenheit erhalten bleibt.[1391] Demzufolge hat die „caritas“ einen Blick für den Nächsten und dessen Defizite. Sie versteht diese Mängel zu beheben, freut sich zudem mehr über die Herrlichkeit anderer als über die eigene und stellt nicht den Eigennutzen, sondern den Vorteil des anderen vorne an.[1392]

Die „caritas“ greift die Aspekte der Selbstlosigkeit auf, die sich sowohl im „debitum amoris“ als auch in der „dileccio naturalis“ finden, und setzt sie in die Tat um. Diese wirksame Hilfe gegenüber dem Leidenden geschieht aus innerster Überzeugung. Denn im Hintergrund der Formulierung „viscera caritatis“ steht der griechische Begriff σπλάγχνα, der für die ganze Person steht.[1393] Mit der „caritas“ wird die Not des Nächsten überwunden. Das spürt der Notleidende nur, wenn sich der Abt mit seiner ganzen Persönlichkeit um ihn kümmert. Die sich anschließende Reihung zeigt, wie sich die „caritas“ gestalten kann. Johannes von Kastl spricht von einer herzlichen Zuneigung, von einem wohlmeinenden und demütigen Zureden, einem geistlichen Trost und einem körperlichen Dienst. Die „caritas“ sucht auf emotionale, menschliche, geistliche und körperliche Weise zu helfen. Ihr Ziel besteht darin, „dass die Mönche sich beharrlich lieben, wirksam gegenseitig helfen und in persönlicher Betroffenheit einander ihr Mitleid zeigen“. So ist es möglich, das Ungleichgewicht zwischen den Mitbrüdern als Ursache des Neides zu überwinden, um dadurch etwas vom Reich Gottes deutlich zu machen.[1394]

4.7.6 Der Abt als Hirte

Im fünften Bild stellt Johannes von Kastl die Aufgaben eines Hirten dar. Nach dem einleitenden Schriftvers „Weidet die euch anvertraute Herde Gottes“ (1 Petr. 5,2), erfolgt die Entfaltung des Wortes „pascere“ durch drei Begriffe. Zum Weiden der Schafe gehört das Geschick des Weidens, die Sorgfalt des Hütens und die Kühnheit des Verteidigens. In einem zweiten Schritt erfolgt die Aufschlüsselung dieser drei Begriffe. Johannes von Kastl geht so vor, dass

---

1391 „... *et* tunc *imperfeccionem sciencie debet supplere perfeccio caritatis, Extra, De renunciacione, Nisi cum pridem,* <paragraphus> *Pro defectu.*“ Ebd., Cap. 64 BB (Ebd., fol. 97r(b)); „Sicut Lucas Paulo secundum *Ieronimum* et ideo dicitur *Col. 3*: *Caritas vinculum est perfeccionis,* id est vinculum perfectum.“ Ebd., Cap. 64 CC (Ebd., fol. 107v(a)).

1392 „... ubi glossa: Tanta erit caritas proprie, quod unus non invidet alteri etc. An caritatis proprie tanta erit communicacio, ut sic propriam caritatem excludat vel saltem non minus gaudeat ibi unusquisque de fratris gloria quam propria, quod sic patet *1. Cor. 13*: Quia *caritas non querit, que sua sunt.* Et alibi: *Nemo quod suum est, querat, sed quod alterius.*“ Ebd., Cap. 64 DM (Ebd., fol. 116v(b)).

1393 Vgl. KÖSTER: σπλάγχνον, S. 555.

1394 „Nam *tanta et tam perfecta est caritas in patria, quod unus non invidet alteri.*“ JOHANNES <DE CASTELLO>: Exposicio, Cap. 64 DK (clm 18154, fol. 116r(a)).

er die erste Wendung („solercia pascendi") mit den fünf Wortkombinationen der leiblichen Sorge um die Schafe, der Predigt des Wortes Gottes, der Drohung mit der Hölle, der Verheißung der ewigen Güter und dem Ausweis eines vorbildhaften Lebens erklärt.[1395] Die zweite Wortkombination („diligencia custodiendi") wird mit den drei Begriffen der sicheren Verteidigung vor den Schlechten, der liebevollen Empfehlung der Schafe und in der scharfen Einforderung der Erklärung der Nachlässigkeit in Verbindung gebracht.[1396] Die letzte Wendung („audacia defendi") wird mit dem Satz erklärt, dass der Hirte es wagt, in jeder Gefahr sich für die ihm übertragene Herde einzusetzen.[1397] Im Überblick ergibt sich durch die Aufzählung der einzelnen Erläuterungen des Begriffes pascere das Gliederungsmuster 1 – 3 – 5 – 3 – 1. Deutlich wird, dass das geschickte Hüten der Schafe für den Abt die umfassendste Tätigkeit darstellt. Bei näherer Betrachtung dieser fünf Einzelaufträge zeigt sich hier zunächst ein paralleler Aufbau, der in zwei Gegensatzpaaren erkennbar wird: Der leiblichen Sorge um die Schafe („corporalis ovium refeccio") steht die Predigt des Wortes Gottes („verbi dei predicacio") gegenüber und der Drohung mit der Hölle („iehenne comminacio") das Versprechen der ewigen Güter („eternorum bonorum promissio"). Völlig isoliert und damit zum unaufhebbaren Wesen des geschickten Hütens der Schafe erklärt gehört der Ausweis eines vorbildhaften Lebens („exemplaris vite ostensio").

Wie schon erwähnt, steht der Abt an der Spitze des Konvents. Für den Abt, der zu Recht diese Position wahrnimmt, ist es theoretisch nicht möglich, sich an einem Vorbild im Konvent zu orientieren. Von daher ergibt sich die Frage, welche Vorbilder für den Abt gültig sind. Eine wesentliche Eigenschaft für die Spitzenposition des Abtes ist ihre Unüberbietbarkeit. In der Tierwelt erkennt Johannes von Kastl das Symbol des Abtes im Löwen, denn dieses Tier wird von allen anderen Tieren gefürchtet. Ferner erkennt er in den weltlichen Machthabern ein Vorbild, da sie aufgrund des Schwertes große Macht und Stärke demonstrieren. Ein weiteres Beispiel erkennt er in den Aposteln Paulus und Petrus. Der Völkerapostel verhielt sich so, dass andere ihn fürchteten, und der Tod des Hananias und seiner Frau Saphira, bewirkt durch das Wort des Petrus, flößte allen Furcht ein.[1398] Sodann führt Johannes von Kastl ganze

---

1395 „Solercia pascendi consistit in corporali ovium refeccione, verbi dei predicacione, iehenne comminacione, eternorum bonorum promissione ac exemplaris vite ostensione." Ebd., Cap. 64 AK (Ebd., fol. 93^{v}(a)).

1396 „Diligencia custodiendi consistit in malorum secura defensione, in affectuosa ovium recommendacione, in districta repetendi exaccione, id est, ut a malis defendat, bonis committat, a negligentibus districte racionem repetat." Ebd. (Ebd.).

1397 „Audacia defendendi consistit in eo, si pastor audeat se, suos et sua exponere omni periculo propter gregem sibi commissum." Ebd. (Ebd., fol. 93^{v}(a) – 93^{v}(b)).

1398 „Inter animalia, id, quod magis timetur ab omnibus animalibus, est id, quod natura fecit regem super alia, scilicet leo. Item habetur exemplum in potestatibus seculi, *Rom. 13*: *Si male feceris, time* potestatem, *non enim sine causa gladium portat*. Item habetur exemplum in principibus apostolorum Paulus enim faciens se timeri dicit <*1.*> *Cor. 4*: *In virga veniam ad vos an in caritate et spiritum mans-*

Bibelworte an, die für den Abt eine bestimmte Vorbildfunktionen haben. Mit den Versen Jes. 62, 6 und Luc. 2,8 wird dem Abt auf seine Wächterfunktion hin gesagt, dass er weder bei Tag noch bei Nacht schweigen, sondern den Namen Gottes loben und über die Herde Gottes wachen soll.[1399] Der Abt als Späher wird mit dem Prophetenwort aus Jes. 21,8 in Verbindung gebracht, in dem zum Ausdruck kommt, wie dieser den ganzen Tag und die ganze Nacht auf seinem Aussichtsposten steht.[1400] Ähnlich wie in der *Regula s. Benedicti* sucht der Regelkommentator für bestimmte Haltungen des Abtes Vorbilder. Im Hinblick auf die Tugend der „prudencia" verweist Johannes von Kastl zunächst auf die Ameise. Um die Trägheit zu überwinden, soll der Abt auf ihre Wege achten und von ihrer Weisheit lernen, da sie in einer bestimmten Zeit ihre Nahrung sammelt. Diese Klugheit wird auch am Erzvater Joseph ersichtlich, der während der sieben fruchtbaren Jahre das tat, was später notwendig war, um die sieben unfruchtbaren Jahre zu überstehen.[1401] Für die Unterscheidungsgabe, die „discrecio" findet er im Erzvater Jakob das Vorbild. Bemerkenswert sind hier die Einschübe, die Johannes von Kastl einfügt, um die Gesamtproblematik des Führens zu verdeutlichen: Eine Herde, die aus mehreren Tierarten besteht, deren einzelne Tiere wiederum unterschiedlich alt sind und nicht über die gleiche körperliche Konstitution verfügen, verlangt nach einem angemessenen Umgang, der im hl. Jakob vorbildhaft aufleuchtet.[1402]

---

wetudinis? Petrus vero occisis proprietarys incussit timorem omnibus; *Act. 5: Factus est timor magnus in universa ecclesia et in omnes, qui audierunt hoc.*" Ebd., Cap. 64 CE (Ebd., fol. 108r(a)).

1399 „Exemplo illorum vigilum de quibus *Isai. 62: Super muros tuos Ierusalem constitui custodes tota die et tota nocte non tacebunt* laudare nomen domini *et super gregem custod*ire *vigilias noctis* ut *Luc. 2.*" Ebd., Cap. 64 AM (Ebd., fol. 94r(a)).

1400 „Quapropter necessarium est, cuilibet prelato, ut elongatus a terrenis stet iugiter in specula mentis exemplo eius, de quo *Isai. 21: Super specul*am *domini ego sum stans iugiter per diem et super* speculam *ego sum stans totis noctibus.*" Ebd., Cap. 64 AN (Ebd.).

1401 „*Est* ergo *presens* prudencia notitia *futurum pertractans eventum.* Huius officium est ex preteritis et presentibus futura perpendere. Ad hanc monemur exemplo formice, *Prov. 6*: *Vade,* inquam, *ad formicam, o piger, et considera vias eius et disce sapienciam, que parat estate cibum sibi.* Et *Gen. 41* exemplo Ioseph, qui *septem annis fertilitatis congreg*ari fecit, que erant necessaria septem annis sterilitatis future." Ebd., Cap. 64 CZ (Ebd., fol. 113r(a)).

1402 „Qualiter autem prelatus discrete et temperate agat cuncta et alys iniungat, docetur exemplo, quia non sufficit intueri, quid agamus, sed eciam requiritur intueri, quanta discrecione peragamus. Unde dicit: *Cogitans*, id est mente pertractans ad exemplum, *discrecionem sancti Iacob*, scilicet patriarche, *dicentis Gen. 33* ad Esau fratrem suum sibi occurrentem et conductum prebere volentem: *Si greges meos*, scilicet varios et diversorum animalium et non unius valoris et etatis, *plus in ambulando fecero laborare*, quam vires suppetunt naturales, *morientur cuncti una die.* Unde *pastor tenetur, si omnem curam et diligenciam erga gregem non exhibuit.*" Ebd., Cap. 64 DA (Ebd., fol. 113r(b)–113v(a)).

Während der Abt nach einem Vorbild für sich sucht, wird er selbst zum „exemplum“ seiner Gemeinschaft. Was sollen nun die Mitglieder der klösterlichen Gemeinschaft im Abt erkennen? Indem Johannes von Kastl den Satz 1. Tim 4,12 „Sei den Gläubigen ein Vorbild in deinen Worten, in deinem Lebenswandel, in der Liebe, im Glauben, in der Lauterkeit“ anführt, zählt er zentrale Aspekte des klösterlichen Lebens auf. Will der Abt in seinen Worten vorbildlich sein, genügt es nicht, den grammatikalischen Sinn des Wortes Gottes zu kennen, sondern er muss sich auch über dessen inhaltliche Bedeutung im Klaren sein. Ein gut gewähltes Beispiel verdeutlicht das: Die Gerechtigkeit steht bei der Bestrafung eines Lasters im Zusammenhang mit der Strenge, bei der Korrektur eines Lasters wird sie jedoch im Sinne von Verzeihung verwendet.[1403] Das Wissen um die Bedeutungsweite der Worte wirkt sich auf den Lebenswandel aus. Damit er den Mönchen zeigen kann, wie sie sich im Haus Gottes verhalten sollen, muss er in der Wissenschaft bewandert sein[1404]: „Denn wie er in seinen Aussagen ist, auf gleiche Weise ist er in seinen Werken.“[1405] Sein Lebenswandel soll empfehlenswert sein.[1406] Auf die „caritas“ als Haltung der liebevollen Unterstützung der Notleidenden wurde schon weiter oben eingegangen. Die Reinheit, die an anderer Stelle auch Heiligkeit genannt wird, wird im Herzen gewahrt und geschützt. Will der Mönch Gott schauen, der in seinem Herzen wohnt, muss er sich auf dem Hintergrund des Hebräerbriefs und der Bergpredigt um die Herzensreinheit mühen.[1407] Diese wirkt sich wiederum auf die Liebe, den Lebenswandel aus und bewahrt ihn vor einem falschen Ehrgeiz.[1408] All dies mündet ein in den Glauben, der für den Abt als Wirtschafter schon angesprochen wurde.

Das Herzstück der „solercia pascendi“ ist der Ausweis des Abtes einer vorbildhaften Lebensführung. Entsprechende Vorbilder, an denen er sich orientieren kann, findet er nicht nur in der Bibel, sondern auch in der Natur und in der Gesellschaft. Die Beispiele helfen dem Abt, zunächst seine unüberbietbare Position im Konvent zu erkennen und zu festigen, dann aber auch das Verhalten gegenüber dem Konvent, das möglicherweise Diskussionen ausgesetzt

---

1403 „*Sed hoc verbum hic positum, credo, propter duo extrema iusticie, scilicet severitatem et remissionem, quia utraque in corrigendo et puniendo vicium habet* ...“ Ebd., Cap. 64 BU (Ebd., fol. 104r(a)).

1404 „Quarto plenus sit sciencia, ut *ostendat, qualiter alios oporteat in domo* domini *conversari.*“ Ebd., Cap. 64 J (Ebd., fol. 85r(a)).

1405 „Nam sicut est in locucionibus sic suo modo est in ipsis operibus.“ Ebd., Cap. 64 AX (Ebd., fol. 96v(a)).

1406 „In conversacione, quia totum hominem commendat, *Sap. 4: O quam pulchra est casta generacio* etc.“ Ebd., Cap. 64 BD (Ebd., fol. 98r(b)).

1407 „Hec est enim *sanctimonia, sine qua nemo videbit* deum, ad *Hebr. 12.* Que nimirum sanctimonia sive castitas servari ac custodiri debet in corde, quia cor deo gratificat, *1. Petr. 1: Castificantes animas vestras in obediencia caritatis.* Cuilibet enim sapienti gratum est mundum habitaculum. Cor autem est dei habitaculum.“ Ebd. (Ebd.).

1408 „... conversatus in mundo sine ambicione ...“ Ebd., Cap. 64 AD (Ebd., fol. 92r(b)).

war, durch die Autorität der Bibel zu begründen. Die umfassende inhaltliche Kenntnis des Wortes Gottes bildet den gemeinsamen Nenner für das oben genannte Spektrum der Hirtentätigkeit des Abtes.

4.7.7 Der Abt als Arzt

Der Dienst des Arztes besteht darin, diejenigen, die vom Unheil des Verbrechens angegriffen sind, zu heilen.[1409] Dem Wortfeld gemäß ist das Bild des Arztes im übertragenen Sinn zu verstehen. Im Grunde genommen geht es hier um die Seelsorge an Untergebenen, die schuldig geworden sind. Der Abt, der diesen Dienst versehen soll, muss bei der Heilung seiner Untergebenen auf die Zeit, die Vorgehensweise und die Person achten, um die geeignete Medizin anzuwenden.[1410]

Zunächst ist der Frage nachzugehen, wie es aus der Sicht des Johannes von Kastl zu seelischen Erkrankungen im Kloster kommen kann? Der Regelkommentator unterscheidet zwischen Erkrankung („morbus") und Verletzung („vulneratio")[1411]. Letztere entsteht dadurch, dass jemand zu einem Schwachen mit Feuer und Schwert kommt. Das Bild des Feuers steht für den Zorn und das Schwert für die Sprache. In der Interpretation legt Johannes von Kastl den Akzent auf die Ausschließlichkeit: Kommt also einer nur mit dem Feuer und dem Schwert, wird es unweigerlich zu Verletzungen kommen.[1412]

Schwieriger gestaltet sich die Definition der Erkrankung. Im Begriffsumfeld wird ersichtlich, dass eine Person erkrankt, indem sie entweder aus Schwachheit oder aus Verachtung heraus eine Übertretung begeht.[1413] Das Wesen der Sünde besteht in der Verachtung Gottes und seines Gesetzes.[1414] Dazu ist nur der geneigt, der weder nüchtern noch wach ist und gleichsam den Gebrauch der Vernunft von sich weist.[1415] Diese Menschen werden nicht von der Ver-

---

1409 „Sexto quilibet prelatus religiosus habet implere officium medici in curando temptatos a peste criminum." Ebd., Cap. 64 AL (Ebd., fol. 93v(b)).

1410 „Debet ergo in medicando circa subditos observare tempus, modum et personam, quantus medicamentum ydoneum possit temperare." Ebd. (Ebd.).

1411 „Tales, inquam, *cum medicinam spiritualem* scilicet *animarum profiteantur non pro varietate wlnernum aut morborum spiritualium, varietatem adhibent medicamentorum* ..." Ebd., Cap. 64 BY (Ebd., fol. 104v(b)).

1412 „Patet *autem, quod erigendi sunt, qui ceciderunt, medicandi sunt, qui wlnerati sunt non novo wlnere transfigendi. Quid autem facere potest aliud, quam wlnerare, qui venit ad infirmum*[c] *in* solis *igne et gladio: In igne quidem iracundie, in gladio acute lingwe.*" Ebd. (Ebd., fol. 104v(b)–105r(a)).

1413 „Personam, quia vel delinquit ex infirmitate vel ex contemptu ..." Ebd., Cap. 64 AL (Ebd., fol. 93v(b)).

1414 „Primo namque peccant deum et legem eius contempnendo offerentes mala, id est cecum animal." Ebd., Cap. 64 N (Ebd., fol. 86v(a)).

1415 „Dediti autem huiusmodi voluptatibus usum racionis amittunt sicut dormientes et ebry, quia uti racione non possunt. Cum ergo secundum eundem *philosophum* non facile sit contemptibilis, qui sobrius, sed qui non sobrius, nec qui vigil, sed

nunft, sondern von ihren Leidenschaften geführt. Da sie ihr inneres Gleichgewicht verloren haben, verlangen sie Verächtliches und Widersinniges.[1416] Hinsichtlich der Schwachheit ist zu bemerken, dass sie der menschlichen Natur mitgegeben ist. Der Mensch ist von Natur aus gebrechlich und zum Bösen geneigt.[1417] Bemächtigt sich das Laster des Menschen, wird dieser aufgrund seiner Schwäche und der Übermächtigkeit des Lasters zum Knecht.[1418] Ein weiteres Merkmal der Schwäche besteht darin, dass ein Mensch die ihm übertragenen Aufgaben und belastenden Tätigkeiten nur bedingt ausüben kann.[1419]

Zur Aufgabe des Arztes gehört es, sich mit dem Menschen, der aus Schwäche oder Verachtung ein Gesetz übertreten hat, zu beschäftigen. Die Behandlungsmethode richtet sich danach, ob sich der Untergebene einsichtig zeigt oder in der Schuld verharrt.[1420] Diese Untersuchung der Umstände legt Johannes von Kastl auch an anderer Stelle dem Abt nahe. Wie als Arzt, so soll der Abt als Richter auf die menschliche Natur schauen, die nach Barmherzigkeit verlangt. Von Bedeutung ist die Unterscheidung zwischen der Einzeltat und dem Gesamtverhalten des Delinquenten.[1421] Zeigt sich der zu Bestrafende einsichtig, indem er sich demütigt und dem Gesetz unterwirft, ist mit ihm milde umzugehen.[1422] Neben dem Gesamtzustand des Menschen muss auch die konkrete Verletzung ins Blickfeld genommen werden. Im Bild gesprochen bedeu-

---

qui est dormiens decet prelatum tales deleccaciones inmoderatas fugere, ne contemptibilis videatur." Ebd., Cap. 64 BC (Ebd., fol. 98r(a)).

1416 „Tercio quia hoc vicium est maxime turpe et contemptibile. Homines enim intemperati sunt viles et quasi sine racione, quia appetunt vilia et turpia. Ideo, si in prelatura sunt, maxime contempnuntur, quia quilibet indignatur prelato, qui est intemperatus et se non regit racione, sed passione." Ebd., Cap. 64 BH (Ebd., fol. 99r(b)).

1417 „ Nam cum ipsa natura humana de se sit debilis et mutabilis et prona ad malum." Ebd., Cap. 64 BR (Ebd., fol. 101v(a)).

1418 „Quapropter intuendum est, cuius sit infirmitatis et demencie, quando reges pro enormitate servi fiunt dum a vicijs *superantur, a quo enim quis* victus *est, huius et servus est, 2. Petr. 2.*" Ebd., Cap. 64 AO (Ebd., fol. 94r(b)).

1419 „Cupiant scilicet *agere vel* ad*implere* scilicet opus iniunctum; *et infirmi non refugiant* ipsum opus iniunctum vel ipsius operis pondus." Ebd., Cap. 64 DC (Ebd., fol. 113v(b)).

1420 „Personam, quia vel delinquit ex infirmitate vel ex contemptu et post culpam vel conteritur vel induratur et secundum hoc modus curandi diversificatur." Ebd., Cap. 64 AL (Ebd., fol. 93v(b)).

1421 „Quare si contingat aliquem subditorum nunc in aliqua parte temporis delinquere, qui toto tempore precedenti bene se habuit, est cum ipso misericorditer agendum et magis respiciendum est *ad multum*, ut ad totum tempus precedens, quam ad modicum, ut ad hanc particulam temporis in qua deliquit." Ebd., Cap. 64 BR (Ebd., fol. 102r(a)).

1422 „Decimum inclinans ad misericordiam est subieccio et humilitas delinquentis. Nam si delinquens omnino se subicit, et omnino se humiliat, et ponit se totum in arbitrio iudicantis, est cum illo micius agendum." Ebd. (Ebd., fol. 102v(a)).

tet das: Was das Auge gesund macht, heilt nicht den Fuß.[1423] Bei der Suche nach der geeigneten Medizin müssen diese Umstände mit einbezogen werden. Kann dem einen nur durch Strenge geholfen werden, hilft einem anderen bei der gleichen Krankheit nur die Milde. Sodann ist es auch denkbar, dass aus beiden die richtige Mischung hergestellt werden muss.[1424] Auf diesem Hintergrund dürfen als äußerst aufschlussreich die kurzen Ausführungen des Johannes von Kastl über die Weisheit betrachtet werden, die er als Allheilmittel betrachtet. Von ihr berichtet die Heilige Schrift, dass durch die Weisheit alle geheilt wurden, die Gott von Anbeginn auserwählt hat. Die Weisheit ist das Wort Gottes, von dem es heißt, dass es das, was weder durch Kräuter noch durch Umschläge geheilt werden konnte, gesund gemacht hat.[1425] Dem Wort Gottes ist nach Johannes von Kastl eine Gegensätzlichkeit zu eigen, die – richtig zur Sprache gekommen – sich entsprechend den Umständen heilsam auswirken kann. Wiederum zeigt sich, wie wichtig es für den Abt ist, das Wort Gottes und die Wirklichkeit umfassend zu kennen. Der Ansatz, den durch Fehltritt und Sünde erkrankten Bruder durch das Wort der Schrift zu heilen, findet sich bereits in der *Regula s. Benedicti*[1426], wird aber von Johannes von Kastl nach allen Seiten detailliert entfaltet und in der umfassenden Wissenschaft vom Wort Gottes auf den Punkt gebracht. Ein weiterer wichtiger Aspekt, der bei der Heilung des kranken Untergebenen berücksichtigt werden soll, ist die Zeit. Dabei ist zu unterscheiden zwischen dem Ziel und den Mitteln, mit denen das Ziel erreicht werden soll. Der Arzt bemüht sich, den Gesundheitszustand des Patienten zu erreichen und dauerhaft zu erhalten. Dazu muss er nach einer passenden Arznei suchen. Dies ist nur möglich, wenn er eine entsprechende Diagnose erstellt hat.[1427] Es ist deshalb nicht immer sinn-

---

1423 „*Quacumque enim egritudine spirituali laboret quis, ferrum et ignem adhibere conantur, cum dicat eis Augustinus: Non sanat oculum, quod sanat calcaneum vel manum, nichil de unccionibus, nichil de fomentacionibus, nichil de pocionibus, nisi forte de pocione absinthy amarissimi aut alterius cuius sumpcio tormentum sit non* medela.“ Ebd., Cap. 64 BY (Ebd., fol. 104^{v}(b)).

1424 „Modum, quia aliquando austeritate, aliquando *lenitate* opus est, aliquando vero utrumque simul *miscendum est* et *faciendum ex utroque temperamentum* ...“ Ebd., Cap. 64 AL (Ebd., fol. 93^{v}(b)).

1425 „*Ignorant huiusmodi insipientes, quod omnium medicamentorum fortissimum ac saluberrimum est sapiencia. Sicut legitur Sap. 9: Et enim per sapienciam sanati sunt, qui tibi placuerunt, domine, a principio. Hec quidem sapiencia sermo dei est, de quo legitur eiusdem 16:* Non *herba neque malagma sanavit eos, sed sermo tuus, domine, qui sanat omnia. Et Ps: Misit verbum suum et sanavit eos.*“ Ebd., Cap. 64 BY (Ebd., fol. 104^{v}(b)).

1426 RB 28 (CSEL 75, Hanslik, R. (Ed.), 2. Auflage, S. 91–93).

1427 „Secundam causa sumitur ex falsa estimacione finis. Nam, ut distinguit *philosophus <2. Topicorum>*: Aliter appetitur *finis* et aliter ea, *que sunt ad finem*. Nam finis appetitur in infinitum. Ea vero, que sunt ad finem secundum modum et mensuram ipsius finis, ut, si *finis medici* est *sanitatem* inducere, numquam potest eam tamen inducere, quin, si esset possibile, vellet eam maiorem efficere. Medicus ergo, sanitatem quasi appetit infinitam inducere, sed pocionem appetit dare

voll, sofort eine Schuld anzuklagen. Den Umständen und den Folgen nach ist es sogar manchmal sicherer, die Schuld zu verheimlichen, um sie zum richtigen Zeitpunkt anzuklagen.[1428] Will der Abt die Heilige Schrift im Sinne einer Arznei anwenden, hat er nicht nur über ein umfangreiches Wissen aus der Heiligen Schrift zu verfügen, sondern muss auch über den Heilungsprozess genau im Bild sein. Damit die Gesundung des kranken Untergebenen fortschreiten kann, muss das Heilmittel auf den Gesundheitszustand abgestimmt sein.

Damit es nicht zu den oben beschriebenen Verletzungen kommt, soll der Abt in seinem Zuständigkeitsbereich auf den Erhalt der Gesundheit der Untergebenen achten. Dazu ist es sinnvoll, seine Untergebenen fortwährend in der Heiligen Schrift zu unterweisen. In diesem Zusammenhang wird nun die Korrektur des Schlusszitates dieses Abschnittes deutlich: Die Kranken brauchen sehr wohl einen Arzt, aber auch die Gesunden bedürfen einer ärztlichen Betreuung.[1429]

4.7.8 Der Abt als Wächter

Das Amt des Wächters ergibt sich klarer aus dem Gegenbild seiner Tätigkeit. Diejenigen schlafen oder sind trunken, die den Gebrauch des Verstandes von sich weisen.[1430] Demzufolge dürfen die als wachsam bezeichnet werden, die sich ihres Verstandes bedienen können. Die Tugendhaftigkeit des Abtes wurzelt in der Naturordnung und in der Ordnung des Verstandes. Je mehr der Abt versucht, sein Leben aus der Ordnung der Natur und des Verstandes zu gestalten, umso tugendhafter und verdienstvoller ist es.[1431] Ein weiteres Bild, das sich aus der Unterlassung des Vernunftgebrauches ergibt, ist das Kind. Ihm ist es eigen, den Verlockungen und Leidenschaften zu folgen. Wie das Kind durch die Lehrer geführt wird, so wird das durchaus heftige Verlangen des Menschen durch den Verstand geleitet und geregelt.[1432]

---

secundum modum et mensuram sanitatis.“ JOHANNES <DE CASTELLO>: Exposicio, Cap. 64 CQ (clm 18154, fol. 110^{v}(b)–111^{r}(a)).

1428 „Tempus, quia non semper expedit culpam arguere, sed aliquando caucius dissimulatur, ut apriori tempore utilius arguatur ...“ Ebd., Cap. 64 AL (Ebd., fol. 93^{v}(b)).

1429 „*Non est* tamen sanis *opus medicus, sed male habentibus, Matth. 9.*“ Ebd. (Ebd.).

1430 „Dediti autem huiusmodi voluptatibus usum racionis amittunt sicut dormientes et ebry, quia uti racione non possunt. Cum ergo secundum eundem *philosophum* non facile sit contemptibilis, qui sobrius, sed qui non sobrius, nec qui vigil, sed qui est dormiens.“ Ebd., Cap. 64 BC (Ebd., fol. 98^{r}(a)).

1431 „Ex hoc autem est bonus et virtuosus, inquantum est secundum naturam et ordinem racionis. Quanto igitur actus est magis secundum naturam et ordinem racionis, tanto est magis bonus et magis meritorius.“ Ebd., Cap. 64 DL (Ebd., fol. 116^{v}(a)).

1432 „*Pueri enim,* quia *usum racionis non habent,* non vivunt racione, sed passione. Ideo maxime videmus eos sequi delectabilia et esse insecutores passionum. Unde *philosophus 3. Ethicorum*: Vim concupiscibilem, secundum quam habet esse vicium intemperancie puero assimulat, quia sicut puer debet regi per *pedagogos, sic*

Wie geschieht diese Führung? Dem Regelkommentar nach ist es der Verstand, der Anweisungen gibt. So mahnt er, die Empfindungslosigkeit mehr zu fliehen als die sinnlichen Freuden. Johannes von Kastl zieht hier eine sehr feine Unterscheidung. Im Hintergrund steht das Wissen, dass derjenige, der sich allen Freuden hingibt, maßlos und unbeherrscht wird. Als tugendhaft und ausgeglichen gilt der, der sich von den Vergnügungen, die es zu meiden gilt, distanziert, und den Freuden, denen er sich hingeben darf, nachgeht. Empfindungslos und plump wird ein Mensch dann, wenn er alle Freuden von sich weist. Die „temperancia" wird als Mitte zwischen den Freuden und der Empfindungslosigkeit definiert und weist den Menschen auf den tugendhaften Gebrauch der „deleccaciones sensibiles" hin, die ihn zur Mitte und zu einer maßvollen Haltung gelangen lassen.[1433]

Wie sieht der tugendhafte Umgang mit den „deleccaciones sensibiles" aus? Johannes von Kastl unterscheidet zwischen stärkeren und schwächeren sinnlichen Freuden. Während der Geschmacks- und der Tastsinn zu den stärkeren Sinnen gehören, sind das Sehen, das Hören und das Riechen eher schwächere Sinneswahrnehmungen. Die Intensität ergibt sich aus dem Verhältnis des Subjekts zum Objekt: Während Sehen, Hören und Riechen eine gewisse Distanz implizieren, sind Geschmacks- und Tastsinn auf Unmittelbarkeit angelegt. Aus diesem Grund macht der Mensch intensivere Wahrnehmungen durch das Berühren und Schmecken.[1434] Das Ziel des Geschmacks- und Tastsinns besteht darin, den Menschen und die Menschheit am Leben zu erhalten. Aus diesem Grund hat die Natur in den Geschmacks- und Tastsinn eine größere Freude gelegt. Damit nun die stärkeren Sinne den Menschen nicht zur Unausgewogenheit führen, gilt es, den Geschmackssinn mit der Nüchternheit und Genügsamkeit und den Tastsinn mit der Reinheit und Sittsamkeit zu verbinden. Wenn nun der Verstand vorschreibt, diese sinnlichen Freuden weniger zu

---

vis *concupiscibil*is est regenda et regulanda per *racionem*." Ebd., Cap. 64 BH (Ebd., fol. 99r(b)).

1433 „Pro intellectu premissorum est advertendum, quod temperancia media est inter deleccaciones et insensibilitates. Insensibilitas enim est fugere deleccaciones sensibiles ultra, quam racio dictat. Qui ergo omnes deleccaciones insequitur intemperatus est. Qui vero omnes fugit *insensibilis* et agrestis *est*. Qui autem fugienda fugit et prosequenda prosequitur, virtuosus et temperatus est." Ebd., Cap. 64 BJ (Ebd., fol. 99r(b)).

1434 „Delectacionum autem sensibilium quedam sunt fortes, quedam debiles, quedam nos magis alliciunt quedam vero minus. Licet enim circa quinque sensus et circa sensibilia omnium sensuum contingat nos delectari. Forciores tamen delectaciones sunt circa gustum et tactum, quam secundum visum, auditum et odoratum. Quod dupliciter patet: Primo, quia quanto magis utimur deletacionibus, tanto ardencius et fervencius delectamur. Magis autem utimur delectacionibus gustus et tactus quam delectacionibus aliorum sensuum, quia possumus videre, audire et odorare distancia, sed non possumus gustare et tangere nisi nobis coniuncta. Ideo in huiusmodi sensibus ardencius ac fervencius delectamur." Ebd., Cap. 64 BK (Ebd., 99r(b)–99v(a)).

fliehen als die Empfindungslosigkeit, dann setzt er die Übung der ausgleichenden Tugenden der Nüchternheit, Genügsamkeit, Reinheit und Sittsamkeit voraus.[1435] Nur in diesem Gesamtzusammenhang ist es vernünftig und einsichtig, dass sich der Mönch mehr den intensiveren Wahrnehmungen und den lebensfördernden Motivationen öffnet als der Abtötung.

Der Satz, dass es besser ist, die erlaubten sinnlichen Freuden zu meiden als den unerlaubten zu folgen, ist nur auf dem Hintergrund eines Ungleichgewichts zwischen den rein sinnlichen Freuden und den ausgleichenden Tugenden verständlich. Die Gefahr eines von Lastern beherrschten Lebens droht dem Mönch dann, wenn er seine Aufmerksamkeit allein auf die reinen sinnlichen Freuden lenkt, ohne die ausgleichenden Tugenden zu üben.[1436] Bedeutsam scheint hier der Begriff des Meidens zu sein. In Anschluss an die einleitende Unterscheidung zwischen stärkeren und schwächeren sinnlichen Freuden wohnt dem Meiden sehr wohl die Kenntnis der sinnlichen Freuden inne. Diese können ihre Stärke aufgrund der Distanz nicht entfalten, die sich aus dem Sehen, Hören und Riechen ergibt.

Die Bereiche, in denen der Abt wachsam sein soll, sind die Anteilnahme und die Sorge, die aus seinem seelsorglichen Auftrag erwachsen; sodann die Lektüre und die Betrachtung der göttlichen Weisheit und die Pflege und Heiligkeit eines religiösen Bewusstseins.[1437] In diesen sechs Bereichen steht der Abt vor der Aufgabe, den Vernunftgebrauch, die Mäßigung und die tugendhafte Achtsamkeit der sinnlichen Genüsse zu leben. Die intensive Wahrnehmung der und die Achtsamkeit auf die lebensfördernden Motivationen sieht Johannes von Kastl nicht nur in seelsorglichen Zusammenhängen, sondern auch im Hinblick auf das Eschaton. Grundlegend ist hier noch einmal die Betrachtung des Gottesbildes: Gott ist der Erhalter und Schöpfer des Kosmos, der

---

1435 „Secundo hoc idem patet, quia sensibilia gustus et tactus magis directe et inmediate videntur ordinari ad conservacionem nostram, ut delectabilia gustus ordinantur ad conservacionem individui, sed delectabilia carnis ut in matrimonio ordinantur ad conservacionem speciei. Ideo forte natura tantam delectacionem posuit in delectacionibus gustus et tactus, ne periret individuum et ut salvaretur species. Species vero temperancie quantum ad gustum sunt sobrietas temperans se in potu et abstinencia temperans se in cibo. Quantum vero ad tactum sunt castitas temperans se ab operibus venereis et pudicicia temperans se eciam a gestibus venerea incitantibus. Si ergo volumus nos ipsos facere temperatos, ad illam partem inclinandum est, ut a delectacionibus sensibilibus caveamus." Ebd. (Ebd., fol. 99^{v}(a)).

1436 „Melius est enim aliquas deleccaciones licitas vitare, quam aliquas illicitas insequi. Debemus enim secundum *philosophum 2. Ethicorum hoc pati, quod senes* troye *paciebantur ad helenam* dicentes: *Abici*amus eam, id est non respiciamus in *ipsam*." Ebd., Cap. 64 BK (Ebd., fol. 99^{v}(a)–99^{v}(b)).

1437 „Vigilare autem debet in cura et sollicitudine pastoralis presidencie, in lectura et speculacione divinalis sapiencie, in cultura et sanctitudine spiritualis consciencie, ut subditos valeat excitare ad alacritatem divine laudis." Ebd., Cap. 64 AM (Ebd., fol. 94^{r}(a)).

es nicht erlaubt, dass etwas zugrunde geht.[1438] Im Moment der Rechenschaft über das dem Menschen Anvertraute entscheidet sich die Frage nach dem ewigen Tod bzw. dem ewigen Leben an seiner Treue zu Gott. Sich, das Seinige und alle Güter verliert derjenige, der untreu geworden ist. Ausgehend von der Untreue, die Johannes von Kastl als Sünde versteht, wird er zum Angeklagten, der alle Güter verliert.[1439] Der Vernunftgebrauch, die Ausgewogenheit, die intensive Wahrnehmung und die tugendhafte Achtsamkeit auf die lebensfördernden Motivationen, die in den lebenserhaltenden sinnlichen Freuden gründen, weisen im letzten auf Gott, der die Schöpfung erhält. Aus der rational-gemüthaften Erkenntnis des Menschen, wie sehr sich Gott um die Menschen mittels der Schöpfung sorgt, rührt das göttliche Lob, zu dem der Abt als Wächter die Mönche in dieser umfassenden Weise ermuntern soll.

4.7.9 Der Abt als Späher

Im letzten Bild stellt Johannes von Kastl den Abt als Späher vor. Seine Aufgabe besteht darin, durch weitsichtige Beobachtung Gefahren für die Untergebenen zu erkennen. Diese Gefährdungen können unmittelbar auftreten oder sich von weitem andeuten.[1440] Beide Gefahrenquellen muss der Abt im Auge behalten.

Wie bereits angesprochen, steht der Abt als Führender an vorderster Stelle. Diese Position überträgt nun Johannes von Kastl auf das Bild des Spähers. Der zugewiesene Ort für diesen ist die Warte. Dort steht er erhöht über der Erde. Mit der Beobachtung der Gefahrenquellen und einer aus Jes. 21,8 übernommen Aufforderung, die besagt, dass der Späher des Tags und während der ganzen Nacht auf der Warte stehen soll, wird die Aufgabe hinreichend umschrieben.[1441] Demzufolge wird von ihm der absolute Überblick verlangt.

Indem Johannes von Kastl nun den Beobachtungspunkt in Verbindung mit dem Geist bringt, überträgt er das Bild ins Spirituelle. Die Warte, auf der der Abt nun erhöht über der Erde stehen soll, entspricht der Höhe des Geistes.

1438 „Huius igitur summi principis et rectoris beatus Benedictus hic imitatur exemplum, nam ipse summus gubernator et creator ita conservat statum universi, ut nequaquam permittat deficere in mundo.“ Ebd., Cap. 64 Praefatio (Ebd., fol. 81v(b)–82r(a)).

1439 „*Sexto cum quo periculo sit reddenda racio, quia, qui deficiet, amittet se, sua et omnia bona, Eccles. 9: Qui* offendit *in uno, multa bona perdet.* Item *Jac.* <*2*>*: Qui offendit in uno, factus est omnium reus. Item adiudicatur eterne morti.*“ Ebd., Cap. 64 AS (Ebd., fol. 95v(b)); vgl. den Wortlaut des Zitates Eccles. 9,18: „*qui in uno* peccaverit *multa bona perdet.*“.

1440 „Octavo et ultimo quilibet prelatus religiosus habet implere officium speculatoris in previdendo subditis periculum longe vel prope positum. In cuius signum vocatur speculator.“ JOHANNES <DE CASTELLO>: Exposicio, Cap. 64 AN (Ebd., fol. 94r(a)).

1441 „Quapropter necessarium est, cuilibet prelato, ut elongatus a terrenis stet iugiter in specula mentis exemplo eius, de quo *Isai. 21: Super speculam domini ego sum stans iugiter per diem et super* speculam *ego sum stans totis noctibus.*“ Ebd. Cap. 64 AN (Ebd.).

Weiterführend zitiert der Regelkommentator aus einer Homilie über Ezechiel des Papstes Gregor des Großen. Dort heißt es, dass, wer auch immer als Späher für das Volk bestellt wurde, auf einer Höhe stehen muss, durch die er durch sein Leben gelangt ist, damit er durch die Weitsicht nützen kann.[1442] An dieser Stelle greift Johannes von Kastl auf die „providencia“ als eine Voraussetzung für das Abtsamt zurück. Reich ausgestattet mit Augen ist dem Abt ein Rundumblick möglich.[1443]

Im Spektrum der Weitsicht befinden sich sowohl die Menschen, die ihm anvertraut sind, als auch die Sachen des Klosters. Zur Weitsicht gehört aber auch das, was dem Auge verborgen und nur durch Intuition zu erfassen ist.[1444] Im Zusammenhang mit der Aufgabe des Spähers ist die Nacht im übertragenen Sinn als unsichtbare Wirklichkeit zu deuten. Dies zeigt sich im Umgang mit den Untergebenen, die schuldig geworden sind. Mit jedem Exkommunizierten, der öffentlich oder geheim ausgeschlossen wurde, ist auf weitsichtige Weise umzugehen. Der Abt muss die Schuld und die menschliche Natur des Exkommunizierten im Auge haben, denn danach richtet sich der Umfang und die Härte des Strafmaßes.[1445]

Damit der Abt nicht unvorbereitet in die Zukunft geht, soll er im Sinne Senecas die Geschichte in den Blick nehmen und daraus Maßnahmen für die Gegenwart entwickeln.[1446] Die Schlüsse, die er aus der Betrachtung der Vergangenheit und der Gegenwart zieht, dienen dazu, eine unheilvolle Zukunft

---

1442 „Unde *Gregorius super Ezech., parte prima, homilia <11>: Quis*que *populi speculator ponitur, debet in alto stare per vitam, ut possit prodesse per providenciam.*“ Ebd. (Ebd.).

1443 „Sexto plenus sit providencia. Debet enim esse *plen*us *oculis ante et retro, Apoc. 4; Extra, De eleccione, Scriptum est.*“ Ebd., Cap. 64 J (Ebd., fol. 85^{r}(b)).

1444 „*Huius*modi *providencia et ad imperia debet esse et quasi ad personas, quibus committuntur, et quantum ad res, que fieri mandantur. Est* autem *providencia presens nocio futurorum tractans eventum.* Unde *Boecius: Non quod sit ante oculos, sufficit intueri, sed exitus rerum metiri providencia* est.“ Ebd., Cap. 64 CY (Ebd., fol. 112^{v}(a));“*Sapiencie doctrina ad prudenciam* et *sanam intelligenciam, ad facundam eloquenciam, ad eminentem vel ad minus* ad *competentem scienciam et ad temporalium providenciam potest congrue adaptari.*“ Ebd., Cap. 64 G (Ebd., fol. 84^{v}(a)).

1445 „*In ipsa autem correpcione, scilicet monicionis secrete vel publice excomunicacionis vel corporalis vindicte, prudenter, id est providenter, agat, id est procedat* vel *procul et a remotis consideret, cui, <quid> et per qualem modum inponatur* correpcio, *ut aliter istum, aliter illum secundum diversitatem culparum, secundum qualitatem naturarum puniat magis vel minus* vel *micius aut durius.*“ Ebd., Cap. 64 BU (Ebd., fol. 103^{v}(b)).

1446 *Et Seneca: Si prudens est animus tuus, tribus dispensetur temporibus presencia ordina, provide futura* et *recordare preterita. Nam qui nil de preterito cogitat, perdit vitam. Qui nil de futuro premeditatur, in omnia involutus incidit.*“ Ebd., Cap. 64 CY (Ebd., fol. 112^{v}(a)–112^{v}(b)).

abzuwenden oder zu mildern.[1447] Ist dies nicht möglich, so hat er zumindest die Aufgabe, die ihm anvertrauten Seelen darauf vorzubereiten, damit sie dann an der schweren Last nicht zu zerbrechen drohen.[1448] An dieser Stelle zeigt sich, wie die Voraussicht zum Nutzen für die Untergebenen im Kloster wird. Der Abt versucht Belastendes fernzuhalten, damit für ihn und die ihm Anvertrauten der Freiraum erhalten bleibt, der es ihnen ermöglicht, ihrer Aufgabe als Knechte Gottes gerecht zu werden.

Der Autor des Regelkommentars führt an mehreren Stellen Beispiele für die Voraussicht an und unterstreicht damit die spirituelle Dimension der Weitsicht. Dabei richtet sich die „providencia" des Abtes auf das geistliche wie auf das körperliche Wohl. Im Anschluss an Smaragdus wird sie in den geistlichen Übungen, wie Nachtwachen, Fasten, Abstinenz, Studium, konkret. Das körperliche Wohl gründet in den positiven Auswirkungen der körperlichen Arbeit.[1449]

Dem Abt als Späher ist eine umfassende Aufgabe in der klösterlichen Wirklichkeit zugedacht. In Verbindung mit der „providencia" werden die drei Zeitformen angesprochen, dann die äußere und die innere Wirklichkeit der Menschen und Dinge. Dabei kann der Abt nicht allein auf sein Wissen zurückgreifen, sondern er ist auch auf seine Erfahrung und seine Intuition angewiesen. Dies ist notwendig, um naheliegenden und sich ankündigenden Gefahren begegnen zu können.

4.8 Ergebnisse der Untersuchung über die Amtsführung

Zusammenfassend lässt sich über die philosophisch-theologischen Grundlagen sagen: Die Wahl und Amtseinsetzung des Abtes gleichen der Geburt Jesu Christi, da sie durch den Heiligen Geist gewirkt wurden. Dieses theologische Verständnis der Amtseinsetzung verbietet dem Abt, sich gegenüber seiner Gemeinschaft und seinen Untergebenen lieblos zu verhalten. Als Sohn Gottes ist der Abt zugleich Knecht Gottes, damit ist er in zweifacher Weise vom Anbeginn seiner Amtsführung an den Willen Gottes gebunden. Entscheidend ist hierbei das Moment der Unfreiwilligkeit, das in der Abtswahl grundgelegt ist. Mit der Annahme der Wahl gibt der Abt seine Freiheit bewusst auf und stellt sich so als Knecht Gott zur Verfügung. Damit er seinem Namen gerecht werden kann, darf er sich nicht von den Lastern dominieren lassen. Als Abt benötigt er einen Freiraum, in dem sein Dienst zum Wohl der Mitbrüder und

---

[1447] „*Est* ergo *presens* prudencia notitia *futurum pertractans eventum.* Huius officium est ex preteritis et presentibus futura perpendere." Ebd., Cap. 64 CZ (Ebd., fol. 113^{r}(a)).

[1448] „ Providencia vel mala futura vitat vel temperat vel animum preperat, ut ea levius ferat." Ebd. (Ebd., fol. 113^{r}(b)).

[1449] „*Smaragdus vero dicit, quod imperia, que fiunt secundum deum, sunt vigilie, ieiunia, abstinencia et huius*modi. *Que secundum seculum, que pro corpore tamen fiunt ut arare, metere, fodere* etc." Ebd., Cap. 64 CY (Ebd., fol. 112^{v}(b)).

Untergebenen gelingen kann. Als Leittugend fungiert hierbei die Klugheit, da die Voraussicht und die Einsicht von ihr abhängen. Die Tugenden der Klugheit, der Voraussicht und der Einsicht, in denen der Abt sich üben soll, ermöglichen eine aufrichtige Ausübung seiner Amtspflichten. Der theologische Akzent des Abtsamtes ergibt sich aus der Verbindung mit einem Gleichnis aus dem Neuen Testament. Dort wird dem Knecht die Verwaltung des ganzen Besitzes seines Herrn in Aussicht gestellt, vorausgesetzt, er gibt seinen Mitknechten ihre Nahrung zur rechten Zeit.

Theologisch ist also der Abt hingeordnet auf die Mitknechte; im Regelkommentar sind das die Mönche. Als Knecht nimmt er die Aufgabe eines Königs, eines Führenden, eines Wirtschafters, eines Vaters, eines Hirten, eines Arztes, eines Wächters und eines Spähers wahr. Als König steht der Abt vor der Aufgabe, die Mönche, die einen sehr unterschiedlichen Charakter haben, zu sozialisieren, zu einer Gemeinschaft zusammenzuführen. Dies geschieht dadurch, dass er seine Aufmerksamkeit vom „bonum proprium" auf das „bonum commune" richtet. Sodann hat er durch Güte oder Sparsamkeit auf die Bedürfnisse seiner Konventualen einzugehen. Damit gibt er jedem seinen individuellen Platz in der Gemeinschaft und öffnet zugleich das Bewusstsein der Mönche für das „bonum commune". Im zweiten Bild wird der Abt in der Rolle eines Führenden dargestellt. Waren es im vorigen Bild die unterschiedlichen Bedürfnisse, denen er sich gegenüber sieht, so ist es jetzt der persönliche Weg der Mönche. Diese verlangen von ihrem Abt Hilfestellungen auf ihrem monastischen Weg. Dieser als Fortschritt verstanden, weist ihn darauf hin, in allem ein Vorbild zu sein. Im Bild des Wirtschafters wird diese Perspektive erweitert. Nun hat der Abt in seiner Ausrichtung auf die Mitknechte die Funktion, auf deren innere Bedürfnisse einzugehen. Das Ziel besteht darin, sie nicht nur im materiellen Bereich zufrieden zu stellen, sondern auch ihre spirituellen Wünsche zu erfüllen. Damit wird er der doppelten Ordnung des Schöpfers gerecht. Er ist gefordert im Glauben an Gott festzuhalten und sich gleichzeitig in einer weltorientierten Klugheit um die zeitlichen Güter zu sorgen. Aufgrund des „amor", den Gott in das Herz des Abtes gesät hat, wird den Mitbrüdern zugestanden, die Zuwendung ihres Oberen einzufordern. Dies soll im Sinne der „dileccio" geschehen, die aus der Ähnlichkeit der Natur rührt. Die „caritas", mit der der Abt seinen Mitbrüdern begegnet, soll der Not des Einzelnen Abhilfe schaffen. Im Bild des Führenden stand das Vorbild in Relation zu den Fortschritten der Mönche. Das Bild des Hirten greift nun das Vorbild wieder auf, versteht es aber jetzt in einem absoluten, unüberbietbaren Sinn. Es geht jetzt nicht mehr um die individuelle Wegbegleitung der einzelnen Mönche, sondern um die Darstellung des absoluten und allgemeingültigen Zieles, das die Untergebenen durch die leibliche Fürsorge, die Predigt des Wortes Gottes, die Darstellung der Hölle und die Verheißung der ewigen Güter erreichen sollen. Als Arzt sieht sich der Abt Mönchen gegenüber, die im Gemeinschaftsleben Verletzungen erlitten oder die aufgrund innerer Schwäche Gott und seine Gesetze verachtet haben. Indem der Abt auf sie eingeht und sie mittels des göttlichen Wortes wieder aufbaut, erfahren die Untergebenen Heilung. Da es zu seiner Aufgabe gehört, die Gesundheit aller zu erhalten, ist der Abt gehalten, beständig das Wort Gottes auszulegen. Der Sehnsucht nach Leben muss sich der Abt als Wächter stellen. Die menschlichen Sinne haben die Aufgabe, das menschliche Leben zu erhalten. Damit die Freuden, die die sinnlichen Erfahrungen vermitteln, nicht zu einer inneren Unausgeglichenheit führen, hat der Abt darüber zu wachen, dass die Mönche sich im Vernunftgebrauch und in der Mäßigung üben. Daran schließt sich das letzte Bild an, das den Abt als Späher zeichnet, der in seiner Position auf hoher Warte viele Aspekte der vorausgehenden Bilder nochmals aufgreift und sie verdeutlicht. Der Abt hat sich in seinem Tugendstreben als ein unüberbietbares Vorbild zu erweisen, das den Mönchen, die auf ihrem Weg unterschiedlich weit vorangekommen sind, ein Ziel sein soll. Auf ihrem geistlichen Weg sind die Mönche von Gefahren umgeben, die der Abt zu erkennen und auf die er durch sein Wort hinzuweisen hat.

Der Dienst des Abtes ist von einer doppelten Gerechtigkeit geprägt. Er ist herausgefordert, in seiner Sohnschaft dem Anspruch Gottes gerecht zu werden. Sodann wird von ihm als Knecht verlangt, in der Sorge um den Einzelnen auf dessen Individualität einzugehen. Der Abt ist gleichsam der Schnittpunkt, in dem sich Gott und die Menschen berühren.

Zusammenfassung

Einige Canones altkirchlicher Synoden und Konzile deuten daraufhin, dass die Bestimmung eines Bischofs ohne Beteiligung des Volkes möglich war. Aus diesem Grund wurden Bischöfe immer wieder vom Volk abgelehnt und konnten ihre Diözesen nicht in Besitz nehmen. Die Form der Oberenbestimmung ohne die Beteiligung der Untergebenen war auch in den Mönchsklöstern üblich. Bei Pachomius, Cassian, in den Juraklöstern, in der *Regula magistri*, in der *Vita s. episcopi Fulgentii*, in der Synode von Toledo und selbst in cluniazensischen Klöstern des 10. Jahrhunderts war eine Designationswahl durch den Amtsinhaber üblich. Betrachtet man die Kandidatenqualitäten, nach der der regierende Abt seinen Nachfolger bestellt, findet man hauptsächlich Eigenschaften, die der persönlichen Heiligung dienen, wie das Einhalten der Gebote Gottes, Schweigsamkeit, Gehorsam, Glaube, Friede, Gnade, Geduld, Güte, Einfachheit, Wachsamkeit, Nüchternheit, Enthaltsamkeit und Keuschheit (*Regula magistri*). Durch einen frommen Lebenswandel zeigt der Abt den Mönchen seines Klosters, wie sie leben sollen. Weil die *Regula s. Benedicti* und eine große Anzahl anderer Klosterregeln ebenso diese Vorbildfunktion kennen und betonen, wiederholen sich die oben genannten Kandidatenqualitäten in den Texten.

Die Eigenschaften, die bei einer Designationswahl genannt werden, stellen eine Hilfestellung für den regierenden Abt dar und zeichnen in einer gewissen Weise ein Abtsbild vor. Man wundert sich, wenn bei einer Designationswahl die sozialen Fähigkeiten des Kandidaten in den Hintergrund treten. Da der Konvent bei einer Designationswahl kein Mitwirkungsrecht hat, sind Gegensätze zwischen Autorität und Gemeinschaft vorprogrammiert. Es muss deshalb wie bei der Bischofswahl mit einer starken Autorität gerechnet werden, die den Kandidaten in das Amt einsetzt.

Mit der Wahl eines Oberen durch den Konvent tritt das autoritäre Element in den Hintergrund. Die Gemeinschaft trägt zunächst bei der Abtswahl Verantwortung und muss diese auch in der Zeit danach zeigen. Damit tritt das soziale Element in den Vordergrund. Da die Gemeinschaft bei der Kandidatensuche gefordert ist, werden sich die Anliegen des Konvents immer auch in den Kandidatenqualitäten wiederspiegeln. Aus diesem Grund treten bei einer Konventwahl die sozialen Kandidateneigenschaften in den Vordergrund. Dazu zählen die Gelehrtheit, wie sie Origines fordert, die „doctrinae sapientia“ der *Regula s. Benedicti*, die Erfahrung („experientia“) in den Klosterprivilegien der Rebais-Gruppe, die Erfahrung in der Heiligen Schrift („experimentatus“) bei Fructuosus von Braga, die von Smaragdus geforderte Gelehrtheit („doctus“) und am deutlichsten die Kommunikationsfähigkeit bei Hildemar von Corbie.

Eine noch stärkere Ausprägung der sozialen Eigenschaften ist in den ersten Statuten der Kamaldulenser (1080) zu finden. Dort fordert Prior Rudolf Vermittlungsfähigkeit („doctrina"), Erfahrung („vita eremitica" und „experientia") und Wissen („sciencia"). Im Gesamtspektrum der hochmittelalterlichen Orden ist von der „scientia plenior" nur noch in den *Constitutiones portuenses* (1114/17) zu lesen. Die Dekretale *Cum in cunctis sacris ordinibus*, die als 3. Kanon im III. Laterankonzil (1179) beschlossen wurde, fordert neben einer Geburt aus einer legitimen Ehe, reifem Alter und hervorragenden Sitten als soziale Kandidatenqualitäten ausgezeichnetes Wissen und Vorbildlichkeit. Auf dem dargestellten Hintergrund ist das ausgezeichnete Wissen („sciencia commendata") als eine Eigenschaft zu verstehen, die ihre Wurzeln in der benediktinischen Tradition hat. 1249 erfahren diese Voraussetzungen bei den Kamaldulensern eine Akzentuierung. Als Voraussetzung werden nun eine kompetente Kenntnis der Literatur und ein lobenswürdiger Lebenswandel genannt. Die gleichen Bedingungen wurden wenige Jahre (1234 und 1242) zuvor von den Zisterziensern festgelegt. Die Konstitutionen beider Orden schreiben in der ersten Hälfte des 13. Jahrhunderts in gleicher Weise vor, dass der Abtskandidat über ein kompetentes Wissen der Literatur („litteraturae competens" bzw. „competentia litteraturae") verfügen soll. Wohl in Anlehnung an die Kamaldulenser bzw. Zisterzienser fordern während des 13. Jahrhunderts die Silvestriner neben dem Seeleneifer und einem vorbildlichen Ordensleben auch „vita" und „scientia" vom künftigen Abtskandidaten.

Über die Werke des Bernardus Ayglerius, Guilelmus Durantis und Petrus Boerius wurde die „sciencia" bis zu Johannes von Kastl und den *Consuetudines castellenses* tradiert. Die bemerkenswerte Erweiterung, die diese Eigenschaft im Zusammenhang mit dem Zisterzienserorden und den Kamaldulensern erfuhr, findet sich auch bei Bernardus Ayglerius, der von einer „sciencia competens" spricht. Im Kastler Regelkommentar findet sich sowohl die Formulierung „sciencia sufficiens", die auf das *Speculum iudiciale* des Guilelmus Durantis zurückgeht, als auch die Wendungen „sciencia competens" bzw. „eminens".

Kandidatenqualitäten, wie Gelehrtheit, Lehr- und Kommunikationsfähigkeit, die über Jahrhunderte tradiert und forciert wurden, zeigen, woran die Konvente interessiert waren. Äbte, die diesen Vorstellungen der Konvente entsprachen, wirkten natürlich in diesem Sinne auf die Gemeinschaften zurück. Gelehrtheit und Vermittlung von Wissen wurden so zum festen Bestandteil der monastischen Tradition. Damit ist in einem umfassenden Sinn das Wissenschafts- und Bildungsstreben der Konvente und Äbte grundgelegt worden. Vergleicht man das Ordensbrauchtum der Augustinerchorherren mit der benediktinischen Tradition, so ist man überrascht, dass dort ganz andere Kandidatenvoraussetzungen gefordert sind, wie Heiligkeit, Unterscheidungsgabe, Liebe, Weisheit, Religiosität, Verdienste im Leben, Spiritualität, Nützlichkeit und Umgang mit den zeitlichen Gütern. Kandidatenqualitäten, die in der benediktinischen Tradition und bei den Augustinerchorherrn üblich waren, werden in den Konstitutionen der neu entstandenen Bettelorden des 13. Jahrhunderts vergeblich gesucht. Es überrascht, dass die Dominikaner, Franziskaner, Karmeliten, Augustinereremiten und Serviten keine Qualifikationen für das Leitungsamt des Ordens fordern.

Mit der Betonung auf dem Wissen stellt sich Johannes von Kastl in die Tradition der großen Reformzweige des Benediktinerordens, der Kamaldulenser, der Zisterzienser und der Silvestriner. Die „sciencia" in der Deutung des Johannes von Kastl trifft den Nerv des klösterlichen Lebens. Laut Kastler Regelkommentar besteht sie darin, die Mönche die klösterliche Lebensweise, die „conversacio morum" zu lehren. Die Umkehr wird als ein Aufstieg begriffen, bei dem der Mensch vom Schlechten über das Gute zum Besten gelangt. Weil diese Lehre in der Heiligen Schrift gründet, bedarf der Abt einer umfassenden Kenntnis der Bibel. Die „sciencia" als Wissen schlägt sich vor allem im Abtsbild des „dux", des Führenden, nieder. Seine Aufgabe ist es, die Mönche zum Ziel zu führen, das im Guten, in der Barmherzigkeit, in der Liebe, der Tugend, dem Verdienst, dem Band des Friedens, der Einhelligkeit und der Gesundheit besteht. Sehr eindrucksvoll schildert Johannes von Kastl dabei die Fortschritte, für die der Abt Vorbild sein soll, und Rückschritte, für die der Abt verständnisvoll sein soll. Hat er nun ein Delikt zu ahnden, so ist er gefordert, sich nicht nur mit der Motivation des Delinquenten, sondern auch mit dem Sinn des anzuwendenden Gesetzes auseinanderzusetzen. Die Strafe soll dem Vergehen und dem Täter angemessen sein. Da der Abt beides – Gesetz und Mensch – im Blickfeld hat, gewinnt als zentrales Symbol der äbtlichen Amtsführung das Auge an Bedeutung und wird hinsichtlich Kandidatenqualitäten auf weitere Eigenschaften, wie „providencia" bezogen. Bei der „sciencia" als Voraussetzung für das Abtsamt geht es einerseits um die personale Nähe, die ein Mönch zu seinem Mitbruder haben soll, um ihn auf seinem Weg der religiösen Entwicklung verstehen zu können, und andererseits um die Kenntnis eines definierten Zieles, das zunächst in der Wahrheit, im Richtigen, besteht. Je nach Bereich differenziert sich das Richtige aus; im Bezug auf das Mitmenschliche kann es im Guten, in der Barmherzigkeit, der Liebe etc. bestehen. Dazu soll er seine Mitbrüder in einem heilsamen Sinn motivieren.

Eine singuläre Erscheinung in der *Exposicio in regulam s. Benedicti* des Johannes von Kastl ist die Gerechtigkeit. Ihr ist eigen, zwei gegensätzliche Prinzipien in sich zu vereinen. Will der Abt gerecht sein, sucht er die Mitbrüder durch Strenge vom falschen Weg abzuhalten und sie mittels der Barmherzigkeit für das Gute zu motivieren. Von daher darf die „iusticia" als praktische Umsetzung der „sciencia" verstanden werden. Wie bei der Kandidatenqualität des Wissens steht ihm hierbei die Heilige Schrift zur Verfügung, in der sich Strenge und Barmherzigkeit ausgebildet finden: Während das Alte Testament Furcht und Strafe verkörpert, versucht das Neue Testament zum Reich Gottes einzuladen. In der Ausübung der „iusticia" haben gemäß dem Grundsatz, dass die aktivierenden Handlungsprinzipien den passiven vorausgehen, die Barmherzigkeit und das Trösten den Vorzug vor der Strenge. Bei der Suche nach einem geeigneten Abtskandidaten haben die Mönche deshalb darauf zu achten, ob er sich in einer disziplinierten Lebensweise übt, ohne zu verbittern. Eine so praktizierte Gerechtigkeit deutet auf eine Befähigung für das Abtsamt hin. Wie zeigt sich nun die „iusticia" im konkreten Alltag eines Mönchs? Im Abtsbild des Wächters drückt sich die Gerechtigkeit einerseits in einer Offenheit für die Freuden des Lebens, andererseits auch in der Mahnung vor Empfindungslosigkeit aus. Gibt sich der Mönch nur dem Hedonismus hin, wird er maßlos und unbeherrscht. Übt er sich ausschließlich in der Askese, wird er empfindungslos und stumpf. Die Gerechtigkeit zielt demzufolge auf eine Ausgeglichenheit zwischen diesen Extremen.

Vergleicht man die restlichen Kandidatenqualitäten bei Johannes von Kastl mit den hier herangezogenen anderen Texten, so wird der Glaube den rechtsgeschichtlichen Zusammenhängen nach als Voraussetzung in der Apostelgeschichte genannt, sodann in den altkirchlichen Synoden, bei Caesarius von Arles, in der *Regula magistri* und in der Gesetzgebung Justinians. Die Demut setzen schon Clemens von Rom, Fructuosus von Braga und Smaragdus von Sankt Mihil voraus. Die Geduld wird als Kandidatenqualität in der *Regula magistri* und bei Fructuosus von Braga genannt. Die Weitsicht als Kandidatenqualität fordert das erste Mal Bernardus Ayglerius.

Das Erfolgsgeheimnis der Benediktineräbte der Kastler Reform und ihrer Konvente steht im Zusammenhang mit den Kandidatenqualifikationen. Die Eigenschaften drücken das aus, was sich die klösterliche Gemeinschaft vom zukünftigen Abt erhofft. Neben der „sciencia" und der „iusticia" werden vom neuen Abt Glaube („fides"), Weitsicht („providencia"), Demut („humilitas") und Geduld („paciencia") gefordert. Mit dem Glauben bringt der Konvent zum Ausdruck, dass ihm das kontemplative Element des monastischen Lebens wichtig ist. Die umsichtige Verwaltung der zeitlichen Güter und die wirtschaftliche Planung wird in der Weitsicht zum Ausdruck gebracht. Mit der Demut fordert der Konvent vom Abt Kooperationsbereitschaft, die es der Gemeinschaft erlaubt, Mitverantwortung zu tragen. Damit hat sich der Obere dem Konvent zuzuwenden. In der Forderung nach Geduld gibt der Konvent zu, dass er nicht perfekt ist und dass er auf die Hinwendung und das Mitleid des Abtes angewiesen ist. Die Gemeinschaft spricht damit einen gewissen Realitätssinn des künftigen Abtes an, der unter anderem darin besteht, dass die Mönche vom Abt nicht überfordert werden möchten.

In diesen Forderungen an den zukünftigen Kandidaten spiegeln sich Hoffnungen und Wünsche des Konvents wider. Damit wird das Augenmerk auf die Gemeinschaft der Wähler gelenkt. In der alten Kirche war die Beteiligung des gläubigen Volkes bei den Bischofswahlen nicht immer gesichert. Die Ablehnung des designierten Bischofskandidaten drückt nicht nur das Selbstbewusstsein, sondern auch das Rechtsbewusstsein der Ortskirchen aus, die bei der Bestimmung des Bischofs mitwirken wollten. Mitunter kam dabei speziellen Gruppen in der Gemeinde eine besondere Form der Mitwirkung zu. Ferner war man bemüht, einen Kandidaten zu finden, der auch außerhalb der Gemeinde Ansehen besaß. Die Prüfung des Kandidaten wurde durch den Metropoliten oder die Suffraganbischöfe durchgeführt. Ihnen stand es zu, der Wahl zuzustimmen. Fiel eine Wahl zwiespältig aus, waren die Kandidaten nach ihrem Eifer und ihren Verdiensten zu prüfen. Was es zu verhindern galt, aber immer wieder vorkam, war die Einsetzung eines Bischofs gegen die Meinung des Volkes.

Bei den Wahlen des Vorstehers in den Klöstern gestand die Synode von Arles (455) den Mönchen von Lérins die Konventwahl zu. Dieser Entscheid war hauptsächlich für die südfranzösischen Konvente rechtsgültig, in anderen Regionen ist mit einer Mitwirkung des Bischofs, der Nachbaräbte und des Eigenkirchenherrn zu rechnen. Kaiser Justinian geht in seinen Wahlgesetzen aus den Jahren 530, 535 und 546 von einer hierarchischen Ordnung des Klosters aus. Mitunter war es üblich, dass der Zweite des Klosters bei Vakantwerden des äbtlichen Stuhls in diese Position aufrückte. Kaiser Justinian ersetzt im ersten Wahlgesetz dieses Sukzessionsmodell durch eine Konventwahl, die unter dem Anspruch der Einmütigkeit steht. Kommt es zu einer zwiespältigen Wahl, entscheidet das Majoritätsprinzip. Im Wahlgesetz von 535 wird dem Bischof ein entscheidendes Urteil zugestanden. Im dritten Wahlgesetz sind zwar alle Mönche zur Wahl zugelassen, die Entscheidung treffen jedoch die höher gestellten Mönche. Die Synode von Karthago (535) wiederholt im letzten die Entscheidungen der Synodenväter von Arles.

Im Gegensatz zur *Regula magistri* und in Übereinstimmung mit den justinianischen Wahlgesetzen kennt Benedikt von Nursia eine klösterliche Rangordnung. Ein Charakteristikum des äbtlichen Dienstes besteht darin, der klösterlichen Hierarchie entsprechend den Verdiensten der Mönche eine eigene Gestalt zu geben. Auf diesem Weg steht dem regierenden Abt die Möglichkeit offen, dem Konvent einen Amtsnachfolger vorzuschlagen. Bei der Wahl selbst ist es den Brüdern erlaubt, über die Rangordnung hinwegzusehen und einen geeigneten Bruder zum Abt zu wählen, der über die entsprechenden Verdienste und die Fähigkeit zu lehren verfügt. Dem Text der *Regula s. Benedicti* nach haben der Diözesanbischof, die Äbte aus der Nachbarschaft und die Christen der Umgebung das Recht, die Wahl zu prüfen. Demzufolge ist die Abtswahl kein konventinternes Ereignis mehr. Benedikt von Nursia rechnet auch mit einer zwiespältigen Wahl. Für diesen Fall soll verhindert werden, dass eine Gruppe schwacher oder weniger tugendhafter Mönche die Wahl entscheidet. Aus diesem Grund sollen die oben genannten Wahlprüfer die Wahl durch Zählen und Wägen der Voten entscheiden. In den frühmittelalterlichen Klöstern waren sowohl Designations- als auch Konventswahlen in Übung. Zudem wirkte der Eigenkirchenherr bei der Wahl mit. Das Minderheitswahlrecht der *Benediktsregel* kommt kaum vor. Entscheidend für das Wahlrecht der Kirche waren die Synoden und Konzile des 11. und 12. Jahrhunderts. In dieser Zeit wurde die bedeutende Frage entschieden, wer zum Wahlgremium gehört. Eine kanonische Wahl erfolgte dann, wenn der Einfluss der weltlichen Macht ausgeschlossen war. Formend für alle anderen Wahlen war das Papstwahlrecht. Das im II. Konzil von Lyon (1274) beschlossene Konklave – verstanden als Ausgliederung des Wahlgremiums – besagt zunächst, dass der Einfluss von Personen, die nicht zu den Wählern gehörten, auszuschließen ist. Eingeschränkte Lebensmittelversorgung, der Verlust der Bezüge und die Einführung der Zweidrittelmehrheit zielten darauf, die Kardinäle zu einer schnellen und eindeutigen Entscheidung zu zwingen. Schon lange bevor die Papstwahl als Konklave durchgeführt wurde, wurden Wähler separiert. Die Separation des Wahlgremiums war bereits im ersten Viertel des 12. Jahrhunderts in Übung und wurde bei den Domherrn von Lund erstmals durchgeführt. Um fremden Einfluss auszuschalten, waren nach den Konstitutionen der Kartäuser von 1170 bei der Wahl des Priors nur die Mönche zugelassen. Zu Beginn des 12. Jahrhunderts war das Konklave Gegenstand der Bologneser Rechtswissenschaft. Für die Vorgehensweise der Kartäuser entschieden sich 1218 auch die Zisterzienser. Die Wahl des Generalmagisters im Generalkapitel der Dominikaner (1228) erfolgte durch ein Konklave. Ebenso separierte man bei der Wahl des Podestà in den italienischen Städten die Wähler. Eine ähnliche Vorgangsweise bei der Abtswahl übten die Benediktinermönche von Le Bec im 12./13. Jahrhundert.

Mit der Definition der kanonischen Wahl war die Zugehörigkeit zum Wahlgremium festgelegt. Durch die Separierung der Wähler konnte eine Fremdbestimmung ausgeschlossen werden. Eine weitere Differenzierung im Wahlrecht erfolgt im 13. Jahrhundert durch die „Protestatio". Dieser Rechtspraxis nach sollten die Wähler, die mit einer kirchlichen Strafe (Suspension, Exkommunikation und Interdikt) belegten waren, das Wahlgremium verlassen. Wie ist aber mit den Suspendierten und Exkommunizierten zu verfahren, deren Strafe nicht öffentlich gemacht wurde? Da die Wähler durch die „Protestatio" bekundeten, dass sie sich durch die rechtlich eingeschränkten Wähler nicht beeinflussen lassen, bringen sie eine verborgene Dimension dieser kirchlichen Strafen zu Bewusstsein. Nahm ein, durch eine kirchliche Strafe gehinderter, Wähler an der Wahl teil, wurde die Entscheidung der übrigen Wähler aufgrund der „Protestatio" nicht ungültig. Damit wird ein innerer, den Augen verborgener Aspekt zur Sprache gebracht, den Johannes von Kastl zur Wählerdisposition weiterführt. Im Vergleich mit den Regelkommentaren, die ihm als literarische Quelle dienten, findet sich die innere Einstellung der Wählerschaft erstmals ausführlich in seiner *Exposicio in regulam s. Benedicti* entwickelt. Wie schon erwähnt, spiegeln die Kandidatenqualitäten die Erwartungen, Hoffnungen und Wünsche der Wähler wider. Aus diesem Grund muss die innere Einstellung der Wähler im Zusammenhang mit den Kandidaten stehen.

Nach Johannes von Kastl sollen die Wähler den Willen Gottes erfüllen, der vor allem an der Einmütigkeit der Wähler seinen Gefallen hat. Damit deutet der Regelkommentator auf weitere wichtige innere Haltungen der Wähler hin, wie den Erhalt des Friedens in der Gemeinschaft und das Meiden von Streit. Wirft man nun den Blick auf die Abtsgalerie, so erkennt man diese Anliegen im Bild des „dux“, des Führenden, wieder. Sein Ziel besteht darin, die Mönche zum eigentlichen Ziel zu führen, das unter anderen im Band des Friedens und in der Einhelligkeit der Gemeinschaft besteht. Doch dem Führenden wird dies nur gelingen, wenn er auf ein reiches Wissen („sciencia commendata“, „sciencia eminens“) zurückgreifen kann. Die Wähler verfügen demnach über die richtige innere Disposition, wenn in ihnen das Bedürfnis wach ist, auf dem klösterlichen Weg durch Führung und Belehrung fortzuschreiten. Ferner sollen die Mönche bei der Wahl des Abtes auf ihr Endziel achten, das im Erwerb des ewigen Lebens besteht. Den Mönchen wird dies nur bewusst, wenn sie sich über die Vorläufigkeit ihres Handelns im Klaren sind. Dieses Wissen, das allem Stolz vorbeugt, berührt die Haltung der Demut. Diese Einstellung impliziert ein Wissen um die eigenen Defizite und verlangt nach der Zuwendung und Milde des Führenden. Mit der Einstellung, einen fleißigen, tugendhaften und tüchtigen Mönch zum Abt zu wählen, der aufgrund seiner Fähigkeiten über alle Zweifel an seiner Person erhaben ist, entscheiden sich die Mönche für ein echtes Vorbild. Der suchende Blick fällt hier bei der Abtsgalerie auf den Hirten. Er ist es, der durch den Ausweis eines absoluten Vorbildes die Schafe hütet. Entscheiden sich die Mönche, bei der Wahl den vorbildlichsten Mitbruder zu wählen, so bringen sie ihr Verlangen nach Orientierung zum Ausdruck. Die Wähler sind ferner gehalten, den Willen Gottes zu erfüllen. An der Einmütigkeit der Wähler und der Liebe zum Nächsten hat Gott sein Wohlgefallen. Getragen von dieser Haltung fällt der Blick der Wähler bei der Abtsgalerie auf den Vater, auf dessen Liebe die Kinder einen Anspruch und Anrecht haben.

Sind die Wähler von einer negativen Haltung geprägt, die in der Unwissenheit, dem Verlangen nach materiellen Gütern, der Nachlässigkeit und einer Verfinsterung der affektiven Kräfte besteht, sind sie der Gefahr ausgesetzt, einen Mönch zum Abt zu wählen, der sie in ihrer defizitären Grundeinstellung unterstützt. Allein aus dem Vergleich der Anzahl der positiven Wählerqualitäten mit den negativen geht hervor, dass eine gute Wahl mehr von den Wählern fordert als eine schlechte. Von daher braucht es nicht viel, um dem Kloster einen schlechten Abt zu bescheren. Wenngleich die Wahlen unter dem göttlichen Anspruch der Einstimmigkeit standen, kam es schon sehr früh zu zwiespältigen Wahlen. Das Wahlgremium zerfiel in Gruppierungen, da die Eignung der verschiedenen Kandidaten unterschiedlich betrachtet und bewertet wurde. Auch war man sich im Klaren, dass es nicht genügte, die Stimmen nur zu zählen. Aus diesem Grund ging man dazu über, die Voten zu wägen.

Bei den Bischofswahlen der alten Kirche gaben die Stimmenmehrheit und die Prüfung der Kandidaten den Ausschlag. Die ersten Wahlen in Klöstern wurden in den südfranzösischen Klöstern durchgeführt. Das erste und dritte Wahlgesetz Kaiser Justinians sieht eine Konventwahl vor. Die Beschlüsse von Arles (455), die eine Konventwahl vorsehen, wurden von der Synode von Karthago (525/535) bestätigt. Das Wahlverfahren findet sich ausgehend von der *Regula s. Benedicti* in frühmittelalterlichen Klöstern, in den spanischen Synodenbeschlüssen von Toledo (633/651), in den Klosterregeln des Fructuosus von Braga, den karolingischen Regelkommentaren und zu Ende des 10. Jahrhunderts auch in Cluny.

Mit der Konventwahl steht die Frage im Raum, nach welchen Kriterien sie entschieden werden soll, da nicht immer von einer einhelligen Wahl ausgegangen werden kann. Die Stimmenwägung bei einer zwiespältigen Wahl fordert bereits die justinianische Wahlgesetzgebung und verlangt nach einer Mitwirkung des Bischofs. Eine Entscheidung aufgrund einer Minderheitswahl, wie es die Benediktsregel vorsieht, war ohne Mitwirkung einer externen Autorität nicht durchführbar. In den frühmittelalterlichen Klöstern entschied die „melior pars" des Konvents über den künftigen Abt. Dies war nur durch eine Wägung der Stimmen möglich. In seinem Regelkommentar schreibt Hildemar von Corbie von der Minderheitswahl. In den *Decreta Lanfranci* erfolgt eine Entscheidung aufgrund einer „concordia" oder der „melior et maior pars" der Wahlberechtigten. Sucht man die „melior et maior pars" auf dem Hintergrund der klösterlichen Rangordnung zu identifizieren, sind damit die Senioren und wichtigsten Offizialen gemeint. Das Gleiche ist in den ersten Konstitutionen der Kartäuser (1125) zu finden. Im Verlauf der nächsten Jahrhunderte wechselten hier die Bestimmungen, so dass einmal von der „maior et sanior pars", dann nur von der „maior pars" und gegen Ende des 13. Jahrhunderts wieder von der „maior et melior pars" gesprochen wird. Bei den Augustinerchorherren vom Hafen (1114/17) findet sich die gleiche Formulierung wie in den *Decreta Lanfranci*, die von der „concordia" oder der „melior et maior pars" sprechen. In gleicher Weise gingen die Augustinerchorherrn von St. Andreas in Benevent (1167/70) vor. Im Domkapitel von Lund (1123) gab bei einer Stimmensplitterung allein die „sanior pars" den Ausschlag. Bei den Kamaldulensern (1188 und 1253) und bei den Chorfrauen von St. Victor in Paris (1200) entscheidet dagegen die „maior et sanior pars" über die künftige Klosterleitung. Diesen Ergebnissen nach war man sich nicht sicher, ob eine Wahl nun nach numerischen oder nach qualitativen Kriterien entschieden werden sollte. Im gleichen Zeitrahmen setzte sich auch die päpstliche Rechtsprechung mit dieser Problematik auseinander. Deutlich erkennbar ist, dass man eine kirchliche Wahl nicht allein durch das quantitative Element entscheiden wollte. Die Begriffe „melior" wie „sanior" sind Qualitätsmerkmale, die der Gesetzgeber berücksichtigen wollte. Doch wie sind diese Qualitätsmerkmale festzustellen?

Wiederum ist es das Wahlrecht der Orden gewesen, die bereits Instrumentarien entwickelt hatten, die die allgemein kirchenrechtlich gültigen Wahlformen beeinflussten. Was das VI. Laterankonzil (1215) hinsichtlich der Wahlen beschloss, nämlich durch Befragung (Skrutinium), durch Wahlmänner (Kompromiss) oder durch Inspiration eine geeignete Person für das Leitungsamt zu finden, war in den Klöstern bereits in Übung. Eine frühe Form des Kompromissverfahrens ist bei den Zisterziensern zu erkennen. Die Wahl des

Abtes von Cîteaux erfolgte 1060 durch die Äbte der Filiationsklöster. Die Wahl durch ein Skrutinium erfolgt 1080 bei den Kamaldulensern. Im 13. Jahrhundert konnte der Prior durch Kompromiss oder Inspiration gewählt werden. Das Kompromissverfahren wurde 1119 in der Abtei Farfa und später (12./13. Jahrhundert) in Le Bec durchgeführt. Auch die Chorherren von Marbach und Klosterrath wählten 1122 ihren Vorsteher durch einen Kompromiss. Von einer Skrutiniumswahl ist bei den Chorherrn von Lund auszugehen, da die „sanior pars" der Wähler über den künftigen Vorsteher entscheidet. 1167/70 entschieden sich die Chorherren von St. Andreas in Benevent für eine Skrutiniumswahl. Während die Chorherren von St. Victor in Paris die Wahl des Abtes Wahlmännern übertrugen, erfolgte die Wahl der Äbtissin des gleichnamigen Chorfrauenklosters durch ein Skrutinium. Mit der Übernahme der allgemein geltenden Wahlformen, die im IV. Laterankonzil beschlossen wurden, ist bei den Kartäusern, den Silvestrinern und den Olivetanern zu rechnen.

Johannes von Kastl folgt in seinem Regelkommentar der *Regula cum glossa* des Petrus Boerius, dem *Speculum iudiciale* des Guilelmus Durantis und der *In regulam s. Benedicti expositio* des Bernardus Ayglerius. Von daher ist hinsichtlich der Wahlverfahren keine Modifizierung zu erwarten. Wenngleich die Entscheidung der Wahl die „majoritas" trifft, wurden bei der Skrutiniumswahl dennoch die Stimmen erfragt und beurteilt. Einen interessanten Einblick bietet Bernardus Ayglerius, der bei der Stimmenwägung den Voten der Offizialen des Klosters eine besondere Bedeutung zumisst. Von daher beeinflusste nach wie vor die klösterliche Hierarchie die Abtswahl. Johannes von Kastl greift die Problematik der Wähler- wie der Kandidatenqualität auf. Im Gegensatz zu den anderen Kommentaren widmet er der „melior" und der „sanior pars" mehrere Kapitel und bringt damit alte Aspekte neu zur Geltung. Im Kastler Regelkommentar wird versucht, das Bewusstsein der Mönche für die Wähler- wie die Kandidatenqualität zu schärfen und sie in das System der „majoritas" zu integrieren. Ohne Zweifel hat der Kastler Regelkommentator das Ideal der Regel – der Beste einer tugendhaften Gemeinschaft soll einmütig gewählt werden – erkannt und versucht, diese für die Praxis umsetzbar zu machen.

Der liturgische Rahmen der Abtswahl, wie ihn Johannes von Kastl in seinem Regelkommentar darlegt, hat seinen Ursprung in der *In regulam s. Benedicti expositio* des Bernardus Ayglerius und in der *Regula cum glossa* des Petrus Boerius. Der Aufbau, bestehend aus einer Votivmesse zum Heiligen Geist, dem Zusammenrufen des Konvents durch die Konventglocke, die Verlesung der Viten der Tagesheiligen und des 64. Kapitels der *Regula s. Benedicti*, einer Predigt des Priors, dem Hymnus *Veni creator spiritus*, einem stillen Gebet, der Anrufung der Gottesmutter Maria und des heiligen Benedikt und der Nomination von drei Personen, geht in seinen Grundzügen auf die Wahlliturgie der Kamaldulenser zurück. In den Statuten von 1253 dieses Einsiedlerordens geht der Wahl des Priors eine Eucharistiefeier zu Ehren des Heiligen Geistes, eine Predigt, der Hymnus *Veni creator spiritus*, ein Gebet um den Heiligen Geist, der Versikel *Benedicamus Domino* und Nomination von drei Skrutatoren voraus. Auf diesem Hintergrund ist für Bernardus Ayglerius das Zusammenrufen mit der Konventglocke und das Verlesen der Heiligenviten und des Wahlkapitels aus der *Benediktsregel* typisch. Das Gebet *Deus qui corda*, die Verlesung der abwesenden Mitbrüder und die Dekretale *Quia propter* und die Protestatio wurden von Petrus Boerius eingefügt. Bei der Darstellung des liturgischen Abschlusses der Wahl folgen bis auf wenige Ausnahmen Petrus Boerius und Johannes von Kastl dem Abt von Montecassino, Bernardus Ayglerius. Elemente dieser Liturgie finden sich in einer anderen Abfolge auch im liturgischen Abschluss der Abtswahlen wieder, wie er in den *Constitutiones Hirsaugienses* vorgeschrieben war.

Was demzufolge die Wahlliturgie betrifft, ist generell festzustellen, dass Johannes von Kastl den Ausführungen des Petrus Boerius und des Weiteren mit minimalen Unterschieden denen des Bernardus Ayglerius folgt. Das Grundraster dieser einleitenden Liturgie ist in den Konstitutionen der Kamaldulenser von 1253 vorgegeben. Ob der Kastler Regelkommentator um diese Vorgabe wusste, ist nicht klar.

Das mittlere Hauptstück (Kapitel R-AC) des 64. Kapitels der *Exposicio in regulam s. Benedicti* übernimmt Johannes von Kastl aus der *Regula cum glossa* des Petrus Boerius. Darin enthalten sind Auszüge aus der *In regulam s. Benedicti expositio* des Bernardus Ayglerius. Dieses Ineinander der Quellenliteratur führt zurück zum einleitenden Teil dieser Abhandlung. Zu den Hauptquellen des Kastler Regelkommentars gehören diese beiden Werke, die Johannes von Kastl zwar unabhängig voneinander, aber häufig zusammen verwendet hat. Beide Autoren lassen sich im Bibliothekskatalog der Abtei Kastl nachweisen. Von den Kommentaren war aber für Johannes von Kastl offensichtlich nur die *Regula cum glossa Petri Boerii* verfügbar. Einen hohen Bekanntheitsgrad erfuhren diese Werke nach 1440, da sie zu diesem Zeitpunkt als Lektüre in den Konventkapiteln eingeführt wurden. Die früheren Fassungen der *Consuetudines castellenses* kennen diese Lektüre der Regelkommentare bei den täglichen Zusammenkünften der Mönche nicht.

Von den 105 Kapiteln des 64. Kapitels seiner *Exposicio in regulam s. Benedicti* zitiert Johannes von Kastl in 43 Kapiteln die *Regula cum glossa Petri Boerii*. In diesen 43 Abschnitten wird 35mal der Regelkommentar des Abtes von Montecassino verwendet. Der Quellenanalyse nach untersuchte Johannes von Kastl die *Regula cum glossa* des Petrus Boerius auf ihre Textvorlagen und stieß dabei auf Bernardus Ayglerius. Der Kastler Regelkommentator stellte die neuen Quellentexte samt den Kirchenrechtsquellen, die Petrus Boerius ergänzte, neu zusammen, blieb aber im Rahmen, den er in der *Regula cum glossa* vorfand. Dieser Umgang mit den Texten stellt hohe Anforderungen an die Quellenanalyse und macht diese schwierig. Ferner ist Hochachtung und ein geschickter Umgang mit den Kirchenrechtsquellen, allen voran mit dem *Decretum Gratiani*, zu beobachten. So manche Angaben von Kirchenrechtsquellen, die Johannes von Kastl bei Petrus Boerius fand, strich er. Daran ist deutlich sein Interesse zu erkennen, einen Text zu erstellen, dessen Sinnzusammenhänge nicht durch Literaturangaben unterbrochen und zerrissen werden. Bemerkenswert ist, dass mit dem Kastler Regelkommentar in den darauf folgenden Jahren in gleicher Weise umgegangen wird. Die Kürzungen, die hier jedoch vorgenommen wurden, korrumpieren nicht nur in gefährlicher Weise den Text, sondern machen auch bisweilen das wissenschaftliche Anliegen des Johannes von Kastl unkenntlich. Seine Grundintention zeigt sich u. a. in der Fülle von Texten, die er anführt. Allen voran zitiert er die Bibel, an die sich das Kirchenrecht, monastische Autoren, mittelalterliche Theologen, Kirchenväter und die heidnischen Philosophen anschließen. Diese Fülle von Textsorten bringt sein umfassendes wissenschaftliches Interesse zum Ausdruck. Die Zitation der monastischen Quellen zeigt, wessen Geistes Kind er ist. Häufig erwähnt er Bernhard von Clairvaux und sehr breit zitiert er Petrus Damiani, womit er sein Reforminteresse klar zum Ausdruck bringt. Damit vervollkommnet sich auch das Bild, das bei der Darstellung der Kandidatenqualitäten schon angesprochen wurde. Die Kamaldulenser wie die Zisterzienser fordern in ihren Konstitutionen und Kapitelbeschlüssen in gleicher Weise eine „competentia litterarum“. Johannes von Kastl greift diesen Ansatz auf und sagt, dass er eine „competentia scienciarum“ zwar duldet, sich aber eigentlich eine „eminentia scienciarum“ wünscht. Verdeutlicht wird sein Anliegen durch die Zitation der Bibel. Während die Kenntnis des Kirchenrechts und der weltlichen Literatur helfen, ein gläubiges und frommes Leben zu führen, vervollkommnet die Kenntnis der Bibel jedes Wissen. Dem Verzeichnis der zitierten Quellen nach brachte er am häufigsten die Heilige Schrift zur Sprache.

Ist das Wissen des Abtes oder der Mitbrüder defizitär, so kann es seine Vervollkommnung durch die Liebe erfahren. Mit dieser Aussage wird die Aufmerksamkeit des Lesers auf die Tugenden gelenkt. Aufgrund der Quellenscheidung im 64. Kapitel der *Exposicio* zeigt sich bei Johannes von Kastl ein starkes Interesse an den Tugenden. Er hatte ein explizites Interesse an der Vervollkommung, der „perfeccio“ des Abtes und der Brüder, die sich vor allem in der „dileccio“, dem „amor“ und der „caritas“ zeigt. Die Ausführungen über die Wähler- und Kandidateneigenschaften und die Abtsbilder verfasste er eigenständig. Auch die Texte über Tugenden, wie Keuschheit, Nüchternheit, Mäßigung, Barmherzigkeit, Gerechtigkeit, Liebe und Unterscheidung als Mutter aller Tugenden, gehen auf Johannes von Kastl zurück. Interesse zeigt er ebenso für den Umgang mit den zeitlichen Gütern. Krönender Abschluss ist seine Abhandlung über die Herrlichkeit des Himmels, die dem Abt als treuem Verwalter winkt.

Betrachtet man nun diese theologischen Themen im Zusammenhang mit seinen anderen Werken, so finden sich viele Zusammenhänge. Die Lehre von der „Caritas“ findet sich auch sehr ausgeprägt im *Clenodium religiosorum*. Sodann ist das Werk „De contemplatione“ zu nennen, dessen Thematik sich auch in den Kandidateneigenschaften des Abtes wiederfindet. Die Abhandlung über die himmlische Herrlichkeit ist nicht nur im letzten Kapitel des Traktates *De lumine creato* zu lesen, sondern auch am Ende der Auslegung des 64. Kapitels. Neben vielen verwandten Themen sind ohne Zweifel auch Spannungen zwischen den Texten zu bemerken. Im *Tractatus de sui ipsius vera et humili cognitione* wird Johannes von Kastl nicht müde, dem Leser mitzuteilen, er möge sich von allem Äußeren trennen, um ganz auf Gott schauen zu können. Das steht natürlich in Spannung zu dem, was Johannes von Kastl über die „iusticia" und über eine gewisse Öffnung gegenüber dem Sinnlichen schreibt. Wenngleich ohne tiefgreifende Untersuchung der ganzen Traktate kein letztes Urteil gesprochen werden kann, so vermisst man in den kleineren Traktaten Themen, die sich z. B. auf die Weisheit etc. beziehen. Themen, die sich etwa mit der Grundhaltung bei der Güterverwaltung des Klosters beschäftigen, sucht man in den übrigen Werken des Johannes von Kastl vergeblich. Verwandtschaften zwischen der *Exposicio in regulam s. Benedicti* und den kleineren Traktaten werden am ehesten im Bereich der theologischen Themen zu vermuten sein.

Bemerkenswerte Zusammenhänge finden sich zwischen der politisch/rechtsgeschichtlichen Entwicklung und den Aussagen der *Exposicio in regulam s. Benedicti*. Im Zeitraum der Abfassung des Regelkommentars war die Abtei Kastl im Begriff, sich von der Niedergerichtsbarkeit zur Hochgerichtsbarkeit zu entwickeln. Damit kam den Äbten das Recht der Blutgerichtsbarkeit zu. Wenngleich Johannes von Kastl auf dieses Recht nicht explizit eingeht, so äußert er sich allgemein zum Umgang mit Delinquenten und Gesetzen. Für den adäquaten Umgang mit den Rechtsvorschriften bedarf es einer genauen Kenntnis des Täters und seiner Motive und des Inhalts der anzuwendenden Gesetze. Er fordert deshalb, auch auf die Umstände einzugehen. Das Urteil, das zu fällen ist, muss aus der Haltung der Gnade und der Milde gesprochen werden. Sehr deutlich wird hier das Einfließen theologischer und philosophischer Grundüberlegungen. Da, wie beschrieben, die Gesetzsprechung im mehrfachen Sinne ein einträgliches Geschäft sein konnte, muss deshalb auch auf die Güterverwaltung geschaut werden. Grundsätzlich gehört zum Abtsamt auch die Güterverwaltung. Für eine Abtei bedeutet die Entwicklung aus der Nieder- zur Hochgerichtsbarkeit eine finanzielle Herausforderung. Überraschend wirken daher die Äußerungen über das Geld und deren angemessene Verwendung. Johannes von Kastl gibt zunächst die Ausführungen des Bernardus Ayglerius und des Petrus Boerius wieder, die sich in einer sehr allgemeinen Weise auf die Güterverwaltung beziehen. Noch im gleichen Kapitel geht er auf den Gebrauch des Geldes ein, den er erstaunlich distanziert darstellt. Seinen Ausführungen nach soll Geld nur angenommen werden, wenn man es wirklich braucht und wenn man kein eigenes Geld hat. Daran schließen sich drei Kapitel an, in denen vor der Habgier gewarnt wird. Der Abt und die Mönche sollen sich von jeder Form der Habgier distanzieren. Dies wird vor allem im Zusammenhang mit dem „bonum commune" geäußert. Die entscheidende Ausrichtung des Abtes muss sich auf das Gemeingut richten.

Sorgt er sich in erster Linie darum, wird auch sein „bonum privatum" profitieren. Zieht er das „bonum privatum" dem „bonum commune" vor, steht er in der Gefahr, zum Tyrannen zu degenerieren und den Untergebenen Schaden zuzufügen.

In Anbetracht des wirtschaftlichen und politischen Aufschwungs der Benediktinerabtei Kastl und der vielen anderen Abteien der Kastler Reformbewegung zeigt sich im Abtsbild eine reife Distanz zum Geld. Nicht das „bonum privatum", sondern das „bonum commune" steht im Vordergrund. Dadurch wuchs der Reichtum der Klöster. Auf dem Hintergrund der finanziellen Folgen, die durch die Hochgerichtsbarkeit entstanden, ist man über die Haltung der persönlichen Anspruchslosigkeit des Abtes und der Mönche überrascht. Im Mittelpunkt des äbtlichen Bemühens stand das Wohlbefinden des Konvents und jedes einzelnen Mönches. Damit wird die eingangs gestellte Frage nach dem Genius dieser Äbte berührt. Dazu gehörte wohl die Fähigkeit der Äbte, sich zunächst auf die Forderungen und Wünsche der Gemeinschaft und des Einzelnen einzulassen. Der Abt wurde dadurch zum Helfer des geistlichen Fortschritts. Das durch Studium und geistliche Lesung erworbene Wissen ermöglichte ihm, in Kreativität und Geduld die einzelnen Schritte des Mitbruders zu begleiten. Hier wird eine interessante Spannung zwischen Kontemplation und äußerem Wirtschaften sichtbar, die nicht aufgelöst, sondern ausgehalten wird. Geistliche Begleitung und kraftvolles Wirtschaften waren eine große Herausforderung, der offensichtlich nur demütige und realitätsbezogene Mönche standhalten konnten. Anregungen für diesen Dienst holten sie sich offensichtlich aus dem Buch. An diesem Punkt sollten weitere Forschungen ansetzen, die sich in einer umfassenden Weise mit den Begriffen „Wissen", „Weisheit" und „Klugheit" beschäftigen müssten und diese in Bezug zum klösterlichen Alltag setzen, wie ihn die *Consuetudines castellenses* schildern.

Editorische Vorbemerkungen

Der Textedition des 64. Kapitels des *Exposicio in regulam s. Benedicti* des Johannes von Kastl sollen einige Bemerkungen vorangehen. Die Edition wurde anfangs nach den Editionsvorschriften der Monumenta Germaniae Historica vorgenommen. Die Identifikation der Varianten durch hochgestellte Buchstaben erwies sich zunächst als sehr vorteilhaft. Bei der Endredaktion zeigte sich jedoch, dass diese Methode der Wortkennzeichnung sehr große Schwierigkeiten in sich birgt. Die Auffindung der Varianten durch die Angabe der Zeilen erwies sich im Endstadium als bei weitem günstiger. Aus den oben genannten Editionsvorschriften wurde lediglich die Kennzeichnung der Zitate durch den kursiven Schriftzug übernommen und das Abkürzungsverzeichnis der Bibelzitate. Die dazugehörigen Zahlenangaben im Apparatus explicativus geben die Zeilen an, in denen sich dieses Zitat findet.

Im Text selbst wurden lediglich die Bibelzitate und die kirchenrechtlichen Texte vereinheitlicht. Ziel der Edition ist in erster Linie, den originalen Text zu bieten. Sodann ist es mir ein Anliegen, das zeitgenössische Textbild wiederzugeben. Aus diesem Grund wurden die damals üblichen Endungen wie -cio, -cia und -tium belassen. Statt des gängigen „ae" wurde das einfach „e" beibehalten. Sodann wird dem Leser auffallen, dass die Doppelung des Buchstabens „i" als y geschrieben wurde.

Die Grundlage, auf der die Transkription beruht, ist die Handschrift T^3. Zum Textvergleich wurden die Codices M^2 und H^2 benutzt. Alle anderen Textausgaben fanden keine Berücksichtigung, wodurch der Apparatus criticus relativ kurz gehalten werden konnte. Auch die Notizen an den Seitenrändern der Handschrift T^3 wurden berücksichtigt. Dadurch konnte der Text teilweise emendiert werden.

Index capitulorum

/81^{v} (b)/

De ordinando abbate Capitulum 64

In abbatis ordinacione etc. Quoniam *encia* quodam naturali appetitu *nolunt male disponi*, eapropter universi ordo non patitur *principatuum pluralitat*em, quia sic precipicium ministraretur et ruina, sed ad unum et perfectissimum omnia tendere censendum est. Ideo unus principatus et *unus princeps* tantum est, ut determinat philosophus in fine *12. Metaphysice*. Huius igitur summi principis et rectoris beatus Benedictus hic imitatur exemplum, /82^{r} (a)/ nam ipse summus gubernator et creator ita conservat statum universi, ut nequaquam permittat deficere in mundo, et quia necesse est hominem mori ordinacione divine providencie, factum est et provisum divinitus, ut antequam una generacio deficiat, alia surgat et succrescat, sicut scriptum est *Eccles. 1: Generacio preterit, generacio advenit.* Sapienter ergo beatus Benedictus considerando divinam providenciam in regimine studuit se divine sapiencie conformando hoc capitulum conscribere, ut tytulus de ordinando sive eligendo abbate videtur proferre. *Postquam* igitur beatus Benedictus supra *egit de generibus monachorum et caput et membra, prout melius potuit, ordinavit considerans, quod ex contactu originalis peccati omnibus mortis corporalis sentencia est indicta*: *Cum nichil in humana* natura con*sistat, quod perpetuo stare possit, et* quod *abbas per consequens sit mortalis, non incongrue hic subiunxit, qualiter abbate defuncto successor debeat* eligi seu *ordinari*. Et habet hoc capitulum duas partes principales: In prima agit de ipsius abbatis futuri eleccione, in secunda de iam electi qualitate et moderacione et hoc tam respectu sui ipsius quam eciam regende congregacionis. Secunda /82^{r} (b)/ ibi: Ordinatus etc.

<64 A Eleccionis forma secundum regulam>

Quantum ad primam dicit sic: *In abbatis ordinacione id est eleccione, Extra, De eleccione, Quia propter et sic locuntur iura antiqua: 18 q. 2, c. Abbas et sequenti, illa semper consideretur*

8 ut] et T^3 – permittat] permittit T^3H^2 – 11 beatus] *om.* H^2 – 13 sive] seu H^2 – 15 *contactu*] *ed. sec. textum corr.*; contractu T^3M^2 tractu H^2 – 22 <64 A-Regulam>] *ed. add.*; *om.* $T^3M^2H^2$

Praefatio: 3–4: cf. Hamesse, J.: Les Auctoritates Aristotelis, S. 138 (Nr. 279); 11: cf. Eccles. 1,4; 13–18: cf. Boerius, P.: Regula cum Glossa, Ms 155, fol. 223^{v}(b)–223^{r}(a); 15–18 cf. Bernardus <Ayglerius>: In regulam, Cap. 64 (Caplet, A. (Ed.), S. 389)
64 A 22: cf. Tabula alphabetica, clm 18154, fol. 4^{r}(b); 24: cf. RB 64,1 (CSEL 75, Hanslik, R. (Ed.), 2. Auflage, S. 163); 24–25: cf. Boerius,P.: Regula cum Glossa, Ms 155, fol. 225^{r} (a); 24–25: X 1,6,42 (Fr. 88–89); 25: Grat. 18,2,2 (Fr. 829); Grat. 18,2,8 (Fr. 831); 25–1: cf. RB 64,1 (CSEL 75, Hanslik, R. (Ed.), 2. Auflage, S. 163)

racio. Et *ponit beatus Benedictus* ibi tres *formas* eligendi. *Non* enim *processerant tot decretales super faciendis eleccionibus, quot sunt hodie, tempore beati Benedicti. Et ideo prout ei visum fuit, hanc levem et bonam normam nobis edidit, qua sola utinam contenti essemus. Prima est, si tota congregacio secundum deum concors fuerit in eligendo. Secunda, si eciam pars parva eligat consilio saniori. Tercia, si tota congregacio quasi viciosa concorditer elegit viciosum. Primam approbat et secundam. Terciam* vero *reprobat et ponit remedia contraria, ne procedat* Quantum ad primam dicit: *In abbatis ordinacione illa semper consideretur racio ut hic,* id est ille vel talis *constituatur,* id est *eligatur, qui sit de eodem gremio. Et si nedum sit optimus,* sit saltem *bonus, 23. di., In nomine, Versiculus: Eligatur et 8 q. 1, Licet. Quem sibi omnis concors congregacio*: *18 q. 2, Abbatem et secundus et c. Quam sit, regulariter enim, quod plures vel omnes eligunt, hoc est magis eligendum, ut dicitur 3. Topicorum et 6. Politicorum et Extra, De hys que fiunt a maiori parte capituli, <Ex> parte. Sed numquid conversi layci* /82^{v} (a)/ *debent cum clericis eleccionibus interesse? Non. Nec, qui non tacite vel expresse professi sunt, De eleccione, c. Ex eo, Libro sexto, nec illi eciam, qui mora eorum faciente in sacris non sunt ordinibus constituti, De etate et qualitate, c. 2, liber primus in clementinis. Et nota, quod duo faciunt congregacionem; et ubi est congregacio, non debet assumi prelatus, nisi per canonicam eleccionem, Extra, eodem tytulo, c. 1. Secundum timorem dei,* non secundum propriam affeccionem carnis vel mentis vel secundum timorem mundi aut potentis.

<64 B Eleccio a minori parte non tenetur>

Sive eciam pars quamvis parva congregacionis: Hic beatus Benedictus ponit secundam formam eleccionis, que hodie non tenetur. Nam *hodie electus a minori parte numero non audet sue elec-*

1 ibi] hic H^2 – 9 *bonus*] *mg. m.rec.* et iustus *add.* T^3 – 10 *Abbatem*] Abbati T^3M^2 – *secundus*] *pr. m. scr.* 2 *et m. rec. post* 2 *add.* 2 *ad* 22 T^3 – *sit*] sic T^3M^2 – 12 *fiunt*] *om.* H^2 – <Ex>] *ed. corr. sec. Decr. Grat. add.; om.* $T^3M^2H^2$ – 13 *Nec*] *pr. m. scr.* Nec, *m. rec. exp. et* Nec eciam *s. s.* T^3 – *non*] *om.* H^2 – *sunt*] *om.* H^2 – 15 2] 22 T^3M^2 – 18 potentis] etc. *add.* M^2 – 20 <64 B-tenetur>] *ed. add.; om.* $T^3M^2H^2$

1–3: cf. Boerius, P.: Regula cum Glossa, Ms 155, fol. 225^{v}(a); 1.3–6: cf. Bernardus <Aylerius>: In regulam, Cap. 64 (Caplet, A. (Ed.), S. 390); 6: cf. Boerius, P.: Regula cum Glossa, Ms 155, fol. 225^{v} (a); 7: cf. RB 64,1 (CSEL 75, Hanslik, R. (Ed.), 2. Auflage, S. 163); 8–9: cf. Boerius, P.: Regula cum Glossa, Ms 155, fol. 225^{r} (a); 8–9: cf. Grat. 23,1,§4 (Fr. 78); 9: Grat. 8,1,15 (Fr. 594–595); 9–10: cf. RB 64,1 (CSEL 75, Hanslik, R. (Ed.), 2. Auflage, S. 163); 9–17: cf. Boerius, P.: Regula cum Glossa, Ms 155, fol. 225^{r} (a); 10: Grat. 18,2,3–5 (Fr. 829–830); 10–11: cf. Hamesse, J.: Les Auctoritates Aristotelis, S. 324 (Nr. 40); 11: Textus Aristotelis: Politica, liber sextus non inv.; 11–12: X 3,11,4 (Fr. 509); 12–13: cf. Sext. 1,6,32 (Fr. 964); 15: Clem. 1, 6,2 (Fr. 1139–1140); 16–17: cf. X 1,6,1 (Fr. 48); 17: cf. RB 64,1 (CSEL 75, Hanslik, R. (Ed.), 2. Auflage, S. 163)
64 B 20: cf. Tabula alphabetica, clm 18154, fol. 4^{r}(b); 22: cf. RB 64,1 (CSEL 75, Hanslik, R. (Ed.), 2. Auflage, S. 163); 23–7: cf. Boerius, P.: Regula cum Glossa, Ms 155, fol. 225^{r} (a-b); 23–1: cf. Sext. 1,6,24 (Fr. 962); 23–1: cf. Sext. 1,6,24 (Fr. 961)

cioni consentire nec per talem eleccionem vel postulacionem acquiritur ius eidem, eodem tytulo, c. Quorundam, Incipit: Circa. Elecciones vero *facte de mendicantibus extra administraciones sui ordinis in aliqua discordia sunt eciam irrite, ipso iure, eodem capitulo, 1. canon. Neque debent aliqui religiosi eciam concordi eleccioni extra monasterium facte dare consensum, nisi* de *petita licencia a suis superioribus et obtenta, quod si fecerint, est irrita eo ipso, eodem tytulo, Si religiosus, Libro sexto. In eleccionibus tamen monialium ob*/82^v (b)/*sexus fragilitatem specialiter plurima statuuntur ut eodem tytulo, Ydempnitatibus, Libro sexto. Saniori consilio elegerint:* Exposicione non indiget, quia hoc tenetur. Est tamen hic *argumentum, quia non nisi volentibus dandus est prelatus, si 21. di., In novo; 22. di., <Sacrosancta>, versiculus: Inter <beatos>; 8 q. 1, Licet et c. Audacter.*

<64 C Eleccio indiget divino adiutorio>

Advertendum circa predicta, quod notanter dicit littera, quod eleccio fieri debet *secundum timorem dei* et *saniori consilio*, debet namque fieri secundum instinctum dei. Qui deus intima devocione in eleccionibus est invocandus exemplo apostolorum in eleccione Mathie, *Act. 1*, ubi dixerunt apostoli: *Tu, domine, qui nosti corda omnium, ostende quem elegeris, quia non* revelacione *carnis et sanguinis* est eligendum, *sed* quemadmodum *revelaverit pater, qui est in celis.* Et *Moyses: Provideat dominus spiritum omnis carnis hominem super multitudinem hanc, Num. 27.* Cum enim *cogitacio cordis* humani sit *intenta ad malum, Gen.* <6>, et cum *homo nesciat*, quis *amore* vel *odio dignus sit, Eccles. 9*, cum eciam *non* sint in *homine vie eius, Ier.* <*10*>, ideo provisio dei est exspectanda, *quia solus novit* corda *filiorum hominum, 3. Reg. 8*, cui *omnia sunt* cognita, *Ecclus. 23* et quia deus quandoque *propter peccata populi* sui *regnare facit ypocritam, Iob 34.* Pro *meritis* enim subditorum *disponitur* a deo /83^r (a)/ *vita rectorum, 6 q. 1, Ex merito,* ideo illi, qui eligunt, debent se humiliare, ut sint capaces gracie dei, quia

8 hoc-*quia*] *om.* T^3 – 9 <*Sacrosancta*>] *ed. sec. Decr. Grat. corr.*; Satis $T^3M^2H^2$ – <*beatos*>] *ed. sec. Decr. Grat. corr.*; dictos $T^3M^2H^2$ – 10 *Licet et*] *om.* T^3 – 12 <64 C-adiutorio>] *ed. add.*; *om.* $T^3M^2H^2$ – 20 <6>] *ed. sec. textum corr.*; 5 $T^3M^2H^2$ – 21 *sit*] *om.* M^2 – 22 <*10*>] *ed. sec. textum corr.*; 9 $T^3M^2H^2$ – 23 *regnare*] *e. gr.* H^2 regere T^3M^2

1: cf. Sext. 1,6,24 (Fr. 962); 2–3: cf. Sext. 1,6,24 (Fr. 962); 4: cf. Sext. 1,6,27 (Fr. 961); 6–7: cf. Sext. 1, 6,43,§6 (Fr. 969); 7: cf. RB 64,1 (CSEL 75, Hanslik, R. (Ed.), 2. Auflage, S. 163); 8–10: cf. Boerius, P.: Regula cum Glossa, Ms 155, fol. 225^r (a-b); 9–10: cf. Grat. 8,1,18 (Fr. 596); 9: Grat. 21,2 (Fr. 69–70); Grat. 22,2,§5 (Fr. 74); 9–10: Grat. 8,1,15 (Fr. 594 f.)

64 C 12: cf. Tabula alphabetica, clm 18154, fol. 4^r(b); 14–15: cf. RB 64,1 (CSEL 75, Hanslik, R. (Ed.), 2. Auflage, S. 163); 16–17: cf. Act. 1,24; 17–19: cf. Matth. 16,17; 19–20: cf. Num. 27,15.16; 20–21: cf. Gen. 6,5; 20–21: cf. Eccles. 9,1; 21–22: cf. Ier. 10,23; 22: cf. 3. Reg. 8,39; 23: cf. Ecclus. 23,29; 23–24: cf. Iob 34,30; 24–25: cf. Grat. 6,1,13 (Fr. 557); 24: cf. Isidorus <Hispalensis>: Sententiarum libri tres III,48,11 (PL 83, 340, Sp. 720)

perfida gens fecit, quominus deus possit operari miracula, *Matth. 13, Luc. 4* et *Ioh. 4* et *1 q. 1, <Item> dominus in patria.*

<64 D SCANDALA SUNT FUGIENDA>

Item quandoque affectus carnalis mentem obfuscat, *dum vicia honor remunerat*, dum *in locum ultoris is, qui fuerat ulciscendus, adducitur, 1 q. 1, Fertur; 11 q. 3, Precipue.* Tales electores *reprobi facti bonum habere* nequeunt *intellectum, 26 q. 5, Nec mirum*; timeant ergo deum, ut *cordis* eorum *oculus nube erroris obductus* divine *illustraccionis lumine fiat serenus, 1 q. 7, Quo<ciens>.* Non privatam *utilitat*em *prefer*ant communi, *7 q. 1, Scias*, conveniant in communi corpore et corde, quia *Spiritus Sanctus* non *descendit, nisi super congregatos in unum, Act. 2; 24 q. 1, Incipit: Si autem.* Item *non* sit *apud* electores private intencionis *accepcio personarum*, ut tangitur, *Act. 10; 1 q. <7>, Incipit: H<ui>c Petrus; Deut. <10>; Extra, De prebendis, Venerabili.* Nam *is, qui sine iudicio* preficitur, *cum preesse ceperit, agere, que dei sunt, prohibet*, et *que mundi sunt iubet, 13. di., <Nervi>.* Non curent nobilitatem, quia Iesu *fabri filio* et *piscatori Petro, Luc. 5, Matth. 4*; *successor*em querimus non augusto, *24 q. 1, Quoniam.* Utrum /83^r (b)/ autem racio nobilitatis habeatur, notatur *Extra, De appellacionibus, Constitutus*; ad hoc: *15 q. 1, Illa.* Item caveant electores, ne penas incidant *beneficiorum priva*cionem et *suspensi*onem, *Extra, De eleccione, Cum in cunctis, c. Statuimus, c. Commissa.* Ne sit talis, qui *intus ortus occidat, 24 q. 1, Didici; 1 q. 1, Quibusdam.* Nemo enim ponit scandalum tantum in ecclesia quantum mali prelati, qui tamquam *sal infatuatum foris proiciuntur et conculcantur, Matth. 5; 2 q. 7, Non omnes.* Unde *sicut boni operis comparat sibi fructum, qui in eligendo rectum tenet iudicium, ita gravi dampno* se *afficit, qui sublimat indignum, 61. di., Miramur.*

1 *1*] *e. gr.* M^2H^2 3 T^3 – 2 <*Item*>] *ed. sec. Decr. Grat. add.*; *om.* $T^3M^2H^2$ – 4 <64 D-fugienda>] *ed. add.*; *om.* $T^3M^2H^2$ – 9 *7*] 5 T^3 – 10 *Quo<ciens>*] *ed. sec. Decr. Grat. corr.*; cum $T^3M^2H^2$ – 13 <*7*>] *ed. sec. Decr. Grat. corr.*; 4 $T^3M^2H^2$ – *H<ui>c*] *ed. sec. Decr. Grat. corr.*; Hinc $M^2H^2T^3$ – <*10*>] *ed. sec. textum corr.*; 1 $T^3M^2H^2$ – 14 *is*] *pr. m.* hys *scr., m. rec.* h *exp.*T^3 hys M^2 – 15 <*Nervi*>] *ed. sec. Decr. Grat. corr.*; Verum $T^3M^2H^2$ – 22 *5*] *om.* H^2 – *in eligendo*] *pr. m.* negligendo *scr., m. rec. exp. et sec. Decr. Grat.* in eligendo *s. s.* T^3 negligendo M^2H^2

1–2: Matth. 13; Luc. 4, 24; Ioh. 4; cf. Grat. 1,1,97,§6 (Fr. 396)
64 D 4: cf. Tabula alphabetica, clm 18154, fol. 10^r(a); 6–7: cf. Grat. 1,1,28, 1 (Fr. 370); 7: Grat. 11,3,3 (Fr. 642–643); 7–8: cf. Grat. 26,5,14,§10 (Fr. 1035); 9–10: cf. Grat. 1,7,9 (Fr. 431); 10: cf. Grat. 7,1,35 (Fr. 580); 11–12: cf. Grat. 24,1,4,§1 (Fr. 967); 12: Act. 2,1f.; 12–14: cf. Act. 10,34; cf. Grat. 1,7,17 (Fr. 434); cf. Deut. 10,17; cf. X 3,5,37 (Fr. 481); 14–15: cf. Grat. 13,2,§2 (Fr. 32); 15–16: cf. Matth. 13,55; cf. Luc. 5,2; cf. Matth. 4,18; 16: cf. Grat. 24,1,25 (Fr. 976); 17: X 2,28,45 (Fr. 426–427); 18: Grat. 15,1,6 (Fr. 747–748); 18–19: cf. X 1,6,7,§3 (Fr. 52); 18: cf. Sext. 1,6,1,§2 (Fr. 946); Sext. 1,6,35 (Fr. 965); 20: Grat. 24,1,31 (Fr. 977–978); cf. Grat. 1,1,117 (Fr. 403); 21–22: cf. Matth. 5,13; cf. Grat. 2,7,29 (Fr. 492); 22–23: cf. Grat. 61,5,§3 (Fr. 229)

Appetant electores premium, caveant supplicium in eligendo, ut tales eligant, qui *dicant et faciant, Matth. 23; 19. di., Secundum; 1 q. 1, Omnia.*

<64 E Eleccio quibus et quot casibus cassatur>

Porro electores summe provideant, ne eorum *eleccio cassetur,* quod *secundum Ioannem* Andreae multis modis fieri potest. *Primo, si obmittatur forma tradita in iure, De eleccione, Quia propter. Secundo, si eligatur corpore* prelati *nondum sepulto. Tercio, si fuerit* contractus *habitus cum eligendo vel cum amicis suis vel per inquisicionem. Quarto, si prestitit consensum eleccioni, antequam eligeretur. Quinto, si eleccio fuit facta per abusum secularis potestatis. Sexto,* /83[v] (a)/ *si electores eligant contra formam sibi traditam in capitulo Cum dilectus. Septimo, si eleccio est facta per canonicos seu monachos et laycos non obstante consuetudine. Octavo, si fiat eleccio ad clamorem populi,* nisi sit ex inspiracione divina. *Nono, si fuerit eleccio clandestina. Decimo, si fuerit ultra spacium trium mensium. Undecimo, si* fuerit *a minori parte capituli. Duodecimo, si non fiat a maiore parte capituli et saniori. Tredecimo, si fiat eleccio a suspensis* vel interdictis vel *de interdicto vel suspenso.* 14, *si fiat ab excomunicatis vel de excomunicato vel qui interdictum non servavit.* 15, *si indignus et ineligibilis eligatur.* 16, *si post publicacionem votorum non sequatur communis eleccio nec unus eligat loco omnium.* 17, *si procedatur ad secundam prima non cassata, si cassanda est.* 18, *si ineligibilis eligatur et non postulatur.* 19, *si eligatur* quis *in abbatem vel priorem nulla facta professione.* 20, *si per subrepcionem eleccio fiat.* 21, *si contempto aliquo vel aliquibus fiat eleccio.* 22, *si factam eleccionem superior confirmat non facta diligenti examinacione seu inquisicione de persona electi et de processu eleccionis.* 23, *si fiat eleccio* /83[v] (b)/ *obmissa collacione.* 24, *si omnia, que mandant constituciones, non fiant incontinenti sive mox, De eleccione, Quia propter* et c. *<Cum> post petitam.*

1 qui] que T^3 – 4 <64 E-cassatur>] *ed. add.; om.* $T^3M^2H^2$ – 6 quod] quia H^2 – 8 *fuerit*] fuit M^2H^2 – 9 *prestitit*] *pr. m* prefacit *scr., m. rec.* venit *s. s.* T^3 – 10 *eccleccioni*] *mg. m. rec.* dando *add.* T^3 *om.* M^2H^2 – 15 *fiat*] fuerit T^3H^2 – *eleccio*] facta *add.* T^3; – 22 *persona*] persana T^3M^2 – 23-24 *constituciones*] *constitucio* M^2H^2 – 24 *<Cum>*] *ed. sec. textum cap. add.; om.* $T^3M^2H^2$ – *Post*] *om.* H^2

1–2: cf. Matth. 23,3; cf. Grat. 19,8,§1 (Fr. 63); cf. Grat. 1,1,78 (Fr. 385)
64 E 4: cf. Tabula alphabetica, clm 18154, fol. 4[r](b); 6: cf. Consuetudines castellenses, Cap. 4 (CCM 14/1, Maier, P. (Ed.), S. 9) (Redaktion ARW); 6–7: Textus Iohannis Andreae non inv.; 7–8: cf. Consuetudines castellenses, Cap. 4 (CCM 14/1, Maier, P. (Ed.), S. 10) (Redaktion ARW); X 1,6,42 (Fr. 88–89); 8–11: cf. Consuetudines castellenses, Cap. 4 (CCM 14/1, Maier, P. (Ed.), S. 10) (Redaktion ARW); 11: X 1,6,32 (Fr. 79); cf. X 1,6,42 (Fr. 89); 11–14: cf. Consuetudines castellenses, Cap. 4 (CCM 14/1, Maier, P. (Ed.), S. 10) (Redaktion ARW); 13–14: cf. X 1,6,42,§ 2 (Fr. 89); 14–24: cf. Consuetudines castellenses, Cap. 4 (CCM 14/1, Maier, P. (Ed.), S. 10f.) (Redaktion ARW); 24: X 1,6,42 (Fr. 88f.); X 1,6,46 (Fr. 90)

25, *si mandat* persona, *quod eligatur aliquis de consilio aliquorum, et si electores post eligant sine illorum consilio.* 26, *si pro eleccione commissa fuerit symonia eciam ipso electo ignorante.* 27, *si capitulum eligat quinque, quibus committit, ut illi ipsi eligant illum, in quem non omnes quinque vel maior pars eorum consenserit.* 28, *si aliquis fiat monachus sub illa spe, quod fiat abbas.* 29, *si eligatur vel postuletur, cuius eleccio vel postulacio ante* fuit *cassata vicio persone.* 30, *si eleccio fiat subalternatim et incerte, ut institucione nova Lugdunensis, que incipit: In Eleccionibus* etc.

<64 F Eligendus qualis sit>

Vite autem etc. Postquam beatus Benedictus premisit de eligentibus et duplici eleccione, nunc subsequitur de eligendi sive electi qualitate. Unde dicit: *Vite autem merito concor 18 q. 2 et sequentibus. Et lex dicit, quod honestioribus honores debentur. Soli enim virtuosi sunt honorandi secundum veritatem, ut dicit* philosophus *1. Ethicorum.* Unde *Petrus Ravennatensis* in quodam sermone: Attendite, inquit, vobis in eleccione seu postulacione presulis /84^r (a)/ subsidentes, ut ceteris de grege postpositis talem virum in pastoralem apicem sublimetis, qui sit virtutum opulencia predotatus, in cuius pondere veritas et iusticia renitescat noveritque de racionali pectoris sui varys animarum languoribus variam adhibere medicinam. Totus in se ipso sanctitate mentis refulgeat, sub cuius cura virtutes nutriantur, vicia resecentur, resipiscant odia, desistant iurgia, fraterna pax et concordia roboretur. Talem, inquam, patronum eligite, ymo preripite, apprehendite et tenete iuxta illud *Isai.* <4>: *Apprehendent septem mulieres virum unum,* id est prelatum, in quo sunt septem Spiritus Sancti carismata septem virtutes, scilicet quatuor cardinales et tres theologycales, vel sapientales columpne celitus sint connexe. Debet ergo esse heroice perfeccionis, unde dicitur: Virum propter virtutes, quibus debet virere et vigere tamquam perfectus. *Vir enim,* ut ait *Gregorius, 11. Moralium, fortis quilibet* et

3 *illi*] eligant *add.* H^2 – 9 <64 F-sit>] *ed. add.; om.* $T^3M^2H^2$ – 12 *merito*] non *add.* M^2H^2 – 17 renitescat] *pr. m.* requiescat *et mg. m. rec.* renitescat *add.* H^2 rem testatur T^3 – 21 apprehendite] *om.* H^2 – <4>] *ed. sec. textum corr.;* 7 $T^3M^2H^2$ – 23 vel] septem *add.* H^2

1–7: cf. Consuetudines castellenses, Cap. 4 (CCM 14/1, Maier, P. (Ed.), S. 11) (Redaktion ARW); 6–7: cf. Sext. 1,6,2 (Fr. 946);
64 F 9: cf. Tabula alphabetica, clm 18154, fol. 4^v(a); 11–12: cf. RB 64,2 (CSEL 75, Hanslik, R. (Ed.), 2. Auflage, S. 163); 12–14: cf. Boerius, P.: Regula cum Glossa, Ms 155, fol. 225^r (b); 11–12: Grat. 18,2,3–5 (Fr. 829–830); 13–14: cf. Aristoteles: Ethica nicomachea 4,8 (Aristoteles latinus, Band 26,1–3,4,7, Gauthier, R. (Ed.), S. 441), 14: Textus Petri Ravennatensis non. inv.; 21: cf. Isai. 4,1; 25–1: cf. Gregorius <Papa, I.>: Moralia in Iob 11,49,7 (C Chr.SL 143 A, S. 623)

virtuosus *et discretus vocatur.* Ergo iuxta *exhortacionem beati Ambrosii*: Talis prelatus debet esse *alienus a vicys, segregatus ab omni labe peccati,* cui nichil erit commune cum seculo, *nichil mundi* /84^{r} (b)/ *huius vendicet sibi. Non sit corporalium possessor cupiditatum, non inflammet libido, non* urat *avaricia, lascivia non eff<i>minet, non* astringat *ambicio, non marcet invidia, non aliqua secularium negociorum cura sollicitet.* Hec ille. Sed heu iam contra fit, nam ut dicit prefatus *Petrus <Blesensis>* in quadam epistula: Sunt qui velud *ligna silvarum non olivam, non ficum* nec *vitem, sed ramnum* merentur *in* prelatum, de quo egrediens *ignis* exurit mentes eorum protervas, quia quandoque *pro qualitate subditorum,* secundum *Gregorium, disponuntur acta regencium, ut sepe pro mali gregis vita disponantur rectorum corda.* Ita enim *sibi invicem et rectorum merita connectuntur et plebium, ut sepe ex culpa pastorum deterior fiat vita plebium, et sepe ex merito* subditorum *mutetur vita pastorum.* Hec ille.

<64 G Eligendus sciencia polleat>

Et sapiencie doctrina eligatur qui ordinandus, id est eligendus *est, eciam si ultimus fuerit in ordine congregacionis,* id est, si ultimum locum tenet quantum ad ingressum religionis, non pro vicio vel correccione, *dum tamen professus sit et non sit neophitus in* vita *vel religione, 48. di. per totum, et quod sit sciencia et moribus com*/84^{v} (a)/*mendandus, legittime natus et in sufficienti etate, scilicet 25 annorum constitutus eodem tytulo, Cum in cunctis.* Hec duo, scilicet vite meritum et sapiencie doctrina, necessaria sunt prelato. *Vite* enim *meritum ad consciencie sanitatem et sanctorum operum refertur veritatem. Sapiencie doctrina ad prudenciam* et *sanam intelligenciam, ad facundam eloquenciam, ad eminentem vel ad minus* ad *competentem scienciam et ad temporalium providenciam potest congrue adaptari. Vilissimus enim reputandus est, nisi precellat in sciencia et sanctitate, qui est honore prestancior, 1 q. 1, Vilissimus, et Ie-*

4 *eff<i>minet*] *ed. sec. textum corr.*; efferet T^3M^2 effeminet H^2 – 5 contra] extra T^3 – 6 *<Blesensis>*] *nomen autoris sec. textum inv.*; *Ravannatensis* $T^3M^2H^2$ – 7 ramnum] H^2 rammum T^3M^2 – 8 protervas] *exp.* T^3 – 9 *disponantur*] disponuntur T^3M^2 – 13 <64 G-polleat>] *ed. add.; om.* $T^3M^2H^2$ – 17 vel] causa *add.* H^2 – correcione] correcionis M^2H^2 – 22 *vel*] *pr. m.* et *scr., m. rec. exp. et* vel *s. s.* T^3et M^2H^2 – 24 *honore*] dignus *add.* M^2

1–5: cf. Ambrosius <Mediolanensis>: Expositio in psalmi CXVIII 8,3,6–13 (CSEL 62, Petschenig, M. (Ed.), 2. Auflage, S. 150); 6–7: cf. Petrus <Blesensis>: Epistula 48 (PL 207, Sp. 145A); 8–11: cf. Gregorius <Papa, I.>: Moralia in Iob 25,16,48–63 (CChr.SL. 143 B, Adriaen, M. (Ed.), S. 1260 f.)
64 G 13: cf. Tabula alphabetica, clm 18154, fol. 4^{v}(a); 15–16: cf. RB 64,2 (CSEL 75, Hanslik, R. (Ed.), 2. Auflage, S. 163); 17–3: cf. Boerius, P.: Regula cum Glossa, Ms 155, fol. 225^{v} (a); 17–18: Grat. 48,1–2 (Fr. 174); 18–19: cf. X 1,6,7 (Fr. 52); 20–23: cf. Bernardus <Ayglerius>: In regulam, Cap. 64 (Caplet, A. (Ed.), S. 390); 23–24: cf. Grat. 1,1,45 (Fr. 376); 24–1: Hieronymus <Stridonensis>: cf. Grat. 1,1,45 (Fr. 376)

ronimus in Micheam. Cur ceteris preferuntur, qui nulla meritorum gracia a ceteris assumuntur? Certe, si deum timeant et legem sequantur, optimum ordinabunt, In authentica, De monachis, Incipit: <Ordinacionem>; 63. di., Metropolitano; 8 q. 1, Licet. Kathedra namque, ut ait *Clemens in epistula, eum, qui cupit eam et audacter expetit, non requirit, sed ornatum moribus et in verbo* dei *eruditum. Si* enim *indoctus et inscius officium doctoris accipiat, sine dubio discipuli et auditores ignorancie tenebris* ob*voluti in interitum demerguntur.*

<64 H Doctrina prelatorum qualis>

Sit igitur prelati doctrina /84^{v} (b)/ caritatis inflammativa, non litigiosa, concordie inductiva, non contumeliosa, racionabiliter, discretiva, non verbosa, modificativa, non superflua, iustificativa, non adulatoria, honorificativa, non detractoria. Unde *Prov. 12: Doctrina sua* cog*noscitur vir.* Prelatus quidem virilis esse debet contra peccati malum, tam in se quam in subditis suis, et virtuosus, id est plenus virtute ac pietate circa sanctitatis bonum. Vir denique cognoscitur in doctrina, si bene docet et opere doctrinam implet, *Matth. 5: Qui* sic *fecerit et docuerit, hic magnus vocabitur in regno celorum.* Insuper et modum talem habeat abbas in doctrina sua videlicet, quod interdum cum vino correpcionis misceat oleum blandicie et laudacionis. De malis utique subditi arguendi et de bonis sunt commendandi, et si mali sint acriter increpandi, boni tamen subditi sunt multipliciter collaudandi. Nam virtus in bonis laudata crescit. Unde si semper increparetur subditus et numquam aliquod bonum suum nominaretur, quasi desperatus difficilius ad melius de bono duceretur; sensus est *Gregory in pastorali.*

<64 J Eligendus qualis sit>

/85^{r} (a)/ Porro eligendus sit fide plenus. *Act. 6: Elegerunt* apostoli *Stephanum plenum fide*, de

3 *<Ordinacionem>*] *coni.* Ordinacione $T^3M^2H^2$ – 5 et] *pr. m.* ut *scr., m. rec.* a *add. ad* aut T^3 ut M^2 – 6 ob*voluti in*] obvoluti *et* in *m. rec. add. s. scribens.* T^3 obvolutum M^2 – 8 <64 H-qualis>] *ed. add.; om.* $T^3M^2H^2$ – 13 contra] circa T^3M^2 – 18 sint] sunt T^3M^2 – 21 duceretur] deduceretur H^2 – 23 <64 J-sit>] *ed. add.; om.* $T^3M^2H^2$

1: cf. Grat. 1,44 (Fr. 376); 2–3: Auth. 1,5,9 - Nov. 5,9 (Schoell, R. u.a. (Ed.), S. 34); 3: Grat. 63,19 (Fr. 240); cf. Grat. 8,1,15 (Fr. 595); 3–6: cf. Clemens <Papa, I.>: Epistula Clementis 3,2,27–28; 19,4,29–31 (Die Pseudoklementinen, Band 1, Strecker, G. (Hg.), 3. Auflage, S. 7.21)
64 H 8: cf. Tabula alphabetica, clm 18154, fol. 4^{r}(a); 12: cf. Prov. 12,8; 15–16: cf. Matth. 5,19
64 J 23: cf. Tabula alphabetica, clm 18154, fol. 4^{v}(a); 25: cf. Act. 6,5

quo *2 q. 7, Non omnes.* Hinc dicetur: *Euge serve bone* etc., *Matth. 25.* Secundo plenus humilitate. *Matth.11: Discite a me, quia mitis sum* etc., *2 q. 6, Qui se scit. Prov. 29: Humilem spiritu suscipiet gloria.* Hic meretur audire illud *Agg. 2*: Suscipiam *te, servum meum, et ponam te* sicut *singnaculum* in conspectu meo, *quia* ego *elegi te.* Non tamen nimis humilietur, quia, *dum nimium servatur humilitas, regendi frangitur auctoritas, 86. di., Quando.* Tercio plenus sit paciencia. Necessarium est enim, ut misereatur compaciendo. Nam quem dominus *in pastorem tocius ecclesie* elegit, cadere *permisit,* ut *in sua culpa disceret, qualiter alys misereri debuisset, Matth. 26; Ioh. 21,* ubi prefecit *Petrum,* qui *Christum negavit,* ponitur *50. di., Considerandum,* c. *<Fidelior>.* Requiritur merito paciencia, *quia omne, quod hic eminet, plus meroribus afficitur, quam honoribus gaudeat, 13. di.,* <Nervi>. Debet *enim* per pacienciam *esse Abel, quem Cayn malicia exercet, Gen. 4; 23 q. 4, <Hec> autem.* Quarto plenus sit sciencia, ut *ostendat, qualiter alios oporteat in domo* domini *conversari, Extra, De eleccione, Cum in cunctis.* Non debet *aliorum indigere doctrina, 1 q. 7, Convenientibus. Malach. 2: Labia* /85^r (b)/ *sacerdotis custodiunt scienciam et legem eius etc., 11 q. 1, Sacerdotibus.* Debet enim esse *paterfamilias, qui profert de thesauro suo nova et vetera, Matth. 13,* ut sciat *unum deum novi et veteris testamenti et auctorem, 23. di., Qui episcopus, Versiculus: Querendum.* Quinto plenus sit iusticia. *Ps. <105>: Beati qui custodiunt et faciunt iusticiam in omni tempore. Augustinus* in *De civitate dei: Remota iusticia quid sunt regna nisi latrocinia?* Sit autem recte *consulens misericordia et pie seviens disciplina, 45. di., Disciplina. Eccles. 7: Noli esse nimis iustus, quia* astucia dyaboli, quos decipere *nequit consenciendo, facit nimis asperos 23 q. 4, Incipit: Precepta.* Sexto plenus sit providencia. Debet enim esse *plenus oculis ante et retro, Apoc. 4; Extra, De eleccione, Scriptum est.* Per quam providenciam *domui sue bene* debet esse *prepositus 1 Tim. 3* et *Tit. 1; 47. di., Incipit: Necesse*; nam si esset minus providus, negligens diceretur *1 q. 1, Incipit: Ecce,*

1–2 Secundo-*Matth. 11*:] *om.* T^3 – 3 illud] *om.* M^2 – 7 *culpa disceret*] disceret culpa H^2 – 9 *<Fidelior>*] *ed. sec. Decr. Grat. corr.;* Fideliorum $T^3M^2H^2$ – 10 <Nervi>] *ed. sec. Decr. Grat. corr.;* Verum $T^3M^2H^2$ – 11 *exercet*] exerceat T^3 – *<Hec>*] *ed. sec. Decr. Grat. corr.;* Huius T^3M^2 Hic H^2 – sit] *om.* M^2H^2 – 13 *doctrina*] doctrinam T^3M^2 – 14 *eius*] *om.* H^2 – 16 Quinto-iusticia] *om.* T^3 – 17 *<105>*] *ed. sec. textum corr.;* 104 $T^3M^2H^2$ – *iusticiam*] iudicium T^3 iusticia M^2 – 19 *pie*] pia T^3M^2 – 20 *consenciendo*] *mg. m. rec.* malis *add.* T^3 – *nimis asperos*] asperos nimis T^3M^2 – 22 *prepositus*] in *add.* T^3 – 23 esset] unus *add.* M^2

1: Grat. 2,7,29 (Fr. 492); 1: cf. Matth. 25,21; 2: cf. Matth. 11,29; Grat. 2,6,14 (Fr. 470); 2–3: cf. Prov. 29,23; 3–4: cf. Agg. 2,24; 4–5: cf. Grat. 86,4 (Fr. 298); 6–7: cf. Grat. 50,52 (Fr. 198); 7–8: cf. Grat. 50,53 (Fr. 198); 8: cf. Matth. 26,70.72; Ioh. 21,15–17; cf. Grat. 50,12 (Fr. 181); Grat. 50,53 (Fr. 198); 9: Grat. 50,54 (Fr. 198); 9–10: cf. Grat. 13,2,§3 (Fr. 32); 10–11: Gen. 4,2; cf. Grat. 23,4,15 (Fr. 903); 11–12: cf. X 1,6,7 (Fr. 51); 13: cf. Grat. 1,7,4,§5 (Fr. 428); 13–14: cf. Malach. 2,7; cf. Grat. 11,1,41 (Fr. 638); 14–15: cf. Matth. 13,52; 15–16: cf. Grat. 23,2,§1 (Fr. 79); 17: cf. Ps. 105,3; 17–18: cf. AUGUSTINUS <HIPPONENSIS>: De civitate Dei 4,4,1–2 (CChr.SL 47, DOMBART, B., S. 101); 18–19: cf. Grat. 45,9 (Fr. 163); 19: cf. Eccles. 7,17; 19–20: cf. Grat. 23,4,32 (Fr. 914); 21: cf. Apoc. 4,6; 21–22: cf. X 1,6,40 (Fr. 84); 22: cf. 1. Tim. 3,4; Tit. 1; 22–23: cf. Grat. 47,8 (Fr. 172); 23–1: Grat. 1,1,43 (Fr. 375)

Quid plura. Iste est eligendus, *qui prestancior est omni populo, qui doccior, qui sciencior, qui in omni virtute eminencior, 8 q. 1, Licet.* Dignum enim est, ut, *qui tenent loca sanctorum,* faciant *opera eorum, 40. di., Non est; 2 q. 7, Non omnis.* Debet enim ibi esse *etatis maturitas, meritum oboediencie, experiencia discipline,* ut notat gl*ossa* super illo verbo *1 Tim. 5. Nemini cito manus imponas, 78. di., Quid est.* Non debent *imperiti magistris, novi antiquis, rudes,* /85^v (a)/ *emeritis* anteferri, *61. di., Statuimus.* Alias fieret illud *Isai. 42: Laqueus iuvenum omnes vos, 2 q. 7, Paulus.* Ymo eligendus debet a deo vocari. Iste autem vocatur a deo, *qui invitatus rennuit, quesitus fugit, 1 q. 6, Sicut*; item *qui* non cupit *preesse,* sed *prodesse, 8 q. 1, Qui episcopatum*; non ille, qui profert *memorandi criminis labem,* qui *non* potest *lucidam* ferre *sacerdocy dignitatem, 61. di., In sacerdotibus.* Qui ergo ista non servant, timeant illud prophete *Osea 8: Principem sibi fecerunt,* sed *non per consilium meum, 8 q. 1, Audacter.*

<64 K Eligendus bene est prius examinandus>

Unde bene est examinandus, qui eligi debet, quia postea *non licet* electoribus *de* eo *iudicare, 4. di., In istis; 8 q. 2, Dilectissimi.* A principio potest eligi ficus, vitis vel oliva, sed electo ramno audiant electores: *Si vere me regem constituitis, venite, requiescite sub umbra* culminis mei. *Si autem non vultis, egrediatur ignis de ramno et devoret cedros libani, Iudic. 9.* Sic et fit, quando indignus imperabit. Melius est ergo ante tempus occurrere quam post infectum negocium remedia querere, quia turpius eicitur quam non admittitur. Et si eligatur *languidum caput,* cetera membra dolent, *6 q. 1, <Sunt>. Qualis* denique *erit edificacio discipuli, si est maior* /85^v (b)/ *magistro, 8 q. 1, Qualis.* Eligatur ergo cognitor veri, amator boni, persecutor mali, alias non possit *docere, sicut habens potestatem,* sed *sicut scribe et pharisei, Matth. 7; 14 q. 1, c. Hys ita.* Et breviter debet habere illa, que ponuntur *61. di., Miramur. Quod si:* Supra beatus Benedictus

2: *Licet*] *om.* T^3M^2 – 4 notat] notatur M^2H^2 – gl*ossa*] *mg. m. rec.* glossa *add.* T^3 *om.* M^2H^2 – 13 <64 K- examinandus>] *ed. add.*; *om.* $T^3M^2H^2$ – 17 *vere*] vero T^3M^2 – *constituistis*] constituistis T^3 – 20 admittitur] *mg. m. rec.* hospes *add.* T^3 – 21 <*Sunt*>] *ed. sec. Decr. Grat. corr.*; Capite $T^3M^2H^2$ – 23 possit] posset T^3H^2 – *habens*] habet T^3 – *14*] 24 H^2 – 24 *Quod si*:] *mg. m. rec.* Quod si omnis congregacio etc. *add.* T^3

1–2: cf. Grat. 8,1,15 (Fr. 595); 2–3: cf. Grat. 40,2 (Fr. 145); cf. Grat. 2,7,29 (Fr. 492); 4: cf. Biblia latina cum glossa ordinaria, Volume IV (Rusch, A. (Ed.), S. 411); 4–5: cf. 1 Tim. 5,22; 3–5: cf. Grat. 78,3 (Fr. 275); 5–6: cf. Grat. 61,8 (Fr. 230); 6: cf. Isai. 42,22; 6–7: cf. Grat. 2,7,28 (Fr. 492); 7–8: cf. Grat. 1,6,3 (Fr. 425); 8: cf. Grat. 8,1,11 (Fr. 594); 9–11: cf. Grat. 61,2 (Fr. 228); 10–11: Osea 8,4; cf. Grat. 8,1,18 (Fr. 596)
64 K 13: cf. Tabula alphabetica, clm 18154, fol. 4^v(a); 15–16: Grat. 4,3 (Fr. 6); cf. Grat. 8,2,2 (Fr. 598); 17–18: cf. Iudic. 9,15; 20–21: cf. Grat. 6,1,11 (Fr. 556); 21–22: cf. Grat. 8,1,21 (Fr. 597); 23: cf. Matth. 7,29; Grat. 14,1,1 (Fr. 732–733); Grat. 61,5 (Fr. 228–229); 24: cf. RB 64,3 (CSEL 75, Hanslik, R. (Ed.), 2. Auflage, S. 163)

duas formas eleccionis posuit, *quas approbat Hic ponit terciam, quam reprobat, et ponit remedia contraria, ne procedat.* Unde dicit: *Quod si omnis congregacio vicys suis*, id est sine timore dei, sed pocius affeccione carnali, *quod quidem absit*, silicet a corde et opere devotorum fratrum, *consencientem personam*, scilicet *predictis vicys congregacionis, pari consilio elige-rint.*

<64 L Prelatos quales nec cupiant subditi>

Unde summo studio secundum *Petrum Damianum* nunc ad hoc tendunt monachi, – ymo fere quasi omnia capitula et conventus ecclesiarum *magnipendunt, et summis preconiorum laudibus efferunt* –, ut talis eligatur, *qui apud potentes seculi valeat,* qui *nocendi et adiuvandi liberam facultatem habeat,* qui *loqui in turba et proprias causas agere non erubescat. Hinc est, quod nostro tempore monachi neminem sibi preesse volunt, nisi et validi corporis statura procerum et claris proavorum tytulis insignitum. Sit licet sanctus, sit omnium virtutum nitore conspicuus,* /86[r] (a)/ *illis tamen nature muneribus carens, si Anthonius* adducatur, *consona* <*omnium*> *voce indignus eleccione decernitur. Metuunt* namque, *ne de consuetudine, in qua iam inveterati sunt, aliquid emendare presumat, ne, quod absit, mortificacionem doceat, ne vana supersticione ieiunare eos compellat, ne extremitatem diligat, ne nova precipiat, ne eos, quod cunctis intolerabilius est, a propria fortassis voluntate compescat. Ille nimirum nunc abbas extollitur,* iste *dignus percepti honoris infula iudicatur, qui novit agrorum fundos extendere, turrita domorum culmina fabricare, copiam terrene facultatis acquirere, sibi commissis non tam neccesaria quam et superflua ministrare.* Unde *si curando talia animarum cura postponitur, dicitur, quia inter precipua multa bona levis quevis culpa misericorditer indulgetur. Omnes siquidem possunt anime sue utilitati consulere, non omnibus datum est tam ardua tam*quam *necessaria providere. Facile*

1 posuit- *approbat*] quas approbat, posuit. M^2H^2 – 7 <64 L-subditi>] *ed. add.; om.* $T^3M^2H^2$ – 11 *efferunt*] offerunt M^2 – *nocendi*] iocandi T^3 – 14 Sit] *ed. sec. textum corr.*; Sic T^3M^2 – *sit*] *m. rec.* et *subscribens add.* T^3 – *virtutum nitore*] nitore virtutum H^2 – 15 *nature*] natura T^3M^2 – <*omnium*>] *ed. sec. textum corr.*; omni $T^3M^2H^2$ – 18 *eos*] *m. rec.* in *s. scribens add.* T^3 – *quod cunctis*] cunctis quod T^3M^2 – 20–21 *culmina fabricare*] fabricare culmina T^3 – 22 *quia*] 82 q. T^3 – 23 *siquidem*] *om.* T^3

1–2: cf. Boerius, P.: Regula cum Glossa, Ms 155, fol. 225[v] (a); 2–4: cf. RB 64,3 (CSEL 75, Hanslik, R. (Ed.), 2. Auflage, S. 163); 4–5: cf. Boerius, P.: Regula cum Glossa, Ms 155, fol. 225[v] (a); cf. RB 64,3 (CSEL 75, Hanslik, R. (Ed.), 2. Auflage, S. 163)
64 L 7: cf. Tabula alphabetica, clm 18154, fol. 8[r](b); 10–5: cf. Petrus <Damiani>: Epistola 105 (MGH. Epistolae. Die Briefe der deutschen Kaiserzeit. Band 4,3, Reindel, K. (Ed), S. 163, Z. 34 f.; S. 164, Z. 1–6.10–14.18–26; S. 165, Z. 7–11)

locus tribuitur venie, ubi hoc intuitu minora negligimus, ut ad maiora studiosius accingamur. Tales nempe *nequaquam livido detraccionis dente corrodimus, sed eorum pocius fraterna compassione plectendis moribus condolemus. Qui nimirum per disso*/86^{r} (b)/*lute conversacionis incuriam non solum nobis scandalum generant, sed* et *ipsis eciam secularibus detrahendi et detestandi sacrum ordinem materiam subministrant.* Hec ille. Quapropter beatus Benedictus remedia apponit dicens:

<64 M Electores pravi pravum eligunt>

Et vicia ipsa aliquatenus, id est qualicumque modo, *ad noticiam pervenerint episcopi*, quia tales visitari ab episcopo non cupiunt, sed pocius refugiunt, *ad cuius dyocesim pertinet iste locus. Ergo monasteria exempta non sunt communiter a lege iurisdiccionis, sed bene a lege dyocesana, Extra, De statu monachorum, c. 1, ubi de hoc per Innocencium, 16 q. 1, Alia, vel abbatibus* devotis et regularibus, non dissolutis, *aut vicinis christianis claruerint*, scilicet ipsa vicia congregacionis. *Crimina* enim *undecumque claruerint, igne quodam pie increpacionis urenda sunt et curanda, 24 q. 3, Ecce.* Et *nota, hic tria hominum genera, per quos dissolvi debet colligacio pessimorum. Primum episcopus dyocesanus, ut sua* potestate *coherceat* ipsorum *pravitatem. Secundum abbates propinqui, ut fratres dirigant consily sanitate. Tercium christiani vicini, ut adiuvent manuali, si necesse fuerit execucione; Ad idem 18 q. 2, Si quis. Quod capitulum intelligi debet secundum illud. Et sic patet, quod loquitur illud capitulum in promovendo et non in iam promoto, ut ibi notat Guido:* /86^{v} (a)/ *Sed numquid hy vicini, si layci sint, erunt excommunicati? Non, quia ex auctoritate legis presentis hoc faciunt. Prohibeant* eomodo, ut iam dictum est, *pravorum prevalere consensum*: *Pravi sunt malis deteriores.* Unde philosophus, *Ethicorum 9: Pravus,* inquit, *nichil amicabile habet, nec ad se ipsum nec ad ali*um. Tales siquidem pravi quem alium eligerent nisi viciosum et pravum. Nam simile applaudat suo simili, et potest esse racio, quia

4 *nobis scandalum*] scandalum nobis T^3M^2 – 8 <64 M-eligunt> *ed. add.; om.* $T^3M^2H^2$ – 12 *iurisdiccionis*] *mg. m. rec.* exemta *add.* T^3 – 15 *pie*] *om.* T^3M^2 – 22 *ex*] *om.* T^3 – 25 Nam] *m. rec.* et *exp. et* nam *s. s.* T^3 et M^2 ut H^2 – applaudat] applaudet T^3

64 M 8: cf. Tabulas alphabetica, clm 18154, fol. 4^{v}(a); 10–11: cf. RB 64,4 (CSEL 75, Hanslik, R. (Ed.), 2. Auflage, S. 163); 12–13: cf. Boerius, P.: Regula cum Glossa, Ms 155, fol. 225^{v} (a-b); 13: X 3,35,1 (Fr. 596); Grat. 16,1,6 (Fr. 762); 13–14: cf. RB 64,4 (CSEL 75, Hanslik, R. (Ed.), 2. Auflage, S. 163); 15–22: cf. Boerius, P.: Regula cum Glossa, Ms 155, fol. 225^{v} (a-b); 15–16: cf. Grat. 24,3,18 (Fr. 995); 16–19: cf. Bernardus <Ayglerius>: In regulam, Cap. 64 (Caplet, A. (Ed.), S. 391); 17–19: cf. Grat. 18,2,15 (Fr. 833); 21: Textus de Guido de Baysio non inv.; 22–23: cf. RB 64,5 (CSEL 75, Hanslik, R. (Ed.), 2. Auflage, S. 164); 23–24: cf. Boerius, P.: Regula cum Glossa, Ms 155, fol. 225^{v} (a-b); cf. Hamesse, J.: Les Auctoritates Aristotelis, S. 245 (Nr. 178)

nunc crevit avaricia in clero. Ideo dicitur *Ezech. 7: Peryt lex a sacerdote et visio de propheta, 93. di., Dyaconi.* Et nunc *sanam doctrinam non sustinent, sed ad sua desideria coacervant sibi magistros prurientes auribus, 2 Tim. 4* et *26 q. 5, Nec mirum, querentes sua, non que Iesu Christi, Philipp. 2,* prelatos non dei instinctu, sed affectu carnali eligunt et *preficiendam personam non examinat mens, quam cupiditas ligat, 8 q. <2>, Dilectissimi.*

<64 N Electores pravi qualiter peccant et puniantur>

Tales autem electores sicut multipliciter peccant, sic multipliciter puniuntur. Primo namque peccant deum et legem eius contempnendo offerentes mala, id est cecum animal. *Ieronimus: Cecum,* inquit, *animal offert, qui ordinat indoctum in locum* /86^v (b)/ *docti, magistrumque facit, qui vix potest esse discipulus, 49. di., Sacerdotes.* Unde conqueritur dominus *Osea 8: Fecerunt sibi regem,* sed *non* ex *me principem,* sed *non* secundum *consilium meum, 8 q. 1, Audacter.* Secundo sanctuarium dei vendendo aut pro munere aut pro obsequio aut alio commodo temporali. Hys dicitur *Act. 8: Pecunia tua tecum sit in perdicionem,* quia *existimasti donum dei pecunia possideri, 1 q. 1, Reperiuntur.* Tales magis heretice errant quam *Macedonius, qui* Spiritum Sanctum dicebat esse *servum patris et fily,* sed isti vendendo *graciam Spiritus Sancti servum suum Spiritum Sanctum* faciunt. *Christum* sicut *Iudas vendendo* contumeliam et *plasphemiam* in deum taliter proferendo; ad hoc *Matth. 26, 1 q. 1, Eos.* Tercio ecclesiam dei decipiendo. Si enim *symoniacus* vel alias notorie indignus eligitur, caret execucione; *Extra, De symonia, Accusatum; 32. di., Incipit: Verum. Zach 13: Percuciam pastorem et dispergentur oves. Vulnerato* proinde *pastore quis curandis ovibus adhibet medicinam? Quomodo populum clippeo tuetur iaculis expositus?* Quis *est fructus,* qui *radice est infectus? 1 q. 1, Fertur, Versiculus: Vulnerato.* Ymo gravissime est iacture homicidam /87^r (a)/ ponere loco medici, lupum ponere loco pastoris. Quarto ecclesiam dei destruendo. Quando enim layci clericis sunt meliores, hoc

5 <2>] *ed. sec. Decr. Grat. corr.;* 3 T^3M^2 1 H^2 – 7 <64 N-puniantur> *ed. add.; om.* $T^3M^2H^2$ – 14 Secundo] *mg. m. rec.* peccant *add.* T^3 – 16 *1*] 5 T^3M^2 – errant] errat M^2 – 18 *vendendo*] Christum *add.* T^3 – contumeliam] contumelia M^2 – 19 Tercio] *mg. m. rec.* peccant *add.* T^3 – 20 indignus] indigno M^2H^2 – 22 proinde] *mg. m. rec.* proinde *add.* T^3 *om.* M^2H^2 – 24 *Vulnerato*] *pr. m.* animalis est incipit supra *s. s. et m. rec. exp.* T^3 animalis est incipit supra *add.* M^2H^2 – Ymo] *mg. m. rec.* Irracionale *add.* T^3 – 25 Quarto] *mg. m. rec.* peccant *add.* T^3

1: cf. Ezech. 7,26; 1–2: Grat. 93,23,§5 (Fr. 326); 2–3: cf. 2. Tim. 4,3; cf. Grat. 26,5,14,§8 (Fr. 1033); 3–4: cf. Philipp. 2,21; 4–5: cf. Grat. 8,2,2 (Fr. 598)
64 N 7: cf. Tabula alphabetica, clm 18154, fol. 4^v(a); 10–13: Hieronymus <Stridonensis>: cf. Grat. 49,2 (Fr. 177); 12: Osea 8,4; 12–13: cf. Grat. 8,1,18 (Fr. 596); 15–16: cf. Act. 8,20; cf. Grat. 1,1,7 (Fr. 359); 16–19: cf. Grat. 1,1,21, § 1 (Fr. 365); 18–19: cf. Matth. 26,14; 20–21: cf. X 5,3,3 (Fr. 749); 21: Grat. 32,6 (Fr. 118); 21: cf. Zach. 13,7; 22–24: cf. Grat. 1,1,28, § 1 (Fr. 370)

ecclesiam dei destruit vehementer, *8 q. 1, Audacter.* Quando vicia honor remunerat, *non est consulere populo, sed nocere,* non *prestare regimen, sed discrimen* adhibere seu *augere, 61. di., Miramur.* Tales maledicit apostolus, *Act. 23: Percuciat te deus, paries dealbate, <2> q. 1, Paratus.* Talibus fit illud. *Que malo sunt inchoata principio,* vix *bono* finiuntur *exitu, 1 q. 1, Principatus.* Quamvis enim *via impiorum prosperetur,* et *bene* sit operantibus *iniquitatem,* verumtamen *sanctificans eos in die occisionis, Ier. 12. Remunerati* temporaliter eternaliter puniuntur, quia *receperunt bona in vita sua, Luc. 16; De penitencia, di. 2, Cavendum; 22 q. 2, Si quelibet. Ducunt* enim *in bonis dies suos et in puncto ad inferna descendunt, Iob 21, ibi vermis eorum non morietur et ignis non extinguetur, Ysai. 66; Marc. 9; 19 q. 3, Quoniam.* De hys dicitur *Osea 7: Ve eis,* qui *recesserunt a me; De penitencia, di. 4, Incipit: Verum.* Ut ergo ipsi electores non incidant in eterne dampnacionis laborintum, non solum prohibeant prevalere pravorum consensum, *sed et domui dei,* id est ecclesie viduate. *Et dicit ideo domui in singulari,* quia *unus abbas diversis monasterys presidere non valet, 21 q. 1, c. Unum;* /87r (b)/ *20 q. ultimo, c. fine; Extra, De religiosis domus, c. fine, in fine. Dignum* de quo supra proximo id est et *18 q. 2, Abbatem 1. Constituant,* id est instituant sive eligant, si tamen vocem habeant, *quia* in *eligendo indignum se tali potestate privaverunt, Extra, De eleccione, c. Per inquisicionem et eodem tytulo, c. Perpetu<o>, Libro sexto. Hoc ergo faciet proximus superior monastery viduati, Extra, De concessione prebende, c. 2, De eleccione, <Quam>, Liber sextus. Ad quem confirmacio ipsius spectabat preallegato c. <Quam> et eodem tytulo, Ne pro defectu.*

3 <2>] 23 $T^3M^2H^2$ – 8 *vermis*] *pr. m. scr.* vermes, *m. rec. exp.* e *et* i *s. s.* T^3 vermes M^2 – 15 *1*] *om.* T^3 – 17 *Perpetu<o>*] *ed. sec. Decr. Grat. corr.;* Perpetue $T^3M^2H^2$ – *Libro sexto*] Liber sextus T^3M^2 – 18 *<Quam>*] *ed. sec. textum capit. corr.;* Quamquam $T^3M^2H^2$ – 19 *<Quam>*] *ed. sec. textum capit. corr.;* Quamquam $T^3M^2H^2$

1: Grat. 8,1,18 (Fr. 596); 1–3: cf. Grat. 61,5 (Fr. 228); 3: cf. Act. 23,3; cf. Grat. 23,1,2,§2 (Fr. 891); 4–5: cf. Grat. 1,1,25 (Fr. 369); 5–6: cf. Ier. 12,1; 6–7: cf. Grat. De pen., 3,47 (Fr. 1227); 7: cf. Luc. 16,25; Grat. 22,2,20 (Fr. 873); 8: cf. Iob 21,13; 8–9: cf. Isai. 66,24; cf. Marc. 9,43; cf. Grat. 19,3,5 (Fr. 841); 9–10: cf. Osea 7,13; cf. Grat. De pen., 4,20 (Fr. 1237); 12: cf. RB 64,5 (CSEL 75, Hanslik, R. (Ed.), 2. Auflage, S. 164); 12–13: cf. Boerius, P.: Regula cum Glossa, Ms 155, fol. 225v (b)–226r (a); cf. Grat. 21,1,4 (Fr.,S. 853); 13: cf. Grat. 20,4,3,§2 (Fr. 851); 13–14: cf. X 3,36,9 (Fr. 607);14: cf. RB 64,5 (CSEL 75, Hanslik, R. (Ed.), 2. Auflage, S. 164); cf. Grat. 18,2,3 (Fr. 829); 15: cf. RB 64,5 (CSEL 75, Hanslik, R. (Ed.), 2. Auflage, S. 164); 15–16: cf. Boerius, P.: Regula cum Glossa, Ms 155, fol. 225v (b)–226r (a); 16: cf. Sext. 1,6,7 (Fr.950); X 3,8,2 (Fr. 488); 17–18: cf. Sext. 1,6,6 (Fr. 950); cf. X 1,6,41 (Fr. 88); 18–19: cf. Sext. 1,6,6 (Fr. 950)

<§ 64 O DISPENSATORIS BONI QUALITAS>

Dispensatorem, non dominatorem, non tyrannum, sed discretum, providum et fidelem. Fidelis autem, providus et discretus erit, si deo, sibi et subiectis queque sua distribuat. Deo, si omnia, que de rebus sibi creditis deo debentur, pre omnibus promoveat, quia secundum *Bernhardum* ante omnia, que deo debentur, fideliter sunt agenda. Secundo, si de eisdem rebus suis accionibus proximis nullam omnino fraudem vel negligenciam faciat. Tercio, si de eisdem supra debitum necessitatis nichil suis usibus usurpet. *Bonus* ergo dispensator sic administrat *necessaria corporum, ut saluti eciam consulat animarum.* Sic *manum et aperiendo stringat et stringendo discretus aperiat, quatenus in eo et parca sit largitas et parcitas larga.* Et caveat, *ne parcitatem tenacitas, largitatem effusio menciatur,* sed pocius *et parcendo sobrietatem nutriat et* /87^{v} (a)/ *largiendo murmuracionis vicium, ne oriatur, obsistat. Sit* denique fidelis *dispensator, non acceptor personarum, sed infirmitatum considerator, non captator gracie, sed sustentator inbecillitatis aliene, ut equaliter indigentibus equalia tribuat, quos autem fragilitatis diversitas separat,* administracionis *eciam dispensacio moderata discernat. Sic enim omne scandalorum seminarium tollitur, si singulis*que *membris, non quod voluntas ambit, sed necessitas expetit, impleatur.* Indigni, qui sint ad eligendum, vide supra *58 q. c. 1*, nota item *62 ef, In prelaturam.*

<64 P ELECTORUM BONORUM MERCES QUALIS>

Sequitur *scientes*, id est indubitanter credentes, *pro hoc*, si malos prohibeant et dignum promoveant, *recepturos se mercedem bonam*, quia *reddet* deus *mercedem laborum* sanctorum, *Sap. 10*, *si illud caste*, id est sine adulterio temporalis retribucionis et carnalis affeccionis vel proprie promocionis *et zelo dei*, id est affeccione sive ira ad vindicandam dei iniuriam sive odio ad exterminandos dei inimicos sive zelotipia persequens sponsarum Christi adulteria adulteriorumque occasiones et signa. *Hoc faciant*, non tamen verbis, sed et factis, si necesse

1 <64 O-qualitas>] *ed. add.; om.* $T^3M^2H^2$ – 10 aperiat] *pr. m. scr.* aperit, *m. rec.* a *s. scribens add.* T^3 aperit M^2H^2 – 12 *largiendo*] largitate T^3 – 16 *singulis*que] *pr. m.* que *scr. et m. rec. exp.* T^3 singulis que M^2 – 17 sint] sunt T^3 – 19 <64 P-qualis> *ed. add.; om.* $T^3M^2H^2$ – 21 pro] per H^2

64 O 1: cf. Tabula alphabetica, clm 18154, fol. 4^{r}(a); 3: RB 64,5 (CSEL 75, HANSLIK, R. (Ed.), 2. Auflage, S. 164); 5: Textus BERNARDI non inv.; 8–17: cf. PETRUS <DAMIANI>: Epistola 153 (MGH. Epistolae. Die Briefe der deutschen Kaiserzeit. Band 4, REINDEL, K. (Ed.), S. 50, Z. 19f. 16f. 20–22, S. 51, Z. 17–22); 17: Grat. 58,1 (Fr. 224); 17: clm 18154, f. 61^{r}(b)–61^{v}(b)
64 P 19: cf. Tabula alphabetica, clm 18154, fol. 4^{v}(a); 21–22: cf. RB 64,6 (CSEL 75, HANSLIK, R. (Ed.), 2. Auflage, S. 164); 22–23: cf. Sap. 10,17; 22–23.26: cf. RB 64,6 (CSEL 75, HANSLIK, R. (Ed.), 2. Auflage, S. 164)

fuerit succurrendo. Tales nimirum recipient mercedem acceleratam contra dilacionem, *Apoc. ultimo: Ecce venio cito et merces mecum est*; Securam /87^{v} (b)/ contra amissionem, quia *apud dominum est merces eorum, Sap. 5.* Quia autem apud deum est, fideliter repositum est. Ergo si labor terret, merces invitet. Magnam quantum ad comprehensionem, *Gen. 15: Noli timere Abraham*, quia *ego protector tuus sum et merces tua magna nimis.* Magna quippe est merces, que apprehendi non potest. Ipse enim est merces nostra, cuius magnitudinis non est finis aut terminus contra modicitatem mercedis temporalis, que est ita modica, quod unum spiritum saciare non potest. Si eciam quidquid deleccacionis temporalis cogitari posset, in una creatura conflatum esset eternam quoad duracionem. *Ecclus. 18: Non verearis usque ad mortem iustificari*, quia *merces* domini *manet in eternum.* Recipitur ergo merces celeriter, solvitur liberaliter, acquiritur faciliter, possidetur perhenniter. *Sicut e diverso peccatum*, id est penam peccati, *si negligant*, id est negligenter in hoc agant. De talibus potest dici illud *Sap. 2: Nescierunt sacramenta dei*, id est virtutem penitencie contra peccati et iniusticie penam, *neque speraverunt mercedem iusticie nec iudicaverunt honorem animarum sanctarum*, que modo honorantur et eterna mercede fruuntur.

<64 Q Electores qualiter bene et sancte eligant>

Porro, ut ipsi electores mercedem bonam, confertam, coagitatam et supereffluentem recipiant et penam cruciatus gehenalis evadant iudicio dei sicut eius voluntati devocius se commit/88^{r} (a)/tant dicentes illud apostolorum: *Tu, domine, qui nosti corda omnium, ostende, quem elegeris.* Cuius voluntatem haud dubium perficient, primo si concorditer eligant, quia *concordia gaudet altissimus, 9 q. 3, Archiepsicopus; Ps. 132: Ecce quam bonum et quam iocundum etc.*; *3 q. 1, Nulli; <12> q. 1, Dilectissim<i>s*, quia *in tribus* bene*placitum est spiritui* dei: In *concordia fratrum, amore proximorum et viro et muliere sibi consencientibus, Ecclus. 25.* Secundo si digniorem et utiliorem preferant, *cui pro laboribus multis, pro moribus castis, pro accionibus stren-*

3 *dominum*] deum T^3 – 7 quod] que H^2 – 8 saciare] *pr. m. scr.* sanare, *m. rec. exp. et mg.* saciare *scr.* T^3 sanare M^2 – 11 acquiritur] acquiratur M^2 – 17 <64 Q-eligant> *ed. add.; om.* $T^3M^2H^2$ – 20 sicut] sive M^2 – 23 *iocundum*] *mg. m. rec.* iocundum *add.* T^3 *om.* M^2H^2 – 24 *12>*] *ed. sec. Decr. Grat. corr.*; 2 $T^3M^2H^2$ – *Dilectissim<i>s*] *ed. sec. Decr. Grat. corr.*; Dilectissimus $T^3M^2H^2$ – 25 Secundo] *mg. m. rec.* voluntatem dei perficient *add.* T^3 – 26 *cui*] cum M^2H^2

1-2: cf. Apoc. 22,12; 2–3: cf. Sap. 5,16; 4–5: cf. Gen. 15,1; 9–10: cf. Ecclus. 18,22; 11–12: cf. RB 64,6 (CSEL 75, Hanslik, R. (Ed.), 2. Auflage, S. 164); 12–14: cf. Sap. 2,22
64 Q 17: cf. Tabula alphabetica, clm 18154, fol. 4^{v}(a); 21: cf. Act. 1,24; 22–23: cf. Grat. 9,3,5 (Fr. 607); 23: cf. Ps. 132,1; 23–24: cf. Grat. 3,1,5 (Fr. 506); cf. Grat. 12,1,2 (Fr. 676); 24–25: cf. Ecclus. 25,1f.; 26–1: cf. Grat. 61,5,§4 (Fr. 229)

nuis celsioris loci premium debetur, 61. di., Miramur, ut nullus eum *sanctum dubitet, quem apex tante dignitatis attollit, 40. di., Non* <*nos*>. Nullus nec indigne promotus diliget promotores suos, quia *non opem fert, qui ad peccandum adiuvat, 14 q. 6, Si res.* Nam ut dicit *Ps.: Qui diligit iniquitatem,* scilicet in se vel in proximo, *odit animam suam,* scilicet propriam et proximi. Et merito nulla enim lex equior quam necis artifices arte perire sua, notatur *De penitencia, di. 1, Incipit: Hec autem.* Unde *Isai. 33: Ve qui, predaris, nonne et ipse predaberis.* Ad idem *Extra, De iure patronatus, Pastoralis.* Tercio si imminens litis periculum precaveant, quia dubius est eventus belli, *2. Reg. 11,* quia et lis odium generat, et sepe lites ex litibus oriuntur, /88^r (b)/ et de facili electi in discordia possunt cadere a iure suo, ut patet <*Liber sextus*>, *De eleccione, Cupientes; Incipit: Ut circa.* Ex litibus eleccionum oriuntur excepciones odiose, quia *pauci sine* crimine vivunt, *50. di.* Stelle *non sunt munde in* <*conspectu*> *eius: Iob 15; De penitencia, di. 2, Si enim, circa finem. Ier. 11: Quid est, quod dilectus meus facit in domo mea scelera multa? De consecracione, di. 2, Quid scelerate.* Ymo *in monasterys* sunt deteriores alys, qui ibi *deficiunt,* <*47.*> *di., Quan*<*tum*>*libet.* Nam sub dyaphano sunt *rady solis,* et *sternet aurum quasi lutum, Iob 41; De penitencia, di. 2, Incipit: Non autem.* Quarto si pacis federa retineant. *Ioh. 14: Pacem meam do vobis,* ut pacem, quam religiosi et clerici predicant, *servare studeant* in *invicem et in omnes, 3 q. 6, Hoc quippe* et *Luc. 2* dicitur: *Et in terra pax hominibus* etc. Idipsum Christus prima voce dixit post resurreccionem, *Luc. 24: Pax vobis.* In litibus enim rumpuntur pacis vincula, surgunt *inimicicie, contenciones, emulaciones, rixe, ire, dissensiones,* quia *qui talia agunt, non consecuntur regnum dei, Gal 5.* Cur religiosi, *qui* omnia *reliquerunt,* qui *centuplum accipiunt et vitam eternam possidebunt? Matth. 19; 30. di., Si quis.* Qui *totum tempus vite impendunt oboediencie* creatoris, *De penitencia, di. 1, Incipit: Hys auc*/88^v (a)/*toritatibus. Honor inflat superbiam, 45. di., Licet.* Cur, inquam, *respiciunt ad aratrum manu missa* reddentes se

2 <*nos*>] *ed. sec. Decr. Grat. corr.*; vos $T^3M^2H^2$ – 3-4 *diligit*] diligat M^2 – 6 *qui*] tibi, quod T^3 – idem] *m. rec.* idem *s. scribens add.* T^3 *om.* M^2 hoc H^2 – 7 *patronatus*] patronato T^3M^2 – Tercio] *mg. m. rec.* voluntatem dei perficient *add.* T^3 – 9 <*Liber sextus*>] *ed. sec. textum corr.*; Extra $T^3M^2H^2$ – 11 <*conspectu*>] *ed. sec. textum corr.*; conspectum $T^3M^2H^2$ – 13 *Quid scelerate*] *pr. m.* Quod scelante *scr., m. rec. exp. et* Quid scelerate *s. s.* T^3 Quid scelante M^2H^2 – 14 <47>] *ed. sec. Decr. Grat. corr.*; 46 $T^3M^2H^2$ – *Quan*<*tum*>*libet*] *ed. sec. Decr. Grat. corr.*; Quamlibet $T^3M^2H^2$ – 17 6] 3 H^2 – *hominibus*] *om.* M^2 – 20 religiosi] *pr. m.* religiosos *scr., m. rec. exp. et mg.* religiosi *scr.* T^3 religiosos H^2 – 21*accipiunt*] *pr. m.* accipient *scr., m. rec.* e *exp. et* u *s. s.*T^3 accipient M^2H^2 – 23 inquam] *mg. m. rec.* inquam *add.* T^3 *om.* M^2H^2 – *ad*] ab T^3 – *aratrum*] aratro T^3

2-3: cf. Grat. 40,1 (Fr. 145); 3: cf. Grat. 14,6,1,§3 (Fr. 743); 3-4: cf. Ps. 10,6; 5-6: Grat. De pen., 3,17 (Fr. 1161-1162); 7: cf. Isai. 33,1; 7-8: X 3,38,29 (Fr. 621); 7: 2. Reg. 11; 9-10: Sext. 1,6,4 (Fr. 949); 10-11: cf. Grat. 50,16 (Fr. 185); 11: cf. Iob 15,15; 11-12: Grat. De pen., 2,45 (Fr. 1211); 12: cf. Ier. 11,15; 12-13: cf. Grat., De cons., 2,24 (Fr. 1322); 13-14: cf. Grat. 47,9,§1 (Fr. 173); 14-15: cf. Iob 41,21; 15: Grat. De pen., 3,43 (Fr. 1207); 15-16: cf. Ioh. 14,27; 16-17: cf. Grat. 3,6,10 (Fr. 522); 17: Luc. 2,14; 18: cf. Luc. 24,36; 19-20: cf. Gal. 5,20.21; 20-21: cf. Matth. 19,29; 21: Grat. 30,14 (Fr. 109); 22: Grat. De pen., 3,87 (Fr. 1184); 22-23: cf. Grat. 45,6 (Fr. 162); 23-1: cf. Luc. 9,62; Sext. 1,6,24 (Fr. 961)

ineptos *regno dei? Luc. 9; Extra, De eleccione, Quorundam, Libro sexto. Quid prodest* eis, *si lucrantur universum mundum, anime vero sue detrimentum paciantur? Marc. 8; Extra, De symonia, Matthaeus.* Quiescat ergo mens potencie avida abstinere nesciens a vetitis nec debito modo gaudere concessis. Ymo debent esse *pennata animalia*, que, *cum incederent, non revertebantur, Ezech. 1.* Et nichil *separet* eos *a caritate Christi*, *Rom. 8.* Ad hec: *De penitencia, di. 2, Pennata.* Quinto si vitam eternam adipiscendam in eligendo recogitent et advertant, quod *apud deum nichil beacius*, quam *si militetur eo modo, quo noster iubet imperator, 40. di., Ante omnia*, et eligant sibi abba patrem, ut ipsi *rivuli de fonte* potent, *76. di., Ieiunium.* Qui facit illud *Ecclus. 32: Rectorem te posuerunt, noli extolli, esto quasi unus ex illis.* Quem quasi *parentem ament* et tamquam *patri spiritus obtemperent et vivent*, *Hebr. 12; 95. di., Esto. Assumant hominem, qui habet spiritum dei in se*, ut *provideat* eis *dominus deus spiritum omnis carnis, Num. 27; 8 q. 1, Si ergo*; ut *ungentum in capite descendat in barbam*, id est in subditos, *De penitencia, di. 1, Quantumlibet.* Ut salubri regimine ipsorum tamquam *iustorum semita quasi lux splendens procedat et crescat* in *perfectum diem, Prov.* /88^{v} (b)/ *4; De penitencia, di. 2, Pennata.* Et id, quod *videmus nunc per speculum in enigmate, facie ad faciem* videant ipsi una cum electo: Iesum Christum dominum nostrum, qui vivit et regnat etc.

ELECCIONIS CANONICE FORMA

<64 R FORMA LITTERARUM CONVOCANDI ELECTORES>

Sed *quia per hoc, quod in presenti capitulo dicitur solempnitas, quam secundum iura canonica in eleccionibus faciendis hodie oportet servari, plene comprehendi non potest*, ideo advertendum, *quod obeuntis pastoris corpore tradito ecclesiastice sepulture, 79. di., Nullus, eodem*

1 *dei*] *om.* T^3 – 2 *paciantur*] *pr. m. scr.* paci *et m. rec.* antur *s. scribens add. ad* paciantur T^3 paci M^2 paciuntur H^2 – 6 Quinto] *mg. m. rec.* voluntatem dei perficient *add.* T^3 – quod] *om.* T^3 – 15 *speculum*] et *add.* H^2 – 16 dominum nostrum] *om.* H^2 – et regnat] *om.* M^2H^2 – etc.] om. H^2 – 18 forma] formae H^2 – 20 <64 R-electores> *ed. add.; om.* $T^3M^2H^2$

1–2: cf. Marc. 8,36; 1–3: cf. X 5,3,23 (Fr. 757); 4–7: cf. Grat. De pen., 3,9 (Fr. 1193); 4–5: cf. Ezech. 1,9; 5: cf. Rom. 8,39; 6–7: cf. Grat. 40,7 (Fr. 147); 8: cf. Grat. 76,7,§1 (Fr. 269); 9: cf. Ecclus. 32,1; 9–10: cf. Grat. 95,7 (Fr. 334); 10: cf. Hebr. 12,9; 10–11: cf. Grat. 8,1,16 (Fr. 595); 10: cf. Num. 27,16.18; cf. Ps 132,2; 12–13: cf. Grat. De pen., 3,53 (Fr. 1172); 13–14: cf. Prov. 4,18; 14: Grat. De pen., 3,9 (Fr. 1193); 15: cf. 1. Cor. 13,12

64 R 20: cf. Tabula alphabetica, clm 18154, fol. 4^{v}(b); 22–12: cf. BOERIUS, P.: Regula cum Glossa, Ms 155, fol. 226^{r} (a)–226^{v}(a); 24: cf. BERNARDUS <AYGLERIUS>: In regulam, Cap. 64 (CAPLET, A. (Ed.), S. 392); Grat. 79,7 (Fr. 278); 24–1: cf. X 1,6,36 (Fr. 82)

tytulo, Bone 2, presidens in monasterio post abbatem debet pulsata campana capitulum convocare, di. 1, c. Ius militare; eodem tytulo, In causis; et cum instrumento publico, quod summe utile est ad actus huiusmodi eleccionum, certum diem cum continuacione dierum sequencium communiter ad eligendum prefigere; eodem tytulo, Cumana, c. <Ecclesia>. *Et sic per litteras sigillo conventus sigillatas vel alio modo legitimo absentes fratres convocare, qui vocem in eleccione de approbata consuetudine habere noscuntur; eodem tytulo, Coram et c. sequenti; Extra, De causa possessionis et proprietatis, Cum ecclesia. Forma vero litterarum, quibus absentes huiusmodi* convocantur, *talis esse potest: Dilecto in Christo fratri tali, monacho* Castellensis, *talis prior vel decanus aut alius presidens post abbatem et conventus* /89^r (a)/ *eiusdem monastery salutem in domino. Fraternitati tue tenore presencium innotescat, quod die tali talis mensis dominus* N., *quondam abbas* Castellensis, *sicut domino placuit, viam fuit universe carnis ingressus et corpus eius cum debita reverencia ecclesiastice traditum sepulture. Ne igitur nostrum* Castellensis *monasterium per diuturnam vacacionem gravem paciatur in spiritualibus et temporalibus lesionem, diem* talem *cum continuacione dierum sequencium ad tractandum de futuri eleccione pastoris et ad eleccionem celebrand⟨a⟩m in nostro capitulo communiter duximus statuendum. Quapropter fraternitatem tuam attente requirimus et sollicitamus expresse, quatenus die ipsa nobiscum ad tractandum et coeligendum in capitulo prelibato convenire procures. Alioquin tua absencia non obstante procedere ad celebrandum huiusmodi curabimus et eidem monasterio de persona ydonea providere. Nos enim fidei et relacioni veridice talis nuncy nostri iurati latoris presencium super vocacione huiusmodi stare proponimus, ut est iuris. Datis etc. Sitque aperta huiusmodi littera et conventus sigillo munita. Et est* illud *fraterna vocacio sive denuncciacio magis quam citacio, cum imperium non habeat par in parem; eodem tytulo, Innotuit. Notat Innocencius eodem tytulo, Cum nobis, et est* simile supra *65. di., c. ultimo. De qua vocacione et testium, in quorum presencia* /89^r (b)/ *absens vocatus fuit, et relacione prefati nuncy fiant publica instrumenta. Qui vero presentes erant* et *se absentaverint, vocandi non sunt, quia, qui certus est, non debet amplius* cerciorari; *Digesta, De accionibus empti et venditi, lege prima. Et*

1 *Bone*] Bene T^3 – 2 *Ius*] 148 H^2 – 4 <*Ecclesia*>] *ed. sec. textum corr.; Ecclesiam* $T^3M^2H^2$ – 7 *Cum ecclesia*] *om.* H^2 – 8 *esse potest*] potest esse H^2 – Castellensis] monastery N. H^2 – 9 *talis*] fr. N. H^2 – 11 Castellensis] N. H^2 – 13 Castellensis] *om.* H^2 – 15 *celebrand⟨a⟩m*] *coni.* celebrandum $T^3M^2H^2$ – 17 *coeligendum*] colligendum T^3 – 18 *huiusmodi*] eleccionem *mg. m. rec. add.* T^3 – 20 *Datis*] Datum H^2 – 23 *65*] 64 H^2 – 26 *accionibus*] *mg. m .rec.* de *add.* T^3

1–2: cf. X 1,6,30 (Fr. 75); 2: Grat. 1,10 (Fr. 3); 4: X 1,6,50 (Fr. 91–92); X 1,6,57 (Fr. 95 f.); 6: cf. X 1,6,35–36 (Fr. 82–83); 6–7: cf. X 2,13,3 (Fr. 277); 10–18: cf. Durantis, G.: Speculum IV,1,§1,7 (Sp. 85b); 22: X 1,6,20 (Fr. 61–63); 23: X 1,6,19 (Fr. 58–61); Grat. 65,9 (Fr. 251); 25–3: cf. Durantis, G.: Speculum IV,1,§1,1 (Sp. 85a); 26: D. 19,1,1 (Mommsen, Th. (Ed.), S. 243a) nota, quod, si absens est in loco, in quo debeat vocari, citandus est personaliter. Sed si nescitur, tunc vocari debet in loco, in quo communiter morari consuevit cum instrumento; Extra, De eo qui mittitur, c. fine; De clericis non residentibus, Ex tue, ubi de hoc per Innocencium. Vagabundus autem, qui quandoque est in loco, de quo deberet vocari, quandoque extra, non obest, si non vocetur; Digesta, De institoria, lege Sed et secundi, Incipit: Condicio. Tucius est tamen hunc citari ad domum. Absens autem impeditus debet conventui rescribere tali modo: Venerabili religioso tali et conventui talis monastery frater N., eiusdem monastery professus, salutem cum omni reverencia et honore. Arduis et varys negocys prepeditus eleccioni futuri abbatis nostri die tali faciende in nostro capitulo vobiscum non possum personaliter interesse. Ideoque vices meas in toto dicto negocio discreto religoso fratri N., monacho nostro, committo concedens eidem specialem potestatem super hoc iurandi in animam meam, si necesse fuerit et viderit expedire. In quorum testimonium sigillum etc.

<64 S Eleccionis preambula debita>

Die igitur ad eligendum prefixa premissis ieiunys, vigilys et oracionibus devotis /89^v (a)/ debet celebrari solempniter missa de Spiritu Sancto quasi in ipso diei assignati principio. Qua expleta et campana, ut moris est ad capitulum congregandum, pulsata debent universi fratres in capitulum convenire lectaque ibi de sanctorum natalicys consueta leccione legi debet hoc presens capitulum de ordinando abbate. Quo lecto et rite actis, que in capitulo ad solvendum silencium fieri habent, proponi debet exhortacio verbi dei. Qua finita cum reverencia surgunt omnes et flexis genibus attentisque ad deum mentibus, presidens ympnum devote incipiat: Veni creator spiritus cum collecta: Deus qui corda. Quo cantato in silencio apud se deum orent devote et implorent in suum suffragium merita beate Marie virginis et patrocinia beati Benedicti et patroni ipsius monastery sicque resideant ordinate. Et tunc lectis in capitulo citacionibus fratrum absencium et generale concilium, c. Quia propter, et factis protestacionibus, quod non intendunt cum excommunicatis, interdictis, suspensis, infamibus ac alias quocumque modo inabilibus etc.

7 tali] *mg. m. rec. add.* priori T^3 – 8 *prepeditus*] prepediti H^2 – 12 *sigillum* etc.] *m. rec. exp. et* etc. *add.* T^3 – 14 <64 S-debita>] *ed. add.; om.* $T^3M^2H^2$ – 18 *est*] H^2 *om.* T^3M^2 – *in*] ad H^2 – 23 *corda*] *m. rec add.* etc. T^3 – 26 *intendunt*] intendant T^3

2–3: X 2,15,4 (Fr. 300); 3: X 3,4,11 (Fr. 463); 3–6: cf. Durantis, G.: Speculum IV,1,§1,5 (Sp. 85b); 5: D. 14,3,6 (Mommsen, Th. (Ed.), S. 189a); D. 14,3,11,§5 (Mommsen, Th. (Ed.), S. 189b)

64 S 14: cf. Tabula alphabetica, clm 18154, fol. 4^r(b); 16–2: cf. Boerius, P.: Regula cum Glossa, Ms 155, fol. 226^v(b); cf. Bernardus <Ayglerius>: In regulam, Cap. 64 (Caplet, A. (Ed.), S. 392); 25–26: cf. X 1,6,42 (Fr. 88–89)

procedere. Si expedire videant, poterunt aliquas nominare personas et viam eligere, per quam voluerint ad eleccionem procedi.

<64 T Eleccionis scrutiny forma>

Si autem scrutiny viam acceptent, debent eligere ex conventu tres fide dignas per/89^{v} (b)/*sonas, que primo ad partem secrete suas scrutentur invicem voluntates et postmodum secrete et singulariter vota eciam singulorum et singillatim per unum saltem scrutatorum redigendo in scriptis vel per personam publicam, dum tamen laycus non existat. Que vota mox ad capitulum redeuntes publice debent in communi* legi *seu publicari, antequam ad actus alios se divertant. Quibus enim publicatis confestim subsequi debet ibidem in communi collacio scilicet numeri ad numerum, zeli ad zelum, meriti ad meritum. Consulo tamen, quod huiusmodi scrutatoribus det eciam capitulum potestatem faciendi collacionem predictam, eleccionem et solempnisacionem. Nam alias stricti iuris est eorum potestas. Ubi vero unus solus nominatus est concorditer in scrutinio, non habet locum collacio numeri ad numerum, zeli ad zelum,* meriti ad meritum. *Fiet tamen ibidem per maiorem capituli* partem *summaria inquisicio cum fratribus, utrum nominatus sit legittimus sufficientis sciencie et etatis et an in sacris constitutus. Que si concurrant, procedetur ad eleccionem, eodem tytulo, c. Cum in cunctis. Qua, inquam, collacione diligenter peracta dicent sibi invicem scrutatores: Quia invenimus, quod maior et sanior pars consentit in talem, vel si ita sit, omnes consenciunt in talem, eligamus ergo ipsum.* /90^{r} (b)/ *Si vero nulla eleccio veniat ad maiorem partem congregacionis, debent dicere ipsi scrutatores: Fratres, licet talis sit nominatus a maiori parte respectu aliarum parcium, nullus tamen reperitur nominatus a maiori parte congregacionis, et ideo eleccio subsequi non potest. Iterum ergo videamus, si deus daret nobis graciam, quod concordare possemus. Hec omnia probantur eodem tytulo, Quia propter, c. Cumana, c. Ecclesia vestra.*

1 *Si*] *m. rec. exp. et* etsi *s. s.* T^3 – 2 *procedi*] procedere T^3H^2 – 4 <64 T-forma>] *ed. add.; om.* $T^3M^2H^2$ – 7 *suas*] suos T^3M^2 – 8 *et*] ea M^2H^2 – 22: *respectu*] respectum T^3H^2

64 T 4: cf. Tabula alphabetica, clm 18154, fol. 4^{r}(b); 6–25: cf. Boerius, P.: Regula cum Glossa, Ms 155, fol. 227^{r}(a); 6–24: cf. Bernardus <Ayglerius>: In regulam, Cap. 64 (Caplet, A. (Ed.), S. 392f.); 6–18: cf. Durantis, G.: Speculum IV,1,§1,12.13 (Sp. 86a–87a); 16–17.18: cf. X 1,6,7 (Fr. 51–52); 6–11.24: cf. X 1,6,42 (Fr. 89); 25: X 1,6,50 (Fr. 91–92); X 1,6,48 (Fr. 91)

<64 U Forma eleccionis compromissi>

Si autem viam eligunt compromissi, compromittant in certas personas eciam extraneas, dummodo non sint layci, et dent eis potestatem, sicut visum fuerit providendi. Quando vero per viam scrutiny ac eciam compromissi viderint eleccionem subsequi, posse, debere. Mox unus de electoribus in via scrutiny recepta tamen ab omnibus potestate eligendi vice omnium verba eleccionis proferat in hunc modum: In nomine patris et fily et spiritus sancti. Ego N., *vice omnium vel vice illorum, qui in talem consenserunt, si non consenserunt omnes, eligo talem cum hys scriptis in abbatem huius monastery et pastorem. Et, si per viam fuerit compromissi processum, unus de compromissarys vice omnium dicat: In nomine patris etc. Ego talis vice talium sociorum meorum et mea, quibus est a toto conventu huius monastery providendi commissa potestas, de tali fratre provideo huic monasterio. Et ipsum vice mea et sociorum* /90^r (b)/ *meorum et aliorum presencium ius in eleccione habencium cum hys scriptis in abbatem eligo et pastorem.*

<64 X Electus an et qualiter installetur>

Electus autem suscipiatur a maioribus monastery personis et in ecclesiam solempniter decantando Te Deum laudamus, campanis pulsatis ianuisque apertis deportetur. Qui quidem electus usque ad finem ympni devote in oracione debet esse coram altari prostratus. Post cuius ympni complecionem, dicto kyrieleyson et oracione dominica subiungit prior vel alius sui loco *versiculus:* Confirma hoc deus; Item: A domino factum est illud; et oracionem: Acciones nostras. *Qua finita surgat electus et collocetur in sede chori propria, non autem in sede abbaciali, in qua multi installantur inepte sumendo ad hoc argumentum c. Ecclesia vestra, et id est ibi quamvis deportacionis solempnitas etc. Sed illa deportacio solempnis debet intelligi de illa, que fit ad altare; de qua supra. Nec video, quomodo ipsa deportacio fuerit eciam in preallegato capitulo approbata. Refert enim hic, ni quod diebus suis dominus Richardus de Senis utriusque iuris*

1 <64 U-compromissi] *ed. add.; om.* $T^3M^2H^2$ – 5 *ac*] et T^3M^2 – 6 *via*] viam T^3M^2 – 10 *compromissarys*] commissarys M^2 – 16 <§ 64 X-installetur>] *ed. add.; om.* $T^3M^2H^2$ – 24 et] *m. rec. add.* T^3 *om.* M^2 ac H^2 – *id est*] 1 M^2 *om.* H^2 – 26 *preallegato*] predicto H^2

64 U 1: cf. Tabula alphabetica, clm 18154, fol. 4^v(b); 3–14: cf. Boerius, P.: Regula cum Glossa, Ms 155, fol. 227^r(b); cf. Bernardus <Ayglerius>: In regulam, Cap. 64 (Caplet, A. (Ed.), S. 393 f.)

64 X 16: cf. Tabula alphabetica, clm 18154, fol. 4^v(a); 18–7: cf. Boerius, P.: Regula cum Glossa, Ms 155, fol. 227^r(b)-f. 227^v(a-b); 18–23: cf. Bernardus <Ayglerius>: In regulam, Cap. 64 (Caplet, A. (Ed.), S. 394); 25–26: cf. X 1,6,48 (Fr. 91)

professor eximius, racione ecclesie cardinalis installacionem huiusmodi *mirabiliter reprehendit in quadam eleccione facta coram ipso in monasterio Cassinensis, et potest fulciri talis reprehensio contra installantes per c. Ut nostrum, Extra, De officio archidiaconi. In non suam quidem segetem applicant suam falcem eodem tytulo, Venerabilem. Et contra installatum instatur verbo Gregory: Qui ultro, inquit, ambit vel importune se ingerit* /90^v (a)/ *dignitati, est procul dubio repellendus, sicut qui invitatus rennuit et quesitus refugit, admovendus; 1 q. 6, c. fine; 8 q. 1, In scripturis.*

<64 Y Electus publicatur et de consensu queritur>

Installacione facta huiusmodi *debet per unum ex electoribus coram clero et populo solempniter ipsa eleccio publicari. In qua publicacione totus processus recitabitur, ut in forma pronunciacionis dictum est supra. In fine tamen addiciet: Quam eleccionem vobis denunccio et in presencia omnium eam solempniter publico, ut est iuris. Probatur hoc eodem tytulo, Quia propter, c. Cum inter, c. In causis; 8 q. 1, Licet. Deinde reducatur ad sedem propriam non abbacialem capituli, ibique cum debita gravitate requiratur eleccionis assensus. Sed quid respondit, si dicat:* Volo, *tamquam ambiciosus est repellendus, argumentum preallegato c. fine 8 q. 1, Qui episcopatum. Si dicat: Nolo, mentitur contra c. Cum humilitatis, 22 q. 2; si verum, non* autem *est cogendus 74. di., Ubi* illa; *et fratres debent procedere ad alium eligendum eodem tytulo, Si eleccio, Libro sexto. Non plene igitur resistat nec plene assenciat* preallegato c. *In scripturis in fine dicens: Nolens volo. Volens nolo. Volo, ut prosim. Nolo, ut presim, ut ibi notatur. Neque fiat de nolente volens 23 q. 4, Displicet; 40. di., Ante omnia; vel dicat, ut habetur 16 q. 1, Vos autem. Dicat igitur: Domini et fratres mei vos scitis, quid habetis facere, quid* /90^v (b)/ *nobis et monasterio nostro magis expediat. Ego enim nolo resistere spiritui divino, quia qui spiritui resistit,*

1 *professor*] *a. corr.* pro forma *m. rec. exp. et* doctor *s. s.* T^3 – 4 *contra*] *mg. m. rec. add.* sic T^3 – 5 *ultro*] *a. corr.* ultra *m .rec. exp.* a *et corr. ad* ultro T^3 ultra M^2 – 6 *refugit*] *pr. m. scr.* resurgit, *mg. m. rec. add.* refugit T^3 – 9 <64 Y- queritur>] *ed. add.; om.* $T^3M^2H^2$ – 14 *omnium*] omni M^2 – 23 *habetis*] debetis *subscr. et s.* habetis T^3 – *quid*] *om.* T^3H^2 – *et*] quid *add.* T^3M^2

3: X 1, 23, 9 (Fr. 152); 4: cf. X 1, 6, 34 (Fr. 80); 5–6: Gregorius <Papa, I.>: Registrum epistularum 9,219 (CChr.SL. 140 A, Norberg, D. (Ed.), S.784); cf. Grat. 1, 6, 3 (Fr. 425); 6–7: Grat. 8, 1, 9 (Fr. 592–593)

64 Y 9: cf. Tabula alphabetica, clm 18154, fol. 4^v(a); 11–7: cf. Boerius, P.: Regula cum Glossa, Ms 155, fol. 227^v(a-b); 14: X 1, 6, 42 (Fr. 88–89); 14–15: X 1, 6, 18 (Fr. 58); 15: X 1, 6, 30 (Fr. 74–76); Grat. 8, 1, 15 (Fr. 594–595); 15–16: cf. Bernardus <Aygllerius>: In Regulam, Cap. 64 (Caplet, A. (Ed.), S. 394); 17: Grat. 8, 1, 11 (Fr. 593–594); 18: Grat. 22, 2, 9 (Fr. 870); 19: Grat. 74, 7 (Fr. 263); 19–20: Sext 1, 6, 26 (Fr. 962); 20: cf. Grat. 8,1,9 (Fr. 593); 22: cf. Grat. 23,4,38 (Fr. 919); Grat. 40, 7 (Fr. 146–147); Grat. 16, 1, 30 (Fr. 769)

filius eius probatur non esse; preallegato c. In scripturis. Et ideo: In nomine patris et fily et spiritus sancti. Eleccioni per vos divinitus facte ad curam et regimen huius monastery reverenter consencio ipsamque instanter requisitus accepto, ut annuente deo prodesse valeam forcius quam preesse. Probatur hec forma eodem tytulo, Quam sit, Libro sexto; Extra, De renuncciacione, c. Nisi in principio et preallegato c. In scripturis. Si autem electus absens fuerit, idem fiat per omnia ut supra. Et quantocicius commode fieri poterit, consensus eius requiratur. Habito ergo electi consensu formetur sic decretum:

<64 Z Decretum eleccionis per scrutinium qualiter formatur>

In nomine domini Amen. Vacante monasterio Castellensis *per obitum bone memorie N. eiusdem monastery abbatis et eius corpore tradito ecclesiastice sepulture; tali die ad eligendum prefixa vocatis omnibus, qui de iure vel consuetudine nostri monastery ius habere in eleccione noscuntur, proposito verbo dei, Sancti Spiritus gracia invocata lectaque regula beati Benedicti patris nostri de ordinando abbate, de provisione nostri monastery prehabito diligenti tractatu per viam scrutiny eligimus viduato nostro monasterio providere. Presentibus igitur omnibus qui voluerunt, debuerunt et potuerunt commode interesse, elegimus tales tres de collegio nostro, qui secreto ac singillatim scrutarentur vota singulorum* /91^{r} (a)/ *et in scriptis redigerent, ut est iuris. Qui secedentes in partem duo ex ipsis tercy voluntatem perscrutati fuerunt et sic scrutatis singulorum ipsorum voluntatibus et in scriptis redactis processerunt ad vota singulorum nostrorum secrete, singillatim cum debita diligencia perscrutanda, que diligenter in scriptis redacta mox in capitulo coram omnibus publicarunt. Habita igitur collacione numeri ad numerum, zeli ad zelum, meriti ad meritum, tam circa personas eligencium, quam per alias in scrutinio nominatas, inventum est, quod talem nominaverunt talis et talis et talem, talis et talem. Comparto itaque, quod maior et sanior pars nominaverunt talem de legitimo matrimonio natum, in tali sacro ordine constitutum, virum religiosum, bone conversacionis et probate vite, providum et discretum et sciencie competentis vel eminentis, si talis existat, commisimus tali fratri nostro, ut vice*

1–2 *spiritus sancti*] *m. rec. add.* T^3 *om.* M^2 – 9 <64 Z-formatur>] *ed. add.*; *om.* $T^3M^2H^2$ – 11 Castellensis] N. H^2 – 12 *eligendum*] eligendam T^3M^2 – 13 *iure*] iura T^3M^2 – 23 alias] personas H^2 – 24 *et*] *om.* H^2 – *talis*] *om.* H^2 – *talem*] talis T^3M^2

1: Grat. 8,1,8 (Fr. 450); 4: Sext 1,6,6 (Fr. 950); 4–5: X 1,9,10 (Fr. 107–112); 5: Grat. 8,1,8 (Fr. 450)
64 Z 9: cf. Tabula alphabetica, clm 18154, fol. 3^{v}(a); 11–15: cf. Boerius, P.: Regula cum Glossa, Ms 155, fol. 227^{v}(b)–228^{r}(b); 11–11: cf. Bernardus <Ayglerius>: In regulam, Cap. 64 (Caplet, A. (Ed.), S. 394–396); 20–25: cf. Durantis, G.: Speculum IV,1,§1,28 (Sp. 87b)

omnium vel vice predictorum, qui nominaverunt eundem, eligeret in abbatem. Qua potestate recepta idem frater talis facto signo crucis ac dei nomine invocato elegit prefatum talem per hec verba: Ego frater talis vice et nomine totius conventus vel talis decani et aliorum, qui talem nominaverunt, et mea. In nomine patris et fily et spiritus sancti Amen. Prefatum talem in hys scriptis eligo in nostri monastery abbatem et /91^{r} (b)/ *pastorem. Quo dicto nos omnes vel predicti tales eleccioni facte consencientes ympnum Te deum laudamus decantando eum ad ecclesiam solempniter deportavimus, ut est moris. Ego frater talis dominum talem in pastorem et abbatem* Castellensis *monastery eligo et subscribo. Ego frater talis decanus vel prior eleccioni facte de domino tali in abbatem nostri monastery* Castellensis *consencio et subscribo. Et ego talis frater presbyter vel dyaconus, ut* iam *supra in proximo. Et sic singuli nomina, officia, paratus et ordines, que habent exprimentes, subscribere debent. Hec forma probatur eodem tytulo, Cumana, c. Dudum 1. Post hoc vero, si eleccio sit concors, sigillo conventus erit decretum* huiusmodi *sigillandum. Alias enim solas subscripciones eciam sine manu publica sufficere puto de iuris, argumento, De probacionibus, c. 3; De testibus, Veniens 2; 54. di., Generalis, Versiculus: Quibus; 63. di., Vota; 64. di.,* c. *<Episcopum>* etc.

<64 AA Eleccionis decretum per compromissum qualiter formatur>

Si vero per viam compromissi in eleccione huiusmodi *procedatur, ut dictum est in decreto scrutiny, dicendum erit et ponendum per viam eciam compromissi. Fiat igitur tali modo: In nomine patris etc., ut supra usque ibi commode interesse elegimus tres vel tot, quibus unanimiter et concorditer providendi nobis et monasterio nostro de pastore et abbate contulimus potestatem.* /91^{v} (a)/ *Qui potestate providendi recepta et secedentes in partem postmodum ad capitulum sunt reversi. Quorum frater talis de mandato et voluntate predictorum talium verba provisionis protulit in hunc modum. In nomine patris et fily et spiritus sancti. Amen. Ego talis vice mea et talium collegarum meorum eligo talem in abbatem et pastorem nostrum et de ipso provideo huic monasterio secundum potestatem michi et prefatis collegis meis a presenti*

2 *recepta*] accepta H^2 – 4 *spiritus*] spiritui H^2 – 6 *eleccioni*] eleccione T^3M^2 – 8 Castellensis] *om.* H^2 – *monastery*] N. *add.* H^2 – 9 Castellensis] N. H^2 – 15 <*Episcopum*>] *ed. sec. Decr. Grat. corr.;* prelatis T^3M^2 penultimo H^2 – 17 < 64 AA-formatur>] *ed. add.; om.* $T^3M^2H^2$ – 24 *Quorum*] unus *add.* T^3 – 25 *spiritus*] *om.* M^2 spiritui H^2 – *sancti*] *om.* M^2 – *Amen*] *om.* T^3M^2

11: X 1,6,50 (Fr. 91–92); 11–12: X 1,6,22 (Fr. 64–66); 13.15: cf. Grat. 64,7 (Fr. 249); 14: X 2,19,3 (Fr. 307); X 2, 20,38 (Fr. 331–332); Grat. 54,12 (Fr. 210–211); 15: Grat. 63,27 (Fr. 243)
64 AA 17: cf. Tabula alphabetica, clm 18154, fol. 4^{v}(a); 19–6: cf. Boerius, P.: Regula cum Glossa, Ms 155, fol. 228^{r}(a)–228^{v}(a); cf. Bernardus <Ayglerius>: In regulam, Cap. 64 (Caplet, A. (Ed.), S. 396)

conventu datam. Compromissary vero in decreto primi post pronuncciacionem eleccionem se subscribent. Ego frater talis eligo talem in abbatem et pastorem nostrum et de persona eius huic tali monasterio provideo secundum potestatem michi datam et subscribo. Ego talis, in quem extitit compromissus, eleccioni et provisioni facte de domino tali consencio et subscribo. Ego frater talis decanus eleccioni et provisioni facte de domino tali in abbatem nostri monastery talis consencio et subscribo. Et sic de alys, ut notatur supra in forma scrutiny.

<64 AB Eleccionis forma per inspiracionem qualiter fiat>

Nota tamen, quod primo et ante omnia debent temptare fratres et videre, si per inspiracionem placeret deo monasterio provideri, ut, si nullo tractatu speciali preeunte, dum ad eligendum fratres conveniunt, quasi divina revelacione omnes in aliquem repente consentirent et simul eum nominarent et eligerent una voce dicentes: Eligo talem. Eligo te. Valet /91^{v} (b)/ *enim talis eleccio, licet ex vocibus singularibus sit facta, quia, qui spiritu dei aguntur, non sunt sub lege, 19 q. 2, Due; Extra, De renunciacione, c. Nisi, Incipit: Verum. Ex quo simul omnes fratres uno spiritu et una voce eligunt, non est vis, sive dicant: Eligo sive Eligimus. Nec plures voces* erunt singulorum, *ymo debet una et communis censeri propter unanimes voluntates et voces, nec est necesse, ut detur alicui potestas ipsius eligendi. Sic forma decretum: In nomine, ut supra usque in ordinando abbatem iunge: Unusquisque nostrum, quorum subscripciones inferius continentur, divina inspiracione repente nulla nominacione nulloque tractatu alio precedente in talem utique virum providum etc. consensit et eum una voce simul ac unanimiter omnes et singuli in abbatem et pastorem ipsius monastery elegerunt. Uno tamen contradicente talis eleccio non procedit; eodem tytulo, Quia propter. Et nota, quod in huius*modi *eleccionibus quidam, ut Speculator, cum decreto ponunt superiori litteram dirigendam. Sed Bernhard* Cassinensis *videtur hoc per se utrumque de iure ponendum argumentum 7 q. 1, Qualiter in fine. In qua quidem littera procuratores confirmacionis petende debent institui et processus eleccionis integraliter contineri.*

1 *pronuncciacionem*] *pr. m.* pronuncciatem est *scr., m. rec. exp. et* pronuncciacionem et *scr.* T^3 pronunciantem H^2 – *eleccionem*] et leccionem T^3M^2 – 4 *extitit*] *a. corr.* exstitit, *m. rec. ad* extitit *corr.* T^3, exstitit M^2H^2 – *compromissus*] *m. rec. exp. et* compromissum *corr.* T^3 – *domino*] *om.* M^2H^2 – *tali*] *in abbatem nostri monastery talis add.* T^3 – 4–6 *Ego-subscribo*] *om.* T^3 – 8 <64 AB-fiat> *ed. add.; om.* $T^3M^2H^2$ – 13 *enim*] eciam H^2 – 15 *Verum*] Et *add.* M^2H^2 – 16–17 erunt singulorum] *eciam singulos* H^2 – 17 *debet*] debent T^3M^2 – *est*] eciam T^3M^2 – *necesse*] est *add.* M^2 – 19 *abbatem*] ubi *add.* T^3 – 24 *hoc*] hic M^2H^2

64 AB 9: cf. Tabula alphabetica, clm 18154, fol. 4^{v}(a); 10–1: cf. Boerius, P.: Regula cum Glossa, Ms 155, fol. 228^{v}(a)–228^{v}(b); 10–11: cf. Bernardus <Ayglerius>: In regulam, Cap. 64 (Caplet, A. (Ed.), S. 397); 11–15: cf. Durantis, G.: Speculum IV,1,§3,1 (Sp. 94b); 14–15: X 1,9,10,§8 (Fr. 110); cf. Grat. 19,2,2 (Fr. 840); 15–22: cf. Durantis, G.: Speculum IV,1,§3,2.3 (Sp. 95a); 23: X 1,6,42 (Fr. 88–89); 23–1: cf. Bernardus <Ayglerius>: In regulam, Cap. 64 (Caplet, A. (Ed.), S. 397); 25: Grat. 7,1,13 (Fr. 571–572)

<64 AC Decretum eleccionis per inspiracionem qualiter fiat>

Forma litterarum, /92^{r} (a)/ *si exemptum sit monasterium, talis esse potest: Sanctissimo in Christo patri etc. Dudum bone memorie domino* N. *abbate nostro sicut deo placuit viam universe carnis ingresso,* tali die *per eius obitum nostro monasterio vacante, quod ad sedem apostolicam nullo medio* dinoscitur *pertinere, corpore ipsius patris nostri tradito ecclesiastice sepulture, die ad eligendum prefixa etc., ut in decreto usque ad subscripciones. Et tunc adde: De qua eleccione fecimus decretum nostris subscripcionibus roboratum, quare fratres nostros ad sanctitatem vestram presenciam destinamus ipsosque fratres facimus, constituimus et ordinamus procuratores nostros ad petendam confirmacionem eleccionis facte de tali, qui quidem est persona religiosa et bone conversacionis ac vite et vir providus et discretus, in spiritualibus et temporalibus circumspectus et sciencie competentis, per quem speramus cum adiutorio dei nostrum monasterium in spiritualibus et temporalibus salubriter gubernandum. Quo circa sanctitatem vestram suppliciter exoramus, quatenus dictam eleccionem dignemini confirmare et ipsum in abbatem nobis preficere et pastorem. Eodem modo scribatur dyocesano, cum monasterium non est exemptum, verbis tamen convenienter* /92^{r} (b)/ *inmutatis. Nota insuper, quod prelatus alterius monastery vel electus confirmatus et in minoribus ordinibus constitutus et in minori etate, paciens defectum in natalibus, non professus expresse, eligi non possunt, sed postulari. In quibus enim postulandis secundum premissa formare poteris litteras et decretum* etc.

<64 AD Electus qualiter ingrediatur et se regat in officio suo>

Ordinatus autem etc. Pars secunda principalis huius capituli, in qua beatus Benedictus incutit prelato timorem dei tam ex parte suscepti oneris seu regiminis, quam ex parte deo reddende racionis seu villicacionis. Secundo ostendit, qualis esse debeat quantum ad se ipsum et ad subiectos. Partes patebunt in processu littere. Quantum ad primum dicit:

1 <64 AC-fiat] *ed. add.; om.* $T^3M^2H^2$ – 3 *sit*] est T^3M^2 – 11 et] ac T^3M^2 – 15 *Eodem*] autem *add.* T^3M^2 – *dyocesano*] dyacesano T^3M^2 – 18 *enim]* m. rec. exp. T3 – 21 <64 AD-suo>] *ed. add.; om.* $T^3M^2H^2$

64 AC 1: cf. Tabula alphabetica, clm 18154, fol. 3^{v}(a); 3–19: cf. Boerius, P.: Regula cum Glossa, Ms 155, fol. 228^{v}(b)–229^{r}(a); 4–16: cf. Bernardus <Ayglerius>: In regulam, Cap. 64 (Caplet, A. (Ed.), S. 398)
64 AD 21: cf. Tabula alphabetica, clm 18154, fol. 4^{v}(a); 23: cf. RB 64,7 (CSEL 75, Hanslik, R. (Ed.), 2. Auflage, S. 164)

Ordinatus autem abbas id est confirmatus et benedictus 92 di., Si quis, non per potenciam intrusus, non per symoniam inmissus, sed sicut Christus fuit conceptus Spiritus Sancti operacione, natus sine matris corrupcione conversatus in mundo sine ambicione. Unde quando populus elegit *eum* in *regem, fugit Ioh. 6*. Sic qui debet intrare ad statum prelacie, debet concipi in mentibus electorum per Spiritus Sancti inspiracionem, non per dissolutorum conspiracionem, debet nasci de matre, que est congregacio sive capitulum, cui debet preesse sine corrupcione, ita quod nec sit corrupta vel precio vel, potencia vel odio, debet sic electus admittere statum suum sine /92^{v} (a)/ ambicione, ut nolit, si possit et ex corde fugere et invitus obedire, ut deus possit sibi dicere illud *Isai. 44: Noli timere servus meus Iacob rectissime quem elegi.*

<64 AE Prelatos quales nec cupiant subditi>

Sed timendum est, quod nonnulli eliguntur propter parciales affecciones, quidam propter mundiales possessiones et quidam propter curiales interposiciones. Considerant nonnulli electores, non quis melior, vita clarior, sciencia et fama celebrior, sed qui sibi velit utilius in beneficys subvenire, qui velit suam vitam minus emendare, qui velit crimina magis dissimulare. Considerant aly, quis sit in rebus locuplecior, genere nobilior, in beneficys pinguior, in expensis profusior, in convivys laucior, in ociosa familia multiplicior. Aly, quis principibus gracior et accepcior, quis parentum nobilitate clarior, quis mundane vanitatis habilior et usitacior invenitur. Isti non eligunt per Spiritum Sanctum, nec electus sic *intrat per ostium, sed ascendit aliunde*, ideo *fur est et latro*. Fertur quidam dixisse regi Ludwico francorum querenti: Cur non fiant modo miracula per episcopos et prelatos sicut olym? Domine, inquit, olym fiebant elecciones per Spiritum Sanctum, cuius est facere miracula. Modo fiunt per reges et principes, qui mira/92^{v} (b)/cula facere non possunt. Qui ergo *per ostium* canonice eleccionis *intrat* et confirmatur sine symoniaca pravitate et benedictur plenus virtute et sanctitate, talis *cogitet scilicet, qualis debeat esse abbas* supra capitulo secundo. *Inquietum enim debet esse cor abbatis tali sollicitudine, donec in* domino *quiescat* et hoc semper sine oblivione, sed cum timore et tremore. *Bona* enim *anima* ait *quidam philosophus, non potest quiescere in hoc*

3 natus-corrupcione] *om.* T^3 – 7 vel] *om.* M^2H^2 – 11 <64 AE-subditi>] *ed. add.; om.* $T^3M^2H^2$ – 13 est] *om.* T^3

1: cf. RB 64,7 (CSEL 75, Hanslik, R. (Ed.), 2. Auflage, S. 164); cf. Boerius, P.: Regula cum Glossa, Ms 155, fol. 229^{r}(a); cf. Grat. 92,5 (Fr. 318 f.); 4: cf. Ioh. 6, 15; 9: cf. Isai. 44,2

64 AE 11: cf. Tabula alphabetica, clm 18154, fol. 8^{r}(b); 20–21: cf. Ioh. 10,1; 21: dicta regis Ludovici non inv.; 24–25: cf. Ioh. 10,1; 26–2: cf. Boerius, P.: Regula cum Glossa, Ms 155, fol. 229^{r}(a-b)

mundo, quare, si bonus vis fieri, quiescere non confidas, licet *4. Ethicorum* et *8. Politicorum legatur, quod quies et ludus in vita probantur necessaria.*

<64 AF Abbas impleat officium regis>

Cogitet, inquam, *semper quale onus suscepit, id est quam ponderosum quam periculosum* sci*licet curam animarum, regimen corporum et dispensacionem rerum.* Revera difficile ac grave onus ipsa cura, que prelatis imponitur, si bene pensetur. Nam cuilibet animarum custodi quodammodo omnes cure, que universis curatis imponuntur distributive, id est illi illa, alteri alia imponuntur prelato simul collective et hoc potest probari inductive. Nam cura committitur regibus, ducibus, dispensatoribus, patribus, pastoribus, medicis, vigilibus et spectatoribus sicut hoc notum est.

Scilicet quilibet animarum custos habet pro tempore implere circa animas sibi conmissas officium regis in regendo populum sibi subditum. Ideo in scriptura rex vocatur unde *1. Petr. 2* dicitur *regale sacerdocium* et *Ysidorus, libro tercio De summo bono:* Hy *recte reges vocantur, qui tam seipsos quam subiectos /93^r (a)/ bene regendo modificare noverunt,* quapropter quilibet talis necesse habet studere sapiencie. Unde *diligite lumen sapiencie, qui preestis populo Sap.* <6> et post: *Audite ergo reges et intelligite, ad* nos *sunt* hy *sermones mei, ut discatis sapienciam et non excidatis,* scilicet a modestia loquendi, strennuitate agendi, a largitate tribuendi, a iusticia iudicandi, ab humilitate et promptitudine obediendi, a constancia veritatem confitendi, a providencia gubernandi. Hoc sane regimen, quando imperiti suscipiunt, animabus multum obsunt, quia uniformiter nec omnes nec semper regi possunt. Dicente *Rychardus, in liber De statu interioris hominis:* Post lapsum sepe quod uni est causa *salutis, a*lteri fit *cumulus dampnacionis.* Pensate ergo quanta sapiencia et discrecione. Opus sit, quod omnes simul salubriter regi possunt. Ideo bene dicit *Gregorius in Pastorali, c. 2: Ab imperitis pastorale magisterium,*

4 <64 AF-regis> *ed. add.* ; *om.* $T^3M^2H^2$ – 6 *quam periculosum*] *om.* T^3 – 9 id est] illam *add.* M^2 – 10 imponuntur] imponantur H^2 – prelato] *mg. m. rec.* prelato *add.* T^3 *om.* M^2H^2 – 11 medicis-spectatoribus] *om.* T^3 – 13 scilicet] sed M^2 – 18 <6>] *ed. sec. textum corr.*; 4 $T^3M^2H^2$

1–2: cf. Hamesse, J.: Les Auctoritates Aristotelis, S. 238 (Nr. 80); cf. Hamesse, J.: Les Auctoritates Aristotelis, S. 262 (Nr. 141)
64 AF 4: cf. Tabula alphabetica, clm 1854, fol. 2^r(a); 6: cf. RB 64,7 (CSEL 75, Hanslik, R. (Ed.), 2. Auflage, S. 164); 6–7: cf. Boerius, P.: Regula cum Glossa, Ms 155, fol. 229^r(b); cf. Bernardus <Ayglerius>: In regulam, Cap. 64 (Caplet, A. (Ed.), S. 399); 14–15: cf. 1. Petr. 2,9; 15–16: cf. Isidorus <Hispalensis>: Sententiarum libri tres III,48,7 (PL 83, 339, Sp. 719); 17–18: cf. Sap. 6,23; 18–19: cf. Sap. 6,2.10; 22–24: cf. Richard <de sancto Victore>: De statu interioris hominis, Cap. 28 (AHDL 42 (1967), Ribaillier, J. (Ed.), S. 94); 25–1: cf. Gregorius <Papa, I.>: Regula pastoralis 1,1,3–4 (SC 381, Judic, B. u.a., S. 128)

qua temeritate suscipitur, cum sit *ars arcium regimen animarum. Reges* ergo *intelligite, erudimini, qui iudicatis terram Ps. 2.*

<64 AG Duces debent esse prelati>

Secundo quilibet prelatus religiosus habet implere officium ducis in preeundo exemplariter exercitum. Ideo vocatur dux in scriptura. Unde *Ps. 77* dicitur: *In intellectibus manuum suarum. Glossa* in doctrina operum *deduxit,* id est quasi dux precessit *eos.* Non enim sufficit ducem in exercitu fore, sed in acie stare et in omni virtute /93^r (b)/ non solum communicari, sed eciam precipuum et exemplarem inveniri. Ita quod *forma gregis factus* et *ex animo, 1. Petr. 5* dicere possit. *Iudic. 9: Quod me videtis facere, facite.* Debet autem dux bonus educere de egipto peccatores, ducere innocentes, reducere relabentes, conducere pusillanimes, perducere perseverantes, inducere feliciter pervenientes, alias imprecabitur sibi illud prophete: *Tu autem prophane, impie dux Israhel, cuius veniet dies in tempore iniquitatis prefinite. Hec dicit dominus: Auffer cydarim, tolle coronam, Ezech. 21.*

<64 AH Dispensatoris boni qualitas>

Tercio habet quilibet prelatus religiosus implere officium dispensatoris in procurando monasterium sibi traditum, in cuius signum dicitur in scriptura dispensator. Unde *quis putas est fidelis dispensator et prudens, Luc. 12.* Debet namque bonus dispensator sic agere temporalia, ut non obmittat spiritualia. Nam illa *oportet facere et illa non obmittere, Matth. 23* et *Luc. 11.* Neque dispensator bonus est dicendus, qui *erigit muros et negligit mores,* sed necesse est, ut sit ambidexter, ut sciat nunc esse totus temporalis, nunc autem totus spiritualis iuxta hortamentum *beati Gregory in Pastorali, c. 12* dicentis: *Sit* rector in *accione precipuus, pre cunctis con-*

4 <64 AG-prelati>] *ed. add.; om.* $T^3M^2H^2$ – 10 et] est M^2 *om.* T^3 – 11 *facere*] *add.* omnes H^2 – 15 *21*] 15 T^3 – 17 <64 AH-qualitas>]*ed. add.; om.* $T^3M^2H^2$ – 20 traditum] creditum H^2 – 25 *cunctis*] in *add.* T^3M^2

1–2: cf. Ps. 2,10
64 AG 4: cf. Tabula alphabetica, clm 18154, fol. 4^r(b); 7–8: cf. Ps. 77,72; 8: cf. Biblia latina cum glossa ordinaria, Volume II (Rusch, A. (Ed.), S. 557); 10: cf. 1. Petr. 5,3; 11: cf. Iudic. 9,48; 13–15: cf. Ezech. 21,25 f.
64 AH 17: cf. Tabula alphabetica, clm 18154, fol. 4^r(a); 20–21: cf. Luc. 12,42; 22: cf. Matth. 23,23; cf. Luc 11,42; 23: cf. Bernardus <Claraevallensis>: In laudibus virginis matris 4,10,3–4 (Sämtliche Werke, Band 4, Winkler, G. (Hg.), S. 118); 25–2: cf. Gregorius <Papa, I.>: Regula pastoralis 2,1,7–14 (SC 381, Judic, B. u.a., S. 175)

templacione suspensus, interiorum curam in exteriorum occupacione non minuens, exteriorum providenciam interiorum contemplacione *non relinquens.* Talem dispensatorem *constituet* dominus *super omnia bona sua, Matth. 24. c.*/93^{v} (a)/

<64 AJ Abbas impleat officium patris>

Quarto quilibet prelatus religiosus habere debet officium patris fovendo amorem naturaliter filys insitum. Ideo vocatur pater. Unde *patres, nolite ad iracundiam provocare filios vestros Eph. 6,* sed sic vos filys ostendatis, ut semper in vobis experiantur viscera caritatis eos scilicet cordialiter diligendo, verbis dulciter et humiliter alloquendo, spiritualiter consolando ac corporaliter in omnibus ministrando, et ut tenacius se diligant, efficacius se iuvent et viscerio-sius sibi compaciantur. Talis fuit, qui dicebat: *Pater eram pauperum, Iob 29.*

<64 AK Abbas sit pastor>

Quinto quilibet prelatus religiosus implere debet officium pastoris in ministrando ovibus salutis pabulum. Ideo dicitur pastor *1. Petr 5: Pascite, qui in vobis est gregem dei.* Ut autem pascere sciat et valeat sic bonus pastor, necessaria est sibi solercia pascendi, diligencia custodiendi, audacia defendendi. Solercia pascendi consistit in corporali ovium refeccione, verbi dei predicacione, iehenne comminacione, eternorum bonorum promissione ac exemplaris vite ostensione. Diligencia custodiendi consistit in malorum secura defensione, in affectuosa ovium recommendacione, in districta repetendi exaccione, id est, ut a malis defendat, bonis committat, a negligentibus districte racionem repetat. Audacia defendendi consistit in eo, si pastor audeat se, suos et sua exponere omni periculo propter gregem /93^{v} (b)/ sibi commissum. *Bonus* enim *pastor* ponit *animam suam pro ovibus* suis, *Ioh. 10* et sicut Christus verus pastor *animam suam posuit, et nos debemus pro fratribus animas ponere, 1. Ioh. 3.*

5 <64 AJ-patris>] *ed. add.; om.* $T^3M^2H^2$ – 9 vos] vas T3 – 14 <64 AK-pastor>] *ed. add.; om.* $T^3M^2H^2$ – 17 salutis pabulum] pabulum salutis H^2 – 18 sciat et] *om.* T^3M^2 – valeat] et *add.* M^2 sic *add.* T^3 – 24 suos] suas H^2 – et] *om.* H^2

2–3: cf. Matth. 24,47
64 AJ 5: cf. Tabula alphabetica, clm 18154, fol. 2^{r}(a); 8–9: cf. Eph. 6,4; 12: cf. Iob 29,16
64 AK 14: cf. Tabula alphabetica, clm 18154, fol. 2^{r}(a); 17: cf. 1. Petr. 5,2; 24–25: cf. Ioh. 10,11; 25–26: cf. 1. Ioh. 3,16

<64 AL Abbas sit medicus>

Sexto quilibet prelatus religiosus habet implere officium medici in curando temptatos a peste criminum. Ideo in scriptura dicitur medicus. Unde *disciplina medici exaltabit caput, Ecclus. 38.* Debet ergo in medicando circa subditos observare tempus, modum et personam, quatenus medicamentum ydoneum possit temperare. Tempus, quia non semper expedit culpam arguere, sed aliquando caucius dissimulatur, ut apciori tempore utilius arguatur, ut videtur dicere *Glossa* super illud *Ps. 128: Supra dorsum meum fabricaverunt peccatores.* Modum, quia aliquando austeritate, aliquando *lenita*te opus est, aliquando vero utrumque simul *miscendum est* et *faciendum ex utroque temperamentum*, ut dicit *Gregorius in Pastorali, c. 17.* Personam, quia vel delinquit ex infirmitate vel ex contemptu et post culpam vel conteritur vel induratur et secundum hoc modus curandi diversificatur. *Non est* tamen sanis *opus medicus, sed male habentibus, Matth. 9.*

<64 AM Vigilis officium exerceant prelati>

Septimo habet quilibet religiosus prelatus implere officium vigilis in prenunciando eternitatis diem et excitando /94^r (a)/ corda torpencium. Ideo vocatur vigil, *Cant. <3>: Invenerunt me vigiles, qui custodiunt civitatem.* Vigilare autem debet in cura et sollicitudine pastoralis presidencie, in lectura et speculacione divinalis sapiencie, in cultura et sanctitudine spiritualis consciencie, ut subditos valeat excitare ad alacritatem divine laudis. Exemplo illorum vigilum de quibus *Isai. 62: Super muros tuos Ierusalem constitui custodes tota die et tota nocte non tacebunt* laudare nomen domini *et super gregem custodi*re *vigilias noctis* ut *Luc. 2.*

1 <64 AL-medicus> *ed. add.; om.* $T^3M^2H^2$ – 12 tamen] enim T^3 – 15 <64 AM-prelati>] *ed. add.; om.* $T^3M^2H^2$ – 18 Ideo] Item H^2 – <3>] *ed. sec. textum corr.;* 4 $T^3M^2H^2$ – 22 *et*] ac H^2 – *tota*] *om.* H^2

64 AL 1: cf. Tabula alphabetica, clm 18154, fol. 2^r(a); 4: cf. Ecclus. 38,3; 8: Textus glossae non inv.; cf. Ps. 128,3; 9–10: cf. Gregorius <Papa, I.>: Regula pastoralis 2,6,198f. (SC 381, Judic, B. u.a., S. 216); 12–13: cf. Matth.9,12
64 AM 15: cf. Tabula alphabetica, clm 18154, fol. 11^r(b); 18–19: cf. Cant. 3,3; 22–23: cf. Isai. 62,6; 23: cf. Luc. 2,8

<64 AN Speculatores sint prelati>

Octavo et ultimo quilibet prelatus religiosus habet implere officium speculatoris in previdendo subditis periculum longe vel prope positum. In cuius signum vocatur speculator. Unde *Ezech. 3: Speculatorem dedi te domui Israel.* Quapropter necessarium est, cuilibet prelato, ut elongatus a terrenis stet iugiter in specula mentis exemplo eius, de quo *Isai. 21: Super speculam domini ego sum stans iugiter per diem et super* speculam *ego sum stans totis noctibus.* Unde *Gregorius super Ezech., parte prima, homilia <11>: Quis*que *populi speculator ponitur, debet in alto stare per vitam, ut possit prodesse per providenciam.* Quia ergo scriptura quemlibet animarum custodem nominibus omnium curatorum exprimit, ei esse in /94^r (b)/ positam curam universorum ostendit etc.

<64 AO Abbates qualiter nec degenerant in officio suo>

Quapropter intuendum est, cuius sit infirmitatis et demencie, quando reges pro enormitate servi fiunt, dum a vicys *superantur, a quo enim quis* victus *est, huius et servus est, 2. Petr. 2.* Quando duces pro pusillanimitate ab exercitu fugiunt, dum a conventu separantur. *Hy sunt* enim, *qui segregant* semetipsos *animales spiritum non habentes* in canonica *Iude.* Quando dispensatores pro cupiditate spiritualia deserunt, dum solis terrenis occupantur, ut merito videantur villici iniquitatis et domini *dissipa*sse *substanciam,* de quo *Luc. <15>.* Quando patres in dignitate elati quasi domini timeri appetunt, dum compati dedignantur. Hy sunt enim, qui in*durantur ad filios suos quasi non sint sui* ut dicitur *Iob 39.* Quando pastores pro carnalitate seipsos pascentes, gregem lupis deserunt, dum temptatos non consolantur, ut merito eis improperetur illud *Ezech. 34: Quod fractum* erat, *non alligastis, et quod infirmum, non consolidastis.* Quando medici pre infirmitate propria ceteris medere nequeunt, unde deterius infirmantur, ut de eis assumi valeat illud: *Incantato*re *percusso a serpente* quis medebitur ei? *Ecclus. 12.* Quando vigiles in civitate obdormiunt, dum pigros non hortantur, ut eis imprope-

1 <64 AN-prelati>] *ed. add.; om.* $T^3M^2H^2$ – 8 <*11*>] 9 $T^3M^2H^2$ – 13 <64 AO-suo>] *ed. add.; om.* $T^3M^2H^2$ – 15 pro] pre H^2 – 17 pro] pre M^2H^2 – 20 de quo] *exp.* T^3 – <*15*>] *ed. sec. textum corr.;* 16 $T^3M^2H^2$

64 AN 1: cf. Tabula alphabetica, clm 18154, fol. 10^r(b); 4–5: cf. Ezech. 3,17; 6–7: cf. Isai. 21,8; 7–9: cf. Gregorius <Papa, I.>: Homiliae in Hiezechihelem prophetam I,11,74 (CChr.SL 142, Adriaen, M. (Ed.) , S. 171)
64 AO: 13: cf. Tabula alphabetica, clm 18154, fol. 2^r(a); 16: cf. 2. Petr. 2,19; 17–18: cf. Iudas 19; 20: cf. Luc. 15,13; 22: cf. Iob 39,16; 24–25: cf. Ezech. 34,4; 26–27: cf. Ecclus.12,13

retur illud *Isai. 56: Dormientes et amantes sompnia.* /94^{v} (a)/ Quando speculatores in sublimitate positi ceci fiunt, dum nulla futura intuentur, ut de eis dicatur: *Speculatores eius ceci omnes, universi canes muti non valentes latrare Isai.* ubi supra.

<64 AP Abbatum bonorum nec paucitas>

De nostris infelicioribus temporibus quomodo defecerunt robusti et perierunt incliti ex Israel, dum nunc tam rarissimus invenitur, qui ex officio regali alios sapienter et salubriter regere valeat, nam omnes occurrunt in illam sentenciam: *Homo* sum *infirmus et exigui temporis et minor ad intellectum iudicy et legum, Sap. 9.* Qui ex officio ducis in omni via virtutis exemplariter preeat, nam *manus* eorum est *in transgressione prima, 1 Esdr. 9.* Qui ex officio dispensandi tam fidelis sit, quod in temporalibus spiritualia non negligat, nam *hic queritur inter dispensatoribus*, ut *fidelis quis inveniatur, 1. Cor. 4.* Qui ex officio patris tam pius sit, quod indurari nesciat, nam *parvuli pecierunt panem et non erat, qui frangeret eis, Threni. 4.* Qui ex offcio pastoris nullum temptatum inconsolatum deserat, nam *mercennarius fugit, quia mercennarius est, Ioh. 10.* Qui ex officio medici sua et suorum vulnera curare valeat, nam cuilibet hodie dici potest: *Medice cura te ipsum, Luc. 4.* Qui ex officio vigilis ita sit diligens, quod in sua et aliorum custodia aliquando non obdormiat, nam /94^{v} (b)/ omnibus iam dicitur: *Quid dormitis? Luc. 22.* Qui ex officio speculatoris insidias demonum patenter aperiat, nam *ipsi ignoraverunt* ut *Isai. 56.* Quia ergo tot onera cuilibet animarum custodi imponuntur, quod vix vel rarus ad ea ferenda ydoneus reperitur, difficultas regiminis facile deprehenditur dicente *Gregorio in Pastorali, c. 4: Suscepta cura regiminis cor per diversa diverberat, et* imperfectus *quisque invenitur ad singula, dum confusa mente dividitur ad multa.* Quando ipsi prelati, si recte sapiunt, dicunt cum apostolo: *Supra modum gravati sumus* et *supra virtutem ita, ut tederet nos vivere, 2. Cor. 1. Qui* ergo *suscipit monachos ad regendum, non parvum, sed grave onus recepit ad portandum.* Unde *illi sudor laboris, non deleccacio crescit honoris.* Unde *Bernhardus*

5 <64 AP-paucitas>] *ed. add.; om.* $T^3M^2H^2$ – 8 regere] regi T^3 – 12 spiritualia] temporalia M^2 H^2 – 18 sua] sui M^2H^2 – 19 *22*] 23 M^2H^2 – 25 *suscipit*] suscepit T^3M^2

1–3: cf. Isai. 56,10
64 AP 5: cf. Tabula alphabetica, clm 18154, fol. 2^{r}(b); 9–10: cf. Sap. 9,5; 11: cf. 1. Esdr. 9,2; 12–13: cf. 1. Cor. 4,2; 14: cf. Threni 4,4; 15–16: cf. Ioh. 10,13; 17: cf. Luc. 4,23; 19: cf. Luc. 22,46; 20: cf. Isai. 56,11; 22–23: cf. Gregorius <Papa, I.>: Regula pastoralis 1,4,3–5 (SC 381, Judic, B. u.a., S. 140); 24–25: cf. 2. Cor. 1,8; 25–26: cf. Boerius, P.: Regula cum Glossa, Ms 155, fol. 229^{r}(b); cf. Smaragdus <Sancti Michaelis>: Smaragdi Abbatis expositio in regulam s. Benedicti, Cap. 64 (CCM 8, Spannagel, A. u.a. (Ed.), S. 314); 26–1: Textus ex sermone 67 Bernardi <Claraevallensis> non inv.

super Cantica, sermone 76: Si, inquit, considerare velimus statum prelatorum, invenimus ipsos in sancta dei ecclesia et in monachatu claustrali statum administracionis, non dominacionis, gradum humiliacionis, non elacionis, onus pocius quam honorem, laborem verius quam quietem, si seipsos in sacris litteris velud in puris speculis intueri voluerint, suscepisse.

<64 AQ Abbatum novorum nec qualitas>

Porro *in istis novellis abbatibus* ait *Petrus Damianus: Video, quod vehementer amiror. Qui enim per decem annos vel eo amplius sub alterius* /95^r (a)/ *regimine constitutus nunquam ad hanc potuit pervenire scienciam, ut perfecte monachus* vocaretur, *nunc ipso die, quo in prelacione constituitur, ita presidentis induit speciem,* sic *dominantis exprimit maiestatem, ut non nuper electum, sed natum dicas abbatem. Fit repente severus in vultu, imperiosus in voce, ad corripiendum acer, ad iudicandum promptus, ipse si offenderit, iam omnino satisfaccionis ignarus. Dedignatur accumbere nisi in* <*octogona*> *sella, ita preparata ac si senatoria sit in curia. Pro sue voluntatis arbitrio hec precipit fieri, ita contestatoria interdicit, ligat, solvit,* promo*vet, removet. Et in hys omnibus nequaquam* ab alys *consilium querit, sed sibi ipse sufficiens velud proprie potestatis iura disponit. Devotis quidem et subditis pollicetur graciam, repugnantibus autem fallarica spirat animadversione vindictam, ut pocius videatur in prefectorys fascibus agere, quam ecclesiastice humilitatis officio deservire. Nauseant fauces eius communia cum* ceteris *alimenta percipere, necesse est cocis plura* et *diversa uni cuidam ventri edulia preparare. Nam grossus cibus, qui ex communi fratrum lebete depromitur, indignus tenero et delicatissimo homini iudicatur. Nuper egressus dormitorium, quiescere non potest, nisi secretum habeat et singulare cubiculum. In hys itaque et in alys pluribus, que prosequi longum est,* /95^r (b)/ *ita subito magister efficitur, ut in tota presidendi regula velud antiquus quidam pater nichil offendere videatur. Quam docte, quam imperiose novit cuncta velud quadam maiestatis auctoritate precipere, qui diutissime subditus numquam sapuit suis preceptoribus obedire. Presidendi siquidem artem docibilem dixerim, que tam facile discitur, ut quilibet eciam ad alia vecors, hanc mox ut inceperit, magister in ea peritissimus approbetur,* hec ille.

2 dei] *om.* H^2 – 6 <64 AQ-qualitas>] *ed. add.; om.* $T^3M^2H^2$ – 10 *pervenire*] venire H^2 – 14 <octogona>] *ed. sec. textum corr.;* octogena $T^3M^2H^2$ – 15 *contestatoria*] contestatorie H^2 – 23 *in*] *om.* M^2 H^2

64 AQ: 6: cf. Tabula alphabetica, clm 18154, fol. 2^r(b); 8–28: cf. Petrus <Damiani>: Epistola 105 (MGH. Epistolae. Die Briefe der deutschen Kaiserzeit. Band 4,3, Reindel, K. (Ed.), S. 162, Z. 6–25.28 f.; S. 163, Z. 1–5)

<64 AR Abbates presumptuosi quibus comperantur>

Tales ergo nimirum, cui similes dixerim, nisi in babelkino depicto vel sculpto, qui collo, humeris et brachys et facie prominens totam fabricam cum onerosa fatigacione se similat supportare et tamen fabrica eque fortiter staret, si totaliter illud ydolum deleretur. Tales eciam similes sunt cuidam amenti, qui semper stans sub divo nullomodo voluit intrare in domum nec sedere, bibere vel comedere. Requisitus quare respondit, quia ipse subportabat celum et, si ad horam modicam dimisisset, celum esse casurum. Ita est nonnullis nimis presumptuosis, qui inflati sciencia seculari vel potestate reputant se totam ecclesiam supportare sapiencia et discrecione, quam se habere presumunt. Quorum cuilibet dicitur *Isai. 47: Sapiencia tua et sciencia tua hec decepit te.* Talis revera prelatus non sentit onerosum onus, quod suscepit.

<64 AS Racio reddenda unum aggravatur>

Et cui redditurus est racionem villicacionis sue id est administracionis vel gubernacionis. /95^v (a)/ *Nam gubernator ville villicus appellatur, Luc. 16.* Que *reddenda racio* aggravatur, primo si consideretur, cui *reddetur racio*, ubi advertatur iudicis qualitas. Secundo coram quibus, quia coram angelis *Dan. 7: Milia milium ministrabant ei* et in canonica Iude: *Ecce venit dominus* cum *sanctis milibus facere iudicium* circa *omnes*, coram sanctis, *Sap. 3: Iudicabunt* sancti *naciones* et *Ps.: Congregate illi sanctos eius. Isai. 3: Deus ad iudicandum veniet cum senioribus ymo coram omnibus, bonis et malis, amicis et inimicis. Ps.: Advocabit celum desursum. Ezech. <16>: Ecce ego congregabo omnes quos dilexisti* et *universos quos oderas, et nudabo ignominiam tuam coram eis.* Tercio *quam subito et improviso sit reddenda, Luc. 21: Attendite ne veniat super vos repentina dies illa tamquam laqueus superveniet in omnes qui sedent super*

1 <§ 64 AR-comperantur>] *ed. add.; om.* $T^3M^2H^2$ – 3 in] *om.* M^2H^2-7 – 7 sedere] *mg. m. rec.* nec *add.* T^3- 13 <64 AS-aggravatur>] *ed. add.; om.* $T^3M^2H^2$ – 16 *villicus*] dicitur vel *add.* H^2 – 18 et] *om.* H^2 – 20 et] *mg. m. rec.* et *add.* T^3 *om.* M^2 etc H^2 – 21 *Advocabit*] Advocabunt M^2 – 22 *<16>*] *ed. sec. textum corr.;* 17 $T^3M^2H^2$ – 23 *tuam*] *om.* T^3 – *improviso*] improvise T^3

64 AR 1: cf. Tabula alphabetica, clm 18154, fol. 2^r(a); 10–11: cf. Isai. 47,10
64 AS 13: cf. Tabula alphabetica, clm 18154, fol. 9^r(a); 15: cf. RB 64,7 (CSEL 75, Hanslik, R. (Ed.), 2. Auflage, S. 164); 15–16: cf. Boerius, P.: Regula cum Glossa, Ms 155, fol. 229^r(b); cf. Bernardus <Ayglerius>: In regulam, Cap. 64 (Caplet, A. (Ed.), S. 399); cf. Smaragdus <Sancti Michaelis>: Smaragdi Abbatis expositio in regulam s. Benedicti, Cap. 64 (CCM 8, Spannagel, A. u.a. (Ed.), S. 314); 16–17: cf. Luc. 16,2.3; 18: cf. Dan. 7,10; 18–19: cf. Iudas 14.15; 19–20: cf. Sap. 3,8; 20: cf. Ps. 49,5; cf. Isai. 3,14; 21–16: cf. Stephanus <de Borbone>: Tractatus de diversis materiis predicabilibus 1,6,11, 1480–1495.1508–1524 (CChr.SL 124, Berlioz, J. u.a. (Ed.), S. 246f.); 21: cf. Ps. 49,4; 21–23: cf. Ezech. 16,37; 23–24: cf. Luc. 21,34 f.

faciem omnis terre. Vigilate itaque omni tempore. Matth. 24: Sicut enim in diebus Noe erant homines etc., ita erit adventus fily hominis. Ergo hic providenda est racio, Matth. 24: Vigilate, quia nescitis qua hora etc. Quarto *quando sit reddenda quia in fine* vite racio *valde timenda. Bernhardus: Racio dilata facit oblivisci multa.* Quinto *aggravat considerare, cuius temporis sit reddenda quia tocius vite. Bernhardus:* Omne tempus tibi impensum requiretur, qualiter a te /95^{v} (b)/ sit expensum. Sexto *cum quo periculo sit reddenda racio quia, qui deficiet, amittet se, sua et omnia bona, Eccles. 9: Qui offendit in uno, multa bona perdet.* Item *Iac. <2>: Qui offendit in uno factus est omnium reus. Item, adiudicatur eterne morti. Qui autem bene reddiderit racionem regnum eternum obtinebit. Matth. 25: Ibunt hy* scilicet mali *in supplicium eternum. Iusti autem in vitam eternam. Septimo quod maxime timendum de quibus racio sit reddenda quia de omnibus cogitacionibus. Iob <31>: Ipse considerat vias.* Ubi *Gregorius: Sic deus uniuscuiusque vias considerat, sic gressus dinumerat, ut nec minutissime cogitaciones eius iudicio ac verba tenuissima que apud nos usu viluerunt indiscussa remaneant. Sap. 6: Interrogabit opera vestra et cogitaciones vestras scrutabitur. Item, de omnibus verbis, Matth. 12: De omni verbo ocioso* etc. *Item, de omnibus operibus bonis* et malis, *qua intencione,* discrecione *et utilitate et devocione facta sint. Eccles. 12: Cuncta, que fiunt* sub sole *adducet deus ad iudicium.*

<64 AT Abbas quare debet preesse sed prodesse>

Quapropter, ut in iudicio dei tremendo fidelis inveniatur, *sciat sibi opertere prodesse magis quam preesse. Augustinus, <De civitate Dei, cap. 19>* ait: Sciat *se non esse episcopum, qui preesse* desiderat, *non prodesse.* Hinc *beatus Bernhardus* /96^{r} (a)/ *super cantica, sermone decimo*: Qui *ad regimen animarum assumitur* et *se nec ad congaudendum sentit promptum neque pronum ad condolendum,* talis *quidem alys non prodest, sibi obest plurimum. Qui* ergo *epis-*

7 <2>] *ed. sec. textum corr.;* 3 $T^3M^2H^2$ – 10 *quibus*] *m. rec.* scilicet *s. scribens add.* T^3 – 11 <*31*>] *ed. sec. textum corr.;* 22 $T^3M^2H^2$ – 18 <64 AT-prodesse> *ed. add.; om.* $T^3M^2H^2$ – 20 ut] *mg. m. rec.* abbas *add.* T^3 – 21 <*De–19*>] *ed. sec. textum corr.;* libro, 83. questionem $T^3M^2H^2$

1–2: cf. Matth. 24,37; 2–3: cf. Matth. 24,42; 4: Textus de Bernardo <Claraevallensis> non inv.; 5: Textus de Bernardo <Claraevallensis> non inv.; 7: cf. Eccles. 9,18; 7–8: cf. Iac. 2,10; 9–10: cf. Matth. 25,46; 11: cf. Iob 31,4; 11–13: Gregorius <Papa, I.>: Moralia in Iob 21,5,15–18 (CChr.SL 143 A, Adriaen, M. (Ed.), S. 1071); 13–14: cf. Sap. 6,4; 14–15: cf. Matth. 12,36; 16: cf. Eccles. 12,14
64 AT 18: cf. Tabula alphabetica, clm 18154, fol. 2^{r}(a); 20–21: cf. RB 64,8 (CSEL 75, Hanslik, R. (Ed.), 2. Auflage, S. 164); 21–22: cf. Augustinus <Hipponensis>: De civitate Dei 19,19,29f. (CChr.SL 48, Dombart, B. (Ed.), S. 687); cf. Grat. 8,1,11 (Fr. 593 f.); 22–24: cf. Bernardus <Claraevallensis>: In Cantica canticorum 10,1,1,5–7 (Sämtliche Werke, Band 5, Winkler, G. (Hg.), S. 146); 24–4: cf. Boerius, P. : Regula cum Glossa, Ms 155, fol. 229^{r}(b); 24–1: cf. Grat. 8,1,11 (Fr. 593 f.)

copatum desiderat, bonum opus desiderat, non ut presit, sed ut prosit, 8 q. 1 Qui episcopatum. Proficiendo enim alys adiutorium prebetur, quo meretur, sed presidendo vanam gloriam incurrere merito quandoque timetur. In proficiendo talentum creditum ad lucrum expendit, sed presumptuose presidendo talentum dissipat vel abscondit. Prodesse ergo *magis, quam preesse* debent prelati subditis et hoc cum sollicitudine iuxta illud *Rom. 12: Qui preest in sollicitudine* et hoc triplici de causa. Primo, quia sunt ipsis prestanciores, ergo debent eis preesse. Naturaliter enim semper superiora in inferiora influunt et ea regulant et conservant. Videmus enim celestia corpora influere in hec inferiora et ea regere et conservare. Quare decet quemlibet prelatum alys sollicitari, quomodo per debita auxilia influat et subveniat ac prosit suis subiectis et quomodo eos regulet et conservet. Unde et ipse deus, qui singulis rebus preest, habet sollicitudinem et providenciam tocius universi. Secundo hoc arguitur ex prelatorum intelligencia. Nam secundum *philosophum, primo De animalibus*: Quod ex animalibus intelligencius est, magis habet sollicitudinem circa filios. Quanto /96^{r} (b)/ ergo aliquis prelatus est intelligencior, tanto maiori sollicitudine et dileccione movetur circa subiectos, quibus preesse debet prudencia et precellere maiori intelligencia. Tercio sollicitudo debita arguitur prelatorum ad subiectos ex bonitate subiectorum. Quia secundum quod aliqui sunt in maiori statu, sic debent esse meliores et magis perfecti. Sed quia religiosi sunt in maiori statu ecclesie, cum ipsi sint pars non modica ymo eciam nobilior ecclesie, debent prelati eos omnibus modis inducere et instruere ad bonitatem et perfeccionem eorum statui competentem, ne quid minus inveniat pastor summus in districto examine.

<64 AU Exemplares sint Prelati>

Hinc *beatus Gregorius* libero *Moralium: Necesse est ut is qui preest que exempla subditis prebeat sollerter attendat et,* ut prosit, tantis *se sciat vivere, quantis preesse vigilanter inspiciat ne in eo quod prelatus est intumescat; ne iura debite potestatis inmoderacius exigat; ne discipline ius mutetur in rigorem superbie; et unde a perversitate subditos restringere poterat, inde*

1 *bonum-desiderat*] *om.* T^3 – 3 *creditum*] traditum T^3M^2 – 9 prelatum] *m. rec.* multum *add.* T^3 – alys] *m. rec.* alys *exp.* T^3 – 18 prelati] prelatos M^2 per prelatos H^2 – eos] *om.* M^2H^2 – inducere] induci M^2H^2 – 19 instruere] instrui M^2H^2 – 22 <64 AU-prelati>] *ed. add.; om.* $T^3M^2H^2$ – 24 *is*] *m. rec.* hys *exp. et mg.* is *scr.* T^3 hys M^2

2–4: Bernardus <Ayglerius>: In regulam, Cap. 64 (Caplet, A. (Ed.), S. 399); 4: cf. RB 64,8 (CSEL 75, Hanslik, R. (Ed.), 2. Auflage, S. 164); 5: cf. Rom. 12,8; 12: Textus Aristotelis: De animalibus, liber primus non inv.
64 AU 22: cf. Tabula alphabetica, clm 18154, fol. 4^{v}(a); 24–8: cf. Gregorius <Papa, I.>: Moralia in Iob 24,25,49–67 (CChr.SL 143B, Adriaen, M. (Ed.), S. 1227 f.)

magis intuencium corda pervertat; nec *debet hominum ducatum suscipere, qui nescit homines bene vivendo preire; ne qui ad hoc eligitur ut aliorum culpam corripiat, quod resecare debuit, ipse committat. Hinc ergo inde se, qui presunt circumspiciant, ut sibi et subditis vivant, ut bonum quod faciunt et intra sinum mentis abscondant; et tamen ex eo ad profectum sequencium* /96^{v} (a)/ *exempla recte operacionis imperciant, ut subditorum culpas animadvertentes corrigant; nec tamen per vim animadversionis intumescant, ut quedam leniter correpta tollerent, nec tamen discipline vincula eadem lenitate dissolvant, ut quedem tollerando dissimulent, nec tamen ea crescere dissimulando permittant;* hec ille.

<64 AX Regere alios bene quomodo quis debet>

Sed adverte hic unam communem regulam ad omne regimen, nam quicumque vult aliqua bene regere, oportet ipsum speciales habere cautelas ad ea, circa que videt ipsum magis deficere. Nam sicut est in locucionibus sic suo modo est in ipsis operibus. Videmus enim aliquos habere linguas disertas, aliquos vero balbucientes esse et, qui balbuciunt, non eodem modo balbuciunt, sed aliqui difficilius proferunt unum verbum, aly vero difficilius aliud. Qui ergo balbucientes in loquela vellet dirigere, oporteret eos instruere, ut specialem pungnam et specialem conatum habeant contra ea verba, que deterius proferre possunt. Unde et aliquos philosophos legimus sic fecisse, qui, cum essent impedite lingue accipientes specialem conatum contra illas litteras, quas deterius proferebant, facti sunt eloquentes. Hoc ergo modo et circa opera se habeat. Cum enim quis se vel alium videt circa aliqua deficere, si se vel alium vult recte regere, specialem conatum assumere debet circa ea, in quibus contingit facilior casus. Sequitur:

<64 AY Abbas sit doctus lege divina>

/96^{v} (b)/ *Oportet ergo* etc.. Hec conclusio dependet ex precedentibus. Nam quale onus quis susceperit aut cui racionem redditurus sit, *cogitare* vel *magis prodesse quam preesse* valeat *scire, nisi sit in lege divina doctus, sciencia* salutari *peritus et vite merito decoratus.* Ideo bene

2 *corripiat*] corripiant M^2 – 4 *faciunt*] faciant H^2 – 6 *leniter*] leviter H^2 –10 <64 AX-debet>] *ed. add.; om.* $T^3M^2H^2$ – 17 pungnam] pugnam H^2 – 20 et] *om.* T^3 – 24 <64 AY-divina>] *ed. add.; om.* $T^3M^2H^2$ – 26 etc.] ecetera H^2 – 27 valeat] *pr. m.* velle *scr., mg. m. rec.* quomodo posset *add.* T^3 valet M^2

64 AX 10: cf. Tabula alphabetica, clm 18154, fol. 9^{r}(a)
64 AY 24: cf. Tabula alphabetica, clm 18154, fol.2^{r}(a); 26: cf. RB 64,9 (CSEL 75, Hanslik, R. (Ed.), 2. Auflage, S. 164); 27: cf. Boerius, P.: Regula cum Glossa, Ms 155, fol. 229^{v}(a); cf. Bernardus <Ayglerius>: In regulam, Cap. 64 (Caplet, A. (Ed.), S. 399); 28: cf. Boerius, P.: Regula cum Glossa, Ms 155, fol. 229^{v}(a); cf. Bernardus <Ayglerius>: In regulam, Cap. 64 (Caplet, A. (Ed.), S. 399);

et racionabiliter concludit dicens: *Oportet ergo*, id est necesse est, *eum* scilicet abbatem electum *esse doctum*, *si non eminenter*, *saltem* competenter et *sufficienter*. *Competens enim sciencia secundum canones tolleratur, sed eminens requiritur in prelato.* Facit eodem tytulo *Cum in cunctis, 18 q. 2, Si quis, versiculus: Est iste. Lege divina, id est novi et veteris testamenti.* Hec lex divina non est gberrifica, sed pacifica, *Ps.*: *Pax multa diligentibus legem tuam*, non mortifica, sed vivifica, *Prov. 13: Lex sapientis fons vite* et *Ps.*; *Lex domini inmaculata* etc., non dampnifica, sed beatifica, *Prov. 29: Qui custodit legem, beatus est* in spe, licet non dum in re. *Et* eciam *canonica, que divina lex eciam appelatur, 11 q. 3, c. Summo. Sed non sufficit abbatem habere sciencie facultatem, sed* eciam *oportet eum habere vite sanctitatem et hoc est, ut sciat et sit, ut per scienciam subditos edificet doctrine verbo et per hoc, quod est vite in eo sanctitas et operum claritas, informet exemplo.* Unde *Cesarius omelia* <*quarta*>: *Quamvis melius sit facere, quam nosse, prius tamen est nosse quam facere.* /97^r (a)/ *Debet enim discere*, que *oportet implere* et alios docere. *Unde proferat nova novi testamenti sequendo consilia et vetera legis et prophetarum testimonia sancta et sic habet scire et esse*, vel secundum *Gregorium: Nova de suavitate regni*, vetera *de terrore supplicy, ut* scilicet *pene terreant, quos premia non invitant*, vel nova per admonicionem virtutum, vetera per detestacionem viciorum. Sed videtur hic preposterus ordo verborum, cum dicit nova et vetera. Cum vetus sit ante *novum*, ergo deberet dici vetera et nova, respondetur secundum *interlinearem*, quod *novum testamentum preponitur dignitate* vel prius dicit nova et post vetera, quia pusillanimes prius refovendi sunt consolacione, ut surgant, postea terrendi terrore, ne cadant. Econtra contumaces prius increpandi sunt, ut timeant, postea consolacione fovendi, ne desperent.

5 gberrifica] gwerrifica H^2 –6 etc.] *om.* H^2 – 11 <*quarta*>] *ed. sec. textum corr.*; prima T^3M^2H – *Quamvis*] *mg. m. rec.* ait *add.* T^3 – 15 scilicet *pene*] pene scilicet H^2 – 17 novum] et *add.* T^3 – 18 *interlinearem*] *pr. m.* interlinearem *scr.*, *m. rec.* interlinearem *exp. et mg.* glosam interlinearem *scr.* T^3 – 20 ne] *m. rec.* non *exp. et* ne *s. scr.* T^3 non M^2

2–3: cf. RB 64,9 (CSEL 75, Hanslik, R. (Ed.), 2. Auflage, S. 164); 3: cf. Boerius, P.: Regula cum Glossa, Ms 155, fol. 229^v(a); 3–4: cf. Bernardus <Ayglerius>: In regulam, Cap. 64 (Caplet, A. (Ed.), S. 399); 4–5: cf. X 1,6,7 (Fr. 51 f.); 5: Grat. 18,2,15 (Fr. 833); 5: cf. RB 64,9 (CSEL 75, Hanslik, R. (Ed.), 2. Auflage, S. 164); 5–6: cf. Boerius, P.: Regula cum Glossa, Ms 155, fol. 229^v(a); 6: cf. Ps. 118,165; 7: cf. Prov. 13,14; cf. Ps. 18,8; 8: cf. Prov. 29,18; 9–10: cf. Boerius, P.: Regula cum Glossa, Ms 155, fol. 229^v(a); 9: cf. Grat. 11,3,70 (Fr. 663); 9–10: cf. Bernardus <Ayglerius>: In regulam, Cap. 64 (Caplet, A. (Ed.), S. 399 f.); 11: cf. RB 64,9 (CSEL 75, Hanslik, R. (Ed.), 2. Auflage, S. 164); 11–12: cf. Boerius, P.: Regula cum Glossa, Ms 155, fol. 229^v(a); cf. Bernardus <Ayglerius>: In regulam, Cap. 64 (Caplet, A. (Ed.), S. 399 f.); 12–14: cf. Caesarius <Arelatensis>: Sermones 4,1,6–8 (CChr.SL 103, Morin, G. (Ed.), S. 22); 14: cf. RB 64,9 (CSEL 75, Hanslik, R. (Ed.), 2. Auflage, S. 164); 14–15: cf. Bernardus <Ayglerius>: In regulam, Cap. 64 (Caplet, A. (Ed.), S. 400); cf. Boerius, P.: Regula cum Glossa, Ms 155, fol. 229^v(a); 15–17: cf. Gregorius <Papa, I.>: Homiliae in Evangelia 1,11, 5 (FC 28/1, Fiedrowicz, M. (Übers., Einl.), S. 190); 19–20: cf. Biblia latina cum glossa ordinaria, Volume IV (Rusch, A. (Ed.), S. 50)

<64 AZ Legis divinie meditacio qualis et quantum valet>

Et bene et notanter dicit *lege divina*. Nam *beatus vir in lege domini meditatur die ac nocte* etc. Et merito legis enim divine sive scripture sacre iugis meditacio temperat corporis voluntatem, mitigat mundi tempestatem, predicat dei pietatem, excitat hominis caritatem. De primo *Eccles. 12: Frequens meditacio carnis affliccio est. Ieronimus in prologo: Ama scienciam scripturarum et carnis vicia non amabis.* De secundo idem *Ieronimus super epistulam ad Eph., libro primo: Si quidquam est, quod in hac vita virum sapientem teneat, et inter pressuras et turbaciones mundi equo animo manere persuadet,* ad idem *primum* /97^r(b)/ esse *reor, meditacionem et scienciam scripturarum.* De tercio *Ps.: In matutinis meditabor in te, quia fuisti* etc. De quarto idem: *In meditacione mea exardescit ignis.* Ista meditacio sacre scripture non debet esse transitoria seu perfunctoria, sed debet esse morosa, diuturna et continua eo fervencior, quo homo senior invenitur; *Ecclus. 14: Beatus vir, qui in sapiencia morabitur et qui in iusticia meditabitur. Gregorius in Moralium:* Sacra scriptura *parvulis humili sermone blanditur,* que *nec sic clausa est ut pavesci debeat, nec sic patet ut vilescat,* sed *usu fastidium tollit, et tanto* plus *diligitur quanto amplius meditatur.*

<64 BB Scienciam triplicem debent habere prelati>

Porro quamquam *ignorancia mater* omnium *errorum* sit *in* prelatis et *sacerdotibus maxime vitanda, 38. di., c. 1,* licet *eminens* sciencia, ut supra dictum est, sit semper in prelatis desideranda, competens tamen est tolleranda, *De eleccione, Cum nobis, et* tunc *imperfeccionem sciencie debet supplere perfeccio caritatis, Extra, De renunciacione, Nisi cum pridem,* <paragraphus> *Pro defectu.* Advertendum ergo, quod prelati et sacerdotes triplicem debent habere scienciam: Primo debent habere scienciam *secularium litterarum,* secundo sacre scripture,

1 <64 AZ-valet>] *ed. add.; om.* $T^3M^2H^2$ – 4 scripture] scriptura T^3M^2 – 10 *fuisti*] adiutor *add.* H^2 – idem] *mg. m. rec.* idem *add.* T^3 *om.* M^2 H^2 – 18 <64 BB-prelati>] *ed. add.; om.* $T^3M^2H^2$ – 21 *1*] 11 H^2 – sit] *om.* M^2H^2 – semper] sit *add.* H^2 – 23 *supplere*] suplere T^3 – 23–24 <paragraphus>] *coni.;* Ne $T^3H^2M^2$ – 25 debent habere] *om.* H^2

64 AZ 1: cf. Tabula alphabetica, clm 18154, fol. 5^v(b); 3: cf. Ps. 1,1.2; 5–6: cf. Eccles. 12,12; 6–7: cf. Hieronymus <Stridonensis>: Epistula 125,11,3–4 (CSEL 56/1, Hilberg, I. (Ed.), 2. Auflage, S. 130); 7–10: cf. Hieronymus <Stridonensis>: Commentarium in epistolam ad Ephesios, Prologus (PL 26, 537–538); 10: cf. Ps. 62,7; 11: cf. Ps. 38,4; 13: cf. Ecclus. 14,22; 14–16: cf. Gregorius <Papa, I.>: Moralia in Iob 20,1,1,5–8 (CChr.SL 143A, Adriaen, M. (Ed.), S. 1103)
64 BB 18: cf. Tabula alphabetica, clm 18154, fol. 10^r(a); 20–21: cf. Grat. 38,1 (Fr. 141); 21–22: cf. X 1,6,19 (Fr. 60); 22–24: cf. Sext. 1,9,10,§4 (Fr. 108); 25–2: cf. Grat. 37,7,§2 (Fr. 137); cf. Grat. 37,8 (Fr. 138)

tercio iuris canonici. Primo debent habere *scienciam* secularium litterarum, *37. di., Sed econtra* et *c. Turbat.* Hanc autem debent habere propter tria, ut *verum* a *falso* possint discernere, *37. di., Si quis gram<m>aticam.* Secundo, ut viam /97^{v} (a)/ ad *scienciam pietatis* possint habere id est ad theologiam, *<37. di., Si quis>*. Tercio, ut officium suum possint exequi licite, quod sine litteris fieri non potest. Quia *substancia summi sacerdotis sunt eloquia divinitus tradita, 38. di., Omnes; 40. di., Sicut.* Secundo debent habere scienciam sacre scripture ut *26. di.* per totum, et hoc propter tria: Primo propter huius sciencie perfeccionem. Hec *est* enim *perfecta virtus et sapiencia, quidquid alibi queritur, hic perfecte invenitur, <37. di., Hinc eciam>*. Secundo propter *heresis* vitacionem, quia dubius in fide hereticus est, *Extra, De hereticis, c. 1.* Fides autem in sacra scriptura docetur, *Extra, De fide, Firmiter* et *23. di., Qui episcopus.* Tercio propter subditorum informacionem, ut *37. di., c. 2.* Tercio debent habere scienciam iuris canonici, ut *<38.> di., c. 1, c. Nullus. Debent* autem prelati et *sacerdotes scire canones* propter tria, *ne* per ignoranciam *contra* eos offendant, *38. di., Placuit,* quia ignorancia in prelatis et sacerdotibus *nec excusacione est digna nec venia, 38. di., Si in <laicis>*. Secundo, ut seipsos honeste regant, *Extra, De vite et honestate clericorum,* per totum. Tercio, ut penitentibus consulere sciant, quia, si prelati *per ignoranciam cecis alys ducatum prebeant, ambo in foveam cadunt, 37. di., c. <Ut> itaque* et *Extra, De etate et qualitate preficiendorum.* /97^{v} (b)/ Cum sit ars arcium. Et ideo penitens *querat sacerdotem,* qui *sciat ligare et solvere, De penitencia, di. <6>, Qui <vult>*. Nam *propter ignoranciam* sacerdotis potest subditus licite confiteri *alteri* quam proprio *sacerdoti, De penitencia, di. 6, Placuit.*

3 *gram<m>aticam*] *coni.;* gramaticam $T^3H^2M^2$ – 4 *<37.-quis>*] *ed. sec. Decr. Grat. corr.;* 30. di. Cur ergo T^3H^2 *post rasuram* 3 M^2 – 8 *perfecte*] profecto T^3M^2 – *<37.-eciam>*] *ed. sec. Decr. Grat. corr. 37. di.;* Sed econtra $T^3H^2M^2$ – 11 informacionem] *pr. m.* formacionem *scr., m. rec.* in *add. ad* informacionem T^3, formacionem M^2 – 12 *<38>*] *ed. sec. Decr. Grat. corr.* 37 $T^3H^2M^2$ – *1*] et *add.* H^2 – 14 *<laicis>*] *ed. sec. Decr. Grat. corr.;* lucis $T^3M^2H^2$ – 17 *<Ut>*] *ed. sec. Decr. Grat. corr.;* Cum $T^3M^2H^2$ – 19 <6>] *ed. sec. Decr. Grat. corr.;* 7 $T^3M^2H^2$ – *<vult>*] *ed. sec. Decr. Grat. corr.;* hoc $T^3M^2H^2$

2–3: cf. Grat. 37,10 (Fr. 138); 3–4: cf. Grat. 37,10,§1 (Fr. 138); 5–6: cf. Grat. 38,6 (Fr. 142); 6: Grat. 40,8 (Fr. 147); cf. Grat. 26,1–5 (Fr. 95–98); 7–8: cf. Grat. 37,7,§6 (Fr. 137); 9: cf. X 5,7,1 (Fr. 778); 10: X 1,1,1§1 (Fr. 5); Grat. 23,2 (Fr. 79 f.); 11: Grat. 37,2,§14 (Fr. 135); 12: cf. Grat. 38,5 (Fr. 141); 12: cf. DURANTIS, G.: Rationale divinorum officiorum 2,14,142–144 (CChr.CM 140, DAVRIL, A. u.a. (Ed.), S. 170); 13: cf. Grat. 38,7 (Fr. 142); 14: cf. Grat. 38,3 (Fr. 141); 15: X 3,1,1–14 (Fr. 449–454); 16–17: cf. Grat. 37,15 (Fr. 140); cf. Matth. 15,14; 17: X 1,14, 1 (Fr. 125); 18–19: cf. Grat., De poen., 6,1 (Fr. 1242); 19–20: cf. Grat., De poen., 3,3 (Fr. 1244)

<64 BC LUXURIA FACIT PRELATOS DETESTABILES>

Sed *quale debeat esse vasculum, in quo lex divina* ymo et canonica digne *recondatur*, ostenditur *cum sequitur Castum. Inmundicia* enim seu voluptas carnalis *deo et hominibus abhominabilem reddit prelatum.* Et hoc propter tria: Primo quia maxime deprimit; secundo quia contemptibilem facit; tercio quia ipsum indignum preesse ostendit. Primum patet, quia *homo* in vita voluptuosa secundum *philosophum, primo ethicorum, communicat cum brutis.* Unde desiderantes vivere voluptuose, vitam pecudum eligunt, ut in eis impleatur illud Ps: *Homo cum in honore esset.* Quanto autem quis in alciori gradu existit, tanto per hanc vitam magis deprimitur. Prelatum vero decet esse supra hominem et totaliter dominum, quia secundum *Gregorium*, quantum differt pecus ab hominem, tanto *distare* debet *vita pastoris a* vita subiecti *gregis*. Nam, ut dicitur 5. *Politicorum*: Principatus correspondere debet magnitudinibus et dignitati, ut quanto quis maior prelatus existit, tanto alios excellere debet in dignitate vite et in bonitatis magnitudine. In tanto ergo gradu existens, indignum est, ut vitam pecudum eligat, quia per eam valde /98^r (a)/ deprimitur. Secundum quod inde scilicet ex voluptate carnali redditur contemptibilis, patet per *philosophum 5. Politicorum*, ubi dicitur, quod maxime expedit principibus esse moderatos in *corporalibus deleccacionibus*, quia, ut ibidem innuitur, talibus deleccacionibus se dantes similes sunt dormientibus et ebrys. Dediti autem huiusmodi voluptatibus usum racionis amittunt sicut dormientes et ebry, quia uti racione non possunt. Cum ergo secundum eundem *philosophum* non facile sit contemptibilis, qui sobrius, sed qui non sobrius, nec qui vigil, sed qui est dormiens, decet prelatum tales deleccaciones inmoderatas fugere, ne contemptibilis videatur. Tercio decet prelatum talia detestari, ne indignus sit principari. Unde dicitur *primo ethicorum*: *Differunt autem nichil iuvenis secundum etatem* et *iuvenis secundum mores.* Sequens enim deleccaciones sensibiles, dato quod sit senex tempore, quia tamen est

1 <64 BC-detestabiles>] *ed. add.; om.* $T^3M^2H^2$ – 9 *esset*] etc. *add.* H^2 – 11 *gregis*] Gregorius *pr. m. scr. et m. rec. exp.* T^3 – 12 ut] et T^3 – 24 senex tempore] tempore senex T^3M^2 – 12-1 est puer] puer est H^2

64 BC 1: cf. Tabula alphabetica, clm 18154, fol. 6^r(a); 3: cf. BOERIUS, P.: Regula cum Glossa, Ms 155, fol. 229^v(a); cf. BERNARDUS <AYGLERIUS>: In regulam, Cap. 64 (CAPLET, A. (Ed.), S. 400); 4–5: cf. BERNARDUS <AYGLERIUS>: In regulam, Cap. 64 (CAPLET, A. (Ed.), S. 400); 4: cf. RB 64, 9 (CSEL 75, HANSLIK, R. (Ed.), 2. Auflage, S. 164); 6–7: Textus ARISTOTELIS: Ethica nicomachea, liber primus non inv., sed in THOMAS <DE AQUINO>: In quattuor libros sententiarum 3,34,1,1 (corpus articuli) (S. Thomae Aquinatis Opera omnia, Volumen 1, BUSA, R. (Bearb.), S. 391b) inv.; 8–9: cf. Ps. 48,21; 10–11: cf. GREGORIUS <PAPA, I.>: Regula pastoralis 2,1,4 (SC 381, JUDIC, B. u.a., S. 174);12: Textus ARISTOTELIS: Politica, liber quintus non inv.; 16–17: cf. ARISTOTELES: Politica 2,9,22 (Aristoteles latinus, Band 29,1, MICHAUD-QUANTIN, P. (Ed.), S. 50); 20.23–24: cf. ARISTOTELES: Ethica nicomachea 1,1,7-8 (Aristoteles latinus, Band 26,1-3,4, GAUTHIER, R. A. (Ed.), S. 377)

puer moribus indignus est principari. Unde advertendum, quod sicut non differt puerum esse etate et moribus, sic non differt senem esse moribus et etate, propter quod sicut, si sit senex tempore et puer moribus, indigne principatur, sic si sit puer etate et senex moribus, dignus est principari. Non enim ait *philosophus*, quod *nemo eligit iuvenes in duces*, eo, quod non constat eos esse senes, sed eo, quod *non constet eos esse prudentes*, quia si constet eos habere mores seniles et vigere, /98^{r} (b)/ prudencia digni sunt principari.

<64 BD CASTITAS QUALITER SIT SERVANDA>

Ergo ne prelati deprimantur, ne contempnantur et principari sint indigni, carnales debent despicere voluptates et *sanctis suis femoribus seras apponant*, ac sacris *genitalibus* suis *continencie fibulas* studeant *adhibere* et *vigilanti solercia servare satag*ant *castitatem et omne crimen letifere pollucionis excludant*, *ut sciant vas* suum *possidere in sanctificacione et honore*, *1. Thess 4.* Hec est enim *sanctimonia, sine qua nemo videbit* deum, ad *Hebr. 12.* Que nimirum sanctimonia sive castitas servari ac custodiri debet in corde, quia cor deo gratificat, *1. Petr. 1: Castificantes animas vestras in obediencia caritatis.* Cuilibet enim sapienti gratum est mundum habitaculum. Cor autem est dei habitaculum. In ore, quia proximum edificat, *1. Tim. 5: Obsecra iuvenculas ut sorores in omni castitate.* In opere, quia hominem ipsum fortificat, *Iudith 15: Confortatum est cor tuum eo, quod amaveris castitatem, et post virum tuum alterum nescisti. Ideo manus domini confortaver*unt *te*. In conversacione, quia totum hominem commendat, *Sap. 4: O quam pulchra est casta generacio* etc. In aliorum opinione, quia alios ad similem animat, *1. Tim. 4: Exemplum esto fidelium in verbo, in conversacione, in caritate, in castitate, in fide*, et sic desponsaberis in Christo /98^{v} (a)/ *Osea* <2>: D*esponsabo te mihi in fide.* In eterna beatitudine: *Despondi vos uni viro virginem castam exhibere Christo.*

1 puerum esse] esse puerum H^2 – 2 esse] et M^2 *om.* H^2 – sicut] *om.* H^2 – 5 senes] *om.* T^3 – 8 <64 BD-servanda>] *ed. add.; om.* $T^3M^2H^2$ – 10 ne] et H^2 – 11 *genitalibus* suis] suis genitalibus H^2 – 12 *satag*ant castitatem] castitatem satagant H^2 – 23 in] *om.* H^2 – <2>] *ed. sec. textum corr.;* 3 $T^3M^2H^2$ – 24 *Christo*] *add.* H^2

4–5: cf. HAMESSE, J.: Les Auctoritates Aristotelis, S. 325 (Nr. 47)
64 BD 8: cf. Tabula alphabetica, clm 18154, fol. 2^{v}(b); 11–12: cf. PETRUS <DAMIANI>: Epistola 61 (MGH. Epistolae. Die Briefe der deutschen Kaiserzeit. Band 4,2, REINDEL, K. (Ed.), S. 207, Z. 2f.); 12–13: cf. PETRUS <DAMIANI>: Epistola 132 (MGH. Epistolae. Die Briefe der deutschen Kaiserzeit. Band 4,3, REINDEL, K. (Ed.), S. 439, Z. 25f.); 13–14: cf. 1. Thess. 4,4; 14: cf. Hebr. 12,14; 15–16: cf. 1. Petr. 1,22; 17–18: cf. 1. Tim. 5,1.2; 19–20: cf. Iudith 15,11; 21: cf. Sap. 4,1; 22–23: cf. 1. Tim. 4, 12; 23: cf. Osea 2,20; 24: cf. 2. Cor. 11,2

<64 BE Sobrietatis commendacio et est multipliciter>

Verum ut castitas in te radicata securius enitescat ac firmius permaneat, necessarium est, *ut* temperancia sive *sobrietas* tibi *cottidie comes sit individua, nec aliquando sit a tuo collegio gula pruriente divulsa. Ubi enim viscerum pori ciborum repleti sunt sucis, illic procul dubio robur sibi vendicat flamma libidinis. Venter* enim, secundum *Ieronimum, vino estuans* facile *spumat in libidinem*. Quapropter beatus Benedictus, postquam instruxit prelatum oportere fore castum, mox adiungit: *Sobrium*. Sobrietas est virtus, qua corporis alimenta cum moderamine admittuntur in cibo, potu et sompno, que et alio nomine dicitur per symonia et abstinencia, et secundum *philosophos* temperancia opponitur vicio gule vel *castrimargie*, que *est ventris ingluvies*. Est autem sobrietas alia medicine, alia avaricie, alia ypochrisis, alia paupertatis, alia religiositatis. Medicinalis fit propter corporis sanitatem conservandam vel recuperandam, avaricie ad parcendum expensis, ypochrisis pro laude humana, paupertatis pro necessitate penurie, religiositatis pro virtute obtinenda, pro vicio calcando, pro penitencia agenda, pro edificacione proximorum, pro gloria promerenda, pro acuendo /98^v (b)/ intellectu et sapiencia inquirenda.

<64 BF Sobrietas in tribus consistit>

Consistit autem *sobri*etas sive temperancia in tribus: In qualitate, in quantitate et modo. In qualitate, ut non delicata et preciosa ac sumptuosa quis requirat, sed simplicia, quibus valeat natura suscentari et gula non irritari et que de facili possunt haberi. In quantitate, ut non magis nec sepius quam decet, sed temperate, ut sit refeccio corporis non onus. Infirmi tamen sunt liberi ab utraque lege. Vide supra capitulo 31 k.

1 <64 BE-multipliciter>] *ed. add.* ; *om.* $T^3M^2H^2$ – 4 *a tuo*] acuo M^2 – 10 temperancia] et *add.* M^2H^2 – 15 intellectu] intellectum M^2 – 18 <64 BF-constitit>] *ed. add.*; *om.* $T^3M^2H^2$ – 23 corporis] corpori H^2

64 BE 1: cf. Tabula alphabetica, clm 18154, fol. 10^r(b); 4–6: cf. Petrus <Damiani>: Epistola 132 (MGH. Epistolae. Die Briefe der deutschen Kaiserzeit. Band 4,3, Reindel, K. (Ed.), S. 440, Z. 9–11); 6–7: cf. Hieronymus <Stridonensis>: Epistula 69,9,12–13 (CSEL 54, Hilberg, I. (Ed.), 2. Auflage, S. 696); 8: cf. RB 64,9 (CSEL 75, Hanslik, R. (Ed.), 2. Auflage, S. 164); 10: Textus de 'philosopho' (Aristoteles?) non inv.; 10–11: cf. Testimonia divinae scripturae <et patrum> I,2,7 (CChr.SL 108D, Lehner, A. (Ed.), S. 91)
64 BF 18: cf. Tabula alphabetica, clm 18154, fol. 10^r(b); 20: cf. RB 64,9 (CSEL 75, Hanslik, R. (Ed.), 2. Auflage, S. 164); 24: clm 18153, f. 80^r(a-b)

<64 BG Sobrietatis tres gradus>

Sobrietatis primus gradus est a crapula et ebrietate cavere et debita tempora et horas in edendo servare, ne ieiunia statuta leviter frangantur vel tempore incongruo epulis et potibus temere inserviatur et ne magis ad luxuriam quam ad nature refeccionem edendo vel bibendo studeatur. Secundus gradus est eciam a quibusdam licitis abstinere, ut a carne, vino, piscibus et alys, vel asperiori victu contentum esse vel sepe ieiunare et a deleccacionibus abstinere et que magis appetuntur, *Rom. 14: Bonum est non* comedere *carnes, non bibere vinum* etc. Sicut nazarei et fily rechab. Tercius gradus est sic domuisse gulam et sic docuisse palatum, ut solum sit contentus, que extreme sufficiunt necessitati in qualitate et quantitate cibi et potus, ut quo simplicior victus eo magis diligat. Et si delicata /99^r (a)/ aliquando sumere oporteat, non deleccacionem in eis, sed solam necessariam refeccionem requirat, *Rom. 13: Curam carnis ne feceritis in desiderys.*

<64 BH Intemperancia facit prelatos detestabiles>

Econtra intemperancia detestabilem facit hominem et maxime prelatum. Et hoc propter tria, que tangit *philosophus 3. Ethicorum*, quia *intemperancia* est vicium maxime *bestiale*, puerile et turpe sive *exprobrabile*. Primum patet, quia *temperancia et intemperancia* fieri habent *circa* deleccabilia *tactus et gustus*, secundum quod delectari *commune* est *nobis et* bestys, et ideo dicitur *3. Ethicorum*: Quod quia *temperancia et intemperancia est circa deleccaciones, quibus reliqua animalia communicant*, et ideo intemperati sunt *serviles et bestiales*. Bestia enim, quia deficit intellectu, naturaliter est quid servile. Si ergo indecens est prelatum, cuius est alys dominari, esse bestialem et servilem, ergo indecens est ipsum esse intemperatum. Secundo intemperancia est vicium maxime puerile. *Pueri enim*, quia *usum racionis non habent*, non

1 <64 BG-gradus>] *ed. add.; om.* $T^3M^2H^2$ – 6 et] sic de *add.* T^3M^2 – 7 deleccacionibus] *mg. m. rec.* deleccabilibus *add.* T^3 delicatoribus H^2 – magis] magis *add.* H^2M^2 – 15 <64 BH-detestabiles>] *ed. add.; om.* $T^3M^2H^2$ – 18 quia] quod H^2 – 20 quod] que T^3M^2

64 BG 1: cf. Tabula alphabetica, clm 18154, fol. 10^r(b); 8: cf. Rom. 14,21; 12–13: cf. Rom. 13,14
64 BH 15: cf. Tabula alphabetica, clm 18154, fol. 5^v(a); 18–19: cf. Aristoteles: Ethica nicomachea 3,13,22f. (Aristoteles latinus, Band 26,1–3,4, Gauthier, R. A. (Ed.), S. 427); 19–20: cf. Aristoteles: Ethica nicomachea 3,13,22–24 (Aristoteles latinus, Band 26,1–3,4, Gauthier, R. A. (Ed.), S. 427); 20: cf. Thomas <de Aquino>: In quattuor libros sententiarum 4,49,3,1,3 (corpus articuli) (S. Thomae Aquinatis Opera omnia, Volumen 1, Busa, R. (Bearb.), S. 690a); 21–22: cf. Aristoteles: Ethica nicomachea 3,13,3.4.6 (Aristoteles latinus, Band 26,1–3,4, Gauthier, R. A. (Ed.), S. 428); 25: cf. Thomas <de Aquino>: Summa theologica I,101,2 ob. 1 (Sancti Thomae Aquinatis Doctoris Angelici Opera Omnia, Tomus 5, S. 447a)

vivunt racione, sed passione. Ideo maxime videmus eos sequi deleccabilia et esse insecutores passionum. Unde *philosophus 3. Ethicorum*: Vim concupiscibilem, secundum quam habet esse vicium intemperancie puero assimulat, quia sicut *puer* debet regi per *pedagogos*, *sic* vis *concupiscibilis* est regenda et regulanda per *racionem*. Sicut ergo indecens est prelatum esse puerum in omnibus, sic indecens est eum esse intemperatum. /99^{r} (b)/ Tercio quia hoc vicium est maxime turpe et contemptibile. Homines enim intemperati sunt viles et quasi sine racione, quia appetunt vilia et turpia, ideo, si in prelatura sunt, maxime contempnuntur, quia quilibet indignatur prelato, qui est intemperatus et se non regit racione, sed passione. Quare, si decet prelatum ostendere se reverendum et honore dignum, maxime indecens est eum esse intemperatum.

<64 BJ Temperancia qualis sit virtus>

Pro intellectu premissorum est advertendum, quod temperancia media est inter deleccaciones et insensibilitates. Insensibilitas enim est fugere deleccaciones sensibiles ultra quam racio dictat. Qui ergo omnes deleccaciones insequitur, intemperatus est. Qui vero omnes fugit, *insensibilis* et agrestis *est*. Qui autem fugienda fugit et prosequenda prosequitur, virtuosus et temperatus est. Contingit enim peccare non solum deleccaciones sensibiles prosequendo, sed eciam eas fugiendo, nam, qui tamen abstinet se a cibo et potu et a licitis deleccacionibus sensibilibus, quod cum tali abstinencia natura stare non potest, quia huius contrarium recta racio dictat, virtuosus dici non potest nec temperatus.

<64 BK Deleccacionum sensibilium differencia>

Deleccacionum autem sensibilium quedam sunt fortes, quedam debiles, quedam nos magis alliciunt quedam vero minus. Licet enim circa quinque sensus et circa sensibilia omnium sensuum contingat nos delectari. /99^{v} (a)/ Forciores tamen deleccaciones sunt circa gustum et

12 <64 BJ-virtus>] *ed. add.; om.* $T^3M^2H^2$ – 16 fugit] fuget M^2 – 21 potest] posset M^2H^2 – 23 <64 BK-differencia>] *ed. add.; om.* $T^3M^2H^2$ – 27 delectari] etc. *add.* T^3

2–4: cf. Aristoteles: Ethica nicomachea 3,15,18–20 (Aristoteles latinus, Band 26,1–3,4, Gauthier, R. A. (Ed.), S. 430 f.)
64 BJ 12: cf. Tabula alphabetica, clm 18154, fol.10^{v}(a) ; 17: cf. Thomas <de Aquino>: Summa theologica II-II,152,2 ad 2 (Sancti Thomae Aquinatis Doctoris Angelici Opera Omnia, Tomus 10, S. 201b)
64 BK 23: cf. Tabula alphabetica, clm 18154, fol. 3^{v}(a)

tactum, quam secundum visum, auditum et odoratum. Quod dupliciter patet: Primo, quia quanto magis utimur deleccacionibus, tanto ardencius et fervencius delectamur. Magis autem utimur deleccacionibus gustus et tactus quam deleccacionibus aliorum sensuum, quia possumus videre, audire et odorare distancia, sed non possumus gustare et tangere nisi nobis coniuncta. Ideo in huiusmodi sensibus ardencius ac fervencius delectamur. Secundo hoc idem patet, quia sensibilia gustus et tactus magis directe et inmediate videntur ordinari ad conservacionem nostram, ut deleccabilia gustus ordinantur ad conservacionem individui, sed deleccabilia carnis ut in matrimonio ordinantur ad conservacionem speciei. Ideo forte natura tantam deleccacionem posuit in deleccacionibus gustus et tactus, ne periret individuum et ut salvaretur species. Species vero temperancie quantum ad gustum sunt sobrietas temperans se in potu et abstinencia temperans se in cibo. Quantum vero ad tactum sunt castitas temperans se ab operibus venereis et pudicicia temperans se eciam a gestibus venerea incitantibus. Si ergo volumus nos ipsos facere temperatos, ad illam partem inclinandum est, ut a deleccacionibus sensibilibus caveamus. Melius est enim aliquas deleccaciones licitas vitare, quam aliquas /99^v (b)/ illicitas insequi. Debemus enim secundum *philosophum 2. Ethicorum hoc pati, quod senes* troye *paciebantur ad helenam* dicentes: *Abici*amus eam, id est non respiciamus in *ipsam.*

<64 BL DEUS AN SIT MISERICORS ET QUALITER>

Postquam beatus Benedictus ostendit prelatum oportere *doctum esse, castum et sobrium*, et hoc quo ad seipsum, nunc ostendit, qualis esse debeat ad proximum, quia *misericordem* id est aliene miserie ex corde compacientem. Quia secundum <*Thomam*>: *Misericordia est tristicia* in alienis malis. Unde et dominus *Luc. 6: Estote misericordes, sicut et pater vester misericors est.* Sed qualiter est deus misericors, cum nulla tristicia in deum cadere potest nec compassio prout passionem dicit? Item cum deus sit summe iustus, misericordia autem iusticiam relaxat,

2 fervencius] ardencius H^2 – 3 deleccacionibus] delectabilibus M^2H^2 – 5 ac] et H^2 – fervencius] *pr. m.* fluencibus *scr., mg. m. rec.* fervencius *scr.* T^3 fluencibus M^2 – 6–7 conservacionem] consumacionem M^2 – 7 nostram-conservacionem] *om.* T^3 *mg. m. rec. add.* M^2 – 7 conservacionem] consumacionem M^2 – 8 carnis] tactus M^2 tactus ordinantur H^2 – 8 conservacionem] consumacionem T^3 – 9 deleccacionibus] delectabilibus M^2H^2 – 12 ab] *om.* T^3 – 18 <64 BL-qualiter>] *ed. add.; om.* $T^3M^2H^2$ – 21 debeat] esse *add.* H^2 – 22 <*Thomam*>] *ed. nom. autoris sec. textum corr.*; Damianum $T^3M^2H^2$- 23–24 *misericors est*] etc. M^2H^2 – 24 deus] dominus H^2 – potest] *pr. m.* potest *scr., m. rec.* possit *s. s.* T^3 – nec] ut T^3 – 25 cum] *mg. m. rec. post* deus cum *add.* T^3 *om.* M^2

15–16: cf. ARISTOTELES: Ethica nicomachea 2,9,14 (Aristoteles latinus, Band 26,1–3,4, GAUTHIER, R. A. (Ed.), S. 409)
64 BL 18: cf. Tabula alphabetica, clm 18154, fol. 3^v(b); 20–21: cf. RB 64,9 (CSEL 75, HANSLIK, R. (Ed.), 2. Auflage, S. 164); 22: cf. THOMAS <DE AQUINO>: Summa theologica II-II,30,1 c. (Sancti Thomae Aquinatis Doctoris Angelici Opera Omnia, Tomus 8, S. 240b); 23–24: cf. Luc. 6,36

videtur ergo, quod in deo non possit esse misericordia. Respondetur, quod misericordia duo importat: Primo affectum miserantis ad compaciendum misero, et illud non potest esse in deo, in quem nullum potest accidens cadere, nec tristicia nec passio. Secundo misericordia importat effectum miseracionis, quia proximi miseriam reputat suam, et ideo movetur ad eam repellendam, tamquam miseriam suam, et illud est in deo, scilicet effectus, quo repellitur miseria nostra. Quia ex bonitate sua miseriam nostram repellit, tribuendo quoddam debitum non erat nobis et hoc procedit non ex aliqua passione, que in deo sit, sicut est in nobis, quando misero compatimur /100^r (a)/ ex affectu, sed procedit ex simplici actu voluntatis divine producens repulsionis miserie effectum. Et sic solutum est argumentum primum, quod arguit de affectum passionis. Ad secundum dicendum, *quod misericordia non tollit iusticiam, sed est quedam plenitudo iusticie, Iac. 2.* Et hec littera: *Misericordia autem superexaltat iudicium.* Deus igitur misericorditer agendo non facit contra iusticiam suam, sed aliquid super illam operatur. Ut si aliquis *offensam remittit in se commissam*, et cum hoc offendenti beneficium aliud super impendit, hic *non iniuste agit*, sed liberaliter et *misericorditer* agit.

<64 BM Misericordia dei quanta sit>

Quanta autem sit dei misericordia et quanta nostra, advertendum est. Ista quippe res diceretur magna, cuius una extremitas celum attingeret et alia in infernum descenderet. Quantum ad longitudinem? Item si cuius latitudo tanta foret, quod eius latitudo totam terram repleret. Item duracio eius ita longa, quod in eternum duraret. Talis inquam res non inmerito diceretur magna. Huiusmodi est misericordia dei, que in celo incipiens filium misit in mundum. Ymo et in infernum, ut inde colligeret animas patrum. *Ps.: Misericordia tua magna est super me, et eruisti animam meam ex inferno inferiori.* Secundo totam terram replet, quia omnem hominem cuiuscumque fuerit nacionis aut gentis, si ad eum velit converti, /100^r (b)/ recipit et acceptat. *Ps.: Misericordia domini plena est terra.* Tercio hec misericordia non fit hodie tantum, nec per unum annum etc., sed a principio mundi illa fuit et sic erit in finem, *Ps.: Misericordia* eius *ab*

3 Secundo] Secunda T^3M^2 – 4–5 repellendam] reppellendum T^3 – 6 bonitate sua] sua bonitate H^2 – quoddam] quod T^3M^2 – 9 quod] quoddam H^2 – 12 super] supra H^2 – 13 aliud] aliquid H^2 – 16 <64 BM-sit >] *ed. add.; om.* $T^3M^2H^2$ – 21 inquam] inquantum H^2 – non inmerito] merito H^2 – 22 magna] *mg. m. rec.* et *add.* T^3 – celo] celum H^2

10–11: cf. Thomas <de Aquino>: Summa theologica I,21,3 ad 2 (Sancti Thomae Aquinatis Doctoris Angelici Opera Omnia, Tomus 4, S. 261a); 11: cf. Iac. 2,13; 13–14: cf. Thomas <de Aquino>: Summa theologica III,46,2 ad 3 (Sancti Thomae Aquinatis Doctoris Angelici Opera Omnia, Tomus 11, S. 437b)
64 BM 16: cf. Tabula alphabetica, clm 18154, fol. 6^r(b); 23–24: cf. Ps. 85,13; 25–26: cf. Ps. 118,64; 27–1: cf. Ps. 102,17

eterno usque in eternum, et ideo signanter dicitur *Ps.: Miserere mei deus secundum magnam misericordiam tuam*, et apostolus Dei *misericordiam* vocat *nimiam caritatem*, *Eph. 2.: Deus*, inquit, *qui dives est in misericordia propter nimiam caritatem, qua dilexit nos, cum essemus mortui peccato, convivificavit nos in Christo.*

<64 BN Misericordia hominis ad hominem qualis sit>

Per oppositum misericordia hominis ad hominem invenitur debilis et modica: Intensive et extensive et durative. Intensive, quia vix aliquis movetur ad compaciendum cuicumque, quia adimpletur illud 2. *Tim.* 3: *Erunt homines seipsos amantes sine affeccione.* Extensive, quia si aliqua sit compassio hominis ad alium, erit forte ad consanguineum non ad extraneum, ad amicum et familiarem et non ultra. Et ideo signanter dicitur *Ecclus. 18: Miseracio hominis circa proximum suum. Misericordia autem* domini *super omnem carnem.* Item brevis est eciam duracione, quia non durat diucius quam homo cernitur oculis. Sicut porcus compatitur socio, quamdiu audit eum clamare, *Osea 6: Misericordia vestra quasi nubes matutina et quasi ros mane pertransiens.* Non sic docuit Tobias filium suum: *Quomodo*, inquit, /100^v (a)/ *poteris, ita esto misericors, Tob. 4*, et <*Col.*> *3: Induite* ergo *vos sicut electi dei sancti et dilecti viscera misericordie.* Non dicit verba misericordie, sed viscera. Multi sermonibus compaciuntur, sed operibus valde pauci et tamen de solis misericordie operibus fiet computacio in iudicio generali. Decet ergo prelatum fore misericordem effectualiter et ex corde circa omnes. Maxime tamen circa suos subiectos, non tamen mala causa et ob*misso iudicio, 23 q. 4, Ne amisso.*

<64 BO Misericordia superexaltet iudicium>

Et semper superexaltet id est *preponat misericordiam iudicio id est rigori, Iac. 2, alioquin non esset misericors. Nam* sicut *ab humore predominante dicitur quis aut sanguineus aut colericus*

2 *tuam*] *om.* H^2 – 3 *est*] *om.* T^3M^2 – 6 <64 BN-sit>] *ed. add.*; *om.* $T^3M^2H^2$ – 12 et] *om.* H^2 – 13 brevis] huiusmodi T^3 – 17 <*Col.*>] *ed. sec. textum corr.* 1 Cor. $T^3M^2H^2$ – *Induite*] Induti T^3M^2 – *vos sicut*] sint T^3M^2 – 18 Multi] *m. rec* enim *add.* T^3 – 23 <64 BO-iudicium>] *ed. add.*; *om.* $T^3M^2H^2$

1–2: cf. Ps 50,3; 2–4: cf. Eph. 2,4f.
64 BN 6: cf. Tabula alphabetica, clm 18154, fol. 6^r(b); 10: cf. 2 Tim. 3,2.3; 12–13: cf. Ecclus. 18,12; 15–16: cf. Osea 6,4; 16–17: cf. Tob. 4,8; 17–18: cf. Col. 3,12; 21: cf. Grat. 23,4,34 (Fr. 915)
64 BO 23: cf. Tabula alphabetica, clm 18154, fol. 6^r(b); 25: cf. RB 64,10 (CSEL 75, Hanslik, R. (Ed.), 2. Auflage, S. 164); cf. Iac. 2,13; 25–10: cf. Boerius, P.: Regula cum Glossa, Ms 155, fol. 229^v (b); 25–8: cf. Bernardus <Ayglerius>: In regulam, Cap. 64 (Caplet, A. (Ed.), S. 400)

*vel huius*modi, *sic et virtuosus ab illa, que in eo precellit, virtute aut humilis* vel *misericors vel huius*modi *nuncupatur. Sit igitur in abbate iusticia, sed non crudelis* et *sit misericordia, sed non remissa* mens. *Sed ubi dubium est de aliquo vicio, nunquam utendum est precise iusticie severitate. Ubi vero clarum est iudicium, citra non ultra condignum exerceri debet, 23 q. 4, Duo. Maius est, ut dicit Socrates, sensato citra procedere, quam fatuo ultra. Quia melius est propter misericordiam racionem reddere, quam propter severitatem, 26 q. fine c., Alligant, et 50 di., Ponderet in fine. Debet enim sicut pater misericordiam in veritate retinere et sicut magister delinquentes corrigere,* /100^{v} (b)/ *5 q. 5, Non oculatur. Non enim in prelatis convenit esse severitas sine lenitate nec econtra, 45. di., Disciplina et c. sequentum. Hinc Seneca: Clemencie esto cultor, sevicie detestator.*

<64 BP Iusticia stat cum misericordia et rigore>

Quod autem rigor et misericordia simul possunt stare cum iusticia, patet, nam humani actus propter particulares circumstancias et propter eorum mutabilitates, ut vult *philosophus 5. Ethicorum*, non possunt regula inflexibili mensurari, ut puta ferrea. Sed oportet, ut mensuretur *regula plumbea*, que sit applicabilis humanis actibus. Oportet enim aliquando legem plicare ad partem unam et agere micius cum delinquente, quam lex dictat. Aliquando eciam oportet eam plicare ad partem oppositam et rigidius punire peccantem, quam lex determinet. Nam particulares circumstancie, que lege determinari possunt, aliquando alleviant delictum et tunc iuste et secundum racionem clementer agitur cum delinquente. Aliquando vero tales circumstancie aggravant et tunc est rigidius intendendum. Rigor enim et clemencia licet videantur esse propter iusticiam legalem et positivam, non tamen sunt preter iusticiam simpliciter, si racionabiliter fiant exigentibus particularibus circumstancys. Inde est ergo, quod in iudicando aliqua dicuntur esse de equalitate, aliqua de rigore, aliqua vero ex clemencia, nam, quamdiu legis regula manet recta et equalis, non plicata ad aliquam /101^{r} (a)/ partem, sed iudicio mensurata secundum talem regulam dicuntur ex equalitate procedere. Si vero exigentibus condicionibus delinquentis

2 et] *om.* T^3M^2 – 8–9 *severitas*] severitatem T^3 – 12 <64 BP-rigore>] *ed. add.; om.* $T^3M^2H^2$ – 18 partem unam] unam partem H^2 – 26 sed] *om.* M^2H^2

4: Grat. 23,4,35 (Fr. 915 f.); 5: Textus Sokratis non inv.; 6: cf. Grat. 26,7,12 (Fr. 1044); 6–7: Grat. 50,14 (Fr. 182 f.); 8: Grat. 5,5,3 (Fr. 550); 9: cf. Grat. 45,9.10 (Fr. 164); 9–10: cf. Hamesse, J.: Les Auctoritates Aristotelis, S. 282 (Nr. 17)
64 BP 12: cf. Tabula alphabetica, clm 18154, fol. 5^{v}(b); 15–17: cf. Aristoteles: Ethica nicomachea 5,14,2 (Aristoteles latinus, Band 26,1–3,4, Gauthier, R. A. (Ed.), S. 475)

legalis regula plicetur ad partem misericordie, iudicium tamen factum dicetur procedere ex gracia vel clemencia. Sed si dicta regula plicetur ad partem oppositam, fiet iudicium ex rigore sive ex severitate. Et quia hec omnia iuste et racionabiliter fieri possunt, clemencia et severitas cum iusticia possunt existere.

<64 BQ Iusticia et misericordia in omnibus dei operibus relucet>

Porro eciam in deo hec duo sunt coniuga iuxta illud *Ps.*: *Universe vie domini misericordia et veritas,* quia in omnibus dei operibus semper relucet radicaliter intuenti iusticia et misericordia. Unde *Augustinus, Super Psalmos*: *Non tibi,* inquit, *tollat veritas misericordiam, nec misericordia impediat veritatem. Si enim per misericordiam iudicaveris contra veritatem, aut quasi* iusticie *severitate oblitus misericordiam, non ambulabis ubi misericordia et veritas* obvia*verunt sibi. Sic dilige* deum *misericordem, ut velis esse veracem. Non enim misericordia potest illi aufferre iusticiam, neque iusticia misericordiam.* Unde secundum *beatum Thomam in: Prima Parte, q. 21, ar. 4*: *Necesse est quod in quolibet opere dei misericordia et veritas inveniatur* capiendo *misericordiam pro remocione cuiuscumque defectus racionalis* creature vel *nature. Huius autem necessitatis* assignari potest *racio* talis, cum enim *debitum quod ex divina iusticia redditur, sit debitum vel deo, vel alicui creature,* /101^r (b)/ *neutrum potest in aliquo dei opere pretermitti.* Quia *deus non potest aliquid facere, quod non sit conveniens* eius *sapiencie et bonitati. Similiter eciam quidquid in rebus creatis facit, secundum convenientem ordinem et proporcionem facit; in quo consistit racio iusticie. Et sic oportet in opere dei esse iusticiam. Opus autem divine iusticie semper presupponit opus misericordie, et in eo fundatur.* Nam *creature non debetur aliquid, nisi propter aliquid in* ea *preexistens, vel preconsideratum; et rursus, si illud creature debetur, hoc erit propter aliquid prius, et cum non sit procedere in infinitum, oportet devenire ad aliud, quod ex sola bonitate divine voluntatis dependeat, quia* deus *est ultimus finis.* Verbi gracia: *Si dicamus quod habere manus debitum est homini propter racionalem animam; racionalem vero animam habere, ad hoc quod sit homo; hominem vero*

1–2 misericordie-partem] *mg. add.* H^2 – 6 <64 BQ-relucet> *ed. add.*; *om.* $T^3M^2H^2$ – 8 in deo] ideo T^3 – duo] dua M^2 – coniuga] *pr. m.* coniuga *scr.*, *m. rec. exp. et* coniuncta *s. scr.* M^2 – 15 *est*] *m. rec.* est *add.* T^3, *om.* M^2 – 23 *aliquid*] aliud M^2 – 24 *aliquid*] aliud T^3M^2

64 BQ 6: cf. Tabula alphabetica, clm 18154, fol. 5^v(b); 8–9: cf. Ps. 24,10; 10–13: cf. Augustinus <Hipponensis>: Enarrationes in psalmos, Ps 88,1,25,9–13 (CChr.SL 39, Dekkers, E. (Bearb.), S. 1231); 12–13: cf. Ps. 84,11; 13–14: cf. Augustinus <Hipponensis>: Enarrationes in psalmos, Ps 44,18,47–49 (CChr.SL 38, Dekkers, E. (Bearb.), S. 507); 14–6: cf. Thomas <de Aquino>: Summa theologica I,21,4 c. (Sancti Thomae Aquinatis Doctoris Angelici Opera Omnia, Tomus 4, S. 261 f.)

esse, propter divinam bonitatem. Et sic in quolibet opere dei apparet misericordia dei, *quantum ad* ipsam *radicem. Cuius* veritas seu iusticia *salvatur in omnibus consequentibus; et eciam in eis vehemencius operatur, sicut causa primaria vehemencius influit quam* quelibet *causa secundaria. Et propter hoc eciam ea que creature debentur, deus, ex habundancia sue bonitatis, dispensat largius quam exigat proporcio rei.* Quia nichil *est* vel *minus quod sufficeret ad servandum ordinem iusticie,* nisi *quod divina bonitas confert, que omnem proporcionem creature excedit.* Ex quo eciam /101^{v} (a)/ iusticia fundatur super dei misericordiam, radicaliter sequitur, quod misericordia est principalior in omni opere dei quam iusticia, presertim quia misericordia se tenet ex parte agentis et agens principalius est paciente. *Quod* autem *quedam opera iusticie* dei *quedam* vero *misericordie attribuntur,* hoc est ideo, *quia in quibusdam* misericordia *vehemencius apparet iusticia, et in quibusdam misericordia.* Unde eciam *in dampnacione reproborum apparet misericordia, non quidem totaliter relaxans, sed aliqualiter allevians, dum punit citra condignum. Et in iustificacione impy apparet iusticia, dum culpas relaxat propter dileccionem, quam tamen ipse misericorditer infundit. Sicut de* Maria *Magdalena legitur Luc. 7: Cui dimissa sunt peccata multa, quoniam dilexit multum.*

<64 BR Clementes sint prelati et iudices propter decem>

Advertendum circa litteram, quod *philosophus primo Rethorice* enunciat decem, propter que prelatus sive iudex pocius debet esse clemens et misericors quam severus. Primum est natura humana, que clamat pro clemencia delinquentis. Nam cum ipsa natura humana de se sit debilis et mutabilis et prona ad malum, si contingat aliquem delinquere, infirmitas nature supplicat pro venia. Ideo dicitur *primo Rethorice,* quod *epyekes* est *indulgere humanis.* Dicitur autem epyekes esse, qui est supra iustum sive iusticiam. *Philosophus* /101^{v} (b)/ ergo parcentem humanis appellat superiustum, quia misericordia est extollenda super severitatem et super iusticiam. Secundum inclinans ad misericordiam debet esse ipse legislator, qui forte, si consideraret peccantis condiciones, indulgeret ei. Quare, si prelatus hoc potest opinari, quod legislator

10 misericordia] *om.* H^2 – 11 *apparet*] *m. rec.* quam *s. s.* T^3 – 17 <64 BR-decem>] *ed. add.; om.* $T^3M^2H^2$ – 24 sive] supra *add.* M^2H^2 – 25 super] supra H^2 – super] supra M^2H^2 – 27 ei] *om.* T^3 – opinari] operari T^3

9–15: cf. Thomas <de Aquino>: Summa theologica I,21,4 ad 1 (Sancti Thomae Aquinatis Doctoris Angelici Opera Omnia, Tomus 4, S. 261f.); 14–15: cf. Luc. 7, 47
64 BR 17: cf. Tabula alphabetica, clm 18154 fol. 3^{r}(a); 19: Textus Aristotelis: Rhetorica, liber primus non. inv.; 23–24: cf. Aristoteles: Rhetorica 1,13,4 (Aristoteles latinus, Band 34,1–2, Schneider, B. (Ed.), S. 211)

dispensaret et parceret reo, magis debet agere cum eo misericorditer quam crudeliter. Ideo dicitur *primo Rethorice*: Quod iudicans pocius debet *aspicere ad legislatorem* quam *ad leges*. Tercium inclinans ad misericordiam est pius intellectus legum. Leges enim ad terrendum delinquentes quamdam ampliorem servitatem continent, quare decet, ut per pium intellectum moderetur supplicy magnitudo. Hoc est ergo, quod dicitur *primo Rethorice*, quod iudicans non debet *aspicere ad verba legis, sed ad intellectum legis*. Quartum est intencio operantis. Nam licet opus, de quo incusatur aliquis, sit de genere malorum, ipse forte non habuit pravam intencionem vel, si habuit pravam, forte non habuit a deo pravam, ut opus ostendit et quia dubia interpretanda sunt in meliorem partem. Si aliquomodo potest percipere iudex peccantem non peccasse ex eleccione, sed ex ignorancia vel infirmitate, debet ad clemenciam declinare. Ideo dicitur *primo Rethorice*, quod iudicans debet *aspicere non ad accionem, sed ad eleccionem*. Quintum inducens ad misericordiam est multitudo bonorum operum. /102[r] (a)/ Nam forte qui nunc deliquit, multa bona opera prius fecit, debet ergo iudex non ita *respicere ad partem* ut *ad* hoc *particulare negocium*, in quo deliquit, sicut *ad totum*, sed eciam ad multa bona, que prius fecit. Ideo dicitur *primo Rethorice*, quod iudicans *non* debet *aspicere ad partem, sed ad totum*. Sextum est diuturnitas temporis retroacti. Nam convenit in pauco tempore facere multa bona opera. Duo ergo debent inducere prelatum ad dileccionem alicuius subditi: Vel quia multa servicia recepit ab ipso vel quia multo tempore servivit sibi. Hec enim licet ut plurimum se committentur, quia qui multo tempore servivit, ut plurimum multa servicia fecit et econverso. Convenit tamen hec duo ab invicem separari. Nam homo non servit alteri, nisi occurrat tempus et oportunitas serviendi. Potest ergo contingere, quod in multo tempore occurrant oportunitates pauce et in pauco multe. Istud itaque sextum inclinatum ad pietatem respiciens diuturnitatem temporis, non est idem cum quinto, quod respicit in multitudinem operum. Quare, si contingat aliquem subditorum nunc in aliqua parte temporis delinquere, qui toto tempore precedenti bene se habuit, est cum ipso misericorditer agendum et magis respiciendum est *ad multum*, ut ad totum tempus precedens, quam ad modicum, ut ad hanc particulam

1 parceret] parcere M^2 – 4 decet] docet M^2 – 14 sed eciam] *pr. m.* ut sicut *scr.*, *m. rec. exp. et mg.* sed eciam *scr.* T^3 ut sicut M^2H^2 – 18 enim] autem T^3 – 22 et] *om.* M^2T^3 – 23 in] *om.* H^2 – multitudinem] multitudine H^2

2: cf. Aristoteles: Rhetorica 1,13,5 (Aristoteles latinus, Band 34,1–2, Schneider, B. (Ed.), S. 211); 5–6: cf. Aristoteles: Rhetorica 1,13,5–6 (Aristoteles latinus, Band 34,1–2, Schneider, B. (Ed.), S. 211); 11–12: cf. Aristoteles: Rhetorica 1,13,6–7 (Aristoteles latinus, Band 34,1–2, Schneider, B. (Ed.), S. 211); 13–14: cf. Aristoteles: Rhetorica 1,13,7 (Aristoteles latinus, Band 34,1–2, Schneider, B. (Ed.), S. 211); 14: cf. Thomas <de Aquino>: Summa theologica II-II,60,6 c. (Sancti Thomae Aquinatis Doctoris Angelici Opera Omnia, Tomus 9, S. 32a); 15–16: cf. Aristoteles: Rhetorica 1,13,7 (Aristoteles latinus, Band 34,1–2, Schneider, B. (Ed.), S. 211); 26: cf. Aristoteles: Rhetorica 1,13,8 (Aristoteles latinus, Band 34,1–2, Schneider, B. (Ed.), S. 211)

temporis, in qua deliquit. Ideo dicitur *primo Rethorice*, quod iudex debet a*spicere, non* /102^{r} (b)/ *qualis quidem* nunc est incusatus, *sed qualis quidem* fuit *semper* in multo tempore precedenti. Septimum inclinans ad misericordiam est excessus bonitatis super maliciam. Nam sicut bonum excedit malum et est eligibilius ipso, sic eligibilius est recordari bonorum et graciarum, quas suscepimus ab aliquo, quam iniuriarum ipsius. Unde et *Iulius Cesar* in hoc non modicum commendatur, quia, ut dicitur, non habebat iniuriarum memoriam, sed obliviscebatur ipsas. Dato ergo aliquem in nos delinquere, a quo temporibus retroactis bona multa suscepimus, debemus ad illum nos habere clementer et magis memorari boni suscepti quam iniurie illate. Ideo dicitur *primo Rethorice*, quod iudex *magis* debet *recordari bonorum, que* peracta sunt a delinquente incusato, quam iniurie, *quam fecit*. Octavum est paciencia incusati. Nam si quis incusatur de aliquo delicto, pro quo punitur a iudice, si punicionem pacienter sustinet et non murmurat in pena sibi imposita, est cum illo magis misericorditer agendum. Ideo dicitur *primo Rethorice*, quod indulgendum est, si contingat *pacientem esse*, id est, si contingat eum, qui penam patitur, eam pacienter sufferre. Nonum est corrigibilitas peccantis. Nam sunt aliqui ita corrigibiles et ita disciplinabiles, quod sola increpacione /102^{v} (a)/ et solo sermone meliorantur et desinunt male agere. Talibus ergo valde est indulgendum et tales sunt valde benigne tractandi. Ideo dicitur *primo Rethorice*, quod iudex debet *indulgere humanis*, si credit peccantem *magis velle iudicari sermone quam opere*. Decimum inclinans ad misericordiam est subieccio et humilitas delinquentis. Nam si delinquens omnino se subicit et omnino se humiliat et ponit se totum in arbitrio iudicantis, est cum illo micius agendum. Ideo dicitur *primo Rethorice*, quod iudex *epyekes*, id est superiustus, debet *indulgere humanis*, si viderit delinquentem magis velle ire ad arbitrium quam ad disceptacionem. Omnino enim contra naturam est humilianti non parcere, cum bestie hoc agant. Canes enim nec leones non offendunt humiliantes se et prosternentes se coram eis. Ideo dicitur *primo Rethorice, quod ad humiliatos cesset ira*; eciam *canes manifestant non mordentes eos, qui resident.*

3 super] supra H^2 – 9 peracta] *pr. m.* passi *scr., m. rec. exp. et* peracta *scr.* T^3 passi M^2H^2 – 16 male] prave M^2H^2 – 17 credit] creditur T^3 – 22 humilitanti] humilitantis T^3 – 24 *primo*] secundo H^2

1–2: cf. Aristoteles: Rhetorica 1,13,7–8 (Aristoteles latinus, Band 34,1–2, Schneider, B. (Ed.), S. 211); 5: Textus Iulii Caesaris non inv.; 9: cf. Aristoteles: Rhetorica 1,13,9 (Aristoteles latinus, Band 34,1–2, Schneider, B. (Ed.), S. 211); 10: cf.. Aristoteles: Rhetorica 1,13,10 (Aristoteles latinus, Band 34,1–2, Schneider, B. (Ed.), S. 211); 12–13: cf. Aristoteles: Rhetorica 1,13,10 (Aristoteles latinus, Band 34,1–2, Schneider, B. (Ed.), S. 211); 17: cf. Aristoteles: Rhetorica 1,13,4 (Aristoteles latinus, Band 34,1–2, Schneider, B. (Ed.), S. 211); 18: cf. Aristoteles: Rhetorica 1,13,11 (Aristoteles latinus, Band 34,1–2, Schneider, B. (Ed.), S. 211); 20–21: cf. Aristoteles: Rhetorica 1,13,4 (Aristoteles latinus, Band 34,1–2, Schneider, B. (Ed.), S. 211); 24–25: Aristoteles: Rhetorica 2,3,23–25 (Aristoteles latinus, Band 34,1–2, Schneider, B. (Ed.), S. 226)

<64 BS Homo non est odiendus sed vicium>

Consequenter quasi exponit, qualiter et in quibus *misericordia superexaltanda* sit *iudicio*, cum infert: *Oderit vicia, diligat fratres. Duo* ut communiter *sunt in* homine: *Natura et culpa.* Secundum naturam tenemur fratres diligere, quia in natura similes sumus ymo et idem. /102^v (b)/ Unde *Matth. 23: Omnes vos fratres estis. Similitudo* autem *est causa dileccionis.* Secundum culpam odiamus non ipsum, sed culpam, que fecit ipsum diversum a nobis, ymo eciam et prinicipaliter a deo, qui maxime odit culpam, quia *et altissimus odio habet peccatores, Ecclus. 12* et *Ps.*: *Odisti omnes, qui operantur iniquitatem.* Et *Malach. 1: Iacob dilexi. Esau autem odio habui.* Non autem deus odit naturam seu substanciam, cum scriptum sit *Sap. 11: Diligis omnia et nichil odisti eorum, que fecisti.* Omnia autem, *que fecit deus, erant valde bona, Gen. 1.* Que vero *sine* deo *facta* sunt, *nichil* sunt. Iuxta illud *Ioh. 1: Et sine ipso factum est nichil,* id est peccatum sive culpa, secundum *Augustinum,* et *hoc est malum.* Nam sicut *ens et bonum convertuntur,* sic eciam nichil et malum. Malum ergo deus odit et non bonum, culpam et non naturam. Sic eciam per nos natura diligenda est, quam deus fecit in hominibus, non culpa, quam dominus non fecit, et ideo mala et perconsequens odienda. Et hoc est, quod littera dicit: Oderit, id est odire debet abbas vicia, id est peccata et culpam in fratrem, eam a fratre amovendo correcione digna et caritativa, et sic vere diligit fratres scilicet secundum naturam, *quia primus innocencie gradus est odisse nephanda, 86. di., Facientis. Et Leo Papa dic*it: /103^r (a)/ *Odio habeantur peccata, non homines; eodem di., c. Odio. Quia peccator, corripe, et quia homo est, miserere. Nec omnino liberabis hominem, nisi eum persecutus fueris peccatorem. Non ergo diligamus peccatores propter hoc, quod sunt peccatores, sed tamen eos ipsos, quia et homines sunt, humana consideracione tractemus; persequamur in eis propriam iniquitatem, misereamur in eis communem naturam, 23 q. 4, Duo ista.*

1 <64 BS-vicium> *ed. add.; om.* $T^3M^2H^2$ – 7 fecit] facit T^3M^2 – 9 et] *om.* M^2 – 10 *omnia*] que sunt *add.* H^2 – 14 eciam] *pr. m.* et *scr., m. rec. corr. ad* eciam T^3 et M^2H^2 – et] *om.* M^2 – 17–18 amovendo] movendo T^3 – 19 *Facientis*] Allegatio incipitur Culpam *add.* H^2 – 21 *eum-fueris*] *om.* T^3 *mg. m. rec. add.* M^2

64 BS 1: cf. Tabula alphabetica, clm 18154, fol. 5^r(a); 3: cf. Iac. 2,13; 4: cf. RB 64,11 (CSEL 75, Hanslik, R. (Ed.), 2. Auflage, S. 165); 4: cf. Thomas <de Aquino>: Summa theologica II-II,25,6 c. (Sancti Thomae Aquinatis Doctoris Angelici Opera Omnia, Tomus 8, S.202a); 6: cf. Matth. 23,8; 6: cf. Thomas <de Aquino>: Summa theologica II-II,26,2 ob. 2 (Sancti Thomae Aquinatis Doctoris Angelici Opera Omnia, Tomus 8, S. 210a); cf. Thomas <de Aquino>: In quattuor libros sententiarum 3,28,1,4 (argumentum secundum) (S. Thomae Aquinatis Opera omnia, Volumen 1, Busa, R. (Bearb.), S. 366a); 8–9: cf. Ecclus. 12,3.7; 9: cf. Ps. 5,7; 9–10: cf. Mal. 1,2.3; 10–11: cf. Sap. 11,25+Variante; 11: cf. Gen. 1,31;12: cf. Ioh. 1,3; 13: cf. Augustinus <Hipponensis>: Contra duas epistulas Pelagianorum 2,4,8 (CSEL 60, Petschenig, M. (Ed.), S. 468); 13–14: cf. Thomas <de Aquino>: In quattuor libros sententiarum 2,34,1,4 (Sed contra) (S. Thomae Aquinatis Opera omnia, Volumen 1, Busa, R. (Bearb.), S. 226c); 18–24: cf. Boerius, P.: Regula cum Glossa, Ms 155, fol. 229^v (b); 19: cf. Grat. 86,3 (Fr. 298); 20: cf. Grat. 86,2 (Fr. 298); 21–24: cf. Grat. 23,4,35,§2 (Fr. 916)

<64 BT Odium fraternum summe est cavendum>

Ubi advertendum, quod odium fraternum summe est cavendum, quia caritati omnino contrarium et mentem excecat, secundum illud 1. Ioh. <3>: *Qui non diligit, manet in morte et in tenebris ambulat, et nescit, quo vadat,* quia *tenebre obcecaverunt oculos eius. Hec autem obcecacio inde* patet, *quia sicut ipsa fraterna dileccio omnia, quecumque fratrum sunt, facit esse sua diligencium illos, sic privacio fraterne dileccionis privat eos omnibus,* quam utique *iacturam nemo patitur, qui eam videat et agnoscat. Vide dampnacionem hic horrificam, sed tamen non sine meritis irrogatam, dum tot et tantis bonis privatur, qui seipsum bono fraterne dileccionis privavit et insuper excecavit et utrumque sibimet miser peccator infligit* et insuper fratribus *debitum subtrahit amorem.* Et dico debitum, *quia amor census est sive redditus, quem deus in corde uniuscuiusque nostrum fratribus* |103^r (b)| *reddendum constituit et assignavit. Qui ergo huiusmodi redditum vel censum furatur vel rapit fratribus per tantorum bonorum ablacionem, et sui ipsius excecacionem fraternam iniuriam ulciscitur in seipso.* Ymo *in morte propria vindicat ipsos, sicut testatur idem* Ioh. *dicens: Qui non diligit, manet in morte, quam utique sibimet irrogavit. Cum enim amor vitalis calor sit animarum humanarum atque vivificus, quare eius extinccio mors est spiritualis ex necessitate.* Item cum Deus dicat *Ioh. 15: Hoc est preceptum meum, ut diligatis invicem. Fraternum* autem *odium, cum huic legi sive precepto sit manifeste contrarium, facit suos observatores antichristianos, sicut preceptum illud suos observatores efficit christianos.* Ergo *qui odit fratrem suum,* non christianus est, sed *antichristianus.* Ymo consequenter non est discipulus Christi, quia *Ioh. 13* dicitur: *In hoc cognoscent omnes, quia discipuli* etc. *Et hec est una causa, quam dicit Beda, propter quam peccata dimissa tam originalia quam actualia redeunt. Cum enim in sola ecclesia sanctorum et in sola communione fidelium tribuatur remissio peccatorum,* qui *autem in fraterno odio in contrario est, merito*

1 <64 BT-cavendum>] *ed. add.; om.* $T^3M^2H^2$ – 4 <3>] *ed. sec. textum corr.;* 4 $T^3M^2H^2$ – 6 *facit*] *m. rec.* eciam *s. s. add.* T^3 – 7 *omnibus*] *m. rec.* illis *s. s. add.* T^3 – 8 *Vide*] ergo *add.* H^2 – *hic*] et *add.* T^3 – 13 *fratribus*] *mg. m. rec.* non reddendo *add.* T^3 – *per*] *m. rec.* hanc *add.* T^3 – *bonorum*] bonarum T^3 – 15 *quam*] qua M^2 – 21 *omnes*] *pr. m.* homines *scr., m. rec. exp. et* omnes *s. scr.* T^3 – *quia*] *mg. m. rec.* mei estis *add.* T^3 – 22 *discipuli*] mei *add.* H^2 – *causa*] *m. rec.* ut *add.* T^3 – 24 qui] *pr. m.* quia *scr., m. rec. exp. et* qui *scr.* T^3 quia M^2H^2 – *odio*] *m. rec.* est hic eciam *add.* T^3 hic *add.* M^2H^2

64 BT 1: cf. Tabula alphabetica, clm 18154, fol. 7^r(a); 4: cf. 1 Ioh. 3,14; 6–7: cf. 1 Ioh. 2,11; 4–1: cf. Guilelmus <Avernus>: De moribus, Cap. VIII. (Opera omnia, Volumen I, S. 227); 17–18: cf. Ioh. 15, 12; 21–22: cf. Ioh. 13, 35; 22: Textus Bedae non inv.

contrarium remissionis ei fit, id est exaccio omnium peccatorum. Item odium fraterum homicidium est. /103^{v} (a)/ Unde *1. Ioh.* <*3*>: *Qui odit fratrem suum, homicida est. Quidquid enim vis et non potes*, secundum <Augustinum>, *factum tibi computat deus. Sicut* enim *qui potuit transgredi et non est transgressus, facere mala, et non fecit, iudicatur bonus ex voluntate et non potestate apud deum, sic qui vult occidere et non potest, iudicatur homicida propter solam occidendi voluntatem. Non enim indiget testimonio* exteriorum *operum scrutans corda et renes deus. Nequicia denique fraterni ody non est facile explicabilis. Omnia enim armorum genera, omnia venena, omnia fraterne mortis instrumenta, qui fratrem odit in corde suo colligit, confingit, propinat et in ipsum, quem odit fratrem, inmittit, omnium* apparatu *meditatur, contra ipsum pungnat spiritualiter. Millesies in die transfigit ipsum gladio in corde* suo *et hoc est, quociens ipsum in aliquo transfigi vult. Millesies propinat ei venenum et hoc est, quociens ei propinare vult illud. Millesies exurit eum in die, millesies submergit* eum *in aqua, millesies omni genere tormentorum ipsum excruciat et occidit, et hoc est, quociens talia ei fieri vult. Et quia tormentorum genera aliorumque malorum infinita sunt, nequicia fratrum ody inexemplicabilis est.* Hec *Wilhelm Parisiensis.* Sequitur:

<64 BU Correccio prudenter est moderanda>

/103^{v} (b)/ *In ipsa autem* etc. Quia beatus Benedictus monuit prelatum odire vicia, ne ex tali odio sancto crudelitas crescat aut indiscrecio, refrenat ipsum hic et instruit modum et medium *in correccione* observandum dicens: *In ipsa autem correpcione, scilicet monicionis secrete vel publice excomunicacionis vel corporalis vindicte, prudenter, id est providenter, agat, id est procedat* vel *procul et a remotis consideret, cui,* <*quid*> *et per qualem modum imponatur* correpcio, *ut aliter istum, aliter illum secundum diversitatem culparum, secundum qualitatem*

2 <*3*>] *ed. sec. textum corr.*; 4 *T*^{3}*M*^{2}*H*^{2} – 3 <Augustinum>] *ed. sec. textum corr.*; Ambrosius *T*^{3}*M*^{2}*H*^{2} – *qui*] *pr. m.* quis *scr., m. rec.* quis *exp. T*^{3} quis *M*^{2} – 8 *fraterne*] fraterna *M*^{2} – 9 *inmittit*] inmitti *H*^{2} – 11 *ei*] *om. T*^{3} – 12 *vult*] ei *add. T*^{3} – eum] *om. M*^{2}*T*^{3} – 15 Sequitur] *om. M*^{2}*H*^{2} – 17 <64 BU-moderanda> *ed. add.*; *om. T*^{3}*M*^{2}*H*^{2} – 19 monuit] *pr. m.* movuit *scr., m. rec.* monuit *corr. T*^{3}- 23 <*quid*>] *ed. sec. textum corr.*; *quis T*^{3}*M*^{2}*H*^{2}

2: cf. 1 Ioh. 3,15; 2–3: cf. Augustinus <Hipponensis>: Enarrationes in psalmos, Ps 57,4,6 (CChr.SL 39, Dekkers, E. (Bearb.), S. 711); 2–15: cf. Guilelmus <Avernus>: De moribus, Cap. VIII. (Opera omnia, Volumen I, S. 227); 3–4: cf. Ecclus. 31,10; 6: cf. Ps. 7,10
64 BU 17: cf. Tabula alphabetica, clm 18154, fol. 3^{r}(b); 19–21: cf. RB 64,12 (CSEL 75, Hanslik, R. (Ed.), 2. Auflage, S. 165); 21–22: cf. Boerius, P.: Regula cum Glossa, Ms 155, fol. 230^{r}(a); cf. Bernardus <Ayglerius>: In regulam, Cap. 64 (Caplet, A. (Ed.), S. 401); 22: cf. RB 64,12 (CSEL 75, Hanslik, R. (Ed.), 2. Auflage, S. 165); cf. Boerius, P.: Regula cum Glossa, Ms 155, fol. 230^{r}(a); cf. Bernardus <Ayglerius>: In regulam, Cap. 64 (Caplet, A. (Ed.), S. 401); cf. RB 64,12 (CSEL 75, Hanslik, R. (Ed.), 2. Auflage, S. 165); 22–1: cf. Bernardus <Ayglerius>: In regulam, Cap. 64 (Caplet, A. (Ed.), S. 401)

naturarum puniat magis vel minus vel *micius aut durius. Et ne quid nimis philosophie verbum est* et *notabile et est* quasi *diceret: Omnia prudenter faciat, nichil nimis. Non enim dixit: Ne quid minus, quia tucius est de pena debita relaxare quam totam penam infligere;* <26.> *q. ultimo, c. Alligant; di. 50, Ponderet, in fine.* Unde *Smaragdus dicit hanc sentenciam a poetis et doctoribus sepe esse prelatam, que in bonis et malis actibus intelligi potest. Et ponit exemplum in bono: Non sis nimis iustus; de penitencia, di. 1, Serpens; Eccles. 7 et illud Augustini: Dum nimium servatur humilitas* correccionis vel *regendi, frangitur auctoritas; 86. di., Quando. De malo dicit: Quod non est suum dare exemplum,* /104^r (a)/ *quia et nimis parvum fieri penitus a domino prohibetur. Exemplificare tamen potes per capitulum: Si custos, in principio, 27. q. 1 et 32. q. 4, Origo et 15. q. 1, Sane. Sed hoc verbum hic positum, credo, propter duo extrema iusticie, scilicet severitatem et remissionem, quia utraque in corrigendo et puniendo vicium habet; 24. q. 1, Manet; 45. di., Cum beatus et c. Disciplina, post principium. Beatus vero Ieronimus dicit in epistula ad Demetriadem: Hoc dictum fuisse unius de septem sapientibus.* Quare autem predictum: *Ne quid nimis* posuerit, *quasi exponendo subiungit:*

<64 BX Peccatum qualiter in fratre corrigatur>

Ne dum nimis cupit eradere eruginem, id est fecem vel rubiginem, frangatur vas. Erugo hic

1 vel] *om.* H^2 – 3 <26.>] *ed. sec. Decr. Grat. corr.;* 27 $T^3M^2H^2$ – 5 *esse*] *m. rec. in mg..* esse *add.* M^2H^2 *om.* T^3 – 6 *nimis*] *pr. m.* nimius *scr., m. rec.* nimis *s. s.* T^3 – *Augustini*] *pr. m.* Gregrory *scr., m. rec. exp. et in mg.* Augustini *scr.* T^3 Gregory M^2H^2 – 9 *potes*] possimius H^2 – 11 *habet*] *pr. m.* habet *scr., m. rec. in mg.* habent *scr.* T^3 – 16 <64 BX-corrigatur>] *ed. add.; om.* $T^3M^2H^2$ – 18 *eradere*] *pr. m.* exadere *scr., m. rec.* x *exp. et* r *s. s.* T^3 – 18–1 *hic ponitur*] *ponitur hic* H^2

1: cf. RB 64,12 (CSEL 75, Hanslik, R. (Ed.), 2. Auflage, S. 165); 1–2: cf. Boerius, P.: Regula cum Glossa, Ms 155, fol. 230^r(b); cf. Bernardus <Ayglerius>: In regulam, Cap. 64 (Caplet, A. (Ed.), S. 401); 2: cf. RB 64,12 (CSEL 75, Hanslik, R. (Ed.), 2. Auflage, S. 165); 3–6: cf. Boerius, P.: Regula cum Glossa, Ms 155, fol. 230^r(b); 3: cf. Bernardus <Ayglerius>: In regulam, Cap. 64 (Caplet, A. (Ed.), S. 401); 3–4: Grat. 26,7,12 (Fr. 1044); 4: Grat. 50,14 (Fr. 182 f.); 4–9: cf. Smaragdus <Sancti Michaelis>: Smaragdi Abbatis expositio in regulam s. Benedicti, Cap. 64 (CCM 8, Spannagel, A u.a.(Ed.), S. 315); 6: cf. Grat., De pen., 1,47,§1 (Fr. 1169); 6: cf. Eccles. 7,17; 6–7: cf. Augustinus <hipponensis>: Regula ad servos Dei, Cap. 10 (PL 32, Sp. 1384); cf. Grat. 86,4 (Fr. 298); 7–13: cf. Boerius, P.: Regula cum Glossa, Ms 155, fol. 230^r(b); 9: Grat. 27,1,18 (Fr. 1053 f.); 9–10: Grat. 32,4,5 (Fr. 1128 f.); 10: Grat. 15,1,7 (Fr. 748 f.); 11–12: cf. Grat. 24,1,5 (Fr. 968); 12: Grat. 45,8 (Fr. 162 f.); Grat. 45,9 (Fr. 163 f.); 12–14: cf. Hieronymus <Stridonensis>: Epistula 130,11,13–15 (CSEL 56/1, Hilberg, I. (Ed.), 2. Auflage, S. 191); 14: cf. RB 64,12 (CSEL 75, Hanslik, R. (Ed.), 2. Auflage, S. 165); cf. Bernardus <Ayglerius>: In regulam, Cap. 64 (Caplet, A. (Ed.), S. 401)

64 BX 16: cf. Tabula alphabetica, clm 18154 fol. 7^v(a); 18: cf. RB 64,12 (CSEL 75, Hanslik, R. (Ed.), 2. Auflage, S. 165); cf. Boerius, P.: Regula cum Glossa, Ms 155, fol. 230^r(b); cf. RB 64,12 (CSEL 75, Hanslik, R. (Ed.), 2. Auflage, S. 165); 18–8: cf. Boerius, P.: Regula cum Glossa, Ms 155, fol. 230^r(b)-230^v(a); 18–3: cf. Smaragdus <Sancti Michaelis>: Smaragdi Abbatis expositio in regulam s. Benedicti, Cap. 64 (CCM 8, Spannagel, A. u.a. (Ed.), S. 316)

ponitur pro peccati contagione, vas autem pro animi fragilitate, quasi *diceret: Sic munda animum monachi a delicti contagione, ne fractum mergas in desperacionem. Et quem lucrari poteris moderate iudicatum, ne perdas asperime condempnatum.* Et nota, *quod erugo nonnumquam est in vase solido* aliquando, *in fiscella vel vitro. Quandoque eciam est in superficie, quandoque ad medium pervenit, aliquando occupat totum. Rubigo est enim vicium et vas subiectum. Aut ergo est vicium in homine discreto aut stulto et penitus indiscreto, aut vicium novum est aut vetustate quasi in naturam conversum aut nature annexum. Hys visis considera* eciam *qualitatem et quod aliter* /104^r (b)/ *debile, aliter potest solidum* ac firmum *contrectari*, aliter *nature vicium habet mederi. Quod* autem *est novum, est in superficie, quod vetus ad medium fere pertingit; quod* vero *pene naturale vel* annexum *nature est* in *mente, incorporatum quasi subiectum in ipso corpore. Primum potest ablui* sive *radi. Secundum cum difficultate potest amoveri. Sed tercium, nisi per graciam divinam difficilium aut impossibile est mederi. Ideo Plato dicebat*: Rectificare non coneris valde corruptum, quia, priusquam eum rectifices, corrumpes. *Primum enim est amovendum, in secundo est valde laborandum, sed tercium, ne contaminet, est vitandum. Qualiter vero erga alios ex sua consideracione debeat se habere, exemplificat, cum subiungit:*

<64 BY Correccionis crudelitas invehitur>

Suamque fragilitatem semper suspectus sit. Ista suspicio est attenta consideracio proprie fragilitatis, quasi *diceret: Suam fragilitatem semper consideret, quia aut in grave peccatum labi poterit* aut ali*quando lapsus fuit. Iuxta illud apostoli Gal. 6: Considerans te ipsum, ne et tu tempteris. Qui enim suam fragilitatem considerat, aliorum defectus cum maiori tollerancia*

1 *peccati*] animi T^3 – 4 *in fiscella*] *pr. m.* in siscella *scr., m. rec. in mg.* in fiscella *corr.* T^3 *pr. m.* siscella *scr., m. rec.* fiscella *s. s.* M^2 – 5–6 *Rubigo-subiectum*] *om.* T^3 *Rubigo ergo est enim vicium et vas subiectum* H^2 – 8 *aliter*] *pr. m.* alter *scr., m. rec.* aliter *subscr.* T^3 – *aliter*] *pr. m.* alter *scr., m. rec.* aliter *s. s.* T^3 – *contrectari*] *m. rec. in mg.* aliter *add.* T^3 – 9 aliter] *pr. m.* alter *scr., m. rec. in mg.* aliter *add.* T^3 alter M^2H^2 – 10 *fere*] vere M^2 – 16 *subiungit*] argumentum *add.* M^2 – 18 <64 BY-invehitur>] *ed. add.; om.* $T^3M^2H^2$

3–13: cf. Bernardus <Ayglerius>: In regulam, Cap. 64 (Caplet, A. (Ed.), S. 401 f.); 13: Textus Platonis non inv.; 13–16: cf. Bernardus <Ayglerius>: In regulam, Cap. 64 (Caplet, A. (Ed.), S. 402); 14–15: cf. Boerius, P.: Regula cum Glossa, Ms 155, fol. 230^v(a)
64 BY 18: cf. Tabula alphabetica, clm 18154, fol. 3^r(b); 20: cf. RB 64,13 (CSEL 75, Hanslik, R. (Ed.), 2. Auflage, S. 165); 21–22: cf. Bernardus <Ayglerius>: In regulam, Cap. 64 (Caplet, A. (Ed.), S. 402); cf. Boerius, P.: Regula cum Glossa, Ms 155, fol. 230^r(a); 22–23: cf. Gal. 6,1; cf. Boerius, P.: Regula cum Glossa, Ms 155, fol. 230^r(a)–230^r(b); 22–1: cf. Bernardus <Ayglerius>: In regulam, Cap. 64 (Caplet, A. (Ed.), S. 402)

portat. Et *Socrates:* Qui *seipsum aspicit, lucratur, et qui se negligit, perdit. Ad idem: 50. di., Considerandum; 45. di.,*/104^v (a)/ *Recedite. Memineritque calamum quassatum non conterendum,* scilicet *Is. 42* scriptum. *Qui enim,* ut *ait Ieronimus, peccatori non porrigit manum nec portat onus fratris sui, quassatum calamum confringit,* quia *enim quassatum est fragile per naturam et fragilius per vicium. Calamus igitur quassatus non est conterrendus, id est in desperacionem deducendus, non tamen ex toto dimittendus.* Hinc *Wilhelmus Parisiensis* in *De <moribus>: Zelatores,* inquit, falsi *sunt homines sine capite et furibundi beluina, rabie sevientes in peccatores faucibus et dentibus, dum probris, contumelys, convicys eos inmoderate et insanissime depravant ac dehonestant et in facie hominum confundunt confusione, que solum adducit peccatum, de qua legitur Ecclus. 4.* Ita *ut non correctores aut medicos spirituales erga eos se exhibeant, sed hostes atrocissimos et persecutores implacabilissimos.* Tales *homines inexorabiles sunt et, quantum in eis est iudicium dei futurum, evacuant, dum omnia hic* emendare *totis viribus enituntur. Si enim, ut <Anacletus> ait, omnia hic vindicarentur, locum divina iusticia non haberet. Non haberet ergo* dominus *aliquid facere in futuro iudicio, si potestas tanta daretur hic* talibus *hominibus,* qui nesciunt /104^v (b)/ aliud nisi secundum *officia demonum torquere et cruciare. Unde in ore eorum semper sonat vox dyabolica: Crucifigatur! Confundatur! Deponatur! Deiciatur!* Eiciatur! *Potestas in manibus huiusmodi homini*bus *gladius est procul dubio in manu furentis* et *vix aut numquam de ore eorum auditur: Emendetur! Corrigatur!* Tales, inquam, *cum medicinam spiritualem* scilicet *animarum profiteantur, non pro varietate vulnernum aut morborum spiritualium varietatem adhibent medicamentorum: Urere norunt solum et secare. Quacumque enim egritudine spirituali laboret quis, ferrum et ignem adhibere conantur, cum dicat eis Augustinus: Non sanat oculum, quod sanat calcaneum vel manum, nichil de unccionibus, nichil de fomentacionibus, nichil de pocionibus, nisi forte de pocione absinthy*

2 *Recedite*] Recedente H^2 – *Memineritque*] Meminerit T^3M^2 – *non*] *om.* T^3 – 3 *nec*] ut T^3M^2 – *portat*] *pr. m.* portet *scr., m. rec.* a *exp. et* e *s. s.* T^3 portet M^2 – 4 quia] quod H^2 – *fragile*] est *add.* H^2M^2 – 6 <*moribus*>] *coni.*; virtutibus $T^3H^2M^2$ – 10 *erga eos*] *m. rec. in. mg. add.* H^2 – 13 <Anacletus>] *ed. sec. Decr. Grat. corr.*; Augustinus $T^3H^2M^2$ – 14 *haberet*] *pr. m.* habuit *scr., m. rec. exp. et* haberet *s. s.* T^3 habuit M^2 – 16 *in ore*] more M^2 – 17 *Deiciatur!* Eiciatur!] Eiciatur! Deiciatur! H^2 – 18 et] *m. rec.* et *s. scribens add.* T^3; *om.* M^2H^2 – 23 *de pocionibus*] *pr. m.* de potacionibus *scr., m. rec. exp. et* de poticionibus *scr.* T^3 de potacionibus M^2 de poticione H^2 – 23 *pocione*] poticione T^3 potacione M^2

1–2: cf. BOERIUS, P.: Regula cum Glossa, Ms 155, fol. 230^r(b); 1: Textus SOKRATIS non inv.; 1–2: Grat. 50,53 (Fr. 198); 2: Grat. 45,16 (Fr. 166); 2: cf. RB 64,13 (CSEL 75, HANSLIK, R. (Ed.), 2. Auflage, S. 165); 2–3: cf. Isai. 42,3; 3–6: cf. BOERIUS, P.: Regula cum Glossa, Ms 155, fol. 230^r(b); 3–4: cf. HIERONYMUS <STRIDONENSIS>: Commentariorum in Matheum 2,402–404 (CChr.SL 77, HURST, D. u.a., S. 91); SMARAGDUS <SANCTI MICHAELIS>: Smaragdi Abbatis expositio in regulam s. Benedicti, Cap. 64 (CCM 8, SPANNAGEL, A. u.a. (Ed.), S. 316); 4–6: cf. BERNARDUS <AYGLERIUS>: In regulam, Cap. 64 (CAPLET, A. (Ed.), S. 402); 6–4: cf. GUILELMUS <AVERNUS>: De moribus, Cap. VIII. (Opera omnia, Volumen I, S. 221 f.); 9–10: cf. Ecclus. 4,25; 13–14: cf. Grat. 6,1,7 (Fr. 555); 22: Expositio evangelii secundum Marcum 9,27 (CChr. SL 82, CAHILL, M. (Ed.), S. 42)

amarissimi aut alterius, cuius sumpcio tormentum sit non medela. *Ignorant huiusmodi insipientes, quod omnium medicamentorum fortissimum ac saluberrimum est sapiencia. Sicut legitur Sap. 9: Et enim per sapienciam sanati sunt, qui tibi placuerunt, domine, a principio. Hec quidem sapiencia sermo dei est, de quo legitur eiusdem 16:* Non *herba neque malagma sanavit eos, sed sermo tuus, domine, qui sanat omnia. Et Ps: Misit verbum suum et sanavit eos. Peccatores enim, ut* ait *Dyonisius, manu ducendi sunt.* Patet *autem, quod erigendi sunt, qui* /105^r (a)/ *ceciderunt, medicandi sunt, qui vulnerati sunt, non novo vulnere transfigendi. Quid autem facere potest aliud quam vulnerare, qui venit ad infirmum in* solis *igne et gladio: In igne quidem iracundie, in gladio acute lingue. Huiusmodi homines omnia vasa, ex quacumque materia sint, malleabilia esse opinari videntur, omnia enim malleando reficere velle videntur. Non attendentes insanissimi, quod fictilia aut vitrea malleacionibus pocius confringuntur et dissipantur quam reficiantur. Correccio autem, quam solam intendere debent, non est nisi refeccio vasorum confractorum spiritualium. Hec* autem *sunt corda peccatorum. Ex eo, quod legitur Ecclus. 21: Cor fatui quasi vas confractum omnem sapienciam non tenebit. In domo autem dei magna, id est ecclesia, sunt vasa, non solum aurea et argentea, sed eciam lignea et fictilia, sicut dicit apostolus 2. Tim. 2. Manifestum est autem, quod aurea et argentea et ignem fortissimum et malleum sustinent, lignea vero ignem non sustinent* nec *malleum fictilia.* Ideo *intollerabilis est insania huiusmodi fabrorum seu refectorum, qui nec diversitatem vasorum nec fortitudinem* nec *debilitatem* eorum *attendunt uno solo artificio in omni refeccione utentes vel pocius abutentes.* Ymo similes refectoribus veterum ac putridarum patellarum, qui, dum foramen unum nituntur obstruere, /105^r (b)/ uno ictu mallei fabrilis quinque vel sex alia faciunt vel illud adaugent in duplo aut ipsam patellam totaliter dissipant et confringunt. Tales eciam *omnium peccatorum correccionem et salutem facile desperant et ut frequencius ad male senciendum de hominibus facillimi, ad bene senciendum difficiles et tardi. Ianitorem pessimum cordibus suis prefecerunt, qui mala de fratribus tam facile ingredi patitur, ymo passim ea recipit, bona vero vix intrare. Hy semel conceptam de fratre malam opinionem vix aut numquam deponunt. Bene, nisi* de seipsis *et suis familiaribus raro vel numquam senciunt de alys vel semper vel frequencius male. Accedit*

1 *tormentum*] *pr. m.* crementum *scr., m. rec. exp. et* tormentum *s. s.* M^2 crementum H^2 – 4 *sermo dei*] dei sermo T^3 – 6 *Dyonisius*] *m. rec. in mg.* tamquam ceci *add.* T^3 – *manu ducendi*] manducendi T^3M^2 – 8 *quam*] qua M^2 – *infirmum*] *m. rec. in mg.* in solum *corr.* T^3 infernum M^2 – 10 *malleabilia*] *pr. m.* malleo abilia *scr., m. rec. exp. et* malleabilia *scr.* T^3 malleoabilia M^2 – 13 autem] *m. rec.* vasa *add.* T^3 – 16 *est autem*] autem est H^2 – 19 *abutentes*] *pr. m.* abutentes *scr., m. rec. exp. et* abutantes *s. s.* T^3 – 20 dum] *m. rec. in mg.* dum *add.* T^3 *om.* H^2M^2 – 23 *ut*] utinam non H^2 – 25 *intrare*] *m. rec. in mg.* permittit add. T^3 – 26 seipsis] *pr. m.* suis *scr., m. rec. exp. et* seipsis *s. s.* T^3 suis M^2H^2

3: cf. Sap. 9,19+Variante; 4–5: cf. Sap. 16,12; 5: cf. Ps. 106,20; 6: Textus Dyonisii non inv.; 13–14: cf. Ecclus. 21,17; 14–16: cf. 2. Tim 2,20 *et ad cumulum perversitatis, quia* contumeliosam correpcionem *sermonem zeli mentiri multi non verentur et qui eos excusare conantur, dicunt eos ex zelo vel ardore* modo *dixisse talia quasi zelus sanctus et ardor divine dileccionis, homines faciat insanire et in fratres* et *proximos ore rabido dentibusque sevire.* Hec autem omnia diximus, ut nemo sibi applaudat de zelo sancto, cum illa rabies illum exagitaverit. Nemo huiusmodi rabiem excuset in huiusmodi hominibus, nemo eam zelum rectitudinis menciatur.

<64 BZ Correccionis neglegencia multipliciter sit>

Et quia videbatur in supradictis multum ad misericordiam declinasse ponendo temperamentum in correccionibus, ne forte hoc temperamento /105^v (a)/ abbas indiscrete et ultra, id quod expedit, uteretur, subiungit: *In quibus, scilicet doctrinis supra proximo datis, in quibus videbatur nimis ad misericordiam declinasse. Non dicimus* nec intendimus, *ut permittat nutriri,* id est crescere *vicia,* quia *nil magis ingratum, quam non punire reatum. Facilitas* etenim *venie incenciuum tribuit delinquendi et talis misericordia est iniusta, 23. q. 4, Et iniusta.* Nam fit interdum, ut prelati aliquas transgressiones non corrigunt aut ex pusillanimitate cordis aut ex quadam humilitate supersticiosa aut ex diffidencia proficiendi aut ex ignorancia vel iuris, quia nesciunt, quid debeant fieri, vel facti, quia nesciunt culpas fratrum nec apponunt curam ad sciendum eas aut propter pacem propriam, quam nolunt turbare, aut propter verecundiam, quia sic in quibusdam manifeste excedunt, quod sine verecundia alios corrigere non possunt, aut propter delicti conscienciam. Consciencia enim mala etsi nesciatur delictum eius, tamen timidiorem reddit hominem ad alios corrigendum aut propter timorem ody, quod timet incurrere alios corrigendo, turbando, aut propter prelacionis amorem, quam timent amittere subditos contra se provocando, aut ex defectu zeli, quo minus maliciam detestatur, aut ex negligencia, que multum est inconveniens statui prelacionis. Item sunt aliqui, /105^v (b)/ qui in corrigendo curam

1 *perversitatis*] *m. rec. in mg.* eorum *add.* T^3 – 2 *conantur*] *pr. m.* conantur *scr., m. rec. exp. et in mg.* conantur, cum a parte detraxerint *corr.* T^3 – *vel*] *m. rec. in mg.* nimio *add.* T^3 – modo] *pr. m.* modo *scr. et. m. rec. exp.* T^3 nimio H^2 – 8 <64 BZ-sit>] *ed. add.; om.* $T^3M^2H^2$ – 11 expedit] *pr. m.* rectissimus *add., m. rec. exp.* T^3 rectissimus *add.* M^2 remissius *add.* H^2 – 14 *nil*] *pr. m.* vel *scr., m. rec. corr. ad* nil T^3 vel M^2 – 21 enim mala] mala enim M^2 – timidiorem] reddit *add.* T^3 – 24 detestatur] detestantur H^2

64 BZ 8: cf. Tabula alphabetica, clm 18154, fol. 3^r(b); 12: cf. RB 64,14 (CSEL 75, Hanslik, R. (Ed.), 2. Auflage, S. 165); 12–13: cf. Boerius, P.: Regula cum Glossa, Ms 155, fol. 230^v(b); cf. Bernardus <Ayglerius>: In regulam, Cap. 64 (Caplet, A. (Ed.)., S. 402); 13–14: cf. RB 64,14 (CSEL 75, Hanslik, R. (Ed.), 2. Auflage, S. 165); 14–15: cf. Boerius, P.: Regula cum Glossa, Ms 155, fol. 230^v(b); cf. Grat. 23, 4, 33 (Fr. 915); 15: cf. Ambrosius <Mediolanensis>: Expositio in psalmi CXVIII 8,25,4 (CSEL 62, Petschenig, M. (Ed.), 2. Auflage, S. 165) apponunt, ut puniantur preterita, sed non ut caveantur futura. Aliqui vero dummodo provideant, ut caveantur futura, non multum curant de preteritis puniendis. Sed utrumque debet esse in vera correccione, scilicet ut futura caveantur et preterita puniantur. Propter quod correccio in scriptura signatur per virgam, qua percussum animal devians et punitur pro errore preterito et dirigitur, ne deviet in futuro. Item sunt aliqui, qui, quando inveniunt aliqua difficilia ad corrigendum, quasi desperantes solent dimittere, sed boni prelati est hoc ad maiores deferre. Unde Ex. <18> dixit Ietro Moysi: *Quidquid maius fuerit, referant ad te et ipsi* tamen *minora iudicent* et sic multipliciter nutriuntur vicia ex correccionis debite negligencia. *Sed* quid faciet prelatus *prudenter*, id est provide, *et cum caritate ea amputet, ut viderit cuique expedire sicut iam diximus. Quidquid enim caritatis officio geritur, ad salutis profectum sine dubio venit. Aliter enim uni et aliter convenit ipsa salutis impensio alteri. Et ideo more medici abbas aliter unum, aliter vero* alium *secundum quantitatem* et *qualitatem delicti sanare studeat* et mederi. Et hoc prudenter et cum caritate vide supra 27. c. ab

<64 CA Prudencia prelati ex tribus attenditur>

Advertendum circa litteram, ubi iubetur abbas *prudenter agere in correccione* et *prudenter* vicia *amputare*, *quod* prudencia /106^{r} (a)/ prelati ex tribus attenditur: Primo, si intendat, ut sit prelatus secundum veritatem et non nomine tantum. Secundo, si studeat ad hoc, ne suum dominium convertatur in tyrannidem. Tercio, si advertat, ut naturaliter dominetur. Primum sic patet: Nam abbas est nomen officy et dignitatis, cuius officium est subiectos paterne regere *in debitum finem, quod* non potest fieri sine prudencia. Unde dicitur 6. *Ethicorum*: Illos *existimamus esse prudentes*, qui sibi *et alys possunt bona speculari* et providere. Prudencia ergo est quidam oculus, quo bonum et finis debitus conspicitur. Qui ergo hoc oculo caret, non sufficienter potest videre ipsum bonum nec ipsum debitum finem, in quem subditi sunt dirigendi,

4 animal] *pr. m.* animalis *scr., m. rec.* is *exp.* H^2 animalis T^3 – 7 <18>] *ed. sec. textum corr.;* 19 $T^3M^2H^2$ – 10 *Aliter*] alter T^3M^2 – 11 *aliter*] *pr. m.* alter *scr., m. rec. exp. et* aliter *s. scr.* T^3 alter M^2 – 12 *aliter*] alter T^3M^2 – *studeat*] studeant M^2 – et] *pr. m.* aut *scr., exp. et* et *scr.* T^3 – hoc] *om.* T^3 – 15 <64 CA-attenditur>] *ed. add.; om.* $T^3M^2H^2$

7–8: cf. Ex. 18,22; 8–10: cf. RB 64,14 (CSEL 75, Hanslik, R. (Ed.), 2. Auflage, S. 165); 10–12: cf. Smaragdus <Sancti Michaelis>: Smaragdi Abbatis expositio in regulam s. Benedicti, Cap. 64 (CCM 8, Spannagel, A. u.a. (Ed.), S. 316); 13: clm 18153, f. 50^{r}(a)–50^{v}(a)

64 CA 15: cf. Tabula alphabetica, clm 18154, fol. 8^{v}(a); 17–18: cf. RB 64,14 (CSEL 75, Hanslik, R. (Ed.), 2. Auflage, S. 165); 17: cf. Bernardus <Ayglerius>: In regulam, Cap. 64 (Caplet, A. (Ed.)., S. 403); 21–22: cf. Thomas <de Aquino>: Summa theologica I-II,65,1 c. (Sancti Thomae Aquinatis Doctoris Angelici Opera Omnia, Tomus 6, S. 419a); 22–23: cf. Aristoteles: Ethica nicomachea 6,5,12f. (Aristoteles latinus, Band 26,1–4,4, Gauthier, R. A. (Ed.), S. 482) et per consequens sine prudencia nullus erit prelatus secundum rei veritatem et ut decet, sed forte solum nomine et appelacione. Est enim prelatus sine prudencia sicut denarius eneus vel plumbeus positus in computo. Mercatores enim quando computant, aliquando unum denarium eneum vel plumbeum ponunt loco mille librarum, quod ergo non valet unum ovum, reputant valorem magni precy. Denarius ergo ille magis est signum valoris quam valeat. Sic prelatus sine prudencia est loco magni precy, quamquam ipse sit parvi valoris, cum tantum prosit nomine et non ipsa re et ut decet. Ideo dicit prudentissimus Salomon Prov. 26: *Sicut, qui mittit lapidem in aceruum mercury,* /106^r (b)/ sic *qui tribuit insipienti honorem*. Vide supra 63 c. fine. Secundo decet prelatum habere prudenciam, ne de facili in tyrannidem convertatur suum dominium. Est enim prelati prudentis providere bona sibi et alys, et dirigere se et alios in optimum finem. Quod si prudencia careat, de facili efficitur tyrannus, quia divicias et bona exteriora, que sunt quedam bona optima secundum apparenciam, credit esse optima simpliciter. Ymo quia imprudentes non cognoscunt, nisi sensibilia bona eiusmodi sunt divicie et bona exteriora. Prelatus prudencia carens dimissis virtutibus totum studium suum ponet, ut affluat divicys et sensibilibus bonis. Efficietur ergo exactor subiectorum, dominabitur tyrannice et non curabit, a quibuscumque possit pecuniam extorquere. Tercio decet prelatum habere prudenciam, quia sine ea non potest naturaliter dominari. Nam ut patet *Primo Politicorum*: Ex hoc est aliquis *naturaliter servus*, quia deficit intellectum et nescit seipsum regere. Ex hoc vero est quis naturaliter dominus, quia viget intellectum et prudencia et novit dirigere se et alios in debitum finem. Hanc autem veritatem non solum approbant philosophica dicta, sed eciam confirmant singula regimina naturalia. Videmus enim naturaliter homines dominari bestys, viros feminis, senes pueris. Unde homines naturaliter dominantur bestys, quia hominum genus viget prudencia, bestie vero prudencia et arte /106^v (a)/ parum participant. Item viri feminis, quia, ut patet *Primo Politicorum*, femina habet *consilium invalidum*, communiter enim femine deficiunt a virorum prudencia, etsi que reperiantur prudenciores viris, hoc est ut raro et in paucioribus et ideo naturaliter debent viris esse subiecte. Similiter iuvenes decet naturaliter esse subiectos senioribus, quia inexperti agibilium non sic habundant prudencia sicut illi. Ubique ergo hoc naturaliter servit, et illud naturaliter dominatur. Ut ergo prelatus naturalis sit dominus et non servus et naturaliter dominetur, prudencia polleat et intellectu.

5 ergo] *om.* T^3 – ille] iste H^2 – 6 prosit] praesit M^2H^2 – 7 et] *sec. m.* et *s. scribens add.* M^2 – 12 sunt] secundum T^3M^2 – 13 eiusmodi] cuiusmodi T^3H^2 – 14 prudencia] providencia T^3 – 15 affluat] affluet T^3 – 18 hoc] hac T^3 – 22 dominantur] dominatur T^3 – 25 etsi] *m. rec.* si *s. s.* T^3 – 27 inexperti] *om.* T^3

7–8: cf. Prov. 26,8; 8: cf. clm 18154, f. 81^v (a–b); 17–18: cf. ARISTOTELES: Politica 1,5,18 (Aristoteles latinus, Band 29,1, MICHAUD-QUANTIN, P. (Ed.), S. 9); 24: cf. ARISTOTELES: Politica 1,13,22 (Aristoteles latinus, Band 29,1, MICHAUD-QUANTIN, P. (Ed.), S. 24f.); cf. HAMESSE, J.: Les Auctoritates Aristotelis, S. 254 (Nr. 30)

<64 CB Prudencie partes octo quomodo exerceat prelatus>

Porro quia totum aliquod perfecte haberi nequit sine eius partibus totalitatem constituentibus. Si debeat aliquis esse prudens perfecte, oportet ipsum habere omnes partes prudencie. Consueuerunt autem assignari *octo partes prudencie, scilicet memoria, providencia, intellectus, racio, solercia, docilitas*, experiencia et *caucio*. Unde si prelatus debeat esse prudens, oportet ipsum esse memorem, providentem, intelligentem, racionabilem, solertem, docilem expertem et cautem. Hee octo partes sic accipi possunt. Nam ex hoc aliquis est prudens, quia est sufficiens dirigere et se et alios in aliqua bona seu in aliquos fines bonos. Quatuor ergo ibi considerare debet, scilicet bona, ad que dirigit, modum, per quem /106^{v} (b)/ dirigit, personam dirigentem et gentem, quam dirigit. Racione bonorum, ad que dirigit, oportet prelatum esse memorem et providum. Secundum modum, per quem dirigit, oportet eum esse intelligentem et racionabilem. Racione proprie persone, qui est alios dirigens, oportet, quod sit sollers et docilis. Racione vero gentis vel subiectorum, quos dirigit, congruit, quod sit expertus et cautus. Racione primi oportet, quod habeat *memoriam preteritorum et providenciam futurorum*. Prelatus debet habere memoriam preteritorum, ut possit ex preteritis cognoscere, quid evenire debeat in futurum. Quia dicitur *2. Ethicorum*: In contingentibus agibilibus ut plurimum sunt futura similia preteritis. Secundo providencia futurorum, quia homines providentes futura bona excogitant vias, per quas feliciter ea adipisci valeant. Modus vero, per quem dirigit, oportet, quod sit humanus, quia est homo. Homo autem intelligit raciocinando et discurrendo. Accipit enim aliqua principia et aliquas premissas, ex quibus elicit conclusiones intentas et hoc tam in speculabilibus quam in agibilibus. Nam sicut fiunt raciones, ut monstretur, quid sit verum cognoscendum, sic fiunt raciones, ut persuadeatur, quid sit bonum persequendum. Racione igitur huiusmodi cognoscendi, qui est inditus hominibus volens alios dirigere, oportet, quod sit

1 <64 CB-prelatus>] *ed. add.; om.* $T^3M^2H^2$ – 3 aliquod] aliquot T^3H^2 – 9 ibi] est *add.* M^2 H^2 – 10 debet] *om.* H^2 – 14 subiectorum] *pr. m.* subditorem *scr., m. rec. exp. et* subiectorum *scr.* H^2 – 16 preteritorum] et providenciam futuorum *add.* T^3 – 17 ut] *pr. m.* et *scr., m. rec. exp. et* ut *scr.* M^2 – 18 Secundo] *m. rec. mg.* debet habere *add.* T^3 – 19 quas] *m. rec. mg.* faciliter ea *add.* T^3 – adipsci] ipsa *add.* T^3 – quem] quod M^2 – 20 raciocinando] *pr. m.* concinando *scr., m. rec.* con *exp. et* racio *s.scr.* T^3

64 CB 1: cf. Tabula alphabetica, clm 18154, fol. 8^{v}(b); 5–6: cf. Thomas <de Aquino>: Summa theologica II-II,48 c. (Sancti Thomae Aquinatis Doctoris Angelici Opera Omnia, Tomus 8, S. 365b); 15: cf. Thomas <de Aquino>: In quattuor libros sententiarum 3,33,3,1a (argumentum primum) (S. Thomae Aquinatis Opera omnia, Volumen 1, Busa, R. (Bearb.), S. 386c); 17: Textus Aristotelis: Ethica nicomachea, liber secundus non inv.

intelligens cognoscendo principia et premissas /107^r (a)/ et sit racionalis raciocinando et eliciendo ex illis premissis conclusiones intentas. Vel oportet, quod sit intelligens sciendo leges, consuetudines, bonas et alia, que possunt esse principia et regule agendorum. Oportet eciam, quod sit racionalis speculando ex illis regulis, quid agere congruat. Sed racione proprie persone, que alios est dirigens, oportet, quod sit sollers et docilis. Sollers, inquam, quod sit industrius ex se invenire bona subditorum sibi commissorum. Sed quia nullus hominum sufficit cogitare, que possunt subiectis omnibus esse utilia, oportet ipsum eciam esse docilem aliorum consilys acquiescendo. Non enim decet prelatum caput suum in omnibus sequi nec inniti semper sollercie sue, sed sit eciam docilis, ut sit humilis ad capescendam aliorum doctrinam, acquiescendo seniorum sapientum consilys. Racione vero subditorum, quos dirigit, sit expertus et cautus. Experiencia autem est rerum particularium cognicio, prout igitur sunt alia et alia particularia, et persone subditorum non sunt conformes nec intellectum nec moribus, igitur circa ipsos sunt alia et alia exquirenda. Nec enim omnibus omnia conveniunt. Oportet ergo prelatum esse expertum in cognoscendo particulares subditorum condiciones, ut valeat eos melius in finem debitum dirigere. Denique sit eciam cautus. Nam sicut in speculativis falsa aliquando admiscentur veris, propter quod creduntur vera, sic in agibilibus mala multociens admiscentur bonis, propter quod creduntur bona, que non sunt bona, /107^r (b)/ sed apparent bona. Sit ergo prelatus cautus in inspiciendo et respiciendo apparencia bona et in eligendo simpliciter bona, ad que dirigere debet subditos sibi commissos, scilicet ad bona celestia finaliter perfruenda.

<64 CC Amari plus studeant abbates quam timeri>

Et studeat plus amari, scilicet a bonis. Nam bonus prelatus non facile amatur a malis, argumentum <83.> di., Nichil; Extra, De accussacionibus, Qualiter, Incipit: Licet autem. Prelatus eciam *debet intus amare subditos et foris, cum expedit se iure in ipsos, 45. di., Disciplina, in fine. Quia nimia familiaritas parit quandoque contemptum saltem inter fatuos,* ut dicit *Augustinus* super

5 que] qui T^3 – sollers] sobrius H^2 – Sollers] Sobrius H^2 – 8 caput suum] suum caput H^2 – 10 doctrinam] ad *add.* T^3M^2 – 11 cautus] *m. rec.* est *s. scribens add.* T^3 – 14 valeat] *pr. m.* valens *scr., m. rec.* valeat eos *s. scribens corr.* T^3 – 15 eos] *om.* H^2 – 18–19 et-bona] *om.* T^3 – 22 <64 CC-timeri>] *ed. add.; om.* $T^3M^2H^2$ – 25 <*83.*>] *ed. sec. Decr. Grat. corr.;* 84 $T^3M^2H^2$ – *Qualiter*] 2 *add.* M^2 H^2 – 27 *Augustinus*] Azo M^2H^2

64 CC 22: cf. Tabula alphabetica, clm 18154, fol. 2^r(b); 24: cf. RB 64,15 (CSEL 75, Hanslik, R. (Ed.), 2. Auflage, S. 165); 24–27: cf. Boerius, P.: Regula cum Glossa, Ms 155, fol. 231^r(a); 24: cf. Bernardus <Ayglerius>: In regulam, Cap. 64 (Caplet, A. (Ed.), S. 403); 25: cf. Grat. 83,6 (Fr. 294); X 5,1,17 (Fr. 738); Grat. 45,9 (Fr. 163 f.); 27–1: Grat. 86,4 (Fr. 298)

eodem, notatur *86. di., Quando. Quam timeri: Contrarium appetunt principes huius mundi. Et tamen ut* ait *Sedechias rex Iudee: Obediencia ex amore est firmior quam ex dominacione et metu.* Unde *ut Seneca: Multos timere debet, quem multi timent.* Et *<Cicero>: Qui metui volunt, a quibus timentur, eosdem* ut *metuant ipsi, necesse est.* Ubi advertendum, quod prelati studere debent *plus amari* a subditis quam timeri et hoc multis de causis. Quarum alie sunt ex parte subditorum, alie ex parte prelati, quod sic patet: Id, quod imponitur amanti, licet difficile sit, tamen facilius fit quam quod imponitur timenti, quia amanti nichil est difficile. Item quod fit a tali, quia fit hylariter et non cum tristicia sicut, quod fit ex amore, acceptum est deo. *2. Cor 9: Non ex tristicia* vel *neccesitate. Hylarem enim datorem diligit deus.* Item timentis est fugere, /107^{v} (a)/ diligentis vero adherere et ideo, ubi subditi timentes fugiunt interdum, ipsi diligentes adherent prelato infatigabiliter. Sicut Lucas Paulo secundum *Ieronimum* et ideo dicitur *Col. 3: Caritas vinculum est perfeccionis,* id est vinculum perfectum. Item prelati indigent in multis portari. *Hoc autem facit* amor. *Augustinus.* Tantum quisque portat, quantum amat. Et *Gregorius super Ezechielem: Quantum ama*s, *tantum porta*s. Item indigent iuvari in multis. Hoc autem facit dileccio. Amici enim est iuvare amicum et pro adiutorio solet unus ad alterum recurrere. Unde *Iob <19>: Miseremini mei, miseremini mei* etc., scilicet ad adiuvandum. Item frequenter a subditis molestantur, sed dileccio non novit hoc facere, quia *dileccio proximi non operatur malum, Rom. 13,* scilicet contra dilectum. Quantum ergo debent prelati appetere, ut a subditis diligantur, cum subditos facilius hec faciunt obedire et acceptabilius deo servire et forcius eis in bono adherere, et ipsos prelatos faciat portari in suis defectibus et in suis eos iuvari negocys et ad eum se habere quiecius. Ideo bene dicit *beatus Benedictus: Studeat plus amari quam timeri.* Et *Isidorus: Talem te redde subditis, ut magis ameris quam timearis.* Et *beatus Augustinus in regula: Et quamvis utrumque sit necessarium, tamen plus amari a vobis appetant quam*

1 eodem] Tobiam H^2 – 3 *ut*] *pr. m.* ut *scr., m. rec. exp. et* Unde et *s. s.* T^3 et M^2 H^2 – <Cicero>] *nom. autoris sec. textum inv.*; Boecius $T^3M^2H^2$ – 4 *ut*] om. T^3M^2 – 5 de] *m. rec. s. scribens add.* M^2 – 10 vero] *m. rec.* item *scr., m. rec. exp. et* tantum *s. s.* T^3 – 13 Tantum] *pr. m.* item *scr., m. rec. exp. et* tantum *s. s.* T^3 – 16 *<19>*] *ed. sec. textum corr.;* 17 $T^3M^2H^2$ – 17–18 *non-malum*] malum non operatur H^2 – 21 eum] deum T^3M^2

1: cf. RB 64,15 (CSEL 75, Hanslik, R. (Ed.), 2. Auflage, S. 165); 1–4: cf. Boerius, P.: Regula cum Glossa, Ms 155, fol. 231^{r}(a); 3: cf. Lucius Annaeus Seneca <Philosophus>: De ira 2,11,3 (Collecció catalana dels clàssics grecs i llatins. Escriptors llatins Band 5, Cardo, C. (Ed.), S. 36); 3–4: cf. Marcus Tullius Cicero: De officiis 2,7,24 (Scrittori latini commentati, Decia, G. (Ed.), S. 30); 8–9: cf. 2. Cor. 9,7; 11–12: cf. Hieronymus <Stridonensis>: Epistola Pauli ad Colossenses, cap. 3 (PL 29, 791 B); cf. Col. 3,14; 13: cf. Augustinus <Hipponensis>: De trinitate 15,17,122 (CChr.SL 50A, Mountain, W. J. (Ed.), S. 506); 13–14: cf. Gregorius <Papa, I.>: Homiliae in Hiezechihelem prophetam 2,3,11,223 (CChr.SL 142, Adriaen, M. (Ed.), S. 244); 16: cf. Iob 19,21; 17–18: cf. Rom. 13,10; 21–22: cf. RB 64,15 (CSEL 75, Hanslik, R. (Ed.), 2. Auflage, S. 165); 22: cf. Isidorus <Hispalensis>: Synonyma de Lamentatione animae peccatricis 2,76 (PL 83, 516C); 22–1: cf. Augustinus <Hipponensis>: Praeceptum 7,3,231–232 (EAug, Verheijen, L. (Ed.), S. 436)

timeri. Quis ergo dubitet, quin hoc a Spiritu Sancto sit, in quo tres tanti doctores uno ore concordant etc. /107^{v} (b)/

<64 CD Prelatus, ut ametur, tria caveat et tria habeat>

Sed nota ad hoc, quod prelatus diligatur a subditis, cavendum est ei a superbia. Hec enim diligi non facit, sed odiosum reddit. *Ecclus.* <*10*>: *Odibilis* est *coram deo et hominibus superbia.* Item a duricia. Hec enim reddidit Roboam populo odiosum, <*3.*> *Reg. 12.* Et ideo dicitur econtrario *Ecclus.* <*3*>: *In mansuetudine opera tua perfice et super gloriam homini diligeris.* Item a singularitate: Cum enim conformat prelatus se alys et *est in illis quasi unus ex illis*, ex hoc adquirit sibi aliorum amorem; *Ecclus. 13*: *Omne animal diligit sibi simile.* Contra, ut ametur, debet eciam hec tria habere: Primo, ut sit beneficus et liberalis. Nam subditi ut communiter non percipiunt, nisi sensibilia et hoc specialiter quantum ad victualia necessaria. Ideo dicitur *2. Rethorice*, capitulo de amore, quod populus amat et *honora*t beneficos *et liberales.* Secundo, ut sit fortis et magnanimus in adversis et defensione regiminis exponens se pro bonis communibus. Ideo dicitur *2. Rethorice*, quod quia diligimus *beneficos in salutem*, id est eos, qui possunt nobis benefacere, nos salvando et liberando et nostra. Tercio, ut sit equalis et iustus in iudicys sive secundum iusticiam aut misericordiam ad personas communitatis. Ideo dicitur *2. Rethorice*, quod *iustos maxime* diligimus.

<64 CE Timeri a subditis studeant prelatus>

Porro quamvis prelatus studere debet, ut ametur, debet tamen eciam studere, ut a subditis timeatur et hoc propter ipsorum utilitatem. Sunt enim multi istorum frequenter, qui magis /108^{r} (a)/ timore quam amore ducuntur ad bonum. *Augustinus*: *Sicut sunt meliores, quos amor dirigit,*

2 etc.] *om.* M^2 – 4 <64 CD-habeat>] *ed. add.; om.* $T^3M^2H^2$ – 6 enim] et non *s. scribens add.* M^2 *m. rec.* non *s. scribens add.* T^3 – 7 <*10*>] *ed. sec. textum corr.;* 6 $T^3M^2H^2$ – 8 reddidit] *pr. m.* reddit *scr., m. rec.* di *s. scribens add.* T^3 – odiosum] *pr. m.* odio *scr., m. rec.* sum *s. scribens add.* T^3 – <*3*>]*ed. sec. textum corr.;* 2 $T^3M^2H^2$ – 9 <*3*>] *ed. sec. textum corr.;* 2 M^2 H^2 20 T^3 – 12 hec] *m. rec. s. scribens add.* T^3 – 21 <64 CE-prelatus>] *ed. add.; om.* $T^3M^2H^2$

64 CD 4: cf. Tabula alphabetica, clm 18154, fol. 8^{r}(a); 7: cf. Ecclus. 10,7; 8: 3. Reg.; 9: cf. Ecclus. 3,19; 10: cf. Ecclus. 32,1; 11: cf. Ecclus. 13,19; 14: cf. Aristoteles: Rhetorica 2,11,9 (Aristoteles latinus, Band 31,1–2, Schneider, B. (Ed.), S. 246); 16: cf. Aristoteles: Rhetorica 2,4,1 (Aristoteles latinus, Band 31,1–2, Schneider, B. (Ed.), S. 229); 18–19: cf. Aristoteles: Rhetorica 1,9,1 (Aristoteles latinus, Band 31,1–2, Schneider, B. (Ed.), S. 190)
64 CE 21: cf. Tabula alphabetica, clm 18154 fol. 10^{v}(b); 25–1: cf. Augustinus <Hipponensis>: Epistula 185, 6,21,18f. (CSEL 57, Goldbacher, A. (Ed.), S. 19)

ita plures sunt, quos timor corrigit. Item propter status sui exigenciam indecens enim et inconveniens est, quod, quis presit aliquibus, et non timeatur ab eis. Et ideo dominus, qui dedit homini divinum super animalia, immisit cum hoc horrorem ipsius super ea; *Gen. 9*: *Terror vester ac tremor sit super cuncta animalia terre.* Item propter dei honorem. Non enim est ad honorem regis, sed confusionem, cum eius balinus non timetur et ideo dicitur *Luc. 10* prelatis: *Qui vos spernit, me spernit.* Item huius exemplum, scilicet quod prelatus timeatur, habetur in natura. Inter animalia, id, quod magis timetur ab omnibus animalibus, est id, quod natura fecit regem super alia, scilicet leo. Item habetur exemplum in potestatibus seculi, *Rom. 13*: *Si male feceris, time* potestatem, *non enim sine causa gladium portat.* Item habetur exemplum in principibus apostolorum: Paulus enim faciens se timeri dicit <*1.*> *Cor. 4*: *In virga veniam ad vos an in caritate et spiritum mansuetudinis?* Petrus vero occisis proprietarys incussit timorem omnibus; *Act. 5*: *Factus est timor magnus in universa ecclesia et in omnes, qui audierunt hoc.*

<64 CF Prelatus ut timeatur, tria sint necessaria>

Sunt tamen tria, que valent ad hoc, ut prelatus timeatur. Primum est morum gravitas. Sicut enim quando conformat se cottidianis levitatibus multitudini, fit ex hoc contemptibilis prelatus, sic gravitas facit /108^r (b)/ haberi in timore reverenciali. Ideo dicitur de *Iob, c. 30*: *Videbant me iuvenes et abscondebantur.* Secundum est usus auctoritatis. Sunt enim quidam, qui numquam prodeunt ad opus aliquod utile ex auctoritate, quam habent, et ideo non timentur, sicut statue sunt formidines, que numquam aliquod faciunt processu temporis, non timentur ab avibus. Et ideo dicitur <*Tit.*> *2*: *Argue cum omni imperio, nemo te contempnat* quasi diceret: Ideo argue imperiose, ne vertaris in contemptum. Tercium est rigor iusticie, scilicet cum talis est, quod non creditur, quod aliquo modo a iusticia flectatur. Et ideo dicitur de Herode, *Marc. 6*: *Herodes metuebat Iohannem sciens eum virum iustum et sanctum.*

1 *sunt*] *pr. m.* sint *scr., m. rec. exp. et* sunt *s. s.* T^3 – 3 horrorem] timorem H^2 – 4 propter] *pr. m.* propter *scr., m. rec. exp. et mg.* nuciat et facit ad *scr.* T^3 – 10 principibus] *m. rec.* bus *exp.* T^3 – apostolorum] *m. rec. mg.* qui *add.* T^3 – Paulus] Paulo T^3 – enim-timeri] *om.* T^3 – <*1.*>] *ed. sec. textum corr.*; 2 $T^3M^2H^2$ – 11 an] *e. gr. pr. m.* aut *scr., m. rec.* an *s. s.* T^3 aut M^2 H^2 – 14 <64 CF-necessaria>] *ed. add.; om.* $T^3M^2H^2$ – 16 tamen] autem H^2 – 18 *c. 30*] *30 c.* H^2 – 20 prodeunt] *pr. m.* prodeant *scr., m. rec.* a *exp. et* u *s. s. et mg.* prodeunt *scr.* T^3 – utile] seu vile *add.* M^2H^2 – 21 aliquod] *m. rec. mg.* opus *add.* T^3 – 22 <*Tit.*>] *ed. sec. textum corr.;* 2. Tim. $T^3M^2H^2$ – *Argue*] *pr. m.* hoc *scr., m. rec. exp. et* argue *s. s.* T^3 hoc M^2H^2 – 23 scilicet cum] cum scilicet M^2H^2 – 24 de] *pr. m.* ad *scr., m. rec. exp. et* de *scr.* T^3

3–4: cf. Gen. 9,2; 5–6: cf. Luc. 10,16; 8–9: cf. Rom. 13,4; 10–11: cf. 1. Cor. 4,21; 12: cf. Act. 5,11
64 CF 14: cf. Tabula alphabetica, clm 18154, fol. 8^r(a); 18–19: cf. Iob 29, 8; 22: cf. Tit. 2, 15; 24–25: cf. Marc. 6,20

<64 CG Prelati timor triplex causatur in subditis>

Sunt et alie cause timoris prelatorum, scilicet quod sint potentes in punicione, quia ut patet ex *2. Rethorice*: Potissime timentur potentes propter puniciones, quas *exercent in subditos*. In punicione autem tria sunt consideranda, scilicet punicio ipsa, persona punita et modus puniendi. Quantum ad punicionem timetur prelatus, si in eos, qui communitatem conturbant, in exquisitas crudelitates exerceat. Ideo dicitur *2. Rethorice*: Quod homines timent eos, de quibus sunt *conscy fecisse aliquid dirum*. Secundo timetur prelatus racione personarum punitarum. Nam iustus pro iusticia nulli parcere debet. Ideo dicitur *7. Politicorum*: Qui bene operans nulli parcit, quia nec pro patre nec filio /108^v (a)/ aut amico dimittendum est operari iuste et bene. Ymo ut vult philosophus ubi supra: Decet rectores, ut magis timeantur et ut virilius observent iusticiam, magis punire interdum et severius se gerere contra amicos, si contingat eos forefacere, quam contra alios. Tercio timetur prelatus racione modi puniendi, quod fit, cum prelatus vel eius officiales latentur et caute se gerunt in punicionibus exequandis et in iusticia facienda, quod mali effugere non possunt, quin puniantur. Ideo dicitur *2. Rethorice*: Quod latitantes magis timentur quam manifesti.

<64 CH Abbas, ut ametur a subditis, commune bonum diligat>

Quamquam autem utrumque scilicet amari et timeri prelatis sit necessarium, tamen magis debent appetere amari quam timeri, quia principalis intencio prelati debet esse inducere subditos ad virtutem. Omne ergo bene agere, per quod subditi sunt magis boni et virtuosi, debet esse a prelato magis intentum. Cum ergo subditi bene agant et observent prelati mandata ex amore honesti, ex dileccione, quam habent ad bonum commune et ad prelatum, sint magis boni et virtuosi, quam si facerent timore pene et ne punirentur. Magis debent prelati appetere a subditis amari et quod amore boni subditi bene agant, quam timeri ab eis et ex timore pene

1 <64 CG-subditis>] *ed. add.; om.* $T^3M^2H^2$ – 4 timentur] timentes H^2 – 12 et] *pr. m.* ut *scr., m. rec. exp. et* et *s. s.* T^3 – 12–13 forefacere] *pr. m.* fore *scr., m. rec. exp. et* male *s. s.* T^3 – 14 facienda] *m. rec. mg.* ita *add.* T^3 – 18 <64 CH- diligat>] *ed. add.; om.* $T^3M^2H^2$

64 CG 1: cf. Tabula alphabetica, clm 18154, fol. 8^r(a); 4: Textus Aristotelis: Rhetorica, liber secundus non inv.; cf. Smaragdus <Sancti Michaelis>: Smaragdi Abbatis expositio in regulam s. Benedicti, Cap. 64 (CCM 8, Spannagel, A. u.a. (Ed.), S. 317); 7–8: cf. Aristoteles: Rhetorica 2,5,25 (Aristoteles latinus, Band 34,1–2, Schneider, B. (Ed.), S. 231); 9: Textus Aristotelis: Politica, liber septimus non inv.; 15: Textus Aristotelis: Rhetorica, liber secundus non inv.
64 CH 18: cf. Tabula alphabetica, clm 18154, fol. 2^r(a)

cavere sibi ab actibus malis ergo etc. Volentes igitur prelati amari a subditis: Primo et principaliter bonum commune et divinum. /108^{v} (b)/ Nam in bono divino et communi magis habet esse bonitas uniuscuiusque quam eciam in seipso. Bonum enim commune et divinum est conservatum nostri. Ymo et si anichilatum esset bonum nostrum, deus posset ipsum reficere, quare cum nullus homo sine dei auxilio possit seipsum bonum facere vel in se bonitatem conservare. Dictat naturalis racio, ut homo magis deum diligat quam seipsum et bonum uniuscuiusque, quod est principaliter a deo et excellencius reservatur in deo, quam in seipso, et quia *commune bonum est divinius quam* singulare, ut dicitur *1. Ethicorum*: Quia in communi bono includitur privatum bonum, *semper bono* privato *preponendum est bonum* commune. Quod si prelatus quicumque fecerit procul dubio a subditis merito amari meretur. Unde si preponeret bonum privatum communi et divino, iam non esset prelatus, sed tyrannus et ergo merito odiendus.

<64 CJ Turbantur qualiter nec prelati a subditis>

Non sit turbulentus: Turbulentus est, qui semper incedit quasi iratus vel ira turbatus aut commotus, dictum a turbine iracundie, qua agitur, et anxius, id est inquietus, nimia cura aut sollicitudine quasi in quadam angustia positus. Hec ideo prohibet beatus Benedictus, quia per ista *duo, quando homo semper horribilis vultu et* mente *inquietus apparet. Subiectos ymo et alios valde conturbat.* Et fortassis non ab re /109^{r} (a)/ hys duabus angustiatur passionibus. *Esto* enim, *ut* prelatum *nulla secularium molestia feriat, omnis undique mundani fluctus procella quiescat, quis valeat intestine sedicionis mala* pro*ferre et sola* nunc *monachorum tedia sustinere? Quis tot et tam varys voluntatibus satisfaciat? Qui semetipsum per tam diversa formarum monstra*

5 in se] se in M^2 – 8 Quia] *pr. m.* quia *scr., m. rec. exp. et mg.* et *scr.* T^3 – 10 fecerit] *pr. m.* fuerit *scr., m. rec. exp. et mg.* fecerit *scr.* T^3 fuerit M^2 – 14 <64 CI-subditis>] *ed. add.; om.* $T^3M^2H^2$ – 17 *inquietus*] *m. rec.* mente *s. scribens add.* T^3 *m. rec. mg.* mente *add.* M^2 – 20 fortassis] viam *add.* M^2 – hys] istis H^2 – 22 quis] *pr. m.* omnis *scr., m. rec. exp. et in mg.* omnia *scr.* T^3 omnis M^2 – pro*ferre*] perferre T^3

8: cf. Thomas <de Aquino>: In quattuor libros sententiarum 4,2,1,3 (argumentum tertium) (S. Thomae Aquinatis Opera omnia, Volumen 1, Busa, R. (Bearb.), S. 428a); Textus Aristotelis: Ethica nicomachea, liber primus non inv.; 9: cf. Thomas <de Aquino>: In quattuor libros sententiarum 4,19,2,3,1a (responsum ad argumentum tertium) (S. Thomae Aquinatis Opera omnia, Volumen 1, Busa, R. (Bearb.), S. 552a)
64 CJ 14: cf. Tabula alphabetica, clm 18154, fol. 11^{r}(a); 16: cf. RB 64,16 (CSEL 75, Hanslik, R. (Ed.), 2. Auflage, S. 165); 16–17: cf. Boerius, P.: Regula cum Glossa, Ms 155, fol. 231^{r}(a); cf. Bernardus <Ayglerius>: In regulam, Cap. 64 (Caplet, A. (Ed.), S. 403); 17: cf. RB 64,16 (CSEL 75, Hanslik, R. (Ed.), 2. Auflage, S. 165); 17: cf. Boerius, P.: Regula cum Glossa, Ms. 155, fol. 231^{r}(b); 17–20: cf. Bernardus <Ayglerius>: In regulam, Cap. 64 (Caplet, A. (Ed.), S. 403); 20–24: cf. Petrus <Damiani>: Epistola 105 (MGH. Epistolae. Die Briefe der deutschen Kaiserzeit. Band 4,3, Reindel, K. (Ed.), S. 163, Z. 11–33)

componat? Decernunt suum *siquidem* prelatum *debere spiritualiter vivere, cogunt tamen per totum diem causarum secularium negocys insudare, ne* scilicet *ecclesiastica bona depereant, ne domum dei, quod absit, ab incolumnitatis sue statu declinare contingat. Et tollerabilius ferunt, si per abbatis absenciam cuncta regularis institucionis disciplina dilabatur quam ut ecclesiastice utilitatis commodum dispendia paciatur, si delinquencium vicia districte animadversionis iudicio corrigit impius, si circa eos remissius agit, zelo dei creditur alienus, si silency se aliquando censura constringit, dicitur,* quod *cum pastor obmutescit, gregem lupus invadit, si paulo liberius loquitur, qua fronte alys silere precipiat, cuius garrula lingua continua verbositate declamat? Cum ieiunat, laudis humane favorem captare dicitur* aut de parcitate notatur. D*um commedit suo pater, alieno ventri esse vitricus perhibetur. Lauciori veste contectus vanam gloriam querere, extremitate et vilitate contentus fertur monasterium deturpare.* /109^r (b)/ *Predicacionis sermo si in longum protrahitur, conspuitur, fastiditur et magis sompnum dicitur provocare, quam edificacioni posse congruere. Si autem locucio brevis fiat, quod in suo non studuit vase recondere, non valet alys propinare. Et fons, qui in occultis meatus sui venis arescit, uberes rivos per fistulam non effundit.* At vero *si abbas ab exterioribus temperans spiritualibus se studys mancipaverit, gemitur, suspiratur et unusquisque ex domestice facultatis iactura conqueritur. Ecce, inquiunt, domus sancta destruitur, possessio nostra minuitur et per unius incuriam tot virorum commoda ad nichilum rediguntur. Fiat racioncinium, ponamus calculum. Postquam ille super nos infausto* hospicio *ius digne potestatis accepit, quot et qualia ornamenta ecclesie superaddidit, quot prediorum mansos acquisunt? Ubi denique possessionis nostre terminos ampliavit? Plane si res diligenter inquiritur, locus hic suo tempore non modo non auctus, sed in multis pocius cernitur inminutus. Hys itaque et huiusmodi calamitatum stimulis prelati sepe percussi et subiectorum malicia conturbati, nec quietam valent vitam agere, nec lucrandis animabus prout eorum dictat officium, desudare.* Non inmerito ergo turbulencia et anxietate denotantur, qui circa plurima taliter conturbantur.

1 *Decernunt*] *pr. m.* det autem *scr., m. rec. exp. et in mg.* decernunt *scr.* T^3 – 2 *totum*] totam H^2 – 4 *abscenciam*] abstinenciam H^2 – *regularis*] *pr. m.* raris *scr., m. rec. exp. et* regularis *s. s.* T^3 – 10 *suo-alieno*] *m. rec.* abundantur suo *s. s.* T^3 – *esse*] *mg. ante* esse *m. rec.* alieno *scr.* T^3 – *vitricus*] virtus T^3 – 10 *contectus*] contextus H^2 – 12 *conspuitur*] aspuitur T^3M^2 – 13 *edificacioni*] edificacionem T^3 – *locucio*] *pr. m.* loco *scr., m. rec. exp. et in.mg.* locucio *scr.* T^3 loco M^2 – 16 *domestice*] domesticis T^3M^2 – *iactura*] iacturam T^3H^2 – 17 *per*] pro T^3M^2 – 18 incuriam] incuria T^3H^2 – raciocinium] concinium T^3H^2 – 20 *quot*] quod M^2 – 25 denotantur] notantur H^2

<64 CK Religiosi quam periculose iudicant prelatos>

Sed quam periculosum sit subditos rectores suos et iudices temere iudicare, advertant illud *Gregory* super illud *Iob <34>*: /109^v (a)/ *Qui facit regnare ypocritam. Sicut prelatis*, inquit, *curandum est ne eorum corda existimacione singularis sapiencie locus superior extollat, ita subiectis providendum est ne sibi rectorum facta displiceant. Si autem* rectorum *vita iure reprehenditur, oportet ut eos subditi, eciam cum displicent, venerentur. Sed hoc est sollerter intuendum, ne aut quem venerari necesse est, imitari appetas, aut quem imitari despicis, venerari contempnas. Subtilis enim via tenenda est rectitudinis et humilitatis, ut sic reprehensibilia* rectorum *facta displiceant, quatenus subditorum mens a servanda* prelacionis *reverencia non recedat. Sunt vero nonnulli qui si parum quid de spirituali conversacione inchoant, cum rectores suos temporalia agere et terrena considerant, mox ordinem superne disposicionis accusant, quod nequaquam ad bene regendum prelati sunt, per quos conversacionis infime exempla monstrantur. Sed hy nimirum dum temperare se a rectorum suorum reprehensione negligunt,* suis *exigentibus meritis, usque ad reprehensionem conditoris excedunt.*

<64 CL Temporalium curam quamlibet deus iniungit>

Cuius profecto dispensacio inde ab humilibus rectior agnoscitur, unde ab elatis non rectam iudicatur. Quia enim potestas regiminis ministrari non potest sine studio cure temporalis, aliquando omnipotens deus mira dispensacione pietatis agit, *ut* et *tenere spiritualium mentes a terrena cura disiuncte sint, onus regiminis duris* et *laboriosis cordibus iniungit, ut* /109^v (b)/ *tanto illi ab hoc mundo securius lateant, quanto* hy *in terrenis sollicitudinibus libenter elaborant.* Unde *sepe misericors deus quo suos tenere diligit, eo eos sollicite ab externis accionibus abscondit. Nam et plerumque paterfamilias ad eum laborem servos dirigit, a quo subtiles filios suspendit; et inde fily sine vexacione decori sunt, unde servi et in pulvere fedantur. Qui igitur*

1 <64 CK-prelatos>] *ed. add.*; *om.* $T^3M^2H^2$ – 3 subditos] subditis H^2 – 4 <34>] *ed. sec. textum corr.*; 33 $T^3M^2H^2$ – 6 *est*] *om.* H^2 – iure] vivere H^2 – 8 *aut quem*] *pr. m.* aliquid *scr.*, *m. rec. exp. et* aut quem *post* ne *in mg. scr.* T^3 aliquid M^2 – 10 *quatenus*] quantus T^3M^2 – 13 *infime*] *pr. m.* infine *scr.*, *m. rec. exp. et* in fine *scr.* T^3 in fine M^2 – 14 *suis*] *pr. m.* suis *scr.*, *m. rec. exp. et* culpe sue *s. s.* T^3 – 17 <64 CL-iniungit>]*ed. add.* ; *om.* $T^3M^2H^2$ – 19 profecto] *om.* H^2

64 CK 1: cf. Tabula alphabetica, clm 18154, fol. 9^v(b); 4–15: cf. Gregorius <Papa, I.>: Moralia in Iob 25,16,95–106.114–121(CChr.SL 143B, Adriaen, M. (Ed.), S. 1262); 4: cf. Iob 34, 30
64 CL 17: cf. Tabula alphabetica, clm 18154 fol. 10^v(a); 19–3: cf. Gregorius <Papa, I.>: Moralia in Iob 25,16,121–128.131–135.152–157 (CChr.SL 143B, Adriaen, M. (Ed.), S. 1262 f.)

magnis virtutibus in sancte ecclesie sinu proficiunt, prepositorum suorum vitam despicere non debent, dum *vacare eos rebus exterioribus vident; quia hoc quod ipsi securi intima penetrant, ex illorum adiumento est qui contra procellas huius seculi exterius elaborant.*

<64 CM Prelati a deo dantur sed subiectorum merita>

Sed a quibusdam queritur quia dum saltem pro utilitate subditorum rectores nimie curis temporalibus inserviunt, plerique in ecclesia eorum exemplo deterrescunt. Quod verum valde esse quis abneget, cum curari a pastoribus terrena quam celestia sollicicius vident. Sed neque hec iniusta sunt, quia *mores presidencium iuxta subditorum merita disponuntur. Occulte namque et sponte perpetrate culpe exigunt ut parva a pastoribus exempla prebeantur, quatenus iusto iudicio is qui de via dei superbus exorbitat, in via qua graditur eciam per ducatum pastoris offendat. Unde per prophetam quoque prenunciantis studio dicitur, non maledicentis voto: Obscurentur oculi eorum ne videant,* quasi *diceret: Qui humane vite accionibus quasi previdendis intineribus* /110[r] (a)/ *presunt, veritatis lucem non habeant, ut et qui secuntur subditi, iniquitatum suarum oneribus incurvati, omnem statum rectitudinis amittant;* hec ille.

<64 CN Liberalitas qualis sit virtus>

Non sit nimius et obstinatus: *Nimietas ad prodigalitatem pertinet, obstinacio ad propry sensus obduracionem, ne per unum res monastery indiscrete dissipet, et per aliud de proprio sensu confidens vel non requirat consilia vel sequi contempnat fatue requisita.* Aut forte melius per nimietatem et obstinacionem possunt intelligi duo extrema liberalitatis, scilicet prodigalitas et tenacitas sive avaricia, que facit hominem obstinatum. Unde liberalitas est virtus media inter avariciam et prodigalitatem, avariciam reprimens et prodigalitatem moderans. Et consistit in recto usu pecunie, ad quem rectum usum tria requiruntur: Primo, quod non accipiat eam, unde non debet. Secundo, ut accipiat eam, unde debet. Tercio, ut expendat eam, pro ut debet.

5 <64 CM-merita> *ed. add.; om.* $T^3M^2H^2$ – 9 *esse*] *m. rec.* esse *s. scribens add.* T^3 – *vident*] *pr. m.* vident *scr., m. rec. exp. et* videt *scr.* T^3 – 12 *superbus*] superbe M^2 – 18 <64 CN-virtus>] *ed. add.; om.* $T^3M^2H^2$ – 22 *vel*] *pr. m.* vel *scr., m. rec. exp.* T^3

64 CM 5: cf. Tabula alphabetica, clm 18154 fol. 8[r](a); 7–16: cf. Gregorius <Papa, I.>: Moralia in Iob 25, 16, 168–184 (CChr.SL 143B, Adriaen, M. (Ed.), S. 1264); 14: cf. Ps 68,24
64 CN 18: cf. Tabula alphabetica, clm 18154 fol. 6[r](a); 20: cf. RB 64, 16 (CSEL 75, Hanslik, R. (Ed.), 2. Auflage, S. 165); 20–22: cf. Bernardus <Ayglerius>: In regulam, Cap. 64 (Caplet, A. (Ed.), S. 403); cf. Boerius, P.: Regula cum Glossa, Ms 155, fol. 231[r](b)

Pertinet enim ad liberalem non usurpare alienos redditus et custodire proprios. Nam liberalis, licet non diligat pecuniam secundum se, sed ut eam ordinet ad debitos sumptus, tamen, ut possit debitos sumptus facere, non debet proprios redditus inaniter expendere seu disperdere. Non usurpare ergo redditus alienos et habere curam debitam de proprys et ex eis debitos sumptus facere sunt illa tria, circa que videtur esse liberalitas. Est tamen principalius circa debitos sumptus facere et circa proprios redditus custodire et circa non accipere alienos /110^{r} (b)/ ex consequenti. Quia liberalitas magis opponitur avaricie quam prodigalitati et ideo magis est declinandum ad prodigalitatem quam ad avariciam et magis debemus superhabundare in dando quam deficere.

<64 CO Avarus non sit prelatus>

Unde liquet prelatum non debere esse avarum. Quod patet ex tribus: Primo, quia est morbus incurabilis. Unde quanto quis plus procedit in avaricia et plus senescit etate, tanto avarior efficitur. Sed econtra prodigalitas est morbus curabilis vel etate vel egestate, etate, quia prodigi in iuventute, cum senescunt, desinunt esse prodigi, quia senes sunt avariores iunioribus, curari eciam potest egestate, nam qui prodigi sunt, multis egent, quia expense superhabundant redditibus. Expendendo ergo indigenciam inducunt, ut non sint prodigi. Tantum ergo fugienda est avaricia a prelatis, ut, si possent esse prodigi, melius est eos esse prodigos quam avaros. Secundo hoc patet, quia prodigalitas magis est propinqua virtuti quam avaricia. Nam liberalis non libenter recipit et libenter dat, quorum utrumque facit prodigus. Neutrum autem facit avarus. Non ergo differt prodigalitas a liberalitate, nisi quia prodigus non dat, ut debet, et quibus debet, et cuius gracia debet. Quare dum prodigus non sit amator pecunie sicut nec liberalis de facili, cum, quis sit prodigus, potest fieri liberalis. Tercio hoc est detestabilius, quia prelatus alys prefertur propter eorum salutem, ut eis prosit. Avarus autem nulli prodest, quia eciam sibi ipsi nequam est. Prodigus autem multis prodest. Omnino ergo detestabile est prelatum esse avarum.

11 <64 CO-prelatus>] *ed. add.; om.* $T^3M^2H^2$ – 14 tanto] effa *add.* M^2 – 18–19 Tantum-prodigi] *om.* T^3 – 19 melius] ergo *add.* T^3 – 23 Quare dum] *pr. m.* Quare dum *scr., m. rec. exp. et* et ideo *s. s.* T^3 – 23–24 non-sit] *om.* T^3 – 24 cum] *om.* M^2 – 24 detestabilius] *m. rec. mg.* scilicet avaricia *scr.* T^3

64 CO 11: cf. Tabula alphabetica, clm 18154 fol. 2^{v}(a)

<64 CP Abbates avari tria mala incurrunt>

Adverte ergo, quod prelatus avarus /110^{v} (a)/ tria mala incurrit, scilicet primo amittit maxima bona, secundo efficitur tyrannus, tercio fit subditorum dempdator. Primum patet, quia avarus prelatus diligens pecuniam ut finem timet eam elargiri et ergo numquam potest esse magnificus, cuius est facere magnos sumptus. Nec potest esse magnanimus, quia metuens pecuniam perdere nichil magni attemptat. Ymo cum ille sit magnanimus, cui nichil corporale est magnum. Ut vult philosophus *4. Ethicorum, c. De magnanimitate.* Sed avarus estimat divicias sive pecunias quid magnum. Ergo impossibile est talem esse magnificum et magnanimum. Et quia ista sunt maxima bona moraliter prelatos decencia, ergo avari illa bona habere non possunt, sed et habita amittunt. Secundo efficitur tyrannus. Bonus enim prelatus intendere debet bonum subditorum et bonum commune. Si autem intendat bonum proprium, hoc est ex consequenti, qui autem intendit bonum proprium seu privatum principaliter licet bonum commune, consequenter iam non est bonus prelatus, sed tyrannus. Quia licet aliquomodo intendat bonum commune, hoc tamen in quantum ex bono communi eveniat ei aliquod bonum proprium. Quia principaliter intendit thesaurisare et congregare sibi pecuniam propter aliquos casus possibiles sibi evenire. Tercio sequitur ex premissis, quod sit subditorum dempdator. Avarus namque prelatus constituens sibi finem in divicys et pecunys, omni via, omni studio, causa et modo nititur assequi hunc finem. Non /110^{v} (b)/ ergo sibi cure erit, si viduas opprimat et pupillas, si subiectorum necessaria diminuat, si minus eis debite provideat, dummodo pecuniam congregat et coarcuat. Est ergo quilibet malus prelatus tyrannus, si sic vult esse dominus, ut bonum commune subditorum non procuret, sed tunc est demptator, quando non solum non procurat bonum, sed eciam infert malum, cum subiectis abstrahit vite necessarium.

<64 CQ Pecunie appetitus quare est infinitus>

Sed que est causa, quod appetitus *pecuniam est infinitus philosophus 1. Politicorum,* duplicem

1 <64 CP-incurrunt>] *ed. add.; om.* $T^3M^2H^2$ – 11 sed] *om.* H^2 – 12 est-consequenti] ex consequenti est T^3 – 15 Quia] *pr. m.* qui *scr., m. rec. exp. et* quia *s. s.* T^3 – 17 sibi] *pr. m.* convenire seu *scr. et m. rec. exp.* T^3 – 18 pecunys] peccunys H^2 – 19 pupillas] pupillos M^2H^2 – 23 abstrahit] *m. rec.* subt. *s. s.* T^3 – 25 <64 CQ-infinitus>] *ed. add.; om.* $T^3M^2H^2$

64 CP 1: cf. Tabula alphabetica, clm 18154, fol. 2^{r}(a); 8: Textus Aristotelis: Ethica nicomachea, liber quartus non inv.
64 CQ 25: cf. Tabula alphabetica, clm 18154, fol. 7^{v}(a); 27: cf. Aristoteles: Politica 1,8,21.24 (Aristoteles latinus, Band 29,1, Michaud-Quantin, P. (Ed.), S. 17)

assignat causam: Prima sumitur ex inordinacione voluntatis, secunda ex falsa estimacione finis. Prima sic patet: Nam homines magis *student circa vivere* quam *circa bene vivere*. Quicumque autem propter ipsum *bene vivere* pecunias volunt, *fruiciones corporales* non infinitas *querunt*. Bene enim vivere est vivere virtuose. Homines vero, qui non curant vivere virtuose, sed totum studium eorum est, ut vivant secundum corporis voluptatem, cum pecunie magis videntur hoc efficere, ut per eas quilibet possit consequi, quod appetit, ut melius homines possint explere, quod volunt, pecunys non saciantur. Secunda causa sumitur ex falsa estimacione finis. Nam, ut distinguit *philosophus* <*2. Topicorum*>: Aliter appetitur *finis* et aliter ea, *que sunt ad finem*. Nam finis appetitur in infinitum. Ea vero, que sunt ad finem secundum modum et mensuram ipsius finis, ut, si *finis medici* est *sanitatem* inducere, numquam potest eam tamen inducere, quin, si esset possibile, vellet eam maiorem /111^r (a)/ efficere. Medicus ergo, sanitatem quasi appetit infinitam inducere, sed pocionem appetit dare secundum modum et mensuram sanitatis. Communiter ergo homines, quia falsam de fine estimacionem habent, id est putant ipsum finem in divicys et pecunys esse ponendum, appetunt eas in infinitum. Sequitur:

<64 CR Suspiciositas est fugienda>

Non sit zelotipus et nimis suspiciosus. Hec duo ad idem referri videntur, quia zelotipia idem est quod suspicio, 2 q. 5, c. <Hoc> autem. Zelus enim idem est quod amor nimius vel suspicio, 32 q. 4, Origo, 23 q. 4, Quid crudele. Dicit tamen Paulus Dyaconus, quod zelotipus est zelo sollicitudinis plenus. Suspiciosus typo repletus, ut, que non fiunt, semper fieri suspicetur. Sed nota, quod dicit nimis, ne incaute permittat fieri absconse mala et acciones tolleret malorum. Secun-

8 <*2. Topicorum*>] *ed. sec. textum corr.;* 1 Politicorum $T^3M^2H^2$ 2 – 11 tamen] tantum H^2 – 14 et] *m. rec. exp.* T^3 – pecunys] pocius T^3 – 17 <64 CR-fugienda>] *ed. add.; om.* $T^3M^2H^2$ – 20 <Hoc>] *ed. sec. Decr. Grat. corr.*; Hic $T^3M^2H^2$– 21 *Quid*] Quod T^3M^2 – *tamen*] *e. gr.* hic T^3

1: cf. Thomas de Aquino: Sententia libri politicorum 1,8,61f. (Sancti Thomae Aquinatis Doctoris Angelici Opera Omnia, Tomus 48, S. A105b); 2–4: cf. Aristoteles: Politica 1,9,19.22 (Aristoteles latinus, Band 29,1, Michaud-Quantin, P. (Ed.), S.17); 8–9: cf. Aristoteles: Topica 2,3,28 (Aristoteles latinus, Band 5,1–3, Minio-Paluello, L. (Ed.), S. 35); 10: cf. Thomas <de Aquino>: Summa theologica I-II,13,4 c. (Sancti Thomae Aquinatis Doctoris Angelici Opera Omnia, Tomus 6, S. 101)
64 CR 17: cf. Tabula alphabetica, clm 18154, fol. 10^v(a); 19: cf. RB 64,16 (CSEL 75, Hanslik, R. (Ed.), 2. Auflage, S. 165); 19–5: cf. Boerius, P.: Regula cum Glossa, Ms 155, fol. 231^r(b)–231^v(a); 19–20: cf. Bernardus <Ayglerius>: In regulam, Cap. 64 (Caplet, A. (Ed.), S. 403f.); 19–20: cf. Grat. 2,5,20 (Fr. 463); 20–21: Grat. 32,4,5 (Fr. 1128 f.); 21: Grat. 23,4,44 (Fr. 923 f.); 21–22: cf. Smaragdus <Sancti Michaelis>: Smaragdi Abbatis expositio in regulam s. Benedicti, Cap. 64 (CCM 8, Spannagel, A. u.a. (Ed.), S. 317)

dum vero Paulum Dyaconum ista duo non ad spiritualia, sed temporalia transferuntur, ut scilicet *non sit nimis suspiciosus circa officiales, qui habent administraciones temporalium et curas. Ne tamen sit fatuus circa illa, dicit nimis. Nam ad spiritulia scilicet leccionem, silencium et ad divinum officium et similia debet semper esse solicitus et quasi suspiciosus. Si enim in temporalibus esset nimis suspiciosus, numquam eius spiritus pacem vel quietem haberet, ut hic sequitur: Quia numquam requiescit. Quare dicit lex, quod multa sunt dissimulanda, Digesta, De Novacionibus, lege Doli in fine, di. 42, Quiescamus. Ymo facilis non debet esse* /111^r (b)/ *prelatus ad credendum de alio malum 15 q. 7,* c. *2.* Unde quidam philosophus: *Suspicio inter amicos amorem abscindit.* Et *qui suspicionem diligit, bonam vitam habere non potest. Et Katho: Suspectus caveas, ne sis miser omnibus horis.* Suspiciositas in quibusdam religiosis a deo invaluit, ut duos homines invicem colloquentes numquam videant, quin ipsos de se loqui mali aliquid suspicentur. Similiter et quicumque eos quocumque modo aspexerit, statim opinantur, quod aliquid mali in eis notat vel propter malum aliquod intueatur et hoc est perniciosissimum litigiorum multorum et odiorum atque irarum seminarium. Adiuvatur autem huiusmodi ab humore melancolico et morbo valde sed suspicio illa non probatur, que neque fidem trahit a preteritis neque racionem habet ex meritis.

<64 CS Suspiciositas ex tribus oritur>

Ubi advertendum secundum *Thomam* in *Summa q. 60, art. 3*: *Quod suspicio* secundum *Tulium importat opinionem mali, quando ex levibus indicys procedit; et contingit ex tribus*: Primo *ex hoc, quod aliquis in seipso malus est; et ex hoc ipso, quasi sue malicie conscius, faciliter de alys malum opinatur, secundum illud Ecclus. 10: In via stultus ambulans, cum ipse sit insipiens, omnes stultos estimat*; versiculus. Hoc putat in me, quod novit perfidus in se. Secundo *modo*

5 *vel-haberet*] haberet vel quietem T^3M^2 – 6 *Quare*] *pr. m.* Quare *scr., m. rec. exp. et* et ideo *s. s.* T^3 – 7 *di. 42.*] 42. di. H^2 – 8 *15*] 6 T^3M^2 – 10 *caveas*] *e. gr. pr. m.* caveas *scr., m. rec.* s *exp. et* t *s. s.* T^3 – *sis*] sit T^3M^2 – 14 seminarium] scienciarum T^3 – 15 valde] *m. rec. mg.* perniciosa *add.* T^3 – 18 <64 CS-oritur>] *ed. add.; om.* $T^3M^2H^2$ – 24 putat] putant T^3M^2

1.3–4: cf. Paulus <Diaconus>: Commentarium Pauli Warnefridi Casinensis in Regulam sancti Patris nostri Benedicti, Cap. 64 (Florilegium Casinense, S. 162 (a)); 5–6: cf. Smaragdus <Sancti Michaelis>: Smaragdi Abbatis expositio in regulam s. Benedicti, Cap. 64 (CCM 8, Spannagel, A. u. a. (Ed.), S. 317); 6: cf. RB 64, 16 (CSEL 75, Hanslik, R. (Ed.), 2. Auflage, S. 165); 6–10: cf. Boerius, P.: Regula cum Glossa, Ms 155, fol. 231^r(b)–231^v(a); 6–7: cf. D. 46, 2, 19 (Mommsen, Th. (Ed.), S. 745b); 7: Grat. 42, 2 (Fr. 152); 8: Grat. 15, 7, 2 (Fr. 757); 9–10: cf. Disticha catonis 4,43 (Disticha catonis, Boas, M. (Ed.) u.a., S. 252)
64 CS 18: cf. Tabula alphabetica, clm 18154, fol. 10^v(a); 20–13: cf. Thomas <de Aquino>: Summa theologica II-II,60, 3 c.(Sancti Thomae Aquinatis Doctoris Angelici Opera Omnia, Tomus 9, S. 27); 20–21: cf. Marcus Tullius Cicero: Tusculanarum disputationum libri quinque 3,13,28 (Dougan, Th. u.a. (Ed.), S. 34); 23–24: cf. Ecclus. 10,3

provenit ex hoc, quod aliquis male afficitur ad alterum. Cum enim aliquis contempnit vel odit aliquem aut irascitur vel invidet ei ex levibus signis opinatur mala de ipso; /111ᵛ (a)/ *quia unusquisque faciliter credit, quod appetit. Tercio modo provenit ex* magna *experiencia. Unde philosophus 2. Rethorice dicit, quod senes sunt maxime suspiciosi, quia multociens experti sunt aliorum defectus. Prime due cause suspicionis manifeste pertinent ad perversitatem affectus. Tercia vero causa diminuit racionem suspicionis. In quantum experiencia ad certitudinem proficit, que est contra racionem suspicionis. Et ideo suspicio vicium quoddam importat et quanto magis procedit suspicio, tanto magis est viciosum. Est autem triplex gradus suspicionis: Primus* cum *homo ex levibus indicys de bonitate alicuius dubitare incipiat. Et hoc est veniale et leve peccatum. Pertinet enim ad temptacionem humanam, sine qua vita illa non ducitur, ut habetur in Glossa super illud 1. Cor. 4: Nolite ante tempus iudicare. Secundus gradus est, cum quis pro certo maliciam alterius estimat ex levibus indicys et hoc, si sit de aliquo gravi, est peccatum mortale, inquantum non est sine contemptu proximi. Unde Chrisostomus super illud Matth. 7: Nolite iudicare etc. dicit dominus. Hoc mandato non prohibet christianos ex benivolencia alios corripere, sed ne per iactanciam iusticie sue christiani christianos despiciant* et *solis plerumque suspicionibus odientes et ceteros condempnantes. Tercius gradus est, cum aliquis iudex ex suspi*/111ᵛ (b)/*cione procedit ad aliquem condempnandum et hoc directe ad* iniusticiam *pertinet. Unde est peccatum mortale.* Hec ille. *Suspicio* ergo *omnis repellenda est pocius quam recipienda, 6 q. 1, Oves,* quia fidelis homo non de facili debet venire in suspicionem, ubi supra et *11 q. 3, Ab sit.* Nota *Glossa*: Ideo suspicio temeraria est repellenda, quia non vult deus *hominem ab homine iudicari ex arbitrio suspicionis, 2 q. 1, Multi <corriguntur>.* Est et alia suspicio quedam probabilis et hec recipitur in contrarium; *7 q. 1, Presencium.* Item est suspicio violenta et hec sufficit ad sentenciandum, ut si *uxor* cum adultero in uno lecto invenitur, *32 q. 1, <Ait>.* Item est suspicio, que surgit ex signis veris et ex fama et hec inducit purgacionem, *2 q. 1, Deus, 2 q. 5, Presbyter.* Item surgit ex adversariorum conficcione et hec est contempnenda,

1 *afficitur*] *pr. m.* efficitur *scr., m. rec.* e *exp. et* a *s. s.* T^3 – 1–2 *vel-aliquem*] *e. gr.* aliqem vel odit T^3 – 5 *cause*] *e. gr. m. rec. i. mg. add.* T^3 *om.* M^2H^2 – 16 *odientes*] *pr. m.* odientis *scr., m. rec.* odientes *s. s.* T^3 – 17 *aliquem*] *e. gr. pr. m.* causam *scr., m. rec. exp. et* aliquem *s. s.* T^3 causam M^2H^2 – 20 Nota] *m. rec.* in *s. scribens add.* T^3 – 21 *corriguntur>*] *ed. sec. Decr. Grat. corr.*; post medium $T^3M^2H^2$ – 23 *<Ait>*] *ed. sec. Decr. Grat. corr.*; Dixit $T^3M^2H^2$ – 25 2] et H^2

4: Textus Aristotelis: Rhetorica, liber secundus non inv.; 11: cf. Biblia latina cum glossa ordinaria, Volume IV (Rusch, A. (Ed.); 11: cf. 1. Cor. 4,5; 13–16: cf. Thomas <de Aquino>: Summa theologica II-II,60,3 Sed contra (Sancti Thomae Aquinatis Doctoris Angelici Opera Omnia, Tomus 9, S. 27a); 13–14: Matth. 7,1; 16–18: cf. Thomas <de Aquino>: Summa theologica II-II,60,3 c. (Sancti Thomae Aquinatis Doctoris Angelici Opera Omnia, Tomus 9, S. 27b); 18–20: cf. Grat. 6,1,9,§1 (Fr. 556); 20: Grat. 11,3,14 (Fr. 647); 20: Textus glossae non inv.; 21: cf. Grat. 2,1,18,§2(Fr. 447); 22: Grat. 7,1,3 (Fr. 567); 23: Grat. 32, 1, 2 (Fr. 1116); 24–25: Grat. 2, 1, 20 (Fr. 448 f.); 25: Grat. 2, 5, 13 (Fr. 459)

<11> *q. 3, In cunctis.* Item *suspicio* facti oritur ex circumstancys aptis ad factum illud; *De presumpcionibus, Litteris.* Item suspicio sola de heresi inducit *purgacion*em; *De hereticis, Excommunicamus.*

<64 CU Quiescunt quare numquam prelati>

Porro de eo, quod dicit: Abbas *numquam requiescit*, magis apparet experiencia quam littera. Nam abbates nostri temporis maius officium monastery, quod est scilicet preesse in hys, que dei sunt, postponentes temporalibus in tantum se officys inmergunt, ut inde totum vite sue tempus expendant, ut mente nec corpore requiescant. *Servum enim* ipsum *secularium* ac *eciam servum necesse* est fore *monachorum, illorum siquidem, ne* /112^r (a)/ *monasteria ledant, istorum vero, ne* sibi *conspirate fraccionis scandalum generent. Illos nempe vereri* necesse est, *ne domus dei bona diripiant, istos autem, ne domestice sedicionis adversus* eum *mach* continent, ut sint foris pungne intus timores. *Et dum unum caput tot dominis subditur, infelix anima multiplici quodammodo cathena constringitur, ne creatoris sui vestigia prosequatur. Quis, inquam,* ut verbis utar *Petri Damiani, hoc ferreo seculo pote*rit *monasterium sine sui capitis periculo regere, ymo quis potest cum abbate simul et monachum possidere? Mox*, siquid, *qui abbas fieri incipit, monachus esse desistit, et quicumque abbatisandi culmen efflagitat, nichil est aliud, nisi quod monachum velut importabile pondus abicere querat, et ne apostata videatur, sub fucato se* velud *colore regiminis palliare. Videlicet ut possit latere peccatum, prelacionis queritur argumentum, et viciosa cutis pastoralis officy superducitur, ut perverse mentis plaga cum virosi puris fetoribus occultetur. Quibus nimirum apte congruit illud evangelium: Ve vobis, inquit, qui similes estis sepulchris dealbatis, que foris quidem apparunt hominibus speciosa, intus autem sunt plena ossibus mortuorum et omni spurcicia. Precipitur monacho, ut moriatur mundo, sed qua racione abbas adimplet, qui tot curarum tumultibus premitur, tot negociorum secularium perplexionibus innodatur? Qui diem loquendo et tractando con*/112^r (b)/*tinuat, noctem consiliando* diiudicat? *Qui cum alys complere non curat, ad explendum prime synaxis officium solis ortum*

1 <11>] *ed. sec. Decr. Grat. corr.*; 6 $T^3M^2H^2$ – 2 de] *pr. m.* ad *scr., m. rec.* de ab *ante* ad *scr.* T^3 – 5 <64 CU-prelati>] *ed. add.; om.* $T^3M^2H^2$ – 10 ut] *m. rec.* nec *s. scribens add.* T^3 *om.* M^2 – ipsum] *m. rec. in mg.* esse *add.* T^3 – 16 *monasterium*] monasteria T^3 H^2 – 19 *velut*] velud M^2 – *sub fucato*] *pr. m.* suffocato *scr., m. rec.* sub *s. s.* T^3 – 25 *racione*] *m. rec. in mg.* id *add.* T^3 – 26 *noctem*] nocte T^3 – 27 *complere*] *m. rec. in mg.* completorium perficere *scr.* T^3

1: Grat. 11,3,52 (Fr. 657); 1–3: cf. X 5,7,1,§7 (S. 788 f.); 2–3: X 2,23,12 (S. 355 f.)
64 CU 5: cf. Tabula alphabetica, clm 18154, fol. 9^r(a); 7: cf. RB 64,16 (CSEL 75, Hanslik, R. (Ed.), 2. Auflage, S. 166); 10–3: cf. Petrus <Damiani>: Epistola 105 (MGH. Epistolae. Die Briefe der deutschen Kaiserzeit. Band 4,3, Reindel, K. (Ed.), S. 159, Z. 12–18; S. 160, Z. 1–17); 22–24: cf. Matth. 23,27

numquam *anticipat? Et cum conventus fratrum silencium communiter solvit,* iste *inter eos numquam salviam virginem portat? Nec ad proferendum iam celestem sermonem ydonee suppetit lingua, que prius est tam prolixis terrene locucionis ambagibus dissoluta.*

<64 CX Abbates quantum nec terrenis inhiantur>

Porro cum monachus iubeatur in hoc mundo nichil appetere, nil prorsus ambire, quid de monacho ille abbas habet, quem videmus velud Ethneis eructuantem flammis, avaricie facibus inardescere, prediorum confinia dilatare, pecunias hinc inde cum tanta aviditate colligere, ad aliena atquirenda *totis desiderys anhelare? Cui quidquid est, nichil est, nisi et hoc studuerit invenire, quod deest. Cui monasterium fit hospicium, equinum vero dorsum cottidianum est habitaculum. Que enim fora, que tribunalia inveniri possunt abbatibus vacua? Que curia, que cubilia principium ferratis abbatum virgis non aspiciuntur effossa? Aulicum limen iugiter abbatum vestigys teritur, et eorum querele vel iurgia importune regum auribus ingeruntur. Non eos effugiunt castra bellancium, sed sub sequestre pacis* spem, *inter ipsos galeatorum cuneos discerpi et comprimi sepe videas cucullatos. Qui vult nosse, quid actum sit apud forense negocium, non pretoria iudicum, sed diversoria pocius perquirat abbatum.* /112^{v} (a)/ *Quidquid in seculo agitur, ab eis velud a magistris negociorum secularium requiratur. Quisquis ergo tot terrenis creditur agere, nisi quod velud iam lassus Christi miliciam execratur ulterius baiolare. Et cui est gravis pugna, nunquam illi victorie poterit pervenire corona. Illi precipue qui, ut milicie laborem fugiat, ad eiusdem milicie ducatum inhianter anhelat. Dumque dux belli humanis oculis cernitur, in conspectu occulti arbitri malefidus, transfuga iudicatur. Fugit enim, qui, ut revera pungnandi valeat vitare periculum, simulant se* singularis vite *specietenus portare vexillum. Et qui inter catervas militum* Christi *non poterat ire vel* ulterius, *principandi desiderio in precedenti cornu cernitur* principulus.

1 *solvit*] *m. rec.in mg.* servat *scr.* T^3 –3 *terrene*] *pr. m.* terre *scr., m. rec.* ne *s. scribens add. ad* terrene T^3 terre M^2 – 5 <64 CX-inhiantur>] *ed. add.; om.* $T^3M^2H^2$ – 8 *quem*] *m. rec.* quid *exp. et in mg.* quem *add.* T^3 – 11 *Cui*] *pr. m.* Cum *scr., m. rec.* cui *s. s.* T^3 Cum M^2 – 14 *importune regnum*] regnum importune T^3M^2 – 16 *cuculattos*] *pr. m.* gugullatos *scr., m. rec.* gugu *exp. et* cucu *s. s.* T^3 – 17 *abbatum*] abbatam H^2 – 18 *terrenis*] *pr. m.* terre *scr., m. rec.* ne *s. scribens add. ad* terrene; *m. rec. in mg.* negocys *add.* T^3 terre M^2 – 20 *nunquam*] *m. rec. exp. et mg.* numquid *scr.* T^3 – 21 *milicie*] *m. rec. in mg.* stipendia et honorem *add.* T^3 – *ducatum*] *om.* T^3 – 24 *vel*] *pr. m.* vel *scr., m. rec. exp.* T^3

64 CX 5: cf. Tabula alphabetica, clm 18154 fol. 2^{r}(a); 7–25: cf. Petrus <Damiani>: Epistola 105 (MGH. Epistolae. Die Briefe der deutschen Kaiserzeit. Band 4,3, Reindel, K. (Ed.) S. 160, Z. 18–24.27–31; S. 161, Z. 1–5.9–12.18–25)

<64 CY Providencia prelatis est necessaria>

In ipsis imperys suis, id est preceptis sive iussionibus suis sit *providus. Huius*modi *providencia et ad imperia debet esse et quasi ad personas, quibus committuntur, et quantum ad res, que fieri mandantur. Est* autem *providencia presens nocio futurorum tractans eventum.* Unde *Boecius: Non quod sit ante oculos, sufficit intueri, sed exitus rerum metiri providencia* est. *Et Seneca: Si prudens est animus tuus, tribus dispensetur temporibus presencia ordina, provide futura* et *recordare preterita. Nam qui nil* /112^v (b)/ *de preterito cogitat, perdit vitam. Qui nil de futuro premeditatur, in omnia involutus incidit. Et consideratus*, id est intenta cogitacione investigans. Nam consideracio est intenta ad investigandum cogitacio vel intencio animi investigantis, *sive secundum deum sive secundum seculum sit*, id est in omnibus agendis aut iubendis sive illa sint spiritualia sive temporalia. *Oportet* enim *presidentem esse providum non solum litterarum pericia, verum et negociorum secularium disposicione, 36. di., c. 1 et 39. di. per totum, quia utrumque sibi commissum est, 10 q. 1, Quecumque. Vel dic secundum Platonem, quod non est recti hominis idem opus in diversis temporibus quam niti. Debent esse sua opera iuxta qualitatem temporis, in quo erit. Non tamen derogando propterea fidei* et *bonis moribus. Smaragdus vero dicit, quod imperia, que fiunt secundum deum, sunt vigilie, ieiunia, abstinencia et huius*modi. *Que secundum seculum, que pro corpore tamen fiunt ut arare, metere, fodere* etc.

<64 CZ Prudencia quid circa quam sit utilis>

Advertendum circa litteram quod providencia secundum *Thomam 2.-2., q. 49, ar. 6: Proprie est*

1 <64 CY-necessaria>] *ed. add.; om.* $T^3M^2H^2$ – 4 *quibus*] officia *add.* T^3 – 10 investigandum] *pr. m.* investigandam *scr., m. rec.* investigand*a*m *exp. et* u *ad* investigandum *corr.* T^3 – 13 *et*] *om.* M^2H^2 – 15 *hominis*] *om.* H^2 – 18 *tamen fiunt*] *e. gr.;* fiunt tamen T^3M^2 – 20 <64 CZ-utilis>] *ed. add.; om.* $T^3M^2H^2$ –

64 CY 1: cf. Tabula alphabetica, clm 18154, fol. 8^v(a); 3: cf. RB 64,17 (CSEL 75, Hanslik, R. (Ed.), 2. Auflage, S. 166); 3–9: cf. Boerius, P.: Regula cum Glossa, Ms 155, fol. 231^v(a); 3–5: cf. Bernardus <Ayglerius>: In regulam, Cap. 64 (Caplet, A. (Ed.), S. 404); 5: cf. Thomas <de Aquino>: In quattuor libros sententiarum 3,33,3,1b c. (S. Thomae Aquinatis Opera omnia, Volumen 1, Busa, R. (Bearb.), S. 387a); 5–6: cf. Boethius: Philosophiae Consolatio 1,15 (CChr.SL 94, Bieler, L. (Ed.), S. 18); 6: Textus Lucii Annaei Senecae <Philosophus> non inv.; 8–9: cf. Martinus <Bracarensis>: Formulae vitae honestae 2,39f. (Martini Epsicopi Bracarensis opera omnia, Barlow, C. (Ed.), S. 240); 9–11: cf. RB 64,17 (CSEL 75, Hanslik, R. (Ed.), 2. Auflage, S. 166); 10–11: cf. Bernardus <Ayglerius>: In regulam, Cap. 64 (Caplet, A. (Ed.), S. 404); 12–18: cf. Boerius, P.: Regula cum Glossa, Ms 155, fol. 231^v(b); 13: Grat. 36,1 (Fr. 133); Grat. 39,1 (Fr. 144); 14: Grat. 10,1,5 (Fr. 613 f.); Textus Platonis non inv.; 16–18: cf. Smaragdus <Sancti Michaelis>: Smaragdi Abbatis expositio in regulam s. Benedicti, Cap. 64 (CCM 8, Spannagel, A. u.a. (Ed.), S. 317)
64 CZ 20: cf. Tabula alphabetica, clm 18154, fol. 8^v(a); 1–9: cf. Thomas <de Aquino>: Summa theologica II-II,49,6 c. (Sancti Thomae Aquinatis Doctoris Angelici Opera Omnia, Tomus 8, S. 371)

circa ea, que sunt ad finem; et hoc ad eius officium proprie pertinet, ut ad finem debite queque *ordinentur. Et quamvis aliqua necessaria sint propter finem, que subiciuntur divine providencie, humane tamen providencie non subiciuntur nisi contingencia operabilia, que per hominem possunt fieri propter finem. Preterita autem in necessitatem quandam transeunt, quia impossibile est non esse, quod factum est.* /113^r (a)/ *Similiter eciam presencia, inquantum huiusmodi necessitatem quandam habent. Necesse est enim Socratem sedere, dum sedet. Unde consequens est, quod contingencia futura, secundum quod sunt per hominem in finem humane vite ordinabilia, pertineant ad prudenciam. Importat* autem *providencia respectum quendam alicuius distantis, ad quod ea, que in presenti occurrunt, ordinanda sunt. Unde providencia est pars prudencie.* Hec ille. *Est* ergo *presens* prudencia noticia *futurum pertractans eventum.* Huius officium est ex preteritis et presentibus futura perpendere. Ad hanc monemur exemplo formice, *Prov. 6*: *Vade,* inquam, *ad formicam, o piger, et considera vias eius et disce sapienciam, que parat estate cibum sibi.* Et *Gen. 41* exemplo Ioseph, qui *septem annis fertilitatis congregari* fecit, que erant necessaria septem annis sterilitatis future. *Prov. 10*: *Qui congregat in messe, filius sapiens est. Deut. 32*: *Utinam saperent et intelligerent ac novissima providerent, utinam in nobis hec inveniantur, ut suaviter omnia nostra per sapienciam disponamus ut intellectum peccata* nostra *preterita dampnemus, ut provideamus consilio futura, ut sapiamus ad presentis vite moderacionem, ut intelligamus ad preterite* culpe *correpcionem, ut devota in deum fide provideamus, ut felicem habeamus ipso miserante consum<m>acionem.* Item providencia multum utilis est, *Tob. 9*; *dixit Tobias Azarie*: *Si metipsum tradam* /113^r (b)/ *tibi servum, non ero condignus providencie tue.* Providencia vel mala futura vitat vel temperat vel animum preperat, ut ea levius ferat. *Gregorius*: *Eo periculum vitari non potest, quod* non *potuit previderi.* Minus enim iacula feriunt, que providentur, et nos tollerabilius mala suscipimus, si contra hec consciencie clippeo communimur. Item *In Moralibus*: *Tanto quisque minus adversitate vincitur, quanto contra illata*

2 *sint*] sunt T^3H^2 – *subiciuntur*] *pr. m. sec. textum* nisi contingencia operabilia *add. et exp.* M^2 – 4 *necessitatem*] necessitate H^2 – 5 *eciam*] et H^2 – 8 *prudenciam*] *e. gr.; pr. m.* prudenciam *scr., m. rec. exp. et* providenciam *scr.* T^3 – *providencia*] *pr. m.* prudencia *scr., m. rec. exp. et* providencia *s. s.* T^3 prudencia M^2 – 10 *Est-prudencia*] Prudencia ergo proprie est presens H^2 – 12 *formicam*] *e. gr.* formitam T^3M^2 – 15 *utinam*] ut H^2 – 16 *per-disponamus*] disponamus per sapienciam T^3 – 18 *devota*] devoti T^3 – 19 *consum<m>acionem*] consumacionem T^3M^2 – 22 Eo] Si T^3M^2 – *vitari*] vitare T^3 – quod] M^2H^2 – 23 providentur] previdentur T^3 – consciencie] *m. rec. mg.* pacime *add.* T^3

10: cf. Thomas <de Aquino>: In quattuor libros sententiarum 3,33,3,1b c. (S. Thomae Aquinatis Opera omnia, Volumen 1, Busa, R. (Bearb.), S. 387a); 11–13: cf. Prov. 6,6–8; 13: cf. Gen. 41,34 f.; 14: cf. Prov. 10,5; 15: cf. Deut. 32,29; 16–19: cf. Bernardus <Claraevallensis>: In sollemnitate apostolorum Petri et Pauli 2,8,7–11 (Sämtliche Werke, Band 8, Winkler, G. (Hg.), S. 464); 20–21: cf. Tob. 9,1 ; 22: cf. Gregorius <Papa, I.>: Moralia in Iob 26,34,6f. (CChr.SL 143B, Adriaen, M. (Ed.), S.1313f.); 24–1: cf. Gregorius <Papa, I.>: Moralia in Iob 31,33,57f. (CChr.SL 143B, Adriaen, M. (Ed.), S.1600)

presciendo peratus invenitur. Idem *In Pastorali: Hostis callidus tanto liberius pectus percutit, quanto nudum a providencie lorica deprehendit.*

<64 DA Discrecio prelatis necessaria>

Opera, que iniungit sive spiritualia sive corporalia aut temporalia, *discernat,* id est cum discrecione moderetur *et temperet,* quasi *dicens temperanter et discrete imperet, ne plus operis fratres facere compellantur, sed moderatus labor ad* obediendum eos *provocet.* Cum enim superioris imperium ex discrecionis iudicio producitur, non inmerito discipulorum subieccio ad prompte obediendum provocatur. Nam secundum *Bernhardum, Super Cantica, Sermone 49: Discrecio non tam virtus est quam quedam moderatrix et auriga virtutum ordinatrixque affeccionum et morum doctrix.* Et ideo, cum abbas in seipso talis fuerit, ut affecciones moresque suos virtutum auriga ordinate et discrecionis iudicio direxerit, facilime ad se corda subditorum trahit. Qualiter autem prelatus discrete et temperate agat cuncta et alys iniungat, docetur exemplo, quia non sufficit intueri, quid /113^{v} (a)/ agamus, sed eciam requiritur intueri, quanta discrecione peragamus. Unde dicit: *Cogitans,* id est mente pertractans ad exemplum, *discrecionem sancti Iacob,* scilicet patriarche, *dicentis Gen. 33* ad Esau fratrem suum sibi occurrentem et conductum prebere volentem: *Si greges meos,* scilicet varios et diversorum animalium et non unius valoris et etatis, *plus in ambulando fecero laborare,* quam vires suppetunt naturales, *morientur cuncti una die.* Unde *pastor tenetur, si omnem curam et diligenciam erga gregem non exhibuit.* Per Iacob rectores, *per oves subditi designantur, qui secundum eius exemplum sive in accione spirituali sive sint in corporali opere occupati, sic in laboribus eorum accio vel possibilitas est temperanda. Unde nec animi virtus subcumbat nec corporis fortitudo lacescat.* Si autem discrecionis moderamen defuerit, totum deputatur in vicium, quidquid aut cogitacio aut oris

4 <64 DA-necessaria>] *ed. add.; om.* $T^3M^2H^2$ – 6 sive-corporalia] sive corporalia sive spiritualia T^3 – 7 *et temperet*] *om.* T^3 – *dicens*] diceret M^2 – *temperanter*] temperet T^3 – 20 *tenetur*] *m. rec. mg.* respondere racionem reddere et seipsum pere subicere *add.* T^3 – 21 rectores] *m. rec. exp. et in mg.* racionis discrecio *add.* T^3 – 23 *subcumbat*] succumbat M^2

1–2: Gregorius <Papa, I.>: Regula pastoralis 3,32,13–15 (SC 382, Judic, B. u.a., S. 490)
64 DA 4: cf. Tabula alphabetica, clm 18154 fol. 4^{r}(a); 6–7: cf. RB 64,17 (CSEL 75, Hanslik, R. (Ed.), 2. Auflage, S. 166); cf. Bernardus <Ayglerius>: In regulam, Cap. 64 (Caplet, A. (Ed.), S. 405); 7–8: cf. Benedictus <Anianus>: Concordia regularum, Cap. 55,11,112f. (CChr.CM 168A, Bonnerue, P. (Ed.), S. 475); 10–12: cf. Bernardus <Claraevallensis>: In Cantica canticorum 49,2,5,9.10 (Sämtliche Werke, Band 6, Winkler, G. (Hg.), S. 166); 16–20: cf. RB 64,18 (CSEL 75, Hanslik, R. (Ed.), 2. Auflage, S. 166); 18–20: cf. Gen. 33,13; 20–23: cf. Boerius, P.: Regula cum Glossa, Ms 155, fol. 232^{r}(a); 21–23: cf. Smaragdus <Sancti Michaelis>: Smaragdi Abbatis expositio in regulam s. Benedicti, Cap. 64 (CCM 8, Spannagel, A. u.a.(Ed.), S. 317)

iussio sive corporis accio effectui mandare videntur. Discrecio namque in omnibus formidolosam se exhibet, nichil presumptuose, nichil precipitanter, nichil inconsulte aggreditur, sed cuncta prudenter agit et ordinat et disponit.

<64 DB Discrecio mater est virtutum>

Hec ergo aliaque testimonia discrecionis, sacrarum scripturarum multivaria et exemplaria humiliter persequenda; *discrecionis,* inquam, *matris virtutum et dicitur ideo mater virtutum vel quod ex ipsa procedant vel quod ipsas nutriat vel quod eas suo temperamento regat. in eo, quod* /113^v (b)/ *ex ipsa procedant, mater est, quia sine discrecione originem non haberent. Ut si humilitas, mansuetudo, pietas et caritas sit in prelato, si iusticiam in hys discrecio non inmisceret, nulla istarum virtutum meritum haberet, 86. di, c. Quando; 45. di., Sunt namque et c. Disciplina. Item si quis indiscreto fervore nimium ieiunaret, corpus succumberet et ieiunium meritum non haberet. Sed discretum ieiunium superbiam domat et corpus reficit, ne pereat, et ita nutrit virtutem pariter et subiectum, argumentum De Consecracione; di. 5, Non mediocriter. Item discrecione virtutes reguntur. Ipsas enim in medio duorum collocat extremorum. Iuxta illud: Cum media semper gaudebat ludere forma. Maior enim medys gracia rebus inest inter utrumque vola medio tutissimus ibis.* Discrecionem igitur prelatus et eius exempla *sumens, id est attendens* et menti imprimens, *sic omnia temperet et, qualiter sint temperanda, subdit.*

<64 DC Temperare qualiter prelati debent sua imperia>

/113^v(b)/ *Ut sit, quod fortes cupiant,* ut *sit* scilicet opus et *debet scribi in singulari*; *quod fortes cupiant,* quia *portatur leviter, quod portat quisque libenter, quod fert invitus, grande videtur*

5 <64 DB-virtutum>] *ed. add.; om.* $T^3M^2H^2$ – 7 persequenda] consequenda T^3 – 10 *originem*] *pr. m.* originem *scr., m. rec. exp. et* ordinem *s. s.* T^3 – 11 *discrecio*] discrecioni T^3M^2 – *non*] in *add.* M^2 – 15 *subiectum*] *m. rec.* ministrat *s. scribens add.* T^3 – 18 igitur] Iacob *add.* M^2 – 21 <64 DC-imperia>] *ed. add.; om.* $T^3M^2H^2$ – 23 *quod*] *pr. m.* quod *scr., m. rec. exp. et* quid *s. scr.* T^3 – et] *m. rec. s. scribens add.* T^3

64 DB 5: cf. Tabula alphabetica, clm 18154, fol. 4^r(a); 7–8: cf. RB 64,19 (CSEL 75, Hanslik, R. (Ed.), 2. Auflage, S. 166); 8–18: cf. Boerius, P.: Regula cum Glossa, Ms 155, fol. 232^r(a-b); 8–16.19: cf. Bernardus <Ayglerius>: In regulam, Cap. 64 (Caplet, A. (Ed.), S. 405); 11–12: cf. Grat. 45,9 (Fr. 163f.); 12: Grat. 86,4 (Fr. 298); 12: Grat. 45,14 (Fr. 165f.); 15: Grat., De cons., 5,24 (Fr. 1418); 18–19: cf. RB 64,19 (CSEL 75, Hanslik, R. (Ed.), 2. Auflage, S. 166); 18: cf. Boerius, P.: Regula cum Glossa, Ms 155, fol. 232^r(b)
64 DC 21: cf. Tabula alphabetica, clm 18154 fol. 10^v(a); 23: cf. RB 64,19 (CSEL 75, Hanslik, R. (Ed.), 2. Auflage, S. 166); cf. Bernardus <Ayglerius>: In regulam, Cap. 64 (Caplet, A. (Ed.), S. 405); 24–1: cf. Boerius, P.: Regula cum Glossa, Ms 155, fol. 232^r(b);

onus. Sic ergo omnis *laboris accio temperetur, ut alacri animo* fortes *ad hunc cupiant in operibus exerceri,* et dicit: Cupiant scilicet *agere vel* ad*implere* scilicet opus iniunctum; *et infirmi non refugiant* ipsum opus iniunctum vel ipsius operis pondus. Unde quidam dicit: *Quod mollis est animus et ad omnem sensum doloratur. Si negligencius tractes,* /114^r(a)/ *marcessit ut rosa. Si durius teneas, liquescit ut lilia. Idem de corpore humano. Et nota, quod restringendi sunt multivoli magis quam fortes, et frenum eis, ut non suam sequantur voluntatem,* i*mponendum et ita semper habebunt, quod magis cupere possunt, et iuxta possibilitatem debilium occupandi sunt viribus eorum pensatis.*

<64 DD Discrecio quid sit>

Advertendum, quod discrecio secundum *Iohannem Climacum, 26. gradu*: Iniciantibus seu introducendis et informandis est secundum seipsos vera cognicio. In medys vero est intellectualis sensus proprie bonum ex naturali contracto sine offensione discernens. In hys vero, qui perfecti sunt, est sciencia et cognicio per divinam illuminacionem inherens, qua et ea, que obscura sunt in alys, sua ipsius lucerna valet illuminare. Discrecio est *divine voluntatis certa comprehensio in* omni *tempore, loco et* re, *quam* constat esse in hys solis, qui *mundi* sunt *corde, ore et* opere. *Discrecio est consciencia* non inquinata *et* mundus *sensus.* Discrecio est tenebrarum lucerna, errancium a via reduccio, cecitatis palpancium illuminacio. Discretus est sanitatis inventor et infirmitatis emundator. Hec ille. Item secundum *Bernhardum super Cantica, sermone 49*: *Discrecio omni virtuti ordinem ponit, ordo modum tribuit et decorem.* Et ergo summe necessaria est prelato, qui ceteris preesse eligitur eciam cum caritate, quia secundum eundem ibidem *sermone 23*: *Virtus discrecionis absque caritatis fervore iacet et vehemens fervor absque discrecionis temperamento precipitat* et *ideo cui laudabilis neutrum deest,*

3 dicit] dic H^2 – 4 *doloratur*] *pr. m.* doloratur *scr., m. rec. exp. et* dolorosa *subscr.* T^3 – 6 *eis*] *om.* T^3 – 7 *possibilitatem*] *e. gr.* posse talium H^2 *pr. m.* possibili *scr., m. rec.* tem *s. scribens add.* T^3 possibilium M^2 – 10 <64 DD-sit>] *ed. add.; om.* $T^3M^2H^2$ – 12 26. gradu] gradu 26 H^2 – 16 valet] *pr. m.* videlicet *scr., m. rec.* valet *s. scribit* T^3 videlicet M^2 – 17 *mundi* sunt] mundo T^3M^2 – 18 opere] *m. rec.* sunt *s. scribens add.* T^3 – 19 errancium] curancium T^3M^2 – 21 *ordo*] *m. rec. exp.* T^3 – 24 *cui laudabilis*] laudabilis cui T^3M^2

1–2: cf. Smaragdus <Sancti Michaelis>: Smaragdi Abbatis expositio in regulam s. Benedicti, Cap. 64 (CCM 8, Spannagel, A. u. a. (Ed.), S. 317); 2: cf. Boerius, P.: Regula cum Glossa, Ms 155, fol. 232^r(b); 2–3: cf. RB 64,19 (CSEL 75, Hanslik, R. (Ed.), 2. Auflage, S. 166); 3–8: cf. Boerius, P.: Regula cum Glossa, Ms 155, fol. 232^r(b); 5–8: cf. Bernardus <Ayglerius>: In regulam, Cap. 64 (Caplet, A. (Ed.), S. 405 f.)
64 DD 10: cf. Tabula alphabetica, clm 18154, fol. 4^r(a); 12.16–18: cf. Iohannes <Climacus>: Scala paradisi, Gradus 26 (PL 88, 331, Sp. 1014); 20–21: cf. Bernardus <Claraevallensis>: In Cantica canticorum 49,2,5,6–8 (Sämtliche Werke, Band 6, Winkler, G. (Hg.), S. 166); 23–1: cf. Bernardus <Claraevallensis>: In Cantica canticorum 23,3,8,6–9 (Sämtliche Werke, Band 5, Winkler, G. (Hg.), S. 336);

quantus et fervor discrecionem erigat, et /114^r(b)/ *discrecio fervorem regat.* Et ne, *cum discrecionis sollicitudo* in ipso *cessaverit, ad interficiendas animas spiritibus* inmundis *iter pandat* secundum *Gregorium, 1. Moralium.*

<64 DE DISCRECIONIS COMMENDACIO>

Ad discrecionis commendacionem <*Cassianus*> ait: Discrecionem virtutem legimus ab apostolo *inter nobilissima Spiritus Sancti dona* nominari: *Aly*, inquit, *per spiritum datur sermo sapiencie, aly sermo sciencie,* altery *discrecio spirituum.* Non est *ergo terrenum nec parvum discrecionis* donum, *sed divine gracie maximum premium quam* quidem virtutem, *nisi monachus omni intencione fuerit assecutus et ascendencium in se spirituum discrecionem certa racione possederit, necesse est eum velud in nocte ceca tetrisque tenebris* aberrantem *non solum perniciosis foveis ac preruptis incidere, sed eciam in planis et directis frequenter offendere. Hec est discrecio, que oculus et lucerna in evangelio nuncupatur corporis.* Hec ab apostolo sol appelatur. Hec vite nostre dicitur gubernacio. Hec est genitrix, custos, moderatrix omium virtutum. *Hec consilium rectissime nominatur sine quo nichil agere, omnino scripture auctoritate permittimur. Cum consilio,* inquit, *omnia fac.* Idcirco non mirum, si non nullos monachorum cum *in illis* eciam *exuberarent* sanctarum *opera virtutum discrecione sola deficiente, ita* legimus *repente deceptos, ut arreptum opus non potuerunt congruo exitu terminare summumque fervorem et conversacionem laudabilem detestabili fine concluserunt.* Sicut moderno tempore factum in quodam patre monastery reminiscor et vidi; hec <*Cassianus*>.

5 <64 DE-commendacio>] *ed. add.; om.* $T^3M^2H^2$ – 7 <*Cassianus*>] *ed. sec. texum corr.* Cyprianus $T^3M^2H^2$ – 15 custos] *m. rec.* et *s. scribens add.* T^3 – 17 non nullos] *pr. m.* nulli *scr., m. rec. exp. et in mg.* non nullus *scr.* T^3 nonnulli M^2H^2 – 18 *in illis*] *pr. m.* in illis *scr., m. rec. exp. et* in alys *s. s.* T^3 – 21 <*Cassianus*>] *ed. sec. texum corr.* Cyprianus $T^3M^2H^2$

1–3: cf. GREGORIUS <PAPA, I.>: Moralia in Iob 1,35,32–33 (CChr.SL 143, ADRIAEN, M. (Ed.), S. 51)
64 DE 5: cf. Tabula alphabetica, clm 18154 fol. 4^r(a); 7–8: cf. IOHANNES <CASSIANUS>: Collatio 2,1,3,21f. (CSEL 13, PETSCHENIG, M. u.a. (Ed.), 2. Auflage, S. 39); 8–9: cf. 1 Cor. 12,8.10; 9–13: cf. IOHANNES <CASSIANUS>: Collatio 2,1,4,1–7 (CSEL 13, PETSCHENIG, M. u.a. (Ed.), 2. Auflage, S. 40); 13–14: cf. IOHANNES <CASSIANUS>: Collatio 2,2,5 (CSEL 13, PETSCHENIG, M. u.a. (Ed.), 2. Auflage, S. 41); 16–17: cf. IOHANNES <CASSIANUS>: Collatio 2,2,5,29f. (CSEL 13, PETSCHENIG, M. u.a. (Ed.), 2. Auflage, S. 41); 17: cf. RB 3, 13 (CSEL 75, HANSLIK, R. (Ed.), 2. Auflage, S. 31); Ecclus. 32, 24; 18–21: cf. IOHANNES <CASSIANUS>: Collatio 2,2,3,14–16 (CSEL 13, PETSCHENIG, M. u.a. (Ed.), 2. Auflage, S. 41)

<64 DF Discrecio nunc raritas>

Causa autem huius est, quia ut /114v(a)/ ait *Richardus*: *Vix* vel *sero talem* virtutem *accipere meremur, quia ad discrecionis perfeccionem non sine magno usu, non nisi per magna experimenta erudimur. Prius* enim *nos oportet in singulis virtutibus* ad plenum *exerceri*, ut *quid in unaquaque possimus experiri* et *percipere* et *de omnibus sufficienter iudicare. Multa quidem de discrecione legendo, multa didicimus audiendo, multa nobis ex insito racionis iudicio. Verumtamen numquam de hac* virtute, sine qua nulla est virtus, *ad plenum erudimur sine* multiplicis *experiencie magisterio.* Utique post omnes sequi oportet et expertissimum esse eum, qui veraciter *de omnibus iudicare debet* atque circumspectissimum fore, qui discrecionis instituta habet *custodire. Quid enim durius, quid difficilius quam nil faciendum negligere, numquam* negligenda admittere *et in omni suo facto numquam modum perturbare, numquam ordinem confundere, nusquam* modum *excedere? Crede michi, nichil animus a se difficilius extorquet, quam ut in omni affeccione sua modum servet.* Nec est hoc humane industrie sine spirituali dei iuvamine; hec ille.

<64 DG Discrecio religiosis est summe necessaria>

Circa quod nota, quod reperiuntur nonnumquam quidam, qui de seculo recenter venerunt et professi sunt statum spiritualis vite, subito volentes esse summi aguntur spiritu austeritatis perducente eos in excessum abstinenciarum, vigiliarum, laborum etc. Quos horum quandoque ex indiscreta et /114v(b)/ fatua assiduacione mensuram condicionis humane excedente mortaliter peccantes deus permittit temptacionibus quandoque in deliracionem aut errorem conversacionis et credulitatis perduci. Quapropter virtute discrecionis maxime opus est, ne quamquam abducendo precipitet ille spiritus callidissimus austeritatis et singularitatis. Callidissimus, dico, quia non tamen novicios indiscrete ferventes, verum eciam viros spirituales statum perfeccionis vel quasi iam adeptos novit irrevocabiliter deicere, dum ipsi attendentes quam diu, quam

1 <64 DF-raritas>] *ed. add.; om.* $T^3M^2H^2$ – 6 et] quam possimus H^2 – 7 *insito*] *pr. m.* nobis *add., m. rec. exp.* T^3 nobis *add.* T^3 – 13 modum] modo T^3 – 17 <64 DG-necessaria>] *ed. add.; om.* $T^3M^2H^2$ – 19 qui] quid T^3H^2 – 21 horum] *m. rec. exp.* T^3 – 24 credulitatis] crudelitatis T^3 – 27 vel] *om.* T^3

64 DF 1: cf. Tabula alphabetica, clm 18154, fol. 4r(a); 3–11: cf. Richard <de sancto Victore>: De praeparatione animi ad contemplationem, liber dictus Benjamin Minor, Cap. 67 (PL 196, Sp. 48AB); 11–14: cf. Richard <de sancto Victore>: De praeparatione animi ad contemplationem, liber dictus Benjamin Minor, Cap. 69 (PL 196, Sp. 50AB)
64 DG 17: Tabula alphabetica, clm 18154, fol. 4r(a)

perfecte, quam penitenter et abstracte conversati sint, nemini eorum errori consulere volenti et studenti credere volunt. Et quia habent pro impossibili, ut deus tales permittat errare. Presumunt se in cunctis iudicys saniores, quia in vita spiritualiores et a mundanis abstracciores. Inmixi apostolo dicenti *animalis homo* non novit *ea, que dei sunt, spiritualis autem omnia* di*iudicat*. Ecce subtilitatem decepcionis huius spiritus, ecce arma defensionis, que, quia sunt difficulter penetrabilia, sepe hy, qui illis pertinaciter se defendunt, insanabiles fiunt, dum nimis in eis confidentes quandoque in obduracionem prosiliunt. Audi, quid de hys *Richardus* dicat: *Hoc*, inquit, *est in huiusmodi pre omnibus amirabile, ymo super omnia detestabile, quod nullius umquam quantumlibet prudentis viri consilio acquiescunt, ymo nec proprie saltem experiencie credunt. Nec tunc quidem, cum iam incipiunt* /115^r(a)/ *et corde tabescere et corpore deficere, quorum pertinacia maledicionis iaculo percutitur, cum ad illos per Iacob dicitur: Maledictus furor eorum quia pertinax, et indignacio eorum quia dura. Mirabilis pertinacia, sed non minor insania ab impetu cursus sui, a devio erroris sui, non nisi solo impossibilitatis freno posse retineri.* Vide supra capitulo 60 d e f.

<64 DH Discrecio triplex est>

Denique nota triplicem fore discrecionem, scilicet in agendis, in eligendis, in attribuendis. Discrecio in agendis est, ut opera nostra sint viribus nostris commensurata; *Ps.*: *Fortitudinem meam ad te custodiam;* et apostolus *Rom. 12*: *Racionabile obsequium vestrum*; et *Bernhardus super Cantica, sermone 49*: Discrecio mater est et origo omnium virtutum. *Tolle hanc, et omnis virtus erit vicium.* Discrecio in eligendis est scire, *discernere inter malum et bonum*, et maius malum et minus malum. *Lev. 10*: *Habeatis scienciam discernendi inter sanctum et prophanum, pollutum et mundum.* Hanc petebat Salomon dicens: *Da, servo tuo, cor docile, ut iudicare possit populum et discernere inter bonum et malum, 3. Reg. 3*, et sequitur: Et *placuit domino, quod huiusmodi* recte *postulasset*. Discrecio in attribuendis est, ut bona nostra deo et mala nobis tri-

1 abstracte] abstracti H^2M^2 – 5 defensionis] eius *add.* M^2H^2 – 9 *quantumlibet*] quamlibet T^3 *pr. m.* quamlibet *scr., m. rec. exp. et* quantumlibet *s. s.* M^2 – 16 <64 DH-est>] *ed. add.; om.* $T^3M^2H^2$ – 21 *sermone*] *om* H^2 – *49*] *m. rec. mg. scr.* T^3 *om.* M^2H^2

4–5: cf. 1. Cor. 3,14; 8–14: cf. Richard <de sancto Victore>: De praeparatione animi ad contemplationem, liber dictus Benjamin Minor, Cap. 58 (PL 196, Sp. 42D); 11–12: cf. Gen. 49,7; 14: clm 18154, f. 48^v(a)–49^r(a)
64 DH 16: cf. Tabula alphabetica, clm 18154, fol. 4^r(a); 19–20: cf. Ps. 58,10; 20: cf. Rom. 12,1; 20–22: cf. Bernardus <Claraevallensis>: In Cantica canticorum 49,2,5,10–11 (Sämtliche Werke, Band 6, Winkler, G. (Hg.), S. 166); 22: cf. 3. Reg. 3,9; 23–24: cf. Lev. 10,10; 24–26: cf. 3. Reg. 3,9.10

buamus, quam perfecte *Daniel* habuit, cum ait *c. 9*: *Tibi domine* misericordia *nobis autem confusio faciei*; et *Isai. 26*: *Omnia opera nostra operatus es nobis domine*; idem *64*: *Tu pater noster es, nos vero lutum*. Sequitur:

<64 DJ Regula in omnibus observanda est ab abbatem>

Et precipue scilicet amonemus, quod est in multis de textu. Debet enim pre alys regulam observare, qui alios secundum regulam dirigere debet et *ad regulam informare, ut*, scilicet ipse abbas *presentem* /115r(b)/ *regulam, ut non faciat sibi aliam, sed istam in omnibus*, ubi *nullum excipit regularium statuorum, conservet, id est* simul omnia servet. *Audiant hoc, qui dicunt abbatem ad observacionem regule non teneri. Eis enim hec littera contradicit.* Unde *Smaragdus*: *Super omnia*, inquit, *beatus Benedictus iubet abbatem regulam* istam *observare, ut, qui est primus nomine, sit* eciam *primus in operacione, et quod ore predicat, opere compleat. Et prior in humeris vel cervicibus suis portet, que portare fratres iubet, et utrum sint levia an gravia, que fratribus imponit onera, experimento cognoscat.* Temperancia enim hec, qua opera subditis sunt iniungenda, et que et qualia experienciam requirit. Sicut enim vinum non bene temperatur nisi per gustacionem eius virtus agnoscatur, sic abbates, qui in conventu numquam iacent vel commedunt etc., onus, quod conventus sustinet, temperare nesciunt. Unde tales non exhibent se patres, sed pocius exactores, quales fuerunt exactores pharaonis, qui a populo dei *consuetum numerum laterum* exigebant, tamen *paleas, ut consuetum* erat, eis ministrare nolebant; *Exod. 5.* Sic tales abbates et ultra regulam fratres onerant et tamen eis necessaria non ministrant. Tales sunt imitatores *balaam asine* non parcentis, sed eam usque ad querimoniam cedentis; *Num. 22.* Congregacionem enim, que ut iumentum apud eos facta est a deo, verberant, ut eam murmu-

2 es] in *add.* H^2 – *Tu*] Cum T^3M^2 – 5 <64 DJ-abbatem>] *ed. add.*; *om.* $T^3M^2H^2$ – 12 *observare*] observari T^3M^2 – 14 *an*] aut T^3M^2 – 19 pharaonis] *pr. m.* Iohannis *scr.*, *m. rec. in mg.* pharaonis *add.* T^3 – 20 *laterum*] latum T^3M^2

1–2: cf. Dan. 9,7; 2: cf. Isai. 26,12; 2–3: cf. Isai. 64,8
64 DJ 5: cf. Tabula alphabetica, clm 18154, fol. 9v(a); 7: cf. RB 64,20 (CSEL 75, Hanslik, R. (Ed.), 2. Auflage, S. 166); 7–8: cf. Boerius, P.: Regula cum Glossa, Ms 155, fol. 232v(a); cf. Bernardus <Ayglerius>: In regulam, Cap. 64 (Caplet, A. (Ed.), S. 406); 8: cf. RB 64, 20 (CSEL 75, Hanslik, R. (Ed.), 2. Auflage, S. 166); 9: cf. RB 64,20 (CSEL 75, Hanslik, R. (Ed.), 2. Auflage, S. 166); cf. Bernardus <Ayglerius>: In regulam, Cap. 64 (Caplet, A. (Ed.), S. 406); cf. Boerius, P.: Regula cum Glossa, Ms 155, fol. 232v(a); cf. RB 64,20 (CSEL 75, Hanslik, R. (Ed.), 2. Auflage, S. 166); 9–10: cf. Bernardus <Ayglerius>: In regulam, Cap. 64 (Caplet, A. (Ed.), S. 406; 10: cf. RB 64,20 (CSEL 75, Hanslik, R. (Ed.), 2. Auflage, S. 166); 10–11: cf. Boerius, P.: Regula cum Glossa, Ms 155, fol. 232v(a); cf. Bernardus <Ayglerius>: In regulam, Cap. 64 (Caplet, A. (Ed.), S. 406); 11–15: cf. Smaragdus <Sancti Michaelis>: Smaragdi Abbatis expositio in regulam s. Benedicti, Cap. 64 (CCM 8, Spannagel, A. u.a. (Ed.) S. 318); 19–20: cf. Ex. 5,18; 22: cf. Num. 22,19

rare compellant et murmurantes arcius castigant. Tales eciam non *didicerunt pati disciplinam aut correccionem propriam, et quia agendi et paciendi tamquam contrariorum eadem est disciplina, nesciunt eam in alios exercere.* Quibus dicitur *illud 1. Sap.: Diligite iusticiam, qui iudicatis terram. Diligite, inquam, pati et facere, pati prius, ut de vobis fiat et deinde facere, ut vos* istam *alys faciatis. Quidam enim* /115ᵛ(a)/ *in alios iustissimi sunt, et in se ipsos misericordissimi et* cum *in nullo alys parcant, sibi ipsis parcunt per omnia.* Tales nimirum prelati *impacientissimi sunt obiurgacionum, increpacionum, redargucionum et, quod est deterius monicionum et exhortacionum, quanto forcius ergo disciplinabilium flagellorum.* Ideo *nec sciunt nec senciunt nec sapiunt disciplinam ut omnino inexperti. Ideo* omnis *morbus eorum est: Noli me tangere, et sola manu divina curabil<i>. Cum humane manus attactum omnem non solum refugiant, sed tota repungnacione repellant.* Verba sunt *Wilhelm Parisiensis.* Et subiungit exemplum:

Attemptaverunt quidam religiosi mederi morbo huiusmodi in abbate suo temporibus nostris. Utinam fieret eciam nostris! Qui, *cum esset in omnes alios crudelis, videntes, quod omnino ignarus esset et inexpertus discipline, quam tamen exercere putabat in eis, coegerunt eum sedere per mensem integrum inter fratres et se gerere tamquam simplicem* monachum, *quem cottidie proclamantes et egregie verberantes tandem restituerunt sedi sue dicentes: Ecce, per mensem fuisti in scola discipline* et *non solum* audisti doctrinam *discipline, sed eciam sensisti. Non est mirum, si* eam *exercere nesciebas in subditos, quia eam non didiceras. Recordare* ergo *eorum, que didicisti, alioquin rememoracionem ipsorum tibi faciemus.* Non sic. Boni prelati veri regule conservatores, quia eos semper comitatur infirmitatis proprie iugis meditacio, ut in se ipsis discant, quid aly portare possint, quid eis et quantum imponendum. Nemo enim ita effertur vel excandescit in alios, nisi qui proprie infirmitatis aut fragilitatis oblitus est, quia talis, ut dictum est, nescit cuncta *temperare* /115ᵛ(b)/ et *disponere, qualiter et anime salventur,* quia de animabus minima est cura. Unde *quem dabis prepositorum, qui non plus* studeat *marsupys* aliorum

3 *1. Sap.*] *m. rec. in mg. post* Sap. *add.* 1 T^3 – 5 *et-ipsos*] *pr. m.* in se et ipsos *scr.*, et ipsos *exp. et m. rec.*et ipsos *s. s.* T^3 et *om.* H^2 – 6 *parcant*] parcunt T^3 – 9 *nec sapiunt*] *om.* T^3 – 10 *curabil<i>*] *coni.; pr. m.* curabilis *scr., m. rec.* curabil*is exp. et* e *s. scr.* T^3 curabiles M^2H^2 – *attactum*] adtactum M^2 – 15 *tamen*] *om.* H^2 – *in eis*] *om.* H^2 – 16 *se*] *m. rec. s. scribens add.* T^3 *om.* M^2H^2 – *quem*] *pr. m.* quod *scr., m. rec. exp. et* quem *s. s.* T^3 – 20 veri] viri H^2 – 25 est] est *add.* H^2

1–11.13–20: cf. Guilelmus <Avernus>: De moribus, Cap. VIII. (Opera omnia, Volumen I, S. 223); 3–4: cf. Sap. 1,1; 9–10: cf. Ioh. 20,17; 24: cf. RB 41,5 (CSEL 75, Hanslik, R. (Ed.), 2. Auflage, S. 113); 25–1: cf. Bernardus <Claraevallensis>: In Cantica canticorum 77,1,1,14f. (Sämtliche Werke, Band 6, Winkler, G. (Hg.), S. 538)

evacuandis *quam* de animabus salvandis secundum *Bernhardum, libero 4, Ad Eugenum*: *Qui marsupia non exhauriant, sed corda reficiant, criminam corrigant, fame sue provideant nec invideant aliene.* Cum prelati positi sint non solum ad conservandam, sed eciam regulam observandam et defensandam; utinam primi iam non forent in transgrediendo! *Quod* ergo *ad defensionis subsidium est inventum, ad depressionis dispendium non debet retorqueri, Extra, De penis, c. In quibusdam.* Qualiter autem abbas regulam conservare debet, vide supra capitulo 56 i k l.

<64 DK Prelatorum bonorum premium>

Porro in hys omnibus hoc sibi convenire noverit abbas, ut angustum regule callem, per quem alios admonet incedere, ipse prior in offensis pedibus gradiatur, *ut dum bene ministraverit in seipso et in alys se a vicys refrenando, alios virtutibus informando, corripiendo, puniendo, adhortando et consolando et in necessitatibus providendo. Hoc est bene administrare. Audiat a domino in divino iudicio* sive *particulari* sive generali, *quod servus bonus*, qui habet apprehensivam capacem, discretivam sagacem, memorativam tenacem, ut capaciter dominum audiat, sagaciter intelligat, tenaciter custodiat. De primo *1. Reg. 3*: *Loquere domine, quia audit servus tuus*; de secundo Isai. 52: *Ecce intelliget servus meus*; de tercio *Ps.*: *Etenim servus tuus custodit ea.* Talem servum bonum oportet esse bene dispositum quoad seipsum, quoad proximum et quoad deum. Primo modo dispositus erit, si seipsum in iusticiam exercitaverit. Secundo, si proximos edificaverit. Tercio, si deum glo/116^r(a)/rificaverit. De primo *Ps.*: *Servus tuus exercebatur in tuis iustificacionibus.* De secundo *Isai. 53*: Iusticia *sua iustificabit*ur *ipse iustus servus meus multos.* De tercio *Isai. 49* dicit dominus: *Servus meus es tu, Israhel, quia in te glorificabor. Qui erogavit* fideli intencione, humili affeccione non propter lucrum temporale, sed pro Christi amore, *triticum*, scilicet sermones divini informativi, exempli sui edificativi et tempora-

4 et] *m. rec. s. scribens add.* T^3 *om.* M^2 – 6 56] *pr. m.* by 60 *scr., m. rec. exp.* T^3 58 H^2 – 9 <64 DK-premium>] *ed. add.; om.* $T^3M^2H^2$ – 13 *in*] *om.* T^3 – 14 *et*] *om.* H^2 – 17 *quia*] *om.* H^2 – 23 *multos*] *om.* T^3H^2

1–3: cf. Bernardus <Claraevallensis>: De consideratione 4,4,12,9–11 (Sämtliche Werke, Band 1, Winkler, G. (Hg.), S. 756); 4–6: cf. X 5, 37, 12 (Fr. 883); 6–7: clm 18153, f. 332^v(a)–333^r(b)

64 DK 9: cf. Tabula alphabetica, clm 18154, fol. 8^r(b); 12: cf. RB 64,21 (CSEL 75, Hanslik, R. (Ed.), 2. Auflage, S. 166); 12–14: cf. Bernardus <Ayglerius>: In regulam, Cap. 64 (Caplet, A. (Ed.), S. 406); 14–15: cf. RB 64,21 (CSEL 75, Hanslik, R. (Ed.), 2. Auflage, S. 166); 15: cf. Boerius, P.: Regula cum Glossa, Ms 155, fol. 232^v(a); cf. Bernardus <Ayglerius>: In Regulam, Cap. 64 (Caplet, A. (Ed.), S. 406); cf. RB 64,21 (CSEL 75, Hanslik, R. (Ed.), 2. Auflage, S. 166); 17–18: cf. 1. Reg. 3,9; 18: cf. Isai. 52,13; 18–19: cf. Ps. 18,12; 21–22: cf. Ps. 118,23; 22–23: cf. Isai. 53,11; 23–24: cf. Isai. 49,3+Variante; 24–1: cf. RB 64,21 (CSEL 75, Hanslik, R. (Ed.), 2. Auflage, S. 166)

lis subsidy caritativi, *conservis suis*, id est fratribus et subiectis, *in tempore suo*, id est necessitatis tempore, pro singulorum capacitate, quia per talia meretur beatitudo, de qua subiungit: Amen. Dico vobis, id est vere, ecce speciale premium quantum ad prerogativam beatitudinis, que pertinet ad aureolam, pro quo asserendo dicit: *Amen, dico vobis, quoniam super omnia bona sua constituet eum. Glossa*: Non ut aly, sed ut pre ceteris habeat eterna gaudia, tum pro sua vita, tum pro gregis custodia. *1. Tim. 5*: *Qui bene presunt duplici honore digni habeantur. Maxime qui laborant verbo et doctrina.* Ex proprys enim meritis habebunt auream, id est premium essenciale, sed aureolam habebunt, quia alios bene vivere docuerunt, et sic: *constituetur super omnia bona.* Bona quippe presencia sunt particularia quidem et imperfecta, scilicet bona celestia sunt communia et perfecta. Nam *tanta et tam perfecta est caritas in patria, quod unus non invidet alteri. Et quidquid unus glorie habet, hoc alius sibi computat et totum sibi attribuit et sic censetur* /116^r(b)/ *super omnia constitutus.*

<64 DL Premium prelatorum ex quinque consideratur>

Advertendum, quod premium prelatorum bene subiectos regencium ex quinque potest considerari. Primo, si referatur ad deum, a quo redditur. Secundo ad eum, cui tribuitur. Tercio ad actum, ex quo consurgit. Quarto ad virtutem, per quam efficitur. Quinto ad materiam, circa quam versatur. Circa primum nota, quod deus est remunerator omnium bonorum et quia non remunerat, nisi ex amore. Cum semper amor sit ad similes et conformes, oportet eum esse similem et conformem deo, qui a deo remunerari exspectat. Quanto igitur quis magis eius gerit ymaginem et plus conformat se ei, maius meritum ab ipso suscipiet. Prelati autem cuiuscumque status requirit, ut ipse sit deo conformior quam eius subditi. Ideo ex eo, quod prelatus studet iuste, sancte et prudenter regimen suum regere, sicut deus totum universum regit et

4 *quoniam*] *om.* H^2 – 10 *tam perfecta*] perfecta tam M^2 – 14 <64 DL-consideratur>] *ed. add.; om.* $T^3M^2H^2$ – 17 Secundo] *pr. m.* ad deum cui attribuitur *scr., m. rec. exp. et post* Secundo *in mg.* si ad eum, cui tribuitur *scr.* T^3 ad deum cui attribuitur M^2 – 19 remunerator] *pr. m.* remuneratur, *m. rec.* remunerator *s. scribens corr.* T^3 remuneratur M^2H^2 – et] *pr. m.* et *scr., m. rec.* qui *exp. et s. scr.* T^3 – 20 amore] *m. rec.* et *s. scribens add.* T^3 – 22 se] *om.* H^2 – maius] magis T^3 – 24 universum] mundum *add.* T^3M^2 – et] *om.* H^2

4–5: cf. RB 64,22 (CSEL 75, Hanslik, R. (Ed.), 2. Auflage, S. 166); cf. Matth. 24,47; 6–7: cf. 1. Tim. 5,17; cf. Smaragdus <Sancti Michaelis>: Smaragdi Abbatis expositio in regulam s. Benedicti, Cap. 64 (CCM 8, Spannagel, A. u.a. (Ed.), S. 318); 8–9: cf. Matth. 24,47; 10–12: cf. Boerius, P.: Regula cum Glossa, Ms 155, fol. 232^v(b); cf. Bernardus <Ayglerius>: In regulam, Cap. 64 (Caplet, A. (Ed.), S. 406)
64 DL 14: Tabula alphabetica, clm 18154, fol. 8^r(a)

gubernat, et prelatus *maxime deo conformatur*, magna est merces prelatorum respectum dei, a quo exspectatur. Secundo hoc idem patet, si referatur ad ipsum prelatum, cui huiusmodi premium est reddendum. Nam omnis actus ex ipsa operis difficultate quandam bonitatem assumit. Potentes enim transgredi, si non transgrediuntur, laudabiliores fiunt. Multi enim existentes in statu, in quo possint mala facere, preservant se a malo, qui, si tamen ad statum dignitatis assumerentur, multas transgressiones efficerent, propter quod dicitur 5. *Ethicorum*: Quod *principatus virum ostendit*, tunc enim apparet, qualis sit homo, cum in prelatura existens, in qua potest bene aut male facere, cognoscitur, qualiter se habeat. Merces ergo comparata ad prelatum, cui redenda est, quandam videtur habere magnitudinem, quia prelati vacantes communi bono, /116ᵛ (a)/ si non transgrediantur, cum possent transgredi, maioris meriti esse videntur. Dico autem vacantes communi bono, quia si prelati communi bono non vacarent, quantumcumque laborarent aut quibuscumque periculis se exponerent, eciam si numquam alias transgrederentur, non oportet eos esse maioris meriti, quia, qui indiscrete agit, meritum suum non augmentat. Tercio magnum est meritum prelatorum considerato actu, per quem tale meritum habet esse. Nam ex hoc actus est viciosus, *inquantum est contra naturam et contra ordinem racionis*. Ex hoc autem est bonus et virtuosus, *in quantum est secundum naturam* et ordinem *racionis*. Quanto igitur actus est magis secundum naturam et ordinem racionis, tanto est magis bonus et magis meritorius. Valde autem secundum naturam esse videtur, quod pars exponat se pro toto. Videmus enim, quod quia periclitato capite periclitatur totum corpus, brachium, quod est pars corporis, statim exponit se totaliter pro capite, ne totum corpus pereat. Si ergo prelatus se pro sibi subiectis fideliter exponit, ubi et quando et sicut oportet magnam sine dubio mercedem consequetur. Quarto magna est prelatorum merces racione virtutis, per quam quis meretur huiusmodi meritum. Nam minor virtus requiritur ad regendum seipsum quam ad regendum familiam aut conventum. Magna igitur debet virtus esse prelati, ad quem spectat regere non solum se et suam familiam, sed eciam totum conventum. Cum igitur magne virtuti debeatur magna merces, magnum /116ᵛ (b)/ erit meritum officium suum bene regencium. Quinto magnum erit premium ipsorum prelatorum, si consideretur materia circa quam operan-

1 prelatus *maxime*] maxime prelatus H^2 *m. rec. post* prelatus *in mg.* in suo regime *add.* T^3 – *conformatur*] ergo ex quo deo conformatur *add.* H^2 – 4 non] *m. rec. s. scribens add.* T^3 *om.* M^2 – 5 quo] *m. rec.* non *s. scribens add.* T^3 – possint] possunt T^3M^2 – 9 vacantes] notanter T^3 – 17 Quanto-racionis] *om.* H^2 – 19 toto] *pr. m.* tanto *scr., m. rec. exp. et* toto *s. s.* T^3 – 20 quod] *pr. m.* quod *scr., m. rec. exp. et in mg.* quid *scr.* T^3 – exponit] exponat T^3

1: cf. THOMAS <DE AQUINO>: Summa theologica I-II,55,2, ad 3 (Sancti Thomae Aquinatis Doctoris Angelici Opera Omnia, Tomus 6, S. 351); 6–7: cf. ARISTOTELES: Ethica nicomachea 5,3,8 (Aristoteles latinus, Band 26,1–4,4, GAUTHIER, R. A. (Ed.), S. 455); HAMESSE, J.: Les Auctoritates Aristotelis, S. 238 (Nr. 87); 15–17: cf. THOMAS <DE AQUINO>: Summa theologica I-II,71,2 c.(Sancti Thomae Aquinatis Doctoris Angelici Opera Omnia, Tomus 7, S. 5b)

tur. Laudatur enim quis, si personam diligit singularem, cum ergo bonum subditorum sit divinius quam bonum aliquod singulare. Ipsa materia, circa quam prelatus operatur, que est multitudo subditorum, et illa inducit eius premium esse magnum, si tamen eandem multitudinem in vinculo pacis et concordie unum facit corpus.

<64 DM Gaudium maius an sit beatis de propria gloria quam aliorum>

Queritur circa litteram *super omnia bona* etc. ubi *glossa*: Tanta erit caritas proprie, quod unus non invidet alteri etc. An caritatis proprie tanta erit communicacio, ut sic propriam caritatem excludat vel saltem non minus gaudeat ibi unusquisque de fratris gloria quam propria, quod sic patet *1. Cor. 13*: Quia *caritas non querit, que sua sunt.* Et alibi: *Nemo quod suum est, querat, sed quod alterius.* Item cum in omnibus conventibus, ubi religiose vivitur, ex ea scintilla modica caritatis, que ibi est, eo usque exclusa sit proprietas, quid operabitur caritas in statu illo, si vel vestigium proprietatis ibi relinquitur. Item *Act. 4* dicitur: *Multitudinis credencium erat cor unum et anima una* et nullus *aliquid eorum, que possidebat, suum esse dicebat,* quanto forcius ergo ibi nichil suum vel proprium aliquis vel dicet vel reputabit. Item si hoc potest dileccio naturalis, qua multi patres carnales filios diligunt et multi homines fratres suos, ut non solum plus cupiant divicias filys /117^{r} (a)/ aut fratribus quam sibi, et interdum filys aut fratribus eas cupiant et non sibi. Quanto forcius caminus ille dileccionis hoc operabitur in electis, ut non sibi quantum fratribus felicitatem diligant et de eorum felicitate quam de sua pocius gaudeant. Item cum dicat *Augustinus*, in libro <*Enarraciones in psalmos*>, quod *amor dei* fundamentum est *civitatis* dei sive spiritualis *Ierusalem. Amor* vero sui fundamentum est civitatis diaboli sive spiritualis *Babilonis.* Quia ergo funditus destruenda est in electis Babilon illa, patet, quia non stabit ibi fundamentum huius. Totus ergo amor erit in deum et proximos, quare totum gaudium electorum erit de deo et illis. Nulli ergo erit gaudium de se. Item dicit *Augustinus*, in libro *De*

1 diligit] diligat M^2 – 2 singulare] singularem M^2 – 6 <64 DM-aliorum>] *ed. add.; om.* $T^3M^2H^2$ – 9 propriam caritatem] *pr. m.* propriam caritatem *scr., m. rec. exp. et* proprietatem *scr.* T^3 – 10 fratris] *pr. m.* fratribus *scr., m. rec. exp. et* fratris *scr.* T^3 – 11 patet] per capitulum *add.* H^2 – 14 relinquitur] reliqueritur T^3 – 18 divicias] *pr. m.* divicys *scr., m. rec. exp. et* divicias *subscr.* T^3 – quam] *pr. m.* quedam *scr., m. rec. exp. et* quamque *scr.* T^3 – et] *pr. m.* et *scr., m. rec. exp. et* sed *s. s.* T^3 – 21 <Enarraciones in psalmos> *sec. textum corr.*; *De civitate dei* $T^3M^2H^2$ 22 sive] *m. rec. mg.* sive *add.* T^3

64 DM 6: cf. Tabula alphabetica, clm 18154, fol. 4^{v}(b); 8: cf. Matth. 24,47; Biblia latina cum glossa ordinaria, Volume IV (Rusch, A. (Ed.), S. 76); 11: cf. 1. Cor. 13,4.5; 11–12: cf. 1. Cor. 10,24; 14–15: cf. Act. 4,32; 21–23: cf. Augustinus <Hipponensis>: Enarrationes in psalmos, Ps. 64, 2, 27–29 (CChr.SL 39, Dekkers, E. (Bearb.), S. 824); 25–1: cf. Augustinus <Hipponensis>: De doctrina christiana 1, 22, 21, 17 (CChr.SL 32, Martin, J. (Ed.) S. 17)

doctrina christiana: Quia *nec seipso quisquam frui debet* nec eciam Christo homine. Sicut autem debent esse vel fieri, ita erunt et fient omnia in patria. Quare nullus gaudebit de se nec propter deum ibidem, et similiter necesse est habere in alys propter deum, ergo solummodo, id est propter eiusdem gloriam solam, gaudebitur ibi ab unoquoque tam de se, quam de alys. Ubi ergo equalis erit gloria deo de se et de alio, id est de gloria sua et de gloria fratris, et ubi maior erit gloria deo de gloria fratris et maior erit gloria fratris quam de propria. Ibi ex necessitate magis gaudebit de illa quam de propria. Si enim frater non diligitur, nisi propter utilitatem regis aut honorem et alius est eidem regi utilis aut utilior eque honorificus aut honorificencior ex necessitate eque vel amplius diligetur extraneus ex /117r (b)/ illa causa. Item ibi erit rectitudo dileccionis in ultimo, ergo curvitas et deflexio, que sunt contraria rectitudini, erunt in ultimo elongacionis ab ea. Curvitas autem dileccionis est, que a diligente incipiens in eundem revertitur. Non ergo erit ibi dileccio cuiquam de seipso aut gaudium. Respondetur, quod revera dileccio naturalis, qua nos et nostra diligimus, erit ibi unicuique electorum. Racio est, quia glorificacio nature nec naturam deseruit nec minuit nec aliquid eidem ingerit detrimentum, ymo eam inaltat, illustrat et perficit. Ideo dileccio naturalis erit ibi et in electis et in ultimo suo sinceritatis et perfeccionis. Ex hac ergo dileccione erit unicuique electorum gaudium in semetipso de gloria sua ac felicitate. Ex gratuita ergo dileccione, qua deus imprimis et maxime diligitur et propter illum solum quecumque alia, que huiusmodi dileccione diliguntur. Sic nulli est huiusmodi dileccio in semetipsum propter se, sed propter deum solum, sic neque gaudium, nisi propter illum. Item nec dileccio huiusmodi, nec gaudium secundum illam est alicui de seipso vel gloria sua, nisi quantus pertinet ad dei gloriam et honorem. Et ideo dileccione huiusmodi magis diligetur ille de electis ab unoquoque aliorum, ex quo erit deo maior gloria et eius premium similiter. Exemplum huius patet in uno, qui diligit regem aliquem et non diligit aliquem de familia eius nisi propter utilitatem ipsius. Manifestum enim est in hoc exemplo, quia proporcionales dilecciones erunt, quas habet huiusmodi homo in famulos /117v (a)/ regios et utilitates eorum in regem vel ad regem, scilicet ita ut, qui eque utiles regi fuerint, eque diligantur ab illo, qui inequaliter utiles inequaliter diligantur ab eodem. Et qui duplo magis utilis, duplo magis diligatur. Sicut autem hoc se habet in utilitatibus, sic ibi in honoribus dei et

1 eciam] *pr. m.* in *scr., m. rec. exp. et* eciam *s. s.* T^3 in M^2H^2 – 2 patria] *m. rec. in mg.* nullus igitur diliget se propter se in patria *scr.* T^3 – 3 est] se *add.* M^2 – 5 gloria] *m. rec.in mg. add.* H^2 – 6 et-fratris] *m. rec. in mg. scr.* T^3 – 6 maior-quam] *pr. m.* maior cum gloria fratris quam *scr. et m. rec. exp.* T^3 – 8 utilior] *m. rec.*et *s. scribens add.* T^3 – 13 qua] que T^3M^2 – 14 deseruit] *pr. m.* deseruit *scr., m. rec. exp. et in mg.* destruit *scr.* T^3 – ingerit] *pr. m.* gerit *scr., m. rec.* in *s. scribens add. ad* ingerit T^3 – 18 Sic] *pr. m.* Sic *scr., m. rec. exp. et* Sicut *s. scr.* T^3 *om.* M^2 – 19 sed] et *add.* M^2 – sic] sed H^2 – 23 similiter] simili M^2 – huius] huiusmodi H^2 – in] de T^3 -uno] vero M^2 – 23-24 aliquem-diligit] *m. rec. in mg. add.* T^3 – 28 utilis] utiles H^2 – utilitatibus] *pr. m.* utilibus *scr., m. rec. exp. et in mg.* utilitatibus *scr.* T^3

glorys, ut, ex quibus maior aut minor aut equalis est deo honor et gloria de dileccione, qua diximus similiter et proporcionabiliter, id est dileccionibus proporcionalibus diligantur. Nec amor naturalis sui est fundamentum dyabolice civitatis, sed amor privatus, qui et vero nomine, si perscrutacius consideretur, avaricia et cupiditas dicendus est, cum et superflua et noxia et eciam cum iniuria et lesione proximi cupiantur et inquirantur, qui iuxta Senece testimonium eo ipso apparet evidenter non esse naturalis, quia infinitus est sive immensus et ideo semper crescens. Iuxta illud *crescit amor nummi quantum ipsa pecunia crescit. Naturalia desideria finita sunt*, ut idem dicit: Innaturalia vero infinita. Proprietatem vero, que in religionis professoribus et furtum est et perdicio fratrum et sacrilegium, omnino non patitur glorie sanctorum sinceritas et sanctitas. Neque naturalis dileccio communionem excludit a cordibus sanctorum, ymo in eis illam efficit et ingingnit, ymo dictat et suggerit omnia esse naturaliter communia et communicanda inter omnes /117^v (b)/ substancias racionales. Verumtamen non usque ad istam perfeccionem communionis se erigit aut extollit, que communicacio Spiritus Sancti nominatur, et suum in patria habet complementum. Cuius racio est, quia non est omnino immunis et libera a curvitate et reflexione ut patet ex predictis.

<64 DN GAUDIA IN PATRIA DE DEI GLORIA ET PROXIMI GLORIAFICACIONE AN SINT EQUALIA>

Sed queritur, an illa gaudia, que erunt de gloria dei et eciam de glorificacione proximorum, sint equalia. Et videtur quod non. Quanto enim magis diligitur deus quam proximus, tanto magis est gaudium de gloria eius quam de gloria proximorum, quare infinitum maius. Econtra autem cum gloria proximorum sit gloria dei. Nec propter aliud diligenda nec aliud in proximo diligatur quam deus secundum *Augustinum* vel idem videtur esse gaudium vel equale utrique. Respondetur, quod gloria dei dicitur dupliciter sive secundum duas intenciones. Secundum unam nichil aliud est gloria dei quam supereminentissima magnificencia ipsius sive nobilitas. Et hec est gloria dei in se sive apud se, propter quam debetur ei laus et honorificencia et gloria

1 de-qua] *pr. m.* dileccione qua *scr., m. rec. exp. et* de dileccione qua *in mg. scr.* T^3 – 2 id est] *om.* T^3H^2 – 6 quia] quod M^2 – 7 *Naturalia*] *m. rec.* enim *s. scribens add.* T^3 – 13 communionis] communicas M^2 – 17–18 <64 DN-equalia>] *ed. add.; om.* $T^3M^2H^2$ – 22 magis est] *pr. m.* magis est *scr., m. rec. exp. et in mg.* maius est *scr.* T^3 – infinitum] *m. rec.* in *s.scribens add.* T^3 – 26 nobilitas] nobilitates T^3H^2 – 27 hec] hoc M^2 – apud] aput M^2

7: cf. DECIMUS JUNIUS JUVENALIS: Saturae XIV 5,14 (DUFF, J. D. (Ed.), S. 90); 7–8: cf. LUCIUS ANNAEUS SENECA <PHILOSOPHUS>: Ad Lucilium epistulae morales, Ep. 16,9 (LUCIUS ANNAEUS SENECA: Philosophische Schriften, Band 3, PRÉCHAC, F. (Ed.), S. 126)
64 DN 17–18: cf. Tabula alphabetica, clm 18154, fol. 4^v(b) ; 24: Textus AUGUSTINI non inv.

et cultus omnis. Secundum aliam vero intencionem gloria eius dicitur, qua glorificatur, id est honoratur, predicatur, laudatur, colitur ab eleccionis quibuscumque alys. Ideo dicit *beatus Augustinus* super illo verbo *Rom. 11*: *Quam ex ipso et per ipsum et in ipso sunt omnia ipsi gloria. Quid est*, inquit, *ipsi gloria, nisi ipsi* sublimis, clara *et lata fama?* Iuxta hunc morem usualiter vocatur inanis gloria et falsa, cui non subest /118^r (a)/ veritas meritorum. Dei autem gloria esse omne, quod ad honorificenciam eius pertinet secundum hanc intencionem, intelligitur. Sic et deum glorificare dicitur, quicumque quolibet predictorum modorum honorificat ipsum. Gaudium ergo de glorificacione sanctorum uno modo gaudium est de gloria dei, quam habet in seipso, et hoc est, quia hec non diligitur nec de ea gaudetur, nisi propter istam dileccionem, dico, que dici debeat caritatis. Utrobique ergo de eadem gaudetur per se et propter se et propter hoc fortasse. Idem est utriusque gaudium. Quemadmodum deleccacio in vino propter saporem et deleccacio in sapore propter se? Una deleccacio tamen sunt et unum gaudium et non alia vel aliud. Si ergo non est deleccacio alicuius sanctorum in gloria alterius nisi propter dei gloriam, non videtur alia deleccacio quam in ipsa dei gloria, que est ei apud se. Si quis autem gaudet de glorificacione fraterna alias vel aliter, magis ad dileccionem naturalem vel alterius modi dileccionem pertinet, quam ad caritatem dei et proximi. Quam caritatem nobis tribuere dignetur Iesus Marie filius, cui est honor laus et gloria et graciarum accio. Amen. Si tibi hee due questiones tamquam ad propositum impertinentes non placent, tunc sic conclude presens capitulum.

<64 DO Prelatus qui a se queritur prima eterna>

Verum illud *pretereundum non est, quia sicut is, qui regiminis apicem invitus assequitur,* /118^r (b)/ *si quid illic asperum, si quid paciatur adversum, ad cumulum sibi provenit meritorum et pro tribulacione, quam tollerat, non incassum exultacionis eterne premium sperat. Sic ille, qui ultroneus ambit vel importunus ingerit vix pro adversitate, quam in regimine patitur, premium*

2 eleccionis] *m. rec.* vel *s. scribens add.* T^3 – 5 et] vel H^2 – 6 esse] *pr. m.* esse *scr., m. rec. exp. et* est *s. scr.* T^3 – 7 quicumque] quodcumque M^2 – 9–10 dileccionem] dileccione M^2 – 10 ergo de] *om.* H^2 – propter se] *m. rec. in mg.* utrobique eadem amatur per se et propter se *add.* M^2 – 11 et propter] *m. rec .in mg. add.* T^3 – 15 dileccionem] *pr. m.* deleccacionem *scr., m. rec.* delecta *exp. et* dilec *ante* ionem *scr.* T^3 – 16 vel] ad *add.* H^2 – 21 <64 DO-eterna>] *ed. add.; om.* $T^3M^2H^2$ – 23 illud] id T^3M^2 – *is*] *pr. m.* hys *scr., m. rec.* h *exp.* T^3 hys M^2

2–4: cf. Augustinus <Hipponensis>: De moribus ecclesiae catholicae et de moribus manichaeorum libri duo 1,14,24,6f. (CSEL 90, Bauer, J. (Ed.), S. 28); 3–4: cf. Rom. 11,36
64 DO 21: cf. Tabula alphabetica, clm 18154, fol. 8^r(b); 23–6: cf. Petrus <Damiani>: Epistola 69 (MGH. Epistolae. Die Briefe der deutschen Kaiserzeit. Band 4,2, Reindel, K. (Ed.), S. 304, Z. 17–29)

consequetur. Ad se itaque, quod patitur, referat, sibique omne, quod laceratur, ascribat labores, quos sustinet, honoribus recompenset, fructumque laborum pocius in adepta dignitate constituat quam de futuri muneris retribucione presumat domino de talibus attestante, quia receperunt mercedem suam. Nam sibi ipse concinit. Unde mens eius tot casibus concussa succumbit. Is *vero, qui ad ministerium terrene dispensacionis coactus attrahitur, cum in execucionibus eius adversa pertulerit, laboris sui premio non carebit.*

<64 DP>

Erigatur igitur spiritus prelati innocenter ingredientis et prudencius regentis ad ea premia, *que promittuntur in patria et exiliens parvipendet, quidquid asperitatis horret in via. Cum pondus auri radiantis attenditur, labor levigatur. Ubi loco premii corona proponitur, stady cursus alacriter transilitur. Perpende igitur quam beatus sit, qui cum tanta reproborum multitudo repellitur. Ipse ad nupciale convivium ingredi cum splendida electorum societate meretur. Quante dignitatis sit adesse semper* /118^{v} (a)/ *obtutibus conditoris, contemplari presentissime speciem veritatis, facie ad faciem deum cernere, choris angelicis interesse. Ubi sic presentibus quique gaudys sunt repleti, ut de futura numquam sint adversitate solliciti, ubi dum quieta mens in circumscripti luminis amenitate perfruitur, de suorum quoque concivium premys in enarrabiliter gratulatur. Illic fontem vite et sicientes hauriunt et haurientes siciunt, quia ibi non potest vel aviditas passionem gignere vel sacietas fastidire. Ex eo plane quod auctori vite semper assistunt, omnem vim beatitudinis trahunt. Hinc floride iuventutis eterna viriditas, hinc venustas est pulchritudinis et indeficiens vigor incolumitatis. Ex illo* namque *eternitatis fonte percipiunt, ut eternaliter vivant, ineffabiliter gaudeant et, quod est longe prestancius, ad eiusdem conditoris similitudinem convalescant. Illic archana singulorum patent oculis omnium, illic omnium mentes in mutui amoris unione conflate nulla invicem varietate dissenciunt, sed in communi voluntatis studio omnes unanimiter federantur. Deest illic ignorancia, deest impossibilitas, quia in sapiencia, cui uniti sunt, cuncta sciunt, in omnipotenti omnia possunt.* /118^{v} (b)/ *Illic revelata facie contuebimur, quomodo pater ineffabiliter filium gignat, quomodo Spiritus Sanctus ex*

1 *omne*] *om.* H^2 – 3 *retribucione*] retribucionis H^2 – 8 <64 DP>] *ed. add.* – 10 *spiritus*] om. T^3H^2 – 12 *radiantis*] *pr. m.* radiantis *scr., m. rec.* a *exp. et* e *s. scr.* T^3 radientis M^2 – *labor*] *m. rec. in mg.* itineris *add.* T^3 – 14 *Quante*] Quam te T^3 – 20 *auctori*] autori M^2 – 20–21 *assistunt*] assistitur M^2 – 21 *eterna*] eterne T^3M^2 – est] et T^3

3–4: cf. Matth. 6,2; 10–6: cf. PETRUS <DAMIANI>: Epistola 66 (MGH. Epistolae. Die Briefe der deutschen Kaiserzeit. Band 4,2/REINDEL, K. (Ed.), S. 277, Z. 3–21; S. 278f., Z. 14–17.20–5)

utroque procedat. Illic videbimus quomodo is, qui nusquam deest non per partes, sed totus ubique est, quomodo eciam fieri possit, ut et intendat singulis tamquam vacet ab universis. Intendat universis, tamquam vacet a singulis. Quomodo is, qui celestibus preminet, abyssi fundamentum sustentat, qui mundi intima penetrat, quomodo exteriora cuncta circumdat. Et revera *de illa celestis Ierusalem beatitudine sempiterna incomparabiliter plus est in re, quam mens possit humana concipere, plus mente concipitur, quam ullis sermonibus explicetur.* Ibi denique sunt *omnia bona, super* que *fidelis servus constitue*tur, quia ibi est *deus omnia in omnibus, qui preparavit diligentibus* se, que *nec oculus vidit nec auris audiunt nec in cor hominis ascendit*: Iesus Marie filius in secula benedictus. Amen. // Sequitur capitulum sexagesimum quintum de ordinacione prepositi, sepius quidem contingit etc. Iesus Maria.

3–4 *fundamentum*] fundamenta M^2 – 9–10 Sequitur ... Maria.] Praedictas questiones si tibi placet et videtur congrue, potes hic addere H^2 Praedictas questiones si tibi placet et videtur congrue, pars hic addere M^2

7: cf. Matth. 24,45.47; 7–8: cf. 1. Cor. 15,28; cf. 1. Cor. 2,9

Register

Personen

Orte